毛泽东的气质与魅力

【上册】

王正民　著

中国文史出版社

图书在版编目（C I P）数据

毛泽东的气质与魅力：上下册 / 王正民著. -- 北京：中国文史出版社, 2021.1
ISBN 978-7-5205-2051-5

Ⅰ. ①毛… Ⅱ. ①王… Ⅲ. ①毛泽东（1893-1976）—生平事迹 Ⅳ. ①A752

中国版本图书馆CIP数据核字（2020）第094722号

责任编辑：殷　旭　孙晓丹
装帧设计：欧阳春晓

出版发行：中国文史出版社
社　　址：北京市海淀区西八里庄路69号　　邮编：100036
电　　话：010-81136606　81136602　81136603（发行部）
传　　真：010-81136655
印　　装：河北京平诚乾印刷有限公司
经　　销：全国新华书店
开　　本：1/16
印　　张：46　　字　数：505千字
版　　次：2021年1月北京第1版
印　　次：2025年8月第3次印刷
定　　价：128.00元（上下册）

序　言

毛泽东在他的千古绝唱《沁园春·雪》中写道："惜秦皇汉武，略输文采；唐宗宋祖，稍逊风骚。一代天骄，成吉思汗，只识弯弓射大雕。俱往矣！数风流人物，还看今朝。"

毛泽东就是当代中国最杰出的风流人物，他的魅力与气质无与伦比。他是中国历史上伟大的民族英雄、忠诚坚贞的爱国者、伟大的无产阶级革命家、人民领袖，还是伟大的思想家、理论家、政治家、军事家、诗人、书法家。他身上不但有革命领袖驾驭时代风云的卓越才能，还折射着思想家的聪明睿智，理论家的科学与深邃，政治家的高瞻远瞩，战略家的宏伟气魄和谋略家经天纬地的雄才大略，革命诗人的浪漫情怀和书法家的飘逸潇洒。

他具有矢志不渝的爱国情怀。从青少年时代，他就是一个壮怀激烈、"粪土当年万户侯"、充满战斗激情的爱国者。在长沙一师学习时，毛泽东就写下"自信人生二百年，会当水击三千里"的豪言壮语，他在《湘江评论》中大声呐喊：革命的大潮就要来了，他说："时机到了！世界的大潮卷得更急了！洞庭湖的闸门动了，且开了！浩浩荡荡的新思潮业已奔腾澎湃于湘江两岸了！"他要唤起工农千百万，向着旧世界宣战，拯救民族于危亡。

在他身上体现着中华民族不畏强暴，同敌人血战到底的英雄气概。日本帝国主义侵略中国时叫嚣“三个月灭亡中国”，“亡国论”“速胜论”的幽灵在中国大地上徘徊，他的《论持久战》分析了当时中日战争存在的一个总根据和四个基本矛盾，指出抗战是持久的，最后胜利是中国的，这个思想像黑暗中的灯塔，照亮了中国抗战的胜利道路，中国人民终于迎来了百年来抵抗外国侵略的第一次辉煌胜利。

他具有坚定不移、将革命进行到底的坚强意志。从1948年下半年起解放战争进入了战略决战阶段，辽沈、淮海、平津三大战役歼灭了国民党赖以维持其反动统治的主要军事力量，从而奠定了人民解放战争在全国胜利的坚实基础。

面对着国民党的和平阴谋、国内第三势力的劝说，苏联的压力，毛泽东始终保持着“宜将剩勇追穷寇”的清醒头脑，发动了渡江战役，解放了中国大陆，才不致革命半途而废。

新中国成立后，毛泽东始终高度警惕着祖国的安全。他居安思危、从精神和物质上做好反侵略战争的准备。不但整编陆军，加强训练，而且建立起强大的空军和海军；并建立起了配套完整的军事院校体系和独立自主的完整军事工业体系。

毛泽东始终站在时代的最前列，顶恶风、战巨浪，像一个大海航行中的舵手，不断拨正中国革命的航向，具有力挽狂澜的领袖风范。

他在党的一大时只是十三位代表之一，可他最后成为党的无可争辩的传奇式的杰出领袖。他率领革命队伍从井冈山一路披荆斩棘走到北京，把星星之火燃遍中华大地。特别是遵义会议，使红军由失败转向了胜利，中国革命转危为安。广大党员在革命的伟大实践中逐渐认识了自己的领袖，把党和民族的命运全部托付给了他，他与战友们缔造的共和国巍然屹立在世界的东方，其业绩功垂千古。

毛泽东具有百折不挠的开拓精神。他不畏书、不畏上，上下求索，不畏艰险；他敢于反潮流，在逆境中斗志越旺，意志弥坚。他创造性地解决了中国革命的道路，社会主义改造的道路问题，提出了社会主义建设的一系列正确思想。他是我们党独立自主精神的开拓者和奠基人。

毛泽东具有压倒一切敌人的英雄气概。他把帝国主义和一切反动派比作纸老虎，他不畏强势、敢斗强敌、胆略超人、以少胜多、以弱胜强，打得赢就打，打不赢就跑；集中优势兵力，各个歼灭敌人；创造了战争史上的奇迹。

毛泽东领导红军在井冈山连续粉碎了敌人三次“围剿”。新中国刚成立，百废待兴，百业待举，他力排众议，发动了抗美援朝运动，敢于同世界上军事实力最强的美国较量，沉重打击了联合国军的嚣张气焰，不得不签订停战协定，大大提高了中国的国际地位。

毛泽东不畏强权，不怕封锁，坚持独立自主，自力更生的方针，使中国在最短时间内研制出了两弹一星，打破了霸权主义的核垄断，有力地捍卫了国家安全。

他具有无与伦比的军事才华。

他是一个文人，没有进过军事学院，最后却成为我军的最高统帅，成为中国近现代史上伟大的军事家。从1927年发动秋收起义到1953年抗美援朝战争结束，他连续领导人民军队进行了26年艰苦卓绝的革命战争和反侵略战争。一生组织指挥了240多次战役和重要战斗，赢得了历次战略性战役及整个战争的胜利，打败了国内外的一切对手。

他的军事才能独树一帜、出类拔萃、前无古人。在长期的中国革命战争中，他博采众长，从古今中外的军事理论中吸取适合中国革命实际的精华，在实践中创造性地加以运用，并不断地丰富发展和完善，创立了毛泽东军事思想，形成了系统精湛的科学理论，并逐渐炉火纯青。他运筹帷幄，决胜千里，胸中自有雄兵百万。牢牢把握着战争的主动权。他的名字使敌人闻风丧胆！他的军队无敌于天下！

他提出了共产党人全心全意为人民服务的宗旨。无论在战争时期还是和平年代，他注重调查研究、关心群众生活，同人民群众同呼吸共命运，急民所急、想民所想。深得人民爱戴，成为一个伟大的平民领袖。

他具有海纳百川的宽广胸怀。为了中华民族的最高利益，他大义弃前嫌、高举民族团结的大旗，促成抗日民族统一战线，实行全民族抗战。他以弄清思想、惩前毖后的整风新模式，实现了全党的空前大团结，使中国共产党成为全民族抗战的中流砥柱。在革命和建设中，他与民主党派互相监督、长期共存；他与民主人士广交朋友，荣辱与共，肝胆相照，他成功地创立了以共产党为核心的多党合作制，成为中国革命和建设的法宝之一。

他具有高瞻远瞩的外交思维。

新中国成立前夕，他另起炉灶、提出新中国外交“三原则”，把被以美国为首的帝国主义阵营包围的我国加入以苏联为首的社会主义阵营之中，从而保证了新中国的国家安全。在“冷战”时期，他分化瓦解敌对阵营、用小球推动大球，实现中美和解，使中国处于主动的国际地位。到20世纪70年代，国际形势风云变幻，他又提出了“三个世界”划分的国际谋略思想，把我国和第三世界广大地区的人民紧密地联系在一起，使我国的朋友遍天下，有力地抵制了超级大国对我国构成的威胁和破坏。

他胸怀全人类、实行无私的国际主义援助，是一个彻底的国际主义者。

他有别具风骚的文人气质。

他不仅是一个睿智的哲学家、历史学家，还是一个充满浪漫主义和现实主义的诗人，一个大气磅礴的书法家。

毛泽东酷爱读书，活到老学到老。他一生酷爱读史，尤其青睐二十四史。风雨春秋二十四载，在日理万机之余，他用顽强的毅力通读了这部历史长卷，有些史册和篇章还两遍、三遍、四遍地研读过。

他是一个诗人，他的诗充满了革命的浪漫主义和革命的英雄主义，豪迈奔放、气贯长虹、催人奋进、励人斗志，是一幅幅中国革命诗史的展开，是一首首中国革命和建设的交响乐曲，被人们推崇备至、长唱不衰。

毛体书法兼容并蓄、龙飞凤舞、唯我独尊、前无古人、后无来者，是书法史上的奇迹。

他对腐败深恶痛绝，对腐败分子疾恶如仇、利剑高悬。

他在青年时代就主张打倒贪官污吏。参加革命走上领导岗位后，积极推进清明政治，严厉清除一切腐败分子，苏维埃时期的肖家壁，延安时期的黄克功，中华人民共和国成立初期的刘青山、张子善都被一一清除，深得人民群众拥护。他领导下的苏维埃政府和抗战时期陕甘宁等十九块边区是当时中国最廉洁的政府。因而，人们常说，毛泽东时代是中国历史上少有的清明盛世之一。

他廉洁自律，不为亲友、子女谋特权，具有崇高的人格魅力。

他大公无私、严于律己、率先垂范、清正廉洁、高风亮节，是真正的共产党人的杰出代表，无产阶级革命家的光辉楷模。

他是中华人民共和国成立以来党和国家领导中第一个完全公开个人财产的人，更是中外执政党领袖彻底“晾晒”家产、始终廉洁奉公的第一人。他去世后，没有留下任何家产、存款及金银珠宝，没有为子女留下任何财产遗嘱和一分钱。

他手中有至高无上的权力，却从不以权谋私。中华人民共和国成立后，许多故旧想通过他找工作谋职业，但总是被他婉言拒绝。不仅亲戚朋友得不到他的任何“关照”，就是其子女也不能有任何特殊，子女的学习、工作和生活都必须靠自己，自食其力。他要求回国的长子毛岸英补上“劳动大学”这一课，到农村、工厂、部队去锻炼。1950年10月，毛岸英成为中国人民志愿军的第一个志愿兵，是党和国家领导人子女中的第一个也是唯一一个奔赴抗美援朝保家卫国前线的人。

他和老百姓同甘共苦，终生艰苦朴素。全国进入困难时期后，他带头降工资，宣布不吃肉不吃蛋，吃粮不超定量，跟老百姓一样，忍饥挨饿。

他始终保持劳动人民的本色，生活节俭。延安时期，他常常穿着带有补丁的衣裤去巡视、走访、作报告，与民主人士和工农兵交流。中华人民共和国成立后，除公众场合或接见外宾以外，他平时穿的衣服经常是补丁摞补丁，内衣、被褥及平时穿的衣裤袜子都是补了又补。直到逝世时，他的一件睡衣已用了20多年，补了70多个补丁，一条毛巾被上的补丁也达70多个，一双拖鞋穿了20多年。

他的魅力和气质是中华民族宝贵的精神财富，将永存史册，并将永远为世人称颂和敬仰。

本书从多个侧面记述了毛泽东的无穷魅力与卓越气质。力图展现历史巨人与平民领袖的风采。由于水平有限，可能挂一漏万，书中错误在所难免，望读者给予指正。对于书中所引用的不少资料，一并向有关作者致谢。

目 录 / Contents

【上册】

【下册】

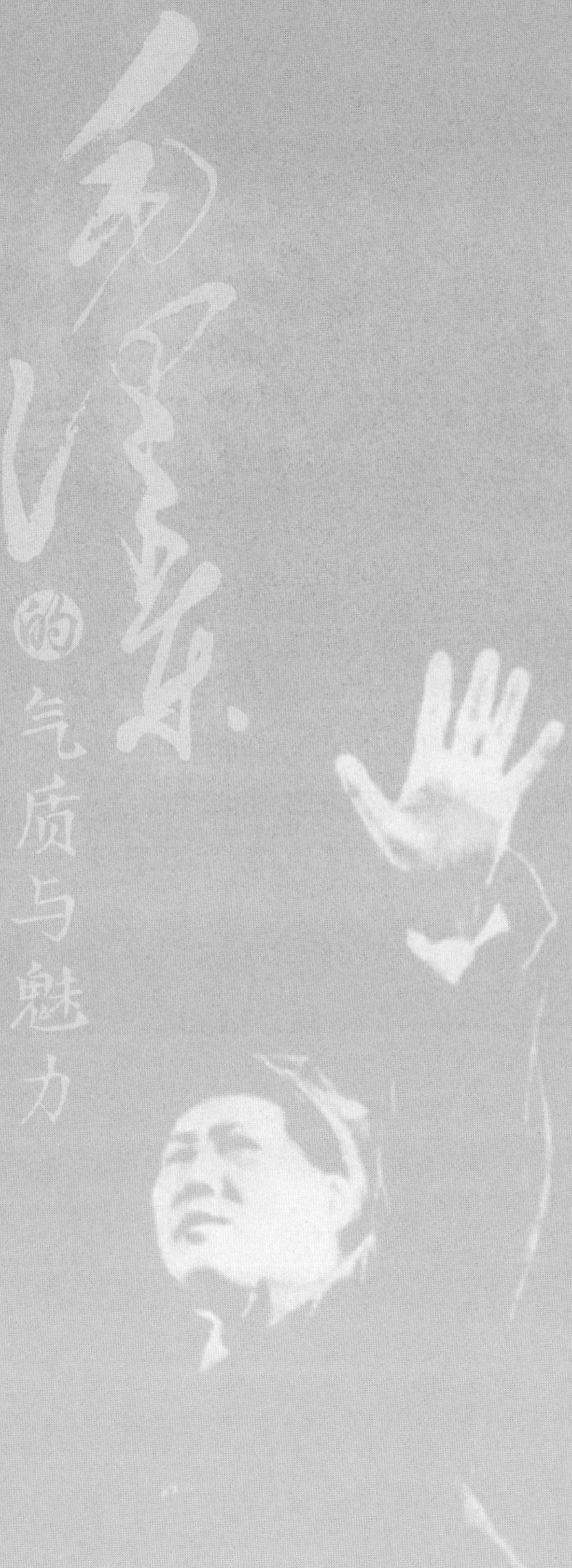

一　矢志不渝的爱国情怀

近代中国是一个受列强蹂躏的半殖民地国家。许多志士仁人都在孜孜探求救国之道。毛泽东是这一爱国传统的杰出继承者和发扬者。

壮怀激烈，粪土当年万户侯

在长沙一师学习时，毛泽东就写下“自信人生二百年，会当水击三千里”的豪言壮语，显示了他不同凡响的宏伟气概；1910年以后，他读了一本关于列强瓜分中国的小册子以后，对国家的前途充满忧患意识，感到“国家兴亡，匹夫有责”；后来经受五四运动洗礼之后，才建立起“只有社会主义才能救中国”的坚定信念，把爱国主义同社会主义统一起来。

毛泽东的宏伟志向是从少年时期就开始萌发的。

四千年前的一个春天，舜带着他的随从来到湘江西岸的一个苍山环抱、山势绵延、壁立千仞的高山与低沉圆润的山丘交错，互相辉映的一处美丽世界。在寻芳里，人们过着鸡犬相闻，老死不相往来的田园生活。

舜看到此种情景，非常高兴，带着他的随从们登上山顶，在那里弹奏着他最喜爱的极其婉转动听的“韶乐”。

这里从此叫韶山。

韶山为南岳衡山七十二峰之第七十一峰，山高陡峻，气势雄伟。古人曾赋诗赞美：

绕岫风光疑欲滴，长风轻鸟云烟侧。
山涵五月六月寒，地拥千山万山碧。
从来仙境称韶峰，笔削三山插天空。
天下名山三百六，此是湖南第一龙。

韶山毛泽东故居

在韶山西面，有三座山峰，南面是龙头山，北面是黄峰山，西面是牛形山，滴水洞就环抱其间。它占地约五平方公里，只有一条公路蜿蜒而至。它的豁口是韶山水库，深幽清雅。三面树木挺立，杜鹃火红。有两山陡立，过去原有一桥，桥下是一小溪，桥头边有一个山洞，即使是天干大旱，洞中仍滴水不断，回声悠扬，其韵如琴，这就是滴水洞。

毛泽东的祖祖辈辈都在这里辛勤劳作。当地人很迷信风水，毛泽东的祖父也是很信这个东西的。

有一次，毛泽东对身边的警卫团团长张耀祠等人说："我的老祖宗就住在滴水洞旁边的虎歇坪，为了选择这个地方，请风水先生卜了11天时间。"

他说："为什么又搬到上屋场来了呢（现在毛泽东故居）？我父亲早年还是一个很勤奋的人，他没有看重风水，而是看重了这一片的土地好。"接着，毛泽东讲了一件趣事：他的祖父毛翼臣有一个哥哥叫毛德臣，他们在虎歇坪干活时，发现这个地方很干燥；任何时候的雨水都淋不到。毛泽东说："他们活着就在考虑死后的归宿，二人都想埋在这里。还不仅仅因为这里干燥，因为他们请了一个风水先生看了的，说这里是一个风水宝地，正好在'龙脉'上。于是两兄弟争吵不休。"毛泽东笑着说："我看这个风水先生既会挑拨离间，又能平息一些事情，他说：'这块土地告诉我，你们二人谁先死谁就埋在这里。'奇了，风水先生还能与土地对话。"他还说："只有在封建时代是这样，谁愿意早一点死呢？死是一种自然规律，谁又控制得了呢？"

毛翼臣，生于1846年5月22日，1904年11月23日去世，比哥哥毛德臣先死，自然葬于韶山滴水洞的虎歇坪。

韶山冲，在一片山峦绿茵环抱中，它起于韶山脚下，由南而北，长五公里，宽三公里多。山上山下，松、柏、杉、枫、楠、竹丛生，景色秀美。从山谷中流出的溪水汇成一条小河流，清澈见底，潺潺流淌，默默滋润着乡间田野。

毛泽东故居"上屋场"，那是农村常见的"凹"形住宅，当地人称"一担柴"式房子，依山傍水，坐南朝北，一进两横，居住两户，屋前有紧紧相连的两口水塘，屋后有一座小山，长满苍松翠竹。

1893年，毛泽东出生在这里一户条件较好的农家。取名泽东，意即"润泽东方"。

1902年，毛泽东入南岸下屋场私塾读书。1910年，毛泽东向父亲毛顺生提出去学堂读书的愿望。

最初，毛顺生是坚决反对毛泽东上学堂读书的。毛顺生想：三年前为了拴住毛泽东的心，他一手操办了毛泽东与罗氏的婚事。现在罗氏病故了，家里更缺劳力，更需要毛泽东为这个家挑起担子。

回到家，毛顺生又犹豫起来。他想起几年前的一桩柴山公案。

毛顺生自己识字不多，在这桩柴山公案中，明明自己有理，但说不出来。而对方引经据典，被告反而变成原告。他眼睁睁看着柴山断给了被告。一想到这件事，毛顺生就来气。他想，要是自己的儿子毛泽东也能引经据典，给自己争口气就好了。

因此当毛泽东提出要去东山高等小学堂时，毛顺生内心很复杂。后来经亲戚朋友的劝说，毛顺生的心更加动摇。他最后还是同意了毛泽东上东山高等小学堂。没有想到，这一普通农民的举动，竟影响了中国历史的进程。

毛泽东诗中的思想早在他第一次不幸婚姻中已渐渐形成。毛泽东的第一次不幸婚姻，致使他更加胸怀大志走出韶山冲。

有关毛泽东的第一次婚姻，美国作家罗斯·特里尔写道：

“可怜的泽东呆若木鸡。出于某些考虑，泽东顺从地接受了这种生硬而可怕的仪式，这个呆呆的小新郎衣着整齐，规规矩矩地向每一位来宾磕头。惊恐万分的新娘被揭去红头盖，像新买来的商品一样第一次接受检查。但是他拒绝与这位比他大四岁的新娘住在一起，并发誓决不碰她一指头。”

1936年毛泽东在与美国记者斯诺谈话时也曾提道：他14周岁时，家里曾强迫他与一个大他四岁的女孩子成亲，但他从未和她同居过。

毛泽东在自传中说过：

“……我对于女人本无兴趣。我的父母在我16岁时就给我娶了一个20岁的女人，不过我并没有和她一起住过，此后也未有过。我不以她为我的妻子，那时根本也不去想她。除了不谈女人在这时期的青年的生活中极为重要以外，我的同伴连日常生活中的琐事都不谈的。……我和朋友只谈大事，只谈修身齐家治国平天下的事！”

这个“20岁的女人”就是罗氏。罗氏，韶山杨林乡人，生于清光绪十五年九月二十六日，即1889年10月20日，比毛泽东大四岁零两个月。

1911年，由毛鸿宾、毛湘胜等纂修的《（湘潭）中湘韶山毛氏三修族谱》卷十三中记载了毛泽东第一次婚姻的情况：

“泽东，字咏芝，光绪十九年（癸巳、1893）十一月十九日辰时生，配罗氏，光绪十五年（己丑、1889）九月二十六日丑时生，宣统二年（1910）正月初二寅时卒。”

1941年，由毛泽均修、毛泽启纂的《（湘潭）韶山毛氏四修族谱》卷十五中也记载：

贻昌子三，长泽东闳中肆外，国尔忘家，字咏芝，行三，清光绪十九癸巳十一月十九日辰时生，原配罗氏，清光绪十五年己丑九月二十六日丑时生，宣统二年正月初二寅时没，葬南岸土地冲楠竹堕西山卯向，子一，远智，承夫继配杨氏子为嗣；继配杨氏，随夫在外，生年候归录，子四，长远仁，次远义，三远智，与夫原配罗氏为嗣；继娶贺氏，随夫在外，生年候归录。

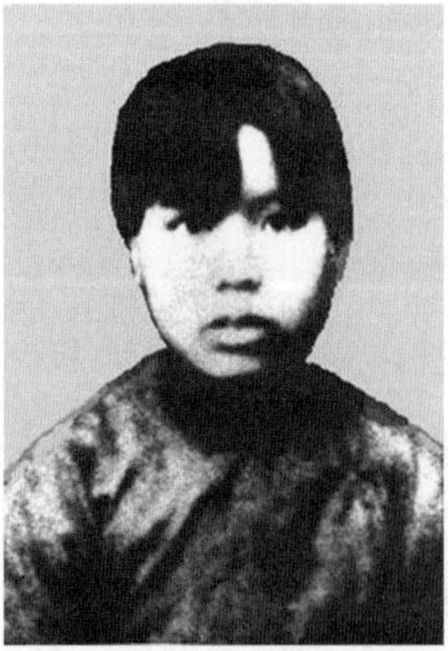
罗一秀（1889.10.20—1910）

毛氏族谱把罗氏列为毛泽东的原配，把杨氏（开慧）列为“继配”，把贺氏（子珍）列为“继娶”。可见，罗氏在毛家的地位是得到认可的。

罗氏家住湘潭县杨林乡赤卫村楼前门（现在称韶山市杨林村），家境富裕，有田产。

在这样的家庭环境中长大的罗氏，聪明、贤淑、知情达理。她在家中排行第二却是长女，因此操持家务也是一把好手。

而毛泽东的父亲毛顺生是个勤俭持家、精明能干的人。他之所以给年仅14周岁的儿子找一个“大媳妇”，是有他的如意算盘的。

毛罗两家本是世交。罗氏祖母毛氏，是毛泽东的祖父毛翼臣的妹妹，即毛泽东的姑祖母。旧时中国习惯于表兄表妹结亲，谓之“亲上加亲”，并视为美举。

毛顺生想要拴住毛泽东的心。当时，毛泽东虽辍学回家务农，但人大心大。毛顺生知道山外有山，天外有天，他担心毛泽东的心要飞出山外。毛顺生坚信，女性的温情是可以消磨男人的凌云壮志的，养家糊口的担子重了，毛泽东想飞也飞不动。

毛家当时有水田20多亩，毛顺生又长年在外贩猪贩米，虽然农忙时家里请了一个长工，但里里外外仍靠毛泽东母亲文氏一人。文氏要照料毛家三兄弟，尤其是毛泽覃，当时才两岁，文氏要带着他下田耕作，肩上的担子实在太重了。而罗氏当时年方十八，身高体壮，是操持家务的一把好手。因此，毛顺生见到这位表侄女后，甚是喜爱，在给大儿子毛泽东讨一个大四岁的媳妇的同时，无疑也给家里添了一个上等劳动力。

罗氏性情温顺，心地善良，上孝父母，下爱弟妹，深得左邻右舍的称道。于是，毛顺生托媒人向罗家提亲，一手包办了这门婚事。

而罗家见毛泽东年仅14岁，虽未到男子成熟的年龄，但长得一表人才，而且聪明好学，知书识礼，才华出众；加之毛家的家境也好，又是亲戚，可谓门当户对。因此，罗家欣然答应与毛家结为秦晋之好。

1907年，毛、罗两家选择了良辰吉日。两家老人“合八字”“订庚”“择吉”“发轿”“拜堂”，在短短的几个月内，就完成了旧时结婚的所有仪式。毛泽东与罗氏就在这看似热闹非凡的传统婚礼中，被撮合在一起。

对这桩婚姻，不管毛泽东态度如何，毛罗两家的双亲是满意的，尤其是毛顺生和文氏。罗氏嫁到毛家后，为毛家增添了劳力，又为文氏增了帮手。而年满18岁的新娘罗氏，当时也是幸福的，虽然自己比毛泽东大四岁，但是，她是明媒正娶来的，是毛家的长媳，得到了族人的认可。但罗氏万万没有想到，从两家大人给毛罗两人提亲那天起，就已经开始了这场婚姻的悲剧。

毛罗的婚姻完全是“父母之命，媒妁之言”的产物，这对于年仅14岁、胸怀大志的毛泽东来说，没有一点思想准备。为此，毛泽东常常闷闷不乐。在乡村传统观念的压抑下，为了顾及父母及亲友的面子，毛泽东只好默默地忍受着这一切。

毛泽东以各种方法反抗着由父亲毛顺生一手包办的这桩婚事。虽然名义上成了亲、拜了天地，但毛泽东始终不承认这桩婚姻，不理罗氏，拒绝同罗氏圆房，并发誓不碰她一根指头。

毛泽东白天一直在田间劳动，不到吃饭的时间不回家，即使回了家也很少与罗氏讲话。

开始，毛顺生和文氏还以为自己的儿子毛泽东性格内向，不爱说话。渐渐地发现毛泽东与罗氏之间似乎有一种隔墙，于是他们就开始劝导毛泽东。但任凭他们怎么劝导，毛泽东就是不与罗氏同房。父母见他年龄小，而且这种事也不能多说明说，也就暂且作罢。

唯一能使毛泽东解脱这桩婚姻烦恼的就是读书，他从小就喜欢读书。虽然，这阵子辍学在家务农，但晚上，他帮父亲毛顺生记完账后，一放下饭碗就可以回到上屋。这是他自己的小天地，毛泽东在自己的小天地里，点亮一盏古老的桐油灯，然后在暗淡的灯光下读书，看小说。毛泽东在这里，反复阅读了《精忠岳传》、《水浒传》、《三国演义》和《西游记》等。这些书虽然被当时的私塾先生称为“坏书”，是犯上作乱的书。毛泽东还是反复看了。

在辍学之前，毛泽东在课堂上经常偷看这些书。一天，老师毛宇居正在课堂上讲《论语》，毛泽东又把《水浒传》偷偷藏在《论语》的下面看起来。老师发现后，气愤地将毛泽东拉出教室，指天井为题要他赋诗，如果作不出就要打屁股，还要告诉他的父亲。13岁的毛泽东望着被青砖严严实实围砌着的天井，知道天井里的积水不满一尺，里面有几条从溪中抓来的小鱼在水底的鹅卵石上撞来撞去……蓦地，觉得自己也像井中的小鱼。于是心中的诗句脱口而出：

天井四四方，
周围是高墙。
清清见卵石，
小鱼囿中央。
只喝井里水，
永远养不长。

这首诗中强烈地流露出他不甘做井中之鱼，要走出这个小小世界的意愿。这种反叛心理，与他偷读《三国演义》《水浒传》等是分不开的。

毛泽东在韶山度过的岁月，是同贫苦农民生活在一起的，他自幼受母亲的影响，同情受苦受压迫的人。家乡至今还流传着一些他接济穷人、支持农民反抗地主的故事。他同斯诺谈到1910年4月长沙饥民抢米暴动遭到官府镇压时，说“这件事影响了我的一生”，“始终忘不掉”。关于1866年当地一个哥老会首领彭铁匠造反，因而被捕斩首的故事，毛泽东在和同学们议论中也非常同情这次起义，觉得彭铁匠“是一个英雄”。

1907年至1908年，辍学在家务农的毛泽东经表兄文运昌的介绍和推荐，读到了《盛世危言》这本带有浓厚爱国主义色彩的书。这本书是由中国早期改良主义思想家郑观应积30年精力而写成的。多年以后，当毛泽东坐在延安的窑洞里与斯诺谈及少年时代在韶山的情形时，两次提到《盛世危言》给予他的影响：

> 我13岁时，终于离开了私塾，开始在地里进行长时间的劳动，给雇工当助手。白天干一个整劳力的活，晚上替我父亲记账。我经常在深夜把我房间的窗户遮起，好让父亲看不见灯光。就这样，我读了一本叫作《盛世危言》的书。我当时非常喜欢读这本书。作者是老的改良主义者，认为中国之所以弱，在于缺乏西洋的装备——铁路、电话、电报、轮船，所以想把这些东西引进中国。
>
> 《盛世危言》激起我恢复学业的愿望。同时，对地里的劳动我也感到厌倦了。不消说，我父亲是反对这件事的。为此我们发生了口角，最后我从家里出走。

1919年春，毛泽东与母亲及两个弟弟合影

1910年2月，罗氏病故之后，毛泽东更有借口和理由“出走”了。他向父亲毛顺生提出去湘乡东山高等小学堂读书的要求，当时遭到了父亲的坚决反对。聪明机智的毛泽东开始通过亲戚朋友说服毛顺生。毛顺生开始犹豫。一方面，自己出生于贫苦农家，年轻的时候，因为负债过多，被迫外出当兵吃粮，后来攒了一点钱买回来一块血汗地。

半辈子走南闯北贩粮贩猪，现在总算成了韶山冲的一个财主，家里22亩的田地需要劳动力。现在长子毛泽东要上学堂，对他来说无疑少了一个胳膊。另一方面，也正因为自己的贫苦出身，识字不多，才落得个一辈子忙碌的命。加上前面讲过的柴山公案的教训，毛顺生思前想后，终于还是同意了让毛泽东继续上学读书。

1919年11月，毛泽东（右一）同父亲毛顺生（左二）、伯父（左三）、弟弟毛泽覃（左一）在长沙合影

毛泽东得知父亲毛顺生同意他继续上学后，内心充满着激动。临行前，他帮家里记了最后一笔账，然后在这本发黄的记账簿上，改写了日本西乡隆盛的一首诗：孩儿立志出乡关，学不成名誓不还。埋骨何须桑梓地，人生无处不青山。西乡隆盛（1827—1877），日本明治维新时期著名政治家，其原诗是："男儿立志出乡关，学不成名死不还；埋骨何须桑梓地，人生无处不青山。"毛泽东只将西乡隆盛的诗改了两个字，却恰如其分地借用它表达了自己远大的抱负和志向。

毛顺生识字不多，不懂得诗中的意思，便撕下这页记账簿上的诗，来到离家不远的李家屋场。

李家屋场有位从外地回来的维新派教师叫李漱清，他在当地颇为有名，识字多，懂学问，为人也忠厚。

李漱清戴上老花镜，从毛顺生手中接过纸页，边看边点头，看完后，欣然竖起大拇指，连声对身旁发愣着的毛顺生说："好诗，好诗，你儿子石三伢子硬得有志气！"

石三伢子是毛泽东的小名，是当时乡亲们对他的一种亲昵的称呼。

一番夸奖过后，李漱清把毛泽东的小诗向毛顺生逐字逐句作了解释。毛顺生并没有为儿子能写出如此有志向的诗而感到欣慰，相反感到被当头一棒：他预感到自己辛辛苦苦一生撑起来的家业，将在儿辈手中丢失。

尽管与罗氏的婚姻转瞬即逝，但这段婚姻对毛泽东后来婚姻观的形成却有很大的影响。

十年之后，毛泽东对长沙赵五贞小姐自杀事件给予了非同寻常的关注，这里面正是毛泽东自己对这桩不幸婚姻的感慨。

1919年10月，长沙发生了一起反叛包办婚姻的悲剧。当时，长沙有一家眼镜店，店主叫赵海楼，有一女叫赵五贞。赵五贞知书达礼，精于裁缝、刺绣，在婚姻上也有自己的主张。

然而，由于媒婆的撮合，父母偏偏要她嫁给一个有钱的古斋少老板做填房。赵五贞不顺从，于是在出嫁的那天，在花轿上用剪刀切喉自杀。

毛泽东从《大公报》上得知这一惨案后，震动极大。悲剧发生的第二天，他就写了《对于赵五贞女士自杀的批评》一文。

毛泽东怀着对旧婚姻制度的极大义愤，又连续在《大公报》《女钟界》等报刊上，发表了《赵女士的人格问题》《婚姻问题敬告男女青年》《改革婚制问题》《女子自主问题》《打破媒人制度》《婚姻上的迷信问题》等十多篇文章。

毛泽东在这些文章中对旧的婚姻制度的否定和抨击是十分激烈的。他主张对旧式婚姻的反叛应当采取斗争的形式而不是无谓的自杀。从毛泽东在父亲账簿上留下言志诗这件事，可以看出毛泽东的这种明智的斗争形式。而从后来毛泽东对婚姻的态度中，也可以看到毛泽东第一次婚姻对他的影响：极端憎恶旧式婚姻，而对自由婚姻则有着热切的向往和大胆的追求。

毛泽东在长沙读师范时，已是一个意志坚定的爱国者了。

湖南省立第四师范学校坐落在湘江旁，是一所新式学校。

毛泽东考进这所学校，纯属偶然。一天，他从报纸上看到这所师范学校的招生广告，既不收学费，书费也不高。同时，膳宿费低廉。这是何等的好事啊！毛泽东决定报考这所学校。

1913年，在湖南省立第四师范学校求学时的毛泽东

他把这个消息告诉两个要好的朋友后，他们也想报考这所学校，觉得这个学校要求高了点，他们想请毛泽东帮助他们准备入学考试的作文。为人义气的毛泽东爽快地答应了。事后毛泽东回忆说："我替那两位朋友写了作文，为自己也写了一篇。"结果三个人同时被录取。事后毛泽东曾向两兄弟不无幽默地说，他等于被录取了三次。

湖南第四师范学校是辛亥革命之后的1912年创办的，毛泽东入学第一个学期后就和湖南第一师范学校合并。门前换成了"湖南第一师范学校"的牌子。

在学校，毛泽东一方面如饥似渴地学习知识，另一方面进行救国救难的行动。当时的"一师"，和全国一样，一场革命的风暴正在孕育着，只待火种点燃。当时整个中国已不再是铁板一块，它甚至成了一触即燃的"火药桶"。如果一年多前毛泽东在湘乡驻省中学是以一张大字报的形式表达自己的政见的话，那么毛泽东在"一师"则是用了一张征友启事，广

1918年3月，湖南省立第一师范学校第八班合影。四排右二为毛泽东

泛张贴于“一师”和省城的学校，一时间闹得满城风雨，人人皆知。

毛泽东在这则启事中写道：

> 今日国家正处于危急存亡之秋。政府当局无一人可以信赖。吾人拟寻求志同道合之人，组织团体，其宗旨主要为砥砺品行，研究学术及改造国家。凡对此有兴趣之同学，皆请惠赐大函，俾能约期私下聚谈。嘤其鸣矣，求其友声。

启事的署名落款是：“二十八画生。”

不少学校的校长看到这则启事后，以为“二十八画生”大概是个神经有毛病的怪人，不怀好意，便将传单没收烧掉了。而省立第一女子师范的马校长看到启事后，她的第一反应是有人想找女学生谈恋爱。马校长有些恼火：这找对象找到我们女师头上来了！再细看启事上写着“来信由第一师范学校附属小学陈先生转交”的字样，便亲自找到“一师”附小，气冲冲地问：“陈先生，你怎么帮人做起求友的事情来了？这个二十八画生是什么人？求友求到了我们女子师范！”

“马校长，二十八画生就是一夜成名的毛泽东呀！”陈先生赶紧解释，“他是咱们‘一师’品学皆优的学生，正像启事里宗旨所写，他是为了寻找改造国家的同志，我敢保证绝没有其他意思。”

“照你这么说来，还真是位有志青年了？”

马校长又把电话打到“一师”名师杨昌济那里询问。

杨昌济爽快地回答：那是我最优秀的门生之一。“一师”中有三个我能看上眼的学生，一是萧子升，二是蔡和森，三是毛泽东。而毛泽东却是个“奇才”和“智囊”。

“那怎么叫个二十八画生的怪名字？”

“毛泽东是他的名字，就二十八画啊！这没有什么古怪不古怪的。”

马校长顿开茅塞道：“杨先生，你是了不起，你的学生可畏，经世救国之才，国家有望，民族有救啊！”

征友启事发出后，毛泽东只得到“三个半回音”。

“半个回音”，名叫李立三。据毛泽东回忆说：“李立三听了我说的话之后，没有提出任何具体建议就走了。我们的友谊始终没有发展起来。”

罗章龙在学校广告栏里看到了“二十八画生启事”，给毛写了一封肯定的信，毛也给他回了信。毛在信中说：他的来信恰似“空谷足音，跫然色喜”。

星期日的一天，罗章龙拉了一个同班姓陈的同学一起去。

毛泽东站在走廊上，见到手持报纸的人来后，便走到院子门口对他们说：“我们到里面谈谈。”他们在院子里找了一个僻静的地方，坐在石头上。这时姓陈的那位同学到阅览室看书去了。院子里没有别人，他们从上午9点开始直到图书馆12点休息，整整谈了三个小时。临分手时，毛泽东对罗章龙说：“我们谈得很好，愿结管鲍之谊。以后要常见面。”

就这样，罗章龙成了毛泽东的好朋友。他把自己的日记给毛泽东看，毛泽东把自己的学习笔记给他看。他们一次次地交谈，谈治学、谈人生、谈社会、谈国家。他们一起寻访长沙古迹，一起步行前往韶山。罗章龙后来参加了毛泽东发起的“新民学会”。

1918年，罗章龙要去日本留学，毛泽东以“二十八画生”的笔名，写下《送纵宇一郎东行》一诗：

云开衡岳积阴止，天马凤凰春树里。
年少峥嵘屈贾才，山川奇气曾钟此。
君行吾为发浩歌，鲲鹏击浪从兹始。
洞庭湘水涨连天，艟艨巨舰直东指。
无端散出一天愁，幸被东风吹万里。
丈夫何事足萦怀，要将宇宙看稊米。
沧海横流安足虑，世事纷纭何足理。
管却自家身与心，胸中日月常新美。
名世于今五百年，诸公碌碌皆余子。
平浪宫前友谊多，崇明对马衣带水。
东瀛濯剑有书还，我返自崖君去矣。

毛泽东胸怀天下，志在四方，因此其诗歌的内容与古代风花雪月、儿女情长、悲秋寂寥等格格不入。他往往摄取重大的政治斗争及国际环境的风云变幻等内容，去歌颂不畏艰险的英雄气概，去抒发建功立业的豪情壮志。这首诗可以说与他的精神世界是水乳交融的。诗中引湖湘之景如衡岳、天马、凤凰、洞庭和湖湘之人如屈原、贾谊等入诗，凸显地方特色，景象恢宏雄壮，情思气势博大。

25岁的毛泽东，已经站到了一个新的人生高度。他曾这样回忆学生时代的青春意气："大哉湖南，衡岳齐天，洞庭云梦广。沅有芷兮澧有兰，无限发群芳。风强俗劲，人才斗量，百战声威壮。湘军英武安天下，我辈是豪强。听军歌淋漓悲壮，旌旗尽飞扬。宛然是，枪林弹雨，血战沙场样。军国精神，湖湘子弟，文明新气象。"

罗章龙来到上海，预订了去日本的船票，却因1918年5月7日，日本政府军警在东京殴打中国留日学生，并要他们回国，罗章龙打消了赴日本的念头，在上海寻找《新青年》编辑部，才知《新青年》编辑部已搬到北京。

罗章龙带着好多册《新青年》杂志，回到长沙，见到了毛泽东。他们在《新青年》上看到华法教育会登的文告，鼓励青年们到法国勤工俭学。于是，毛泽东率20几位湖南青年，前往北京，准备赴法勤工俭学，其中便有罗章龙。

1915年，毛泽东当选为第一师范"学友会"干事，他还组织了"学生自治会"。

1915年1月，日本以赞助袁世凯称帝为诱饵，提出了灭亡中国主权的"二十一条"，5月9日，袁世凯一纸复文表示基本接受。消息传出，举国愤慨。"一师"的学生将几篇反对卖国条约的言论编印成册，题名《明耻篇》。毛泽东读罢，在封面上写下四句誓词："五月七日，民国奇耻；何以报仇？在我学子！"

1915年从夏到冬，毛泽东参加组织了"一师"学生开展反日、反袁的斗争。当袁世凯复辟帝制之声甚嚣尘上时，毛泽东团结进步师生，公开进行反袁演说并写文章，他以学友会的名义将著名人士的反袁称帝的文章汇集成册，在校内外广为散发，在社会上产生了强烈的反响。

毛泽东喜爱的运动项目很多，但一生坚持不懈的只有游泳。

橘子洲又名橘洲，俗称水陆洲，以洲上盛产橘子得名。东西宽不到半

1919年3月，环球中国学生会在上海送别留法学生合影。后排右一为毛泽东

里，南北长却在十里以上，是湘江中最长的一个洲。

湘水从南向北奔流，流到长沙市的西北郊才又复合。每到夏季，湘江水涨，旁的洲渚都被淹没，只有橘洲仍跃出水面。

毛泽东在“一师”求学期间，每每趁着学校休假的日子，偕学友来这里游泳。他们一般都是到橘子洲的最南端牛头洲附近下水。那里沙平水清，是游泳的好场所。

毛泽东的游泳技术原本不错，经过几年持续不断的练习，更加规范化。夏天水涨时，湘江水面宽三四里，他能从东岸游到西岸；秋冬之间，行人已经穿上棉衣，他还能在江中游上几十分钟。第一师范的同学中有几个善游泳的，是和毛泽东常常在一起游泳的伙伴。

1918年3月，毛泽东协助学校请上海《教育》杂志主编李石岑来校讲演。李既是一位学者，又是游泳专家。李石岑在校演讲后，毛泽东请他到

湖南长沙橘子洲

湘江现场教授游泳技术。那时，大约在清明前后，还穿着棉衣，毛泽东带着30多人，到橘子洲头练习游泳。李石岑先下水做示范，毛泽东和他的学友们也一鼓作气地跳下水，游了三四十分钟。

橘子洲一带成了青年毛泽东心爱的游泳池。有两年暑假，毛泽东住在岳麓书院的湖南大学筹备处，每天下午四五点钟，他都和蔡和森、张昆弟等去橘子洲边游泳。畅游之后，还要在沙滩上卧倒十来分钟，让太阳晒遍全身。然后，抹干身体，穿好衣服，再指古道今地大声议论一番天下兴亡事。

爱好游泳的习惯，毛泽东保持了一辈子。可以说他是走到哪儿游到哪儿。但相对而言他在湘江、在橘子洲边游得最洒脱、最舒畅。这是由于他对青少年时期的那段生活有一种特别的眷恋和向往。告别学生时代后，毛泽东还曾多次畅游湘江，写下过那首著名的《沁园春·长沙》：

独立寒秋，湘江北去，橘子洲头。

看万山红遍，层林尽染；漫江碧透，百舸争流。
鹰击长空，鱼翔浅底，万类霜天竞自由。
怅寥廓，问苍茫大地，谁主沉浮？
携来百侣曾游，忆往昔峥嵘岁月稠。
恰同学少年，风华正茂；书生意气，挥斥方遒。
指点江山，激扬文字，粪土当年万户侯。
曾记否，到中流击水，浪遏飞舟。

其中“看万山红遍，层林尽染；漫江碧透，百舸争流”“到中流击水，浪遏飞舟”等名句至今仍为人们广泛传诵。

毛泽东从1921年夏天起，就积极献身于建党和各种革命群众运动。1924年冬他返回湖南，在韶山等地组织“雪耻会”等，展开了一系列组织群众宣传群众的革命活动。1926年秋，湖南督军赵恒惕密令逮捕毛泽东，毛泽东机警地离开韶山，取道长沙，南下当时的革命策源地广州。这首词即作于暂留长沙期间。

对长沙，对橘子洲，毛泽东有着太多的追忆。他曾在省立第一师范求学和进行革命活动长达五年，以后又多次居留长沙。在岳麓山下，他发起成立新民学会，与蔡和森、何叔衡、陈昌、张昆弟、罗学瓒等“同学少年”或“书生”一起，立誓为国家民族服务。他在长沙主编过《湘江评论》，成立马克思主义研究会，组织平民夜校和文化书社，“指点江山”，评论时政，写下了篇篇激昂慷慨的宏文华章。袁世凯准备称帝，他所任命的湘督汤芗铭积极拥戴，毛泽东四处印发小册子，加以揭露抨击；张敬尧督湘，他又领导“驱张运动”，把这些反动军阀看得如同粪土一般。

岳麓山，因为朱熹创办岳麓书院而闻名于世。从这里既走出了左宗棠、曾国藩等历史人物，也走出了毛泽东、蔡和森、何叔衡等后来选择共产主义作为奋斗目标的共产党人。

与岳麓山大门正对的是一条幽静的小街——周家巷。蔡和森故居与新民学会旧址便坐落在周家巷二号。

“新民学会建党先声，毛蔡寄庐流芳千载。”这是蔡和森的妹妹蔡畅为新民学会纪念馆写的一副对联。毛泽东与蔡和森两人因为志趣相投，成为好朋友，他们与何叔衡、李维汉、郭亮、向警予等人经常聚在蔡和森家，探索救国道路。

1918年4月14日，星期天，天朗气清。蔡和森起了一个大早，去离家几百米的湘江边摸了一大篓子的鱼虾。他的母亲葛健豪和大姐蔡庆熙则很早就在厨房里忙活开了。这个贫寒的家庭在租借的这个屋子里，这天要摆开“宴席”。

1919年11月16日，新民学会部分会员在长沙周南女校合影。后排左四为毛泽东

在蔡和森家仅有十余平方米的堂屋里，毛泽东、萧子升等13位年轻人挤在屋里，经过认真讨论，新民学会正式成立。新民学会取义于《礼记》：“大学之道，在明明德，在新民，在止于至善。”这些人当中，蔡和森喜欢兼爱的墨子，毛泽东爱谈进取的孔子；萧子升才华横溢，罗章龙特立独行；何叔衡年过四旬，而二十出头的萧三似乎还是个娃娃……他们讨论通过了毛泽东为主起草的会章，确立了“革新学术，砥砺品行，改良人心风俗”的学会宗旨。

两年后的1920年11月底至12月初，长沙的共产党早期组织，在新民学会的基础上诞生。

《湘江评论》是五四运动时期，毛泽东在长沙主办的周刊，是当时宣传反帝反封建思想、宣传十月革命胜利和传播马克思主义的有力阵地，在当时的思想界和广大青年中产生了巨大影响。

1919年5月4日，北京爆发了声势浩大的五四运动。但是，由于军阀对消息的极力封锁，致使长沙的进步人士对北京的情况知之甚少。为了推动长沙的学生运动，邓中夏从北京来到长沙找到蔡和森，向他介绍了北京的情况。1919年5月25日，新民学会和各校学生代表聚集长沙楚怡学校，听取了邓中夏关于北京五四运动的情况介绍。并初步确定6月3日罢课。

在介绍会上，毛泽东提出应搞一个刊物来宣传先进思想。他的这个建议得到大家的赞同，并确定由湖南学生联合会主办，毛泽东任主编。经过毛泽东等人的精心筹备，1919年7月14日，《湘江评论》在长沙创刊。创刊号刊登了署名毛泽东的《湘江评论》创刊宣言。

在创刊号的宣言中，毛泽东心潮澎湃地指出：“世界什么问题最大？吃饭问题最大。什么力量最强？民众联合的力量最强。

“湘江，乃地球上东半球东方的一条江。它的水很清，它的流很长。住在这江上和它邻近的民众，浑浑噩噩，世界上的事情，很少懂得。他们没有组织的社会，人人自营散处，只知有最狭的一己，和最短的一时；共同生活，久远观念，多半未曾梦见。他们的政治，没有合意和彻底的解决，只知道私争。他们被外界的大潮卷急了，也办了些教育，却无甚效力；一班官僚式教育家，死死盘踞，把学校当监狱，待学生如囚徒。他们的产业没有开发。他们之中也有一些有用人才，在各国各地方学好了学问和艺术。但没有给他们用武的余地，闭锁一个洞庭湖，将他们轻轻挡住。他们的部落思想又很厉害，实行湖南饭湖南人吃的主义，教育实业界不能多容纳异才。他们的脑子贫弱而又腐败，有增益改良的必要，没人提倡。他们正在求学的青年，很多，很有为，没人用有效的方法，将种种有益的新知识新技术启导他们。咳！湘江，湘江！你真枉存于地球上。

“时机到了！世界的大潮卷得更急了！洞庭湖的闸门动了，且开了！浩浩荡荡的新思潮业已奔腾澎湃于湘江两岸了！顺它的生，逆它的死。如何承受它？如何传播它？如何研究它？如何施行它？这是我们全体湘人最切最要的大问题，即是《湘江》出世最切最要的大任务。”

毛泽东主张以平民主义（德谟克拉西）来打倒强权。主张彻底研究学术，努力追求真理；群众联合，实行“呼声革命”。《湘江评论》创刊号寄到北京后，李大钊认为这是全国最有分量、见解最深的刊物。

《湘江评论》每周一张四开，约12000字，“以宣传最新思潮为主旨”，深受读者欢迎。《湘江评论》创刊号当天全部销完，后重印了2000多份，仍不能满足群众需要。从第二期起改印5000份。

《湘江评论》虽然只出版了五期，但毛泽东却付出了巨大心血。第一期的所有文章都是毛泽东写的，还自己当编辑编稿、排版。

当时毛泽东在修业学校教书，白天没时间，只有用晚上的时间写稿。毛泽东住在学校内一栋旧楼的一间小屋里。夏天，屋里十分闷热，他便脱掉衣服，在昏暗的灯下写稿、编稿，每天总是要写到深夜。当时，晚上小

中華民國八年七月十四日

湘江評論

1919年7月14日，《湘江评论》在长沙创刊

屋内就像蒸笼一样，而成群结队的蚊子也向他进攻。这时，毛泽东的生活仍很艰苦，修业小学给他的工资每月只有几元，吃饭以外就无剩余。他的行李也只有旧蚊帐、旧被套、旧竹席和几本兼作枕头用的书。身上的灰长衫和白布裤，穿得很破旧。

《湘江评论》反帝反封建的目标明确，文风新颖，通俗易懂，笔调尖锐，气势磅礴，切中封建统治的要害。辟有“西方大事述评”“东方大事述评”“湘江大事述评”“湘江杂评”“放言”“新文艺”等栏目。

1919年8月中旬，第五期刚刚印出，还未发行。一天，湖南军阀张敬尧手下的一名爪牙徐副官带领着七八个士兵闯进学校，几枪托将门楣上的“《湘江评论》编辑部”木牌砸落在地。

无论毛泽东和学生们怎样据理力争，《湘江评论》还是被张敬尧下令查禁，湖南学生联合会也被同时勒令解散。

为探索救国救民的真理，毛泽东当过北大图书馆的管理员。

毛泽东在湖南一师的老师杨昌济于1918年离开长沙执教于北京大学。杨昌济在举家北迁的当月，他写信给自称为“三豪杰”的毛泽东与萧瑜、蔡和森，谈如何到西方勤工俭学以拯救中国的问题，当时蔡元培等人成立华法教育会，组织赴法勤工俭学活动。成立各种各样的预备学校，为赴法勤工俭学运动的发展准备了必要的条件。

由于急切寻找新出路，毛泽东和新民学会会员讨论了这封信，蔡和森代表长沙方面进京参加赴法筹备工作，毛泽东和另外20人于1918年秋起程赴京，起初是步行，然后坐船到武汉，接着乘火车到达北京。

毛泽东早就想去北京。以杨昌济为桥梁，由《新青年》杂志作媒介，他初步介入了新文化运动。

毛泽东的个人处境与北京的富丽堂皇正好相反。他没有工作，身无分文。

起初，他在杨昌济教授家与看门人同住一间小屋，后来毛泽东和蔡和森、萧子升、罗章龙等七个人就搬到景山东街三眼井吉安东夹道7号居住。八个人像沙丁鱼一样挤在炕上。毛泽东后来回忆说：“每当我要翻身，得先同两旁的人打招呼。”

北京的开销比长沙大。买煤烧炕使他们拮据，每人能有件大衣都成问题。他们只好八个人合买一件大衣轮流着穿，以抵御迅即席卷北京的严寒。

1918年1月，李大钊受校长蔡元培之邀来到北京大学担任图书馆主任。

杨昌济给李大钊写了封简信，询问能否为一个参加勤工俭学运动而处境窘迫的学生找个工作。

李大钊给26岁的毛泽东在图书馆安排了一份工作，管理第二阅览室即期刊阅览室，月薪八块大洋，报酬较低。报阅览室订有上海《申报》、

北京景山东街三眼井毛泽东故居

《时事新报》、《民国日报》、北京《晨报》、《京报》、《国民公报》、《顺天时报》、天津《大公报》、长沙《大公报》以及英文《北京导报》、日文《支那新报》等15种中外文报纸。毛泽东作为书记（助理馆员），每天的工作除搞好阅览室卫生外，便是整理上架新到的报刊和登记前来阅览者的姓名。美国记者斯诺在《西行漫记》中记载了毛泽东的一段关于北大图书馆的回忆："我的职位低微，大家都不理我。我的工作中有一项是登记来图书馆读报的人的姓名，可是对他们大多数人来说，我这个人是不存在的。在那些来阅览的人当中，我认出了一些有名的新文化运动头面人物的名字，如傅斯年、罗家伦等等。我对他们很有兴趣，我打算去和他们攀谈政治和文化问题，可是他们都是些大忙人，没有时间听一个图书馆助理员说南方话。"

毛泽东从1918年8月至1919年3月，在北京大学红楼里担任图书馆助理员。

北大红楼是1918年北京大学建校20周年时落成的，是一座四层的红砖到顶的大楼，红楼的一层主要用作图书馆。

在北大的各个场合，毛泽东的地位也同样低，只有在缄口不言时他才能去听讲座。一次，他斗胆向胡适提了一个问题，胡适问提问题的是哪一个，当他得知毛泽东是没有注册的学生时，这位激进而洒脱的教授拒绝回答。

但是，毛泽东渴望涉足知识界的大门。他参加了新闻学研究会和哲学研究会，因为报纸和道德问题是他当时的热情所在。

毛泽东在晚年曾经说过：我不是天才。我读过六年孔夫子的书、七年资本主义的书，1918年到北京大学图书馆当了管理员。我就在这个时候读了马克思列宁主义的书。

这期间，毛泽东读了李大钊的《青春》《法俄革命之比较观》等文章。他经常到李大钊处请教问题，读了一些传播马克思主义的书刊，参加李大钊组织的研讨各种新思潮的活动，并由李大钊介绍加入了北大新闻学

原北大“红楼”图书馆旧址

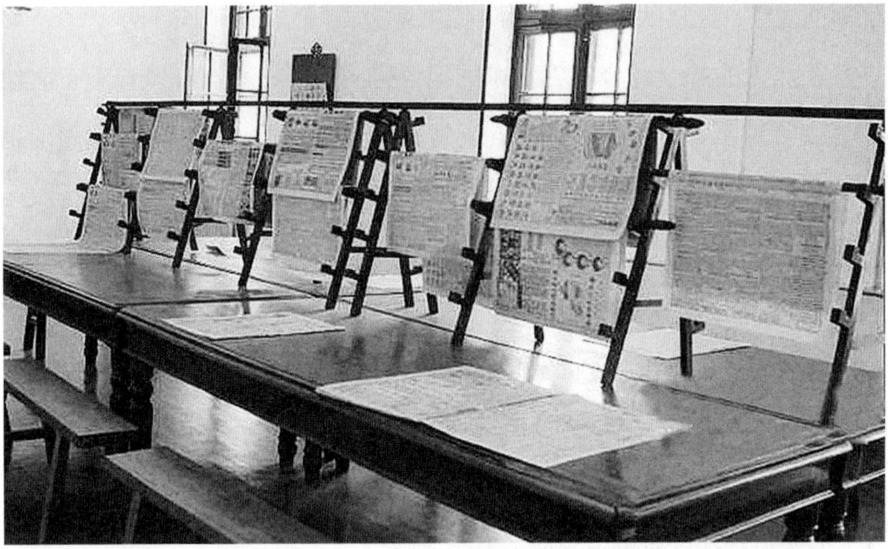

红楼内第二阅览室 曾是毛泽东担任北大图书馆管理员期间工作的地方

研究会。他还在长辛店参加了邓中夏组织的“平民教育讲演团”。他的思想在迅速地发展着、变化着，一步步地成熟起来、清晰起来。

毛泽东喜欢北京古老的文化和悠久的历史，他漫步在公园和宫殿。在西山，在长城，他抒发思古之幽情。面对北海垂柳上的冰凌，他吟诵起唐代诗人的名句，体验着岑参笔下那令人赞叹不已的冰雪晶莹的意境：

“在公园和故宫的宫址，我看到了北国的早春；在坚冰还盖着北海的时候，我看到了怒放的梅花。北京的树木引起了我无穷的欣赏。”

实行持久战，把日本人打回老家去

毛泽东在《论持久战》中说，抗日战争是“战争史上的奇观，中华民族的壮举，惊天动地的伟业”。

中国人民的抗日战争，是近代以来中华民族反抗外敌入侵第一次取得完全胜利的民族解放战争，是20世纪中国和人类历史上的重大事件。

毛泽东在抗日战争中发挥了不可替代的伟大历史作用：可以说，没有毛泽东，抗日战争的历史也可能会重写，抗战可能会经历更多的曲折和磨难，其胜利可能会来得晚一些。

毛泽东以其宏伟的气魄、宽广的胸怀、无与伦比的坚强意志和高超的谋略，导演着威武雄壮、波澜壮阔的人民战争，创造着世界战争史上的奇迹；他充满了传奇色彩，功彪史册，并成为抗日战争中的当之无愧的最大爱国的民族英雄和杰出领导者。

他积极倡导建立和维护抗日民族统一战线，使全国各党、各派、各界、各军团结在抗日的旗帜下，为争取抗日战争的胜利提供了重要的保证。他胸怀全局，善于处理全局和局部的关系。充分发挥各个局部的作用，在抗日战争全局中不断地投下一着又一着的妙棋，引导战争航船驶上胜利的彼岸。

他制定和实施了全面抗战路线和持久战战略方针，实现了对中国抗日战争的正确指导。他科学地预见到整个战争的发展进程，提出了抗日战争不同发展阶段应该采取的正确的作战方针。他的《论持久战》是一部马列主义军事经典著作，是指导抗战取得最后胜利的纲领性文献，得到了党内

革命圣地延安

外以至国内外政治家、军事家的高度评价和称赞。他把游击战提高到战略地位，是一个有着远大战略眼光的创见。

1936年7月上旬，美国《纽约先驱论坛报》记者埃德加·斯诺来到保安。作为访问苏区的第一位外国记者，斯诺在苏区停留近四个月。

斯诺在北平与“一二·九”学生运动的领导者们关系密切，他还用小型摄像机拍摄了学生游行的场面。朋友们建议他要了解和介绍中国革命必须到陕北，他也决心到陕北接触中共的领袖们。

他辗转来到保安，见到毛泽东，发现毛泽东面容消瘦，个子高出一般中国人，背有些驼，一头浓密的黑发留得很长，双眼炯炯有神，鼻梁很高，颧骨凸出。斯诺认为：“我在一刹那间得到的印象，是一个非常精明的知识分子的面孔。”

斯诺对保安的共产党领导人很熟悉。他把毛泽东与周恩来的性格和神态作了对比：“周恩来是直接对着你的眼睛看你，无论你说什么，他总是显出渴望你相信他的样子。毛泽东是侧着头看人，等他的话产生效果，他的逻辑被理解，一副怀疑的神态。”

7月13日，毛泽东到保安的第三天黄昏，没有风，天气闷热，保安的沙土街道已经被暮色笼罩，毛泽东从他的石窑洞里大步走出来，碰上了美国记者斯诺。

斯诺说：“蒋委员长用大洋24万的重金买你的人头呢，你却不用保卫，自己散步。”毛泽东听后哈哈大笑，说：“人民群众就是很好的保卫呀！”

然后，毛泽东在暮色中信步走去。

毛泽东与斯诺接触后，觉得斯诺身上有一种精神，为人很正直，也很有才干，同情中国革命，因此很喜欢斯诺，很想通过他向世界宣传报道共产党的方针政策和苏区情况。他很愿意同斯诺交谈。

7月15日，毛泽东同斯诺主要谈了红军的外交、对资本主义国家的总政策、红军如何区别友好国家和帝国主义国家、红军是否承认外国（包括传教士）在中国的财产权和外国投资等问题。

16日，从晚上9时到第二天凌晨2时，毛泽东对斯诺主要讲了抗日战争的形势、方针，战胜日本的条件，抗战要多长时间，红军怎样同国民党合作等诸多问题。

夜深了，小石山下偶尔听到野狼的长嚎和军马的嘶鸣声。

1936年，斯诺在保安拍摄的毛泽东头戴红军帽的照片

斯诺仍然兴趣盎然地问："照你的意见，抗日战争主要的战略方针是什么？"

毛泽东点燃一支烟，把火柴甩灭了，思考了一下，说："我们的战略方针，应该是使用我们的主力在很长的变化不定的战线上作战。中国军队要胜利，必须在广阔的战场上进行高度的运动战，迅速地前进和迅速地后退，迅速地集中和迅速地分散。转换全局的战略方针，必须是运动战。阵地战虽也需要，但是属于辅助性质的第二种方针。如果我们集中兵力在一个狭小的阵地上作消耗战的抵抗，将使我们失掉地理上和经济组织上的有利条件，犯阿比西尼亚的错误。

"抗日战争开始后，蒋介石反其道而行之，在忻口、娘子关、上海、台儿庄、武汉等地打的都是消耗战性质的阵地防御战。"

毛泽东停顿了一下，又说："中国农民有很大的潜力，只要组织和指挥得当，能使日本军队一天忙碌24个小时，使之疲于奔命。必须记住这个战争是在中国打的，这就是说，日军要完全被敌对的中国人包围。日军要运军需物资，要重兵去保护交通线，时时防备袭击。日本的兵力有限，一大部力量驻扎满洲和日本内地。"

18日、19日，毛泽东又同斯诺谈了苏维埃政府的对内政策问题，强调全国人民各党各派各军要联合起来团结一致共赴国难，建立统一战线。

7月23日，毛泽东同斯诺主要谈了中国革命与共产国际、与苏联的关系。

毛泽东严肃地告诉斯诺，共产国际不是一个行政组织，除起顾问作用外，无任何政治权力。斯大林在同美国记者谈话时说，革命不能输出，同样革命也不能输入。在共产国际的所有决定中，找不出苏联统治苏维埃中国的任何规定。中国共产党只能代表全民族说话，只能代表全中国群众的利益说话，决不能代表俄国人说话。

斯诺询问红军为什么能够在最大的压力下还能取得节节胜利。

毛泽东停了一下，抽了一口烟，然后对斯诺说，原因有三个：第一，红军是民众的军队，民众无微不至地支持红军；除非先消灭爱护红军的民众，否则没有办法消灭红军。第二，红军的存在依靠共产党用正确的战略战术的领导。第三，红军的指挥员是能干、正确、聪明的，诚恳而忠实的。

斯诺记述说："毛泽东和他的夫人住在两间窑洞里，四壁简陋，空无所有，只挂了一些地图。毛氏夫妇的主要奢侈品是一顶蚊帐。除此之外，毛泽东的生活和红军一般战士没有什么两样。做了10年红军领袖，千百次地没收地主、官僚和税吏的财产，他所有的财物却仍然是一卷铺盖、几件随身衣物——包括两套制服。他虽然除了主席以外还是红军的一个指挥员，他所佩的领章，也不过是普通红军战士所佩的两条红领章。"谈话时，斯诺还和毛泽东一起吃过饭："毛泽东的伙食也同每个人一样，但因为是湖南人，他有着南方人'爱辣'的癖好。他甚至用辣椒夹着馒头吃。除了这种癖好之外，他对于吃的东西就很随便。有一次吃晚饭的时候，我听到他发表爱吃辣椒的人都是革命者的理论。他首先举出他的本省湖南，就是因产生革命家出名的。他又列举了西班牙、墨西哥、俄国和法国来证明他的说法；可是后来有人提出意大利人也是以爱吃辣椒和大蒜出名的例子来反驳他，他又只得笑着认输了。"他还注意到了毛泽东读书的钻研精神："毛泽东是个认真研究哲学的人。我有一阵子每天晚上都去见他，向他采访共产党的历史，有一次一个客人带来了几本哲学新书来给他，于是毛泽东就要求我们改期再谈。他花了三四夜的时间专心读了这几本书，在这期间，他似乎是什么都不管了。他读书的范围不仅限于马克思主义的哲学家，而且也读过一些古代希腊哲学家、斯宾诺莎、康德、歌德、黑格尔、卢梭等人的著作。"

进入10月，在小石山的窑洞里，斯诺在与毛泽东谈完国际问题后，又向毛泽东问了一些个人问题。

毛泽东说，我干脆撇开你的问题，把我的生平梗概告诉你，你看怎么样？我认为这样你会更容易理解些，实际上也等于回答了你的问题。

斯诺听后喜出望外，这是一个记者求之不得的独家新闻。

深夜，保安一带的山区很寂静，野狼的嚎叫声不断传来。狼的嚎叫惊动了保安的军马，军马亦不安地嘶鸣起来。

他们两个坐在铺着红毯子的方桌旁，听着蜡烛火花的声音，一个讲，一个奋笔疾书，有时候贺子珍在默默地当旁听者。她与毛泽东虽然是夫妻，但却是第一次听到毛泽东讲自己的生平事迹。

从晚上开始到次日凌晨，这样默契的合作连续了几个晚上。这是毛泽东破天荒地第一次谈个人的历史和红军长征的经过，也是唯一的一次。

1937年10月，斯诺的《红星照耀中国》一书的英文本首先由伦敦维克多·戈兰茨公司出版。几周间发行10万册以上，一个月内销售了5版。1938年1月3日，美国兰登书屋发行出版了美国版《红星照耀中国》，一个月销售1.2万册，以后又连印数次。之后它先后被译成法、德、俄、意、西等近20种文字。

1936年，毛泽东与斯诺在陕北保安合影

《红星照耀中国》使得斯诺完成了20世纪“任何一位记

者都无以企及的最伟大壮举”。该书使美国人和其他西方人第一次真实地了解到了中国共产党人的生活。美国外交官谢伟思后来指出，《红星照耀中国》这本书“为全世界揭开了一个帘幕，使人们第一次看到了未来的中国”。美国总统罗斯福饶有兴趣地看完全书后三次召见斯诺，对斯诺说：“我在同（中国的）两个政府打交道，我打算继续这样做。”费正清在《美国与中国》中写道：“当富于事业心的美国记者埃德加·斯诺在长征后访问毛及其同僚时，他发现他们是一些满怀信心甚至愉快的老练革命家。他们那种朴实的恳切态度以及对农民事业明显的献身精神，在《西行漫记》里描绘得栩栩如生，促使世界各地的读者浮想联翩。”

毛泽东在1936年与斯诺的谈话中，第一次对中国抗日战争的发展过程作了科学预见，并首次向世人披露了自己的成长经历，这次谈话打破了国民党对工农红军近十年的新闻封锁，第一次向世人展现了中国共产党领袖毛泽东的真实形象及红军和陕北根据地的真实情况，赢得了国统区和世界人民的广泛同情与支持。

1970年10月1日，毛泽东和斯诺夫妇在天安门城楼上合影

1941年，由于斯诺向国际上报道了“皖南事变”的真相，国民党政府取消了他在中国采访的权利，斯诺被迫离开他生活了13年的中国。新中国成立后，他因与中国的友好关系，受到美国麦卡锡主义的迫害，在瑞士定居。他日夜想念着中国。直到1960年他才以作家的身份，冲破重重阻碍来到中国，见到了阔别21年的毛泽东。1970年，年迈的斯诺在天安门城楼上，站在毛泽东身边，检阅人民的游行队伍，没有任何一个外国记者享受过如此高的待遇。回去后，斯诺的身体每况愈下，他坚持着想要见到美国总统尼克松访问中国的那一天。毛泽东和周恩来得知斯诺的病情，派马海德带领一个中国医疗组到瑞士，要接斯诺到中国治病。但斯诺的身体已不允许他乘坐飞机了。为中美关系友好奋斗了整整一生的斯诺，在他永远闭上眼睛后的第三天，美国总统尼克松正式访问中华人民共和国。按照斯诺的遗愿，他的一半骨灰埋葬在北京大学未名湖畔。

1938年7月，毛泽东在延安发表了他的不朽军事著作——《论持久战》，成为指导抗战取得胜利的纲领性文献。

在抗战进行到10个月时，1938年5月，不仅东三省难以收复，甚至从山海关到杭州湾，中国北部、东部主要的大城市都已沦入敌囊；19日，徐州会战结束，陈兵黄河东岸的日军正待发起新一轮攻势……日军的猖狂推进，动摇了一些人当初“抗战到底”的信心，一时间，“日本不可战胜，抵抗必亡”的亡国论调甚嚣尘上。汪精卫的公开投敌又成为加在“亡国论”上的重量级砝码。当然，“亡国论”既不会也不能一统天下。“速胜论”是表面急切而实际缺少佐证、缺乏力量抗衡的另一种声音。战与不可战、亡与不会亡之间，也有人提出“持久战”。然而，“持久”到何年何月，延宕到哪天哪时？当时的抗战形势充满了未知的迷雾，面对中国抗战的前途命运，天下熙熙，谁能作出正确而科学的分析判断？

早在1936年7月，抗日战争还没有开始时，毛泽东在保安那次同美国记者斯诺的谈话中就说过：中日早晚要打一仗；中日这一战，是持久的。他还向斯诺谈到了打持久战的各项方针。1937年，抗日战争刚刚开始时，毛泽东又说过，中日之间的最后胜负，要在持久战中去解决。

1938年5月，毛泽东深感有必要对抗战10个月来的经验进行总结性解释。尽管1937年8月在陕北洛川召开的党的政治局扩大会议上，党中央就确定了“持久战”的战略方针，朱德、张闻天、彭德怀、周恩来等也都先后对我党持久战的战略方针作过一些说明和解释；同时，国民党著名将领蒋百里在其《国防论》一书中也曾提出过持久战思想，即“苦撑待变，以空间换时间，等待英美援助，以战胜日本”。但上述思想并不系统，也欠深刻，并没引起国人应有的注意和重视。

延安窑洞里的油灯彻夜不息，窗纸上映着毛泽东奋笔疾书的身影。毛泽东每天这样写着，忘记了时间，忘记了饥饿。警卫员端来冒着热气的饭菜，几次凉了又热，劝毛泽东快吃饭，也无济于事。

春寒料峭，初春的陕北之夜仍十分寒冷。为了让毛泽东安心写作，警卫员翟作军弄来了一盆炭火，他怕主席冻着脚，就把火盆放到了毛泽东的脚边。过了一会儿，翟作军突然闻到了一股刺鼻的烟味，原来毛泽东的两只棉鞋正在冒烟，被烧焦了一大片而他却浑然不觉。翟作军赶忙跑过去帮毛泽东脱掉棉鞋，弄灭了火星。无奈，毛泽东只好穿上单鞋在寒冷的夜晚继续写作。第二天，毛泽东就病倒了，但他只吃了几片药，没有按医生的嘱咐好好休息，就又撑着病体拿起笔来。

八天九夜就这样过去了。毛泽东的两眼布满了血丝，脸庞也日渐消瘦。初稿完成了，毛泽东稍事休息，便又开始了紧张的修改。他让工作人员抄一遍，然后自己改一遍，再让工作人员抄一遍……反反复复不分昼夜地一直斟酌、修改了七遍后，才最后定稿。

一天夜里，毛泽东唤来了翟作军，让小翟把一摞厚厚的书稿送到清凉山解放社去。翟作军知道毛泽东的书终于写完了，高兴地答应着向解放社跑去。

几天后，解放社送来了校样，毛泽东又不分昼夜地斟酌修改，还发送给其他中央首长征求意见。1938年7月1日，《论持久战》在《解放》杂志第43、第44期（合刊）上正式发表。

《论持久战》是一部寓意深刻的军事哲学著作，也是一部灵活运用马克思主义哲学分析、研究军事问题的经典之作。在这部著作中，毛泽东分析了中日两国的社会形态、双方战争的性质、战争要素的强弱状况、国际社会的不同态度，断言“抗日战争是持久战，最后的胜利属于中国”。文章指出：“中日战争不是任何别的战争，乃是半殖民地半封建的中国和帝国主义的日本之间在20世纪30年代进行的一个决死的战争。全部问题的根据就在这里。”接着，毛泽东深入剖析了中日战争矛盾总体的各个方面，指出“日本的长处是其战争力量之强，而其短处则在其

毛泽东在延安窑洞撰写《论持久战》

战争本质的退步性、野蛮性，在其人力、物力之不足，在其国际形势之寡助”。而“中国的短处是战争力量之弱，而其长处则在其战争本质的进步性和正义性，在其是一个大国家，在其国际形势之多助”。由此，他将四对矛盾清晰地展现在人们眼前，即：敌强我弱，敌退步我进步，敌小我大，敌寡助我多助。

毛泽东不仅指出敌强我弱，而且指出敌不是一般的强，“它的军力、经济力和政治组织力在东方是一等的，在世界也是五六个著名帝国主义国家中的一个”。而我不是一般的弱，鸦片战争以来，“一切为解除半殖民地半封建地位的革命的或改良的运动，都遭到了严重的挫折”。又指出：敌也不是一般的退步，由于它“是一个带军事封建性的帝国主义这一特点，就产生了它的战争的特殊的野蛮性”。而我也不是一般的进步，而是“已经有了资本主义，有了资产阶级和无产阶级，有了已经觉悟和正在觉悟的广大人民，有了共产党，有了政治上进步的军队即共产党领导的中国红军，有了数十年革命的传统经验，特别是中国共产党成立以来的十七年的经验”。同时，他还对敌小我大、敌寡助我多助等，作了细致入微的分析，使人心中豁然开朗。

文章深刻批判了“亡国论”和“速胜论”论调，指出：“亡国论者看重了强弱一个矛盾，把它夸大起来作为全部问题的论据，而忽略了其他的矛盾。他们只提强弱对比一点，是他们的片面性；他们将此片面的东西夸大起来看成全体，又是他们的主观性。所以在全体说来，他们是没有根据的，是错误的。”而速胜论者“或则根本忘记了强弱这个矛盾，而单单记起了其他矛盾；或则对于中国的长处，夸大得离开了真实情况，变成另一种样子；或则拿一时一地的强弱现象代替了全体中的强弱现象，一叶障目，不见泰山，而自以为是。总之，他们没有勇气承认敌强我弱这件事实。他们常常抹杀这一点，因此抹杀了真理的一方面。他们又没有勇气承认自己长处之有限性，因而抹杀了真理的又一方面”。因此，“亡国论”和“速胜论”都是只见部分，不见全体。他们不了解，部分是全体的部分，部分只有在全体中并和全体相联系，才能给予正确的理解。比如，如果像亡国论者那样，只看到敌我强弱对比一个因素，并把它绝对化、凝固化，自然要得出“抗战必亡”“再战必亡”的结论；但如果把敌强我弱这一因素和其他矛盾因素特别是敌退步、我进步这一因素联系起来，事情就不同了。敌强中有弱，我弱中有强，敌我强弱对比是相对的，而不是绝对的；是可变的，而不是僵死的；是重要因素但不是决定因素；敌强我弱决定战争的进程而不能决定战争的前途。毛泽东进而指出：“强弱对比虽然规定了日本能够在中国有一定时期和一定程度的横行，中国不可避免地要走一段艰难的路程，抗日战争是持久战而不是速胜战；然而小国、退步、寡助和大国、进步和多助的对比，又规定了日本不能横行到底，必然要遭到最后的失败，中国决不会亡，必然要取得最后的胜利。”

尤其难能可贵的是，毛泽东对于抗战的具体过程及其阶段还进行了具体分析：“持久战，将具体地表现于三个阶段之中。第一个阶段，是敌之战略进攻、我之战略防御的时期。第二个阶段，是敌之战略保守、我之准备反攻的时期。第三个阶段，是我之战略反攻、敌之战略退却的时期。”在防御、相持、反攻三个阶段中，相持阶段是中日战争转变的枢纽。一方面，中国将在相持阶段中获得转弱为强的力量；另一方面，这个阶段将是中国很痛苦的时期，跨过战争的艰难路程之后，胜利的坦途就到来了。为此，毛泽东制定了持久战的具体战略方针，即：第一、第二阶段，应是战略防御中的战役和战斗的进攻战，战略持久中的战役和战斗的速决战，战略内线中的战役和战斗的外线作战。第三阶段，应是战略的反攻战。同时，他对中日战争各阶段双方力量对比、变化过程等诸多问题，进行了详细、具体、生动的描述和分析，并指出：“中国由劣势到平衡到优势，日本由优势到平衡到劣势，中国由防御到相持到反攻，日本由进攻到保守到退却——这就是中日战争的过程，中日战争的必然趋势。”怎样使这个历史必然趋势尽快变成现实呢？毛泽东为如何开展持久战开了一个大“药方”，这就是：动员全国人民，开展人民战争，即“兵民是胜利之本”，“战争的伟力之最深厚的根源，存在于民众之中”，“只要动员了全国的老百姓，就造成了陷敌于灭顶之灾的汪洋大海，造成了弥补武器等缺陷的补救条件，造成了克服一切困难的前提”。同时，该书还对抗战各阶段中的具体谋略进行了精彩的说明和阐述。《论持久战》中的分析和论述令人叹为观止，通读全文，可以充分感受到它的逻辑力量和思想魅力所在。

《论持久战》是一部具有超前认识的创造性著作，它不仅在国内成为指导抗日战争的科学的军事理论，而且在世界军事学术史上也有极高的学术价值。

毛泽东写完《论持久战》之后，一开始并未考虑出版或者发表的问题，他写作的目的，是在中共高层搞清楚问题，统一认识，因此，他决定先在延安抗日战争研究会讲一讲。

1938年5月26日至6月3日用了近十天的时间，毛泽东在延安抗日战争研究会上以《论持久战》为题发表了演讲。演讲中，毛泽东旁征博引、举一反三，以他一贯生动而不失严谨的文风，逻辑缜密地层层推进、梳理，深入浅出地引经据典，摆事实、讲道理……

这篇文章和这次演讲就像拨开了笼罩在人们头上的云雾，对人们当下最关心的问题给出了科学合理而有分量的回答，在延安引起轰动。

陈云听了毛泽东的讲演后，感到毛泽东讲得非常深刻，非常有说服力，毛泽东的理论对全党、对全国抗战，都有重要指导意义。他后来于1941年10月8日在中央书记处会议上说：过去我认为毛泽东在军事上很行，因为长征遵义会议后的行动方针是毛泽东出的主意。毛泽东写出《论持久战》后，我了解到毛泽东在政治上也是很行的。

于是第二天陈云就对毛泽东说：是不是可以在更大一点的范围给干部们讲一讲？毛泽东考虑后，接受了陈云的建议。

但是，毛泽东考虑到，在更大范围去讲，只能是分别到抗大等学校去讲，到延安各党政机关去讲，可是这样做，一是自己非常忙，抽不出来那么多的时间；二是只由自己去讲，听者仍然有限。于是他便决定把讲稿整理出来，先在党内印发。这样，《论持久战》先在延安油印出来，在党内传阅。

可是，延安油印的《论持久战》数量有限，尽管大家争相传看，仍然有许多干部看不到，特别是在前线的干部，得到油印的《论持久战》更难。于是，毛泽东又决定，印成书，公开发表，不光在根据地发表，也可以在国民党统治区发行。

公开出版《论持久战》的决定做出后，中共中央当作一件大事来办，采取了特别措施。延安当时缺纸，就设法从国民党统治区搞来一些纸，负责排字的同志日夜加班编校，印刷工人日夜加班印刷。

初次印出的《论持久战》，封面由毛泽东亲笔题写书名，扉页印着毛泽东亲笔写的："坚持抗战，坚持统一战线，坚持持久战，最后胜利必然是中国的。"

然而，囿于延安当时物资匮乏、技术有限，油印的手册不但质量差，而且数量也非常少，在延安以及各根据地干部群众争相传阅中大有一册难求、洛阳纸贵的味道。于是，陈云又建议将这篇文章送到国民党统治区印刷、发表，同时也可以扩大影响。

《论持久战》的书稿送到了武汉的中共长江局。当时，除了要求印刷成册外，还要求《新华日报》刊登这篇文章。《新华日报》是我党于1938年1月在国统区武汉创刊，公开发行、很有影响的一份报纸。可当时长江局书记王明却以文章太长为由，不准予刊登。从土地革命时期起，王明就自诩为彻底的布尔什维克、真正的马克思主义者，一直对以毛泽东为代表的“山沟里的马克思主义”瞧不上眼。在负责长江局的工作后，他提出“一切通过统一战线，一切服从统一战线”，右倾投降主义已露端倪。此外，他还不经过中央同意，擅自发表一些言论，与中央分庭抗礼的动机日渐明显。此时此刻，对于摆在案头、毛泽东撰写的这篇《论持久战》他十分不屑。他觉得持久战的理论消极，认为“抗日战争要经历三个阶段”没有根据。满肚子“洋墨水”的他还作了一首诗嘲讽：“四亿弗凭斗志衰，空谈持久力何来？一心坐待日苏战，阶段三分只遁牌。”最后在中央一再致电的情况下，他只同意印刷成册。而印成之后，他却暗中送了几本到苏联，期待着莫斯科“正视”《论持久战》存在的原则性错误……

可是理论见地的高低以及是否具有真正的生命力，不是某个个人就能阻挡或左右的。《论持久战》不但在墙内开花，而且墙外花香浓郁。

时任共产党国际总书记兼管中国事务的是季米特洛夫，他在收到王明

1938年，毛泽东在延安作《论持久战》报告

的信之后，仔细阅读了毛泽东的《论持久战》，对毛泽东精辟的分析、科学的诊断拍案叫绝，对毛泽东的雄才大略有了更进一步的认识，对王明的行动十分反感。季米特洛夫从中共代表团团长任弼时那里了解到“毛泽东不会放弃共产党，中国共产党也绝不会放弃对八路军、新四军的领导”，对毛泽东更加由衷佩服。并在共产国际刊物上发表文章，高度赞扬：“有史以来，还没有人把军事问题、战争问题说得这样透彻过，《论持久战》是一本划时代的著作。”

1938年7月6日，在中国抗战一周年前夕，苏共中央《真理报》在头版位置刊登了毛泽东和朱德的照片，表示了共产国际对毛泽东的支持，使毛泽东在中国共产党内的领袖地位得到确认。王明想借《论持久战》做文章，结果搬起石头砸了自己的脚。

武汉会战结束后，在陪都重庆，周恩来第一次向白崇禧介绍了《论持久战》。白崇禧是国民党内的实力派，素有“小诸葛”之誉。其时，国民党内也一直存在着“持久战”的论调，只不过没有人对此进行过探究，更没有人系统而深入地进行阐发。加之，正面战场的失利，大面积国土的沦陷，此时论“持久战”就像托词借口一样，不免被人侧目。据白崇禧当时的秘书程思远回忆，白崇禧听完周恩来的介绍，有着十分的兴趣，他让周恩来一定送给他一本。在得到这册《论持久战》后，白崇禧进行了认真研读。读完后，白崇禧拍案叫绝，对程思远说：“这才是克敌制胜的高韬战略！”他按捺不住心里的高兴，想立刻推荐给蒋介石，但转念想了一下，暂且按下不表。与毛泽东相反，蒋介石很少有长篇宏著，他的文章基本都是由人代劳，记日记也是三言两语。一次，一篇冗长而务虚的报告递给蒋，他看了几页，批了一句“我非纸篓”。基于对蒋的这些了解，白崇禧决定先营造个舆论以“先声夺人”。

白崇禧在国民党上层不断宣扬、介绍“持久战”理论，很快在当时中国军事界产生了重大影响。白崇禧还将毛泽东叹为军事天才，这些都逐渐传到了蒋介石耳中，并引起他的注意。白崇禧趁此向蒋介石转述了《论持久战》的主要精神，并让程思远送了一册过去。不出所料，蒋也对《论持久战》深以为然，武汉会战后的局面也印证了“抗日战争必将经历的三个阶段”。于是在蒋介石的支持下，白崇禧把《论持久战》的精神归纳成两句话：“积小胜为大胜，以空间换时间。”并在取得周恩来的同意后，由军事委员会通令全国，作为抗日战争中的战略指导思想。

《论持久战》在成为国共两党领导抗战的共识之外，在国际上也引起了重大反响。当时周恩来寄了一册给香港的宋庆龄。读完文章后，宋庆龄深为认同毛泽东鞭辟入里的分析判断，她找到自己亲近的朋友爱泼斯坦等人把《论持久战》翻译成了英文，准备在海外出版。毛泽东得知后，特意为英文本写了序言：“希望此书能在英语各国间唤起若干的同情，为了中国的利益，也为了世界的利益。”

《论持久战》的英文本在海外发行后，得到了国际上的积极响应和高度评价，据说，丘吉尔、罗斯福的案头上，都放着《论持久战》英文本，斯大林的案头上则放着他专门请人翻译成俄文的《论持久战》的文稿。一位外国记者读了《论持久战》后评论说：“《论持久战》发表后，不管中国人对共产主义的看法怎样，不管他们所代表的是谁，大部分中国人现在都承认毛泽东正确地分析了国内和国际的因素，并且无误地描述了未来的一般轮廓。”

史迪威将军只看了一遍《论持久战》，就认定这是一部“绝妙的教科书”，他更清楚地认识到八路军、新四军与日军浴血奋战、在敌后建立抗日根据地的地位和作用，认定抗战的最后胜利一定属于中国。他建议美国政府“加快对华援助”，向中共提供有限数量的武器装备，一定会加快胜利的到来。

值得一提的是，国民党军委会政治部部长陈诚，他是黄埔军校出身，恃才傲物。周恩来向他介绍了《论持久战》的基本思想，并送给他一本《论持久战》单行本。他一开始认为这是毛泽东故意炒作的，因而不屑一顾。

1938年10月下旬，武汉失守，继而长沙沦陷，抗战形势的发展确如毛泽东所预见的那样，陈诚才意识到抗战的艰巨性、复杂性和持久性，于是重新捧起《论持久战》仔细研读。他被毛泽东的精辟分析和科学预见所折服，并结合战例在该书的书眉上写了许多批注，并特地请周恩来到湖南衡山给军官训练学员讲授毛泽东的《论持久战》和《抗日游击战争的战略问题》。据说这本有陈诚批注的《论持久战》至今仍存放在台北陈诚私人图书馆里。

余致浚，中共地下党党员，抗日战争初期在赣南，打入国民党机关，担任蒋经国的“私人秘书”。在他逝世后，他的家人发现一份材料，里面提到：蒋经国非常佩服毛泽东写的《论持久战》，仔细反复阅读过七八次之多。

著名诗人、才华横溢的卞之琳，在烽火漫天的抗日战争年代，被革命圣地延安轰轰烈烈的革命运动所吸引，于1938年暑假，在何其芳、沙汀的积极活动和联系下，兴致勃勃地一同前往那个令许多追求进步的人士包括文学青年向往的延安。同年8月底到达宝塔山下。

卞之琳等热血青年被安排随陈赓旅第七七二团在前方体验生活，当时正值全党全军乃至全国人民学习毛泽东《论持久战》的热潮中，卞之琳有幸近距离地感受了《论持久战》所呈现的马克思主义理论与中国实际相结合的魅力。他强烈地感受到了火热的现实。后来，他发挥所长，在延安鲁迅艺术学院文学系代课讲学。这一段时间里，在战火纷飞、生死一瞬间的前线，他为毛泽东超凡的智慧和魄力所折服，也为中国共产党领导的人民军队和人民群众豪迈的革命热情和斗志所感动。于是，诗情奔涌，于1939年11月20日，激情满怀地写下了题为“《论持久战》的著者”的诗歌，讴歌了毛泽东和其光辉著作《论持久战》：

手在你用处真是无限，
如何摆星罗棋布的战局？
如何犬牙交错了拉锯？
包围反包围如何打眼？
下围棋的能手笔下生花，
不，植根在每一个人心中。
三阶段，后退，相持，反攻——
你是顺从了，主宰了辩证法。
如今手也到了新阶段，
拿起锄头来捣翻棘刺，
号召了，你自己也实行生产。
最难忘你那“打出去”的手势，
常用以指挥感情的洪流，
协入一种必然的大节奏。

美国前国务卿基辛格对毛泽东的《论持久战》也十分佩服。他在《核子武器与外交政策》一书中写道：“关于毛主席军事思想的最好阐述，不见诸苏联的著作，而见诸中国的著作。”

美国前国防部助理部长菲利普·载维达曾写道：“图书馆里的书架，都被那些称颂毛泽东为卓越的游击战权威的书压弯了。”

和《孙子兵法》一样，《论持久战》也被美国西点军校奉为了必读。

《论持久战》的高明，连对手也为之折服。旧日军大本营参谋陆军中佐山崎重三郎说："毛泽东的抗日游击战，堪称世界历史上规模最大、质量最高的游击战。它是一种全民总动员的攻势战略，把百万帝国陆军弄得团团转……在中国打败了日本人。"东京大学教授近藤邦康公开宣称："我很佩服《论持久战》。日本被中国打败是当然的，这样的以哲学为基础的宏远战略眼光，日本没有。"

当然，最为重要的是，时间的推移、实践的检验，雄辩地证明了抗日战争正是按照毛泽东在《论持久战》中所设想的那样发展的，中国人民最终战胜了侵略者，100年来第一次在反对外国侵略的斗争中取得了完全胜利。历史见证了毛泽东的科学分析和预测，更历史地将《论持久战》这部光辉著作列入了世界十大军事名著之一的地位。

他领导抗日军民开辟并建立了十多块敌后抗日根据地，使敌后根据地逐渐成为全民族最民主最光明最廉洁的地方，并在政权建设中积累了丰富的经验。

延安在抗日战争时期不但成为中国革命的"红都"，而且是抗日战争的"出发点"和中国革命走向全国胜利的"转折点"。

抗日战争爆发后，成千上万的爱国青年冲破重重阻力，跋山涉水奔向延安。为了造就抗日救国的人才，中国共产党先后在延安创办了20多所干部学校，培育了各行各业千千万万的干部。

曾经有个新闻记者说：延安每个窑洞里都装着几颗炮弹，将来出去爆炸，是了不起的。爱国华侨陈嘉庚，曾到延安，经过考察，得出"中国的希望在延安"的结论。中国人民抗日军政大学是中央到延安后创办的第一所高等军事学府，先后培养了十多万德才兼备的抗日军政人才，为中国人民的解放事业建立了不可磨灭的历史功勋。

延安时期，中央号召全党全军开展了著名的"大生产运动"。中央领

延安抗日军政大学

导带头参加劳动，毛泽东和他的警卫人员在杨家岭挖地种菜；朱德总司令在王家坪种菜；周恩来、任弼时参加纺线比赛。1941年3月，三五九旅开进南泥湾开荒种地，经过三年的辛勤劳动，把昔日一派荒凉的南泥湾变成了“陕北好江南”，成为大生产运动中的一面旗帜。大生产运动不仅使陕甘宁边区克服了困难，渡过了难关，达到了丰衣足食，而且培育了自力更生、艰苦奋斗的延安精神，改善了党政、军政、军民关系，积累了生产建设的经验，培养和锻炼了一大批从事经济工作的专家和人才，为新中国的经济建设事业奠定了基础。

1943年，毛泽东题写“自己动手，丰衣足食”

1944年美军观察组一行18人到延安、晋绥、太行等解放区参观访问，谢伟思在发回美国的第一篇报告中写道：“延安民众官

1944年，毛泽东、朱德、周恩来、叶剑英、林彪等在延安王家坪会见美军观察组成员

吏打成一片，路无乞丐，家鲜赤贫，服装朴素，男女平等，妇女不穿高跟鞋，亦无口红，文化运动极认真，整个地区如一个校园，青春活泼，民主模范，自修、自觉、自评，与重庆另一世界。”

“重庆有官皆墨吏，延安无土不黄金！”毛泽东对边区社会概括为“十没有”：“这里一没有贪官污吏，二没有土豪劣绅，三没有赌博，四没有娼妓，五没有小老婆，六没有叫花子，七没有结党营私之徒，八没有萎靡不振之气，九没有人吃摩擦饭，十没有人发国难财。”美国记者斯蒂尔赞颂说：“它真像是一首传奇的童话诗，整个延安的城市里，共有四个警察。20世纪40年代里，这真是神话，可是它偏偏是千真万确的事实。”

中国共产党在抗日战争中发挥了中流砥柱作用。

中国共产党领导的八路军、新四军深入敌后，开辟了敌后战场，提高了游击战的战略地位，并使19块敌后根据地逐渐成为全民族持久抗战的中坚。

平型关大捷是八路军出师华北抗日战场后首战大捷，同时也是全国抗战爆发以来中国军队的第一个重大胜利。

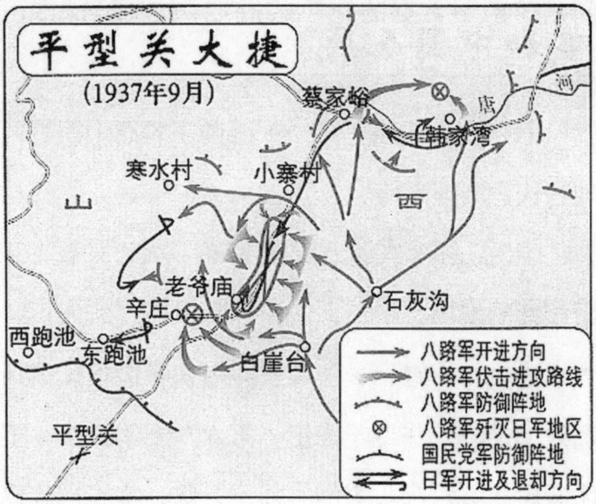

平型关战役示意图

1937年9月21日，毛泽东电示八路军总部，同意第一一五师集中相应兵力，寻机给日军以打击，暂时不分散，以配合平型关地区友军的作战。指出："这个仗必须打好，打出八路军的威风来，给全国人民的抗日情绪来一个振奋。"

平型关在山西繁峙县东北边境，邻接灵丘县，是长城要口之一。它距县城65公里，西去雁门关115公里，南近河北平县界。城门匾额上书"平型岭"三字，关内2.5公里是平型关村。平型关地势险要，古称瓶形寨，周围地形如瓶。明朝时是内长城重要关隘。关北的恒山高峙如屏，关南矗立五台山，两山都是陡峻的断块山，海拔在1500米以上，是晋北的交通障碍。两山之

平型关战役中的第一一五师指挥所

间是一条不太宽的地堑式低地，是河北北部平原与山西之间的最便捷通道。

24日夜，八路军第一一五师主力三个团冒雨在平型关东北公路两侧山地埋伏，严阵以待。

当时，平型关地区乌云密布，大雨如注。9月24日早晨，前方传来断断续续的炮声。中午，前沿部队报告，敌人正向平型关推进，可能在明天大举进攻。林彪、聂荣臻立即组织各级指挥员到预定伏击地域，再次进行细致的推敲，并当即确定了第六八五团拦头、第六八六团斩腰、第六八七团断尾、第六八八团作为师预备队，实施拦截日军先头部队、切断日军退路、中间突击分割、共同歼灭日军的战斗部署。

秋末的冷风一阵紧似一阵。战士们没有雨衣，只好任凭风雨吹打，沿着崎岖的山沟，踏着泥泞的道路，在黑夜中摸索前进。不巧，又遇山洪暴发，阻挡了部队前进的道路，一些急于涉水的战士被洪水卷走了。大家只得把枪和子弹挂在脖子上，手牵着手接成坚固的人墙，缓缓地穿过激流。最后，除第三四四旅旅长徐海东率领的一部分部队被洪水挡住外，第三四三旅旅长陈光率领的杨得志、陈正湘之第六八五团和李天佑、杨勇之第六八六团，均按时到达目的地。

徐海东来到乔沟伏击阵地东南侧白崖台师指挥所找林彪，对于他的第六八八团没能到达阵地非常遗憾。正在山头拿着望远镜察看地形的林彪只是说："豆腐要当铁打，不能大意，不要轻敌，要留好预备队，要通过这次战斗摸摸敌人的特点。"

25日，日军坂垣师团第二十一旅团进入伏击圈。其步兵分乘100多辆汽车走在队伍的最前面；辎重部队的200多辆大车满载着大批军用物资紧跟其后；再后面就是驮着92式步兵炮的骡马炮兵和骑着高头大马的骑兵。车马连成一线，马达声和马蹄声在山谷中回荡。日军鱼贯进入乔沟后，其纵队虽然前后衔接，但由于道路狭窄，加之雨后泥泞，车辆拥挤堵塞，行动较为缓慢。林彪一动不动地看着鬼子先头部队走过去，当敌人的指挥车快接近老爷庙时，林彪喊："发信号弹！"

已陷入四面包围的日军不甘束手就擒，多次玩命向公路两侧的制高点——老爷庙反扑，战斗进行得异常残酷。刺刀折断了用枪托砸，石头树枝都成了武器。双方伤员扭抱在一起拳击牙咬，直至拼死为止。五连连长曾贤生一人刺死10多个日本兵，并率领全连炸毁日军汽车20多辆。最后，他拉响剩下的一颗手榴弹，与敌人同归于尽。

坂垣获悉所部陷入重围，急令其在蔚县的第二十一旅团第四十二联队主力和进至涞源以西的第九旅团一个联队，火速增援平型关。但均被我第一一五师独立团和骑兵营阻止于灵丘以东和以北地区。

15时许，灵丘日军一部驰援，其步兵随伴坦克，向小寨村北隘口连续进攻，企图解救残存的日军，被我军打援部队击退。

打了整整一天，快黄昏时，战斗基本结束了，但山下的敌人仍然在顽强抵抗，河沟岔子里到处都是一股股的鬼子。我军战士们就一股股地打他们，他们死不投降，隐蔽起来，继续抵抗。被打散的敌人躲在一些小窑洞里不出来，战士就一个窑洞一个窑洞地找。

在长长的山沟里，到处都倾覆着鬼子的汽车，烧着了的还在冒烟，汽车上面和车轮下面都是鬼子尸体，半山坡上鬼子的骑兵，连人带马横尸遍地。公路上的汽车和大车还满载着弹药、装备、被服、粮食、饼干、香烟……遍地都扔着枪支弹药，黄呢军服，大头鞋子……

枪声沉寂后，战斗并未结束，长达八里的沟道上没有一名站立的日本军人。聂荣臻亲自指挥部队打扫战场，当时还有不少躺着的日军伤兵，为了抓活口，战前动员时聂荣臻曾专门强调过捕俘的重要意义。没料到许多官兵为此付出了惨重的代价。有一位营长背起一个半死不活的日本伤兵，准备送往急救站，半路上伤兵稍稍缓过劲来，一口咬掉了营长的耳朵；还有一位通信员收电话线时，发现汽车底下躺着一个日本伤兵，受了重伤，呻吟不止，通信员掏出纱布准备为他裹伤，那伤兵却扬手一刀刺进了通信员的腹部……

其实战斗中还是抓了一个日军俘虏，不过不是第一一五师，而是附近农民抓的。农民们绑住俘虏的手想把他送给八路军，可日军士兵却疯狂反抗，被愤怒的农民打死埋在山上。

第一一五师经一天激战，歼敌1000余人，击毁敌军车80余辆，缴获了大批军用物资。这是抗战以来全国第一个大胜仗，打破了日军不可战胜的神话，八路军也因此威名大扬。

10月初，第一一五师经灵丘南部山区下关、阜平到达五台县时，县城张灯结彩，欢迎从前线凯旋的八路军。在五台县，本来八路军不想进城而驻在城外，但各界群众硬是搭好凯旋门让八路军从城里走一圈，当第一一五师首长们骑着缴获日军的高头大马在街上通过的时候，街道两旁聚满了欢迎的群众。

第一一五师歼敌坂垣师团1000余人，
缴获汽车100余辆，胜利归来

平型关大捷后，毛泽东马上给予肯定。第二天，他立即致电朱德、彭德怀：庆祝我军的第一个胜利。在1938年4月台儿庄大捷后，毛泽东又一次提到平型关大捷：每个月打的较大的胜利，如像平型关台儿庄一类的，就能大大地沮丧敌人的精神，振起我军的士气，号召世界的声援。1938年5月26日到6月3日在延安抗日战争研究会上，毛泽东在讲演中再次肯定了平型关大捷：“平型关的意义正是一场最好的政治动员。如此伟大的民族革命战争，没有普遍和深入的政治动员，是不能胜利的。抗日以前，没有抗日的政治动员，这是中国的大缺陷，已经输了敌人一招。抗日以后，政治动员也非常之不普遍，更不说深入。人民的大多数，是从敌人的炮火和飞机炸弹那里听到消息的。这也是一种动员，但这是敌人替我们做的，不是我们自己做的。偏远地区听不到炮声的人们，至今还是静悄悄地在那里过活。动员了全国的老百姓，就造成了陷敌于灭顶之灾的汪洋大海。”

蒋介石也先后两次发来贺电。

抗日战争时期，中国共产党领导的敌后抗日武装在华北同蒲路以东，津浦路以西，正太、石德路以北，张家口、承德以南广大地区创建了第一个敌后抗日根据地——晋察冀抗日根据地。被毛泽东誉之为“敌后模范的抗日根据地及统一战线的模范区”。

毛泽东曾风趣地说：“五台山，前有鲁智深，今有聂荣臻。聂荣臻就是新的鲁智深。”

抗战中的聂荣臻

在聂荣臻的运筹下，又相继开辟了北岳、冀中、冀东、平西、平北根据地，使晋察冀抗日根据地成为华北最大的根据地。

李公朴先生

从大后方来到晋察冀，做了六个多月的考察，在15个县、500多个村庄进行了调查访问，他亲眼看到，这里是一个新天地。

特别是根据地在实行民主政治、改善民生方面，成就突出，与国民党统治区形成鲜明对比。在国统区，苛捐杂税愈益繁重，人民不堪重负。国民党军队依靠抓壮丁的办法，把老百姓捆绑到前线，而在这里，到处是参军的热潮。李公朴后来写了《华北敌后——晋察冀》一书，他在书中称颂道："子弟兵是老百姓的儿子，坚决打鬼子的抗日部队的兄弟，是在晋察冀生了根儿的抗日军。"

后来，"人民子弟兵"这五个金光闪闪的大字，成为中国人民解放军的代名词，响遍了中华大地，一直沿用至今。

到1940年，军区主力部队和地方武装已发展到20多万人，其中主力部队有31个团，近10万人，由初建时的4个军分区，发展到17个军分区；晋察冀根据地到抗日战争胜利时，主力部队发展到32万余人，扩大了100

黄土岭战役纪念碑

倍，民兵发展到90余万人；还先后调往其他战略区32个团和25个架子团。

“黄土岭战役”是中国抗战史上最辉煌的战役之一。

油画：黄土岭战役

黄土岭战斗的指挥员，是聂荣臻麾下的晋察冀军区一分区司令员杨成武和政委罗元发。而他们的对手则是毕业于日本陆军士官学校的阿部规秀，侵华日军独立混成旅团第二旅团旅团长。

1939年夏，日本继续加大了对抗日根据地的重点“扫荡”。“扫荡”重点由冀中平原转向北岳山区。日军于1939年冬，调集独立混成第二旅团和第一一〇师团主力共2万余人，对北岳山区进行规模更大更为残酷的冬季“大扫荡”，企图彻底摧毁抗日根据地。

八路军晋察冀军区接到敌情报告后，即令第一军分区司令员兼政治委员杨成武统一指挥六个多团的兵力，采取“集中优势兵力，各个击破”的作战方针，决定在民兵配合下，先以少数兵力调动、激怒日军，再将其诱至有利地形，集中主力包围歼灭之。

1939年11月3日上午，进犯银坊的日军第一大队在八路军一个小分队的诱击下，进入雁宿崖峡谷，被八路军主力前阻后截，包围在雁宿崖。战至16时，日军第一大队除少数逃脱和13名被俘外，其余500余人全部被歼灭。

刚晋升为中将，就在战场上丢了一个大队，阿部规秀很是羞怒，决定亲自率领第二、第四大队1500余人，连夜扑向雁宿崖寻找我军主力决战。

11月4日夜，阿部规秀率部越过白石口，进至雁宿崖一带，但是连八路军和老百姓的一个影子都没找到。

11月5日，阿部规秀率部继续向白石口方向前进。八路军牵制部队按预定部署边打边退，诱敌深入，若即若离，阿部规秀欲战不能，欲追不及。当夜，他率疲惫不堪的主力进入司格庄，没找着八路军，便气急败坏地命令部队放火焚烧老百姓的房屋。

几次扑空，急于报仇的阿部规秀"突然得到情报"，其侦察分队终于在黄土岭一带发现八路军，说黄土岭附近有八路军主力活动。6日晨，阿部规秀率领大队人马沿着崎岖山路直扑黄土岭，企图与八路军决战。

日军进入了杨成武、罗元发早在这里布下的"口袋"中。

黄土岭，位于河北涞源、易县交界处，乍听起来像是一座黄土堆起来的土山，实际上是太行北部群山中的一个垭口。由黄土岭通向易县，先是一条五里长的山谷，然后才是平坦大道。

据此，杨成武决心于黄土岭东北上庄子至寨头之间狭谷伏击日军。并于一夜之间完成了对日军的包围。

在八路军完成伏击准备时，谙熟山地战的阿部规秀才恍然大悟，为避免被歼，他在7日凌晨决定收兵返营。但为时已晚。

7日上午，天空飘着密密的细雨，山谷里弥漫着浓浓雾气。

阿部规秀部由30多人的先头部队携几挺重机枪、轻机枪，先行占领路侧小高地，然后大队才跟进。

日近正午，阿部规秀的先头部队到达黄土岭东面的寨陀村，大部队却还拖在上庄子一线。直到下午3时左右，后卫部队才离开黄土岭，长长的一队人马陆续进入峡谷中的小路，踏进八路军的包围圈。

随着杨成武一声令下，数千支步枪、100多挺轻重机枪同时开火，把日军压在两三公里长、百余米宽的山谷里。

在八路军一阵猛烈的袭击后，阿部规秀的部队被打得七零八落。为了挣扎摆脱包围，阿部规秀立即整顿部队，向八路军寨陀阵地方向冲击，遭到坚决打击后，又掉头东向，妄图从黄土岭突围，逃回涞源。八路军第三团扼守阵地，死死封锁住日军退逃之路。这时，八路军的增援部队也进一步收拢，后路被堵的日军只能就地抵抗。16时许，阿部规秀旅团主力已伤亡过半，乱作一团。

就在战斗激烈进行的时候，负责迎头阻击任务的八路军第一团团长陈正湘、政委王道帮接到侦察兵报告，发现位于黄土岭与上庄子之间的一个名叫教场的小村庄附近，一座独立院落设有日军的临时指挥所。二人随即命令配属的分区炮兵营迫击炮连，对准目标轰击。

18时许，连长杨九秤指挥迫击炮向这个临时指挥所轰击。

炮连的李二喜是山西人，他携带火炮赶到了炮位，以最快速度测距定向，调整炮位。连发两发。不偏不倚，炮弹在小院里开了花。随后，他又手疾眼快地调整炮位，朝小山包打了仅剩的两发。

硝烟刚散，陈正湘用望远镜惊奇地发现，小院里日军慌乱地进进出出，山包的日军也拖着伤员仓皇撤出。阿部规秀就在这个指挥所里，他的右腹部和双腿被迫击炮弹片炸伤数处。负伤后约三个小时，即11月7日21时50分，阿部规秀因失血过多而毙命，时年53岁。

当时陈正湘、李二喜还不知道，他们已经在抗战史上写下辉煌的一笔。后来，他们才得知，他们击毙了阿部规秀，是抗战以来八路军击毙的日军最高级别将领。

黄土岭一战，日军死伤900多人，冬季“扫荡”被彻底粉碎。而直到聂荣臻司令员打来电话，杨成武才知道打死了阿部规秀。

黄土岭成了日军的伤心岭。1939年11月21日，东京广播电台公布，日军中将阿部规秀于11月7日在黄土岭阵亡。

第一二九师挺进太行山。

1938年1月，邓小平接替张浩担任第一二九师政委，开始了与刘伯承的合作。在他们的领导下，太行山的抗日斗争展开了新局面。1938年春，邓小平与刘伯承、徐向前共同指挥了长生口、神头岭、响堂铺战斗，取得了著名的“三战三捷”和粉碎日军“九路围攻”等战斗的胜利，奠定了太行山抗日根据地的基础。

第一二九师司令部旧址——河北邯郸涉县赤岸村

第一二九师开赴抗日前线

1940年，刘邓率第一二九师司令部迁驻涉县赤岸村，到1945年12月离开。在长达六年的时间里，他们带领晋冀鲁豫边区军民，建立了以太行山为依托的全国最大的抗日根据地——晋冀鲁豫抗日根据地。

在1937年至1945年这八年的抗日战争中，共参加大小战斗、战役31000多次，歼灭日、伪军达42万余人，成为消灭日寇最多的一个师；解放县城109座，在第一一五师一部配合下，创建了东起津浦铁路，西抵同蒲铁路，南跨陇海铁路，北至德石、正太铁路的晋冀鲁豫边区，面积达18

万平方公里，人口达2400余万人，创造了“九千将士进涉县，三十万大军出太行”的奇迹，为抗日战争的胜利作出了重大贡献；部队由出师抗战时的9100人发展到近30万人，成为解放战争时期中国人民解放军晋冀鲁豫野战军的基础。

1939年10月，贺龙（左）、关向应在陈庄战斗的指挥前沿

1937年10月，贺龙任八路军第一二〇师师长，与政委关向应等率部开赴晋西北抗日前线，进入晋西北管涔山脉地区。到1938年12月，开辟了以大青山为依托的绥西、绥南、绥中三块游击根据地，并逐步同晋西北根据地连成一片，构成晋绥抗日根据地。包括山西西北部和绥远（今并入内蒙古自治区）东南部广大地区。

1940年分别成立晋西北行政公署和绥察行政办事处。晋绥抗日根据地是抗日战争时期中国共产党领导的八路军和敌后抗日军民创建的19个重要解放区之一。

八年抗战中，第一二〇师和晋绥军区部队共作战10114次，毙伤日、伪军100740人，俘虏日、伪军18389人。晋绥根据地民兵配合主力或单独作战18718次，毙伤日、伪军7733人，俘虏日、伪军1876人。我军指战员牺牲13700余人，伤3万余人。

晋绥抗日根据地巍然屹立在黄河以东，在陕甘宁边区的门户上给敌人竖起一道难以逾越的屏障，使日军始终未能越过黄河进犯陕甘宁边区，保卫了延安和党中央，并确保了党中央与敌后各根据地联系的交通线。

山东抗日根据地是中国共产党领导创建的六大抗日根据地之一，是山东省委发动地方武装起义组成的八路军山东纵队与八路军第一一五师主力共同创立的。根据地东临黄海、渤海，北达天津，南接陇海路，西到津浦路，包括山东大部和河北、江苏的一部分地区，是连接华东与华北抗日根据地的纽带。

1938年8月，根据毛泽东的指示，“八路军鲁东游击纵队指挥部”在延安组建，张经武任指挥，黎玉任政委。这是“八路军山东纵队”领导机关的前身。同月21日，张、黎带领中央分配给山东的165名干部开赴山东。

12月27日，山东纵队在沂水县西部的王庄宣告成立，张任指挥，黎任政委。所属部队整编为25个团24500人，还有地方武装1万余人。至1939年底，山纵共作战2000余次，毙伤日、伪军4.1万余人，收复城镇20座。山东八路军已达近6万人，党员总数达1万余人，初步开创了多块抗日根据地。

1943年，根据中共中央指示，成立了新的山东军区，罗荣桓任司令员兼政治委员，黎玉任副政治委员，肖华任政治部主任，辖鲁中、鲁南、滨

1941年，罗荣桓等与鲁南著名抗日民主人士孔昭同部的高级参议彭畏三合影。左起：陈士榘、陈光、彭畏三、罗荣桓

海、胶东、清河、冀鲁边6个军区，所属部队编成13个主力团。

1944年，山东八路军实行局部反攻，巩固、发展了山东抗日根据地。

1945年，山东军区有27万正规军，罗荣桓指挥部队分五路向日、伪军在山东进行大反攻，经一个多月的连续作战，歼灭日、伪军6万多人，控制山东境内的津浦、胶济、陇海铁路，收复除济南、青岛少数城市之外的山东大部地区。

山东抗日根据地军民在八年抗战中，共作战2.6万多次，歼日、伪军50多万人。抗战结束时，根据地发展到2400万人口和12.5万平方公里的土地。

从1945年10月底开始，罗荣桓领导的山东军区部队陆续出发，分三批乘船到东北。除6万余人正规部队以外，山东军区还派往东北20个基干团，约3万人。这9万名干部战士成为东北民主联军的中坚力量。剩下的20余万正规军也成为第三野战军主力。

东北抗日联军是中国共产党创建和领导的东北各族人民的抗日武装，是中国人民抗日军队的组成部分，是一支用爱国主义和国际主义精神武装起来的人民军队。

东北抗日联军的历史，是一部英勇的艰苦卓绝的斗争史。东北抗日联军以仅有近4万人的军队对日作战次数10余万次。牵制76万日军，消灭敌人18万人，涌现出杨靖宇、赵一曼等抗日民族英雄。表现了中华民族不畏强暴、英勇不屈的

抗联战士

杨靖宇（1905.2.26—1940.2.23）

赵一曼（1905.10.27—1936.8.2）

精神，有力地支援了全国的抗日战争和世界反法西斯战争。日本外务省公布：满洲共阵亡26.5万多士兵。中国阵亡46万士兵，苏联红军进入东北后，宣布击毙日军8万多人。

对东北抗日联军14年艰苦卓绝的英勇斗争，党和人民给予了高度评价。1948年1月1日，中共中央给东北局的电报中指出："前东北地下党组织之党员与抗联干部同志们，在党中央领导与抗日救国的总的政策之下，曾在极艰难复杂环境中对日本帝国主义和伪满洲国进行了长期残酷的英勇斗争，曾得到东北人民的爱戴。'八一五'东北光复初期，又协同苏联红军及八路军、新四军，最后击败日寇，解放了东北。是中国党光荣历史不可分割的一部分。"

新四军是抗日战争时期，中国共产党领导的人民军队，全称国民革命军陆军新编第四军。

1937年10月12日，国民政府军事委员会宣布将湘、赣、闽、粤、浙、鄂、豫、皖八省边界地区（不包括海南岛）的中国工农红军游击队和红军第二十八军改编为国民革命军陆军新编第四军。

毛泽东于1944年9月曾评价新四军说："新四军是消灭不了的"，新四军"已经成为华中人民的长城"。

在抗日战争中，新四军抗击和牵制了16万日军，23万伪军，作战2.2万余次，其中对日、伪军作战1.9万余次，歼日、伪军31万余人；反顽自卫作战3000余次，歼国民党顽固派军14万余人。新四军作战伤亡8.9万余人。新四军从最初的1万余人，发展到拥有主力21.5万余人，地方武装9.7万余人，计31万余人；另有民兵自卫队96万余人。建立了地跨苏、浙、皖、豫、鄂、湘、赣七省的苏南、苏中、苏北、淮南、淮北、鄂豫皖湘赣、皖江和浙东八块抗日根据地，面积达25.3万平方公里，人口3420余万人，为抗日战争的胜利作出了重要贡献。

在后来的人民解放军33位著名军事家中，从新四军走来的就有九位：叶挺、陈毅、粟裕、徐海东、张云逸、罗炳辉、黄克诚、彭雪枫、李先念。

抗战期间，华北抗日根据地处于极端残酷的战争环境，既要面对日伪的“扫荡”、蚕食、分割与封锁，又要遭受日伪的暗中破坏。但华北抗日根据地军民并没有屈服，他们在中共的坚强领导下，英勇地进行了反“扫

1939年7月1日，陈毅（前排左一）出席新四军第一届党代会，为主席团成员

荡”、反蚕食、反分割、反封锁、反日伪暗中破坏的斗争，谱写了一曲慷慨激昂的战歌。

华北军民的抗日斗争，更是艰苦卓绝。

冀中是遭日寇侵略的重灾区。自1938年秋起的5个月时间里，日伪军先后对我冀中进行了5次战役进攻和3次分区“扫荡”，妄图摧毁冀中抗日根据地，但在广大军民的英勇反击下，最终将敌人的围攻一一粉碎，取得了巨大的胜利，冀中根据地得到了进一步的巩固和发展。

1942年5月至7月，我冀中军民又胜利粉碎了日军的“五一大扫荡”，坚持和巩固了抗日根据地。

“五一大扫荡”的残酷性史无前例。但英勇的冀中人民为反对日军的侵略暴行，也进行了不屈的斗争，冀中军民在两个月的反“扫荡”中，共作战270余次，毙伤敌人1万余人，粉碎了敌人消灭冀中领导机关和主力部队的企图。日军曾狂妄地叫嚣：冀中地区的游击队战火必将被扑灭，冀中百姓只能在太阳旗下当顺民，冀中平原定可成为“王道乐土”“理想的粮仓”。法西斯匪徒的种种幻想，都被英勇的冀中人民彻底粉碎。

百团大战是中国共产党领导下的八路军在1940年8月至1941年1月间，与日军在中国华北地区晋察冀边区发生的一次规模最大、持续时间最长的战役。八路军的晋察冀军区、第一二九师、第一二〇师在总部统一指挥下，在河北山西发动了以破袭正太铁路（石家庄至太原）为重点的战役。

1940年12月10日，八路军总部宣布了“百团大战”的战果：从8月20日到12月5日的3个半月中，八路军共进行大小战斗1824次，攻克据点2900余个，歼灭日、伪军45000余人；缴获各类枪支5942支（挺），各种炮53门；破坏铁路474公里，公路1502公里，桥梁212座，火车站37个，隧道11个，铁轨21.7万余根，枕木154.9万余根，电线杆10.9万余根，收电话线42.4万余公斤；破坏煤矿5座，仓库11所；此外，还缴获和破坏了其他大量军事物资。

从1931年至1945年，中国战场歼敌150余万人，占日军“二战”期间伤亡人数的70%，中国军民伤亡3500余万人，直接财产损失1000亿美元以上，间接财产损失5000亿美元以上。

拔除日军据点

在14年抗战中，中国共产党领导的人民军队，抗击和包围了侵华日军（不含东北）的69%和伪军的95%。对敌作战12.5万余次，消灭日、伪军171.37万余人，占日、伪军总数的3/4以上。夺回了近百万平方公里的土地，解放了1亿人民，组织了120万的正规部队和220万民兵，建立了19块解放区。我军指战员伤亡60余万人，人民群众伤亡600多万人。可以说，没有中国共产党及其领导的八路军、新四军，就没有抗日战争的胜利。

1945年8月15日，日本政府宣布无条件投降。

中国抗战胜利的伟大历史意义深远而非凡！

中国是世界上参加反法西斯战争的五个最大的国家之一，是在亚洲大陆上反对日本法西斯侵略的主要国家和世界上最早的反法西斯战场。中国人民以自己的血肉同日本侵略者英勇地奋战了14年之久，在世界反法西斯战争中尽了它的伟大责任。

同第一次世界大战相比，第二次世界大战的一个显著特点是从局部战争发展到全面战争，存在着一个局部战争阶段。从1931年日本发动

“九一八”事变，1935年意大利发动侵略阿比西尼亚战争，1936年德意联合干涉西班牙战争，1938年德国吞并奥地利，到1939年德国进攻波兰，世界战争从局部发展到全面，经历了8年之久的时间，战火燃烧亚欧非三大洲。各个被侵略的国家和人民，为保卫祖国曾进行了英勇的抵抗，但都在短期内相继失败。而只有中国的抗日战争，直到1941年太平洋战争爆发前后，都是东方也是世界上重要的反法西斯战场。这就是说，中国战场存在于第二次世界大战的全过程。

14年抗战中，中国战场始终抗击着日本陆军的主力。1938年10月武汉会战结束时，日本陆军总兵力为34个师团，其中，中国32个、朝鲜1个、日本本土1个，在中国作战的日陆军占其总兵力的94%。太平洋战争爆发时，日本陆军总兵力为51个师团，其中，中国35个、朝鲜2个、东南亚10个、日本本土4个，在中国作战的日军，占日本在国外作战的陆军总兵力的69%。到战争结束时，日本在太平洋战场和中国战场（不包括关东军）陆军总兵力为2343483人，其中，日本中国派遣军为1049700人，占45%。可见，在太平洋战争期间，中国依然抗击着日本陆军主力。

对于中国人民在抗日战争中为世界反法西斯战争所作出的历史性贡献，斯大林、罗斯福、丘吉尔都曾有过高度的评价。

罗斯福说：假如没有中国，假如中国被打垮了，你想有多少个师团的日本兵，可以调到其他方面来作战，他们可以马上打下澳大利亚，打下印度……

丘吉尔说：如果日本进军西印度洋，必然会导致我方在中东的全部阵地崩溃。而能防止上述局势出现的只有中国。

1942年1月，8万日军大举进攻缅甸，英国守军告急。在强大的日军面前，东南亚盟军部队节节败退：新加坡沦陷，英、印、荷、澳联合舰队在爪哇海战中战败，缅甸英国皇家空军基地马格威遭日军轰炸毁灭……整个亚洲大陆乃至世界都面临空前厄运。

此时，中国的抗战正处于最为艰难的相持阶段。尽管如此，中国军民仍以极大的牺牲勇气和国际主义精神，动员10万精兵入缅作战。3月20日，刚刚入缅的远征军一个师就在距仰光50公里的同古与日军交火，在没有空军支援的情况下，以集束手榴弹、汽油瓶与4倍于己的日军血战，顶住了日军12天猛攻，歼敌近5000人。

在热带丛林中，中国10万远征军以6万人的牺牲书写了“二战”史上极为惨烈的一笔。

1943年夏，从缅甸转战至印度的中国远征军一部在美国空军及工兵的协助下，开始反攻缅北，在与有着“常胜军”之称的日军第十八师团鏖战中步步获胜。翌年5月，经过重新组织的中国远征军16万余人开始历时8个月的滇西反攻作战，以巨大的牺牲清除了日军在云南的据点，继而入缅作战。

接任史迪威担任印缅战区美军司令及中国驻印军总指挥的苏尔登将军后来回忆说：“在此区作战的华军对盟方战役的整个成就贡献至伟，击毙大部分日军者皆因中国地面部队之功也。”

斯大林说：只有当日本侵略者的手脚捆住的时候，我们才能在德国侵略者一旦进攻我国的时候避免两线作战。

苏德战争爆发后，苏联西线吃紧，东部防务减弱，对于日本“北进”无疑是千载难逢的机会。按德日间的盟约，希特勒一再催促日本对苏开战。当德军兵临莫斯科城下时，德国再次向日本提出：“日德两国应迅速联合军事行动，从东西两面夹击苏联，在西伯利亚铁路上握手。”

日军参谋总长杉山元说：日本在中国使用的兵力太大，对苏开战办不到。正因为如此，苏军得以从远东抽调50余万兵力抵抗德军，最终赢得了苏德战场上的胜利。

抗战时期曾担任苏联驻华最高军事顾问的崔可夫元帅在其回忆录《在

华使命》中说：“在我们最艰苦的战争年代，日本没有进攻苏联，却把中国淹没在血泊中。稍微尊重客观事实的人，都不能不考虑到这一明显而又无可争辩的事实。”

1945年9月5日下午，延安各界两万多人在南门外广场举行了“庆祝抗战胜利大会”

中国人民的反法西斯战争，进行得最早，坚持的时间最长，战场最广阔，陆军作战规模最大，所付出的牺牲也最惨重。

中国人民的抗日战争，既阻止了日军向北进攻苏联，又推迟了日军南进，推迟了太平洋战争的爆发，阻止了日军与德军在北非会师，保证了美、英、苏“先欧后亚”方针的实施。

从1931年至1945年，中国战场歼敌150余万人，占日军“二战”期间伤亡人数的70%，中国军民伤亡3500余万人，直接财产损失1000亿美元以上，间接财产损失5000亿美元以上。

中国抗日战争的胜利，是弱国打败强国的光辉典范，它不仅极大地鼓舞了中华民族自强、自信、自立的雄心壮志，重振了中国的国威，同时也极大地鼓舞了亚非拉殖民地半殖民地人民的民族解放斗争。

百年胜利，使中国的国际地位空前提高，是中华民族从衰败走向复兴的转折点。

中国对世界反法西斯战争的巨大贡献，将永垂史册！

坚定不移，将革命进行到底

渡江战役是中国人民将革命进行到底，彻底粉碎国民党企图“划江而治”的一次重大战略行动。

战略大决战胜利结束后，中国的政治形势已经十分明朗：中国人民革命战争在全国范围内的胜利已经不需要太长的时间了，国民党政府正像一艘破船那样将从历史上沉没。

蒋介石在军事上惨遭失败、政治上众叛亲离、经济上迅速崩溃的情况下，美国政府又拒绝了他所提出的增加美援和公开发表支持国民党政府声明的要求。在日暮途穷、内外交困、走投无路的情况下，1949年元旦，蒋介石发表了一篇“求和”声明，宣称：在保存伪宪法、伪法统和保全国民党军队等条件下，愿与共产党商讨“停止战争、恢复和平的具体办法”。

一向同蒋介石存在尖锐矛盾的桂系首领李宗仁、白崇禧趁机以和谈为名，逼蒋下野以取而代之。

这场越来越热闹的“和平”活动，使国内一部分人产生了不切实际的幻想。有一些中等资产阶级和上层小资产阶级分子，害怕革命的进一步发展会损害他们的利益，希望革命就此止步，或者带上温和的色彩。有的资产阶级右翼分子要共产党把人民革命战争“立即停下来”，反对“除恶务尽”。

在国际上，也出现各种各样的议论，似乎中国人民的革命斗争应该适可而止。

早在解放战争刚刚开始之初，斯大林一直相当固执地认为：中国共产党及其武装力量要同由美国支持的蒋介石政权全面抗衡，其力量对比太悬殊了，而且悬殊得几乎无法比拟。当然，这位指挥苏联红军战胜了希特勒军队的最高统帅对中国这样一个情况特殊的东方大国并不很了解。出于苏联自身利益的需要，同时也是出于苏联需要拉拢南京政权以制约美英等西方国家在华势力的需要，斯大林一直保持着与蒋介石的正式外交关系。

但由于斯大林清楚，即使让蒋介石掌握了中国政权，中国也不能算是以苏联为首的东方阵营中的一员，因为蒋介石亲西方的态度是鲜明的。因此，斯大林一直在谋求让中国共产党也能参加到蒋介石领导下的联合政府中去。

自信的斯大林对毛泽东的为人了解得太不充分，他打电报向毛泽东建议说："你党应该维持国内和平，再不能打内战了，否则有把中华民族引向毁灭的危险。"

当这份署名为"菲利波夫"（斯大林）的电报传到毛泽东手上时，毛泽东看了看，随手把它放在桌上，淡淡一笑，风趣地说："这事恐怕要问问全党和全国人民答不答应了。"他又向身边的同志进一步说："人家说我们想打内战，可这内战是谁挑起的制造的却没闹明白。"

这位从中国湖南走出来的共产党领袖素来有不受人指挥的性格，他有着与斯大林一样的自信和坚毅。所不同的是，毛泽东的自信是建立在对中国国情的深入了解和仔细分析之上的，而远在莫斯科的斯大林缺少的正是这样一点关键的东西。

毛泽东分析后得出的结论是："中国共产党有能力推翻国民党的反动统治。对于国民党当局制造的假和谈、真内战的伎俩，我们只能是采取'针锋相对，寸土必争'方针。"

毛泽东放下了斯大林的电报，既没有盲目听从斯大林的建议，也没有去向苏联政府请求物质援助，他决心让历史来说话。

米高扬（右二）在西柏坡

当中国人民的胜利就要成为历史事实时，斯大林又派出一位政府要员到中国向中国共产党传递他的意思。

1949年1月31日，在西柏坡，中国共产党迎来了一批不平常的客人，他们的到来竟是这样地凑巧，几乎刚刚是与北平和平解放的同一时间。

迎来的贵客是苏联共产党中央政治局委员米高扬一行人组成的秘密访华团。他们的飞机在石家庄降落，然后乘吉普车来到西柏坡。

对于米高扬的到来，中国同志给予了热情的接待，在条件还很差的情况下几乎倾尽全力使苏联朋友感到满意。

米高扬笑容满面地在整洁舒适的农家窑洞似的屋里住下后，四处打量了一番。只见屋内粉刷洁白，桌上铺着白布，放着插满鲜花的花瓶，给人一种心情舒畅的气氛。

“好！好！没料到这儿的环境这么美妙。”米高扬拍拍松软的被子，显得很满意。

“这是毛主席和周副主席特地关照的，要我们在条件不好的情况下尽力照顾好苏联同志的生活。”负责接待的同志彬彬有礼地回答。

米高扬“嗯”了一声，在桌旁坐了下来，他望着窗外一片皑皑的白雪，似乎又勾起自己的记忆。

几年前，身为苏联部长会议副主席的阿纳斯塔斯·伊凡诺维奇·米高扬曾受斯大林的派遣，直飞南京同蒋介石政权进行过外交洽谈，当时斯大林的重心还是偏在南京政权一边的，他派米高扬去南京向蒋介石了解中国的战局进展和未来情况。当米高扬带着蒋介石请求苏联在军事上政治上给予全面援助的信函飞回莫斯科后，斯大林还一直相信蒋介石有能力控制中国局势，有可能达成与毛泽东联合组阁的协议呢!

当然，蒋介石最后的表现使斯大林彻底失望了，才有了苏联方面对中共的全面支持与声援。

毛泽东以及中国领导人与米高扬的正式而秘密的会晤开始了。

米高扬一行人在西柏坡整整待了7天。在7天中，毛泽东、朱德、刘少奇、周恩来、任弼时同他们进行了3次长时间的会谈，希望得到苏联方面对即将诞生的新中国予以全力的声援和支持，会议进行得极为诚恳，简朴的会议室内气氛平和而轻松。毛泽东面前的烟灰缸几乎每次都要让烟头塞得满满的，他亲自主持和参加了这次马拉松式的会谈。

对于毛泽东曾准备到苏联去的事，米高扬说：“斯大林同志很关心中国革命形势的发展，经过研究，认为中国人民解放战争正处在关键的时刻，毛泽东同志不能离开指挥作战的岗位。同时，也考虑到安全问题和毛泽东同志的身体健康。因此，斯大林决定派我们来，听取毛泽东同志及中共中央的意见。”

然而，米高扬等苏联同志在会谈中神态始终很严肃，不苟言笑，就是不表一次态。

“米高扬同志，您认为我们的看法合适吗？”

毛泽东用征询的眼光盯着对方。

“毛泽东同志，请允许我把您的意见带回苏联，向斯大林同志汇报吧！”

米高扬轻轻用手指敲敲桌面，显得很恳切。

当涉及又一个需要苏联同志表态的问题时，米高扬又微微耸耸肩头，仍显得十分严肃，认真地摇摇头说：“让我把你们的看法都带回去行吗？”

毛泽东笑了笑，笑得很潇洒，他风趣地用手指指米高扬面前那本记得密密麻麻的工作日记说：“米高扬同志真是个速记好手呀。”

“哈哈哈……”

屋里发出了一阵阵轻松的笑声。

然而有时米高扬也发发火，他对自己带来的翻译不得力而十分不悦，有时竟拍着桌子责骂译员。好在有主人的周密考虑，那位译员才算没被他赶出会议室。

最后一次会谈中，毛泽东把人民解放战争的发展形势和步骤安排，以及新中国政权的性质、方针、外交等全面的考虑向米高扬和盘托出，以期用诚意表明中共方面的态度。

当米高扬听完后，他思忖了一下，皱皱眉头，偏起脑袋来说：“实在有些遗憾，我这次来这儿可只是带了两只耳朵来的，我回去后一定向斯大林同志全面认真地汇报。”

出于礼貌，毛泽东没有让他再为难了。毛泽东心里清楚，因为斯大林在中国革命的问题上的确犯过许多错误，因此他们现在不得不对中共领导人的意见要小心慎重起来。这当然不能说是一件坏事，毛泽东笑了笑，握住米高扬的手，没有再说什么，只是友好地点了点头。

当然，个性鲜明的毛泽东对米高扬的态度自然是不会很满意的。当天夜里，毛泽东站在自己房间里，与周恩来等领导人在分析着、研究着。

这些中共的高级领导人对苏联和斯大林的多次不支持中国人民的解放战争的态度也是知晓的。他们聚集在自己领袖身边，对米高扬这次所持的态度表示了各自的不同见解。

毛泽东一言不发，听着大家的意见。他扔下手中的红蓝铅笔，站起身来，一手叉腰一手指着墙上的大地图，看了看后，不紧不慢地说道："到了这种时候了，我们眼看就要过长江了，还有人想阻止。说千万不要过长江，过了江就会引起美国的出兵，中国就有可能出现南北朝。"

毛泽东幽默地做了个手势，转过身来看看他的战友，又问道："你们各位看呢？"

大家你看看我，我看看你，会意地笑了。

"是啊！"毛泽东坦然地挥挥手，干脆大声说，"我毛泽东可是管不了那么多了。"

随着毛泽东的话音，屋里发出一片笑声，中共的领导者们深知主席的话意，他们相信毛泽东的分析和判断。

毛泽东走到窗前，推开窗户，一手叉腰，一手拿着香烟，长长地吸了一口，久久地望着外边……

窗外，夜空深沉，万籁俱寂，四下出奇地安静，除了偶尔刮起的风声，大地沉睡得十分安详。

又一个清晨来临了，淡淡的朝霞给远方的地平线抹上了几道神奇的色彩，冬日的早晨自有它的迷人之处，那皑皑白雪像铺在大地上的一床白被子，柔和而厚实，令人心醉。

米高扬完成了使命，要回莫斯科去了。清晨，他迈着慢悠悠的步子来到一座高坡上，眼望着分布在这片山洼中的中共中央机关所在地，远处那窗口盏盏不灭的灯光还映着中共领导人埋头工作的身影。

米高扬感慨了，他努力在记忆中搜索着自己同中国国共两方高级领导人打交道的每一件事情，每一个细节，禁不住说："中国共产党的领袖们很坚定呀，他们正在按自己的意愿指挥一场改写中国历史的战争。"

米高扬忠实地带着斯大林的旨意来到了中国西柏坡，7天后又忠实地带着斯大林的旨意回到了苏联，结束了这次访华活动。

米高扬回国后，毛泽东始终坚定地按照中共中央的既定方向，一步又一步地把中国革命的形势推向新的高潮。

1948年12月30日，毛泽东在西柏坡为新华社写了《将革命进行到底》的新年献词，明确提出："必须用革命的方法，坚决彻底干净全部地消灭一切反动势力。"他还用《伊索寓言》农夫与蛇以怨报德的故事，形象通俗地说明中国人民决不怜惜蛇一样的恶人，号召各民主党派、各人民团体真诚合作，粉碎美蒋反动派的阴谋。并针对少数人的模糊和动摇，强调："这里是要一致，要合作，而不是建立什么'反对派'，也不是走什么中间路线。"

为了坚定党内、军内和人民群众将革命进行到底的决心，1949年1月6日至8日中共中央在西柏坡举行政治局会议，讨论通过了毛泽东起草的《目前形势和党在一九四九年的任务》的报告。毛泽东断言：我们已经有把握在全国范围内战胜国民党。并要求全党提高警惕，做好应付包括美国出兵在内的任何事变的思想准备。他强调"革命力量愈强大，愈坚决，美国进行直接的军事干涉的可能性也就愈小"。

根据上述精神，1月14日，毛泽东又发表了《关于时局的声明》，揭露了蒋介石"和平"建议的虚伪性，但是为了迅速结束战争，减少人民的痛苦，中国共产党愿意在惩办战争罪犯、废除伪宪法、废除伪法统、依据民主原则改编一切反动军队等八项条件的基础上与国民党政府进行和平谈判。

1949年1月21日，众叛亲离、无可奈何的蒋介石被迫“引退”，回到老家奉化，由李宗仁出来代行“总统”职务。但蒋介石实际上仍掌握着对国民党政府残存的大权，在幕后操纵军政大权。

蒋介石玩弄的这一“和平”把戏，本是缓兵之计，其目的是赢得时间，依托长江以南的半壁河山，重整军力，伺机反扑。因此，他下台前就对战争进行了部署；“引退”后，仍以国民党总裁的身份积极扩军备战。将京沪警备总司令部扩大为京沪杭警备总司令部，任命汤恩伯为总司令，统一指挥江苏、浙江、安徽三省和江西省东部的军事，会同华中“剿匪”总司令白崇禧指挥的部队组织长江防御。到1949年4月，国民党军在宜昌至上海1800余公里的长江沿线上，共部署了115个师约70万人的兵力。其中，九江以西由白崇禧统率40个师25万人防守；湖口以东由汤恩伯统率75个师45万人防守。此外，尚有海军舰艇130余艘、飞机300余架配合陆军作战。

李宗仁上台后，第二天就致电毛泽东，表示“即愿开始谈判”。同时，又向印度大使表示：长江以南的广大地区，四川和云南两省，甘肃、青海这些中国内陆的边远地区，以及新疆和西藏这些广大领土，共产党势力还未到达，即使共产党南下，他还可以退到重庆，继续和共产党对抗。怀着这样的如意算盘，他和谈的腹案，当然是“两分天下”“划江而治”。

毛泽东对这一切自然看得很清楚，但他为了减少战争对人民的伤害，早日实现和平，还是复电李宗仁表示愿意同南京政府进行和平谈判。

2月22日，毛泽东、周恩来在石家庄西柏坡接见了以“上海和平代表团”名义赶来的颜惠庆、章士钊、邵力子、江庸四人，就国共和平谈判及南北通航、通邮等问题，广泛交换了意见。

以毛泽东为首的中央军委，已和蒋介石打了多年交道，对蒋介石的缓兵之计已洞烛其奸。因而，一方面以极大的耐心同国民党举行谈判，争取和平渡江、和平解放全中国；另一方面，调兵遣将，准备进行渡江战役。战役总前委根据中央军委总的意图，于1949年3月31日制定了《京沪杭战役实施纲要》，决定组成东、中、西三个突击集团，采取宽正面、有重点的多路突击的战法实施渡江作战。

4月1日，南京政府和平谈判代表团到达北平，首席代表是张治中。

会谈以小型会议为主，小会在东交民巷六国饭店，后改名国际饭店，即现今的华丰宾馆，大会在中南海勤政殿。

4月2日至12日，由双方代表个别交换意见。4月2日，双方代表按照头天晚上商定的办法，在六国饭店进行个别交谈。周恩来和张治中谈，叶剑英和黄绍竑谈，林伯渠和章士钊谈，李维汉和邵力子谈，聂荣臻和李蒸谈，林彪和刘斐谈。争论的焦点集中在战犯问题上。

在中南海勤政殿开过五六次会议。每次会议中共代表都是义正词严，而张治中则是措辞委婉，而且有几次都是只有双方首席代表发言，其他代表则基本上不讲话。谈判中周恩来发过一次脾气。其原因是张治中在发言时举了一个很不恰当的例子。他说，中国这个大家庭原来是哥哥当家，可是没有当好，把家管得很糟；弟弟能干，能把家管好，当然哥哥就该把钥匙交给弟弟。但不管怎么说，兄弟总是一家人嘛，不能把哥哥当成罪犯。

周恩来听了这些话，当即拍案而起，他严正地斥责说："你们难道像兄弟一样对待我们了吗？国民党从1927年算起，杀了成千上万的共产党人，这笔账人民是要清算的！你们一小撮反动派挑起了全面内战，这些难道仅仅是没有管好家吗？"

在周恩来义正词严的讲话面前，会场气氛立刻紧张起来，张治中只好连连道歉。

国共两党在中南海勤政殿谈判

4月13日晚，以周恩来为首的中共代表团同以张治中为首的南京政府代表团，举行第一次正式谈判，讨论由中共代表团提出的和平协议方案。15日晚，谈判双方举行第二次会议。张治中回忆道：这次会议以后，代表团一致的意见，“表示只有接受这个《国内和平协定》为是”。并决定派人带文件回南京去，劝国民党政府接受。16日，毛泽东致电前线指挥员：南京是否同意签字，将取决于美国政府及蒋介石的态度。如果他们愿意，则可能于4月22日签字，否则谈判将破裂。“你们的立脚点应放在谈判破裂用战斗方法渡江上面，并保证于22日一举渡江成功。”

4月22日，南京政府复电，断然拒绝接受《国内和平协定》。第二天，作为中国人民革命军事委员会主席的毛泽东和中国人民解放军总司令朱德联名发出《向全国进军的命令》，命令人民解放军：“奋勇前进，坚决、彻底、干净、全部地歼灭中国境内一切敢于抵抗的国民党反动派，解放全国人民，保卫中国领土主权的独立和完整。”

周恩来得到张治中坚持回南京复命的消息后，当即赶到六国饭店和张治中谈话。

张治中在谈话中，向周恩来强调了“复命”的理由。

西安事变的时候，周恩来晚到了一步，张学良陪同蒋介石回南京的飞机已经起飞了。天真和轻信，铸成了张学良被无期监禁的悲剧。周恩来每每想到这件事，就感到十分痛惜。因此，他非常诚恳地挽留张治中说，现在的形势，你们无论回到南京、上海或广州，国民党的特务都会不利于你们的。西安事变时，我们已经对不起一位姓张的朋友，今天不能再对不起你了！周恩来的话真挚、温和而又坚决，张治中被深深地打动了。

张治中和中国共产党一直保持着友好的关系。早在大革命时期，他就同周恩来、恽代英等共产党人建立了友谊。在黄埔军校左右两派学生的斗争中，他是同情共产党的，也曾经因此受到国民党右派的攻击。此后，即使在国民党反共高潮中，他也没有随波逐流，改变自己的态度。抗战时期，在重庆，他同周恩来等友好交往，对共产党的了解也进一步加深。抗战胜利后，他力主和平建国，并积极促成国共两党的重庆谈判。1945年，张治中受周恩来委托，到新疆成功地解救了被盛世才监禁多年的100多名共产党干部，使他们安全地回到延安，为共产党保存了一批重要的骨干力量。1945年8月27日，张治中代表国民党当局去延安迎接毛泽东到重庆谈判，张治中作为国民党谈判首席代表，为《重庆谈判纪要》的签署作出了贡献。

中共代表们也先后到六国饭店看望南京代表，进行劝留。林伯渠、李立三劝他们说：过去在重庆、南京谈判破裂后，我方代表并不撤退，保留未来和谈恢复的接触，现在挽留你们，也是同样意思。你们留下来，也就是坚持和平的主张，是对和平的支持。

周副主席所说的西安事变中对不起姓张的朋友是指张学良，在西安事变后，张学良不听劝说去见蒋介石，结果遭到了蒋介石的软禁和迫害。张治中对蒋介石翻云覆雨、寡廉鲜耻、心狠手辣早有所闻，听了周副主席情词恳挚的劝说，于是决定留下。南京代表团其他成员也决定留下。

依据毛泽东、朱德的命令，1949年4月20日晚和21日，人民解放军第二、第三野战军遵照中央军委的命令和总前委的《京沪杭战役实施纲要》，兵分三路，先后发起渡江。一场举世瞩目的渡江战役打响了。为了有利于东、西两路兵团作战，并在渡江后迅速会师，我军决定中路兵团30万人提早在4月20日午夜渡江。午夜时分，千万只战船出现在长达100多公里的江面上。一小时后，渡江突击队先后攻占了闻新洲、紫沙洲、黑沙洲、鲫鱼洲等江心洲。紧接着，他们强渡夹江，建立了滩头阵地，直指板子矶。与此同时，我军大炮轰掉了敌军主碉堡，强渡战士首先登岸。到21日凌晨，渡江第一梯队突破敌军防线，敌军自芜湖西南的港口至铜陵的江防地带全部土崩瓦解，丢盔弃甲，夺路南进。

中路大军突破天堑的当天晚上，东、西两路大军接连发起了渡江攻势。

西路兵团35万人从下午5时开始全线进攻，在30里长的战线上，排列着300多门大炮，经过一个小时的猛烈炮击，摧毁了敌军的前沿阵地。接着，在贵池至马当的200里长的江面上，从各港口涌出的数千只战船，立

渡江战役

即向南岸驶去，很快突破了敌军的西边江防。22日我军又解放了贵池、彭泽等地，猛扑浙赣线，向敌军纵深进攻。

在西路大军强行渡江的同时，我东路大军35万人于21日19时也发起攻击，在申港、靖江地区南渡。战船冒着密集的炮火向前猛冲，首批八个团的兵力，在不到一个小时的时间内，就在圩塘镇至王坍镇、申港至夏港及长山两侧三个地段登上南岸，歼灭了据守敌军。接着，最先登岸的突击营战士，即与驻守在江阴县的起义人员会合，机智地活捉了国民党要塞司令戴戎光，摧毁了江阴要塞，敌军纷纷向南溃退。

当我三路大军向国民党的千里江防展开猛攻的时候，集结在滁县以南地区的我第三十五军，4月20日开始，也对南京正面的江浦、浦镇、浦口地区发起攻击。至22日，国民党第二十八军见我大军已接近浦口，便星夜缩回南京。23日上午，我各师先后到达浦口，打开了解放南京的北大门。我第三十五军乘胜前进，飞渡南京。当晚，人民解放军胜利占领南京，红旗插上了“总统府”，国民党反动政府宣告灭亡。

解放军占领国民党的统治中心南京，毛泽东奋笔写下了著名的《七律·人民解放军占领南京》：

钟山风雨起苍黄，
百万雄师过大江。
虎踞龙盘今胜昔，
天翻地覆慨而慷。
宜将剩勇追穷寇，
不可沽名学霸王。
天若有情天亦老，
人间正道是沧桑。

“宜将剩勇追穷寇，不可沽名学霸王。”这两句诗清楚地表达了毛泽东要把革命进行到底的决心。当人民解放军南渡长江时，国民党的总兵力还有204万人，控制全国人口的58%，城市的63%，土地面积的73%。上海、青岛等地还驻有美、英等国的军舰和海军陆战队。但国民党军队的精锐主力已被歼灭，剩余的军队中只有白崇禧部和西北的马步芳、马鸿逵部还有较强的战斗力，胡宗南部正由西北向西南撤退。由于人心已去，士气涣散，已难以组织坚强有力的抵抗。

人民解放军渡江成功后，东、中两集团对南京、镇江、芜湖地区南逃之国民党军实行钳形合围。广大指战员不顾疲劳，不畏道路泥泞，不怕饥饿，猛追逃敌，并于28日至29日在郎溪、广德地区将国民党军四个军大部、两个军一部共6万余人包围歼灭。5月3日，第三野战军一部解放杭州，至7日，第二野战军占领贵溪、上饶、金华等城并控制了浙赣线。至此，汤恩伯集团一部逃往福建，主力25个师约20万人退守上海。

总前委依据战局发展，以第三野战军8个军于5月12日发起上海战役，经激烈战斗，于27日攻占上海，汤恩伯集团除5万人乘军舰逃跑外，15万人被歼。6月2日，三野一部解放崇明岛，渡江战役胜利结束。

1949年4月下旬，毛泽东在香山双清别墅看南京解放的捷报

渡江战役历时42天，人民解放军百万大军一举突破国民党军的长江防线，并以运动战和城市攻坚战相结合，合围并歼灭其重兵集团。此役，共歼灭国民党军11个军部、46个师共43万余人，解放了南京、上海、武汉等大城市，以及江苏、安徽两省全境和浙江省大部及江

西、湖北、福建等省各一部，为而后解放华东全境和向华南、西南地区进军创造了重要条件。

渡江战役胜利后，国民党的统治已土崩瓦解，新中国诞生在即，毛泽东认为，有必要派人去苏联，就许多重大问题同斯大林交换意见，以取得苏联对中国政治、经济、外交各方面工作的了解和支持。因此，中共中央组成以刘少奇为首的代表团，于1949年6月至8月，秘密访问了苏联。

6月21日凌晨1时半，刘少奇、王稼祥陪同前往的苏联总顾问、苏联交通部副部长科瓦廖夫及工作人员邓力群、戈宝泉和翻译师哲从清华园车站动身，经沈阳同高岗会合后到达大连，在这里换乘道格拉斯飞机，从伯力、赤塔、新西伯利亚等六个地方，于26日14时抵达莫斯科。刘少奇对脚下这块土地并不陌生，他是一位著名的工人领袖。1921年，他就是在莫斯科学习马列主义理论和学习工人运动知识时加入中国共产党的。他熟悉了解苏共党和某些苏共领导人的情况，因此，选他作为中共代表团的团长是合适的。

莫斯科的初秋，天气是清爽宜人的，瑟瑟秋风缓缓吹着，红场大街上不多的人群也都行色匆匆。刘少奇一行驱车悄悄地驶进了克里姆林宫。

苏联方面对刘少奇秘密来访表示了非常高的热情和相当友好的态度。中共代表团原准备主要同相同规格的苏共其他领导人会谈，然后礼节性地请苏联同志安排一两次同斯大林的会见就可以了，而斯大林却从头至尾关心和直接安排中共代表团和活动，而且亲自与刘少奇会谈了5次，这在斯大林接见外宾的历史上是不多见的。

第二天，刘少奇被邀请到斯大林在郊区孔策沃的别墅会见。双方坦诚平等地交换了意见。

7月2日，双方进行第二次商谈。经请示毛泽东，刘少奇于7月4日向斯大林提交了一份1万多字的书面报告。通报了目前中国革命的形势、新政协会议与中央政府、外交问题和苏中关系的有关问题。斯大林完全赞同报告中的这些观点，在阅读时连续批了15个“对”字。

1949年，刘少奇访问苏联期间在莫斯科的办公室

7月11日晚10时，中苏双方举行正式会谈。会谈地点在克里姆林宫的联共中央政治局会议室。红色的地毯，典雅的桌椅，桌上放着俄罗斯风味的杯子和盘子，旁边还有香槟果酒之类的食品。尽管中国同志不太习惯主人的这种会谈形式，但他们还是十分尊重苏联同志的安排，客随主便是有着悠久历史的中华民族的礼仪传统。

会谈中，斯大林作了长篇发言，主要涉及中国民族资产阶级的问题、人民民主专政问题、外交问题、中苏关系问题、毛泽东访苏问题，他的观点同中共代表团的报告完全一致。整个会谈充满了热情洋溢、友好诚挚的气氛。

7月23日，双方就苏联向新中国提供3亿美元的借款达成初步协议，后于30日刘少奇同马林科夫在克里姆林宫签订正式协定。

7月27日，斯大林邀请中共代表团到孔策沃别墅赴宴，双方在席间继续进行会谈。在宴会上斯大林举杯庆祝中国革命的胜利，他诚恳地说：“我从来不喜欢奉承人家。别人对我有许多奉承，我也觉得厌烦。我说中国马克思主义者的成就，苏联人及欧洲人要向你们学习，并不是奉承你们，不是说客气话。西欧人由于他们骄傲，在马克思、恩格斯死后，他们就落后了。革命的中心由西方移到了东方，现在又移到了中国和东亚。”“关于马克思主义，在一般的理论方面，也许我们苏联人比你们知道得多一些，但把马克思主义的一般原则应用到实际中去，则你们有许多经验值得我们学习。在过去，我们已经向你们学习了很多。一个民族必须向另一个民族学习，哪怕是一个很小的民族，都有很多东西值得我们学习。”

刘少奇和中共代表团在会谈中闭口不谈斯大林的过错，只是再三对苏联人民对中国革命的支持表示感谢和敬意。斯大林感到有些不解，但他看到的是中共代表团成员的一张张真诚又坦率的面孔。

“我们是不是扰乱或妨害了你们呢？”斯大林的话里带着歉意和愧疚。

“没有。”刘少奇礼貌地回答。

“毛泽东到重庆是有危险的，CC等特务有害毛同志的可能。当时，美国人曾向我们说：中国国民党要和平，为什么中国共产党不要和平？我答复说：‘中国共产党的事，我们管不着。’”斯大林又解释说。

“你们在美国人参与的和平运动中是否受了损失，妨害了你们？”

“在和平运动中，中共中央的头脑是清醒的，但有个别的负责同志对和平有幻想，受了若干不大的损失。但那次和平运动很有必要，结果我们孤立了美蒋，使后来我们推翻国民党，打倒蒋介石，没有一个人说我们这样做得不对。”

“胜利者是不能被审判的。凡属胜利了的都是正确的。”斯大林抖抖烟斗，感慨万千地说。

中共代表团的访苏比预期的设想要顺利和富有成果，同时也进一步消除了隔阂，沟通了两党关系，为毛泽东正式出访苏联打下了一个良好的基础。

居安思危，高度警觉国家安全

新中国成立后，毛泽东领导各族人民，在既没有财力也没有工业基础的极端困难情况下，白手起家，使我们的军队建设与国防工业、国防现代化建设取得了长足进步。

毛泽东提出了“建设强大的国防军”的任务，领导建设诸军兵种合成的现代化军队。

在过去相当长的时间内，人民解放军是一支单一的步兵型军队，后来虽然有了一些特种兵，但为数不多，且没有独立的领导机构。新中国成立后，随着环境的变化，毛泽东和中央军委开始着手领导建设诸军兵种合成军队。

1949年9月21日，在第一届政协会议上，毛泽东发出了建设强大国防的号召：“我们的国防将获得巩固，不允许任何帝国主义者再来侵略我们的国土。我们将不但有一个强大的陆军，而且有一个强大的空军和一个强大的海军。”

1949年10月19日，毛泽东在中央人民政府委员会第三次会议上，开宗明义地引述孙子的话：“兵者，国之大事，死生之地，存亡之道，不可不察也。”毛泽东认为只此一句，就已精辟地阐明了战争、军事、国防于国家安危的重要性。1950年9月25日，毛泽东再次强调：“中国必须建立强大的国防军，必须建立强大的经济力量。”这是新中国加强国防建设的宣言书。

1950年9月，毛泽东进一步强调说“中国必须建立强大的国防军”，同月，毛泽东为全国战斗英雄代表大会题词：“为建设强大的国防军而奋斗。”

在毛泽东和中央军委的领导下，人民解放军的建设开始了由低级阶段向高级阶段的转变、由单一军种向诸军兵种合成军队转变的历程。

新中国成立后不久，毛泽东和中央军委即领导组建了海军领导机构，并任命萧劲光为海军司令员。毛泽东对萧劲光说：“有海就要有海军。过去我国有海无防，受人欺负。现在，我们把海军搞起来，就不怕帝国主义欺负了。再说，我们要解放台湾，也要有海军。”自此，人民海军就成为中国人民解放军的一个新的军种。

1953年2月19日至24日，毛泽东先后乘坐海军“长江”号、“洛阳”号军舰沿长江而下从武汉到南京视察海军部队。在视察期间，毛泽东接连5次为海军题词：“为了反对帝

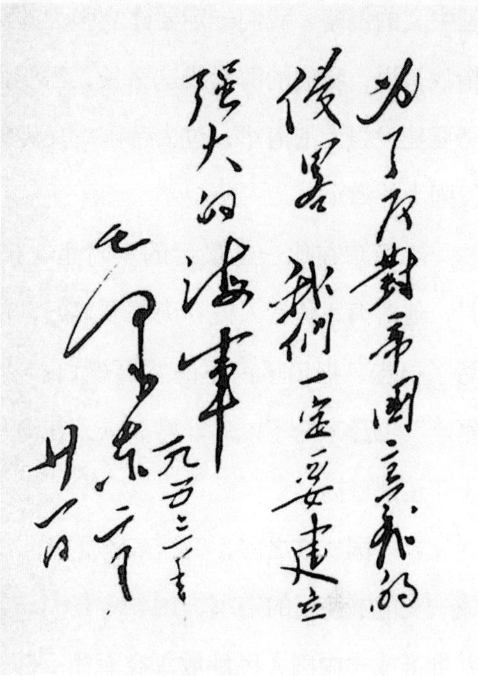

毛泽东为海军题词

1953年2月，毛泽东与长江舰海军官兵合影

国主义的侵略，我们一定要建立强大的海军。”视察期间，他一再对海军指战员说，我们的海岸线这么长，需要强大的海军；现在太平洋不太平，需要建设强大的海军；过去帝国主义侵略中国大多是从海上来的，需要建设强大的海军。

毛泽东在他一生最后的岁月里，仍关心海军的建设事业。1975年5月，他对海军负责人说：海军要搞好，使敌人怕。海军党委专门给毛泽东写了报告，提出了海军的发展规划：“力争在十年内建设一支强大的海军。”毛泽东看了以后非常高兴，在海军的发展规划上批示：努力奋斗，十年达到目标。

新中国成立之前，毛泽东就提出，1949年及1950年，我们应当争取组成一支能够使用的空军。1949年10月，毛泽东任命刘亚楼为空军司令员，并批准成立中国人民解放军空军司令部。1950年2月，毛泽东与刘亚楼谈话，指示：“必须迅速加强空军力量。”同年4月，毛泽东为《人民空军》题词：“创造强大的人民空军，歼灭残敌，巩固国防。”

朝鲜战争爆发后，中国人民志愿军赴朝参战。毛泽东作出组织志愿军空军迅速参加抗美援朝作战的决策。他提出，人民空军应边打边建、边打边练，反复强调实战锻炼对空军建设的重大意义，并多次指出：“要争取时间锻炼部队”“应设法使更多的部队参加实战锻炼”，“哪怕求得打几次空战也是好的”，要多多培养有一定战斗经验的飞行员，注意保存有战斗经验部队的战斗实力和保存战斗英雄。

遵照毛泽东的指示，空军领导机关组织空军部队轮番参加抗美援朝作战，先后有10个歼击机师和2个轰炸机师经受了实战锻炼，取得了击落击伤敌机425架的辉煌战果。美国空军参谋长范登堡惊呼：“中国共产党几乎一夜之间就变成了世界上主要的空军强国之一。”

1952年2月1日，毛泽东看到空军关于志愿军空军第三师86天击落美机

1956年，毛泽东和聂荣臻等观看空军飞行表演

55架、击伤8架的作战情况报告后，非常高兴，亲笔写下了“向空军第三师致祝贺”的批语。

据不完全统计，从1949年到1953年，毛泽东亲自批阅空军请示报告124件；在国家财政十分困难的情况下，拨出专款为空军购买飞机、修建机场。

1955年3月，毛泽东为空军首届英雄模范功臣代表大会题词：“建立一支强大的人民空军，保卫祖国，准备战胜侵略者。”在毛泽东、中央军委的领导和关怀下，人民空军得以迅速建立起来，成为一支令世人所瞩目的空中力量，在夺取抗美援朝战争的胜利、捍卫祖国领空安全和解放一江山岛等沿海岛屿以及打击国民党军飞机窜扰大陆等作战中，都发挥了重要作用。

在毛泽东、中央军委的领导下，人民解放军从新中国成立后至20世纪60年代，不仅建立了海军、空军，还相继建立了炮兵、装甲兵、防空部队、工程兵、铁道兵、通信兵、防化学兵、第二炮兵等军兵种领导机构，逐步实现了由单一步兵向诸军兵种合成军队的转变。

为了提高部队的军事素质，自20世纪50年代初起，随着建设现代化正规化国防军任务的提出，以毛泽东为主席的中央军委对建设现代化军事院校十分重视，给予了极大的关注。他亲自选帅点将筹办高等军事院校，并为几所重点院校写了训词，规定办校的指导思想和方针。

1950年7月，中央军委会议研究了军事院校建设问题。会后，毛泽东批准的军事院校建设方案确定：以战争年代创办的学校为基础，改建、新建一批适应培养现代作战人才的各类院校，包括创办一所全军性综合陆军大学，将各战略区原有的军政大学、军政干部学校和各部队的随营学校改建为高级步兵学校、初级步兵学校和专业技术学校，各军兵种新建一批专业学校等。同月，毛泽东批准刘伯承提出办军事院校的请求。10月，急电西南军政委员会主席刘伯承："希望你速来京主持筹建陆大。"11月13日，刘伯承向毛泽东和中共中央提出《关于创办军事学院的意见书》，建议将拟议中的陆军大学改名为军事学院。毛泽东批准了这个报告。11月30日，中央军委正式任命刘伯承为中国人民解放军军事学院院长。

1951年1月，军事学院正式成立。毛泽东为军事学院成立题词："努力学习，保卫国防。"

刘伯承任军事学院院长

1952年7月10日，毛泽东以中央人民政府人民革命军事委员会主席名义对军事学院发表训词，充分肯定军事学院的教育成绩，并祝贺第一期学员毕业。训词指出：

“军事学院的创办及其一年多以来的教育，对于建设正规化、现代化的国防部队，是有重要贡献的；这是刘院长的努力、全体苏联顾问同志的努力，以及全体指挥员、政治工作人员、后勤工作人员、教员和学员共同一致努力的结果。特致以感谢和慰问之意。”“标志着中国人民建军史上伟大转变之一的中国人民解放军事学院，其高级速成系及上级速成系的第一期已学习期满，举行结业了，特致以兴奋的祝贺。”

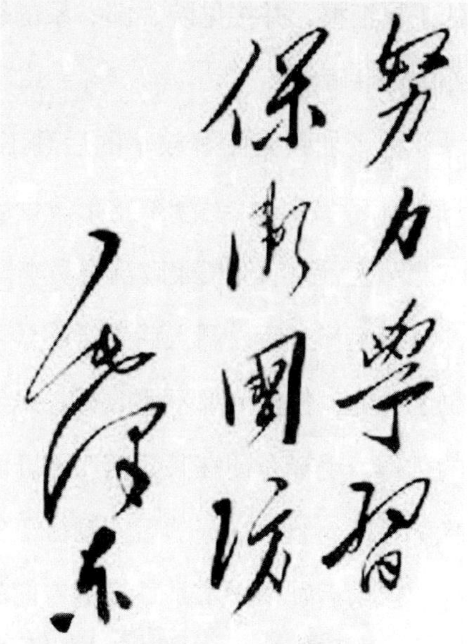

毛泽东为军事学院成立题词

1956年1月11日，毛泽东还到南京视察军事学院，听取了院长刘伯承

1956年1月，毛泽东和陈毅、谭震林、罗瑞卿等视察军事学院。这是刘伯承（左一）陪同毛泽东主席接见教职员代表

的工作汇报，并接见院、部、系的领导干部、各教授会的主任及在该院工作的苏联顾问。

为了加强人民解放军的后勤工作，训练全军团以上后勤领导干部，1952年5月16日，毛泽东发布命令创建中国人民解放军后勤学院。并抽调东北军区后勤部部长兼政治委员李聚奎任后勤学院院长，筹建后勤学院。

当毛泽东听说调入后勤学院学习的干部大多是军事、政治干部改做后勤工作的，他们大都不愿改行，来学院学习后，还想着将来仍回去做原来的工作。毛泽东便在1953年1月31日给后勤学院的训词中指出："对于现代的军队，组织良好的后方勤务工作有极其重大的意义。任何轻视后勤工作、以为后勤工作不是重要的专门的科学、不需要有系统的学习、不需要精通业务的观点是完全错误的。我们必须学习苏联军队完整的后勤工作建设，研究朝鲜战争中后勤工作状况和经验，以达到我军后勤工作现代化和正规化的目的。后勤学院全体教员、职员、学员应当团结一致，为完成这一光荣任务而奋斗。"

1953年2月1日，后勤学院举行开学典礼暨成立大会。后勤学院成立后，为中国人民解放军培养出了一大批中高级后勤指挥人才，适应了部队后勤现代化建设的需要。1957年1月22日，毛泽东和邓小平、彭德怀等党和军队领导人在中南海接见了后勤学院先进教学工作者、速成系第三期毕业学员、高级班学员以及校以上军官。

1952年6月23日，中央军委发布关于调整全国军事学校的命令，对全国陆军军事院校进行统一调整，并决定建立人民解放军总高级步兵学校。任命志愿军副司令员宋时轮任总高级步兵学校校长兼政治委员。1953年1月10日，中国人民解放军总高级步兵学校在南京成立。

1月7日，毛泽东亲自为总高级步兵学校写了训词。训词指出："为了保卫祖国免受帝国主义者的侵略，依靠我们过去和较为落后的国内敌人作战的装备和技术是不够的了，我们必须掌握最新的装备和随之而来的最新的技术。我们必须向苏联的军事科学学习，以便迅速把我军提高到足以在现代化的战争中取胜的水平。对于这个目的，你们的学习和教学负有伟大的责任，因为你们应当成为全军在步兵方面掌握现代军事技术的模范和领导者。希望你们团结一致，努力学习和教学。”

1952年3月，毛泽东批准同意总参谋部《关于成立军事工程学院的报告》。同年6月，中央军委任命志愿军代理司令员陈赓从朝鲜前线回国担任军事工程学院院长。陈赓奉调回国后，到中南海向毛泽东等中央领导汇报了朝鲜战场情况，他特别谈道：我军的士气很旺盛，但要打败现代化技术装备的敌人，没有接近敌人的现代化技术装备，将会付出较大的代价。毛泽东听到这里，马上接过话说：我们决心解决这个技术装备落后的问题，请你回来，是要你创建一所高等军事工程技术学院，你来当这个院长兼政委。陈赓听毛泽东这么一说，脱口说道：“我恐怕办不好学院。”毛泽东立即微笑说：“你办不好，谁能办好？有困难周总理给你解决，还有苏联顾问，凭你陈赓的才智和干劲一定能干好！”

1953年9月1日，军事工程学院举行了隆重的开学典礼，阅兵式后，陈赓向全校师生员工宣读了毛泽东主席于8月26日为该学院题写的训词：“为了建设现代化的国防，我们的陆军、空军和海军都必须有充分的机械化的装备和设备，这一切都不能离开复杂的专门的技术。今天我们迫切需要的，就是要有大批能够掌握和驾驭技术的人，并使我们的技术能够得到不断的改善和进步。军事工程学院的创办，其目的就是为了解决这个迫切而光荣的任务。”军事工程学院的创办，为人民解放军培养了一大批现代军事工程技术人员，有的参加了两弹一星的攻关，有的成为人民解放军现代化建设的骨干。

为了培训人民解放军中、高级政治工作干部，1951年12月，毛泽东

陈赓大将受命建立哈军工

批准创建人民解放军政治学院。1953年6月4日，政治学院正式破土动工。1954年11月11日，中央军委主席毛泽东任命总政治部主任罗荣桓兼任政治学院院长。1956年3月16日，中国人民解放军政治学院举行授旗、开学典礼。政治学院建成后，为全军有效地加强政治工作建设，适应现代化建军和作战的需要，造就了一大批政治工作人才。

在毛泽东和中央军委的领导下，人民解放军逐步形成了比较完整的高等军事院校教育体系，培养了一大批具有现代战争知识的军事、政治、后勤干部和专业技术干部。至1953年，全军共建成各级各类军事院校100余所，为培养军队现代化正规化所需人才创造了条件。

毛泽东和中央军委颁布实施了正规化的军事制度，有力地加强了人民解放军的正规化建设。

革命战争年代，由于长期处于分割状态，部队的规章制度都是各战区自己制定。新中国成立后亟须取得统一。毛泽东指出："全国胜利后，为了实现国防军正规化近代化的新任务，统一编制，统一装备，统一动作，统一制度就成为全军的一致要求。”

以毛泽东为主席的中央军委指示军委训练部成立编修委员会，编写了共同条令。1951年2月1日，经毛泽东批准，总参谋部将中国人民解放军《内务条令（草案）》《纪律条令（草案）》《队列条令（草案）》颁布全军试行。经过两年多的试行和征求意见，编修委员会对上述三个条令（草案）进行了修正。1953年5月1日，毛泽东以人民革命军事委员会主席名义颁发试行。以后，编修委员会又广泛搜集各方面意见，进行多次修改。1958年，毛泽东将三大条令正式颁发全军执行，有力地促进了部队的正规化建设。

1953年12月，经毛泽东批准并指导召开的全国军事系统党的高级干部会议，明确提出我军实行义务兵役制、军官薪金制、军衔制三大制度，以加强军队的正规化建设。

1955年7月30日，第一届全国人民代表大会第二次会议通过《中华人民共和国兵役法》（以下简称《兵役法》），同日，毛泽东签署中华人民共和国主席令予以颁布。《兵役法》共9章58条，其主要是改志愿兵役制为义务兵役制，平时进行定期征集、定期退伍，战时实行动员：凡年满18岁至40岁的男性公民，身体、政治合乎条件的都要服现役或预备役；服现役的期限依据兵种不同，分为3年、4年和5年；对预备役军人要进行登记、统计和集训；高级中学和高等院校学生实行军训。《兵役法》的颁布实施，是国家军事制度的一项重大改革，既加强了军队建设、增强了国防力量，也有利于国家的经济建设。

新中国成立前，人民解放军长期处于农村游击战和运动战的环境，全军上下都过着艰苦的生活。新中国成立初期，军队虽有固定的经济来源，干部的物质待遇也有了较大提高，但实行的仍是供给制。1954年11月，经毛泽东批准，国防部颁发了《中国人民解放军薪金、津贴暂行办法》，决定从1955年1月起开始实行薪金制度。人民解放军长期实行的供给制为军官薪金制所代替。薪金制的实行，体现了社会主义按劳分配的原则，对改善军官的物质生活待遇，鼓励军官的积极上进，具有重要的意义。

为适应现代战争多军兵种协同作战的要求、加强正规化现代化建设，1953年1月9日，中央军委发出《关于实施军衔制度准备工作的指示》。同年12月至1954年1月，中央军委在北京召开的全国军事系统党的高级干部会议明确提出我军实行军衔制。

1955年1月，中央军委发布《关于评定军衔工作的指示》。2月8日，《中国人民解放军军官服役条例》经全国人民代表大会常务委员会第六次会议通过，毛泽东以中华人民共和国主席名义签署命令，公布执行。条令对军官的来源和条件、军官职务任免原则、军官的权利和义务、军衔的评定（军衔定为尉官、校官、将官和元帅4等14级）都作出了明确规定。规定人民解放军于1955年10月1日开始正式实行军衔制度。

元帅和大将的授衔名单，是由中共中央书记处提名，经过政治局审议确定，最后由人大常委会讨论通过。在初步方案中，毛泽东被提名为授予大元帅军衔，周恩来、刘少奇、邓小平为元帅，李先念、谭震林、邓子恢、张鼎丞等为大将，并为他们授勋。

当国防部部长彭德怀、总政治部主任罗荣桓等向毛泽东等中央领导汇报授衔授勋方案时，毛泽东说："你们搞评衔，是很大的工作，也是很不好搞的工作，我这个大元帅就不要了，让我穿上大元帅的制服，多不舒服啊！到群众中去讲话、活动，多不方便啊！依我看呀，现在在地方工作的，都不评定军衔为好！"接着他对刘少奇说："你在部队里搞过，你也是元帅。"刘少奇当即表态说："不要评了。"毛泽东又问周恩来、邓小平："你们的元帅军衔还要不要评啊！"周恩来、邓小平都摆摆手说："不要评了，不要评了。"

在邓小平的坚持下，他成了中共中央军事委员会12位中央军委委员中除毛泽东之外，另一个没有元帅军衔的人。

彭德怀也在闲谈中多次透露："我并不需要这个牌牌，也够不上什么元帅，如果要评的话，也很难说评个什么'将'是合适的。但这不是个人问题，倘不评一些元帅，就会使一些人难得依次评下去。"1959年6月，他又在同阿尔巴尼亚国防部部长巴卢库谈话时强调："我不喜欢人家叫我元帅，这是战争的结果，是学人家的，我不喜欢肩上这两块牌牌。"

毛泽东和刘少奇、周恩来、邓小平等中央领导人主动提出不要军衔的高尚风格，对广大指战员正确对待荣誉、正确对待自己所定的军衔，起到了深刻教育和表率作用。

在评定军衔时，大多数干部并没有过多计较，而是表现得十分豁达。高风让衔，比比皆是。

许光达在得知自己将被授予大将军衔的消息后，还曾主动给毛泽东等军委领导写了一份"降衔申请书"："我感谢主席和军委领导对我的高度器重。高兴之余，惶惶难安。我扪心自问：论德、才、资、功，我佩戴四星，心安神静吗？……对中国革命的贡献，实事求是地说，是微不足道的。不要说同大将们比，心中有愧，与一些年资较深的上将比，也自愧不如。和我长期共事的王震同志功勋卓著：湘鄂赣竖旗，南泥湾垦荒；南下北返，威震敌胆……我诚恳、慎重

为毛泽东设计的大元帅服

地向主席、各位副主席申请：授我上将衔。另授功勋卓著者以大将。”

毛泽东拿到这封信后，激动极了。军委会议室里，他扬起信，走到朱德、彭德怀、林彪、贺龙等军委领导人面前：“这是一面明镜，共产党人自身的明镜！”彭德怀插话说，这样的报告许光达连写了三次。毛泽东听后点点头，越说越激动，起身离开座位：“不简单啊。金钱、地位和荣誉最容易看出一个人，古来如此。”他随即大步走到窗下，双手用力推开窗户，用带着浓浓湖南乡音的语调低吟：“五百年前，大将徐达，二度平西，智勇冠中州；五百年后，大将许光达，几番让衔，英名天下扬。”虽然在正式授衔时，许光达仍被授予了大将军衔，但中央军委在慎重考虑了他的意见后，将他的行政级别定为五级，他也因此成为当时唯一被定为行政五级的大将。

类似的让衔、请求降衔、不争衔的例子还有很多。总干部部副部长徐立清。按条件，他理应授衔上将，但当他得知上将名额需要减少时，便立即以自己“是主抓这次授衔工作的人，不能近水楼台先得月”为由申请降为中将。最终，他成为当时的兵团级干部中仅有的几名中将之一。

训练总监部军外训练部副部长孙毅，历来淡泊名利，心胸豁达。他对人说：“我只有从劳之苦，而乏建树之功，在评衔时要宁低勿高，授我少将足矣。”但组织上考虑到孙毅资深望重，最后仍授予他中将军衔。

白志文，红军时期就是师长。被评定为少将后，有人建议他去争取一下。他却说：“有什么好争的？多少人连命都没了。我们红三军团参谋长邓萍同志，牺牲时不到30岁。我们命大活下来了，评一个少将就该知足了！”

段苏权，红军时期黔东独立师政委，解放战争时期曾任四野第八纵队司令员。授衔那天，他站在少将行列里。他的周围，是当年他亲自指挥的团长；前排的中将行列中，有几位当年在他手下当过师长；再前排的上将行列中，则站着曾与他同样担任纵队司令员的战友。有同事小声说：“老段，你该站前边去，向前走两排。”他却淡淡一笑：“组织上叫我站这里，我就站这里。”

1955年9月27日，中华人民共和国主席给元帅授衔典礼在北京中南海隆重举行。毛泽东将“中华人民共和国元帅军衔的命令状”授予朱德、彭德怀、林彪、刘伯承、贺龙、陈毅、罗荣桓、徐向前、聂荣臻、叶剑英。授衔完毕后，毛泽东又将一级八一勋章、一级独立自由勋章、一级解放勋章授予10位元帅。同日下午，国务院亦举行授衔授勋典礼。周恩来总理分别把授予大将、上将、中将、少将军衔的命令状和勋章，授予粟裕、徐海东、黄克诚、陈赓、谭政、萧劲光、张云逸、罗瑞卿、王树声、许光达等在京的将军。此后，各总部、各军区、各军兵种也相继举行了授衔授勋仪式。

全军共授衔的有元帅10名、大将10名、上将55名、中将175名和少将800余名。从此，中国人民解放军开始正式实行军衔制，在正规化建设的道路上迈出新的步伐。

毛泽东号召开展正规军事训练，提高人民解放军现代化作战能力。

1950年12月3日，毛泽东以中央军委主席的名义指示全军：“现为适应目前形势的发展，需要加紧部队的军事训练。”

十大元帅授衔仪式

从1953年6月起，全军贯彻毛泽东关于要“开展正规训练”的指示和中央军委颁发的战斗训练命令，积极开展以战斗训练为主的正规军事训练。

1955年3月21日，毛泽东在中共全国代表会议的开幕词中指出："帝国主义势力还是在包围着我们，我们必须准备应付可能的突然事变。今后帝国主义如果发动战争，很可能像第二次世界大战时期那样，进行突然的袭击。因此，我们在精神上和物质上都要有所准备，当这突然事变发生时，才不致措手不及。"

4月29日，毛泽东在听取彭德怀关于武装力量使用预案汇报后说："我们的战略方针历来是积极防御，作战行动是后发制人，决不首先发起战端。"根据毛泽东的指示，中央军委于1956年3月6日至15日召开扩大会议。会议确定根据我国社会主义国家的性质和我军实际状况，在未来反侵略战争初期，应采取积极防御的战略方针。3月23日，毛泽东和中共中央批准了这个方针。

毛泽东和中央军委关于积极防御战略方针的提出和确立，为我军的训练提供了依据，把训练引向了一个新的阶段。

人民解放军陆、海、空三军部队开展正规化训练，取得了显著成绩，在执行战备任务和军事演习中，表现出良好的军事素质。但1958年以后，由于错误地发动反对"教条主义"的斗争，对军队的正规化建设和军事训练产生了消极的影响。

1960年，叶剑英任军委军事训练和军事学术委员会主任。他提出训练要进行改革，要注意打基础；在技术战术上要做到开得动、打得准、联得上、合得成。1962年，鉴于当时国际形势比较复杂，以毛泽东为主席的中央军委发出"备战整军，增加全训师，大搞训练"的指示。按照这一指示，全军积极开展了渡海登陆、抗登陆作战训练和高原、山地训练以及近战夜战训练、游泳和武装泅渡训练。

在全军开展军事训练中，南京军区某部副连长郭兴福把练思想、练作风和练战术、练技术有机结合起来的练兵方法，受到叶剑英的肯定。叶剑英向毛泽东报告，建议向全军推广郭兴福教学法。

毛泽东仔细看了这份报告，高兴地说：“郭兴福教学方法，不仅是我军传统练兵的继承，主要是在新条件下的发扬。”他对总参谋长罗瑞卿说：“叶帅找到了一个好办法。”

1964年1月，总参谋长罗瑞卿在南京主持召开现场会，向全军推广郭兴福教学法。随后，一个深入广泛的群众性练兵运动在全军范围内兴起。同年春，为检阅几年来的训练成果，中央军委决定举行一次全军范围的比武活动。

6月初的一天，毛泽东从简报上得知，老帅们下到了训练场上，许多中央领导都分别观看了几场军区比武表演，便拿起笔来在简报上批道：“这样的好事，为什么不邀请我也看看呢？”

6月15日，毛泽东在刘少奇、董必武、朱德、邓小平、彭真、陈毅、贺龙、聂荣臻等党和国家领导人陪同下来到北京西郊射击场，观看济南军区和北京军区尖子分队的比武表演。

比武汇报的第一个项目是半自动步枪、冲锋枪精确射击和轻机枪速射表演。

毛泽东手持望远镜目不转睛地观察着。一排靶子全被射击手击落了，毛泽东高兴地放下望远镜，鼓起掌来。他对贺龙说：“不错嘛！”

射击完毕，毛泽东让工作人员把射击手的枪拿来看看。随后，罗瑞卿将半自动步枪递给毛泽东说：“这是我们国产的半自动步枪，现已装备部队。”毛泽东端起枪瞄了瞄，一名记者迅速按动快门，摄下了这一重要的历史瞬间。

毛泽东高兴地说：“神枪手是练出来的。”“子弹可以多造一些，要多打，多练，平时多用一些子弹，打起仗来就省子弹了，打得准嘛！”

毛泽东还对贺龙说："要注意多搞夜战、近战。"

贺龙说："今天晚上，主席可以看看他们'夜老虎连'的表演。"

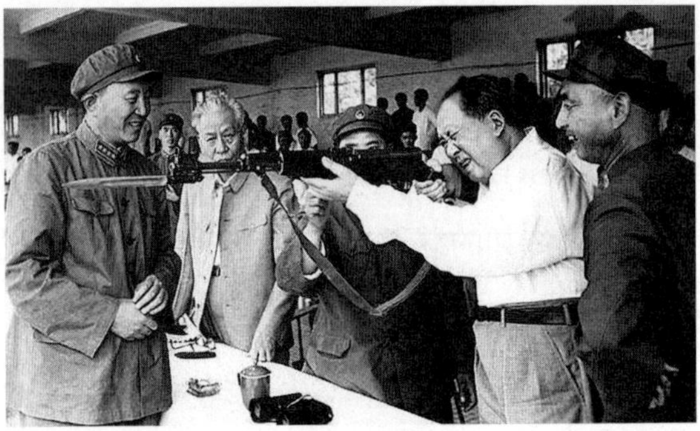

毛泽东在北京西郊射击场端枪瞄准

"什么叫'夜老虎连'？"毛泽东问。

"就是专搞夜间训练的连队，现在他们每个团都有这样的连队。"

"好，就是要搞夜战，搞近战，训练部队晚上行军，晚上打仗。"毛泽东高兴地说。

毛泽东观看完侦察兵表演，对侦察兵的陆上功夫表示满意，他认为侦察兵还应有水下功夫，他说："部队要学游泳，单靠游泳池不行，要学会在江海里游。不经过大风大浪不行。"

在格斗场上，毛泽东观看完战士的表演后，忍不住地走下主席台，走到一个画着蒋介石画像的沙袋前，一边挥拳，一边风趣地说："老朋友，久违了，我也打你几拳。"毛泽东幽默的话语，引起了格斗场上一阵欢笑。

晚上，毛泽东观看了夜间课目的表演。当一队3000米武装越野的战士来到主席台前时，毛泽东对身边的军委和军区领导说："训练部队晚上行军，晚上打仗。""过去土地革命战争时期、抗日战争时期、解放战争时期，白天是敌人的，晚上是我们的，抗美援朝战争也是这样。今后战争，我们还是要在晚上和敌人打。'夜老虎连'要普及，现在可以一个营先搞一个连，将来要使全军都成为'夜老虎连'，这样打起仗来，天下就是我们的了。"

6月16日下午，毛泽东等来到十三陵水库。他在接见参加中央工作会议的人员时提出：大区书记要抓军队，不能只要钱不要枪。

当日傍晚，毛泽东观看了模拟海岸防御演习。随后，毛泽东不顾疲劳，又到羊坊观看了炮兵和坦克分队的表演。

毛泽东在两天的参观军事汇报表演中，看到部队军事训练取得了很大成绩，十分满意。他在一次谈话中说："看了北京、济南军区的'尖子'部队的表演，很好。要在全军中普及，光有'尖子'部队是不够的。普及要很快布置，要抓紧这个工作。"

毛泽东和中央领导观看军事训练汇报表演，极大地鼓舞了全军指战员的练兵热情，全军大练兵活动不断高涨，各军区相继展开了比武，有力地推动了部队军事训练的展开，在人民解放军训练史上写下了光辉的一页。

正当全军训练高潮持续发展时，国防部部长林彪出于其个人政治目的的需要，认为军事训练"冲击了政治"，把群众性练兵运动压了下去。"文化大革命"中，军事训练在较长时间内难以正常进行。战斗力受到严重削弱。

1969年3月，中苏边境发生珍宝岛事件，毛泽东多次指示全党、全军、全国人民"要准备打仗"。

在毛泽东的指示和战备形势促动下，我军的军事训练逐步有所恢复。1969年下半年至1970年年初，新疆、沈阳、济南、北京等军区的一些部队，走出营房，进行野营拉练。

1970年2月，毛泽东在总参谋部关于新疆、沈阳、济南三个军区野营拉练情况的报告上批示："这样训练好。"对于部队野营拉练的成果给予了充分的肯定。11月24日，毛泽东在北京卫戍区《关于部队进行千里战备野营拉练的总结报告》上又批示："全军是否利用冬季长途野营训练一次，每个军可分两批（或不分批），每批两个月，实行官兵团结、军民团结。"在报告的最后一页，毛泽东还写道："如不这样训练，就会变成老爷兵。"

“老朋友，久违了，我也打你几拳。”

根据毛泽东的指示，中央军委发出通知，要求全军迅速掀起野营拉练运动的高潮。北方部队实行冬季野营拉练，南方部队进行夏季野营拉练，“战三九、练三伏”口号变为全军的行动。野营拉练范围之广、影响之大，是前所未有的。在野营拉练中，培养了部队英勇顽强的战斗作风，增强了官兵团结和军民团结，提高了部队在野战条件下走、打、吃、住、藏的能力。

毛泽东还针对林彪对部队军事训练造成的严重影响，提出：“军队要严格训练，严格要求，才能打仗。”全军认真贯彻毛泽东的指示，大办教导队，开展“三打”（打坦克、打飞机、打空降）、“三防”（防原子、防化学、防生物武器）的群众性大练兵运动，积极做好未来反侵略战争的准备。

毛泽东关于新中国国防和军队建设的理论，丰富和发展了毛泽东军事思想，对于我们今天的国防和军队建设仍具有重要的指导意义。

新中国成立之初，毛泽东就提出了必须建设强大的现代国防工业的议题。

那时，我军的武器装备绝大多数是缴获的敌军武器，被称为“万国牌”，性能落后，零配件已无来源，多数已不能使用。显然，这与人民解放军正规化、现代化的要求极不适应。毛泽东多次在军委会议强调：尽快建设国防工业，生产出武器装备精良的人民解放军，是摆在新中国面前一项十分紧迫而又艰巨的任务。随着苏联援建项目的展开和抗美援朝战争的急迫需要，中共中央政治局扩大会议决定，集中力量建设重工业、国防工业和其他相应的基础工业。毛泽东作出的一系列决策，在建设国防工业方面可概括为三大举措。

解放军某部长途拉练

一是从领导体制入手，建立国防工业领导机构。1950年年初，毛泽东指示周恩来及政务院在重工业部设立航空工业筹备组、兵工办公室、电信工业局和船舶工业局等机构，负责组织武器装备生产和军工企业调整工作。1951年1月，毛泽东批准成立中央军委兵工委员会，由周恩来兼主任，聂荣臻、李富春为副主任；并将兵工办公室升格为兵工总局，负责统一规划和协调兵工生产建设。随后，成立了由聂荣臻任主任的航空工业管理委员会，在重工业部设航空工业局。

1952年5月，毛泽东批准《兵工厂调整计划纲要》和《兵工五年新建设大纲》，要求进一步研究新厂建设问题。7月26日，周恩来向中央提出《关于兵工工业建设问题的报告》，指出：兵工要提早建设，改造老厂、建设新厂，用三五年时间迅速建立中国自制陆军武器、弹药和空军、海军弹药的基础。8月，成立了主管国防工业的二机部，负责管理兵工、航空、电信和船舶工业，着手组织大规模的调整建设工作。

1958年10月，中共中央批准成立国防科委，聂荣臻任主任，陈赓任副主任。主要任务是对军内外有关国防科学技术研究工作的组织领导、规划协调、监督检查，重点研究发展以原子弹和导弹为主的尖端技术，尤其是与世界军事科技发展同步，形成了对未来长远发展具有奠基石意义的坚实技术基础和科研力量。

二是调整原有军工企业，构建国防科技工业体系。新中国成立后，中央将接管的军工厂与解放区的军工厂合并，只能生产步枪、机枪、手榴弹等轻武器和数量有限的小口径火炮，船舶、航空企业多是搞点修理和装配；而无线电零配件的供应，几乎完全依赖外国，根本不具备国防建设必需的飞机、舰艇、坦克、大门径火炮、军事电子等现代化武器装备的研制条件。

1953年年初，毛泽东在中央会议上强调要将国防工业列为“一五”计划建设重点。要求五年内初步建设起国防工业体系，以保证军队武器装备的需要，保持国防战备必要的武器和弹药储备。他还指示总参根据国防建设五年计划的要求，组织力量对“二战”中各国军队武器装备数量和弹药消耗情况，以及志愿军在抗美援朝战争中武器弹药的投入与消耗情况进行分析研究，拟定了未来反侵略战争所需武器装备与弹药的基本数量，为制订国防工业建设计划提供了依据。

毛泽东明确指出：“无论抗美援朝战争的结果如何，都要搞国防工业的建设与军工生产。朝鲜战争证明，依靠我们过去和较为落后的国内敌人作战的装备和战术是不够的，我们必须掌握最新的装备和随之而来的最新战术。”

根据毛泽东的指示，国防工业的力量组合均按现代战争的需求组合，如将空军的主要人员和设备集中为六个重点大厂；无线电按专业化要求组成六个无线电厂；船舶工业通过改造、租用和重组，按海军发展要求，形成几个重型造船厂。

三是学习苏联模式，制订和实施国防工业科技与建设计划。毛泽东决定：在1950年使用的6000万美元苏联借款中，有2000余万美元用于海军、空军的军事订货。1951年7月，毛泽东派徐向前率团赴苏就军工项目进行谈判，特两次致电徐向前，强调应邀请苏联先派设计组来华，结合中国情况做出设计后再确定项目。

1953年1月22日，毛泽东主持审议国防工业“一五”建设计划。与会者认为：为保障国家安全，国防工业应有这样一个基础，一致赞同李富春提出的五年建设计划。这是中共中央在国防工业初创时期召开的一次重要会议。一直到20世纪60年代中期，为了打破帝国主义的核威胁和核垄断，毛泽东在一些重要会议上多次强调军队武器装备建设的重要性与紧迫性，指出：“中国不但要有更多的飞机和大炮，而且还要有原子弹。”

1952年和1956年，毛泽东两次派周恩来率团赴苏谈判，签订了包括援助国防工业建设的系列协议。协议规定苏联向中国建设的66个大型军工企业和8个科研院所提供援助；对我国几十个军工企业进行改扩建等技术改造。“一五”期间我国新建航空、无线电、兵器、造船等大型骨干工程4项，改建扩建老厂的大中型工程51项，完成了制式武器的试制生产和飞机、坦克、舰艇的修理及部分制造任务。

1956年4月，按照毛泽东的要求，制定12年科学规划的会议在北京西郊宾馆召开。不到半年，经过600多名科技工作者的共同努力和部分苏联专家的帮助，基本上完成了规划的起草。10月29日，陈毅、李富春、聂荣臻联名向中央呈送了《关于科学规划工作向中央的报告》和《规划纲要》。

《1956—1967年远景规划纲要》列出了12个科技发展重点。军工方面，在聂荣臻领导下，组织航空工业委员会、总参装备计划部、国防工业部门共同拟定了武器装备发展总规划，以发展原子弹技术、喷气与火箭技术、半导体技术、电子计算机技术、自动控制技术等为重点，部署发展原子弹和导弹研制的重大任务。规划的具体目标有：提高喷气式飞机音速的倍数；研制射程100公里的地对空导弹，射程500公里至600公里近程地对地导弹。电子学方面，研制能发现敌人飞机、导弹，并能引导我军飞机、导弹对其拦截、阻击的设备；研制能准确测定敌人炮兵阵地和军舰的设备，提高雷达探测距离，缩小体积，增强抗干扰性能；研制自动化和保密性能好的超小型化通信设备；研制电子计算机、电视机无线电侦察设备。原子能方面，与和平利用结合，开展小型核弹头、核潜艇和用作军用动力堆等综合性研究。防化和军事医学方面，进行防原子、防化学和防生物武器研究。陆军装备方面，主要是进行改进，减轻火炮、坦克等重量，提高质量、增大威力，便于运动或自行化的研究。海军装备方面，开展提高舰艇航速、续航力以及水雷、舰用火炮、鱼雷的威力，研究导弹、火箭在舰艇上的使用，等等。

后来的实践证明，尽管受到“文革”强烈的冲击，规划确定的这些目标都是基本上完成。

1956年4月，毛泽东在《论十大关系》中强调：“国防不可不有。经过抗美援朝和几年的整训，我们的军队加强了，比第二次世界大战前的苏联红军还更强些，装备也有所改进。过去我们没有飞机和大炮，用小米加步枪打败了日本帝国主义和蒋介石。我们不但要有更多的飞机和大炮，而且还要有原子弹。可靠的办法就是要把军政费用降到一个适当的比例，增

1954年毛泽东和国防委员会委员合影

加经济建设费用。只有经济建设发展得更快了，国防建设才能够有更大的进步。”

建设国防科研机构和试验基地。1954—1963年，经中央军委批准，国防部第五局成立了导弹研究院，钱学森任院长，并建成了三个分院和一批专业研究、试验站，分别承担导弹总体、火箭发动机和控制导引系统的研究工作，为导弹研制奠定了基础。同时，在北京建立了核武器研究所，进行第一颗原子弹的前期研究工作。以后又建成西北核武器研制基地，原子弹的主要研制工作转到西北基地进行。为了适应常规武器装备发展的需要，国防工业部门先后建立了一批专业研究机构以及产品设计机构，建设了38个科研单位和试验基地，形成了一支约8万人的武器装备研制队伍，初步形成了一个比较完整、配套的国防科技体系。

建设国防科技工业高等院校。为加强国防科技人才的培养，从新中国成立初期解放军创办一批高等军事工程技术学院后，自1961年年初到1965年，国家先后将哈尔滨工业大学、北京航空学院、成都电讯工程学院、西北工业大学、南京航空学院、上海交通大学、北京工学院、太原机械学院、军事电信工程学院、炮兵工程学院、军事工程学院划归国防科委领导，还确定北京大学、清华大学、复旦大学、兰州大学等高等院校设置特殊专业，培养军工专业人才。这些高校的许多优秀人才都成为国防科技工业的骨干力量。

我国自行设计的导弹

1965年，国务院军工产品定型委员会批准定型的500多项产品中，我国自行设计的占60%左右。轻型坦克、水陆坦克、履带装甲输送车、反坦克无后坐力炮、破甲弹、反坦克枪榴弹、火箭弹等相继研制成功；自动步枪、微型冲锋枪等步兵武器轻型化研制工作取得长足进展；红旗1号地空导弹等装备也仿制成功，保障了后来几次边界自卫反击战的胜利。20世纪60年代中期，歼7、强5以及与歼6配套的空空导弹完成定型生产，标志着中国掌握了超声速歼击机的整套生产制造技术。国防科技工业实现了常规武器装备从仿制向自行研制的过渡，常规武器品种增加、性能提高、配套显著改进。武器装备向国产化、系列化迈出了重要一步。

根据毛泽东的指示，在1964年5月15日到6月17日中共中央召开的工作会议上作出了三线建设的重大战略决策。同年8月，中央书记处会议决定集中人力、物力、财力建设三线。从1965年起，我国开始把沿海一些工业企业向西部和西北地区搬迁，当年新建项目则大多集中投放在西部地区。这是我国三线建设大规模进行的阶段。

三线建设在短时间内就取得了成效。到1965年4月，中国的战略资源大多已经向西部和西南地区转移完毕。此时的中国，已经不怕打大规模战争了，中国已经做好了准备，腰杆更硬了。1965年4月，周恩来代表中国政府请巴基斯坦总统阿尤布·汗向美国总统约翰逊传话说："如果美国把战争强加给中国，中国将奋起抵抗，战斗到底。不管来多少人，用什么武器，包括核子武器在内，可以肯定地说，它进得来，出不去，必将被消灭在中国。"周恩来的这个话，是说给美国人的，也是说给苏联人的，更是说给蒋介石集团、南朝鲜和日本的。

我国的国防工业特别是三线建设的推进，极大地促进了国防建设。从沿海到内地，再到西部地区，建立了一大批国防工业基地，包括原子能基地、核试验基地等。

二　力挽狂澜的领袖风范

毛泽东是一位时代的弄潮儿，他高瞻远瞩、叱咤风云，具有在狂风暴雨和惊涛骇浪中拨正航船的卓越领导能力。

不管风吹浪打，始终站在历史潮头

毛泽东是中国共产党的创建人之一，他出席了多次党的全国代表大会。然而，1922年的中共二大、1925年的中共四大和1928年的中共六大，毛泽东却未能出席。他曾说，我是“一、三、五不论，二、四、六分明”。“分明”的意思是说有三次党代会他没参加，历史有明白的记录。“不论”的意思是说，他在党的一大、三大、五大上自己发言不多，有时就是发表了正确的意见，也没能被重视或采纳。

毛泽东是个讲原则，追求真理，捍卫真理的人，是为真理奋不顾身的人。他是个看见大海就激动的人，他提倡实事求是，有“反潮流精神”。在他参加的几次党代会上，不管他的意见是否被采纳，他都会用自己的聪明睿智、高超机敏的深刻洞察力，去分析问题、研究问题，为了党和人民的利益，不计个人得失，从不随波逐流，人云亦云；对于正确的观点，他都会勇敢地去捍卫，坚持真理，并去说服别人，争取多数。

中共一大召开时，毛泽东担任会议的记录工作，并作过一次发言，介绍长沙党组织的情况。在这次会议中，毛泽东并没有引经据典地畅谈马克思主义理论，而是略显沉默寡言。

作为出席了中共一大的长沙小组的代表，中共成立之后，毛泽东很快回到湖南，着手组建湖南地方党组织。1921年10月，湖南的共产党支部成立，毛泽东担任书记。此后，毛泽东又大力在工人和学生中发展党员，成立了中共安源支部等，又于翌年建立了统一的中共湘区执行委员会。这一时期的毛泽东是一位卓越的实干家，他是完全有资格作为代表参加党代会

中共一大会址——上海市兴业路76号（原望志路106号）

的，而且他也是准备参加党的二大的。问题是，毛泽东自己说，没有参加二大。1936年，毛泽东在陕北保安窑洞里与来访的美国记者埃德加·斯诺谈话时明确地说："到1922年5月，湖南党——我那时是书记……我被派到上海去帮助反对赵恒惕的运动。那年冬天，（应是7月，夏天）第二次党代表大会在上海召开，我本想参加，可是忘记了开会的地点，又找不到任何同志，结果没有能出席。"李达在1955年8月的回忆中也确定"毛主席没有出席这次代表大会"。

1923年6月，毛泽东在广州参加了中共三大，并在大会上作了多次发言。他坚持接受1月12日共产国际执行委员会关于在中国实行国共合作的决议，以共产党员个人身份加入国民党，建立各民主阶级革命统一战线，他既批评张国焘等人怀疑国共合作的"左"倾错误言论，又不同意陈独秀与马林提出的关于"一切工作归国民党"的"右倾"口号与观点。他认为，这种"右倾"妥协退让态度使革命预伏着危机，并强调指出中国共产党必须坚持独立自主的原则，坚持共产党在政治上、组织上的独立性。

陈独秀对毛泽东这位早在北京就有所交往的青年相当欣赏。在中共三大报告中，陈独秀在批评了上海、北京、湖北等地的工作后，特别表扬了湖南：“只有湖南的同志可以说工作得很好”，“湖南几乎所有拥有三万人以上的工会都在我们控制之下”。

然而，报告却只字未提农民运动。在讨论中，围绕建立各民主阶级革命统一战线的农民运动问题，开展了一场激烈的争论。陈独秀在辩论中夸大了中国农民的缺点与弱点。他认为“中国农民更是宗法观念、反动思想、神权帝王迷信、散漫不集中的‘四不像’”，又认为“农民居住散漫势力不集中，文化低下，生活欲望简单，易于趋于保守。中国土地广大易于迁徙，畏难苟安，这三种环境是造成农民难以加入革命运动的原因”。

毛泽东针对陈独秀的上述错误观点，在中共三大讨论发言中指出：“党的工作重点应放在城市工人运动上，同时也应特别注意农民运动。”他向大会指出：“任何革命，农民问题都是最重要的。”

毛泽东还列举历史上主要农民起义，诸如秦代的陈胜、吴广、项羽、刘邦，汉代的张角，隋代的李密，唐代的黄巢，元代的朱元璋，明代的李自成，清代的太平天国洪秀全等。每次造反与革命，都是以农民暴动为主力。中国国民党在广东有基础，也是因为有农民组织起来的军队。如果共产党也注意农民运动，把农民发动起来，不难形成像广东那样的局面。

毛泽东这种非凡的见解，使代表们耳目一新，深获绝大多数代表的支持与赞同。但陈独秀对此却不以为然。

大会通过了毛泽东、谭平山起草的《农民运动问题的决议案》（以下简称《决议案》）。遗憾的是在《决议案》中没有采纳毛泽东关于没收地主的土地分给农民，实现“耕者有其田”的正确主张，对农民革命斗争目标不够明确。

在中共三大上，毛泽东第一次进入中央执行委员会（相当于后来的政治局）。中共三届一次执委会推选出陈独秀、蔡和森、谭平山、毛泽东、罗章龙五人组成中共中央局，负责中央日常工作，以陈独秀为委员长，毛泽东为中央局秘书，罗章龙为会计，毛泽东协助陈独秀处理中央日常工作。这项任命实际上意味着毛泽东正式进入中国共产党的领导核心。因为中央局秘书的权限极大，不仅肩负“本党内外文书及通信及开会之责任，并管理本党文件”的一般事务性工作，而且有着“本党一切函件须由委员长及秘书签字”的联合署名权！

会议决定中央局设在广州。同年9月，中央局机关迁往上海。

1924年1月国民党一大召开，在孙中山的提名下，毛泽东被选为国民党中央候补执行委员。

10月7日，毛泽东正式成为国民党中央宣传部的代理部长。随后，他以国民党中央宣传部的名义，主持全面整顿国民党报刊宣传系统工作，创办了一大批国共合作的、统一战线性质的报刊。据统计，到1926年6月北伐前夕，国民党系统出版的报刊有近百种，其中绝大部分都是共产党人主持的。

毛泽东自己主持发行的刊物是《政治周报》，这也是国民党政治委员会的机关刊物。对于创办这本刊物的主要目的，毛泽东在发刊词中说：除了反击当时的国民党右翼势力的“西山会议派”之外，还要“向反革命派宣传反攻，以打破反革命宣传”。毛泽东以极大的热情投入了《政治周报》的编写工作，以子任、润之等笔名发表了政论、新闻、时评和通讯等20多篇。刊物除了大篇幅用于批判“西山会议派”，还开设了一个叫作“反攻”的专栏，专门刊发短小犀利的时评，注重用事实说话，通过大量事实报道和评论，宣扬在广东政府领导下于政治、经济、文化、教育等方面取得的成就，揭露国民党右派和军阀势力的阴谋活动。

从1925年10月5日到1926年5月28日，毛泽东一直主持国民党的宣传

1924年5月5日，国民党和共产党的代表在上海孙中山香山寓所集会，纪念孙中山就任广州政府非常大总统三周年。照片中的知名人士有：邓中夏（前排左一）、张继（前排左五）、胡汉民（前排右五）、汪精卫（前排右四）、叶楚伧（中排左四）、毛泽东（后排左二）

工作，除了《政治周报》之外，还负责了当时国民党二大各项草案撰写和宣传工作报告，直到1926年5月《整理党务案》获得通过，方才不得不辞去部长一职。

因回湖南养病，毛泽东无法出席中共四大。1925年1月11日至22日，中共四大在上海召开。不过，这时的毛泽东却不在上海。原来，此前国民党上海执行部的内部斗争已逐渐公开化，国民党右派叶楚伧等刻意排斥毛泽东，甚至“用尽办法”要赶跑毛泽东。此时，毛泽东又积劳成疾，遂于1924年12月请假回湖南养病，因而无法出席中共四大。

1927年，蒋介石发动了“四一二”反革命政变。4月27日，中共五大在武汉开幕，这次大会在危急关头没有制定有力的措施挽救革命。毛泽东在这次大会上被选为中央候补执行委员。

会上，瞿秋白、蔡和森、毛泽东、任弼时、恽代英等许多代表发言，对陈独秀的“右倾投降主义”错误进行了批评。陈独秀不得不承认一些错误。但由于当时全党对陈独秀的“右倾投降主义”还缺乏一致、深刻的认识，因此，会议没能改变陈独秀的“右倾投降主义”路线。大会在陈独秀的操纵下拒绝讨论毛泽东向大会提出的关于加速深入开展农民斗争、立即解决农民土地问题的提案，甚至把毛泽东排斥于大会之外，剥夺他在大会上的表决权。他是候补中央委员，只有发言权，没有选举权。

会议期间，或许受到瞿秋白散发小册子的启示，毛泽东也想把他的《湖南农民运动考察报告》（以下简称《报告》）发给代表。他把《报告》交给大会秘书处后，秘书处油印了300份。5月2日分组讨论，秘书处负责人周唯桢安排余义明发给代表。余义明找来一个藤提篓，将《报告》装在提篓中，刚发了二十几份，就被彭述之发现了。彭述之命令余义明立即停发，并将余义明带到陈独秀跟前。陈独秀大为恼火，责问余义明：“是谁让你发的？”余义明胆怯地答道：“是周唯桢同志叫我发的。”彭述之一气之下，勒令立即如数收回。余义明赶紧找来龚士希和自己一起收回了已发出去的《报告》，全部交给了彭述之。

毛泽东失望了。他扬长而去，此后再也没有参加会议。迷茫中，他登上蛇山，心情苍凉。“烟雨莽苍苍，龟蛇锁大江。”后来他回忆说：“大革命失败的前夕，心情苍凉，一时不知如何是好。”

五大后不久，1927年8月7日，毛泽东在汉口参加了中央召开的中共中央紧急会议，史称“八七会议”，在会上又提出了“枪杆子里面出政权”的著名论断，毛泽东在会后作为中央特派员领导了湘赣边界的秋收起义，率工农武装“上山”，开辟了井冈山革命根据地。

中国共产党第六次全国代表大会于1928年6月18日至7月11日在苏联莫斯科召开。此时，毛泽东正在井冈山上，自然无法与会。

八七会议旧址

此前的1928年4月，毛泽东率秋收起义部队，在江西宁冈砻市与朱德、陈毅率领的南昌起义部队余部和湘南起义部队实现了大会师。5月，他担任了由这两支部队合编而成的工农革命军（后改称为中国工农红军）第四军党代表、军委书记。从此，他开辟了中国革命的新道路。

“毛主席”这个称呼，在全中国几乎家喻户晓，但人们称毛泽东为主席，最早是在中央苏区的瑞金。

1931年11月7日下午，“中华工农兵苏维埃第一次全国代表大会”在江西瑞金叶坪村谢氏祠堂里召开。19日，进行了中国历史上第一次真正体现劳苦工农意愿的国家政权选举。

在这年2月20日的中共中央政治局会上，王明提议由中共中央总书记向忠发担任临时中央政府主席，张闻天却认为向忠发担任主席没有必要，讨论时大家觉得政府主席人选必须具备两个条件：一是在全国有威望，二是人要在苏区。多数人倾向毛泽东担任这个职务。10月中旬，中共临时中央正式决定由毛泽东为政府主席候选人，曾山和张国焘为副主席候选人，苏区中央局权衡再三，提议项英为副主席候选人，曾山改任土地部部长。

19日上午，当大会执行主席宣布：毛泽东和项英、张国焘、周恩来、朱德等63人当选为中央执行委员，组成中华苏维埃共和国中央执行委员会时，会场上雷鸣般的掌声整整持续了十几分钟。

11月27日，中央执行委员会在叶坪村的樟树林中召开第一次全体会议，毛泽东以全票当选为中华苏维埃共和国临时中央政府主席，项英、张国焘为副主席。根据苏维埃组织法规定，在中央执行委员会之下设立人民委员会（相当于后来的国务院）。中央执行委员会选举毛泽东为人民委员会主席，项英、张国焘为副主席；同时选举了各人民委员部的负责人。

中央执行委员会和中央人民委员会都在叶坪"一苏大会"会场办公。整个大厅用木板隔成了15个小房间，作为各部的办公室兼工作人员卧室。每个房间只有七八平方米。中央军委先与中共苏区中央局驻在一户姓谢的群众家中，毛泽东、朱德、任弼时、王稼祥等同志在楼上居住和办公。

全苏一大在宣告中华苏维埃共和国临时中央政府成立的同时，宣布定都瑞金，改瑞金为"瑞京"。

从此，人们对毛泽东的称呼，从"毛委员""毛党代表"，改为"毛主席"。

1934年1月15日至18日，中共临时中央在瑞金召开六届五中全会，具有戏剧性的是，没有让毛泽东参加这次会议，并且在会上把毛泽东作为批判的对象。然而，时过三天，中央又要

中华苏维埃中央政府旧址

毛泽东主持召开第二次全国苏维埃代表大会。

1934年1月22日至2月1日，在中央苏区瑞金召开了第二次全国苏维埃代表大会。出席代表700多人。毛泽东作了《我们的经济政策》和《关心群众生活，注意工作方法》的报告。总结了土地革命和根据地经济建设的经验。会议选举毛泽东等175人为中华苏维埃共和国第二届中央执行委员会委员，毛泽东当选为中央执行委员会主席。实际上这是一个虚职，而由张闻天代替了毛泽东担任人民委员会主席的职务。

但是博古等人仍不满意，想将毛泽东从中央苏区调走。3月27日，中共中央通过在上海的李竹声致电共产国际，说“毛泽东已长时间患病，请求派他去莫斯科”，并补充说“他已停止工作”。共产国际执委会于4月3日在听取此电报后决定：认为他不宜来莫斯科，必须尽一切努力在中国苏区将他治好。4月9日，共产国际指示其驻上海远东局的代表埃韦特，通报了4月3日的会议决议，认为出于旅途安全考虑，不让毛泽东来莫斯科，只有当没办法医治的时候才同意来。

共产国际反对临时中央过分打击毛泽东，是因为共产国际在中国的工作人员及时地将毛泽东等在中央苏区的工作情况都上报给了共产国际执委会。共产国际对毛泽东在苏区的军事工作、根据地工作和在军队中党的工作十分赞同。正是基于这样的工作成就，共产国际支持在中央苏区受到排斥的毛泽东在1934年1月召开的六届五中全会上当选为中央政治局委员。

1935年1月的遵义会议选举毛泽东为政治局常委，使他进入了党的领导核心。实际上确立了毛泽东在党内的领导地位。在第二次进驻遵义后，中革军委于3月4日决定设置前敌司令部，朱德为司令员，毛泽东为政治委员。毛泽东在军事指挥上的位置进一步突出。

在1935年11月3日政治局会议上，鉴于中革军委主席朱德仍随红四方面军行动，于是决定成立西北革命军事委员会取代中革军委，毛泽东为主席，周恩来、彭德怀为副主席。

1936年10月，红一、二、四方面军先后实现胜利会师，长征结束。于是中央撤销西北革命军事委员会，成立统一的中央革命军事委员会，毛泽东为主席，周恩来、张国焘为副主席。在1937年8月召开的洛川会议上，再次调整中央革命军事委员会的组成人员，毛泽东仍为主席（书记），朱德、周恩来为副主席（副书记）。

抗战全面爆发后，王明在共产国际的批准下来到延安，受到中共中央的热烈欢迎。毛泽东在致辞中盛赞其为“昆仑山上下来的神仙”。1937年12月政治局会议上，调整了政治局常委组成人员，共9人：张闻天、毛泽东、王明、康生、陈云、周恩来、张国焘、博古和项英。

由于王明不了解中国抗战的实际形势，再加上他一贯具有严重的教条主义，存在着把共产国际指示神圣化的倾向，因此很快就陷入了右倾投降主义的误区，在理论上和实践上给中国的抗战事业造成了严重的损失。为了总结抗战以来的经验教训，确定中国共产党在抗战新阶段的基本方针和任务，并把全党的认识统一到正确的思想上来，中国共产党第六届中央委员会第六次全体会议（中共扩大的六届六中全会），于1938年9月29日至11月6日在延安桥儿沟召开。参加会议的中央委员和党中央各部门、全国各地区的领导干部共55人，是党的六大以来到会人数最多的一次中央全会。

全会前的9月14日至27日，中共中央召开政治局会议，实际上是六届六中全会的预备会议。在14日的会议上，王稼祥传达了共产国际的指示和共产国际执行委员会总书记季米特洛夫的意见：认为中共一年来建立了抗日民族统一战线，政治路线是正确的，中共在复杂的环境和困难的条件下真正运用了马列主义；明确指出中共中央领导机关要以毛泽东为首解决统一领导问题，领导机关要有亲密团结的空气。

在中共六届六中全会（扩大）上，王稼祥再次传达了共产国际的指示和季米特洛夫的意见。毛泽东代表中央政治局作了《论新阶段》的政治报告，并代表中央作了总结报告。毛泽东提出“使马克思主义在中国具体化”的科学命题。全会批准了以毛泽东为首的中央政治局的路线，基本上克服了抗战初期王明的右倾错误，统一了全党的思想，从政治上、思想上和组织上为实现党对抗日战争的领导奠定了基础。特别是全会肯定了毛泽东在全党的领导地位，从而在党的历史上具有重大的历史意义。

延安整风运动开始后，1943年3月16日至20日，中央政治局会议通过了《中共中央关于中央机构调整及精简的决定》，决定毛泽东为政治局主席和中央书记处主席，书记处由毛泽东、刘少奇和任弼时组成，根据政治局决定的方针处理日常工作，规定书记处会议所讨论的问题，主席有最后决定权。

这是毛泽东在组织上正式成为中国共产党最高领袖的开始。

中共扩大的六届六中全会主席团成员。前排左起：康生、毛泽东、王稼祥、朱德、项英、王明。后排左起：陈云、博古、彭德怀、刘少奇、周恩来、张闻天

中共六届七中全会通过了刘少奇提议的以原中央政治局主席毛泽东为中央委员会主席的决议，同时决定在会议举行期间，由主席团处理中央日常工作，书记处和政治局停止行使职权。

1945年4月23日至6月11日，中国共产党第七次全国代表大会在延安杨家岭中央大礼堂召开，历时50天。会上，毛泽东致开幕词、闭幕词并提交了书面《论联合政府》的政治报告，朱德作了《论解放区战场》的军事报告，刘少奇作了《关于修改党的章程》的报告，周恩来等26人进行了10次大会发言。

会议通过了新的党章，选举了新的中央委员会。6月19日，中共七届一中全会召开，选举毛泽东、朱德、刘少奇、周恩来、任弼时、陈云、康生、高岗、彭真、董必武、林伯渠、张闻天、彭德怀13人为中共中央政治局委员。其中，前五人为中央书记处书记，毛泽东为中央委员会、中央政治局、中央书记处主席。直到1976年毛泽东逝世，他一直是中国共产党历届中央委员会的主席。

当时的中共中央书记处，相当于之后的中央政治局常委会。至此，以毛泽东为核心的中共第一代中央领导集体正式形成，这是中国革命历史的正确抉择和必然结果。

“古之成大事者，不惟有超士之才，亦有坚忍不拔之志。”毛泽东曾经历了人生道路上的起起落落，且多次受到不合理的批判。然而在每一次考验到来的时候，他总能以一个无产阶级革命者广博的胸怀、平和的心态去面对，这也是他最终成长为中国革命第一代领导集体核心的关键所在。可以说，是历史选择了毛泽东。

拨开迷雾，在艰难中作出正确历史抉择

作为叱咤风云的一代伟人，毛泽东善于在中国革命的重大历史关头，透过现象看本质，拨开重重迷雾，避开激流险滩，把握革命航船的正确航向，挽救了革命挽救了党。

第一次是在遵义会议上。

在长征途中召开的遵义会议被称为中国革命生死攸关的转折点，这和毛泽东的组织与推动分不开。

湘江之战后，“中央队三人团”打出的旗帜是：讨论失败。这个旗帜是毛泽东率先打出的，很有号召力和震撼力。湘江之败后，毛泽东掌握火候、不失时机地尖锐提出：“要讨论失败的原因！”

讨论失败，戳中了“最高三人团”，尤其是博古、李德的痛处。

大失败已使博古、李德陷入被动和束手无策。

湘江血战，也引发了广大指战员的不满和思考。他们在回忆中鉴别和对比：为什么在井冈山时期，在第一、第二、第三、第四次反“围剿”中，在毛泽东亲自指挥或在毛泽东军事思想指导下的时候，红军越战越强，屡战屡胜，弱小的红军，迭挫强大的敌人，取得一个又一个胜利？为什么第五次反“围剿”以来，尽管红军和根据地的条件比过去好得多，却尽打窝囊仗，处处被动、屡屡失败？红军为什么被迫离开中央革命根据地，进行漫无目的的大转移？为什么会遭到血染湘江、折损过半的惨败？

这无数的问号变成了惊叹号，直戳“左”倾领导人的脊背。

过了湘江，总参谋长刘伯承见到谭政，问被截断的两个师带过来多少人。谭政说："400多号人。"极为震惊的刘伯承抱着谭政，声调哽咽，喃喃地说："我们不要哭！嗯，我们不要哭！"可他的眼泪唰唰地流了下来。这是全军指战员悲痛愤懑心情的一个写照。

在失败引发的回忆对比中，"最高三人团"的根基摇摇欲坠！

讨论失败，就是清算失败者的责任。彻底清算"左"倾机会主义军事路线的时刻快到了。

在失败引发的回忆对比中，毛泽东呼之欲出！毛泽东漫长的忍耐与等待即将过去，眼看就要大步走上领袖舞台。

在胜利和失败的对比中，党和红军完成了对毛泽东的认识过程。人们认识的发展和深化，必须经历正反两方面的比较和鉴别。光有胜利的经验还不够，还要有失败的教训。

刘伯承回忆说："广大干部眼看反第五次'围剿'以来，迭次失利，现在又几乎濒于绝境，与反第四次'围剿'以前的情况对比之下，逐渐觉悟到这是排斥了以毛泽东同志为代表的正确路线，贯彻执行了错误的路线所致，部队中明显地滋长了怀疑、不满和积极要求改变领导的情绪。这种情绪，随着我军的失利，日益显著，直到湘江战役，达到了顶点。"

过了湘江之后，红军的指挥权虽然仍在"三人团"手中，但"实际上已由周恩来担当起来"。此时，周恩来的态度举足轻重，他是否赞成"讨论失败"？

周恩来赞成讨论失败！他不怕引火烧身，他甚至鼓励"讨论失败的原因"。只是湘江惨败之后，损兵折将，军队情绪不稳，蒋介石军队又尾追得紧，红军没有喘息时机，一时顾不上开会"讨论失败"。周恩来答应稍微安定时召集会议，展开讨论。可以说，是"最高三人团"之一的周恩来直接为黎平转兵和遵义会议准备了"讨论失败"的讲台。

关于遵义会议，毛泽东本人多次讲到，像他亲自指挥了千百次作战一样，他一生也亲自参加了不知多少次会议，但他最难以忘怀的，是这次使党和红军的命运以及他本人的命运发生根本性转折的遵义会议。

出席遵义会议的共20人。分别是：政治局常委及书记处书记博古、张闻天、周恩来，政治局委员毛泽东、朱德、陈云，政治局候补委员王稼祥、邓发、刘少奇、凯丰（何克全），列席会议的有总参谋长刘伯承，总政治部代主任李富春，一军团军团长林彪、政治委员聂荣臻，三军团军团长彭德怀、政治委员杨尚昆，五军团政治委员李卓然，《红星报》主编邓小平以及军事顾问李德和翻译伍修权。

会议由博古主持并作关于第五次反“围剿”的总结报告，他对军事上接连失利作了些检讨，但主要是强调客观原因，强调敌人的强大，作为不能在中央根据地粉碎第五次“围剿”的主要原因。

在他作报告时，毛泽东不时在卡片上记着什么，张闻天等人在认真听，不时微皱眉头，李德坐在门口，听着伍修权的翻译，脸上显不出什么表情，会场气氛虽比较平静，但却给人透不过气的感觉。

遵义会议会址

接着，时任中革军委副主席、红军总政治委员的周恩来开始作报告。他着重谈了军事问题，认为第五次反“围剿”失利，军事指挥上的错误应负主要责任。这一报告又称副报告，与博古的主报告有明显不同的倾向，这一点李德感觉到了。李德在《中国纪事》中指出：“博古把重点放在客观因素上，周恩来则放在主观因素上。”

博古听了周恩来的报告，隐隐感到不安。他察觉周恩来的总结，似乎对军事上的错误主观方面讲得多了一点，客观分析不够。这样，是否会引起思想上的混乱，使军内怀疑起四中全会的路线来，从而涣散军心，对前途悲观失望。他为此有些担心，同时感到周恩来报告中所讲的，很多地方赞同了毛泽东、洛甫、王稼祥的观点，他觉得周恩来近来思想上起了变化，这变化还有点儿快哩！他不大理解，同时也不大接受。

周恩来的“副报告”讲完后，博古提议与会者对“主报告”“副报告”加以讨论。

博古话音刚落，张闻天就站了起来。他手里拿着提纲，很有条理、很有系统地讲起来了。张闻天开篇即称博古关于第五次反“围剿”的总结报告基本上是不正确的。他的发言一下了震动了会场，尤其超出博古的预料。博古脸上露出了不易察觉的紧张与不安。毛泽东和王稼祥却十分平静地听着。

张闻天指出，博古把第五次反“围剿”失利的主要原因归之为敌人力量的强大、人民力量的薄弱，这样必然会得出第五次反“围剿”不能取胜的机会主义结论，而事实上，“左”倾军事路线和军事指挥上的错误，是第五次反“围剿”失败的主要原因。他还批评博古拱手让权于李德，破坏了军委的集体领导，给红军造了巨大损失的错误。

张闻天的发言与博古的发言针锋相对，一下子将博古、李德推向了审判席。因而，毛泽东在后来曾称张闻天的报告是“反报告”，而张闻天

“反报告”的提纲，则实际上是毛泽东、张闻天、王稼祥三人的集体创作而以毛泽东的思想为主导的。

张闻天发言结束后，毛泽东接着发言。他主要分析了“左”倾军事路线的症结所在，概括性地总结指出了博古、李德的军事错误是“先是冒险主义，继而是保守主义，然后是逃跑主义”。

“第一次反‘围剿’时，敌军是10万，而红军只有4万，是2.5∶1；第二次反‘围剿’时，敌军20万，红军4万，是5∶1；第三次反‘围剿’时，敌军30万，红军3万，是10∶1；第四次反‘围剿’时，敌军50万，红军5万，仍然是10∶1；第五次反‘围剿’时，敌军50万，红军5万余，不包括地方武装，仍然是10∶1，而我们为什么失败得那么惨，连个地盘都保不住，来个大搬家，逃之夭夭。这难道可以说，我们在军事策略方面，没有一点儿过错？”

毛泽东说：“关于华夫同志的工作，我想谈一点自己的看法，不知对不对。华夫同志只知道纸上谈兵，不考虑战士要休息，也要吃饭，还要睡觉；也不问走的是山路、平原还是河道，只知道在总部草拟的略图上一画，限定时间赶到打仗，这样哪能打胜仗？这完全是瞎指挥！”

凭着一种直感，李德感到毛泽东可能在指责他，于是眼珠瞪得圆圆的。他用俄语问伍修权，毛泽东在讲些什么？伍修权翻译后，他将手中的雪茄朝过道外一掷，站起来，指着毛泽东大声说：“你这是报复，报复！过去，我批评过你，今天，你趁机找我算账。”

毛泽东没有理会他，只是付之一笑：“有意见好好说嘛，摆事实，讲道理，以理服人嘛。”

大家的注意力都集中在毛泽东身上，感到他的发言有理有据，有说服力，这才是真知灼见哩！接下来表态的是王稼祥。他躺在细心的周恩来为他特备的躺椅里，屏声静气地听毛泽东发言。毛泽东话音刚落，他就激动得手撑着扶手要站起来。周恩来示意他“坐在椅子上慢慢说”。

王稼祥还是坐直了身子，一只手轻轻按住腹部的伤口，忍着疼痛大声说：“我同意毛泽东的发言，正如他所指出的那样，第五次反‘围剿’战争之所以失败，我们在军事指挥上犯了严重错误。不能归咎于客观，客观原因有一点，但不是主要的。”

他最后提出：“我认为，李德同志不适宜再领导军事了，应该撤销他军事上的指挥权，毛泽东同志应该参与军事指挥。”

作过“反报告”的张闻天，对毛泽东的定调报告简洁地表明态度：“我同意毛泽东的意见，他对问题的分析是有道理的，可以说言之成理，顺理成章。他对指挥五次反‘围剿’三个阶段的分析归纳，我很欣赏，指出了问题的症结所在。”接着他直奔主题：“实践证明，用马列主义解决中国革命的问题，还是毛主席行。”因此他建议，必须让毛泽东出来领导！

张闻天雄踞中共中央政治局委员、常委、书记处书记的高位，是当时博古、周恩来之后的第三号人物，他的表态自然是极有分量的。会后，在遇到困难的时候，他总是乐观地对同志们说：“我们的党经过艰苦曲折的过程，终于找到了正确的领导人，有了毛泽东同志的领导，我们就

周恩来

王稼祥

张闻天

能够战胜长征路上的危难。”

历史也记住了张闻天。毛泽东和周恩来后来曾多次对他给予高度评价，说他在遵义会议上“立了大功”。

对毛泽东的发言“给以关键性的赞同”的，还有朱德。他对李德的错误进行了言简意赅的批判：“有什么本钱，就打什么仗，没有本钱，打什么洋仗。”他一改过去宽厚慈祥的神态，声色俱厉地严正指出：“如不改变军事领导，我们就不能再跟着走下去！”他表示坚决支持和拥护毛泽东出来指挥军事。

朱德是中共中央政治局委员、中央军委主席和红军总司令，他的突出地位和在红军中无与伦比的崇高威望，使他在遵义会议的态度也是一言九鼎的。他与毛泽东从井冈山开始就建立了“朱毛”式的革命友谊。无怪乎“文化大革命”中，林彪、“四人帮”反党集团要打倒朱德，毛泽东曾充满深情地说：“朱毛朱毛，没有朱哪有毛呢？有人说朱德是黑司令，我说朱德是红司令。”

总政治部代主任李富春和三军团政治委员杨尚昆也作了批判“左”倾军事路线错误、支持毛泽东出来领导军事的发言。

红五军团政委李卓然在遵义会议已经开始后才赶到遵义。毛泽东当天下午就接见了他，介绍了博古、周恩来、洛甫的报告。李卓然汇报了两个多月来五军团的情况，说指挥员们怨声载道，有的骂娘，责怪中央领导不力。毛泽东笑笑说：“怨声载道啰，对领导不满意啦？”李卓然回答说：“是的。”毛泽东叮咛他：“那你明天在会议上讲一讲，好不好？”在第二天的会议上，李卓然发了言，用实际事例批判了“左”倾军事路线造成的恶果，反映了五军团指战员要求改变领导的愿望。

林彪在会上支持毛泽东的主张，他在湘江战役和第一军团遭受损失之后，就开始公开批评这两个人了。

接着的发言就更加热烈了，再没有什么长篇大论，几乎全是火药味很冲的短兵相接。

聂荣臻紧接着说："毛泽东指出华夫是瞎指挥，我完全赞成，这，我深有所感。华夫同志对部队一个军事哨位应放在什么位置，一门迫击炮放在什么位置，这一类连我们军团指挥员一般都不过问的事，都横加干涉，这不是瞎指挥，是什么？"

彭德怀第一次参加中央的会议，开始还有点拘谨，听了毛泽东的讲话，他脑子豁然开朗，朱德、聂荣臻的发言启动了他久欲一泄的闸门，他按捺不住地站起来开了一通炮。他的发言较长，也较冲，没有留下记录。据与会者回忆，主要是批判李德、博古的"左"倾军事路线，把他在广昌战役中与李德争吵的话又搬了出来，作为李德瞎指挥、"崽卖爷田心不痛"的主要证据。

坐在窗子边的刘伯承站起来，作为总参谋长，他在反五次"围剿"战争过程中，与博古、李德的接触很多，对他俩的错误有所察觉，虽然当时看得不是那么清楚，但总感到这种打法有问题，不然为什么尽吃败仗，根据地越打越小，红军越打越少。他对军事指挥的不民主，个人说了算，特别是顾问的独断专行很有意见。他考虑了一下，操着一口四川话声调平静地说："五次战争，诚如毛泽东所分析，我们在军事上犯了严重错误，我同意大家的意见，不再重复了。这些错误，其实过去不是没有发现，但谁敢提？提了就被说成是对战争的动摇，就是机会主义，前途就是反革命。这顶帽子吓死人啊。"

陈云、刘少奇在发言中，明确地表示支持毛泽东，拥护批判李德、博古的"左"倾军事路线。

一直做白区工作的刘少奇指出，四中全会后，"左"倾冒险主义使工人运动流产，白区党组织几乎完全损失。他要求中央对四中全会后，白区和苏区党的路线作出全面的检讨。

博古、凯丰对刘少奇的发言作出了强烈反应，激动地进行了反批评。刘少奇正要据理反驳他们，被毛泽东拦住了，他强调还是集中力量检讨军事路线。多年后毛泽东在回忆遵义会议时，曾对斯诺说："在遵义会议上，他（指刘少奇）表现还是不错的，在那个时候这是很宝贵的。"

出席遵义会议的正式代表中，只有博古和凯丰反对毛泽东的讲话，坚决不同意对"左"倾军事路线的批判，坚决反对毛泽东出来领导党和红军。当时只有29岁的凯丰最为狂妄，他当面挖苦毛泽东："你懂得什么马列主义？你顶多是看了些《孙子兵法》。"

毛泽东抬头瞅着不知天高地厚的凯丰，辛辣地反问："请问凯丰同志，《孙子兵法》究竟有几章？"

凯丰不知道《孙子兵法》有几章，无言以答。

会后，凯丰顽固地坚持错误立场，对博古说："对路线错误的批判，我还是接受不了，中央的大印不能就这样交出去！"回到地方工作部，他还气呼呼地对李维汉说："谁正确，谁错误，走着瞧吧！"

鉴于凯丰的错误态度，在会后他被撤销了九军团中央代表的职务。不久，他到了云南扎西，由于他承认了错误，转变了态度，又及时地恢复了这一职务。

博古没有完全彻底地承认自己的错误。但难能可贵的是，他是当时党中央的"总负责"，是遵义会议的主持人，在会议上表现了一定的民主作风，没有滥用职权压制不同意见，表现了共产党人应有的组织纪律性，并愿意遵守少数服从多数的组织原则，遵守会议的决议。

博古在延安整风时，对自己在主持中央时期的错误，有了比较完全彻底的认识。1943年11月13日，他在中央政治局会议上发言说："长征军事计划未在政治局讨论，这是严重的政治错误。长征是搬家，抬轿子，使红军受到很大削弱。当时军事计划是搬家，准备到湘西去。长征过程中毛主席起来反对错误领导，从湘南争论到遵义会议。长征军事计划是全错的，使军队有被消灭的危险，所以能保存下来进行二万五千里长征，因有遵义会议，毛主席挽救了党，挽救了军队。教条宗派统治开始完结，基本上解决了问题，组织上也作了结论。”

到了中共七大时，博古的认识就更进一步了。他在会上作了一个系统解剖王明“左”倾机会主义错误路线的发言，对这条路线的产生、发展和破产的各个阶段的表现及其严重危害作了深刻的分析，对自己在推行这条路线中的错误和责任，及产生这些错误的思想根源等，作了诚恳、坦率、实事求是的自我批评。

遵义会议后，他也顺从地交了“总负责”的“大印”，仍担任中共中央政治局常委、中央军事委员会委员。自1935年2月起，担任红军总政治部代主任。在与张国焘分裂党和红军阴谋的斗争中，博古坚定地站在毛泽东一边，被张国焘列为打倒对象。1936年他同周恩来、叶剑英作为中共中央代表，参加西安事变谈判，促进了西安事变的和平解决。从1941年起，他在延安主持《解放日报》和新华通讯社，正确生动地宣传了毛泽东思想。1946年2月，博古作为中共代表团的代表，参加重庆谈判，4月8日在从重庆飞返延安途中，因飞机失事遇难。

遵义会议上真正举足轻重的是周恩来，他这个时候的实权至高无上。召开遵义会议的提议是得到他赞同和批准的，反对开遵义会议的博古是他去说通的，他在会上的副报告扭转了会议的气氛和基调，使“讨论失败”能展开并深入，“改变领导”、推举毛泽东的决议也是他一锤定音的。若整体衡量遵义会议，周恩来应记“头功”。

遵义会议进入第三个晚上，局面已经完全明朗化了。于是，着手进行最后的议题，即作出四项决定。

这四项决定，并未见诸张闻天起草的会议决议。直至陈云手稿于1985年公开发表，这四项决定才正式公布：

（一）毛泽东同志选为常委。

（二）指定洛甫同志起草决议，委托常委审查后，发到支部中去讨论。

（三）常委中再进行适当的分工。

（四）取消三人团，仍由最高军事首长朱、周为军事指挥者，而恩来同志是党内委托的对于指挥军事上下最后决心的负责者。

这四项决定，是遵义会议的重要成果。

其中第一条，“毛泽东同志选为常委”，是指毛泽东从中共中央政治局委员，进一步选为政治局常委。当时正处于战争环境，尤其是长征途中政治局委员们分散在各部队之中，不能经常开政治局会议，重大的事务由政治局常委决定。进入常委，意即进入中共领导核心。常委共五人，即原常委博古、周恩来、张闻天、陈云，加上新选的毛泽东。

遵义会议的第四条决定，是以组织决定形式最终取消三人团，并宣布剥夺了李德的军事指挥权。

不过，遵义会议结束时，博古仍为中共中央总负责，只是他已很难开展工作了。

遵义会议于1月17日晚刚结束，柏辉章师已逼近遵义城了。趁着红军在遵义休整，蒋介石重新部署了追堵红军计划。红军在1月19日撤出了遵义。

在遵义会议的后期，转入审查黎平会议关于以黔北为中心创造苏区根据地的决议，讨论以后的行动方向问题。刘伯承和聂荣臻建议打过长江去，到川西北去建立根据地。他们认为，贵州人烟稀少，少数民族多，党在贵州毫无工作基础，在贵州建立根据地是相当困难的。而四川是西南首富，人烟稠密，对外交通方便，四川军阀派系林立，长期有排外思想，蒋介石想往四川调兵不易，中央红军又有红四方面军创建的川陕根据地可以接应。会议经过讨论，采纳了刘伯承、聂荣臻的建议，改变了黎平会议以黔北为中心创建根据地的决定。

毛泽东后来向周恩来、张闻天提出，“不能像过去那么多人集体指挥”，军事指挥不能处处搞“少数服从多数”，不能老是20来人讨论来讨论去。他以为，批判李德、博古，不能把“三人团”也否定掉。“三人团”这种组织形式还是需要的。过去的毛病在于李德、博古的军事路线错误，不是“三人团”这种组织形式错了。指挥作战，权力必须高度集中。

张闻天也觉得毛泽东的意见有理，因为这些天他被折腾得够呛。他不懂军事，可是却要不断地主持会议讨论军事，最后按多数人意见去办。天天要打仗，天天这么讨论，怎么行呢？于是，张闻天提议讨论毛泽东提出的重组“三人团”的建议。讨论时，张闻天、周恩来、毛泽东、陈云、博古五常委均在场，毛泽东的建议得到一致通过！

3月12日，新的“三人团”（又称“三人军事领导小组”）在贵州苟坝宣告成立，即毛泽东、周恩来、王稼祥。

毛泽东1943年在一次中央会议上说：“在打鼓新场，洛甫每天要开二十余人的中央会议。洛甫提议要我为前敌总指挥……以后组成三人团（毛、周、王）领导。”（《从转折走向辉煌——苟坝会议研究文集》中央党校出版社，2007年9月第1版第1页）

新的“三人团”，是受中共中央委托的指挥红军的最高权力机构。

从此，毛泽东成为红军最高首长。虽然朱德是红军总司令、中革军委主席，但朱德受新的“三人团”领导。

在长征时期，打仗就是一切，军事压倒一切。毛泽东作为红军最高首长兼中共中央政治局常委，也就成为五常委之首，在党内、军内居领袖地位。

第二次是在长征途中与张国焘的斗争。

一、四方面军会合后，张国焘野心膨胀，妄图分裂红军分列党，毛泽东当机立断，率中央红军北上，粉碎了张国焘的阴谋，又一次显示了他的雄才大略。

从1934年10月到1935年11月，中央红军，红二十五军，红四方面军，红二、六军团，先后从赣南闽西、川北嘉陵江、豫东南、湘西踏上了漫漫的远征之路。长征中各路大军相互协同、相互策应，先后实现了六次会师。

在红军长征过程中，红一、四方面军的会师是规模最大的一次会师，在红军长征史上具有非常重要的地位。

李先念受命率领迎接中央红军的先头部队，6月8日占领了懋功，6月9日占领了下雪山必经之地达维，积极做好各种准备，热情迎接红一方面军，所部成为两军会师的前锋。中央红军的先头部队于6月11日翻过雪山，6月12日上午到了达维。当中央红军的侦察兵发现达维有部队时，一时敌友难辨，双方都开了枪，误会了一下，但无人伤亡。吹响军号后，双方才弄清都是自家人。第二十五师师长韩东山电告李先念，中央红军到达了达维。李先念十分惊讶，没想到会这么快，电示韩东山再探，韩回电说："情况准确，他们已到达。"

李先念在懋功见到了毛泽东等中央领导人。李先念后来回忆说："当时有一种难于形容的欢乐气氛。人人兴高采烈，一方面军风尘仆仆，看上去人困马乏，四方面军战士的身体情况比较起来好得多。"

6月16日晚上，在达维镇外喇嘛寺附近的山坡上，总政治部召开了红一、四方面军驻懋功部队的盛大联欢会，庆祝两大主力会师。欢呼声震荡整个会场，大家都喜泪盈眶，热烈拥抱，场景催人泪下。会后进行会餐，八人一桌，四个菜，是长征以来的一次盛宴。

为了统一战略思想，党中央政治局于6月26日在懋功以北的两河口举行会议。会上，张国焘在发言中虽然勉强地接受了中央政治局决定的北上在甘肃南部建立根据地的战略方针，但对中央这一战略方针仍持半信半疑的态度。

两河口会议会址

6月28日，中央政治局作出了《关于一、四方面军会合后战略方针的决定》，明确指出："我们的战略方针是集中主力向北进攻。首先取得甘肃南部，以创造川陕甘苏区根据地。为了实现这一战略方针，在战役上必须首先集中主力消灭与打击胡宗南军，夺取松潘与控制铁路以北地区，使主力能够胜利地向甘南前进。"

中央军委于29日制订了《松潘战役计划》，将一、四方面军分左、中、右三路开进，左路以林彪为司令员，聂荣臻为政委；中路以徐向前为司令员兼政委；右路以陈昌浩为司令员兼政委。这是一、四方面军会合后第一次共同作战。

为了加强一、四两个方面军的了解和友情，中共中央向红四方面军派出了一个慰问团，团长是红军总政治部代主任李富春。

慰问团去的地方叫杂谷脑，是四川省苏维埃所在地。慰问团出发的时候，张国焘也离开了抚边，他本想回茂县的方面军总部，但听说了慰问团的行动后，就直接赶往了杂谷脑。

张国焘对这个慰问团有点不放心。或者说，他对目前的中央有点不放心。

中共中央慰问团到达杂谷脑，在张国焘和陈昌浩的安排下，受到了热情的接待，但是行动也受到了“热情”的限制——张国焘的办法是“陪着”，中央慰问团吃饭、散步都有专人陪同，他们被尽量减少与红四方面军的干部接触。

中央慰问团找张国焘谈话，张国焘的话令李富春大吃一惊。张国焘说：“两军会合，摊子大了，为了便于统一指挥，总司令部须充实改组，必须加强总司令部。”

为此，1935年7月6日凌晨1时，李富春给中共中央发去了电报，报告了张国焘的建议：充实总司令部，徐（向前）、陈（昌浩）参加总司令部工作，以徐为副总司令，陈为总政委；军委设常委，决定战略问题。

周恩来说，这是自中国共产党创建以来，第一次有人伸手向中央要权。

7月10日，毛泽东到达了芦花附近。到达芦花的中央领导人开始讨论一个必须作出的决定：给张国焘什么“官”才好——松潘战役的准备已经到了最后关头，不给一再要权的张国焘一个“官”，北进的计划也许会出现挫折，那样红军将面临更大的危机。毛泽东认为：“张国焘是个实力派，他有野心，我看不给他一个相当的职位，一、四方面军很难合成一股绳。”毛泽东看出张国焘想当军委主席，但“这个职务现在由朱总司令担任，他没法取代。可只当副主席，同周恩来、王稼祥平起平坐，他又不甘心”。张闻天就说可以将自己的“这个总书记的位子让给他”。毛泽东断然否定了，他说张国焘“要抓军权，你给他做总书记，他说不定还不满意；但真让他坐上了这个宝座，可又麻烦了”。经过反复权衡，毛泽东对张闻天说：“让他当总政委吧。”这样做既考虑了张国焘的要求，又没让他把军权完全抓到手，是唯一两全其美的办法。在同现任红军总政委周恩来商量时，周恩来正发着高烧。当时和张闻天谈着恋爱的刘英回忆说，周恩来“一点都不计较个人职位，完全同意这么安排”。

7月18日，中共中央政治局常委扩大会议在芦花召开。会议只有一项内容：解决组织问题。

主持会议的张闻天首先提出了中央对于解决组织问题的意见：军委设总司令，由朱德担任；张国焘任总政治委员，军委下设常委，过去是四人，现在增加陈昌浩。

周恩来调至中央工作。但在张国焘尚未熟悉工作前，周恩来暂时帮助其工作。会议宣布张国焘任总政治委员之后让大家讨论——实际上是看张国焘的反应。

张国焘当然明白，在这个会议上他是绝对的少数，他不可能提出自己当军委主席的意见。他别无选择，只有同意。于是，张国焘表示“基本赞同”。

张国焘当了总政委后，便“独断专行”，立即设法控制一方面军部队，收缴了各军团互通情报的密电本及一、三军团和军委以及毛泽东通报的密电本。从此以后，一方面军各军团只能与前敌总指挥部通报了，与中央隔绝了，互相之间也隔绝了。

张国焘感到在中央政治局势单力孤，芦花会议后向中央提出一个9人名单，要求中央讨论批准进入政治局。中央没有同意，他便于7月26日下令前线部队停止进攻松潘。

8月4日至6日，中央政治局在毛儿盖以南40里的沙窝召开会议。出席会议的有：毛泽东、张闻天、周恩来、朱德、张国焘、陈昌浩、凯丰、邓发、傅钟。王稼祥因病未到会。会议的议程有两项，一是一、四方面军会合后的形势和任务；二是组织问题。

会议重申了遵义会议对这个问题所作的结论，即中央的政治路线是正确的，没有粉碎敌人的第五次“围剿”的主要原因是军事路线错误，经遵义会议已得到纠正。毛泽东仍然明确主张，军事问题具有最紧迫的意义，政治路线的错误，待时机成熟时再予以解决。

会议决议不点名地批评了张国焘，指出："一、四方面军兄弟的团结，是完成建造川陕甘苏区建立中华苏维埃共和国的历史任务的必要条件，一切有意无意地破坏一、四方面军团结一致的倾向，都是对于红军有害对于敌人有利的。"并号召"必须在部队中坚决反对各种右倾机会主义的动摇"，"开展反对右倾机会主义的斗争，是目前中心任务之一"。

回到毛儿盖，张国焘就召开了军以上干部会，露骨地进行分裂党的活动。徐向前回忆说："沙窝会议以后，张国焘满肚子不高兴，脸色阴沉，不愿说话。陈昌浩向我发牢骚说中央听不进国焘的意见，会上吵得很凶。"

为了进一步统一战略思想，8月20日，中央政治局在四川毛儿盖举行会议，着重讨论红军主力的发展方向问题。到会的有：张闻天、毛泽东、博古、王稼祥、陈昌浩、凯丰、邓发、徐向前、李富春、聂荣臻、林彪、李先念12人。朱德和张国焘因在前方指挥左路军攻阿坝，未能参加会议。周恩来因重病也未到会。

毛泽东首先在会上作关于夏洮战役后的行动问题报告。指出：红军主

松潘毛儿盖会议旧址索花寺（毛儿盖寺也称索花寺）

力应向东向陕甘边界发展，不应向黄河以西。

陈昌浩、王稼祥、凯丰、林彪、博古、徐向前在发言中，一致同意毛泽东的报告。他们认为向东是转入新的形势；向西是军事上及政治上的退却。这个问题是关系于前途的关键。为达到这一战略目的，左路军一定要向右路军靠拢。但与会者也充分估计到左路军不来与右路会合的可能性。

毛泽东作会议讨论结论时再次强调：向东向西是一个关键。如果不采取积极方针，将要给敌人迫向西。所以我们应采取积极的向东的方针。左路军应向右路军靠拢，我们应坚决坚持向东打，以岷州洮河为中心向东发展，不应以一些困难而转移向西。

会议最后通过由毛泽东起草一个决议，作为对两河口会议通过的《关于一、四方面军会合后战略方针的决定》的补充。

毛儿盖会议是两河口会议、沙窝会议的继续和发展。这次会议确定的以岷州洮河为中心向东发展的行动方针，是对两河口决定的补充，对于明确红军主力发展方向，克服张国焘的分裂主义危险，起到了积极的作用。

由于张国焘的干扰，使红军在这一地区耽误了一个多月，失去了占领松潘北出四川的机会。敌人在这一个多月，完成了对红军围追堵截的部署；胡宗南在松潘地区的漳腊、龙虎关、包座一带集结了4个师20多个团，企图堵住红军北上；川军刘湘占领了整个岷江东岸，并有一部越过江占领西面的杂谷脑；薛岳、周浑元部集结于雅安地区，随时可以策应；尾随红军的刘文辉部已赶到懋功。蒋介石做好了准备，企图把红军围歼在四川西部。毛儿盖会议后，党中央为了粉碎敌人的阴谋，决定出其不意，改变行军路线，穿过自然条件极为恶劣的草地，向甘南的夏河流域前进。并根据两个方面军的位置，决定混合编成左、右两路军，同时并进。左路军包括一方面军五军团、九军团和四方面军九军、三十一军、三十三军，于卓克基集中，在总司令朱德、总政委张国焘、总参谋长刘伯承的率领下，经草地到阿坝，然后向东出墨洼，到班佑与右路军会师。总司令部随左路军行动。右路军包括一方面军一军团、三军团和四方面军四军、三十军，在党中央、毛泽东直接率领下，由前敌总指挥徐向前、政委陈昌浩、参谋长叶剑英指挥，在毛儿盖集中，经草地到班佑，与左路军会师。

过草地，是红军长征中最艰苦的一段行军。1935年8月21日，右路军在毛泽东等率领下开始向草地进军。部队离开毛儿盖以后，向北行走40里就进入了草地。这片川西北草地，位于长江和黄河分水岭之间海拔3600多米的高原上，纵横数百公里的大沼泽地被深草覆盖着。草地的情景，令人触目惊心，举目望去，是茫茫无边的草原，在草丛上面笼罩着阴森迷蒙的浓雾，很难辨别方向。草丛里河沟交错，积水泛滥，水呈淤黑色，散发着腐臭的气味，在这广阔无边的千里沼泽中，根本找不到道路，一不留神就会陷入泥潭中拔不出腿。红军指战员们踩着草墩一步一步地探索前进。越是往草地中心走，困难就越严重。气候变化急骤，像小孩子的脸，变化无常。时风时雨，忽而漫天大雪，忽而冰雹骤下。衣服被雨雪打湿了，只能靠体温暖干。夜晚露营时，更是寒冷难忍，大家只得挤在一起，背靠背取暖。草地里没有清水，只能喝带草味的苦水。

红军跋涉600里的草地

“那草丛间呈深褐色、透着腐臭味的沼泽，一下子就陷进去了一位战友，另一位战友去救，也被拉了进去。早上还在一起吃饭的战友，眨眼之间就不见了……”老红军袁美义回忆说。

进入草地两三天，红军的干粮就基本上吃完了，就靠吃野菜、草根、树皮充饥。有的野菜、野草有毒，吃了轻则呕吐泻肚，重则中毒死亡。前边的部队还有野菜、树皮充饥，后续部队就连野菜、树皮都吃不上了。但是，红军各个都是英雄汉，他们忍受着寒冷、饥饿的折磨，以坚强的革命意志，坚持每天按计划的路程前进。

走在后卫部队前面的红军受到了可怕的腹泻和痢疾的折磨。粗糙的谷粒和麦粒没有消化掉，又随着带血的粪便排泄出来。面临饥饿威胁的后卫部队战士，从走在前面的同志排泄的粪便里挑出没有消化掉的谷粒和麦粒，把它们洗净煮熟，狼吞虎咽地吃了下去。

90岁的老红军程启学至今认为，那是自己人生中最苦的时期：“不知道死了多少人。走完雪山草地后，我身上的皮肤也换了一层，头发、眉毛、睫毛全部掉光了，两年后才慢慢长了出来。”

“掉队的人太多，每天能收容掉队者上百人。晚上露宿，三五人一伙背靠着背休息。第二天起来一推，很多人身体已经冰凉。”长征中，曾负责过收容掉队战友的老红军袁林说，“不用路标，顺着战友的遗体就能找到前进的路线。”

身患重病的周恩来随红三军团过草地。时任军团兵站部部长的杨立三身体也很虚弱，却坚持亲自抬周恩来，走出草地后便累倒了。1954年，杨立三去世，身为共和国总理的周恩来亲自为他抬棺送葬。

经过7天的艰苦努力，右路军在毛泽东等的领导下，战胜了严寒饥饿，历尽千辛万苦，终于走出了人迹罕至、气候变化异常的茫茫草地，于8月27日到达草地尽头的班佑地区，左路军也同时到达阿坝地区。两天后右路军发起包座战斗，歼灭了企图堵截红军的胡宗南部第四十九师，攻占了包座，打开了通向陕西、甘肃的大门，为实现党中央北上的战略方针创造了有利条件。

但张国焘却在阿坝“变卦”。

8月底，右路军通过草地占领包座，开辟了北进通道，但还不见张国焘动静，毛泽东焦急了，找徐向前和陈昌浩去商量如何做通张国焘的工作，催他带左路军上路的问题。徐向前建议，如果他们过草地有困难，可以派出一个团，带上八匹牦牛、粮食，去接应他们。毛泽东很高兴，说：这个办法好，一发电报催，二派部队接，就这么办。他们即以毛泽东、陈昌浩和徐向前三人的名义，发出了电报，指出：“左路军如果向南行动，则前途将极端不利。”又令四军三十一团准备粮食，待命出动。

然而，张国焘篡权的野心不死，处处与党中央离心离德。他率领左路军到达阿坝之后，即按兵不动，拒不执行中央要左路军迅速出班佑向右路军靠拢、全力向千洮河以东发展的指示。相反地，他要左右两路全力出洮河以西企图越黄河向青海、新疆等边远地区逃跑。中央三令五申，坚持要他率部出墨洼、班佑，同巴西的右路军会合。张国焘在中央的一再催促下，于1935年9月1日，才下达了东进的命令。但是，左路军东移的第三天，张国焘突然发来了电报，说由于嘎曲河水上涨无法渡河，不但已经命令部队返回阿坝，而且还要求右路军掉头重新向南进攻松潘。

张国焘（1897.11.26—1979.12.3）

其实河水虽然上涨，但仍可涉渡，张国焘于9月3日却致电欺骗中央说，侦察70里，亦不能徒涉和架桥，还说“茫茫草地，前进不能，坐待自毙”，“再北进，不但时机已失，恐亦多阻碍”，决定返回阿坝。同时还向已出草地的右路军提出“回击松潘”的南下要求。

这封在中国革命史上极其重要的电报导致的后果是灾难性的。

电报意味着自毛儿盖会议以来，中央所有关于红军前途的决定瞬间全被推翻了；还意味着数万红军官兵付出巨大代价穿越草地的巨大牺牲瞬间全无用了。更严重的是，张国焘依仗着他所掌握的兵力，在决定中国红军生死命运的最关键时刻，利用红军总政委的权力突然向中央发难，很可能会导致中国共产党和中国工农红军的大分裂。

关于张国焘选择嘎曲河水上涨无法过河的借口，一直跟随朱德行军的康克清后来是这样回忆的：“董振堂带着红五军正准备涉水渡河，张国焘却说河水看涨，谁也不准过河。老总问带路的藏民，藏民说，这河虽宽，但是不深，只要不涨大水，可以徒步过去。河面有近百米宽，水流不急，不像涨水的样子。但张国焘一口咬定河水正在上涨，不能过。老总说，空谈无益，还是派人下去试试。张国焘不肯派人，潘开文（朱德的警卫员）站出来说，我去！老总叫他骑上自己的马。他问明了藏民过河的路线，拿了一根棍子，同红五军的一个战士一起骑马下到河里，不大工夫，到了河中心，用棍子试了试河水的深度。到了对岸，听见他高声地说，水不深，最深的地方才到马肚子。大家快过来吧！部队立即准备下水，张国焘却吼道：‘谁也不准过！叫他们两人给我回来。’然后又对老总说，‘河水分明在上涨，我不能拿几万人的生命当儿戏。’老总说河水并没有涨，即使涨，也涨得很慢，现在正是大队人马过河的好时机。刘伯承也过来说，两个人都过去了，证明河水不深，应当抓紧时机赶快过河。董振堂过来请示：‘总司令，我们前卫部队先过去吧。’张国焘竟然不等老总说话便大声吼道：‘不行！现在谁也不准过河，要等河水不涨了，才能决定。’他的蛮横，使左路军只好在嘎曲河边宿营。第二天早晨，天空密云不雨，河水明显地退下许多。朱老总正在组织部队过河，作战局向他报告说，四方面军的部队已经按照张国焘的命令返回阿坝去了。这时红五军军长董振堂来见朱老总，气愤地说，他因为坚持要过河，不等总司令的命令决不后撤，遭到张国焘的训斥，还被张国焘打了一耳光。他说：‘我当兵这么多年，还从来没有受过这样的侮辱。若不是为了团结，我会当场给他好看。现在他已带四方面军部队回阿坝，我决定带红五军北上同右路军会合……’老总却摇摇头说：‘要顾全大局，向远看，不能凭一时感情用事。你如果带走红五军，就要承担分裂左路军的责任。我们还应当对张国焘做团结争取的工作。’”

如何对待张国焘，来自红四方面军的徐向前和陈昌浩的态度最为引人注目。徐向前态度十分明确，而陈昌浩考虑再三后也认为中央的北进计划是正确的。于是，两人联名给张国焘发出了一封电报，电报表示：“我们意以不分散主力为原则，左路速来北进为上策，右路军南去南进为下策。”目前是红军进入甘南的最佳时机。至于“一军是否速占罗达，三军是否跟进，敌人是否快打”，徐向前和陈昌浩请求张国焘“飞示”，因为“再延实令人痛心”。

当天，张国焘回电，没有解释，没有答复，只有不准渡河的命令。

徐向前和陈昌浩感到事情严重了。

徐向前让陈昌浩带着张国焘的电报去向中央汇报。晚上，陈昌浩来电话叫徐向前去中央开会。

毛泽东、张闻天、博古、王稼祥、徐向前、陈昌浩聚集在周恩来的病床前进行了紧张的讨论。讨论的结果是以七人联名的名义再次致电张国焘。

此时，随右路军行动的前敌总指挥部政委陈昌浩，对执行中央的战略方针仍是犹豫不决，举棋不定，一切等待张国焘的电示。

张国焘视陈昌浩为心腹，陈昌浩的表现，更助长了张国焘的野心，他不仅不率左路军北上，反而致电中央进一步提出南下川康。中央于9月8日复电张国焘，指出："目前方针只有向北是出路，向南则敌情、地形、居民、给养都对我极端不利，将要使红军受空前未有之困难环境。中央认为，北上方针绝对不应改变，左路军应速北上。"

9月8日20时张国焘焦急地等待着右路军开始南下的消息，结果等来的却是中央北上的决心毫不动摇的电报。

但野心膨胀的张国焘，此时已决心不回头了。

幸亏，叶剑英"大事不糊涂"。

毛泽东曾多次称赞叶剑英是"诸葛一生唯谨慎，吕端大事不糊涂"。毛泽东之所以这样说，是因为长征途中叶剑英在反对张国焘右倾分裂主义的斗争中立下了伟大功绩，挽救了红军挽救了党。

1935年6月，一、四方面军会师后，党中央应四方面军领导的要求，派叶剑英等到那里工作。7月21日党中央芦花会议决定，原四方面军总指挥部为红军的前敌总指挥部，任命徐向前为总指挥，陈昌浩为政治委员，叶剑英为参谋长，李富春为政治部主任。

沙窝会议重申了北上方针，决定穿过自然条件极为恶劣的草地，向甘南的夏河流域前进。

一望无际的草原，没有路，没有人烟，连飞鸟也看不见。到处是积水、泥泞，部队只能踏着一窝一窝草根缓慢前进。本来就勉强同意北上的陈昌浩，情绪更为消极，叶剑英为克服陈昌浩等人的消极情绪，深入到三十军，了解敌情、地形，找到了向导之后，又研究了具体行军路线。毛泽东召集陈昌浩、叶剑英等前指人员开会，听取叶剑英的汇报，叶说："草地是没有路，但路是人走出来的，我们在草地可以走出一条路来。"

毛泽东征求了与会其他几位同志意见，大家都一致说：“既然草地能走，就走吧！”可是陈昌浩又提出：“行军路线不明，大军贸然进发，若遇敌人堵截，那何以自拔！”

叶剑英很有把握地说：“我们走草地是出其不意，攻其不备，敌人万万不会料到我们会选择这一着棋，为了更有把握，如果我们预先派遣精锐部队侦察开路，可以化险为夷！”

陈昌浩问叶剑英：“你能为全军开路吗？”

叶剑英毫不犹豫地回答：“能担任这项任务，不胜光荣，我愿做开路先锋！”

就这样，毛泽东决定给叶剑英两个团，比大部队提前三天出发，做先遣司令、开路先锋。程世才、李先念率三十军跟随前进。一路上，叶剑英每天都要提前赶到宿营地，除召开干部会了解情况，要求各单位要加强政治思想工作外，还要把敌人、地形、给养、行军路线、宿营地点、大部队行军需要注意的问题，一一向指挥部报告。在行军过程中，叶剑英还和程世才一起，对部队如何行军，如何休息，如何对付突然出现的敌人、打敌骑兵的战术要领、与藏民打交道的经验、如何尊重少数民族风俗习惯等等，研究得都很具体，这些可贵的经验，对后续部队通过草地起了重要作用。

先头部队到达班佑后，毛泽东又根据叶剑英的建议，改变了原来行军路线，

1949年毛泽东与叶剑英合影

缩短4天行程，使右路军顺利地向巴西、阿西、包座、俄界前进，叶剑英胜利地完成了开路先锋的任务，为红军开辟了穿过草地的胜利之路。

张国焘拒绝中央的耐心说服，违抗中央的命令，篡权野心恶性发展。1935年9月9日，张国焘背着党中央密电右路军政委陈昌浩率右路军南下，并要“彻底开展党内斗争”，企图分裂和危害党中央。

前敌总指挥部作战科副科长、一方面军的干部吕黎平，9日午后去机要室看电报，正逢值班机要组长陈茂生开始译一份从左路军总司令部发来的密电。吕黎平帮助他迅速译了出来。他俩一看电文，大吃一惊。原来是张国焘给陈昌浩的复电。据吕黎平回忆，电文的主要内容是：×日电悉。余经长期考虑，日前北进时机不成熟，在川康边境建立根据地最为适宜，俟革命来潮时再向东北方向发展，望劝毛（泽东）、周（恩来）、张（闻天）放弃毛儿盖方案，同右路军回头南下。如果他们不听劝告，应监视其行动，若坚持北进，则应开展党内斗争，彻底解决之。

吕黎平和陈茂生立即拿着这份电报去找参谋长叶剑英。叶剑英正在喇嘛寺开会，吕黎平悄悄把电报交给他。叶剑英看完电文，不动声色，见陈昌浩正在台上讲话，便机智地将电报装进口袋，对吕黎平、陈茂生说：“你们回去吧！”又特别叮嘱：“不要向任何人谈及这份电报之事。”

叶剑英假装上厕所，退出会场。他立即骑马来到不远处的毛泽东住室，把电报交给毛泽东。毛泽东看完电报，顺手用铅笔记录下来，把原文交还叶剑英，并对他说：“你干了一件很了不起的事！赶快回去吧，把电报交给陈昌浩，别让他起疑心，别对任何人谈起电报我看过。”

叶剑英急急忙忙赶回喇嘛寺，松了一口气，会议还未结束，陈昌浩还在讲话，他若无其事地坐下，等到会议结束，才把电报交给陈昌浩。

由于得到了叶剑英送来的重要情报，毛泽东才率部果断离险境。

毛泽东同洛甫、博古等飞速赶到三军团司令部，脱离了有被扣作人质的危险。中央立即给一军团发报，说行动方针有变，令一军团在原地待命。

9日晚上，党中央在巴西召开政治局紧急会议。毛泽东在会上惋惜地说："没办法了，连一点回转的希望都没有。他们不可能跟我们北上，我们只好自己走啦！"接着，他又慨叹说："我这半生经过的坎坷不算少，可比起来，这一段要算是最艰难了。"简短的会上，分析了中央和红一方面军的危险处境，并一致认为，继续说服张国焘率部北上，不仅没有可能，而且会招致不堪设想的严重后果。当机立断，立即决定率领一、三军团，军委纵队一部，红军大学等，组成临时北上先遣支队，脱离危险区域，到阿西集合，继续北上，向甘南前进。会议决定右路军统归周恩来指挥。委托毛泽东起草《中共中央为执行北上方针告同志书》（以下简称《告同志书》）。

《告同志书》指出："我们无论如何不应该再退回原路，再去翻雪山、走草地，到群众完全逃跑的少数民族地区。两个月来，我们在川西北地区所身受的痛苦，是大家所知道的。而且南下的出路在哪里？南下是草地、雪山、老林。""南下不能到四川去，南下只能到西藏、西康；南下只能是挨冻挨饿，白白地牺牲生命，对革命没有一点利益，对于红军南下是没有出路的。南下是绝路。"《告同志书》最后说："同志们，只有中央的战略方针是唯一正确的，中央反对南下，主张北上，为红军为中国革命，取得胜利。你们应该坚决拥护中央的战略方针，迅速北上，创造川陕甘新苏区去。"

9月10日凌晨，军委纵队和红一、三军团单独北上，脱离了险境。

李维汉是中央组织部部长，张闻天交给他的任务是，天亮之前把中央机关的同志全部从班佑带到巴西。李维汉分别通知了凯丰、林伯渠和杨尚昆，让他们分别负责中央机关、政府机关和红军总政治部的行动。半夜里通知立即出发的时候，很多人不知道发生了什么事。凯丰低声说：

“不要问，不要打火把，不要出声，都跟我走。”

红军大学是凌晨3时接到出发命令的，命令由毛泽东和周恩来联名签发。宋任穷立即集合队伍，阐明了南下和北上的两条路线，说愿意北上的跟我们走，不愿意的就留下，结果红军大学全体人员都表示愿意北上。学员们出发的时候，政委何畏还是跑到了陈昌浩那里，报告了中央红军已经单独出发的消息。陈昌浩十分震惊。他不停地说：“我们没有下命令，他们怎么走了？赶紧把他们叫回来！”陈昌浩派李特率领一队骑兵去追。李特很快就追上了红三军团。毛泽东走在红三军团十团的队伍里。李特质问毛泽东：“总司令没有命令，你们为什么要走？”毛泽东说：“这是中央政治局决定的。中央认为北上是正确的，希望张国焘认清形势，率领左、右两路军跟进。一时想不通，过一段时间想通了再北进也可以，中央欢迎。希望以革命大局为重，有什么意见，可以随时电商。”李特再次转达了陈昌浩的命令，要求部队立即回去。毛泽东说：“南下是没有出路的。南边敌人的力量很强大。再过一次草地，在天全、芦山建立根据地是很困难的。我相信，不出一年时间，你们一定会北上。我们前面走，给你们开路，欢迎你们后面跟上来。”

当晚，乌云密布，星月无光。从巴西到阿西仅仅20里的路途，由于不允许点火把，在泥潭沼泽和灌木荆棘中，毛泽东和他率领的部队竟然走了6个小时。红军走到了包座河边，一边是翻滚着浪花的河水，另一边是高耸的悬崖。走着走着，包座河水突然猛涨，淹没了河边的山路。

毛泽东带头跳进了冰冷的河水中。当他游到了水浅的地方，湿淋淋地站起来时，问身边的警卫员有没有可以充饥的东西。见警卫员没有吭声，毛泽东笑了一下。

张国焘危害党中央，分裂红军的阴谋破产了。陈昌浩得知军委纵队和红一、三军团北上了，便想派部队追击。在这严峻时刻，红四方面军总指挥徐向前坚决制止这种行动，说“天下哪有红军打红军的道理”，维护了红军的团结。

与此同时，叶剑英到前敌总指挥部作战科，找到吕黎平要了一份十万分之一的甘肃地图。

党中央在离开巴西之前，考虑叶剑英的安全曾经通知他，要他以到三军团参加直属队会议的名义，离开前敌总指挥部。

张闻天、博古临走时也对叶剑英说：“老叶，你要走，这里危险！”

叶剑英毫不犹豫地问答：“我现在不能走，你们先走吧！我和直属队一同行动。”他想到党和人民的利益，想到直属队同志的安危，毅然决然留了下来。

中央几位负责同志走后，究竟怎样把直属队带走？叶剑英急中生智，决定利用张国焘的南下电报，以打粮准备南下的名义，把直属队全部带走。

9月10日凌晨2时，军委直属队出发“打粮”了。草原上乌云密布，寒风袭人，军委直属队向三军团艰难地开进。叶剑英没有带警卫员，也没有带饲养员，一个人牵着没有备鞍的骡子，追赶已出发的部队。当他走到军委直属队行军休息的地方，同志们看到叶参谋长来了，高兴地对他说：“参谋长，我们开小差跑出来了。”叶剑英也非常风趣地说：“不！我们不是开小差，而是开大差，是执行中央北上方针。”

在一个交叉路口，叶剑英碰到了张闻天、博古。他们着急地说：“老叶！你要快走啊！”

“我现在不是和你们一样走吗！”叶剑英诙谐地答道。

博古说：“老叶，你和我们不一样，你把密电送给毛主席，又把军委直属队带出来了，人家对你恨死了，会放过你吗？”

“好！我就走。”

叶剑英和军委直属队从巴西出发，到拂晓时在阿西见到了毛泽东、彭德怀。毛泽东非常高兴地说："哎呀！剑英同志，你出来了，好！好！现在情况紧急，我们不能在此停留，应立即向俄界前进，与一军团会合。"

11日，叶剑英和部队到达俄界。博古在俄界见到叶剑英高兴地说："老叶，好危险啊！你昨天走后不久，路上有四支驳壳枪到处找你。他们问，参谋长在哪里？我问他们找你干什么，他们杀气腾腾地说，把他打死再说！"

叶剑英紧紧握住博古的手，感激地说："谢谢你昨天提醒了我，是你帮了我的大忙。"

中央为了争取张国焘改正错误，电令他"立即率左路军向班佑、甘西开进，不得违误"。但张仍执迷不悟，反诬中央"不领导全部红军，竟率一部秘密出走"。他还给一、三军团发电报，危言耸听地说北上"不拖死也会冻死"，企图诱使一、三军团跟他南下。

12日，中央在俄界召开政治局扩大会议，毛泽东作了关于与四方面军领导者张国焘争论及今后战略方针的报告。会议通过了《关于张国焘同志的错误的决定》，指出张国焘的分裂活动是"绝对不可容许的"，号召四方面军同志团结在党中央周围，同张国焘作坚决的斗争，以巩固党和红军。

叶剑英在反对张国焘的斗争中，及时地揭露了张国焘妄图危害中央和分裂红军的阴谋，巧妙地率领军委直属队北上，使党中央和中央红军脱离险境。毛泽东曾多次提到这件事，并给予高度赞扬。1967年毛泽东在一次谈话时说："叶剑英同志在关键的时候是立了大功的。如果没有他，（毛泽东边说边摸摸脑袋）就没有这个了。"周恩来在1972年一次会议报告中谈到长征问题时说："剑英同志将密电报告了毛主席，因而（中央）脱离危险，立了大功。没有剑英同志立这个功，那个局势就很坏了……在关键时刻才显出是同志嘛！古话说‘疾风知劲草，动荡识诚臣’嘛！”叶剑英在同张国焘斗争的关键时刻，表现了一个共产党员坚定的革命立场和高尚品质，立下了不可磨灭的功勋。

党中央北上后，张国焘继续抗拒党中央的命令，强行率红四方面军及原红一方面军建制的五军团南下，于1935年10月在四川北部的卓木碉（今马尔康市东南白莎寨），自行成立“中共中央”、“中央政府”和“中央军委”，自封“主席”。

10月5日，在卓木碉一座喇嘛庙里，张国焘主持召开军以上高级干部会议。朱德、陈昌浩、刘伯承、徐向前、王树声、周纯全、李卓然、罗炳辉、余天云、黄超等共50多人参加会议。

在此之前，张国焘于9月17日发布南下命令，提出“大举南下，打到天全芦山吃大米”的口号，令左路军、右路军分别由阿坝和包座南下，于10月初集中到卓克基、马尔康一线。这样，徐向前、陈昌浩不得不率第四、三十军及红军大学部分学员再次回头，穿越浩渺沉寂、寒气凛冽的大

脚木足乡卓木碉会议旧址

草地。在饥寒交迫中，又有一批红军战士在过草地时牺牲了。

这是一个不寻常的会议。在会议之前，张国焘对会议的主要内容守口如瓶，甚至连陈昌浩也不能完全了解，朱德、刘伯承他们更是一无所知。他存心要给与会者制造一个震惊。

“毛泽东、周恩来、洛甫、博古之流把持的中央，是一个什么样的中央呢？这是一个右倾的中央！一个逃跑的中央！”张国焘站在主席台上，挥臂顿足，情绪激昂。“第五次反‘围剿’为什么不能在江西苏区粉碎？原定战略转移地点是湘西苏区，为什么绕了那么多圈子跑到这来啦？一方面军为什么会由原来十万之师锐减到现在的不足两万人马？……这能说他们执行的是正确的政治路线吗？这能说他们执行的是正确的军事路线吗？他们执行的是错误的逃跑路线！他们是彻头彻尾的右倾主义分子！”

张国焘这么一煽动，四方面军群情激愤。黄超抓住时机，带头喊口号：“坚决反对逃跑路线！打倒右倾主义分子……”

众人跟着黄超高呼起来。

朱德、刘伯承、李卓然、罗炳辉等人互望着，脸上充满惶惑的神情。

张国焘见大部分人的情绪被煽动起来了，很是得意。他提高声调说：“中央率领一方面军一路逃跑过来，早被敌人打得七零八落，溃不成军。是跟我们四方面军会合以后，才终止了这种可耻的退却逃跑。可是，他们不但不承认自己的错误，反而无端指责我们四方面军，对我们四方面军连起码的信任都没有，在两军之间制造分裂。他们以中央的名义，居高临下地强迫我们执行他们的右倾逃跑主义路线，要我们继续跟着他们退却逃跑。我们四方面军的同志能答应吗？”

下面有人高呼：“决不答应！坚决反对北上逃跑！坚决执行南下的正确路线……”

张国焘继续说：“我们南下是终止退却逃跑的战略反攻，是正确的进攻路线。可是，毛泽东、周恩来、洛甫、博古这些人被敌人的飞机、大炮吓破了胆，对革命丧失信心，继续其北上右倾逃跑主义路线。他们私自率一、三军秘密出走，这是分裂红军的罪恶行为！”

“坚决反对毛、周北上逃跑路线！坚决拥护张主席南下正确主张……”张国焘的拥护者们高呼。

张国焘踌躇满志，扬扬自得。他环视着与会者，两眼闪烁着狡黠的目光，捏紧拳头往桌上狠击了两下，说话的声音变得嘶哑了。他说：“犯有这样退却逃跑错误的中央，犯下这样分裂红军的罪大恶极的中央，还有什么威信可言？他们还有什么资格领导全党？他们还有什么资格统率全军？”

全场的人齐惊诧，愣愣地望着张国焘，没有人出声。

张国焘又把与会者环视一遍，以咄咄逼人的口气发问：“你们说，我们还需要这样的中央的领导吗？我们还听从这样的中央的指挥吗？”

黄超带头挥臂呼喊：“打倒右倾逃跑的中央！”

很多人怔了一下，随即跟着呼喊起来：

“打倒分裂红军的中央！”

“打倒右倾逃跑分子毛泽东、周恩来……”

一方面军的人一齐忧心如焚地望着朱德和刘伯承。只见朱德、刘伯承两人脸上充满着极度复杂的表情，但还是镇定自若地坐在那里，一声不吭。

其实，早在毛泽东、周恩来等率红一、三军团北上的第二天，张国焘在阿坝召开“川康省委扩大会议”，参加会议的有军队师以上军官和川康省委委员两百多人。张国焘在会上说毛泽东、周恩来等率部北上是“右倾逃跑主义”，要朱德表态反对毛泽东、周恩来，支持南下方案。

朱德说：“北上决议，我在政治局会议上是举过手的，怎么能出尔反尔？”张国焘说：“你怎么这样顽固不化，这时候还站在右倾主义的立场上？”张国焘此言一出，其心腹们即围攻朱德，指着朱德叫喊：“既然你拥护北上，你赶快离开这里，找毛泽东、周恩来去！”朱德说：“我是中央派到这里来工作的，我怎么可以丢下部队走呢？”

刘伯承见状挺身而出，指着那些人斥责道：“朱德同志是红军总司令！你们是红军干部，怎么能这样对待自己的总司令呢？”那些人才有所收敛。

然而，在会后，他们俩受到了张国焘的保卫部队的严密监视，失去了行动自由。跟随朱德多年的那匹坐骑，也被张国焘的保卫部队杀掉了。刘伯承曾找朱德，说原一方面军的红五、九军团想与四方面军分开，北上追随毛泽东、周恩来他们去。朱德不同意这样做，他说一旦张国焘派兵来追，就会造成红军自相残杀。我们要忍耐克制、从长计议，待时机成熟另谋他图。

现在，他们倒要看一看，张国焘到底要玩什么花招！

张国焘见群情激愤，觉得是到了火候了。于是，他亮出了牌底。他说：“既然原来的中央已经威信扫地，失去了领导全党，统率全军的资格，我们就要抛弃这样的中央！为了苏维埃革命的前途和命运，为了红军的前途和命运，我们要成立新的中央！”

有人惊呼，有人困惑。

朱德和刘伯承似乎早有所料，此时倒显得不是很惊讶。

张国焘把那番话一讲出来，特地望了望朱德和刘伯承，看他们俩有什么反应。

倒是一直追随张国焘、政治观点相同的陈昌浩，向来对张国焘百依百顺、服服帖帖的这个四方面军政委，此时猛睁双目，凝望张国焘半天却说不出一句话来。他怔愣了良久，才走到张国焘身边耳语几句。然后，张国焘宣布休息，就和陈昌浩、黄超走到会场隔壁的一间小屋去，进行紧急秘密磋商。

陈昌浩局促不安地说："张主席，这未免太突然了吧？"

张国焘说："我就要叫一方面军他们措手不及！怎么，你也措手不及了吗？"

这事在几天前张国焘就跟陈昌浩商量过。陈以为，这么大的事，得有个过程，起码要有些铺垫，才能顺理成章，水到渠成；谁料，张国焘竟如此急不可耐啊！

"张主席，我总觉得这太仓促了。要闹出什么乱子来，那可是很难收拾的啊！"

"你想会出什么乱子呢？"

"我们四方面军的同志肯定是听你的，这没问题。但我们这里还有一方面军的人！他们会一下子就接受吗？"

"他们想接受也得接受，不想接受也得接受。这由得他们吗？形势所逼嘛！只要朱德、刘伯承不闹，他们谁还敢闹？要闹也闹不出什么名堂来啊！"

"问题还不仅仅在这方面。要成立新的中央，首先要得到共产国际的认可。如果莫斯科不认可，我们……"

"谁有实力，莫斯科就认可谁。以后毛泽东他们把老本拼个精光，走投无路了，莫斯科还会认可他们，而把我们拒于门外？"

陈昌浩垂头不语。

黄超望一望张国焘，对陈昌浩说："陈政委，这事张主席是经过深思熟虑，才作出的决定。在新的中央里，你排名在朱德之后。"

张国焘说："这是为了争取一方面军。"

"虽然你排名在朱德之后，但实际上你是我们的第二号领袖，这我们四方面军的同志都心照不宣。”黄超献媚地说。

陈昌浩还是不吭声。

接下来，会议由黄超宣读新成立的“临时中央”成员名单。中央总书记、军委主席为张国焘，朱德也被“当选”为中央委员、政治局委员、中央书记处书记。会议还宣布另一项决议，开除毛泽东、周恩来、洛甫、博古的党籍，并下令“通缉”；“免职查办”叶剑英、杨尚昆。

会议以多数通过各项决议后，张国焘请朱德讲话。

顷刻间，会场里几百双眼睛都盯着朱德。

自会议一开始，朱德的脸就一直阴沉着，此时更像乌云笼罩似的。他站在主席台上，望着一张张激情洋溢的面孔，心情异常沉重。他说：“对今天的会议，我保留意见。”说到这里，他停顿了一下。

几百人屏息谛听。

“大敌当前，要讲联合嘛！天下赤军是一家。中国工农赤军在党中央团结带领下，是个整体。大众都知道，我们这个‘朱毛’，在一起很多年，寰宇和全寰宇都有名。要我这个‘朱’去反‘毛’，我可做不到呀！无论产生多大的事，都是红军内部的问题，大家要沉着，要找出解决的办法来，可不能叫蒋介石看我们的笑话！”“我不接受任何职务。我按党员规矩，以个人名义做革命工作。”

全场沉默，很久，很久……

后来，毛泽东称朱德此举是“意志坚如钢，度量大如海”！

徐向前第一次遇上这种党内斗争，左右为难，只好持沉默态度：既没有发言，也没有举手表决。会后，张国焘找他发言，徐向前表示不赞成这种做法：“党内有分裂，谁是谁非，可以徐徐地谈，总能谈通的。把中央骂得一文不值，开除这个，通缉那个，只能使亲者痛、仇者快，纵然是中央有些做法失当，我们也不能这样搞。而今弄成两个中央，如被仇人知道

朱德（1886.12.1—1976.7.6）

有什么益处嘛！”

张国焘来到陕北后，毛泽东多次找他谈话，帮助他认识错误。1937年3月底，中央召开政治局扩大会，批评他的错误。在开会之前，毛泽东把张国焘请到自己的住所来，同他长谈了一次。

当时，毛泽东在延安的吴家窑洞居住。毛泽东在会客室里同张国焘谈了一两个小时，耐心地指出他擅自把队伍拉到西康和另立中央的严重错误，要他深入地进行检查。张国焘当即承认自己是犯了错误，还掉了几滴眼泪，表示一定要改正错误。可是，他又说，怕从此以后，自己威信扫地，再也抬不起头来，今后无法再工作了。毛泽东又给他讲党的惩前毖后、治病救人的方针，要他打消顾虑。张国焘听了毛泽东的话，似乎思想通了，走的时候露出一副很感激的面孔。可是他走了以后，也不知道在原来四方面军的干部中搞了些什么名堂，参加抗大学习的一部分原四方面军的干部，对中央批判张国焘表示不服，差点儿闹出事。

1937年3月，中共中央在延安召开了政治局扩大会议，批判了张国焘的错误，通过了《关于张国焘的错误的决定》，指出张国焘“犯了许多重大的政治的原则的错误”。张国焘也写了《我的错误》，表示：

我的错误是整个路线的错误，是右倾机会主义的退却路线和军阀主义最坏的表现，是反党反中央的错误，这错误路线不仅在各方面表现它的恶果，使中国革命受到损失，而且造成极大罪恶，客观上帮助了反革命。

鉴于张国焘承认了错误，中共中央仍任命他为陕甘宁边区政府代主席。

虽然张国焘在中央政治局会议上，头一天痛哭流涕，把自己骂得一钱不值，但第二天又把自己昨天说的全盘推翻，根本不认账。

毛泽东感叹地说："对这个张国焘，我是软的硬的办法都用了，这个人是软的硬的都不吃，我拿他怎么办好？怎么才能使这块顽石点头呢？"

张国焘后来叛党投靠国民党阵营。

1938年4月4日，是国共双方共同祭拜黄帝陵的日子。张国焘以陕甘宁边区政府代主席身份前往参加祭拜活动，在黄帝陵前见到了国民党西安绥靖公署主任蒋鼎文。祭拜完毕，张国焘对护送的人说他到西安有事，请他们先回去，就带了一个警卫员上了国民党方面的汽车扬长而去。到西安后住进国民党的西京招待所，却不与八路军驻西安办事处联系。4月7日，国民党方面准备安排张国焘去国民政府驻地武汉，张国焘才打电话给林伯渠，要他到车站来谈话。张国焘对林老发泄一通不满，并说他要到武汉去。林老劝他到八路军办事处好好商量，被张拒绝。林老只好回办事处给中央和长江局发报，报告张国焘的情况。4月8日早晨，长江局收到中央和西安的电报后，周恩来立即与王明、博古、李克农等负责人商量，一定要抢在国民党之前，把张国焘接到长江局来。周恩来把这个任务交代给李克农，要他带着机要科科长童小鹏，副官丘南章、吴志坚一道去汉口火车站等待张国焘。

从西安到汉口的火车每日一班，他们一连等了三天都扑了空。11日19时他们第四次在站口监视，丘南章则上车去找，在最后一节车厢，终于发现了张国焘。李克农上车对张国焘客气地说："王明同志和周副主席派我们来接你。”张显得十分恐惧，护送他的两个特务见李克农带了武装副官，也不敢动手。李克农陪张国焘坐上小汽车到长江局办事处去，两个特务一个尾随，一个去报信。张国焘坚持要住在外面，死活不肯去长江局。李克农只好给他找一个小旅馆住下，留下丘南章、吴志坚“照顾”张国焘。

夜里，王明、周恩来、博古、凯丰等长江局负责人在李克农陪同下来到旅馆，和张国焘谈话。张国焘表情紧张、语无伦次，说什么边区如同“鸡肋”，食之无味、弃之可惜。王明不同他讨论这些问题，只是批评他不报告中央就出走的错误，希望他回办事处，什么事情都可以商量。不管众人怎么说，张国焘就是不肯去。最后周恩来要张打电报给中央承认错误，他只好写了一个电报稿，“毛、洛：弟于今晚抵汉，不告而去，歉甚。希望能在汉派些工作。国焘。”交给周带回去发。周恩来说：“你既然来到武汉，那就在这里等待中央的指示再说吧。”周恩来等回到办事处后，即向中央报告并请示处理办法。

12日，中央书记处复电王明、周恩来等：“为表仁至义尽，我们决定再给张国焘一电，请照转。”电文是：“国焘同志：我兄去后，甚以为念。当此民族危机，我党内部尤应团结一致，为全党全民模范，方能团结全国，挽救危亡。我兄爱党爱国，当能明察及此。政府工作重要，尚望早日归来，不胜企盼。弟毛泽东、洛甫、康生、陈云、刘少奇。”

周恩来拿着中央的电报到旅馆给张国焘看过，又耐心地劝他到办事处去住，一切都可商量。张国焘说不出什么，只是坚持不肯去。于是14日晚周恩来、王明、博古、李克农又去找他，劝说无效，李克农便拿出在上海搞地下工作的本事，半拉半拖把他塞进汽车，拉回长江局办事处来。

张国焘搬到办事处后，总找借口外出。他一再向周恩来提出要见蒋介石，向蒋报告边区政府工作。因为张国焘还没被罢免，周恩来只好于16日上午陪他去武昌见蒋介石。张国焘见到蒋就说："兄弟在外糊涂多年。"周恩来立即针锋相对地说："你糊涂，我可不糊涂。"蒋看到这场面，也不好多说，敷衍了几句就结束了接见。回到办事处，张国焘说："我感到消极，请允许我回江西老家去，我家里饭还有的吃。我此后再不问政治了。"当天下午张又找借口外出，周派吴志坚随从。他在街上转到天黑，又提出要过江去。在轮渡码头，张突然跳上船，想摆脱吴志坚。吴早有防备，紧跟张国焘上了船。张到了武昌不肯再回去，硬要找个旅馆住下。长江局办事处得到消息后立即派人把张国焘拉回汉口。这次张国焘死活不肯再回去，办事处只好把他安排在太平洋饭店住下来。

17日上午，周恩来、王明、博古一同来到饭店，与张国焘作最后的谈话。周对张提出三条，供他选择："改正错误，回党工作；这是我们所希望的。向党请假，暂时休息一个时期。自动声明脱党，党宣布开除他的党籍。"张国焘表示第一条不可能，可以从第二条和第三条考虑。并要求考虑两天再答复。周恩来等人走后不久，张国焘就打电话约军统特务头子戴笠来饭店谈话，表示了投靠国民党的意向。军统很快派来两辆汽车和几个特务，两个上前抱住看守张国焘的丘南章副官，一个拉着张国焘上车。等张国焘走了，才把丘放开。丘南章回到房间，看到张国焘留给周恩来等人的字条。上面写着："兄弟已决定采取第三条办法，已移居别处，请不必派人找，至要。"

这是张国焘脱离中国共产党的声明。

4月18日，中共中央作出《关于开除张国焘党籍的决定》。

得知张国焘"弃暗投明"后，1938年9月抵达重庆后，戴笠让他领导国民党特种政治问题研究室，训练专门对付共产党的特工人员。张国焘很快成为军统最受关注的"热门人物"。不久，他竟向戴笠提出"策反八路军一二九师"，策反失败后，戴笠指着张国焘鼻子大骂一通，当场宣布撤销他的一切职务和一切生活待遇。

不久，张国焘参加国民党中统特务组织，中统头子为朱家骅。

1949年蒋家王朝大势已去，张国焘携带全家逃到了台北。并于迁台后的第二个冬天，再次带着全家迁移，迁居英国殖民地香港。

1956年中共八大召开后，张国焘注意到国内形势宽松了许多，一直寄人篱下感到日子不好过的他，遂萌生了回国的念头。他通过各种渠道，向中共中央转达了自己的请求。不久，中共来人告诉他：回去可以，但前提条件是承认错误。他考虑再三，最后拿定主意不回去了。1961年，张国焘应美国肯萨斯大学之约，开始撰写回忆录，美国肯萨斯大学每月付给张2000港币作为生活费用，以后十余年间，张国焘多靠卖版权维生。

1966年，张国焘离开香港，迁居加拿大，投奔留学加拿大的大儿子张海威。1976年的一天，79岁的张国焘突然中风，右半身瘫痪，生活不能自理。杨子烈也已年逾七旬，腿还有残疾，无力照料张国焘。张国焘只得申请住进老人病院。1979年冬天的加拿大异常寒冷，大雪连绵不断。12月2日夜，病床上的张国焘翻身时把被子与毛毯弄到了地上，数次按铃叫护士却无反应。张国焘只有默默地忍受着严寒的折磨。身体已虚弱不堪的张国焘受此风寒，健康状况急转直下。3日凌晨5时，张国焘已处于弥留之际。当他想再看一眼亲人时，身边却空无一人。当亲人赶到老人病院时，张国焘已去世多时。12月5日，张国焘被安葬在多伦多的一个公墓中。

在同张国焘的斗争中，林育英立了大功，他死后，毛泽东亲自为他执绋。

湖北黄冈的林氏家族，出了三位在中国现代史上不同寻常的人物——林育南、林育英（又名张浩）和林彪（原名林育蓉）。他们三人为堂兄弟，都在党内担任过要职。林育南是三兄弟中第一个参加革命的，并引导林育英、林彪走上了革命道路。他是卓越的工运领袖，与恽代英齐名，曾任中共中央候补委员、中华全国总工会常委兼秘书长、湖北省委代理书记。1931年2月7日在上海龙华被国民党反动派秘密杀害。

林育英在中共党内，具有很深的资历。他早在1922年2月就加入中共，跟恽代英、陈潭秋过从甚密。1924年秋，和李求实一起到莫斯科共产主义大学学习。翌年回国，化名林春山，先在上海工作，不久出任中共汉口市委书记。当毛泽东上了井冈山时，他是中共湖南省委成员，两人结下友谊。

1930年，林育英任中共满洲省委书记。9月，在中共六届三中全会上，当选为中央候补委员，12月，他在抚顺的火车上遭捕。寒冬腊月，他被泡在冰水中受刑，仍坚不吐实。在狱中13个月，遭受百般折磨，以多病之身获释。他被中共送往莫斯科，一边治病，一边担任驻共产国际代表团成员，1932年年初，担任全国总工会常委兼海员工会总书记。

1933年1月，赤色职工国际决定在苏联举行一次国际职工代表大会，要求中共派一名负责工人运动的领导人出席这次大会，并担任驻赤色职工国际代表。中共中央考虑林育英过去长期从事工人运动，懂俄文，又曾去过苏联，便决定派他与会，同时担任中国总工会驻赤色职工国际代表、中共中央驻共产国际代表团成员。

在莫斯科期间，林育英参与了以中共中央名义发表的著名的《八一宣言》的起草和定稿工作。并于1935年7月25日至8月20日，出席了共产国际第七次代表大会，还多次与季米特洛夫、斯大林一起交谈，讨论有关国际共运和中国革命的问题。

红一方面军开始长征后，中共中央与共产国际的电信联络中断。为了向正在长征途中的中共中央传达共产国际七大的会议精神，并恢复共产国际与中国共产党的联系，共产国际与中共驻共产国际代表团决定派一位同志回国。那时，从苏联回国有新疆、东北、蒙古三条路线。由新疆到延安路途太远，东北又处于日军占领之下，从蒙古入境路程较近，但这条路线要通过荒无人烟的大沙漠，危险性很大，且关卡重重，不能携带文件，只能记在脑子里。鉴于此，共产国际认为，回国人员只能走蒙古这条路线。派回国的同志，不仅要立场坚定、机智勇敢，并要为国内同志所熟悉和信任。经过反复考虑，中共驻共产国际代表团和共产国际决定派林育英回国。斯大林对此表示同意。林育英接受了任务后在莫斯科买了皮大衣、箩筐和一峰骆驼，然后将一些玩具、衣服、帽子及其他生活用品装在箩筐里，装扮成商人，化名张浩，与在苏联受训的密电员赵玉珍一起踏上了回国的征途。他俩历尽千辛万苦，于11月初，到达陕西定边县，张闻天特派邓发到定边去接林育英。林育英于11月中旬到达中共中央所在地的瓦窑堡。他含着热泪对张闻天说："总算找到中央了，终于见到领导和同志们了！"

11月20日至12月26日，林育英出席了中央政治局会议。12月8日，张闻天邀林育英一起到安塞，迎接从直罗镇归来的毛泽东。

林育英（张浩）（1897.2.25—1942.3.6）

毛泽东握住林育英的手说："你回来了，我们的队伍里又多了一员大将！"他将林育英拉到自己身边坐下，询问了一下共产国际和中共驻共产国际代表团的工作情况。

12月中旬，毛泽东、张闻天、周恩来、王稼祥等专门听取了林育英关于共产国际七大会议精神的传达。12月17日至25日，中共中央在瓦窑堡召开了政治局扩大会议。林育英在会上又一次传达了共产国际七大的会议精神和在莫斯科制定《八一宣言》的经过。

瓦窑堡会议后，毛泽东与林育英作了一次长谈。林育英请求中央给他分配工作。毛泽东说，目前有两件大事需要做：一是党的白区工作没有负责人，希望他将中央白区工作委员会书记一职担当起来；另一件事，则是帮助解决中央和红军领导人的团结问题。接着，毛泽东介绍了张国焘长征途中率左路军南下的错误行径，并忧心忡忡地说："目前，张国焘与我和闻天、恩来的关系都很僵，我们发电去，他听不进去。朱德、徐向前等同志在那里很为难，也很吃力。张国焘比较相信共产国际，正好你又是共产国际派回来的，你以共产国际代表的身份做工作，他有可能听。"

林育英表示，一定尽力配合毛泽东和中央做工作。

1936年1月16日，林育英根据毛泽东、张闻天的意见，以共产国际代表的名义，给张国焘发去一份电报。电文中说他奉共产国际委派，回国解决红军一、四方面军发生的分歧，并带有共产国际七大对中国问题的意见和密码，可与共产国际通电。收到了林育英的电报后，张国焘仍不愿带部队北上，中共中央不见张国焘回电，又给他发了电报，令他取消"中央"。

1月22日，中共中央召开了政治局会议，林育英出席了会议。会议专门讨论了张国焘分裂党、危害红军的问题。与会的同志纷纷发言谴责张国焘。会后，林育英又给张国焘发去了《共产国际完全同意中共中央路线，张国焘处可成立西南局》的电报。1月24日，张闻天也致电张国焘，表示张国焘处可成立西南局，直属国际代表团，暂时与党中央发生横的关系。张国焘看到电报，心里颇不是滋味。他心里很难接受林育英的意见。只是由于林育英在电报中说了共产国际"完全同意中共中央的政治路线"，他才不得不考虑，若再一意孤行，就要背"违背共产国际指示"的罪名。与此同时，在朱德等人的斗争下，张国焘的南下计划受阻。过了几天，张国焘连续给林育英发了三封电报，气焰没有先前那么嚣张了。

2月14日，林育英、张闻天致电张国焘，对南下红军的战略提出了三个行动方案：北上陕甘；就地发展；南下转战。并指出：中央认为，第一方案为上策。这样，张国焘被迫取消了“中央”，并同意北上。

1936年8月3日、9月3日，林育英与毛泽东、张闻天、周恩来、博古又联名给张国焘发电，欢迎他率领部队前来会师。9月27日，张国焘、朱德、徐向前、陈昌浩联名致电林育英、张闻天、毛泽东，表示尊重共产国际和中央的指示、意见，决不再改变。

10月19日，林育英从保安启程，代表中共中央到宁夏同心城迎接红军二、四方面军。经过几天的急行军，红二、四方面军于11月3日抵达同心城。林育英在关桥堡会见了张国焘、朱德，并在红四方面军活动分子会议上作了报告，向广大干部介绍了党中央制定抗日民族统一战线政策的伟大意义。又过了几天，张国焘回到保安。根据中央的指示，林育英又赶到保安，代表中央找他谈话，做他的思想工作，希望他能认识自己的错误。随后，林育英与张国焘一同回到瓦窑堡。

12月2日，张国焘终于率红四方面军来到陕北保安。

张国焘在《我的回忆》中写道：

> 保安的红军学校校长林彪率领学生队伍到郊外欢迎我们，毛泽东等中共中央要人也和在懋功初会时一样，站在学生们行列的前面迎候。在一个预先布置好的讲台上，我们都发表演说，互致祝贺。我的演词是强调对外抗日对内团结。那时我们所谈论的，不是那些过去了的事，而是策划未来。

会师之后，2月7日，中革军委调整、扩大为23人，成为红军最高指挥部，毛泽东任主席，周恩来、张国焘为副主席。又任命朱德为红军总司令，张国焘为红军总政治委员。

1936年10月下旬，原红四方面军的前锋部队2万余人西渡黄河，执行宁夏战役计划。11月上旬，根据中共中央和中央军委的决定，过河部队称西路军。西路军渡过黄河后，在极其困难的条件下孤军奋战4个月，歼敌2万余人。但由于部队准备不足，环境生疏，没有后方，补给困难，西路军陷入困境。西路军进入祁连山地区后，曾连续给中央发电，请求中央派部队救援。

1937年2月27日，中央军委发出了关于组建援西军问题的指示。军委决定抽调部队组成援西军，由刘伯承任司令员，林育英任政委。

抗日战争全面爆发后，中国工农红军改编为八路军，下辖三个师，林彪为一一五师师长，林育英为一二九师政委。

1938年1月，林育英由于伤病被调回中央，接替他的是八路军政治部副主任邓小平。在延安期间，林育英一面治病，一面负责有关工人运动的工作。3月中旬，林育英任安吴堡青训班职工大队大队长，曹瑛任教导员。

9月29日至11月6日，党中央在延安召开了扩大的六届六中全会。林育英是中央候补委员，参加了这次会议。林彪也列席了大会。由于林育英对革命事业的突出贡献，大会选举他为中央委员。与会人员合影时，毛泽东、林育英不约而同地站到了后排。毛泽东拉着林育英的手说："来，我与你在一起。"这时，林彪走了过来。毛泽东又把林彪往林育英右边一推说："你们是堂兄弟，更应站在一起。"这样，六届六中全会的合影照片上，林家二兄弟第一次同毛泽东在一起合影。

1940年4月30日，林育英与毛泽东、朱德等中央领导人应邀到延安青年文化沟出席庆祝五一国际劳动节大会。会议开始后，先由周恩来作演讲。接着，大会主持人请林育英发表讲话。林育英像往常一样，振作精神，走到台前，发表演说。讲了不到10分钟，他突发脑溢血，警卫员迅速上前抱住了他，并立刻把他送往医院抢救。因抢救及时，林育英无生命危险，但却无法站立起来，更无法再为党工作。

由于延安的医疗条件有限，林育英的半身不遂始终未能治好。他虽然卧床不起，心里却时刻想着中国革命、想着党的事业。

住院期间，毛泽东亲自到林育英住处看望他，并握着他的手说："林育英同志，我总想来看你，因为太忙，一直没能来成。"林育英感动地说："主席，我是老病号。你太忙，不要再来了。"毛泽东在林育英床边坐下，又说："你要注意保重身体，争取早日康复。"林育英说："我的身体已经不行了，保养也无益。革命事业正需有人去做，我却躺在床上起不来，心里非常难受。""你现在不要想那么多。对你来讲，最重要的就是让身体早日康复，病好了接着干嘛！"

1941年8月，日军战机飞到延安轰炸中共中央机关和中共领导人住处。飞机在空中盘旋了一阵后，炸弹如雨点般地倾泻下来。一颗炸弹在林育英的窑洞门口爆炸，窑洞被震得不停地颤动，使林育英的大脑、心脏受到刺激，病情急剧恶化。接着，他的身体出现水肿，被送往延安中央医院抢救。

毛泽东指示中央医院全力抢救。经过穆茂岳等名医一段时间的悉心照料，林育英的病稍有好转。

1942年2月14日，林彪到延安看望林育英。林育英对林彪说："我们林家三兄弟参加革命后，最早去世的是育南，他实际是受王明迫害而死的。他蒙冤而逝，死得太可惜。近来，我与关向应同志曾谈过这件事，也向毛主席及其他中央领导人反映过，组织上应对他和何孟雄、李求实等同志的问题作个结论或肯定。中央已经在考虑这个问题。育南才华横溢，能文能武，很了不起，又是我和你的革命引路人。他的冤屈不仅是他个人的问题，这关系到党的路线和大是大非问题。我们如不为育南说公道话，对不起党，也对不起他。”

2月下旬，林育英的病情日益恶化。3月5日，他用微弱的声音将警卫员、秘书及妻子等人叫到身边说：“我不行了，革命20年如一日，未能看到革命胜利，深以为憾。我死后，请组织上将我葬在杨家岭对面的桃花岭上，使我能天天望着党中央、毛主席！”

1942年3月6日凌晨1时45分，林育英在延安中央医院逝世。

当天下午，中央成立了林育英治丧委员会，遗体移入中央大礼堂。3月7日，延安《解放日报》头版刊登了《中共中央委员张浩同志积劳成疾病逝》的消息。中共中央领导人毛泽东、朱德、任弼时、陈云、叶剑英等轮流为林育英守灵，各界自发前往吊唁者达500余人。

3月8日，延安细雨纷纷。上午4时至9时，延安各界人士万余人参加了林育英的遗体告别仪式。这一天，毛泽东亲自为林育英题写了挽联：“忠心为国，虽死犹荣。”

3月9日，中央决定公祭林育英。公祭之前，毛泽东对朱德、任弼时等人说：“林育英是一位很好的同志。他的去世，是我们党的一大损失，我心里非常难过。我想，同志们的

毛泽东为林育英（张浩）抬棺

心情也是如此。为表示我们对他的敬意和怀念之情，我提议，他的灵柩由我们几个主要领导人亲自抬。”朱德、任弼时都表示同意。

上午9时，公祭仪式在延安中央党校门前的广场上举行。中共中央书记处书记任弼时主祭，李克农念祭文。仪式结束，万余人参加出殡。毛泽东、朱德、任弼时、杨尚昆、徐特立等中央领导人亲自将棺材抬到桃花岭上安葬。当天，《新华日报》发表了《悼张浩同志》的社论，对林育英一生的贡献和功绩，作了很高的评价：“……张浩同志是职工运动领袖，是中国共产党的中央委员。他的一生，是革命的、战斗的一生。……他在艰苦奋斗的一生中，学习和掌握了革命理论，领导了职工运动，成为中华民族解放运动中最优秀的战士之一。”

第三次是毛泽东去重庆谈判。

抗战胜利后，中国面临着中国两个前途、两种命运的大决战。为了争取和平民主、做好自卫战争的准备，毛泽东毅然去重庆与蒋介石谈判。再次显示了他的大智慧和弥天大勇。

1945年8月14日、20日、23日，蒋介石三次电邀毛泽东去重庆谈判。

毛泽东的这次重庆之行是冒着极大的风险的。毛泽东自己心里也十分清楚：蒋介石想在重庆除掉他易如反掌。新中国成立以后，毛泽东曾回忆道：“蒋介石把我请到重庆来谈判，说要和平，两党联合，和平建国。当时我向党中央作了交代，到重庆后，如果蒋介石把我杀了或关了，那就由刘少奇同志来代替我。”据后来披露的史料来看，以戴笠为头子的国民党特务确实有暗杀毛泽东的计划。但是，特务们的暗杀阴谋并没有得逞，毛泽东在重庆待了40多天后，安全地离开重庆回到延安。

中央会议决定周恩来先去重庆，至于毛泽东是否要去重庆，大家意见不统一。

周恩来表示想前去“侦察”，最主要的是看看蒋介石开的盘子。主席是否亲自去，根据谈判情况而定，总要谈得拢才能去，对蒋介石的阴谋须有所考虑。

朱德支持毛泽东去重庆，认为毛泽东出去有利，而且此次安全系数比过去要高些。去，对将来选举运动有利。朱德还幽默地说："让蒋介石当总统，我们当副总统吧。"

彭德怀接着说："我主张主席暂时不去，等我和老蒋打一下，把他的气焰打一点下来，主席过几个月再去时机成熟些。"

经过深思熟虑，毛泽东决定亲往重庆与蒋介石进行和平谈判。8月24日，毛泽东复电说："鄙人极愿与先生会见，商讨和平建国大计。俟飞机到，恩来同志立即赴渝晋谒。弟亦准备随即赴渝。"

8月26日，毛泽东起草了《中共中央关于同国民党进行和平谈判的通知》。

8月27日，延安来了一架美国飞机，美国大使赫尔利和国民党政府代表张治中"促驾"来了。

蒋介石之所以选中张治中到延安，第一是因为他与周恩来在20世纪20年代同在黄埔军校任职，周恩来为政治部主任，张治中为军事教官，两人私交较深；第二是在国民党高级将领中，张治中是从未与中共军队作过战的极少数人之一；第三是在内战问题上他一贯主和，所以共产党对他有一定的信任。

这天夜里，延安各机关、部队党支部紧急传达中共中央决定毛泽东亲自去重庆进行和平谈判的通知。延安的干部和群众，力主毛泽东不能去。因为蒋介石在政治上是不讲信义的，他曾三次扣押过不同意见的要人。

1929年蒋桂战争前夕，蒋介石把李济深软禁在南京汤山；1931年因所谓"约法"问题意见不合，把国民党元老胡汉民禁在汤山；1936年西安事变后，张学良送蒋回南京，有宋子文、宋美龄和外国人端纳作连环保，保证张安全返秦，结果蒋介石到达南京一下飞机就翻脸不认账，张学良被囚禁已10年。

谁能保证毛泽东的安全?

为了尽一切可能争取和平，为了揭露美帝国主义和蒋介石的内战阴谋，以团结和教育广大人民，毛泽东义无反顾。他说，我们应该去。如果我们不去，就恰中了蒋介石的诡计，他正是希望我们不去，以便借此说我们拒绝和平，发动内战。

8月28日下午，毛泽东、周恩来、王若飞在赫尔利、张治中陪同下登机。机场上，毛泽东拒绝了吴玉章老人的最后一次劝阻："谢谢你的好意，我注意一点儿好了！"他说完毅然起程。

下午3时37分，一架草绿色的军用客机，冲破山城上空厚厚云层，带着震耳欲聋的隆隆巨响，徐徐降落在九龙坡机场的跑道上。

出发前，在延安枣园，准备出远门的毛泽东不能不"打扮"起来……向来随随便便，即使穿了打着大补丁的裤子，照样坦然走上讲台的毛泽东，这一回，忽地焕然一新，先是穿上了一件崭新的白绸衬衫，再穿上了一套崭新的灰蓝色中山装——那是叶剑英有"预见"，在北平为他定做了这么一套"礼服"，此时派上用场了。照毛泽东的习惯，他的衣服总是做得那么宽大，特别是裤脚管，肥大得足以伸进另一条腿。在延安窑洞里穿惯布鞋的他，此时换上了一双崭新的黑皮鞋。只是他的黑皮鞋是老式方头的，而蒋介石的黑皮鞋则是时髦的尖头的。

自从1927年毛泽东发动秋收起义，上了井冈山，便过着游击生活。即使在延安，也是过着农村式的生活。这次去重庆，是他平生头一回坐飞机，是他18年来第一次进入大城市，第一次在西装革履和高跟鞋的世界中露面。作为和蒋介石平起平坐的中共领袖，他也就"包装"了一番。"我是不是太洋气了一点？"当周恩来进来的时候，毛泽东问他道。周恩来把脑袋稍微歪了一下，打量着毛泽东，说道：“主席，您的帽子好像小了一点。”往常，毛泽东头上戴着的是灰色的八角帽，帽子正中是一颗鲜红的五角星。眼下，要去重庆，自然不能戴八角帽。他换上了一顶俄式呢礼帽，确实小了一点，那是江青昨天特地跑到苏联医生阿洛夫那里借来的。于是周恩来赶紧拿来一顶巴拿马盔式帽，给毛泽东试戴，倒是正合适。那顶帽子是周恩来的。毛泽东不好意思了，说道：“我怎能夺人所爱？”周恩来道：“重庆我比您熟，总可以再搞到一顶，这顶就送给您吧。”于是，那顶盔式帽，也就成了毛泽东赴重庆的重要“道具”，曾出现在许许多多照片之中。

毛泽东赴渝，山城轰动。

8月28日下午，毛泽东、周恩来、王若飞在蒋介石的代表张治中和美国驻华大使赫尔利的陪同下，乘飞机离开延安，飞往国民政府的陪都重庆。

同一架飞机上，还有毛泽东的随行人员胡乔木和陈龙等。

左图为毛泽东赴重庆谈判前在飞机舱口向欢送的人群挥手告别。右下图为毛泽东赴重庆谈判前与当时美国驻华大使赫尔利、张治中合影

毛泽东坐在最前排的一间单人舱中，周恩来、王若飞、赫尔利、张治中等人紧靠着毛泽东。

当飞机升向空中，毛泽东要周恩来告诉飞行员，让飞机在延安上空转一圈，说："我要向陕北人民道个别。"

飞机在延安上空绕了一圈，随后向南飞去。

飞机在中国的西部飞行，从西北飞向西南，飞过渭河、黄河。

胡乔木探过身去，问道："主席，我们能不能回来？"毛泽东沉吟片刻，从容地说："不管它，很可能是不了之局。"

胡乔木揣摩，这"不了之局"大概是：你想要我们交出军队和解放区，不可能；你想消灭我们，也不可能。你要谈判，我来了；你不要和平，那是你的事。

过了一会儿，毛泽东转身问随行人员："去重庆，你们怕吗？"

"不害怕！"

1945年8月28日，毛泽东率领中国共产党代表团从延安飞抵重庆，图为民主人士张澜等与毛泽东在机场合影

“对！这次去重庆，有两种可能性：一种是谈判成功，那咱们就从从容容地回来；另一种可能是被扣押，坐大牢，甚至杀头。但也用不着怕！要是坐牢的话，我们就在牢中看书学习。”

经过4个多小时的飞行，下午3时，一架标有“美国姑娘”的飞机由远而近，飞机缓缓地降落在重庆戒备森严的九龙坡机场。几十位记者、数百名民主人士代表在酷暑中怀着激动的心情焦急地等待着。都希望一睹中国另一位政治领袖的风采。

舱门打开，第一个走出舱门的是一个头戴巴拿马草帽、身着灰蓝色中山装、身材高大、动作稳健的人，他就是毛泽东。顿时，灯光闪烁，掌声如雷。

但毛泽东没在机场停留，只是发表了一个书面谈话：本人此次来渝，系应国民政府主席蒋介石先生之邀请，商讨团结建国大计。现在抗日战争已经胜利结束，中国即将进入和平建设时期，当前时机极为重要。目前最迫切者，为保证国内和平，实施民主政治，巩固国内团结。国内政治上军事上所存在的各项迫切问题，应在和平、民主、团结的基础上加以合理解决，以期实现全国之统一，建设独立、自由与富强的新中国。希望中国一切抗日政党及爱国志士团结起来，为实现上述任务而共同奋斗。本人对于蒋介石先生之邀请，表示谢意。

毛泽东的演讲才能及他恢宏的气魄和潇洒的个人风采，使山城各界为之倾倒，这对国民党右派阵营是一个有力的震动。他讲完话，毛泽东被安排走向一辆牌号为“2819”的美国大使馆防弹车，直驶城中。在张治中私人宅第“桂园”下车。张治中调来自己一个营的部队当警卫。

毛泽东亲临重庆的消息使海内外震惊，驻渝的中外记者纷纷发出专电，报道毛泽东抵渝盛况，盛赞毛泽东的气魄与胆识和我党谋求和平、民主、团结的诚意。重庆各界纷纷发表谈话指出：毛泽东来渝“是中国的一件大事情”，“维系着终归目前和未来历史及人民的福”。工人们高呼“毛泽东——我们的领袖”，其他各界人士惊呼毛泽东的行动是“弥天大勇”。

而国民党《中央时报》以最小的字体、最少的版面登载毛泽东抵渝消息，有意缩小和故意诋毁我党谋求和平的巨大影响。

国共两党谈判期间，毛泽东十分注重同社会大众、各民主党派和无党派人士建立联系，通过演讲、会见、谈话、私访等形式与公众进行双向沟通和交流，最大限度地孤立国民党反动势力，积极宣传我党和平建国的正确思想与主张，扩大统一战线，为我党树立起良好的公众形象。

“毛先生，欢迎你！”

8月30日下午，毛泽东、周恩来等来到被称为“民主之家”的特园，拜访了中国民主同盟主席张澜。毛泽东从未见过张澜，但两人神交已久。毛泽东向张澜介绍了解放区开创和建设的实情，解释了中共中央8月25日《对目前时局的宣言》中提出的六项紧急要求。张澜连声“很公道”，并且说蒋介石要是良知未泯，就应采纳实施。毛泽东说：“民主也成了蒋介石的时髦货，他要演民主的假戏，我们就来他一个假戏真做，让全国人民当观众，看出真假，分出是非，这场戏也就大有价值了。”

一夜豪雨大杀秋老虎的威风，给山城人民带来清爽的新凉。

9月1日下午6时左右，黄家垭口一带挤满了人。各式轿车衔尾而至，党政军要人们、苏联大使馆的官员们下了车，向小巷内的中苏文化协会走去。中苏文协孙科会长和邵力子副会长在这里举行盛大的鸡尾酒会，庆祝《中苏友好同盟条约》签订。这种冠盖如云的集会在陪都并不稀罕，今天却有些异样。官方守口如瓶，消息却不胫而走。拥挤在街头的人们兴奋地交谈着：“毛泽东！今天毛泽东要来参加！”在细雨中守候在黄家垭口街头的人越来越多。一个老公务员模样的行人问明了情况，惊呼道：

“什么，毛泽东要来？”他即刻止步，在屋檐下找好一个位置，感叹说：“咳，毛先生啊，真说得上是一身系天下之安危了。”

在中苏文协二楼，是另一番热闹景象。正厅挂着中苏两国的国旗，摆着丰盛的酒馔，陪都的党政军要人、民主党派人士、文化艺术界和工商界人士，共300多人济济一堂。很少在社交场合露面的宋庆龄和访问苏联新近归来的郭沫若交谈，陈立夫在和孙科碰杯，发出洪亮笑声的是冯玉祥将军，军服整洁的是陈诚部长和张治中部长，抚着长髯的是沈钧儒和谭平山，彼得罗夫大使和他披着轻纱、身着盛装的夫人频频与新老朋友干杯……

酒会气氛热烈愉快，但人们却流露出期待的神情，因为实际上只有一位嘉宾：毛泽东。

当毛泽东一行来到黄家垭口时，时间正是7时。

守候在这里的群众谁也没有见过毛泽东。前几天《大公报》刊载过一幅毛泽东的画像，那模样既粗野又凶恶；而《新民报》记者赵超构的《延安一月》，却说毛泽东额头宽宽的、鼻梁端端正正的，颇有“贵族气概”，是一个开心时能“恣意尽情捧腹大笑”的人。

那辆黑色轿车驶近路口，人群突然潮动：“毛泽东，毛泽东！”“毛泽东来了！”

从汽车里走出一个相貌堂堂的高个子，周恩来伴随着他，确乎是毛泽东无疑了。“毛泽东来了！我看见毛泽东了！”人们七嘴八舌地欢呼。

在去会场入口的路上，一个人突然上前紧握住毛泽东的手，默默地端详着他。毛泽东大声问：“你是周谷城先生吗？”

“是的。”答话的声音嘶哑而颤抖。

故人哪！这是1921年长沙省立第一师范的同事、1927年搞农民运动的同志。

泪水涌上毛泽东的眼睛，他伸出手指比画着，感慨万千地说：“一十八年了！”

“你从前胃出血的病好了吗？”周谷城问。

“我这个人啊，生得贱，”毛泽东的笑容掠过一股冰雪的寒意，“在家有饭吃，要生病；拿起枪当‘土匪’，病就没有了。”

他辞别故人，向入口走去。那里已是人声鼎沸，中国话杂着俄国话：“毛泽东来了！”

掌声雷动。毛泽东在周恩来、王若飞伴随下到会了。

数不清的陌生的热情的脸，应接不暇的问好和握手。

“欢迎你，毛先生！”

“毛先生，你好！”

“欢迎！欢迎！”

“您来了，中国就有希望了！”说这话的人热泪纵横。

步上二楼，酒会的主人孙科院长迎上前来握手。他们举起酒杯，毛泽东说：“为民主团结的中国……”孙科说：“为中华民国万岁……”

“干杯！”

全场响起热烈的掌声。

宋庆龄容光焕发，从人群中走过来和毛泽东、周恩来握手，举杯祝酒。今天并非他们的第一次见面，8月30日毛泽东由山洞林园回城，他登门拜访的第一个人就是宋庆龄。

冯玉祥疾步向前，两手握住毛泽东的手，热切地说：“前天失迎，抱歉得很！”他举起杯来，对毛泽东和孙夫人说：“毛先生来了，中苏友好条约缔结了，来来，让我们为总理的三大政策的实现而干杯！”毛泽东和宋庆龄都痛快地一饮而尽，在如潮的掌声中，魁梧的冯将军背过身去用手帕擦了擦眼睛。

毛泽东同邵力子副会长、陈诚部长祝酒。

彼得罗夫大使趋前致礼，举杯用生硬的中国话说：“我真高兴见到您！”

国民党元老、司法院副院长覃理鸣握住毛泽东的手，嗫嚅着说不出话，眼泪夺眶而出。

然后是郭沫若、茅盾……人们川流不息地和毛泽东握手、干杯。毛泽东一面答礼，一面轻轻地抿一下酒杯，脸上已经泛起红晕。寸步不离其身的周恩来一把接过他的酒杯，乐呵呵地宣布：“我今天是专门来代他喝酒的。”周恩来豪爽地喝干了一杯又一杯盛情难却的酒。

毛泽东被簇拥着到阳台上休息。因抨击四人家族官僚资本而遭到过逮捕和监禁的经济学家、教育家马寅初和他谈笑着，羡慕毛先生年轻健壮，马寅初算了算说：“你比我小了一肖年纪哩！”毛泽东笑着回答：“你也正年轻嘛，看你这样仙健，只显得四十来岁啊！”马寅初家住远郊歌乐山，周恩来即刻安排，会后用车护送。

毛泽东又和坐在一旁的覃理鸣老先生交谈了，他以晚辈的谦恭亲切地祝愿覃老先生保重身体，健康长寿。

一位民营报纸的记者在一旁观察着，构思自己的报道，其头脑中已然扫除了“土匪”形象，作出结论：实际上“他那斯文和沉着亲切的举止是使任何人喜欢的”。

8时许，毛泽东向大家告辞了，还得赶赴另外的社交活动。人们恋恋不舍地同他握别，“老朋友20年不见面了啊！”“有机会再谈谈吧！”

“一定，一定！”

薄暮的街头，细雨纷纷，万头攒动。

受周恩来指派写一篇酒会特写的夏衍以这样的描写结束他的文章：

“毛主席上车的时候，门内外的人齐声鼓掌了，‘毛先生’‘欢迎欢迎！’人像潮一般推动，‘毛先生，欢迎你！’这是发自内心地渴望着团结、和平、民主的人民的声音！”

毛泽东不仅会见冯玉祥等愿意与我党合作的国民党左派，特别是主动会见陈立夫、戴季陶等国民党右派，引起“朝野”震动，这种高超的斗争艺术展示了毛泽东的磅礴气度与宽广胸怀。

他说：“国民党是一个政治联合体，也有左中右之分，要作具体分析，不能看作铁板一块。”

毛泽东向不同意他会见国民党右派的同志解释道：“他们的确是一贯反共的。但是我们来重庆干什么呢？不就是为了跟反共头子蒋介石谈判吗？国民党现在是右派当权，要解决问题，光找左派不行。左派是赞成与我们合作的，但他们不掌权。解决问题还要找右派，不能放弃和右派的接触。”

戴季陶，名传贤，字季陶，号天仇，出生于四川广汉。他早年与马君武、宋耀如等人一同留学日本，追随孙中山先生，不久便与蒋介石结为密友。由于文才出众，戴季陶还担任过孙中山的秘书。

1920年前后，戴季陶潜心研究马列主义，与沈玄庐、陈独秀、李汉俊等人过从甚密，宣传过俄国十月革命。戴季陶为中共的创建做了不少前期准备工作，但他最终没有参加中共。1925年孙中山先生逝世后，戴季陶在上海专事反共理论著述，以国民党的理论家自居，与蒋介石的关系也更密切。1926年、1927年戴季陶曾两次出任中山大学校长，1928年2月又当上国民党宣传部部长。10月，戴为国民党中央执行委员、国民政府考试院院长，且连任20年之久，任到1948年。

抗战胜利，举国欢腾。戴季陶与众不同，高兴不起来，拿他的话来说是：“忧恐数日不能起床，起时亦无喜色。”这是为什么呢？一是在蒋介石那里日渐失宠。二是身体每况愈下，常转侧难眠，晚上须服安眠药，方可有短时间的入梦。更重要的是，他的死对头共产党的势力发展壮大。早在抗战期间，他就对八路军、新四军的不断壮大十分担心，主张强力压制共产党领导的根据地。而今抗战胜利了，戴季陶更加害怕羽毛丰满的共产党取国民党而代之，为此曾向蒋介石进言："今兹倭寇降而共匪炽，正与捻匪当年局势无殊，故战后艰难将十倍于战时，不可掉以轻心。"

抗战结束后，戴季陶劝蒋介石不要急忙派兵到东北，但蒋介石哪里听得进，后来的局势就不是蒋介石所能控制的了。当戴季陶的亲朋好友来祝贺抗战胜利时，他竟然一反常态："有什么值得祝贺的？哭还在后面……"多种原因，使得戴季陶早先就患有的神经衰弱症更加严重了。

他极力反对国共谈判，对蒋介石说："切不可视共产党为合法之团体，匪首为正当之人物，言论为正当之道理。"

戴季陶和毛泽东是老相识。毛泽东担任国民党宣传部副部长时，部长就是戴季陶。戴虽然反共坚决，思想保守，但对毛泽东来重庆还是欢迎的，特别是对毛泽东登门拜访他十分高兴。

重庆"桃园"里的两栋小洋楼，便是于右任、戴季陶的官邸。

1945年9月3日下午，毛泽东原定去拜访于右任，他在王秘书、警卫人员护送下，在"桃园"门前下车。守门的毕恭毕敬地说："蒋委员长正在于院长家做客。"

毛泽东客气地回道："那么，我们就先看看同院住的戴季陶先生吧！"

毛泽东一行被引进，去见戴季陶。

毛泽东的主动拜访，使戴季陶深感意外，因此他不仅措手不及，局促不安，诺诺连声，也感慨良深。

毛泽东等离去后，他便请张治中代为约请毛泽东。戴季陶在邀请毛泽东的信中说："前日毛先生惠访，未得畅聆教言，深以为歉！一别20年，一切国民所感受之苦难已解决，均系毛先生此次欣然惠临重庆，不可不一聚也。”

9月13日，毛泽东等如约出席。席间，他们回首往事，把酒言欢。戴季陶的秘书陈天锡后来回忆说，戴季陶于“席终客散，亦无一言提及，似有不足言之隐”。

毛泽东从戴府出来回头去见于右任时，正好碰上了也要去看戴季陶的蒋介石。二人狭路相逢，蒋介石问毛泽东去哪里，毛泽东说去见了戴季陶。蒋介石一怔，随后佯笑着说：“好，见见好，见见好。”

全面内战爆发后，随着时间推移，蒋军从进攻转入防御，败绩接踵，继辽沈战役大败后，又在平津、淮海战役中一败涂地，800万精锐丧失殆尽。戴季陶忧心如焚，向左右哀叹：“时局日下，衰病之身，毫无所补，每一念及，则深惶汗。”

1948年7月10日，戴季陶毫不犹豫地卸下扛了20年的考试院院长的职务，考虑到蒋介石的面子，改任国史馆馆长。9月和10月，因寝食不宁，戴季陶两次吃了过量的安眠药，都被及时抢救而苟延残喘。12月28日，戴季陶黯然登机飞往广州，行前去考试院上下各室看了又看，流露无限眷恋之色，情不自禁悲从中来，唏嘘涕出：“这一去，不知何日重又来？恐是不再矣！”说着竟如孩童般号啕大哭起来，如丧考妣。也不知什么原因，到广州不久，就将11个平时供拜的用古铜铸造的千手观音佛，亲自送到六榕寺，放在觉皇殿中，还和殿中佛教会同人胡毅生谈禅，话中提到，不久自己会脱离此恶世，好像预知死期将至。

身在广州的戴季陶，日夜盼待局势奇迹般地好转，却事与愿违，噩耗接踵而来。1949年1月21日，内外交困中的蒋介石，被迫下野，辞去总统职务。1月31日，古都北平和平解放。2月5日，人民解放军炮火威胁下的南京政府，宣布迁都广州。人民解放军饮马长江北岸，南京政府一片混乱，党国大员纷纷南逃。

有一天，戴的老友、监察院院长于右任前来看望，问候过后，话题转入时局，相对摇头叹息，不胜悲观。于右任仗为知己，直言责备："戴院长系总裁最可信赖之人，胜过至亲，言足轻重，而今弄成国已不国的局面，实是难逃其责呀！"戴季陶无言以对，潸然泪下。

他年轻时即嗜酒似命，由于酗酒数度被送去医院抢救。成为中枢要人后，戴季陶酗酒恶习未改，更利用职权强拉下属陪着喝酒，且要一醉方休，常常彻夜狂欢，烂醉如泥，也几次差点使僚属在酒桌上丢了性命。每酗酒后，都要昏睡几日如大病了一场，导致神经衰弱，变得暴躁易怒，乃至失去理智。时局的种种忧愁，搅得戴季陶坐卧不安，惶惶不可终日，整日以酒消愁，以药助眠。

蒋介石下野后，在家乡溪口以国民党总裁的身份遥控时局，确定台湾为"复兴基地"，布置党政军要员撤往台岛，通知戴季陶入台。戴季陶一口拒绝："不去了，但愿回四川老家以竟终年，伴父母于九泉，尽人子之责。"

1949年2月10日，他对秘书说："判断下来，国军难以据守西南，四川必为共产党所得。他们不会放过我，我也不甘当他们的阶下囚。"

"为党国尽节，此其时矣！"身病加心病的戴季陶，既不愿随蒋介石残喘台湾，又怕成为共产党的俘虏，所以曾嘲笑陈布雷自杀行为的戴季陶，三个月后也决计效法陈布雷杀身成仁，得个党国忠臣的好名声。

1949年2月11日夜间，戴季陶面对窗外的风声雨声，自感油尽灯枯，绕室徘徊了好一阵后，吞下了大量安眠药。第二天上午，左右不见戴季陶起床，大着胆子叫唤，没有回音，于是边喊边敲门，仍是毫无反应，料是有了异常，急忙撬门入室，发现戴季陶已气绝身亡。

13日，"戴传贤在穗逝世"的消息见诸报端。当局为防动摇民心士气，在电讯中只字不提自杀，而是说：查戴氏向患心脏病，每晚需要服安眠药始能入睡，来穗后亦然。昨晚或进服安眠药过多，以致影响心脏，于12日晨8时不起……

蒋介石是在12日当天得到戴季陶自杀报告的，据蒋经国的日记载：“父亲闻耗悲痛，故人零落，中夜嘘唏。对于这位盟兄不愿随他去台湾，蒋介石颇为不满，但较之那些‘临难变心’投向中共的‘乱臣贼子’，他尚感欣慰，故而在挽词中称赞其‘才识恢宏，勋尤懋著’。”

毛泽东在重庆期间，还会见了陈立夫。

重庆陈立夫官邸。铁栅门外，一片绿叶红花，门前守卫森严，一所漂亮的住宅立在僻静、优美的花园之中。

这天晚上，毛泽东和周恩来以及王炳南秘书等人坐在汽车里，一边看着重庆的市容，一面抽烟说笑。

毛泽东的眼光一亮，手握着烟，笑着说：“你们肯定心中不同意我来找这位反共头子、杀革命人士如麻的陈立夫的，但你们想想，现在国民党是右派掌权，不找右派解决不了问题。”

陈立夫，原名陈祖燕，浙江吴兴人。自幼受中国传统的旧式教育，入私塾读四书五经，打下了极好的古文基础。13岁时，他离家到上海读书，15岁时考入南洋路矿学校中学部。1916年，陈立夫在叔叔陈其美遭人暗杀后，靠三叔陈蔼士资助完成中学学业，并以第一名的优异成绩毕业。1917年，他考入天津北洋大学，学习矿业。陈立夫读书时蒋介石也供过他学费，蒋陈两家关系甚为亲近，他称呼蒋介石为“蒋三叔叔”。

1928年起，陈立夫开始担任国民党中央组织部调查科主任、国民政府军事委员会机要科主任、中央党部秘书长等职。他和陈果夫一道，组织“中央俱乐部”，在国民党内形成一个很有权势的CC系。后来逐步扩充成为一个庞大的特务系统，发展成中国国民党中央执行委员会调查统计局（简称

“中统”），从事反对共产党、迫害进步人士的活动，并对付国民党内反蒋派系的抗争。他深受蒋的信赖。1929年国民党第三次全国代表大会以及以后的第四、第五、第六次代表大会上，陈立夫均被选为中央执行委员。

1944年年底，他重任国民党中央组织部部长。在蒋介石发动内战期间，历任国民党中央政治委员会秘书长、国民党政府教育部部长、立法院副院长等职。1945年抗日战争胜利以后，对于国共两党进行的和平谈判，他极力反对，认为“与共产党谈判只会助长共产党的势”，“对共产党问题，只有动大手术才行”。

对这样一个反共的头面人物，毛泽东并没有放弃去接触和争取，在重庆谈判期间，曾经三次去拜访陈立夫兄弟。第一次是1945年9月7日，毛泽东一行人前往陈公馆去拜访陈立夫。可是刚巧陈立夫外出，这一次没有拜访成。9月18日，毛泽东去拜访陈立夫。陈立夫对这次突然来访不知所措，于是以体弱多病为理由，婉言谢绝了。两次都没有拜访成功，毛泽东并没有灰心，遂于9月20日第三次拜访了陈立夫。这一次，陈立夫对毛泽东的拜访已经有了心理准备。两人见面以后，先是寒暄了一阵子，之后毛泽东立即转入了正题：“立夫先生，还记得第一次国共合作的情景吧？那可是令我终生难忘啊。”

“毛先生，立夫早就有句话想跟你说。我认为，中国人应该信仰三民主义，只有三民主义才能救中国。马列主义是外来的，不符合中国的国情。”

毛泽东听罢一笑，说：“陈先生，我正想就这个问题向你求教呢。孙中山先生‘提倡联俄、联共、扶助农工’，所以我们才取得了第一次国共合作的胜利。而你们三民主义呢，却是反共、剿共、压制工农，千方百计置共产党于死地而后快。这难道是拯救中国吗？”

见毛泽东这么尖锐，陈立夫略显尴尬，他连忙说：“毛先生，你这可言重了吧？”

毛泽东此时立即收起笑容：“陈先生，恐怕言不为重吧。十年内战，你们对共产党进行了五次‘围剿’，迫使红军北上长征。但是不知你们想过没有，为什么共产党不但没有被消灭，反而发展壮大了……”

“所谓‘石头过刀，茅草过火’，厉害得很啦！我毛泽东被追得东奔西跑，好不难堪哟！——这段历史你经历了吧！”

“毛先生，抗日战争爆发，我们不是进行了第二次国共合作吗？”

毛泽东站了起来：“别忘了，是国民党的积极‘剿共’，才引进了日本帝国主义的侵略，并且差点导致亡国灭族之祸。难道这个教训还不够发人深省吗？”毛泽东继续说：“我们上山打游击，是国民党‘剿共’逼出来的，是逼上梁山。就像孙悟空大闹天宫，玉皇大帝封他为弼马温，孙悟空不服气，自己鉴定是齐天大圣。可是，你们却连弼马温也不给我们做，我们只好扛枪上山了。”“现在，又是个好机会，请国民党认清人心所向，不要重蹈覆辙。”

陈立夫明知毛泽东在批评国民党，对毛泽东坦荡的心怀，不敢怒又不敢言，内心慌乱无以措辞，只好说：“我对这一次的国共和谈一定尽心效力，一定尽心效力！”

在关系到中国两种命运、两个前途的关键时刻，毛泽东不顾个人安危，身系天下，以无产阶级革命家的宏伟气魄和胆略，深入虎穴，与敌周旋。不但向世人昭示了中国共产党争取和平民主的诚意，还让人们看到了中共领袖的“弥天大勇”和不凡的人格魅力。在与蒋介石及国民党各派人士的谈判及接触中，毛泽东高屋建瓴、坦荡潇洒、话锋机敏、谈古论今，使对手折服，朋友激动兴奋，人民深受鼓舞，充分显示了毛泽东战略家的深谋远虑和对敌斗争艺术的高超娴熟。

在重庆谈判期间，毛泽东送给柳亚子的一首诗引起了极大的社会轰动。

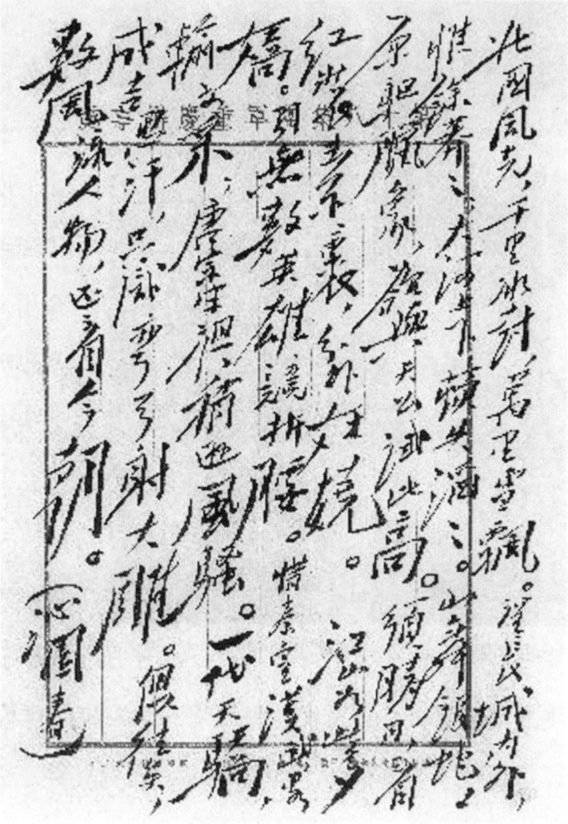
北国风光，千里冰封，万里雪飘。望长城内外，惟余莽莽；大河上下，顿失滔滔。山舞银蛇，原驰腊象，欲与天公试比高。须晴日，看红装素裹，分外妖娆。江山如此多娇，引无数英雄竞折腰。惜秦皇汉武，略输文采；唐宗宋祖，稍逊风骚。一代天骄，成吉思汗，只识弯弓射大雕。俱往矣，数风流人物，还看今朝。
沁园春

1945年，毛泽东给柳亚子书写的第一件《沁园春・雪》

柳亚子是毛泽东在第一次国共合作时结识的老朋友。他1887年出生于江苏吴江分湖之滨的一个世代耕读之家。1900年，他私撰《上清帝光绪万言书》，主张废黜西太后，支持光绪皇帝变法维新。1902年，考取秀才后到上海爱国学社读书，与“革命军中马前卒”邹容相交，在思想上完成了由维新到革命的飞跃。

1906年，柳亚子加入中国同盟会，秘密谒见了孙中山先生。1909年11月13日，他与陈去病、高天梅发起成立了中国近代史上第一个革命文学团体：南社。1923年，创建了新南社。

1924年，柳亚子加入了改组后的国民党，当选为中央监察委员会委员。“四一二”政变后，被通缉，他经上海东渡日本避难。1928年回国，进行反蒋活动。1948年元旦，他与宋庆龄、李济深等人创建了中国国民党革命委员会。他与毛泽东早在1926年5月就结下了深厚的友谊。1929年春，柳亚子写了《存殁口号六首》，每首怀念活着和死去的各一人，其中第一首写道：“神烈峰头墓草青，湖南赤帜正纵横。人间毁誉原休问，并世支那两列宁。”诗中“两列宁”原注“孙中山、毛润之”。

1949年8月，毛泽东和老朋友柳亚子在一起

1945年8月30日，刚到重庆不久，毛泽东就在重庆桂园寓所宴请柳亚子、沈钧儒等人。席间，柳亚子赠毛泽东七律一首："阔别羊城十九秋，重逢握手喜渝州，弥天大勇诚能格，遍地劳民战尚休。霖雨苍生新建国，云雷青史旧同舟。中山卡尔双源合，一笑昆仑顶上头。"9月2日，《新华日报》以"赠毛润之老友"为题，发表了这首诗。9月6日，毛泽东在周恩来、王若飞的陪同下，又到重庆沙坪坝南开学校津南村看望柳亚子。

柳亚子是年59岁，个子不高，白白胖胖，温文尔雅，说话口吃，诵诗时却流畅。他是一个胸无城府的直肠子，又是一个火暴暴的急性子。正如他自己所说："我的脾气太急，写字像冲锋一般，喜欢赤膊上阵，杀了一阵，胜败不问。"

毛、柳的共同话题很多，除往事、旧友外，还有他们酷爱的诗文、历史。每次见面或写信，柳亚子都要把自己的诗作朗读或抄录给毛泽东。毛称赞柳诗"慨当以慷，卑视陆游陈亮，读之使人感发兴起"，对自己的诗作却秘而不宣。虽然，在此之前他的《七律·长征》已流传于世间。柳亚子为完成亡友林庚白的《民国诗选》，想收录毛泽东的长征诗，10月2日这天向毛索句，看来也未达到目的。毛矜持地表示，"我只能读，不能作"。文史之外，他们最热烈的话题便是时局和政见了。

柳亚子激昂慷慨地陈述了他的某种"赤膊上阵"的主张，这已经不是第一次了，这天他还决然主张未来的联合政府应由毛泽东（而非蒋介石）来主持，并兴冲冲地即刻就要润之一起拟定联合政府的人选。毛泽东则娓娓而谈，大抵是开导他目前还未到具体解决的时候，前途是光明的，道路却是曲折的。这次谈话的效果很好。柳亚子回家后赋诗道：“得坐光风霁月中，矜平躁释百忧空。与君一席肺肝语，胜我十年萤雪功。”并再次向毛泽东索诗。10月7日，毛泽东将《沁园春·雪》题赠柳亚子，并附信说：“初到陕北看见大雪时，填过一首词，似与先生诗格略近，录呈审正。”

沁园春·雪

北国风光，千里冰封，万里雪飘。望长城内外，惟余莽莽；大河上下，顿失滔滔。山舞银蛇，原驰蜡象，欲与天公试比高。须晴日，看红装素裹，分外妖娆。

江山如此多娇，引无数英雄竞折腰，惜秦皇汉武，略输文采；唐宗宋祖，稍逊风骚。一代天骄，成吉思汗，只识弯弓射大雕。俱往矣，数风流人物，还看今朝。

词上阕前半部活画出北方全幅雪景。万里长城，滔滔黄河，群山高原，无不在万里冰封雪飘之下；后部却又一洗前部寒素冰冷之气，出之以生机盎然、灿烂辉煌的暖景，抒发胸中颠倒乾坤、豪情满盈的壮志，谓之亘古未有；下阕有横绝千古、傲睨八方之慨，绝无古人之悲观。这阕词即景抒情，融情景于一体，转接自然，于技法上说属一流，而其中境界尤为特异，开千古未有之新境。

得到毛泽东题赠的《沁园春·雪》后，柳亚子很快作出了和词《沁园春次韵和毛润之咏雪之作，不尽依原题意也》。10月下旬，柳亚子将毛泽东赠予自己的和词，在中苏文化协会举办的“柳诗尹（瘦石）画联展”上展出，并将两词送交《新华日报》，要求同时发表。大概是发表毛泽东的词需经本人同意的缘故，《新华日报》于11月11日单独刊出了柳亚子的和词。

毛泽东赴重庆，在当时引起了很大的轰动，他的文韬武略早已是举国景仰。在诗画联展上传出毛泽东有词《沁园春·雪》后，山城文化界纷纷流传开来，等到柳亚子的和词公开发表后，更多的人在打听原词《沁园春·雪》。重庆《新民报》当时的办报方针是“中间偏左”，事实上是十分倾向于进步的，从主笔赵超构到下面的编辑记者，倾向民主进步的人很多。此时，重庆《新民报·晚刊》的副刊《西方夜谭》，是由著名的剧作家吴祖光先生当编辑。在山城皆盼毛泽东原词的氛围下，吴祖光先生设法拿到了这首词的抄件，读后他深为欣赏，当即就在11月14日的副刊上予以公开发表，还加上了一段编者按语：“毛润之氏能诗词，似鲜为人知。客有抄得其沁园春咏雪一词者，风调独绝，文情并茂，而气魄之大，乃不可及。”在编者按之后，就是那首千古绝唱。

在当时的国统区，不要说毛泽东的诗词，平时就是他的名字，都是见不到的。这首词一发表，顿时在山城引起了巨大的轰动。一时间，人们争相传诵，好评如潮。郭沫若、王若飞的舅父黄齐先生等纷纷步原韵作《沁园春》。范文澜先生称该词“气魄的雄健奇伟，词句的深切精妙，不止苏辛低头，定评为词中第一首，就是三百篇以下各体诗歌如大雅大明诸篇，但与本篇相较短长，不免尚有逊色”。柳亚子将它称为“千古绝唱”，谓“虽东坡、幼安，犹瞠乎其后，更无论南唐小令、南宋慢词矣”。此前，为争取中国的和平民主，毛泽东不惜冒着生命危险亲赴重庆谈判，已经深深打动了社会各界。一阕《沁园春·雪》，又充分展示了毛泽东博大的胸襟和盖世的才华，进一步地征服了人心，使人们从毛泽东及其领导的共产党身上，更多地看到了中国的光明和希望。

在重庆，无人敢与毛泽东比诗。

毛泽东该词发表后，赢得广泛赞誉。流传极广，次韵相和者甚多。这首词在全国产生了轰动。

蒋介石也从报纸上读到了这首词，他不相信这是毛泽东填的词。尽管他不会填词，但凭着直觉，他品味到这是一首气势磅礴的好词，该词借古说今意境不俗。论武，蒋介石可跟毛泽东较量一番；论文，蒋介石怎能和毛泽东相提并论。

他找来了谋士陈布雷。这是一位替蒋介石起草文件的文人，有“国民党内第一笔”之称。他对中国诗词的了解要比蒋介石多得多。蒋介石问他：“布雷先生，你看毛泽东这首《沁园春》词是他作的吗？”尽管蒋介石希望陈布雷说出“不是”这二字，但是陈布雷是一个忠实于主人的文人，他觉得不能对蒋介石撒谎，于是他说：“是的。”回答使蒋介石感到失望。

蒋介石又问陈布雷：“你看毛泽东这首咏雪词如何？”陈回答：“气度非凡，气吞山河，可称当今诗词中难得的精品。至于对历史人物的评价嘛，因为是诗词，也只能这样说了。据我所知，毛泽东对中国古代文学和古代历史是非常精通的，填词作诗，算不得什么难事。”而蒋介石却说“我看他的词有帝王思想”，“他想复古，想效法唐宗宋祖，称王称霸”。“这个嘛，倒是有。”陈布雷小心地回答着。要“赶紧组织一批人写文章批判他！要让全国人民知道，毛泽东来重庆不是来和谈的，而是为称帝而来的”。一时间“批判”与“反批判”轰轰烈烈，卷起一场空前的文化风云。国民党宣传部门还搞了场“比诗”闹剧，意在弄出一首盖过《沁园春·雪》的词，然后以国民党领袖人物的名义发表。

《中央日报》、《和平日报》（原《扫荡报》）等，接连刊登词，词牌皆用《沁园春》，总是标明“步和润之兄”“次毛韵”，或者干脆标上“和毛泽东韵”。一名号称“三湘词人”的易君左写的《再谱〈沁园春〉》说：

异说纷纭，民命仍悬，国本仍飘。痛青春不再，人生落落；黄流已决，天浪滔滔。邀得邻翁，重联杯酒，斗角钩心意气高。刚停战，任开诚布信，难制妖娆。

朱门绣户藏娇，令瘦影婆娑弄午腰。欲乍长羽毛，便思扑蹴；欠贪廪粟，犹肆牢骚。放下屠刀，归还完璧，朽木何曾不可雕。吾老矣，祝诸君“前进”，一品当朝。

最后，由于始终拿不出像样的东西，国民党只好悻悻然收场。这一闹，倒是使毛泽东诗名大振，在国共两党领袖人物的竞争中，增加了文化人格的魅力。

直至1984年，从台湾出版的新书中，又透露了鲜为人知的当年秘闻：国民党曾暗中通知各地、各级组织，要求会写诗填词的国民党党员，每人“次毛韵”填一首或几首《沁园春》，以便从中选拔优秀之作，署以国民党高级领导人的名字发表，以求把毛泽东的《沁园春·雪》比下去！国民党出此下策，实在是迫于无奈。蒋介石手下武夫多，却选不出能与毛泽东匹敌的诗才。征集上来的词作虽多，奈何均为平庸之作，尽管后来他们又在重庆、上海拉了几位“高手”凑数，终因成绩平平，拿不出手。后来台湾一位叫孟绝子的政论家，在谈到这件事时，不留情面地说：“可惜，国民党徒虽多，但多的只是会抓人、关人、杀人、捞钱的特务贪官，是只会写写党八股的腐儒酸丁级的奴才文官和奴才学者。”结果“毛泽东级”的《沁园春》一直到逃离大陆时，国民党连一首还没有写出来。“比”又自取其辱，最后，国民党终于不得不使出他们惯用的无赖招数：造谣，说毛泽东是“草寇”“不学术”，他的《沁园春·雪》一词为柳亚子代笔等云云。40年后，台南神学院孟绝子从一位当年参与跟毛泽东“赛诗”的国民党要员那里得知内情，便写入他的《狗头·狗头·狗头税》一书。此书列入李敖主编的《万岁评论》丛书，于1984年出版。

8月28日晚饭后，毛泽东坐在桌前开始读报。周恩来征得毛泽东同意，前往桂园与张治中、邵力子等人商谈次日的谈判安排。王若飞以及随同而来的政治秘书胡乔木因另有公事，搭乘周恩来的车子，到了红岩八路军办事处。警卫队队长龙飞虎及警卫员陈龙、颜太龙、齐吉树则坐在毛泽东房间里擦拭随身携带的武器。

不一会儿，三个身穿国民党军服、全副武装的彪形大汉，径直推门走了进来。

在毛泽东的房里，龙飞虎、陈龙插在衣兜里的手，迅速扳开了机头。这时，对方一位军官模样人开口了：

“屋里只留下毛先生，其余的人请回避。”

龙飞虎等人根本不理睬他，站在毛泽东前面，仍是一动不动。正在双方相持不下的时候，仍旧坐在桌前的毛泽东慢悠悠地对几个警卫人员说：

“你们几个先到前面回避一下吧。我有事情，你们不必管我了！”

但几个警卫人员仍是犹豫不决，不愿离开。在毛泽东又一次示意下，他们才很不情愿、很不放心地来到前院的一个小走廊上。这里毕竟是蒋介石的老巢呀，到处是特务、宪兵，他们一个个紧握手枪，屏住呼吸，观察着事态的发展。

很快，庭院走廊上三步上岗五步一哨全布满了荷枪实弹的国民党士兵。就在这时，除了毛泽东房间的灯亮着外，其他的灯突然一下子全部熄灭了。

见此情景，从延安跟随毛泽东来重庆的齐吉树从兜里“唰”的一下掏出手枪，就要往毛泽东屋里冲。这时，在重庆已跟随周恩来数年、深谙敌情的警卫队队长龙飞虎用他那粗壮有力的胳膊把齐吉树摁住了，并说道：“老蒋又在演戏了！”

就在这时，只见一位肩披呢制黑披风、身穿国民党特级上将制服的人，在七八个人的前呼后拥下快步向毛泽东的房间走来。

“蒋介石来了！”龙飞虎说。

“哪一个？”

“中间那个。”

大约20分钟后，蒋介石从毛泽东的房间里走了出来，又在众人的簇拥下登上汽车，很快便消失在茫茫的夜幕之中。

毛泽东的警卫人员立即冲进了他的房间。

毛泽东放下手中的水杯，坦然一笑：“你们知道刚才是谁来了吗？是蒋介石探望我来了。说起来，我与蒋介石快有20年没见面了。”

“他们来那么多人，为什么让我们出去？”

“你们在这里，人家蒋介石不放心嘛！”毛泽东笑着回答，口气中有几分轻蔑。

从毛泽东房间里出来，几个警卫人员还在嘀咕刚才的事：“怪不得今天下午，他们三番五次地来人要求我们进行武器登记。原来，蒋介石是怕我们胡来，真是以小人之心度君子之腹！”

是夜8时，蒋介石在林园设宴招待中共代表。这是毛、蒋自1927年第一次国共合作破裂后的首次会面。宴会上双方频频举杯，相待以礼。席后蒋介石邀请毛泽东在林园过夜，他说：

“这里很安静，希望你能睡个好觉。”

林园是一个鬼斧神工的人间仙境，坐落在山城重庆西郊的歌乐山南麓。它是林森昔日的官邸；林园里四面青山，峰峦叠翠，曲径通幽。在林海深处，有一个圆形石桌。有趣的是，毛泽东来渝的第二天，便是在这张石桌旁与蒋介石拉开了谈判的序幕。这张石桌亦由此名留青史，被称为“谈判桌”。

8月28日晚，毛泽东没有睡好。

29日清晨，吹拂着千树百花的秋风，送来阵阵清香，风景独好的林园内，莺啼蝉叫，黄鹂鸣翠。

毛泽东打破了在延安时的工作与生活习惯，早早地起床了，到外面散步，呼吸着外面清新的空气，不时伸开双臂，舒展着身躯。

在曲径蜿蜒的林中小道上，齐吉树陪毛泽东漫步于楼旁的甬道上。

他们走出房门，顺着柏油马路下来，侧旁是一条长长的长满青苔的台阶，他拾级而上，缓缓前行，渐进林荫深处。

然而，他们突然站住了。透过茂密的枝叶隐隐约约看见一个人，而且这个人正朝着他们这边走来。

“蒋介石！”毛泽东有些意外。

重庆谈判时，毛泽东和蒋介石举杯共饮

蒋介石猛一抬头，躲闪不及地突然站住了。

真是狭路相逢！

“润之先生，你早上也有散步的习惯？”蒋介石一边支吾着，一边伸手指了指侧旁不远的那张圆形的石桌，“来，坐下谈，坐下说，好吗？”

这张石桌造得巧：直径不过两尺有余，似一巨蘑，连同四个圆柱形石凳嵌在林间一块空旷的石板上，三面嶙峋怪石围成了一个扇形。一垂蓬勃的枣枣兰置放在那露水未干的石凳上，这盆花好像有灵性，它端端正正的姿态、全神贯注的神情，仿佛只要二位要人同意，此时此地就可以拉开谈判的帷幕。

二人坐下后，开始了对话。

“润之先生，你怎么起得这样早哇？听说你有晚上办公的习惯，怎么，来这里不习惯？”蒋介石以兄长的语气，显得十分关心地对毛泽东说。

毛泽东面含微笑道：“岁月如逝水，有道是前30年睡不醒，后30年睡不着嘛！蒋委员长不知有没有这个体会？”

蒋介石一下子就感到毛泽东话锋的锐利，忙岔开话题：“嗯，嗯，润之来到这天府之国的雾都，感觉如何？”未等毛泽东回答，蒋介石接着说：“四川的土地肥沃得很哩！林森老先生生前对我说：在这里的任何一块土地上，就是插上一根龙头拐杖，来年也会生根发芽、开花结果的，林老先生十分钟情于这块土地，所以，死后就长眠于此间山水中，前年年底政府为林老先生举行了奉安典礼后，才将先生的梓棺由官邸大礼堂移入墓中的。润之如有兴趣余可陪你去那里看看……”

毛泽东明白这是蒋介石有意绕开正题，即答道：“小弟不敢有劳委员长大驾陪同，改日，余定要拜谒林主席之墓。林老先生在担任国民政府主席期间，对日态度强硬，力主抗战，深受国人爱戴。林主席去世时，我们曾发来了‘领导抗战，功在国家，溘闻逝世，痛悼同深’的唁电，以示对林主席的崇敬。”

毛泽东牵着话头，来个峰回路转，步步深入，使蒋介石提及往事，重温旧情。毛泽东趁机切入正题：“八年抗战，让我们坐在了一起，我想国共两党是否可能通过推心置腹的谈判，商讨出巩固而坚实的团结建国大计，从而像今天这样，殊途同归，不期而遇，不仅坐得下来，而且坐得下去呢！”

聊了一阵子，要进早餐了，他俩才从石凳上站起，道别。蒋介石笑笑，身体慢慢地站起来：“现在我们去用早餐，有什么话，早餐以后再说吧！”

两人顺着步梯缓缓而下，边走边谈。他们在此只是邂逅相逢，但它在历史上却能写上重重的一笔。作为“见证人”，石桌为他们提供了一个不大不小的唇枪舌剑的战场，一场具有历史意义的谈判竟然在这晨雾缭绕的林间敲响了锣鼓。

上午，毛泽东与周恩来、王若飞在桂园同张治中商谈谈判的内容和程序问题。下午，双方开始正式会谈。蒋介石摆出一副大家的风度。对毛泽东和周恩来说：“政府方面尚未提出具体方案，是为了表明政府对谈判并无一点成见，愿意听取中共方面的一切意见，希望中共本着精诚坦白之精神，提出自己的意见。”

毛泽东十分诚恳地表示自己的意见：“我们到这儿来，一句话，是为了和平，中共希望通过这次谈判，使内战真正结束，实现永久的和平。”

蒋介石不等毛泽东说完，就接上道：“中国没有内战。”

毛泽东毫不客气地批驳道：“要说中国没有内战，蒋主席恐怕是自欺欺人吧！”接着，毛泽东历数十年内战及抗战以来的大量事实，证明内战不但在中国存在，而且从未停止过。毛泽东说：“从‘九一八’事变以后，就产生了和平团结的需要。我们表示了，但是没有实现，到‘西安事变'以后，'七七'抗战以前才实现了。抗战八年，我们一再表示愿意谈判解决各种摩擦。"毛泽东对蒋介石"中国无内战"的论调严词批驳后，蒋介石在他当天的日记中万分沮丧地写道："脑筋深受刺激。"显然，蒋介石对自己三邀毛泽东弄巧成拙的举动，已是叫苦不迭、后悔不已。

在林森公馆里时，毛泽东吐烟时望着蒋介石摆手，立刻意识到：蒋介石是个烟酒不沾的人。于是，毛泽东默默地把手中燃着的香烟掐灭。以后，毛泽东在重庆的40多天里，在与蒋介石的多次交谈中，一直克制着没有抽烟。蒋介石也注意到了这个细节。事后，蒋介石曾对秘书陈布雷说："毛泽东此人不可轻视。他嗜烟如命，手执一缕，绵绵不断。但他知道我不吸烟后，在同我谈话期间，竟绝不抽一支。对他的决心和精神，不可小视。"

那天夜里，蒋介石在日记中写道："正午会谈对毛泽东应召来渝后之方针，决心诚挚待之。政治与军事应整个解决，但对政治之要求予以极度之宽容，而对军事则严格之统一不稍迁就。"蒋介石提及的"正午会谈"，是指那天中午他召集核心会议，商谈国共会谈的方针。

有一次，蒋介石向毛泽东提出了中共必须交出政权和军队，中国才有和平的底牌，然后大言不惭地说："和，就照这条件和；不然，请你回延安带兵来打。"

毛泽东微微一笑说："蒋先生，现在打，我实在打不过你，但我可以用对日敌之办法对你，你占点线，我占面，乡村包围城市，我们再周旋十年如何？"（中央重庆市委党史研究室，重庆市政协文史资料委员会，红岩革命纪念馆编：《重庆谈判纪实》，重庆出版社2016年版，第448页）

在最后一次蒋、毛会面时，蒋说："我们二人能合作，世界就好办；国共两党，不可缺一，党都有缺点，都有专长。我们都是五六十的人了，十年之内总要搞个名堂，否则对不起人民。"

毛谈起了土地问题，表示了对农村土地分配严重不公而迟迟得不到解决的忧虑。

蒋说：“很好，将来这些事情都交给你们来办，你们在这方面有经验。共产党最好不要搞军队，如你们专在政治上竞争，那你们就可以被接受。”

毛说：“我们完全赞成军队国家化，军队应变为国防军，只为国防服务，不为党派服务，党则全力办政治。解放区的努力应该承认，应该帮助。”

蒋悲观地说：“这些问题这次没有解决好。”

毛却不以为然：“我看很有收获，主要是方针，确定了和平建国的路线，我们拥护。”

经过曲折复杂的谈判，这个由周恩来起草的具有历史意义的文献《政府与中共代表会谈纪要》，终于在10月10日下午由双方代表签字、公布，和群众见面了。

重庆谈判的末期，协定的主要条款，已基本达成共识。于是，周恩来于9月底会见张治中说：“毛主席想早点回去，早点签订协议好不好？”

张治中问：“预定哪一天走？”周恩来回答：“预定10月1日。”稍停又说：“让毛主席一个人回去，我们可不放心啊。”张治中说：

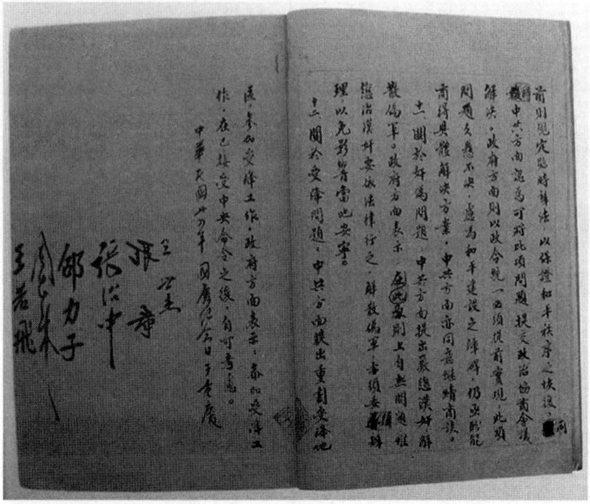

国共重庆谈判签订的《双十协定》

“我既然接毛先生来，当然要负责送他回去，但10月1日不行，我的活动很紧张，都安排了日程，要在10月10日后才行。”周恩来说：“好，我回去商量看。”10月8日上午，张治中通知周恩来：“蒋主席同意毛先生《纪要》签字后回延安，并用他的专机‘美龄’号送。”张治中还透露，蒋介石要他在《政府与中共代表会谈纪要》签字后即飞兰州去新疆迪化解决伊犁地区问题。周恩来觉得只派专机，如没有政府的人陪送，安全还是没有保障。他灵机一动，对张治中说：“那您能不能先送毛主席回延安，再飞兰州呢？”张治中说：“可以，但还要请示蒋主席。”当天下午，张治中就得到了蒋介石的批准：先送毛泽东回延安，再飞往兰州。毛泽东回延安的日期也随即商定：10月11日乘机返回。

10月11日上午9时许，毛泽东在经历了43个日日夜夜后，在张治中和周恩来、王若飞陪同下从桂园前往机场。临行前，他同桂园的工作人员和担任守卫的国民党宪兵都热情地一一握手告别，向他们表示谢意。到机场后，他又同前来送行的蒋介石的代表陈诚以及其他友好人士握手道别，然后偕同张治中、王若飞登上一架草绿色的双引擎C 47 型运输机。经过近4个小时的飞行，在下午1时30分回到延安。

张治中之所以亲自护送，还是为了保证毛泽东的安全。据阎锡山当时的机要秘书日后回忆，当时他的确看到一封要谋杀毛泽东的电报，后因有张治中陪同，不能下手。在旅途中，毛泽东对张治中说：“我在重庆调查了一下，大家都说你能做到民主领导，也不弄钱，而且你为和平奔走是有诚意的。”张问：“何以见得？”毛说：“你把《扫荡报》改为《和平日报》就是一个例子。《扫荡报》是江西围攻我们时候的报纸，你要改名字，一定会有些人不赞成。”张治中闻言深感安慰。

飞机上天后，周恩来还不放心，他指示工作人员立即赶回红岩，要求电台一直保持同延安台的联络。下午1时半，红岩电台收到延安急电，当周恩来看到“毛主席已安全返延”几个字后，心中的一块石头总算落了地，才安心地去睡觉。

1945年毛泽东在延安机场

10月17日，毛泽东在延安干部会上作了《关于重庆谈判》的报告。他说：“这次谈判是有收获的。国民党承认了和平团结的方针和人民的某些民主权利，承认了避免内战，两党和平合作建设新中国。”他同时也指出：“还有没有达成协议的。解放区的问题没有解决，军队的问题实际上也没有解决。已经达成的协议，还只是纸上的东西。纸上的东西并不等于现实的东西。事实证明，要把它变成现实的东西，还要经过很大的努力。”但不管怎样，“谈判的结果，国民党承认了和平团结的方针。这样很好。国民党再发动内战，他们在全国和全世界面前输了理，我们就更有理由采取自卫战争，粉碎他们的进攻”。他十分明确地告诉大家：“成立了《双十协定》以后，我们的任务就是坚持这个协定，要国民党兑现。”目前，蒋介石正在部署进攻解放区，“中国的问题是复杂的，我们的脑子也要复杂一点。人家打来了，我们就打，打是为了争取和平。不给敢于进攻解放区的反动派很大的打击，和平是不会来的”。“在半年左右的时间内，局势还会是动荡不定的。我们要加倍地努力，争取局势的发展有利于全国人民。”

1945年毛泽东在延安

三　百折不挠的开拓精神

毛泽东是一位坚定的马克思主义者。他具有顽强的开拓进取精神，他不拘泥于马克思主义的教条，而是实事求是，把马列主义的普遍真理与中国革命的具体实践相结合，敢于走前人没有走过的路，敢于做前人没有做过的事，勇于开拓，善于创新，不断解决中国革命和建设中的新问题，并及时总结创造出新的革命经验来。

敢于反潮流，在逆境中意志弥坚

毛泽东提倡要有敢于“反潮流”的精神，他说，有时候真理往往在少数人的手里。为了坚持真理，毛泽东不怕一时的“孤立”，绝不随波逐流。在坚持中积极做工作，在忍耐中等待，用事实来帮助同志分清是非，改正错误，回到正确的方面来。

在如何建军的问题上，毛泽东的正确主张曾一度没被一些领导者认同，但他不为别人的反对所动，经过不懈努力，他的主张终于得到了多数人的赞同与支持，召开了古田会议，从而确立了党指挥枪的建军原则。

“风云突变，军阀重开战。洒向人间都是怨，一枕黄粱再现。红旗跃过汀江，直下龙岩上杭。收拾金瓯一片，分田分地真忙。”1929年3月和5月，红四军两度由赣入闽，开辟了闽西革命根据地，星星之火已经燎原。

6月19日，红四军第三次攻占龙岩城。龙岩城是一座建于唐开元二十四年（736）的古老山城。城中有所公民小学。校园内有一古色古香、类似小戏院的建筑，名叫“兴学祠”，据说它是过去龙岩县秀才会考的场所。

6月22日，正是农历“夏至”。闽西的龙岩县城，这一天既闷又热，让人觉得有些心烦。下午，“兴学祠”内坐满了人。他们在召开中国共产党红军第四军第七次代表大会。

这是一间不算很宽的厅堂。正面墙上只贴有一幅红纸写的会标。一张油漆斑驳的八仙桌放在那里，桌上放着几个蓝花瓷碗和一个盛着开水的白瓷茶壶。这就算大会的主席台。

大会的主持者是陈毅。

参加会议的代表有40多人。除红四军前委委员和全军大队以上的党代表到会外，还来了一些军事干部和士兵代表。尽管没有规定座位，随到随坐，不拘形式，还是可以看出代表中间意见分歧很大，情绪对立。代表尚未到齐，大会还未开始，有些代表互相间就争论起来。会场内一片嘈杂。

听着会场这些激烈而又杂乱的争论，毛泽东一声不吭，只是不停地吞云吐雾。

红四军召开这次党代会，为的是要解决四军党内军内发生的分歧和争论。

毛泽东自1927年10月率领秋收起义部队上井冈山之后，就非常注意用无产阶级的思想指导红军的建设和根据地党的建设。他为红军规定了打仗消灭敌人、打土豪筹款子和宣传群众、组织群众、武装群众三大任务，还提出了“三条纪律，六项注意”，要求部队严格执行。他的目的，就是要将红军建设成为一个执行革命的政治任务的武装集团，要使红军置于党的绝对领导之下。

可是，红四军是一支由多种成分和来源组成的部队，各种非无产阶级思想都存在。有些人习惯于按旧军队那一套去管理部队。对毛泽东提出的主张和做法，总是不能自觉执行。这些人认为，军队就只管打仗，什么发动群众建立根据地等，是地方党组织的事；对部队中发生的违犯纪律的现象，要么不管，要么就是打屁股关禁闭。还有一些人，热衷于“走州过府”，“流动游击”，打大城市；而不愿做建立和巩固根据地的艰苦的工作。

对于这些不正确的思想，在井冈山时毛泽东就经常提出批评，也收到一些成效，但问题远没有解决。

1929年1月14日，为打破湘赣两省国民党军队对井冈山根据地的“会剿”，根据前委和中共湘赣边界特委柏露会议决定，毛泽东和朱德、陈毅一起，率红四军3600余人，从井冈山突围，顶风冒雪向赣南进军，打算在赣南吸引围山敌军，解除井冈山之围，然后返回井冈山去。

不料1月24日在大余县城，遭尾追而来的国民党军李文彬旅偷袭，二十八团未顶住敌人，战斗失败，该团党代表何挺颖负重伤，特务营营长何威等牺牲。全军仓促撤出大余城，互相间失去联络。部队在冰天雪地中被尾追的国民党军撵得粮弹告罄，处境困难。

1月30日，为解决给养，部队又前往攻打安远县城，差点陷入敌军合围之中，幸得地方党送来的情报，才免遭厄运。

然后，部队又从安远转入寻乌。2月2日凌晨，军部在圳下村又遭追敌刘士毅部袭击。毛泽东侥幸脱险；朱德、陈毅差点被俘；毛泽东小弟毛泽覃负重伤，部队陷入更大的困境。

2月3日，到了寻乌的罗福嶂山区。前委召开扩大会议，根据毛泽东提议，决定部队朝吉安、东固前进，那里有江西地方红军部队，先找个落脚之地，再谋解除井冈山包围良策。部队忍饥挨冻，经武干、会昌、瑞金，朝东固疾进。

2月10日，农历除夕。部队被追敌刘士毅部撵到了瑞金大柏地。全军上下忍无可忍，求战心切。毛泽东和朱德精心部署，设下埋伏，终于打了下井冈山以来的第一个胜仗，消灭敌人800多人，缴枪200多支。部队这才摆脱被动境况，13日进占宁都城，筹得现款5000余元和一批物资，并由宁都党组织领导人引路，经宁都、黄陂、小布，到永丰县的龙冈，会着了江西红军独立第二团团长兼党代表李文林。17日到东固南垄，受到东固根据地领导人曾炳春等的迎接，接着与江西红军独立第二、四团在东固罗坑胜利会师。

红四军原本想再回井冈山。但此时传来了井冈山失守的消息。吉安和赣南的敌军又分别从北、南两个方向朝东固压来。部队元气尚未恢复，东固不宜久留，毛泽东、朱德、陈毅等决定率军东进入闽，3月13日至14日在长汀南部长岭寨消灭闽西军阀郭凤鸣旅，进占长汀城，在此工作、休整了半个月。

4月1日，彭德怀率从井冈山突围出来的红五军到达瑞金。红四军离开长汀，返回瑞金，与彭德怀会合。4月8日，红四、五两军到于都。前委在瑞金和于都先后召开扩大会议，作出“一年争取江西”的计划和行动部署。会后彭德怀率红五军打回井冈山，恢复湘赣边界割据区域；毛泽东率红四军三纵队从于都到兴国游击，朱德率一、二纵队从于都向宁都前进。29日，全军3个纵队会合，打下宁都城，消灭了守敌赖世琮团。

这三四个月的游击生活，军情紧迫，环境艰苦，大家都集中精力应付恶劣环境，较少顾及其他。各种非无产阶级思想如单纯军事观点、极端民主化、非组织观点、绝对平均主义、主观主义、个人主义和流寇思想、盲动主义残余等抬头，严重影响部队的战斗力。毛泽东认为，问题的关键在于用什么思想去建设一支无产阶级的军队。

刘安恭的到来，使问题变得复杂严重起来。

刘安恭是四川人，早年曾入云南讲武堂，还到德国留学。回国后在四川省当过邮政局局长。后来，他加入了共产党，并被派往苏联学习军事。1929年春，他回到国内，由中央派到江西，5月初来到宁都红四军军部。

毛泽东此时任前委书记、军党代表和政治部主任，忙得不可开交。那时，对从苏联留学回国的人，都很推崇。前委很快任命刘安恭接替毛泽东，担任军政治部主任。

5月19日，全军应中共闽西临时特委之请，第二次来到闽西。这时，闽西革命形势发展很快，红四军人员也迅速增多，前委既要管军队，又要管地方，感到兼顾不过来。于是，又决定恢复2月初在罗福嶂会议上已撤销的中共红四军军委，指定刘安恭任临时军委书记。毛泽东本希望临时军委能更好地协助前委，加强党对红军的领导。可刘安恭主持召开临时军委会议作出的第一个决议，就是限制前委权力，规定前委以后只管红四军的作战行动方针，不要过问红四军的其他问题。

消息传到毛泽东那里，毛泽东感到惊讶。中共红四军前敌委员会是根据中共中央1928年6月4日给前委指示信成立的。中央在信中说得很明白：前委代表中央领导红四军和割据地区的一切工作，是红四军和所到地方党的最高指导机关。前委不管军队，就被架空了。但临时军委的决定已成事实，这使毛泽东难以开展工作，并且在领导干部中造成了意见分歧。

刚好这时，中央在2月7日发出的给毛泽东、朱德和红四军前委的信在军中传达。这封信对形势的估计比较悲观，在红四军中造成了不好的影响。使全军党内军内原有的各种非无产阶级思想急剧泛滥起来，有些人甚至对党代表制度和党对军队的绝对领导等问题，也产生怀疑和动摇："现在党太管事了，一切经过党的组织，难道动一支枪、一粒子弹，也要问过党吗？"有的人责问说。

还有的讥讽："党管一切，难道屙屎屙尿也要管吗？""连队党支部只管教育同志，别的事就不要管了。军队嘛还是要军官说了算！"有的党代表也说出了这样的话。

"还是要规定政治部对内，司令部对外！"

一些原来在井冈山时期就已形成的好作风和制度，如各级都建立宣传队、设置宣传兵、加强党的政治宣传，等等，都被否定，认为宣传兵是"吃闲饭的"。

毛泽东感到问题越来越严重。他认为争论虽然集中在要不要设军委，实质是党要不要领导军队，怎样来领导军队，是一个事关重大的原则争论。

这段时间，红四军连续攻占龙岩、永定县城。尽管每日行军打仗，毛泽东还是利用空隙时间召开了前委扩大会议，会上意见都不能统一，这使毛泽东焦躁不安。加上初到闽西，饮食口味与江西、湖南大不一样，到处找不到辣椒。几天来他食不甘味，睡不着觉，有时只好冲着警卫班发无名火。

红四军军部旧址——中兴堂

6月3日，红四军第二次攻占龙岩城。7日，又在上杭县白沙歼灭了敌卢新铭旅、钟铭清团100多人。毛泽东决定8日下午在白沙再次召开前委扩大会。

8日中午时分，林彪匆匆赶到前委驻地，将一封信交给前委秘书长江华，要江华转交给毛泽东。毛泽东拆信一看，内容是支持他与军内错误思想作坚决斗争。

下午召开的前委扩大会，共有41人参加。

毛泽东“咝咝”地吸了两口烟，环视了一下会场，宣布开会，告诉大家他有个书面意见，请江华给大家念念。

书面意见列举了红四军党内存在的主要问题，主要是：前委、军委呈分权现象，前委不好放手工作，但领导责任又要担负，陷于不生不死的状态；根本分歧在前委和军委；反对党管一切，反对一切归支部，反对党员的个人自由受限制，要求党员有相当自由；对于决议案没有服从的诚意，讨论时不充分发表意见，决议形成后又要反对，并把责任推给前委书记一人，因此，前委在组织上的指导原则发生问题，民主集中制执行不了。这个问题同时成了全党的问题。

江华念完后，毛泽东接着说，他的意见是否正确，大家可以讨论。他认为军委应该撤销，还是要集中权力于前委。

毛泽东话音未落，刘安恭立即发言反对。

毛泽东坚持自己的观点，进一步指出：不能因为要成立军委而与前委分权，攻击前委以至支部，削弱党的领导。军委前委分权形式所以不能存在，理由就在这里。

最后，毛泽东表示：我不能担负这种不生不死的责任，请求前委马上调换书记，让我离开前委。

刘安恭指责毛泽东，说他喜欢自创原则，不服从中央，建议用选举的办法选举前委，前委书记和军委书记可轮流担任。

刘安恭的建议得到一些人赞成。陈毅反对，他劝毛泽东不要辞职，建议对设不设军委问题举手表决。

陈毅的建议获得通过。结果以36票赞成、5票反对，通过了取消军委的决定。

军委是撤销了，可党内争论的各种问题却没有解决。毛泽东执意不肯收回辞职的请求，大家只好推荐陈毅代理前委书记。

当晚，毛泽东躺在床上辗转反侧，彻夜未眠。他提出辞职，并非负气，实是希望通过这一举动来促使同志们警醒。他相信，正确的思想和主张，最终是会被同志们接受的。

但事情的发展，并非如毛泽东设想的那样简单。

前委白沙会议后，红四军党内军内，上上下下，议论纷纷。刘安恭被解除临时军委书记和军政治部主任职务之后，更是不服气。

毛泽东虽已辞职，却一直在为解决争论、纠正党内各种非无产阶级思想而焦急思虑。他决定以给林彪复信的形式，再次详细陈述自己的想法。

信是6月14日写的。他在信中将党内军内的争论，归纳为个人领导与党的领导，军事观点与政治观点；小团体主义与反小团体主义；流寇思想；罗霄山脉中段政权问题；地方武装问题；城市政策与红四军军纪问题；对时局的估量；湘南之失败；科学化、规范化问题；四军军事技术问题；形式主义与需要主义；分散主义与集权；其他腐败思想等14个问题。并指出："个人领导与党的领导这是四军党的主要问题"，"是四军历史问题的总线索"。

对于发生这次争论的原因，他认为，首先在于"四军党内显然有一种建立于农民、游民小资产阶级之上的不正确思想；此外，还有一些同志的个人主义和小团体主义及单纯军事观点又抬头了；中央派来的个别同志不察实际情况，硬搬教条"。总之，这次争论是"少数同志们历来错误路线的结果，两个指导路线的最后斗争"。他说自己"请求离开前委，并不是消极，不参加这种斗争"，"我没有离开一天，仍旧可以随大家作思想奋斗一天"。

毛泽东给林彪的复信，刊登在《前委通讯》第三期上，引起了更广泛、激烈的争论，然而毛泽东的意见并没有为大多数人接受。

6月17日晚上。前委在小池开会，研究第三次攻打龙岩的作战部署，准备彻底消灭驻龙岩城的敌陈国辉旅。这是一次重要的军事会议，毛泽东虽然辞去了前委书记的职务，但还是红四军的党代表，这么重要的会议，却没有通知他参加。

前委还决定：攻打龙岩时毛泽东以及前委、政治部的工作人员统统随四纵队七支队行动。

七支队是几天前在新泉刚由闽西地方武装组建的，战斗力弱。支队长张鼎丞，永定金沙人，一年前领导了著名的永定金沙农民暴动，是闽西革命斗争的领袖人物。在成立永定县革命委员会时，毛泽东提议由张鼎丞任主席。

19日中午时分，红四军第三次攻入龙岩城内。

毛泽东入城时，中共闽西临时特委书记邓子恢已在城门口迎接。邓子恢是龙岩人，老家离这龙岩城只有40多里路。他早年留学日本，后辍学回国，到堂兄在江西崇义杰坝圩开设的杂货铺当店员。1926年冬，他在江西崇义县加入中国共产党。大革命失败后，他遭到崇义国民党右派追捕，逃回龙岩，一年前领导了龙岩后田农民暴动，和张鼎丞、郭滴人等一起，成了闽西地方的革命领袖。一个多月前，毛泽东就是接到了他写给前委的信，了解到闽西敌军兵力空虚，才决定率红四军第二次入闽，开辟闽西的割据局面。5月23日，在永定的龙门圩，毛泽东第一次见到邓子恢，发现此人是个“闽西通”，此次三打龙岩，邓子恢与朱德、陈毅等一起指挥部队攻入城内。战斗一结束，他就赶来迎接毛泽东入城。

邓子恢告诉毛泽东，陈毅和四军政治部安排驻在县城公民小学；朱军长和司令部一起，驻在中山公园旁的县图书馆内。

毛泽东由邓子恢安排住到了公民小学附近的新邱厝。

当日下午，陈毅在公民小学“兴学祠”主持召开前委扩大会，研究了在龙岩城召开群众大会庆祝胜利、成立龙岩县革命委员会的有关事项，接着研究了全军休整、四纵队整编以及各纵队分兵做群众工作区域的分配。

毛泽东在会上提议：现在陈国辉部已被消灭，闽西局面初步稳定，当务之急是要利用这个机会，召开全军第七次党代表大会，讨论争论的问题，统一思想认识，以迎接新的战斗。

对这个提议，大家都赞同。经过讨论，推选陈毅主持大会并代表前委作政治报告。

对四军领导人的争论，陈毅当时并没有从原则的高度去认识。他认为争论各方各有道理，也各有缺点错误。双方都克服各自的缺点、毛病就行了。

毛泽东可不同意这种做法，曾几次找陈毅谈话，反复向他说明自己的想法，希望陈毅按自己的思路去准备大会的报告和决议案。他主张前委内部对大会报告要先有个较为统一的认识，再提交给大家讨论。

就这样，在一片争论声中选择公民小学的“兴学祠”召开了这次党代会，通过了《红军第四军第七次代表大会决议案》。

决议案列出了四军党内军内长期争论不休或看法不一致的12个问题。认为这次争论的主要原因是小资产阶级成分出身的党员居多，因而使党内各种非无产阶级思想泛滥。这次争论的性质是一场带原则性的争论。

陈毅后来曾说，他是对争论的双方“各打五十大板”。

晚上，大会继续进行。

先讨论毛泽东和朱德的去留问题。中共中央在2月7日致红四军前委的信中，认为革命处于低潮时期，朱、毛留在军中目标大，要求朱、毛都离开红四军到中央工作。在中央未派人来以前，两人继续在四军工作。

接下来选举前委成员。

有人提出：毛泽东的前委书记是中央指定的，前委委员也是中央批准的，不经中央同意，擅自改选前委，不合组织原则。

有些人不听这一套，坚持举手表决，进行选举。当时前委委员有陈毅、林彪、刘安恭、伍中豪、傅柏翠五人，还有一、二、三、四纵队各选士兵代表一人，加上朱、毛和赣南、闽西地方党组织主要负责人，共为13人。

前委书记选不选？多数人主张要选。提名有毛泽东、朱德、陈毅。表决结果，陈毅当选为前委书记。

七大开完了，前委同意毛泽东去地方工作、养病，他暂时离开了红四军领导岗位。

会后，毛泽东在龙岩城一个邱厝住了半个多月。这座房子是龙岩巨商邱洽子于1904年修建的，名叫“新邱厝”。在这前面还有一幢“老邱厝”。在这新老邱厝周围，总共建起20多幢各姓宗祠。相传，龙岩城原来地形似头牛，城北小山名“洲龙岽顶”，是牛身；新老邱厝这地方是牛脖，地形特好，所以属内各大姓争相在此修建祠堂；供奉祖宗牌位，以图吉利；明朝有一位叫曹胤的知县，上任后发现这座“牛形”城要出状元。他生怕影响自己升迁，便挖空心思，在城中挖了一口“四眼井”，让它陷住牛的四个蹄子；又在城外龙津河边建了一座“挺秀塔”，像根系牛桩，将牛系在河边；在城北的松涛山顶建了一座亭子，名“最高亭”，让亭遮住牛身。这样就把“龙牛”牢牢系在龙津河边，不死不活，又出不了状元。

毛泽东在这里作了不少调查研究。在邓子恢协助下，请了龙岩城内城外的一些农民、店员、裁缝、无业游民以及革命的积极分子，到新邱厝来开座谈会。他详细了解了闽西各方面的情况，为参加即将召开的中共闽西一大作准备。

他还协助张鼎丞和傅柏翠对红四军第四纵队进行整训。

1929年毛泽东住过的龙岩城新邱厝

傅柏翠是上杭蛟洋人，1928年6月入党，原先担任闽西红军第五十九团团长。闽西地方武装合编为红四军四纵队时，傅又担任了四纵队司令员。这次红四军七大，他还被选为前委委员。毛泽东在红四军第二次入闽后的第二天，即5月21日，就和傅柏翠认识了。

七大召开以后，红四军在龙岩城休整了十几天。7月上旬，新的前委决定，红四军四个纵队全部出动，分兵发动群众，扩大红色区域。陈毅、朱德率红四军军部离开龙岩，移驻连城新泉。

7月8日，毛泽东、贺子珍和蔡协民、曾志、江华以及谭震林等人由邓子恢陪同离开龙岩城，前往上杭蛟洋，参加就要召开的中国共产党闽西区第一次代表大会。

此行，毛泽东的身份是红四军前委代表，蔡协民、曾志夫妇以及江华三人，被派到闽西特委工作，谭震林去四纵队任政治部主任。

他们一行天未亮就离开了龙岩城，行前，毛泽东把心爱的一匹土黄色骏马留下交给军部。

这匹土黄马原是闽西土著军阀、福建省防军第一混成旅旅长郭凤鸣的坐骑。1929年3月13日，红四军从瑞金壬田翻越武夷山，东入长汀南部的四都。郭凤鸣的旅部设在长汀城里，忽报红军到来，郭凤鸣丢下烟枪，连忙上马，率部出城迎战。土黄马刚走到城西南的宝珠楼城门口，突然前蹄腾空，昂首嘶鸣，任凭郭凤鸣怎么鞭抽脚蹬，就是不肯出城门。随从和马弁看到这情景，都认为出师不吉利，劝郭凤鸣另作迎战部署。心急火燎的郭凤鸣不听劝阻，弃马乘轿，急急赶往汀南四都。

果不其然，当日下午渔溪一战，郭凤鸣半个团被红军歼灭。14日上午长岭寨又一战，郭部2000多人又被红军消灭了。郭凤鸣自己左腿中弹，由马弁护着逃到牛斗头村的栗树园厕所内躲藏，被打扫战场的红二十八团连长王良打死，他的坐骑也被红军缴获。

谁知这匹马剽悍暴烈，军部那么多人都没有将它驯服，一跨上马背它就狂奔乱跳，还摔伤好几人。众人一怒之下，准备宰了它。刚要动手，土黄马震人心魄地“咴儿咴儿”嘶鸣起来。

正在“辛耕别墅”阅读《汀州府志》的毛泽东，忽听屋外人喊马叫，出来观看，发现人们正要杀马，连忙制止：“战马难得，且慢动手！”

说完，他上前在马背上拍了几下。说来奇怪，暴烈的土黄马像是见到了久别的主人，低头挨近毛泽东，显得非常温驯。

毛泽东解下缰绳，翻身上马。土黄马竟然不叫不跳，驯服地踏着小步，转起圈来。半年多来，毛泽东骑着土黄马转战赣南、闽西，相互间建立了深厚的感情。这次离开四军前委，他想到部队马少，自己到地方工作没马也行，准备上交。临离别时，他抓起一把草料喂到土黄马嘴里，久久地抚摸着马鬃，与它告别。

蛟洋位于上杭县东北，时为上杭北四区。著名的“文昌阁”就建在村子里。此阁落成于清乾隆十九年，建筑结构独特：外观六层，里面实为四层，虽斗拱飞檐，却不用柱子榫头，悬柱而立。加上红窗白墙，青山掩映，风景格外别致。

中共闽西一大就在文昌阁召开。

出席这次大会的代表共有50多人，都已陆续到达。毛泽东建议：会议推迟召开，让代表们回去，用一个礼拜的时间，对本地的土地、政治、党务、武装群众与政治组织、物价、洋货侵入与工农业破产等情况，作一详细调查，然后再向大会逐项报告，在此基础上制定指导闽西革命斗争的各项方针政策。邓子恢和张鼎丞、傅柏翠等都同意毛泽东的意见。代表们经过解释，也赶回去做这项工作。

7月22日上午，中共闽西一大在文昌阁二楼正式召开。毛泽东和蔡协民等人由邓子恢陪同在主席台就座。邓子恢将他们一一向大家介绍，当介绍到毛泽东时，他说："这位红四军党代表毛泽东同志，就是猪（朱）毛的毛。反动派天天喊打倒'朱毛'，以为'朱毛'是一个人。其实，朱是朱，毛是毛。毛党代表不是到这里来了嘛！"这风趣的介绍，引得大家哈哈大笑。

在一片热烈的掌声中，毛泽东给到会代表讲话。他说："在井冈山的时候，我们只知道井冈山很好，不知道赣南、闽西是个什么样子，真有点像'井蛙观天'。何键和鲁涤平把我们从井冈山撵了下来，迫使红四军到赣南闽西转了一圈。这一转我们发现除了井冈山，还有个赣南，还有个闽西，革命的基础和条件这么好，我们的眼界一下子开阔啦。在江西东固有个红二团，还有个红四团。他们共有1000多人，七八百条枪，战斗力很强。红四军与他们会师时，我说他们是'钢军'。所以，3月20日我们在汀州'辛耕别墅'召开前委扩大会，决定红四军不走了，就在闽粤赣边界游击，建立割据区域，4月5日还在瑞金写信给中央，正式向中央提出与国民党争夺江西、福建和浙江的建议，后来在于都又作出了'一年争取江西'的计划。现在，我们已经消灭了闽西的两个土霸郭凤鸣和陈国辉，闽西的割据局面初步形成。这是闽西党和工农群众努力奋斗的结果。闽西党今后的基本任务，就是巩固和发展闽西红色区域。"

毛泽东指出，闽西红色区域的巩固，有六个好条件：闽西根据地已有80万群众，经过长期斗争，而且发动起来了；各县有了共产党，这个党与群众建立了亲密的联系；各县已建立了红军和赤卫队；粮食可以自

中共闽西一大会议会址——文昌阁

给；根据地处于闽、粤、赣三省边沿，山岭重叠，地形险阻，便于与敌人作战；这里敌人内部有矛盾，可以利用。

到会的代表都感到惊讶，毛党代表对闽西的情况何以这么熟悉和了解？

在毛泽东的具体指导下，代表们认真地讨论通过了政治、土地、政权等决议案，使之成为闽西今后革命斗争的行动纲领。

大会没有开完，毛泽东就病了。他在离开龙岩前夕，身体就不太好，得了疟疾，时冷时热，时好时坏，经诊治稍有好转，就来到了蛟洋。不料这次发作病得厉害，连续几天寒热不止，饭也吃得很少，他只好中途退出大会，住在文昌阁休息治疗。

这时，闽、粤、赣三省国民党军队14个团2万余兵力，向闽西发动“三省会剿”。7月29日，陈毅和朱德赶往蛟洋，召开前委紧急会议，研究应敌方案。此前，前委还接到中央来信，信中要求红四军派一二名得力同志赴上海向中央报告情况。陈毅先找到毛泽东，转达了中央的意思，并说他准备到上海去一趟。毛泽东听后说：“你可以去，我赞成你去，你把四军的详细情况向中央反映一下，有好处。”

陈毅请毛泽东回前委主持工作。毛泽东面有难色地回答：七次大会那个和稀泥的做法，我不能同意。是非没有分清，问题没有解决，难以开展工作，我不能随随便便就回去。

毛泽东强支病体参加了前委紧急会议，对粉碎敌军“三省会剿”提出了建议。陈毅马上就要走，前委只好指定朱德代理前委书记。

8月2日，朱德根据前委决定，率红四军二、三纵队从龙岩白沙出发，向敌人力量薄弱的宁洋县城出击，离开了闽西，一纵队和四纵队留在闽西根据地，以支队为单位分散活动，对外以闽西地方赤卫队番号出现，林彪化名“陈韶”，以缩小目标。

陈毅也于8月初由闽西特委书记邓子恢陪同，经上杭、龙岩，前往厦门转赴上海。

毛泽东和贺子珍由闽西特委派人带路，从蛟洋移住苏家坡。

苏家坡坐落于深山幽谷之中，离龙岩城只有一天路程，又是敌军“三省会剿”进攻的重点地区，不是久留之地。林彪、傅柏翠与特委的同志商定：让毛泽东化名装扮成“教书先生”，转移到永定的偏远深山中隐蔽起来，继续治病休养。

为了保密，毛泽东化名“杨子任”。这个名字是毛泽东在长沙读书时用过的笔名。“子任”，即润之的谐音，至于为什么姓“杨”，大概是与杨开慧有关。

当年2月初，红四军军部在寻乌圳下遇险后，第二天在罗福嶂召开的前委扩大会议上，曾决定兵分两路，分别由朱、毛带领活动，还决定万一队伍被打散失败，领导人就潜往上海，化名登报联络。朱德化名王楷，毛泽东当时用的化名，也是“杨子任”。

从1929年8月上旬开始，在上杭、永定的偏僻山村之中，便出现了一个身染重病、携夫人同行的红军教师“杨先生”。闽西客家口音“子任”与“主任”谐音，因而不少人又称他为“杨主任”。

毛泽东和贺子珍只在苏家坡村住了一晚。第二天，苏家坡村苏维埃政府就派出几名赤卫队员，用担架抬着他到了上杭的大洋坝，住在村中的“养正斋”。贺子珍一路同行。

林彪的纵队部就在大洋坝。他派出第二支队党代表粟裕率领一个大队，护送毛泽东去永定，并要粟裕绝对保证毛泽东的安全。

粟裕带着部队用担架抬着毛泽东，第二天从大洋坝出发，越过30多里山路，赶到永定县的虎岗。几经辗转，8月21日转移到永定县城东面60里的岐岭乡“牛牯扑”。

金丰大山一角

"牛牯扑"是永定金丰大山的一个深山沟，只住有赤卫队员陈添裕一户人家。陈添裕20岁出头，憨厚老实。他在这深山沟里筑了一座两层土楼，取名"华兴楼"。毛泽东和贺子珍就住在这土楼里。

永定土楼，别具特色。它用黏土筑墙，墙厚二三尺，一般呈"凹"字形或像封闭的四合院，还有的呈圆圈形。土楼有的四五层，有的二三层，青瓦盖顶，远看似座座城堡。每座土楼，都起有一雅致的楼名，诸如"华兴楼""师俭楼""远望楼"之类。

按照林彪的交代，粟裕所率大队就在永定活动。闽西特委和永定县委还要卢其中带着两个中队赤卫队前来牛牯扑，协助粟裕负责毛泽东的安全。卢其中是本乡陈东坑人，1927年8月入党，1928年11月开始就担任金丰游击队队长，最近又被选为中共闽西特委青年委员，对当地地理民情非常熟悉。

卢其中还遵照张鼎丞和永定县革命委员会秘书长阮山的指示，选派县委干部熊炳华专门担任联络并负责采买物资，协助陈添裕照料毛泽东的生活。

几天后，粤敌陈维远部由大埔进犯永定，下湖雷等地已到有敌军，离牛牯扑不很远。为防不测，卢其中让陈添裕带着几名赤卫队员，在离牛牯扑三公里之外的青山下，搭了一座竹寮。

毛泽东和贺子珍由陈添裕护送，爬山越岭，来到竹寮。陈添裕的弟弟阿镜随后送来了炊具和米菜等食品。

山中的竹寮难免有些荒凉，但毛泽东却不无风趣地说：“好地方，古人说，宁可食无肉，不可居无竹，无肉令人瘦，无竹使人俗。高雅之居，必然要取个雅号才是。”

贺子珍笑笑：“你真有雅兴！”说完，进到寮内磨起墨来。

毛泽东弯腰进内，找出一块一尺余长的杉木板，取出毛笔，饱蘸浓墨，略一沉思，挥笔在木板上写下“饶丰书房”四个苍劲有力的大字。然后端端正正地挂在竹寮门外。

初秋时节，深山露冷。毛泽东的疟疾本未痊愈，经这秋风冷露侵袭，又发作了。张鼎丞得知后立即在陈东石岭的湖塘小学，召集永定县委和县革委会几个主要领导开紧急会议，专门研究给毛泽东治病的问题，会议讨论再三，决定由阮山的姐夫吴修山诊治。

阮山是永定湖雷乡人，1926年11月加入中国共产党，次年与林心尧一起建立了闽西第一个中共支部上湖支部，并任书记。他与张鼎丞一起领导了永定农民暴动，不久后任永定县苏维埃政府主席。他姐夫吴修山是当地世医，医术高明，为人正派。他听说是给红军的“杨先生”治病，没说二话，便由阮山领着，来到青山竹寮。他细细切脉后摸摸毛泽东的前额，轻轻说了声：“杨先生染疾日久，病得不轻啊！”

毛泽东等诊察完毕吃

毛泽东住过的青山竹寮地址

力地从床上坐起，对吴修山道：“有劳吴先生了！”

“哪里哪里，红军有功于民，老朽能为杨先生诊病，实乃幸！”说完，他坐到竹桌前，稍作沉吟，便铺开笺纸，提起笔管，开了一剂内服药方，一剂外治药方。

服过两剂之后，毛泽东的病情果见好转，连服几剂之后，毛泽东的精神慢慢好转起来。

不知是下山抓药一时不慎还是别的原因暴露了秘密，陈东的民团和侵占永定县城的粤敌陈维远部，探得了红军有位“大干部”住在金丰大山的消息，发兵进攻。

9月17日早晨，陈东、岐岭方向突然传来阵阵枪声。金丰民团和广东大埔保安队400多人，分数路向牛牯扑扑来。

情况危急。粟裕、卢其中指挥红军和赤卫队顶住敌人，同时要中共岐岭支部书记陈兆祥派出陈添裕等四位赤卫队员，火速护送“杨先生”往雨顶坪村转移。

陈添裕四人急急赶到青山下竹寮。还未进寮，陈添裕就大喊：“杨主任，有情况，快转移！”贺子珍赶忙收拾东西，打好包裹。毛泽东却不惊不慌地说：“别急，考虑一下怎么走法好。”

陈添裕路熟，将路线告诉毛泽东。他听后说：“那好，走吧！”

从青山下到雨顶坪，10里山路，崎岖陡峭。贺子珍已有五个月身孕，由两名赤卫队员护送着先走，毛泽东随后也跟着离开。他毕竟大病一场，尚未痊愈，翻山过岭走不多远，就直喘粗气，迈不动步。

山下枪声越来越密，情况越来越急。陈添裕想用担架抬着他，但原先没准备，临时又扎不赢，况满山灌木荆棘，抬着也难走。怎么办？陈添裕急得满头大汗，走到毛泽东面前：

“杨先生，来，我背着你走！”

毛泽东忙说：“要不得！要不得！我慢慢走，慢慢走！”

陈添裕急得跺脚：“哎呀，敌人已经离这不远了！”说完，他不管毛泽东愿意不愿意，俯下身子，背起毛泽东就跑。

陈添裕整天爬山越岭，年轻力壮，背着毛泽东仍走得飞快。可是，毕竟毛泽东身材高大，走不多远，陈添裕累得直喘粗气，两人的汗水沾在一起，湿透了衣裳。

山下的枪声越来越近，山路却越来越窄。陈添裕跑得慌忙，鞋子给跑脱了。他顾不得穿鞋，赤脚踩在锋利的山石和荆棘上也不觉疼痛，只是一个劲地往前跑。

整整跑了五公里山路，终于安全转移到雨顶坪村。陈添裕刚放下背上的“杨先生”，来不及说话，就倒在了地上。他的双脚已不知划破了多少口子，鲜血直流，脚底扎满了刺。

毛泽东对已先行到达的贺子珍说：“多亏了牛牯扑的同志！”

当晚，毛泽东和贺子珍住在雨顶坪村“福兴楼”。9月下旬，他们辗转来到永定上湖，先后在“天后宫”“兴福庵”居住。

10月上旬，他们来到合溪石塘里，住在“师俭楼”。

毛泽东对牛牯扑的人们一直没有忘记。24年以后的1953年国庆节前夕，他从北京专电邀请陈添裕赴京观礼。只是陈添裕刚好妻子坐月子离不开。只好委托其弟陈奎裕赴京看望毛泽东。

在合溪“师俭楼”，保密工作做得很严，除了与交通单线接触外，毛泽东与贺子珍过着近似与世隔绝的生活。在那里，毛泽东教贺子珍读诗词。贺子珍感到毛泽东《西江月·井冈山》写得最好。去年秋天，她与哥哥贺敏学都参加了井冈山保卫战，“黄洋界上炮声隆，报道敌军宵遁”。那炮是贺敏学放的，只有两发炮弹，一发臭的，只响了一发，轰隆一声就把敌人赶跑了。她吵着要学写诗。毛泽东说：“写诗不难，要多读，多背诗，叫‘熟读唐诗三百首，不会写诗也会吟’。”毛泽东要她学《回乡偶书》，说是她贺家的老祖宗，唐代诗人贺知章的名作。她背熟了，说怕自己将来回井冈山老家时，也会“儿童相见不相识，笑问客从何处来”。

毛泽东在那里时时惦记出击闽中的朱德及红军指战员。闽中地形复杂，新区，革命基础差，仅两个纵队前往，兵力太弱，恐难取胜。他告诉闽西特委去信朱德，不要再远出闽中、闽北，要尽快回到闽西。当他得知红四军已回到闽西，并于1929年9月19日攻克了号称“铁打的上杭”县城时，心中异常振奋，他的诗兴开始萌动。他构思填一首词《清平乐》，一气呵成，草书成章。他来不及仔细推敲，自觉得“红旗跃过汀江，直下龙岩上杭”，“跃过”“直下”两词有动感、有气势。

他们过着单调的田园式的家庭生活，外边一直无人知晓。世人一直认为毛泽东失踪了，不存在了。

国民党的报纸号外消息：“匪首”毛泽东被“专毙”山中。远在莫斯科的共产国际竟也为毛泽东发了“讣告”。这则消息来源不明的“讣告”，于1930年3月20日刊载于共产国际办的《国际新闻通讯》上：

1929年毛泽东在永定合溪溪南村治病疗养时的旧居师俭楼

据中国消息：中国共产党的奠基者，中国游击队的创立者和中国红军的缔造者之一的毛泽东同志，因长期患肺结核在福建前线逝世。毛泽东同志是大地主和大资产阶级最害怕的仇敌。自1927年起，代表大地主、大资产阶级利益的国民党以重金悬赏他的头颅。毛泽东同志因病情不断恶化而去世。这是中国共产党、中国红军和中国革命事业的重大损失。当然，毫无疑问，敌人会因此而感到高兴。

这段时间，中共中央也得不到毛泽东的确凿消息。周恩来、李立三等中央领导人，都很焦急。红四军广大指战员也格外想念毛泽东。他们知道毛泽东在闽西，他们渴望毛泽东回部队。

一天中午，毛泽东突然接到特委派人送来的由红四军二纵队参谋长郭化若、二纵队党代表彭祜以及东江的一位同志联名写来的一封密信，要请毛泽东速回红四军工作。

原来七大以后虽然停止了党内争论，但红四军内部的非无产阶级思想没有从根本上得到克服，党的工作削弱了，军队政治工作也削弱了。尤其是前委失去了对全军政治上领导核心的作用，“形成了极端民主化的领导”。大事小事，前委事先不拿出意见，什么都交给下级讨论，有一票反对，决议即不能形成，有时为了讨论一个问题，连续几天开会也形不成决议。

全军许多基层干部和士兵议论纷纷：毛党代表到哪里去了？为什么不请他回四军工作？9月底的一天，朱德主持召开前委扩大会，讨论召开红四军第八次党代表大会和要不要请毛泽东回前委工作的事，对于开会，大家很快表决通过；对是否请毛泽东回来，意见还不统一。于是，二纵队参谋长郭化若提议：“不要作什么决议了，由我们找几个同志给老毛联名写封信，请他回前委来工作。”众人表示赞同，于是写了这么一封信。

毛泽东对同志们的信任表示感激。可他仍然认为，在原则问题上没有调和余地。于是，他提笔复信一封，表示：陈毅要我做八面玲珑、四方讨好之人，我办不到。我不能随便回来。这个路线问题不解决，我不能回来。

10月上旬，红四军第八次党的代表大会由朱德主持，在上杭县城的太忠庙召开。这次大会开了三天，毫无结果。选出的新前委，与七大选出的一样。陈毅仍当选为前委书记。

许多代表对会议的结果表示强烈不满。三纵队九支队党代表罗荣桓发言，要求请回毛泽东。许多人都喊："同意！赶快请回毛委员！"

朱德对大家说："我同意把老毛请回来。人家都说朱毛红军，朱不能离开毛，朱离开了毛过不了冬。"停了停，他又说："可是，我们请了他，人家老毛不愿意回来啊。我这里有他的一封信，我给大家念念！"

朱德掏出毛泽东的信，给大家念了一遍。会场上哄闹起来。二纵队党代表张恨秋刚从中央调来不久，对四军内部的情况还不十分了解，便大声地说："我们再给他写一封信，敦请他回来！"

在他即席起草的信中特别讲明：接此信后如若再不回来，就要给予党内处分。张恨秋将信向大家朗读了一遍，获得通过。

会后，前委派出四纵队八支队党代表赖连璋带着这封信，赶到合溪"师俭楼"，交给毛泽东。

毛泽东本指望红四军八大会有个好结果。没想到却在会后接到这封信。考虑到对党组织的决定必须服从，他决定先回上杭县城。

10月10日，两名赤卫队员用一副担架抬着毛泽东，永定合溪和金丰两支赤卫队作警卫，他们一行从合溪出发，翻过黎袍山，经蓝家渡、庐丰、安乡，傍晚时分到了上杭城。毛泽东和贺子珍被安排住在城南汀江岸边的一幢小楼上。

这时，红四军一、三纵队已经离开上杭城，向武平县的象洞方向发展，二纵队也往永定方向活动。只留下四纵队，分别驻守县城的四个门。

当晚，傅柏翠、谭震林、胡少海等四纵队领导，都来看望毛泽东。分别两个多月后，战友重逢，众人心情特别高兴。

毛泽东详细询问了近来四军特别是四纵队的活动情况，然后歉意地说："我的那封回信，态度不太好，请你们转告我的意见，希望大家多多原谅。"

众人都说："一定转告。"

毛泽东接着说："其实，我也是很想回来和同志们一起奋斗的。可现在这种状况，我回来又怎么样呢？"

大家默然。

这幢小楼，现在人们都称它为"临江楼"。大概是因面对汀江而得名，当时是一个名叫黄广和的老板的别墅。小楼共三层，底层为交易场所；二楼曾开设酒楼，后来改作老板的卧室兼客厅。红军攻占上杭城后，老板逃走，小楼空空。毛泽东到后，被安排居此。

毛泽东住二楼左厢房。房中一张四尺宽的杉木架床，古色古香，据说原是老板使用的。南窗下放着八仙桌和竹靠椅，桌上摆着毛泽东随身携带的文房四宝。楼上厅堂中间放着一杉木长桌，作会客之用。临江的一面是阳台。大概原房主黄老板也爱附庸风雅，在客厅里和阳台栏杆上摆放着几盆梅、兰、菊、竹之类的四季花木，倒也将这个陈设简朴的小楼点缀得多几分雅致。它不仅幽静，且是观赏杭川风光的好地方。

10月11日，正是中国人民的传统节日，农历九月初九重阳节。正值丹桂飘香、金风送爽、橙熟橘黄之时。重阳节，历来就有登高、赏菊、喝菊花酒、吃重阳米果、插茱萸、放风筝等习俗。晋朝曾做过江西彭泽县令的大诗人陶渊明倒是"菊花迷"。"采菊东篱下，悠然见南山"，他一边给菊花浇水，还一边口占：“菊花如我心，九月九日开，客人知我意，重阳一起来。”毛泽东把菊花叫黄花，在诗中几处写了进去。

这一天毛泽东与贺子珍也攀楼登高。他俩从临江楼二楼凉台，爬到三楼顶上的平台上，极目远眺。毛泽东兴致很高，他从临江楼讲到江南三大名楼。

武昌临江边上，有座黄鹤楼。毛泽东多次登临，并于1927年春填了一首词《菩萨蛮·黄鹤楼》，写下了大革命面临失败时他的心情：“黄鹤知何去？剩有游人处。把酒酹滔滔，心潮逐浪高！”苍凉心境，跃然纸上。

湖南洞庭湖边有座岳阳楼，墨客骚人，登楼题咏，佳作如云，尤以大文学家范仲淹《岳阳楼记》最绝。全篇369字，把一个诗人的心情和博大胸怀，写得淋漓尽致。“不以物喜，不以己悲”，“先天下之忧而忧，后天下之乐而乐”，成了千古绝唱。

楼以文存。南昌的滕王阁之所以著名，是因为“雄才巨卿”王勃，登上楼阁，写下了脍炙人口的诗句。初唐四杰之一的奇才，年仅27岁的王勃，省亲路过南昌，恰重阳节那天，应邀出席滕王阁重修竣工的宴会，宴间即兴挥毫，写出了“真天才，当垂不朽”的《秋日登洪府滕王阁饯别序》，骈词俪句，才华横溢。直到20世纪60年代，毛泽东还悬肘挥毫，录下其中那著名的两句：“落霞与孤鹜齐飞，秋水共长天一色”，赠给岸青、邵华等子女们。

上杭临江楼

王勃写下的“物

华天宝，人杰地灵”，赞美了盛唐文化，赞美了华夏民族。最使毛泽东感触的几句是：“君子安贫，达人知命。老当益壮，宁移白首之心？穷且益坚，不坠青云之志。”毛泽东说要坚持真理，决不移白首之心，不坠青云之志。

贺子珍仔细聆听着。她深感毛泽东学问深，自己受益匪浅；又怕他累着，劝他进屋休息。

毛泽东的情绪高涨，诗兴冲动。

他凭栏远眺，只见远山近水，江天寥廓，楼前汀江缓缓流淌，江面水汽，茫茫如霜，两岸的菊花金黄，码头旁的千年古榕，枝繁叶茂，青翠欲滴，吟成了《重阳》词上阕：

一年一度秋风劲，
不似春光。
胜似春光，
寥廓江天万里霜。

这天中午，水西渡乡来的两个同志，专门为毛泽东和贺子珍做了板栗炖猪肉、香菇炖仔鸡和粉丝汤等几道汤菜，还弄了些糯米黄酒。他们告诉毛泽东：上杭风俗，“重阳节”又叫“板栗节”。这里遍地栗树，重阳时节，板栗成熟，家家户户都用新鲜板栗炖肉，欢度重阳，同时庆贺板栗丰收。

毛泽东喝过重阳酒，靠在床头，凝神思索。那些不快之事，一一掠过脑海：前年中央说他秋收起义，不攻占长沙，政治局研究，撤销他中央政治局候补委员；去年湖南省委又下令撤了他的前委书记职务，降为一师师长；今年来，丢了井冈山，痛失何挺颖等爱将，圳下遭袭，牛牯扑死里逃生，七大落选，八大再度落选。他喟然长叹，坐起，伏案续写了《重阳》词下阕：

人生易老天难老，
岁岁重阳。
今又重阳，
但看黄花不用伤。

建设一支新型的人民军队。

重阳节刚过，省委常委谢汉秋已到上杭，带来了中央和福建省委指示，要红四军趁“两广事变”发生，出击东江，攻打梅县。

毛泽东认为，梅县是东江重镇，广东的咽喉之地，反动势力麇集，如被红军占领，影响太大，反动派必然要拼命守住。红军不宜攻打。但红四军又不能违背上级的指示。于是，红四军三个纵队向东江出击，赣敌金汉鼎师、周志群旅闻讯乘机从武平向上杭进攻。闽西特委和四纵队司令部于21日晚，连夜组织部队和机关以及伤病人员撤出上杭县城，向白沙转移。

毛泽东和贺子珍最后一批撤离上杭城，辗转来到闽西特委所在地苏家坡；朱德带一、四纵队出击闽中。陈毅则先到厦门向省委汇报工作，然后登轮船赴上海。

陈毅在轮船上是化了装的：头戴鸭舌帽，脚蹬圆口皮鞋，既像是跑单帮的，又像是国民党的新贵。

驻在上海的党中央机关里的周恩来，常想到隐蔽西山中的毛泽东，更渴望已动身来沪的陈毅赶快到达。

周恩来是中共中央政治局常委、组织部部长，后又兼军事部部长。他时时都在关注着红四军和朱、毛的动向，并不时代表中共中央向他们发出指令。中共中央2月7日给毛泽东、朱德的信（“中央二月来信”），实际上是反映了共产国际布哈林在中共六大会上演说的观点，消极悲观情绪严重。

6月上旬，福建省委的交通员将毛泽东4月5日在瑞金代表前委写的复信，以及彭德怀的一封亲笔信，交给中央政治局。6月12日，中央政治局召开第39次会议，专门讨论前委的“四五”复信。接着，周恩来根据讨论的意见，给红四军前委又写去一信，肯定毛泽东他们的看法，承认“中央二月来信”确有悲观情绪，作了自我批评。

8月上旬，他又收到陈毅写的关于红四军党内争论和七大会议情况的报告，还收到七大的会议记录。

周恩来感到问题严重。8月13日，中央政治局开会，依据陈毅的报告和七大会议记录，对红四军的问题初步进行了讨论，决定由周恩来代表中央先去一信，予以指示。大家感到有些问题还不清楚，等待陈毅到后，再做定夺。

《中央给四军前委的指示信》，周恩来在8月20日就写好了。这封信对红四军七大作了初步表态。信中指出，七大主要解决内部争论而不是着重讨论“与敌的艰苦奋斗”，这是一个缺点；“前委同志号召‘大家努力来争论’，润之、玉阶同志亦特别重视个人的争论”，是不对的；“刘安恭同志企图引起红军党内的派别斗争”，更是错误；肯定红四军暂不设军委的决定是正确的。这封信还阐明了红军建设的一些原则问题，这些意见与毛泽东历来的主张很相似，有些还有发展。

如果这封信及时地送到了红四军前委，也许红四军党的八大会开得成功一些。

遗憾的是，负责收发的同志太粗心，竟然将这么重要的一封信装错信封，阴差阳错地寄到鄂豫皖苏区去了。弄得鄂豫皖的同志丈二和尚摸不着头脑，而红四军这边又多生出许多变故来。

陈毅在闽西特委书记邓子恢陪同下，经上杭、龙岩到厦门，候船期间，陈毅受到中共福建省委书记罗明的接待，同时向省委作了汇报并讨论了发展闽西斗争的问题。

在厦门，陈毅给在上海担任四川军阀刘存厚少将代表的胞兄陈孟熙发了一信，说他将乘香港英国轮船到沪，并告以大致日期。当时，堂兄陈修和也在上海兵工厂任职。他们自武汉分别以来虽然各奔前程，陈毅判定他们依然会尊重各自的信仰，给他方便和掩护。

陈毅乘船到达香港，同中共广东省委接上头，见到了留法老同学、广东军委书记聂荣臻和中共中央派赴广西路过香港的邓小平。

英国轮船经几昼夜航行于8月下旬抵达上海时，黄浦江边租界码头气氛紧张，搜查异常严格。陈毅正打算挤到人流中去乘乱下船，忽然发现两位兄长已经登船，正在延颈寻人，他找到二人后，修和、孟熙立刻示意他紧随他们下船上岸。两位兄长一式西装革履，胸佩上海龙华警备司令部徽章，气宇轩昂。

陈毅衣着也得体，像个广东来的技术工人。当他们随着人流穿过码头稽查线时，没有警察拦问。

他们已为陈毅在英租界四马路新苏旅馆开了一个套间客房，陈孟熙住外间，陈毅住里间。陈修和则回兵工厂，常来关照。兄长们备好西装全套，警备司令部徽章一枚。

陈毅很快同中共中央机关接上头，并向中央政治局常委李立三报告了红四军七大情况。这位一同勤工俭学、一同被押送回国的老同学听完便表示：他会尽快向政治局报告，并要陈毅尽快写好几种上报的书面材料。在这次会见中，陈毅才得知：就在他抵达上海的前两天，由于叛徒的出卖，陈毅的入党介绍人中央军委委员颜昌颐，中央政治局候补委员、中央农委书记彭湃，中央常委、军事部部长、对红军农村武装斗争情况熟悉并有卓越见解的杨殷以及正与他们一起的邢士贞、张际春于8月24日下午4时许同时被捕。

陈毅好几天深居简出，赶写材料。李立三于8月27日向中央政治局扼要报告了与陈毅谈话的内容。会议决定召集临时政治局会议，由陈毅出席作一详细报告。

8月29日，专为听取陈毅报告而召集的政治局会议在上海一处秘密处所召开。出席的有总书记向忠发及政治局成员李立三、周恩来、项英、关向应，陈毅作了全面而详细的报告。鉴于红四军的经验和问题极为重要，政治局决定以李立三、周恩来、陈毅三人组成一委员会深入讨论审议，提出决议到政治局讨论通过。三人委员会由周恩来召集。

9月1日，陈毅写完了李立三代表中央要求写的五个书面材料：《关于朱德、毛泽东军的历史及其状况的报告》《关于朱、毛红军的党务概况报告》《关于朱、毛争论问题的报告》《关于赣南、闽西、粤东江农运及党的发展情况的报告》《前委对中央提出的意见——对全国军事运动的意见及四军本身问题》。陈毅的口头报告和书面报告，总的精神和内容完全一致。他襟怀坦白，公正无私，如实地反映了红四军各方面的详情，对红四军的战略战术、组织编制、政治工作、政策策略、斗争艺术都作了准确的叙述，因而中央在1930年年初把《关于朱德、毛泽东军的历史及其状况的报告》发表在中央出版的《中央军事通讯》创刊号上，并指出，这是很宝贵的一个报告，很多宝贵的经验“都是在中国‘别开生面’”。

从8月底起，李立三、周恩来便一次次地到陈毅的客房来聚会，他们都阅读了陈毅所写的报告，然后来和陈毅一同讨论。他们在陈毅房中一谈几个小时。陈孟熙就在外面摆弄围棋担任望风，有时与陈修和对弈，空气更为闲逸。他俩和李、周都认识，或是法国勤工同学，或是黄埔师生，所以相见十分自然。

早在接到红四军前委于7月9日寄出的七大决议案及其他文件之后，8月13日，中央政治局就讨论决定由周恩来起草一信，提交政治局讨论。

周恩来起草的8月21日的信，对于红四军党内争论中涉及的一些原则问题作出了比较全面正确的回答。8月的这些回答，在李、周、陈的9月讨论中，当然要起重要作用。陈毅拜读了毛泽东写给中央的几个报告。这些报告的内容，陈毅早已知道，但都没有详细阅读过，对其中所阐述的深刻道理，细细领悟。他还阅读了中央政治局关于红四军的几个会议记录，尤其是周恩来代表中央8月指示信的底稿，对中央的精神有了较全面的理解。

到上海之初，他仍认为毛泽东在红四军继续工作不大好，可以让他去苏联学习养病。周恩来却严肃指出：七大擅自改选前委是错误的。朱、毛两人仍留前委工作，毛泽东不能走，应仍任前委书记，并须使红四军全体同志了解并接受。陈毅诚恳地接受了中央的批评与指示。

周恩来要他代中央起草一封致红四军前委的指示信。陈毅愉快地接受了任务。他经过研读一系列文件，并与自己参加的红四军的实践结合起来，在思想上得到很大提高。陈毅在多年后曾几次对跟随自己工作的同志说，到上海党中央两月，等于上了两个月的训练班。

“九月来信”是在周恩来主持下，三人讨论，由周恩来代表中央委托陈毅执笔起草的。

从8月21日信到“九月来信”，内容中最重大的问题是红军在中国革命中的地位，以及朱、毛红军在全国的影响。

红军的地位和作用究竟如何估量，过去以及后来的一段时间内，都只说是促进全国革命高潮的重要力量之一。1930年有的文章中，有写为“主要条件”“主要工具”“最重要因素”的，这都是后来公开出版时修改而成，原件只是“重要条件”“重要工具”“重要因素”，并无“主”字和“最”字。

“九月来信”指出：“先有农村红军，后有城市政权，这是中国革命的特征，这是中国革命基础的产物。”

陈毅过去没有表达过这样的思想，李立三、周恩来也没有。周恩来在6月12日政治局会议上讨论朱、毛问题时还说：“目前中国割据的形势是有的，问题是要有城市的领导。城市工作一旦发展，割据局面一定可以发展到固定的方面。”李立三则一直主张“城市中心论”。而在“九月来信”中的这种“先”“后”的提法，虽然含义不很精确，却显然是把农村红军看成取得城市政权的主要原因了。这只能来自陈毅亲身参加的由毛泽东、朱德领导的实践，而在中央“训练班”的集体思考下得到飞跃。

8月21日信和“九月来信”所强调的第二个重大问题是红军的根本任务。

8月21日信尖锐地指出：“谁忽视了这一点，谁便要将红军带向流寇土匪的行径。”陈毅执笔的“九月来信”便将红军的基本任务定为：发动群众斗争，实行土地革命，建立苏维埃政权；实行游击战争，武装农民，并扩大本身组织；扩大游击区域及政治影响于全国。这样，七大没有充分强调反对单纯军事观点的缺点就明显地有所改正。

再一个重大问题是红军分散与集中的战略问题。“九月来信”指出：“绝不能把红军四军分成几路各不相属的部队，这样就是分散而不是分兵，或者把红军四军分小，化成无数的游击队而不相联属。两者都是取消观念，皆源于对政局的估量不正确，恐惧反动势力稳定，红军会被消灭，才发生减少目标各个自了的右倾思想。这种倾向于红军发展及对全国政治影响有极大危险。”

在组织路线方面，身为中央组织部部长、起草中共六大的组织决议案的周恩来，当然更熟知组织原则。“九月来信”在坚持党委的集中统一领导的前提下，党如何通过军政部门和军政首长实施领导作出了指示：“党对军队的指挥尽可能实现党团路线，不要直接指挥军队，经过军部指挥军事工作，经过政治部指挥政治工作。”可以看到，后来的党委集体领导下的首长分工负责制，在这里已有比较明确的规定。

对于集权制与家长制，8月21日信和“九月来信”都明确地断言：“党的一切权力集中于前委指导机关，这是正确的，绝不能动摇不能机械地引用‘家长制’这个名词来削弱指导机关的权力，来作极端民主化的掩护。”

在思想政治工作方面，“九月来信”也提出纠正一切不正确的倾向。

“九月来信”十分严肃地指出了红四军七大及前委扩大会处置的缺点及其危害，并决定“毛同志应仍为前委书记”，这就从路线的高度来肯定了毛泽东的领导。

陈毅坚决地接受中央的委托，回红四军去向有关同志做好解释说服的工作。因而中央政治局在9月28日讨论通过这份《中共中央给红四军前委的指示信》时，特在后面加上一段：“凡此各项，概指其大要，详细解释及具体办法已向陈毅同志面谈，当由其口达前委及全军同志。”

这封信，就是有名的9月28日《中共中央给红军第四军前委的指示信》，它已收入《周恩来选集》上卷中。

周恩来关切地问陈毅：“以后的工作，你是愿到广西俞作豫那里去呢，还是愿到鄂豫皖去？”

“既然这样，那就让我回四军去。”陈毅毫不犹豫地说，“七大把毛泽东同志选掉了，我们有责任。解铃还须系铃人。我回去请毛泽东同志复职。我完成了这个任务以后，可以随时听中央调动！”

“好！”周恩来高兴地握住陈毅的手摇了摇，嘱咐道：“你将中央的指示带回去，最主要的是请回毛泽东同志复职。请你转告朱德同志，请他与毛泽东同志团结协作，共同领导好四军的工作。”周恩来最后加重语气：“陈毅同志，你这个责任很重大哟！”

陈毅说：“请中央放心，我一定完成任务！”

10月1日，陈毅谢绝了胞兄陈孟熙主张他去莫斯科学习的劝告，经过一番装扮，急匆匆离开上海，4日到香港，6日过汕头，11日到达中共东江特委所在地。他继续北行，走梅县南部山区，绕过梅县城，赶往松源与朱德见面。

随特委机关迁驻苏家坡村的毛泽东，仍然住在“树槐堂”。这是一幢上杭农村的普通民居，大厅两进三间，左右两排厢房。毛泽东和贺子珍住在楼上的后厢房。

居室明净简朴。一如别处那样，房中仅一榻一椅加一张栗色方桌。所不同的是，桌上有两盏灯，一盏是闽西随处可见的白底蓝花瓷瓶制成的煤油灯，一盏是“美最时”牌马灯。显然，马灯是夜晚行军走路时用的。室内靠山的一面，开着一扇画框似的小木窗，正好将外面那美丽的青山绿树

闽西特委旧址——树槐堂

野菊黄花框住，恰如一幅挂在墙上的美丽山水画。

苏家坡的环境虽美，村中农民的生活却户户贫穷。有句民谣：“苏家坡人世代盲，烧了石头变灰团。”全村没有人识字，只知耕田烧石灰。

毛泽东曾在上杭畲族小山村苏家坡读书写字的山洞

毛泽东了解到这种情况后，与特委书记邓子恢商量，在村中办一所小学，组织孩子们读书识字。邓子恢立即将特委办公用的“树槐堂”大厅腾出，还请来了一位雷先生当老师，办起了村中第一所平民小学。

苏家坡的半山，在几棵古松掩映间，有一个幽深的岩洞，人们都叫它为“圳背岩洞”。从树槐堂到这个圳背岩洞，要攀登一条盘旋于嶙峋怪石、叠叠巉岩间的崎岖小道。毛泽东时常在早饭后带着几本书，有时还携着他的文房四宝，独自来到洞中，洞内卧立着两块大石，中间搁一块木板。他就在洞中读书写字。

再说，陈毅10月22日到松源时，俨然像一个香港大商人的样子。在四军军部，朱德看到离别三个月、风度翩翩地回来的陈毅，高兴得不得了。

陈毅将中央指示信的主要精神，先简略地给他说了说，最后告诉他：“军长，七次大会我们犯了错误，跟你有关，跟我也有关。我们都要向老毛承认错误，转变旧观念。否则是危险的，弄不好要开除党籍！”

“我朱德随时都欢迎他回来。”朱德的态度很坚决。可他又有点犹豫：“我们欢迎他回来，还不知他愿不愿回来呢！”

陈毅说：“这个没问题。只要我作检讨，他会回来的。”

朱德说："那好，拜托你了！"

就在陈毅回来的第二天晚上，部队按原计划向蕉岭、梅县前进。25日下午，纵队仅以两个连兵力攻打梅县城，守城的警卫队便弃城而逃。果如毛泽东所料，26日下午，粤敌以三个团争夺梅县，四军仓促撤出城外。31日，朱德指挥部队第二次进攻梅县城。因为轻敌，包围太紧，致敌凭城死守，加上一纵队未能及时完成迂回攻击，战斗持续7个钟头，也未攻入城内。朱德只得命令部队撤出战斗。此役虽给敌以杀伤，但红四军本身也伤亡约200人。转移途中，由于放松了思想政治工作，原先在上杭城编入部队的俘虏兵600多人，全跑光了。

第二次攻打梅县失利，是红四军自1928年"八月失败"以来最大的一次人员损失。一纵队只好缩编为两个支队；三纵队缩编掉一个大队；二纵队也缩编为两个支队。

一连串的事实使朱德从心底里感到：朱毛朱毛，朱确实离不开毛。

1958年，毛泽东与陈毅在一起

1929年11月18日，陈毅在上杭县官庄的鹧鸪塘主持召开前委会议，原原本本地传达了中央指示。会上正式决定恢复毛泽东的前委书记职务。

会后，陈毅坐在煤油灯下，展笺提笔，给毛泽东写了一封披肝沥胆的信。一匹快马，连夜将这封快人快语的快信飞送苏家坡。为了让毛泽东早些赶到长汀，陈毅把他原来骑的土黄马也送了过来。

毛泽东见到土黄马后，心中十分高兴。他左手梳摸马的长鬃，右手抚拍着马的鼻脸，半晌说不出话来。土黄马喷了一声响鼻，四蹄在原地欢快地跳，马尾正好轻拂在主人的身上，像是在撒娇撒欢。从此，土黄马再也没有离开过它的主人。

毛泽东跟着月亮上班，白天行军坐在马鞍上。马通人性，慢走稳行，马背如一张摇床，毛泽东在鞍上呼呼补觉，当毛泽东在《人民文学》上发表他写的《词六首》时，前边加了个小“序”说：“这六首词，是1929—1931年在马背上哼成的。”这匹马，驮着文件，驮着病号，驮着领袖，也驮着长征，驮来了凯旋。一直到了延安，这匹马算鞠躬尽瘁了，不久，宝塔山下的山坡上，为这匹马垒了一座马坟。离开延安前，毛泽东还向这马坟掬了一抔黄土。

11月26日，毛泽东在中共福建省委巡视员谢汉秋陪同下，心情舒畅地骑马从蛟洋到达汀州，陈毅早在城外石桥头迎候他，两位战友的手又紧密握在了一起。

毛泽东由陈毅陪同，来到长汀。长汀古时叫汀州，为闽西重镇，自唐至清末，历来是州、郡、路、府治所。发源于武夷山东麓的汀江，从县城流过，经上杭、永定注入广东的韩江，直达南海。靠这汀江，汀州城成为闽西繁华商埠。

1929年3月14日红四军第一次进占汀州城，毛泽东和军部机关驻在水东街“辛耕别墅”。他在长汀临时县委书记段奋夫的协助下，召开了有老佃农、老裁缝工人、老教书先生、老钱粮师爷、老衙役和流氓头六种人参加的调查会；指导建立了长汀县革命委员会和县赤卫大队，县总工会，闽西第一个县级红色政权；与朱德等一起领导红四军完成了整编；军政治部也是在这时重新成立的，毛泽东当时兼任政治部主任。在短时间内筹款5万元。全军每人缝制了一套佩有红领章的灰色列宁装，一顶缀有红五星的八角帽，一副绑腿，每人发了两双胶鞋，第一次统一了全军服装，第一次每人发了4元零用钱。全军还第一次统一种了牛痘。

毛泽东对汀州有深刻印象。他清楚地记得，红四军第二次入闽是同年5月20日，那天正好暴雨刚停，江水猛涨、浊浪翻滚。部队找到9条船，半天时间红四军就顺利渡过江去，直下龙岩。

当时，他正在养病期间，听说红四军又打下上杭城，他心中高兴，赋诗一首：《清平乐·蒋桂战争》：

风云突变，
军阀重开战。
洒向人间都是怨，
一枕黄粱再现。
红旗跃过汀江，
直下龙岩上杭。
收拾金瓯一片，
分田分地真忙。

毛泽东没有看到刘安恭。朱德告诉他，刘安恭在率领二纵队攻打大埔虎市时中弹阵亡。毛泽东听了，惋惜地说："他牺牲得很英勇！"

11月28日，毛泽东在长汀主持前委扩大会议，根据中央指示信精神，决定利用目前敌情并不严重的有利时机，红四军全军开到连城新泉；集中整训一个月，然后召开全军第九次党代表大会，深入贯彻“中央九月来信”精神。

当晚，毛泽东给中共中央写去一信：我病已好，11月26日偕福建省委巡视员谢同志（谢汉秋）从蛟洋到达汀州，与四军会合，遵照中央指示在前委工作。四军党内的团结，在中央正确指导之下，完全不成问题。陈毅同志已到，中央的意思完全达到。惟党员理论常识太低，须赶急进行教育。除请中央将党内出版物（布报、《红旗》、《列宁主义概论》、《俄国革命运动史》等，我们一点都未得到）寄来外，另请购书一批（价约百元，书名另寄来），请垫付。我们望得书报如饥如渴，务请勿以事小弃置，余详前委报告。

信中的“布报”，为当时中共中央的机关刊物《布尔塞维克》杂志，《红旗》则是中共中央机关报。

12月3日，红四军从长汀出发，军部和一、二纵队进驻新泉，四纵队进驻上杭白沙、蛟洋之间。为开好第九次党代表大会，全军开始了军事政治整训。

军部领导作了分工：朱德负责军事整训，毛泽东和陈毅负责政治整训。

连城重镇新泉，如同一颗晶莹剔透的明珠，正好镶嵌于龙岩、上杭、连城、长汀四座县城中间。据说是因附近有一处四季奔涌的温泉而得名。

新泉镇上的“望云草室”，既是毛泽东、朱德和陈毅他们的下榻处，也是军部机关的驻所。“草室”的小客厅，成了毛泽东和陈毅召开调查座谈会的地方。

根据“中央九月来信”的精神，毛泽东认为红四军第九次党代表大会，需解决的最主要的问题，就是如何将红军建设成为一支党领导下的新型的人民军队，如何将农民小资产阶级成分占多数的党组织建设成为坚强的无产阶级政党。他历来反对照搬照套上级的条条和本本，而是主张从实际情况出发对症下药。这次他还是这样：先开调查座谈会，再起草大会决议案。

在长汀时，他就召开了工人座谈会，征求工人对红军的意见。到新泉后，各支队、大队党代表和士兵代表的调查会，又连续开了数天。毛泽东要摸清楚部队当前到底存在哪些不正确的思想，它们有哪些表现和危害。

在新泉的官庄，毛泽东还请来当地的农民代表座谈，了解群众对红军的意见和要求。

12月中旬，蒋介石决定向闽西红军发动第二次“三省会剿”。闽、粤、赣敌军分别从龙岩、永定、长汀等方向向红四军逼近。为避开敌军锋芒，毛泽东安排一部分部队和地方赤卫队阻滞、扰乱敌军前进，军部和四个纵队的主力全部集中于古田地区，继续进行九大的准备工作，一边做好应敌准备。

在古田，毛泽东和陈毅又用了10多天时间召集各纵队、支队和部分大队党代表，举行讨论会。他们将这次红四军九大需要讨论和亟待解决的问题，分为9个方面：纠正党内非无产阶级意识的不正确偏向问题；党的组织问题；党内教育问题；红军宣传工作问题；士兵政治训练

1929年12月，红四军整训后，前委、政治部进驻古田八甲松荫堂

问题；青年士兵的特种教育；废止肉刑问题；优待伤兵问题；红军军事系统与政治系统关系问题。

七大以后一段时间，红四军犹如一艘航行在急流险滩中的航船，时时有触礁的危险。现在，“中央九月来信”精神已经为解决红四军中党内军内的问题奠定了很好的基础，几个月来的风风雨雨，全军从军长到士兵都汲取了许多有益的经验和教训。毛泽东对许多问题的认识也更加深刻。解决这些问题的条件已经成熟。

毛泽东和陈毅将党代表们分成若干组，每个组集中讨论两个问题。

纠正党内的非无产阶级思想、党的组织、党内教育三个问题，是这次党代表大会要解决的主要问题。毛泽东以主要时间参加和组织这三个组的讨论。

一天晚上，开完座谈会，毛泽东提灯回八甲村住所，路过三纵队特务支队第三大队驻地，看到屋子里闹哄哄的，便进去看个究竟。原来，大队士兵委员会主席正抡起扁担要打大队党代表的屁股。这个大队的大队长在执行任务时受了风寒，生病发烧，刚好大队在附近买了一口猪改善生活，大队党代表看到大队长发烧吃不下肥肉，便让炊事员将猪肚子炖汤给大队长吃。大队士兵委员会主席却以为炊事员偷吃了，要打他的屁股。大队长知道后，赶快说是自己吃了猪肚子，说要打屁股打他的。党代表听后，说是自己让给大队长吃的，要求代替大队长挨板子。

正当士兵委员会主席高举扁担要往下打时，毛泽东进来了。他问清了缘由后，对大家说：

“大队长执行任务不怕艰苦，值得嘉奖；党代表关心战友，通情达理，应当表扬，大家认为怎样？”

屋子里爆发出一片热烈的掌声。

士兵委员会主席仍坚持自己的看法：“毛委员，你不是常讲，红军官兵一律平等，既然平等，那生活待遇也要一律平均才对！”

毛泽东笑笑说：“平等和生活待遇平均是两回事。平等主要是指政治地位、政治待遇上官兵都应一样，官长不能欺侮士兵、压迫士兵，大家都有发言权、选举权和被选举权。当然，在生活上官长也不能搞特殊化，比如说伙食标准，官长和士兵每天都是5分钱；发衣服，不能官长发两套，士兵只发一套。这种平等，是因为我们现在艰苦，没有钱，只好大家平均分。将来有条件，还是要分等的，社会主义的分配原则，就是‘各尽所能、按劳分配’嘛！苏联红军现在就是官有军衔，兵有兵阶，生活待遇各有差别。平等也不等于绝对平均。世界上绝对平均的事是没有的。比如说，你们在睡觉，而大队长却数九寒冬泡在水沟里侦察敌情；你们大块吃肉有滋有味，而大队长看到油腻就想吐，这能绝对平均吗？俗话说：十个指头有长短，荷花出水有高低嘛。行军打仗，本该论功行赏，不能功过不分，赏罚不明。

“有时候，官长待遇好一点，是行军打仗需要，比如官长有马骑，有勤务员替他服务，士兵就没有嘛！我们有些人认为这是制度不平等，主张搞绝对平均主义，背米送军粮，不论大人小孩都背一样多，连司令部住了一间大房子也要骂起来，甚至吃病号饭也不分轻伤重伤，一律平分。这怎么行呢？”

一席话，说得大家心里亮堂起来。

士兵委员会主席承认自己的做法错了，主动要求打自己的屁股。毛泽东笑着说：“打屁股是一种肉刑，那是白军军阀带兵的蛮办法。我们是红军，是新型的人民军队，不学这一套。我们主张有思想问题要说服，有错误要批评帮助。打屁股只是伤皮肉，解决不了思想上的毛病。打伤了战士，还要影响战斗力。你们说是不是？”

“是！”大家齐声回答。

古田会议会址——曙光小学

这时，“三省会剿”敌军已逐渐向古田逼近。

红四军党的九大原定在26日前后召开。因为各纵队代表尚未到齐，毛泽东决定延期两天。有人担心敌情紧迫，建议打退“会剿”敌军后再开，毛泽东态度坚决：“瓜熟蒂落，开会可以更好打击敌人！”

28日，一场纷纷扬扬的大雪，使整个古田变成一片银白色的世界。

参加中共红四军第九次党代表大会的各纵队、支队、大队党代表、士兵党员代表和闽西地方党组织的代表、妇女代表共120多人，踏着积雪，谈笑风生地来到古田溪背村的曙光小学。

会场设在正厅。原来的神祖牌座已拆除。主席台设在正厅右侧。墙上挂着中国共产党党旗，党旗下方贴着马克思和列宁的木刻画像，上方悬挂“中国共产党红军第四军第九次代表大会”横幅会标。一面木壳挂钟挂在墙的外侧，发出“嘀嗒嘀嗒”和谐悦耳的响声。两张方桌拼成的讲台上，放着一把白色陶瓷茶壶和几只粗瓷土碗。一块黑板斜靠墙上。会场中的四根柱子上贴着标语：“反对冒险主义！”“反对机会主义！”“反对盲动主义！”“中国共产党万岁！”

由于代表人多，原先用作课堂的正厅会场坐不下，在天井两侧临时用砖头木板搭起几排座位。还有些代表干脆坐在带来的背包上。天气太冷，天井两侧烧了四堆旺旺的炭火。

毛泽东和朱德在主席台前刚坐下，司令部派人来报告，说西边有一股敌人进到离古田四五十里的地方。

一听有敌情，代表们都坐不住了。一些士兵代表唰地站起，提起步枪，准备随时出发。

毛泽东朝代表们摆摆手："大家莫慌，这是小股民团骚扰。"他问朱德，"部队都布置好了吧？"

朱德回答："已经作了应敌布置。朱参谋长在司令部值班。"

陈毅担任大会秘书长。他扫视了一下会场，看到代表中有许多人都参加了半年前召开的七大，感到欣慰。他相信这些同志都与自己一样，半年

油画：毛泽东在古田会议上作报告

来思想认识有了新的飞跃。果然，当他宣布大会开始，请前委书记毛泽东作报告时，会场上的掌声整整持续了数分钟。

这掌声，似春雷滚动，越出会场，越出古田，越出闽山赣水，在中国的上空久久地回响。

在掌声中，毛泽东一手叉腰，一手扶桌，以他那特有的坚定的语调，开始了他的报告。

在掌声中，大会的各项决议案顺利通过。

这是具有伟大而深远历史意义的建党建军的纲领性文件。

中国是一个农民人口占多数的国家，党和红军中农民成分都占80%以上。农民是无产阶级的天然同盟军。它与其他小资产阶级一样，有接受无产阶级政党领导、强烈要求革命的一面，但它也具有自私、保守、狭隘和目光短浅的特性。大量的农民和小资产阶级成分加入党和红军，必然将各种非无产阶级思想带进党内军内。如不注意解决，就不能将一个农民成分占多数的党建设成为无产阶级政党，将军队建设成为人民的军队。红四军七大前后党内所以思想混乱，其根本原因就在这里。

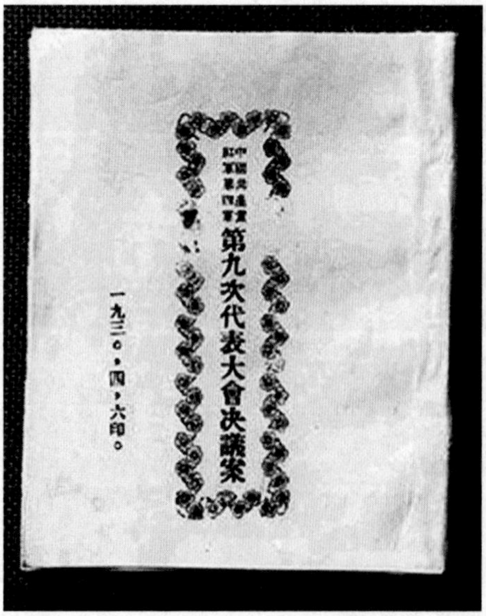

古田会议决议

这次九大通过的决议案，成功地解决了这个问题。决议案特别强调加强党的思想建设、政治建设，同时对加强党的组织建设作出了明确规定。对红军的建军宗旨和原则、红军的政治工作、民主建设等，也都作了明确的规定。

毛泽东关于建党建军的光辉思想，在决议案中得到充分的体现。

12月29日，会议进行选举。新选出的前委委员11人，他们是：毛泽东、朱德、陈毅、李任予、黄益善、罗荣桓、林彪、伍中豪、谭震林、宋裕和、田桂祥；候补委员三人，他们是：杨岳彬、熊寿祺、李长寿。毛泽东当选为前委书记。

这是一个坚强的领导核心。

毛泽东写古田会议决议时用过的油灯

从龙岩的“公民小学”到古田的“曙光小学”，从红四军七大到红四军九大，时间仅短短半年。然而，中国共产党的建设，人民军队的建设，却产生了一个新的飞跃，进入了一个新的里程碑，如红日从古田的曙光中喷薄而出，走向辉煌。

毛泽东的反潮流精神还突出表现在宁都会议上。他宁可被撤职，也不向错误的路线屈服。

毛泽东虽然在指挥红军作战的战术上被描绘得出神入化，使蒋军胆战心惊，但却被当时苏区的某些领导人视为“右倾”。在1932年10月中共苏区中央局召开的宁都会议上，毛泽东被剥夺了军权，离开了红一方面军总政委的职位。

1931年11月底，周恩来到达苏区以后，尽管此时毛泽东因抵制临时中央攻打赣州的指令再度受到严厉批评，但是周恩来据理力争，恢复了毛泽东红一方面军总政委职务，同时组建了由周恩来、毛泽东、朱德、王稼祥四人组成的前方“最高军事会议”，名义上周恩来是主席，实际的核心人物是毛泽东。

随着毛泽东军权的恢复，苏区中央局前方与后方领导人之间的意见分歧也就开始了。周恩来、毛泽东提议召开中央局全体会议讨论军事问题，

中共苏区中央局旧址：宁都县黄陂镇山堂村胡氏家庙

被后方领导人拒绝。在无奈的情况下，前方领导人根据实际情况和毛泽东的意图向部队发出了《训令》，后方领导人大为不满，一面下令前方暂时停止行动；另一方面则立即在前方召开中央局全体会议。

1932年10月3日至8日，中央局全体会议在宁都县城以北的小源村召开，史称“宁都会议”。出席会议的有任弼时、项英、顾作霖、邓发、周恩来、毛泽东、朱德以及王稼祥，列席的有刘伯承等人。

小源山林茂密，风景优美，有很多地主庄园，江西省军区司令部作战室为了防空，就驻扎在这里。

10月3日，会议召开。第一次会议时，因为周恩来在前线，正在往回赶，会议由任弼时主持。会上，大家先务虚，谈理论。渐渐地，有些人就冲着毛泽东来了，气氛有些紧张。随着批判加温，大家说话声一句比一句高，头发有些凌乱的毛泽东沉默不语，这一段时间身体经常发低烧的他，一支接一支抽着烟，有时还不断咳嗽几声。

第二次开会前，周恩来回来了。会议由他主持。经周恩来争取，在第一次会议时被排除在会议之外的非苏区中央局成员陈毅，被同意列席会议，但规定他只能旁听，不能发言。

周恩来已经知道会议要干什么，有些沉默。人到齐了，他宣布开会。

宁都会议旧址：江西宁都县
东山坝镇小源村曾氏宗祠

会议开始不久，室内渐渐烟雾缭绕，气氛令人压抑。项英坐在周恩来对面。他首先对第一天的会议作了简要的概括："我认为会议的焦点只有一个，那就是在前线的委员们，首先是毛泽东等同志，是否认真执行共产国际和中央的指示问题。当然，结论也只有一个：没有执行！"

周恩来说得很谨慎，"先慢一点作结论好不好？会议刚刚开始，结论已经有了，那还开什么会？也听听前方同志的意见嘛！"

项英激动得握笔的手簌簌发抖，用力把刚点着的烟在烟灰缸里摁灭，霍地站了起来，质问："难道屡次抗拒中央的作战指示，还不能说明问题吗？每次战斗都叫苦连天，难道不是对胜利缺乏信心吗？对争取一省或数省胜利的目标采取怀疑的态度，难道还不是'右倾'情绪吗？"

接着，顾作霖等后方委员作了言辞更为激烈的发言。

周恩来对后方苏区中央局委员们说："前方的情况跟后方的情况不一样，和在地图上推想的更不一样……"

项英不想听前方同志作具体解释："反正你们是寻找借口不执行命令，这是根本事实。"

周恩来一脸苦涩地说："总应让人把话说完嘛！"

项英严厉地说："具体事实不是问题的实质，问题的实质在于你们对命令执行的不坚决！这是对共产国际指示的态度问题。你们对国际路线是忠实地执行还是口头答应执行……这里应该特别指出的是毛泽东同志，他对国际一向采取不尊重的态度，拥兵自重。”

毛泽东的手里夹着一支香烟，没有点燃。他抑制住狂烈的怨愤，尽量平静地解释说：“这是不公正的！我们在前方尽一切可能按指示去做。可是，不符合实际情况的命令，叫人难以接受……目前，我军的实际力量不可能攻打中心城市，这是有血的教训的……”

但是，后方的委员们却不愿听毛泽东的解释，斥责说：“应该检查主观原因，应该深挖思想根源。我们红军斗志高昂，一向是攻无不克的！”

周恩来看清楚了，握有共产国际尚方宝剑的后方委员们，对前方的几个委员采取的是一种居高临下的态度。但他还不太相信，他们会剥夺毛泽东在军队的权力。周恩来找到了一种策略，他试图把后方委员们关注的焦点从路线问题（他认为本来就不是路线问题）引到军事指挥上来：“我认为对毛泽东同志的指责过火了，这不符合实际情况，但是，我不否认军事指挥可能存在着许多问题，如果有什么错误，我有责任！甚至我的责任更大更直接。”

项英继续发言，他指责说：“这不是军事指挥问题，而是指导思想问题，是悲观情绪问题，是对共产国际的态度问题，是路线问题……这些倾向特别明显地表现在毛泽东同志身上。”

项英认为，毛泽东跟莫斯科共产国际无直接联系，也没有任何“血缘”关系，对共产国际的路线既无认识也无感情。他还认为毛泽东是个农民知识分子，对工人阶级并不真正地了解，也缺乏工人阶级革命斗争的鲜明性，执行的是富农路线，重视农村，忽视城市。他还认为毛泽东对马列主义不虔诚。说毛泽东的书箱里几乎全是封建时代的老古董，有《吕氏春秋》《贞观政要》《三国演义》《红楼梦》，有唐诗宋词，甚至还有《金瓶梅》。毛泽东在会上讲话，很少说马克思列宁怎么说，总是顺口来几句孔夫子怎么说，老子、庄子、韩非子怎么想……项英最后说出了后方委员们的想法："我们认为毛泽东同志丝毫没有认识到自己的错误，为了保证国际路线在红军中得以贯彻，毛泽东同志应该离开总政委的岗位，回到后方工作。"他还提议：由周恩来负战争领导的总责。

几个后方委员表示附议，对项英的提议表示支持。

次日，会议接着开。渐渐地，项英有些不耐烦了，他提议，要毛泽东表态。

以毛泽东的睿智，他对会议的目的已看得很清楚，他知道，任何争辩无非都是一种形式，性质早已定了，自己是少数派。再有力的雄辩，也只是徒然延长会议的时间，直到剥夺他的军权为止。有理如此，无理也如此。形势看清了，心情也就坦然了。喜吃辣子的湖南人的倔强性格，促使他要说几句杀伤力特强的话，而后拂袖而去。然而，他理智地克制了自己，只平静地说了几句话，既不是认错，也不是表态，那是很耐人寻味的几句话："天下理无常是，事无常非。先日所用，今或弃之；今之所弃，后或用之……我恭候中央的处理。"中断了几秒钟，他又说了两个字"完了"。

会议又出现了沉默。有些人听明白了他的话，有些人没有听明白。

项英显然不愿意弄明白毛泽东讲话的含义，他说："既然毛泽东同志已经表示听候中央处理，我想会议没有必要延长了，大家事情多得很，毛泽东同志在目前的情况下留在红军领导岗位上是不合适的！"

后方委员们附和说："解除毛泽东同志的军内职务是非常必要的！""我们快举手表决吧！"

这时，王稼祥站出来说："众所周知，我是四中全会后由中央派到苏区的，我对中央指示也一直是服从和执行的。但是我从几次反'围剿'的胜利中，以及攻打赣州的教训中，逐步认识到毛泽东同志的思想主张，是符合红军和苏区实际情况的，他提出的战略思想和战术原则，已被实践证明为行之有效的，他的指挥决策也一再被证明是正确的。红军和苏区之能有今日，是与毛泽东同志的正确领导分不开的。”他为了说明自己看法的客观性，同时指出：“众所周知，我与毛泽东同志并非旧交，相识不久，倒是与陈绍禹、秦邦宪等同志是老同志、老同事甚至同乡。”他表示：“大敌当前，不可换将；指挥重任，非他莫属！”

周恩来尽量和缓地说：“我不同意这种仓促结论的做法，至于如何处理，要经过充分酝酿再说。”

顾作霖等立即附议项英的意见，继续对毛泽东进行批评。会场上渐渐一边倒，多数与会者认为毛泽东承认错误不够。

项英以不容置疑的口吻说：“我们还是表决吧！”

从发言看，解除毛泽东的职务，多数人都同意。周恩来看到形势不可逆转，还想再挽留毛泽东，就说：“泽东积年的经验多偏于作战，他的兴趣亦在主持战争”，“如在前方则可吸引他贡献不少意见，对战争有帮助”。然后提议“一种是由我负主持战争全责，泽东仍留在前方助理；另一种是由泽东负主持战争全责，我负责监督行动方针的执行”。

毛泽东退意已决。他掩盖着内心的痛苦说：“我既然得不到中央局的信任，继续留在前方是不合适的。我现在身体不好，痰中带着血丝，时常低烧。我向中央请一个时期的病假。至于回不回前方，我服从组织决定。”说完，他缓缓站起，看看大家，说了句善解人意的话：“也许还有些话大家当着我的面不好讲，我现在退席。”说完，毛泽东满怀惆怅，缓缓走出会场。他实在不愿意离开他倾注了全部心血和希望的红军。

会后，毛泽东立即准备到长汀福音医院疗养。王稼祥曾向他告别，并要求他再争取一下，留在前方。毛泽东说：“算了吧，我们是少数，还是服从多数吧！”他还对前来送别的周恩来表示：“前方军事急需，何时电召便何时来。”毛泽东委屈地离开了宁都，周恩来、王稼祥把他送出了城。

“苏区中央局”早在成立之初，即取消了红一方面军总前委这一机构设置，从而达到了削弱毛泽东在党内权力的目的，而宁都会议的召开，又进一步撤销了毛泽东的红一方面军总政治委员的职务。这样，就剥夺了毛泽东在党内和军内的领导权。面对上述变故，毛泽东应该如何对待？

一方面，毛泽东决定泰然处之，服从组织安排。离开了红军之后，毛泽东首先到福建长汀的福音医院进行休养。稍后，出于工作的需要，毛泽东听从组织的安排回到后方领导政府工作。这一时期，毛泽东严格要求自己，坚决服从组织纪律，做了大量的政府工作，例如查田运动，就是在他的领导下开展起来的。通过广泛的查田运动，推动了中央苏区的政治动员、筹款以及扩红等工作的开展，从而保障了反“围剿”战争的顺利进行。毛泽东这一时期的工作表现，不仅体现了他作为一个真正共产党员的高度觉悟，而且，这一经历也为之后的革命与建设提供重要的经验借鉴。多年之后，毛泽东曾经指出：“土地革命战争的阶段。……党开辟了人民政权的道路，因此也就学会了治国安民的艺术。党创造了坚强的武装部队，因此也就学会了战争的艺术。”正是这次由领导军事工作到领导政府工作的转变，才使毛泽东真正有机会学习“治国安民艺术”。

另一方面，毛泽东处处谨慎行事，严防惹祸上身。在当时，中央苏区的肃反运动呈现出不断扩大化、频繁化的趋势。如这一时期的反“罗明路线”“托洛茨基主义”“自由主义”“右倾机会主义”“官僚主义”以及“贪污腐败消极怠工”等运动。稍不注意，就有可能成为肃反运动的牺牲品。对此，毛泽东处处行事谨慎，不主动与他人交往，以免授人以柄。当然，这也是为了保护其他的同志。1960年12月25日，毛泽东曾经谈道：“我就受过压，得过三次大的处分，被开除过党籍，撤销过军职，不让我指挥军队，不让我参加党的领导工作。我就在一个房子里，两三年一个鬼也不上门。我也不找任何人，因为说我搞宗派主义，什么邓、毛、谢、古。其实我连邓小平同志的面也没有见过。后来说在武汉见过，但是，我一点印象也没有，可能见过没有谈话吧！”正是因为毛泽东行事如此地谨慎，才使自己得以躲过这一时期频繁的肃反运动。对此，毛泽东本人也曾觉得幸运。1965年8月5日，他在接见一个外国代表团时又谈起那段被“打入冷宫”的历史，他诙谐地笑道：“还好，我的脑袋没有被砍掉。”当然，这不仅仅是一种幽默，相反，也反映了一种客观的事实。

毛泽东被撤职后，到长汀福音医院“养病”。在那里，他见到了中共福建省委代理书记罗明。毛泽东与他交谈，讲述自己的军事思想，得到了他的认同。罗明出院后，在长汀主持召开中共福建省委会议，传达毛泽东的意见。博古等人来到苏区时，从长汀路过。罗明劝他去看看“养病”的毛泽东。博古说：毛泽东有什么可看的！罗明汇报了按照毛泽东的指示开展游击战争的情况，博古十分反感。4个月后，毛泽东被中央召回，到瑞金主持政府工作。他忍辱负重，为打破敌人的经济封锁，充实红军的经费，发展教育等尽心尽力，并使之大有起色。但不久，临时中央在中央苏区展开了反“罗明路线”运动。这个运动实际上是整毛泽东的。受到牵连的还有邓小平、毛泽覃、谢维俊、古柏等。随着事情的发展，毛泽东的一些亲属也

长汀福音医院旧址

受到牵连。毛泽覃被撤职，并以开除党籍相威胁，其爱人贺怡被撤掉中共瑞金县委组织部副部长的职务；贺子珍的哥哥贺敏学被免去红二十四师代理师长职务。毛泽东伤感地说："他们整你们，是因为我。你们是受了我的牵累啊！"

值得注意的是，毛泽东这一时期能够独善其身，这和共产国际对毛泽东的尊重与支持也是分不开的。共产国际虽然也认为毛泽东的政治路线是错误的，但考虑到他在中央苏区的地位和威望，因而反对公开批评毛泽东和撤销他的职务。对此，共产国际代表埃韦特曾在宁都会议之后致信中共中央并指出："在事先未作准备和未告知我们的情况下，作出了撤销职务和公开批评的决定。不用说，对问题的这种态度在目前会向敌人暴露我们的弱点，……毛泽东迄今还是有声望的领袖，因此为实行正确路线而与他进行斗争时必须谨慎行事。所以我们反对决定的这一部分。要求消除领导机关中的意见分歧，反对目前撤销毛泽东的职务。我们要使他改变观点。"除此之外，共产国际还对毛泽东进行了广泛的宣传。像1934年9月16日，康生和王明致信中共中央政治局时曾指出："毛泽东同志1934年1月23日的报告，中文的已经在苏联出版，绸制封面金字标题道林纸，非常美观，任何中国的书局，没有这样的美观的书，与这报告同时出版的是搜集了毛泽东同志三篇文章（我们这里只有他三篇文章）出了一个小小的文集，题名为经济建设与查田运动，装潢与报告是一样的。这些书籍，对于宣传中国苏维埃运动，有极大的作用。"上述支持，自然也在一定程度上影响了中共中央和"苏区中央局"对毛泽东的态度。

上下求索，寻觅符合中国实际的革命和建设道路

在寻找中国革命的道路时，毛泽东作出了卓越的贡献。

大革命失败后中国共产党没有被杀绝、被吓倒，他们从地上爬起来，揩干身上的血迹，掩埋好同志的尸体，又继续战斗了。为了挽救革命，1927年8月1日，周恩来、贺龙、叶挺、朱德、刘伯承等领导了南昌起义，打响了武装反抗国民党反动统治的第一枪，开始了中国共产党独立领导武装革命斗争的新阶段。8月7日，党中央在汉口召开了紧急会议，确定了土地革命和武装反抗国民党统治的总方针。9月9日，毛泽东领导了湘赣边界的秋收起义。起义失败后，他率起义军转向井冈山地区，建立了以宁冈为中心的井冈山革命根据地。点燃了工农武装割据的星星之火，开始了创建农村革命根据地的伟大斗争。

血腥风雨中独具慧眼寻新路。

自从秋收起义以来，毛泽东一直在思考中国革命的前途，为了保存革命力量，毛泽东带领起义队伍来到了敌人统治薄弱方圆500里的井冈山、罗霄山脉中段。走上井冈山的毛泽东对战士们讲，站在井冈山，不但可以看到江西、湖南，还可以看到全中国、全世界，从此中国革命的面貌焕然一新，第一个革命根据地诞生了，工农武装斗争的旗帜竖起来了。井冈山成为举世瞩目的中国革命摇篮，坚持井冈山的斗争，使中国共产党领导中国工农红军从襁褓中走向成长壮大。

井冈山，地处湘赣边界罗霄山脉中段，介于湖南酃县和江西宁冈、遂川、永新四县之交，总面积约4000平方公里。这里为什么叫井冈山？就是

“因为这里有大小五井”。

这里所说的大小五井的“井”，不是水井的井，不是这里的地形像井，也不是“江”与“冈”谐音，而是因为这里有大井、小井、上井、中井、下井这五个村庄。中国在殷周时期实行“井田制，分九区，八为私有，中为公田”。后来就把“井”引申为村庄。清朝康熙年间，一些远离家乡（广东的和平、龙川与福建的武平、宁化等县）的贫民来到这里的山冈上，建立了大小五井五个村庄。

1962年3月，当年井冈山红四军军长，时任党中央副主席、全国人大委员长的朱德重游故地，在井冈山革命博物馆挥笔写下了“天下第一山”这几个铁画银钩的大字。

“天下第一山”，当然不是指它的海拔高度。这座山有多高？海拔1400多米。1400多米与三山五岳相比排不上队，还不到西藏拉萨的一半，拉萨都有3700米！这里怎么称得上“天下第一山”呢？这显然不是指它的高度，而指的是它在中国革命历史上的地位和作用。

革命摇篮井冈山

井冈山，在中国革命历史上是名副其实的第一山。这个“第一”，从宏观上来说，就是在理论与实际的结合上开始回答中国革命应当举什么旗、走什么路、实现什么目标这三个基本问题。在农村建立根据地以农村包围城市，最后夺取城市，夺取全国的胜利，中国革命之路在井冈山找到了。

井冈山群山巍峨，地势险要，的确是个“一人当关，万夫莫开”的地方。井冈山被人们赞誉为“南天奇岳”，这个“奇”集中体现在红与绿的交相辉映，体现在人文景观与自然景观的有机结合，同时也把井冈山的革命历史和自然风光描绘得绚丽神奇。

井冈山为什么会作为根据地，点燃了中国革命星星之火？其原因是多方面的，但主要因为这里有革命基础、有绿林朋友帮助、有有利的地势。毛泽东在《井冈山的斗争》一文中写道：“整个的罗霄山脉我们都走遍了，各部分比较起来，以宁冈为中心的罗霄山脉的中段，最适合我们的军事割据。”

早在大革命时期，这里有一批在外地求学的进步青年，如万安县的张世熙、永新县的欧阳洛、遂川县的陈正人、莲花县的朱亦岳、茶陵县的陈韶、宁冈县的龙超清、桂东县的陈奇，等等。他们在外地读书时就参加了中国共产党，并受党组织的派遣，回到自己的家乡，宣传革命道理，广泛动员群众，发展革命力量，成立工、农、青、妇组织，举行武装暴动。经过他们的努力，边界各县有半数以上的农民参加了农民协会。同时，各县组织了工农武装，共有枪960多支。他们在推翻封建统治，支持北伐战争方面，作出了很大的贡献。

蒋介石、汪精卫叛变革命后，党和其他革命群众组织遭到了严重的破坏，但是，广大工农群众的革命决心是不会动摇的。1927年秋，万安、永新、遂川、莲花、安福、宁冈、酃县、攸县、茶陵的工农群众都举行了武装暴动，他们打土豪，斗劣绅，烧地契，冲监狱，营救被捕同志，扩大革命武装，建立红色政权。所有这些，都为建立井冈山革命根据地打下了良好的基础。那些从外地回乡领导革命斗争的优秀共产党员，大都成了我们党的县委、特委和省委的书记。

湘东赣西这个地方物产丰富，盛产大米、茶油、竹木、茶叶和药材等各种土特产，还有煤、铁、钨等矿产资源。丰富的物资，能为红军提供充足的经济给养。尤其是永新县，自古就是“眼观西北三千界，势在东南数百川”的地方，不仅土地肥沃，气候适宜，而且植物资源、动物资源、矿产资源、水利资源都比较丰富。第一次国内革命战争的时候，30万永新人民在我们党的领导下，趁国共合作的有利形势，组织工农武装，开展革命斗争。

毛泽东来到井冈山后，对工农革命军实行三湾改编在永新；第一个暴动队诞生在永新；第一个农村党支部建立在永新；毛泽东深入农村调查，首先在永新进行；后来，集中兵力四次攻占了永新县城，所以毛泽东在井冈山写给中央的报告中就有这么一段话：“大力经营永新，创造群众的割据，布置长期斗争。”而且强调：“我们看永新一个县，要比一国还重要。所以现在集中人力在这一县内经营，想在最短的时间内，建设一个党与民众的坚实基础。”

毛泽东选择井冈山作为根据地的另一个原因，就是这里有便利作战的地势。1928年5月底，中共湖南省委写信给毛泽东、朱德，指出：“应以宁冈做大本营，与赣西湘东茶陵一带互相联络。”一个月后，也就是7月4日，湘赣边界特委、四军军委在给湖南省委的报告中说：“经过一个月的工作，我们懂得中央及省委两次主张建设宁冈大本营的政策是对的。”

井冈山根据地的建设，为什么要以宁冈为大本营？湖南省委代表杜修经在1928年6月15日写的一个报告中是这样说的：“以宁冈为大本营，分派部队向各处游击，平均九天一次战斗，都胜利且出了一点民众的基础。”他又说：“宁冈是一个多山的小县，有一座大山，围绕这山的有永新、遂川、酃县、茶陵、莲花五县。宁冈为中心，易守难攻。”边界特委和四军军委在给湖南省委的报告中也说：“宁冈能为大本营者，即山势既大且险，路通两省，胜可以攻，败可以跑，且敌人绝对无法把我们围着。”

由于罗霄山脉中段地处湘赣两省边界，距中心城市较远，离东、西面的南昌、长沙将近380多公里，离南、北面的广州、武汉也将近800多公里。在边界各县，除一些地方武装之外，没有正规敌军驻防，敌人的统治力量是比较薄弱的。“天高皇帝远”，敌人要从遥远的地方调兵进攻井冈山，实在鞭长莫及。还有，湘赣两省的敌军，有一致对付红军的方面，但他们之间也有难以调和的矛盾，这就是双方都想保存实力，坐享渔利。正如湖南省委在1928年7月13日的通告中所写的：“高呼数月的四省围剿，仅仅是一纸具文，都不愿意牺牲实力与红军死战。”蒋介石接连几次发动对井冈山的“会剿”，其结果是“剿而不会，会而不剿”。由于红军大部分在江西境内，湖南敌军并无切肤之痛，不太愿意耗费自己的银根弹药；而驻防江西的敌人都是蒋介石从云南调来的部队（滇军），他们认为红军与自己也没有切身的利害冲突。尽管江西省主席、军阀朱培德四次进犯井冈山，其结果，就连赣敌第三军军长王均也不得不承认“屡剿屡败，匪势蔓延”。

同时，我们党和红军在这里的一举一动，其影响不仅仅震动湘、鄂、赣、粤四省，而且波及全国，所以选择井冈山为革命根据地，还有一个原因就是可以“影响神州”。正如毛泽东在《井冈山的斗争》一文中说的：“边界红旗自始终不倒，不但表示了共产党的力量，而且表示了统治阶级的破产，在全国政治上有重大的意义。”

上面分析的原因，归纳起来就是《孙子兵法》里写的“天时、地利、人和”。天时不如地利，地利不如人和，所以毛泽东强调群众基础是至关重要的。

曾有位拉美国家的最高司令官，参观井冈山后，在留言簿上写道：“井冈山是令人神往的地方。毛泽东上通天文，下知地理，他选择的这个地方是一块藏龙卧虎之地——藏中国共产党之龙，卧工农革命军之虎。这个根据地的建立，与中国革命的胜利是紧紧连在一起的。”

毛泽东建立革命根据地的思想，逐渐形成于实践过程之中，结论在总结经验之后。“文化大革命”期间有一种说法，说“毛泽东早在长沙读书的时候，口袋里就装有一张地图，对全国的山脉、河流了如指掌。一旦需要，他知道将来应占领哪一个山头”。这显然是先验论。

那么，毛泽东在湖南长沙一师读书时，有没有议论过这些事呢？有过。美国作家斯图尔特·R·施拉姆写了长篇传记《毛泽东》，作者在撰写此书时，专门去台湾采访国立政治大学的白余教授。这位白教授是毛泽东在长沙一师的同学，他在海峡两岸有较大的影响。1991年他病故时，新华社还发过消息。

当施拉姆请白余教授回忆往事的时候，白先生说了这样一段故事：1917年中秋节，毛泽东又一次而且更加明显地流露出了头脑中的传统观念。一群学生聚集在第一师范后面的山上讨论救国之道，有些人提出进入政界。对此，毛泽东回答说需要有金钱和关系才能当选。又有人提出利用今后当教员的职位来影响几代人，但毛泽东表示反对，说这个办法需时太久。别人要他提出办法，他答道：“学梁山泊好汉。”

后来，施拉姆在《毛泽东》这部传记中写道：“梁山泊是一个山地要塞的名字。毛泽东爱读的小说《水浒传》中的绿林好汉在那里安营扎寨，兴起兵事，除强暴以伸张正义，处乱世而求民安。刚好十年之后，毛泽东上井冈山，开始了一条与此并非毫无相似之处的道路。”

梁山英雄所走的路是逼出来的，中国工人阶级走井冈山的路也是逼出来的。因为民主这条路走不通，蒋介石不给一点民主自由的权利；在城市搞武装暴动这条路也走不通，因为敌人的反动统治集中在城市。这种情况逼得我们党非把主要力量转到敌人统治比较薄弱的农村去不可。加上中国的农民在政治上受的压迫和经济上受的剥削，比农村其他阶级都深重得多，对革命的要求也迫切得多，因此，工人阶级领导的农民革命，不但是中国农民的唯一出路，也是中国革命的唯一出路。

应当说，最早认识、提出并坚持这个观点的不是别人，正是毛泽东。1927年7月4日，毛泽东出席了中央政治局常委扩大会议。当讨论到如何对付许克祥镇压湖南农民运动时，毛泽东提出最好的办法是“上山”。他说：“上山可造成军事势力的基础。”“不保存武力，则将来一到事变，我们即无办法。”事实证明这位预言家的正确。时隔两个月，当秋收起义部队打了几个败仗之后，他便决然把部队带上了井冈山。

从此，井冈山成为举世瞩目的中国革命摇篮，也成为人民军队的摇篮。

党中央原定湘赣边界秋收起义的目标是打长沙的。其实，并没有打长沙，起义部队只占领了铜鼓、浏阳、醴陵这几个县城就遭到了很大的损失。毛泽东当机立断，放弃打长沙的计划，把队伍带上井冈山。中央知道了毛泽东没有按照“八七会议”决定去打长沙，而是上了井冈山，就于11月9日在上海召开政治局扩大会议，对毛泽东作了处分决定，说他“未能实现党中央的新策略，在政治上确犯了极严重的错误”。于是，把他的中共湖南省委委员和中央政治局候补委员给撤掉了。

1927年9月初，工农革命军第一军第一师前委书记毛泽东到达安源，在张家湾召开军事会议，具体部署了发动秋收起义进军路线和行动日期，决定以驻扎修水的工农革命军第一军第一师，驻铜鼓的浏阳工农义勇队，安源工人自卫队、矿警队和醴陵农民自卫队，分三路分别从修水、铜鼓、安源会攻长沙。9月5日，毛泽东赴铜鼓指挥起义。

9月9日，商人装扮的毛泽东来到湖南浏阳与江西邻界的张家坊一个客栈。毛泽东正准备吃饭、休息，忽然被前来搜查的团丁缠住了。团丁队长喝令："带到团部去审问，若查出是共党，哪怕是嫌疑分子，就地正法。"不由毛泽东分说，便被以"共党嫌疑犯"捕扣了。这是毛泽东一生中唯一的一次被捕。他同其他"共党嫌疑犯"一道，被团丁们押往离此地不远的团防局。

负责押送毛泽东的两个团丁看他态度温和，没捆他。他被脱去鞋（浏阳迷信传说，处死的人无法从阴间回来报复），赤脚走在押送队伍的最后边，其前后各有一个背着大刀的团丁。毛泽东边走边想，赶到地点等于送死，便决计用贿赂团丁的办法死里逃生。毛泽东认为，这样做是可能成功的，因为团丁是雇佣兵，枪毙自己对他们并没有特别的好处，团丁不会错过捞钱的机会。于是，毛泽东在与两团丁谈得热乎时，达成了"君子协定"，趁机塞给两个团丁几块大洋。在离团防局大院约200米的地方，毛泽东看准了有利地形，拔腿就跑。待毛泽东跑远了，两个受贿的团丁才喊："跑了，跑了，快追啊！"几个团丁手持梭镖追来。毛泽东翻过山岭，发现一个水塘四周长满高高的荒草，便潜入草丛，把身子全没在水中。毛泽东后来在保安描述了当时的险情："我跑到一个高地，下面是一个水塘，周围长了很高的草，我在那里躲到日落。士兵们在追踪我，还强迫一些农民帮助他们搜寻。有好多次他们走得很近，有一两次我几乎可以用手接触到他们。尽管有五六次我已经放弃任何希望，认为自己一定会被再次抓住，可是不知怎么的我没有被他们发现。最后天近黄昏了，他们放弃了搜寻。"天黑了，敌人走远了，毛泽东爬出了水塘。

为避免暴露，他又回到山林草丛中穿行。鞋没有了，脚扎伤得很厉害，脸和手也被树枝剐得血痕道道。毛泽东有点弄不清方向了，于是在路旁边的石头上坐下来，又饥又累又渴，正在发愁时，一个村民从山坞里挑着一担柴走过来，毛泽东站起来凑近前去问路：

“老哥，我向您打听一下，这离铜鼓城还有多远？”

“铜鼓城，离这可不近！天都快黑了。”这位村民边说边从头到脚打量着毛泽东，怀疑地问道：“你怎么走到这山坞里来？”

毛泽东把被团丁押送和途中脱险的事说了一遍，并恳求他帮忙。村民答应了。

天黑了，这位好心的村民把毛泽东领到了家里。在吃饭时，毛泽东询问附近能否买到鞋和伞。村民说可以想想办法。毛泽东拿出两块光洋，托他去买一把伞、一双鞋和一些吃的。待毛泽东洗了脸、洗完脚，他就把东西买回来了。第二天一早，这位村民又把毛泽东送到了进入铜鼓的边界，然后就走了。

9月8日，余洒度接到中共中央“即率部由平江直攻长沙”的命令后，

井冈山博物馆国画：秋收暴动

便部署部队行动。9月9日拂晓，工农革命军第一军第一师1000余名官兵，颈戴红领巾，臂佩红袖章，高举军旗，在县城紫花墩集合举行了秋收起义誓师大会。随后，部队官兵高唱“红色领带系在颈，宁为死来不顾生”，浩浩荡荡挥师北进，县城数千群众夹道欢送。

当部队行到修口，与总指挥卢德铭会合后，卢德铭便传达了当时中共湖南省委负责人向警予的指示，在与收编的邱国轩部会合后，于渣津桥头召开军民大会，宣传秋收起义的意义，号召工农团结起来与国民党反动派和土豪劣绅作殊死的斗争。随后，部队向平江进发，一路消灭了数支反动武装。

10日下午，部队第一团率先跨过湘赣边界，并迅速占领了湖南平江龙门。正当部队乘胜前进之时，敌人在长寿一带增加了一个团的兵力，而收编不久的邱国轩部在金坪乘机反戈，致使先锋部队第一团腹背受敌，遭受巨大损失，团长钟文璋失踪。卢德铭得信后，立即派部增援一团，同时师部率主力退往平江、修水、铜鼓三县交界的台庄，向驻扎铜鼓的第三团靠拢。由于敌强我弱，二团、三团相继受挫，部队未能直攻长沙，而是一路转战台庄、三溪坳到达铜鼓排埠。9月14日，毛泽东在上坪召开紧急会议，决定各路部队会师浏阳的文家市。接到指示后，卢德铭率部转到文家市与其他部队会师。这时，工农革命军第一师已由原来的5000人锐减到1500余人，受到严重挫折。9月15日晚，中共湖南省委决定停止原来准备在第二天发动的长沙暴动。

9月19日晚，毛泽东在文家市里仁学校主持召开有师、团主要负责人参加的前敌委员会会议，讨论工农革命军今后的行动方向问题。工农革命军第一师师长余洒度仍坚持“取浏阳直攻长沙”，这是符合中共中央的主张的，起义部队中也有不少人抱有这种情绪。毛泽东清醒地对客观形势作出判断，认定当地农民起义并没有形成巨大声势，单靠工农革命军的现有力量不可能攻占国民党军队强固设防的长沙，湖南省委原来的计划已无法实现，断然主张放弃进攻长沙，把起义军向南转移到敌人统治力量薄弱的农村山区，寻找落脚点，以保存革命力量，再图发展。提出这个主张，在当时是需要有极大勇气的。会议经过激烈争论，在总指挥卢德铭等支持下通过了毛泽东的主张，“议决退往湘南”。

这个决定，从形式上看似乎是后退，其实是一个突破性的进展。它既符合当时中国的具体情况，也符合马克思列宁主义的基本原则。邓小平1978年在谈到中国共产党实事求是的优良传统时说道：列宁曾经领导布尔什维克党在帝国主义世界的薄弱环节俄国搞革命取得胜利，我们中国军阀分割，先到敌人控制薄弱地区搞革命，“这在原则上是相同的”，不过，我们不是先搞城市而是先搞农村。

当时的局势依然是严峻的。起义军转兵南下以来，一路艰苦战斗，指挥员牺牲，伤员增加；连续行军，长途跋涉，有些人因为怕艰苦不辞而别；疟疾流行，病员增多，一些人掉了队，少数伤病员因缺医短药死在路旁。一些长官还存在打骂士兵的旧军队习气，党组织也不健全。在这支队伍里行进的赖毅回忆说：“那时，逃跑变成了公开的事，投机分子竟然互相询问：你走不走？你准备往哪儿去？这真是一次严峻的考验。”这些问题不解决，部队的战斗力就无法保持，很难继续前进。

9月20日清晨，1500余名起义官兵在里仁学校操坪集合。毛泽东身穿蓝色土布褂，打着整齐的绑腿，脚穿草鞋，迈着稳健的步伐走到了队伍前面，精辟地阐明了当前的形势和任务：“大革命已经失败，蒋介石、汪精卫正在疯狂地屠杀工农，革命处在低潮时期。目前敌大我小，敌强我弱，长沙这样的中心城市还不是我们待的地方。我们必须改变方针，到敌人统治力量薄弱的农村去，发动群众进行土地革命，建立农村革命根据地，发展和壮大革命武装，然后夺取城市，取得全国革命的胜利。”并形象地说道："我们现在只有1500多人，靠我们这些人去攻打长沙，那就好比'叫花子给龙王爷比宝呢'。"

接着，毛泽东满怀信心地指出："这次秋收起义，虽然受了挫折，但算不了什么！胜败乃兵家常事。我们的武装斗争刚刚开始，万事开头难，干革命就不要怕困难，我们有千千万万的工人和农民群众的支持，只要我们团结一致，继续勇敢战斗，胜利是一定属于我们的。"讲到这里，他打了个比喻说："我们现在力量很小，好比是一块小石头，蒋介石好比是一口大水缸，总有一天，我们这块小石头，要打破蒋介石那口大水缸。我给中国革命'算个八字'。当前中国革命正处在低潮，但高潮一定会到来的。"

最后，毛泽东郑重地说："中国历朝历代都没能把土匪问题解决得了，这是因为中国经济落后，交通通讯不发达。这一点是我们可以利用的，我们也上山去当'山大王'。反革命骂我们是'土匪'，但是，我们不是打家劫舍的土匪，也不只是那种劫富济贫的绿林好汉。我们是共产党领导的革命武装，有正确的政治主张和政策。敌人消灭不了我们，我们却要推翻帝国主义和封建主义的统治，消灭人吃人的剥削制度，建设一个人民当家做主的新国家！"

起义军就是在这种情况下来到三湾的。9月29日，部队翻过山口，来到永新县三湾村宿营。这里群山环抱，追敌已被摆脱，又没有地方反动武装，比较安全。部队在村里驻了5天。这是工农革命军自秋收起义以来第一次得到从容休整的机会。进村的当晚，毛泽东在"泰和祥"杂货铺召开中共前敌委员会扩大会议，讨论部队现状及其解决的措施，决定对部队实行整顿和改编，这就是著名的三湾改编。

三湾改编的主要内容是：第一，把已经不足1000人的部队，缩编为一个团，称工农革命军第一军第一师第一团，团长由陈浩担任，实际上取消了余洒度对军队的指挥权（而余洒度这时对起义已因悲观失望而灰心丧气了）；下辖一、三两个营，还有特务连、卫生队、军官队、辎重队各一个，共有700多支枪；改编时，毛泽东宣布愿留则留，愿走的发给路费，将来愿意回来还欢迎。第二，在部队内部实行民主制度，官兵平等，待遇一样，规定官长不准打骂士兵，士兵有开会说话自由。连以上建立士兵委员会。士兵委员会有很大的权力，参加对部队的行政管理和经济管理，官长要受它的监督。第三，全军由党的前敌委员会统一领导。各级部队分别建立党的组织：班排设小组，支部建立在连队上，营、团建立党委；连以上设党代表，由同级党组织的书记担任。部队的一切重大问题，都必须经党组织集体讨论决定。这三项措施开始改变了旧式军队的习气和农民的自由散漫作风，是一个需要有极大魄力才能实行的了不起的改革。

在三湾，毛泽东还提出一个重要问题：我们要和地方结合起来，要取得地方的支持。一方面我们把伤病员交给他们，他们可以把我们的伤病员安置好；另一方面我们可以发枪给他们，帮助他们发展起来，这样我们就不会被敌人打垮。这多少已提出了武装斗争要同建立农村革命根据地结合的思想。他按照中共江西省委的介绍，派人同宁冈县党组织和驻在井冈山北麓宁冈茅坪的袁文才部取得了联系。

10月3日，毛泽东率部队离三湾出发前，对刚刚进行了改编的部队作动员。他说：敌人在我们后面放冷枪，没有什么了不起。大家都是娘生的，敌人有两只脚，我们也有两只脚。贺龙同志两把菜刀起家，现在当军长，带了一军人。我们现在不止两把菜刀，我们有两营人、700多条枪，还怕干不起来吗？这些话，在部队处境艰难、不少人情绪消沉的情况下是很能鼓舞人心的。在继续行军途中人们纷纷议论：“毛委员不怕，我们还怕什么？”“贺龙两把菜刀能够起家，我们几百人还不能起家吗？”

三湾改编，实际上就是我们人民军队的新生。就是由此开始，确立了我们党对人民军队的绝对领导，阶级团结、官兵一致也成了增强军队战斗力的传家宝。如果不是毛泽东果断、英明地解决当时存在的根本问题，这支队伍便始终不会有坚定的政治灵魂和明确的行动纲领，旧军队军阀习气、知识分子软弱作风、农民自由散漫作风都不可能得到改造，其结果不是被敌人消灭，就是成为流寇。由此，可以肯定地说：三湾改编是从组织上、政治上、思想上奠定了新型人民军队的基础，也可以说，毛泽东实行的三湾改编造就了中国共产党领导下的新型人民军队的雏形。三湾改编是建设新型人民军队的重要开端，在人民军队的建军史上有重大意义。

秋收起义部队在三湾改编后，10月3日到达江西省宁冈县的古城。宁冈是一个深山中的偏僻小县，古城曾是县城所在，这时已很荒凉，人口稀少。在这里，召开了两天前委扩大会议，参加的还有前去联络的宁冈县委（当时称区委）书记龙超清和袁文才部文书陈慕平（他原是武昌中央农民运动讲习所的学员）。会议根据“八七会议”的精神，总结了湘赣边界秋收起义以来的经验教训。毛泽东指出，现在我们人少了，但是很精干，大有希望。会议着重研究了在罗霄山脉中段建立落脚点和开展游击战争问题，认为在井冈山落脚是理想的场所。对原在井冈山的袁文才、王佐这两支地方武装要从政治上、军事上对他们进行团结和改造，并尽快先在茅坪设立后方留守处和部队医院。

井冈山地区过去长期有“山大王”，当时的两支绿林式农民武装王佐部驻在山上的茨坪和大小五井等处，袁文才部驻在井冈山北麓的宁冈茅坪，互相配合，互相呼应。

袁文才和王佐，这两支绿林武装的共同目标是“劫富济贫，除暴安良”，所以土豪劣绅对他们恨之入骨，多次勾结官府派兵“进剿”。可是敌人大部队来不了，小部队又不敢来，每次“进剿”都是“竹篮子打水”。因为井冈山林海苍茫，峭壁屹立，人烟稀少，交通阻塞，用毛泽东的话来说，这里历来是“土匪散军窟宅之所”。几百年来，没有任何一届政府真正统治过这块地方。附近平原的土豪对这两支绿林武装，更只能望而生畏。

1926年冬至1927年春，在我们党的领导下，这两支绿林队伍均被改为宁冈和遂川的农民自卫军，袁文才、王佐分别担任自卫军团长。他们遥相呼应，彼此配合，即使在陈独秀责令向土豪劣绅交枪、蒋介石发动“四一二”反革命政变、边界各县工农武装遭到严重破坏的情况下，袁、王也无所畏惧，各自保存了60支枪。

不久，领导秋收起义的前委在江西安源召开军事会议。毛泽东听了赣西农军总指挥王兴亚说的有关袁文才、王佐的情况，从而对这两支农民武装有了初步的了解。

工农革命军要在井冈山落脚，不得到袁文才、王佐的允许是根本不可能的，而事情并不那样简单。他们两人虽然参加过大革命，袁文才还是共产党员。但他们对前来的这支工农革命军毕竟没有多少了解，还担心这支比他们力量大得多的部队上山会不会“火并山寨”，夺取他们原有的地盘，心中难免存有疑虑。在古城会议期间，袁文才表示：可以接济工农革命军一些给养，但请工农革命军“另找高山”。据何长工回忆：“当时工农革命军中，有人曾提议，解除他们的武装，把他们解决，他们那几十支枪，一包围缴械就完了。毛泽东同志说，谈何容易，你们太狭隘了，度量太小啦。我们不能采取大鱼吃小鱼的吞并政策，三山五岳的朋友还多呢！历史上有哪个能把三山五岳的土匪消灭掉？三山五岳联合起来总是大队伍。毛泽东同志说服我们，不能只看到几十个人、几十杆枪的问题，是个政策问题；对他们只能用文，不能用武，要积极地争取改造他们，使他们变成跟我们一道走的真正革命武装。”这是关系到工农革命军能不能在井冈山地区站住脚跟的关键性决策。袁、王部队的人数虽不多，但在当地有相当的社会基础，许多群众拥护他们。尽管他们存在一些弱点，仍是能接受教育和改造的。如果当时采取了有些人所主张的狭隘和鲁莽的做法，而不取得他们的支持，就很难设想能在井冈山建立起巩固的革命根据地来。

王佐（1898—1930）

怎样说服和争取这两支农民武装？毛泽东选定先从已加入中国共产党的袁文才入手，再通过他去做王佐的工作。

袁文才（1898—1930）

他从袁文才的代表陈慕平的谈话中已经知道，他们最看重枪，人可以少一个，枪却不能少一支。袁部有150多人，只有60支枪。于是，毛泽东向前委提议，准备一下子送他们100支枪，将袁文才的全部人员都武装起来。前委成员听到这个大胆的设想，有的人表示怀疑，余洒度坚决反对。经过毛泽东反复说明，才以多数通过。

古城会议后，毛泽东从绿林重义气、多猜疑的特点出发，只带几个随员到宁冈大仓村去会见袁文才。那是10月6日，袁文才原来还有些怕，预先在林家祠堂埋伏下20多人、20多支枪。见到毛泽东只来几个人，他就比较放心了，埋伏的人始终没有出来。见面中，毛泽东说明是由江西省委介绍来找他们的，充分肯定他们“劫富济贫”的革命性，同时说到工农革命军目前的困难。双方谈得很投机，毛泽东当场宣布送给他们100多支枪，这很出袁文才的意料，也使他很受感动。袁文才向毛泽东表示，一定要竭尽全力帮助工农革命军解决各种困难，随即回赠给工农革命军600块银元，并同意革命军在茅坪（这是一个有60多户人家的村子）建立后方医院和留守处，答应去做王佐的工作。

当然，问题并不是在一次见面中就能全部解决的。袁文才当时对毛泽东说："你们既然来了，就有福同享，有难同当，伤员和部队的粮油我管，但钱宁冈有限，还需要到酃县、茶陵、遂川一带去打土豪。"

话讲得很客气，但显然已包含着推托的意思。至于王佐的态度如何，那时还不知道。解决这些问题，需要一些时间而不能操之过急。因此，毛泽东决定工农革命军主力在井冈山周围盘旋打游击，先向湘南的酃县方向挺进，筹些款子，熟悉周围环境探听南昌起义军进入广东后的情况，而把留守部门和伤病员安置在茅坪，请袁文才代管。不久，又应袁文才的要求，派游雪程、徐彦刚、陈伯多等党员军事干部到袁文才部队里帮助他们进行政治和军事训练，工农革命军和袁、王部队的关系一天天密切起来了。

与此同时，毛泽东也抓紧对袁文才、王佐这两支绿林式农民武装的教育改造工作。他多次同袁文才谈心，既肯定他们反对土豪劣绅的革命精神，又指出他们受封建帮会影响、政治目标不明、阶级界限不清等问题，循循善诱地帮助他们提高政治思想水平。袁文才十分佩服，对部下说："跟毛委员一起干革命不会错。"毛泽东又几次上山同王佐交谈。王佐逢人就说：

宁冈大陇村，改造袁文才农民自卫军的地方

“毛委员是最有学问的人，同他谈上一次话，真是胜读十年书！”应王佐的要求，毛泽东在1928年1月上旬派曾经留学法国的何长工到王佐部当党代表，做团结、改造王佐部队的工作。何长工经过耐心的多方面的工作，逐步消除了王佐原有的戒心，特别是帮助王佐消灭了他多年的宿敌尹道一后，取得王佐的信任，使改造王佐部队的工作得以顺利展开。

小井红军医院旧址

经征得袁、王同意后，在他们部队里也建立起党的基层组织和士兵委员会。工农革命军又派了20多名党员干部，分别任袁、王部的连长、排长和党代表。部队的政治和军事素质有了提高。1928年年初，王佐加入了中国共产党。这年2月中旬，袁、王部队正式改为工农革命军第一师第二团，袁文才任团长，王佐任副团长，何长工任团党代表。工农革命军和袁、王部队正式合为一体，在井冈山站稳了脚跟。

到1928年2月，工农革命军由不足一个团发展为一师两个团，并且同当地农民运动紧密结合，摧毁了茶陵、遂川、宁冈三县的旧政权，建立起新的工农政权以及赤卫队、游击队。土地改革开始了试点，取得初步经验，但尚未普遍展开。井冈山红色区域的范围有2600多平方公里，人口有13万余人。1927年10月下旬，工农革命军来到井冈山的茨坪，经过5个月的游击战争，至此，中国革命的第一个农村根据地初步建立。用最简单的语言解释革命根据地，就是有党、有军队、有政权、有群众的坚强阵地。一个巩固的农村革命根据地在井冈山初步矗立起来，打开了实现工农武装割据的新局面。工农武装割据的星星之火，从此燃遍了全中国。

井冈山朱毛红军会师

朱毛红军的会师，是中国工农红军发展史上的一件大事。朱德率领的南昌起义军余部是以具有很强战斗力的北伐劲旅叶挺独立团为基础形成的，有两千多人、近千支枪，训练严格，装备齐整，作战有经验。他们的到来，大大增强了井冈山革命根据地的实力。根据地的发展与巩固成为蒋介石的心腹大患。国民党叫嚣要“杀猪去毛”，屡次对井冈山“进剿”“会剿”。朱德和毛泽东运用“十六字诀”游击战术，两打永新，四次粉碎敌人的“进剿”，威震井冈山。

1928年3月，得知朱德、陈毅、王尔琢率领的南昌起义军余部在发动声势浩大的湘南暴动取得巨大成功后遭到强大敌军追击，正向井冈山方向撤退。毛泽东立刻派袁文才、何长工率第二团西进资兴，接应从郴县撤出的湘南农军；自己率第一团在桂东、汝城方向阻击国民党追击部队。4月20日，他同团长张子清又指挥第一团占领酃县县城并在城西阻击追敌，掩护朱德部撤退。

4月21日，袁文才、何长工率领的工农革命军第二团、陈毅率领的湘南农军，在酃县沔渡同朱德率领的湘南起义主力部队会合。次日，工农革命军第二团按毛泽东指示，先期回宁冈砻市，筹备两军会师事宜。4月24日，朱德、陈毅率领湘南起义一部分直属部队从沔渡到达宁冈砻市。而此时，毛泽东也率领部队从湘南的桂东、汝城返回了砻市。

何长工后来回忆道：“毛泽东一到砻市，得知朱德、陈毅住在龙江书院，顾不上一路征尘，立即向龙江书院走去。朱德听说毛泽东来了，赶忙与陈毅、王尔琢等主要领导干部出门迎接。我们远远看见他们，就报告毛泽东说：‘站在前面的那位，就是朱德同志，左边是陈毅同志，朱德同志身后的那位是王尔琢同志。’毛泽东点点头，微笑着向他们招手。快走近书院时，朱德抢先几步迎上去，毛泽东也加快了脚步，早早把手伸出来。不一会儿，他们的两只有力的大手，就紧紧地握在一起了，使劲地摇着对方的手臂，是那么热烈，又是那么深情。”

毛泽东见到朱德时说：“这次湘、赣两省国民党军竟没有整倒你们！”朱德说：“我们转移得快，也全靠你们的掩护。”

毛泽东同朱德这次历史性的会见，是我党我军历史上光辉的一页，从此，毛泽东和朱德的名字便紧紧地联系在一起。

毛泽东提议，利用“五四”纪念日，部队和群众开联欢大会，庆祝胜利会师。大家一致赞成。

5月4日，砻市洋溢着盛大节日气氛。主席台搭在砻市南边的大草坪上。主席台两旁红旗飘扬，插着“庆祝两支革命部队胜利会师”“打倒国民党反动派”的标语板。上午10时，大会在鞭炮齐鸣、口号震天、军号嘹亮、军民欢腾的气氛中开始，党、政、军、工、农各界组成的主席团在主席台就位。大会执行主席陈毅宣布：“中国工农红军第四军，今天正式成立，朱德任军长，毛泽东任党代表，军委书记陈毅（后改为政治部主任），参谋长王尔琢。”红四军辖第十、第十一、第十二师，共三个师、11000人。在朱德军长讲话之后，党代表毛泽东讲话。毛泽东首先讲了会师的重大意义，明确了部队不光要打仗，还有发动群众、组织群众的任务。指出：敌人并没有孙悟空的本事，即使有孙悟空的本事，我们也有办法对付他们，因为我们有如来佛的本事。他们总逃不出如来佛的手掌。毛泽东的讲话引起热烈的掌声和欢呼声。

据1955年被授予上将军衔的陈士榘将军回忆：会师这天天气很好，井冈山碧绿如洗，红军标语鲜艳夺目，到处都洋溢着喜悦的气氛。“我清楚地记得，自跟随毛泽东参加秋收起义到上井冈山，从来没有看见毛泽东背过枪。第一次也是唯一一次看见他背枪就是在宁冈砻市红四军成立大会上。这天，毛主席特别高兴，他挎上匣子枪，走到行伍出身，经常一身戎装的朱老总跟前诙谐地说：‘背上驳壳枪，师长见军长！’”

毛泽东诙谐地把自己称作师长，其中的原因在于：党中央原定秋收起义的目标是打长沙的。其实，并没有打长沙，毛泽东把队伍带上井冈山。中央知道后就于11月9日在上海召开政治局扩大会议，对毛泽东作了处分决定，把他的中共湖南省委委员和中央政治局候补委员给撤掉了。

接着，党中央派湖南省军委特派员、湘南特委军事部部长周鲁来井冈山传达中央决定。周鲁在传达时又走了样，说中央开除了毛泽东的党籍。

党籍被开除了，党代表不能当了，书记也不能当了，只能当师长。他顶住高压，以师长的身份继续率领红军在井冈山打游击。

史沫特莱称朱毛会师是中国现代历史上最重要的事件之一。中国历史开始进入一个新的时代——朱毛时代，从此，“朱毛”便成为根植于中国现代革命斗争史深处的伟大称号。从井冈山开始，毛泽东和朱德开始了历时半个世纪的交往。直到晚年，毛泽东仍时常提起“朱毛”的称呼，对朱老总说，你是“猪”，我是“毛”，我是你身上的一根“毛”，没有朱，哪有毛，朱毛朱毛，朱在先嘛！

在党的领导下，到1930年时，全国红军已有从第一到第十三共13个军，有湘赣、赣南、闽西、湘鄂赣、闽浙赣、洪湖、湘鄂西、鄂豫皖、左右江等大大小小共15块农村革命根据地。

毛泽东、朱德携手开创的闽赣苏区成为全国苏区的中心地区，这块根据地自然也就被称为中央苏区。

在中央苏区，在毛泽东的领导指挥下，一支上井冈山时只有3600人的红军，发展到十几万人马；在第一、第二、第三次反“围剿”中，红军总共打败敌军60多万，歼敌7万多，创造了人民军队作战的战略战术原则。

1929年12月，结束了古田会议，毛泽东便决策主力由闽西向赣南转移，以避开“三省会剿”的锋芒，在三省之中，江西最“软”。

新年刚过，林彪先率第一纵队从新泉朋口出发。1月3日，朱德率红四军第三、第四纵队从古田出发，经宁化向赣南进军。

毛泽东率第二纵队到龙岩县小池打了一场阻击战，然后返回上杭县古田。

这时，毛泽东读到了一封奇特的写给他的“新年贺信”，信中透露了一股悲观情绪，主张大敌当前，红四军应分散去打游击，各自找出路。

信的作者是林彪。此时，林彪已是红四军第一纵队司令员，正在出征赣南途中。

尽管戎马倥偬，但是1月5日，毛泽东仍当即在古田村的一间民房里，用了整整一天时间，给林彪写了一封长达7000余字的复信。除了向中共中央写汇报信比较长之外，毛泽东很少写长信。这次他给林彪写长信是个例外。此信是一封公开信，写毕印发到红四军各基层单位。毛泽东写毕此信，翌日便率第二纵队离开古田，向赣南进发。

这封长信，后来收入《毛泽东选集》第一卷，成了著名的文章——《星星之火，可以燎原》。

林彪比毛泽东小14岁，生于光绪三十三年丁未十一月初一，即1907年

12月5日。湖北黄冈县人氏，本名林育容，又写作林毓蓉。

林彪的父亲，亲友通常称他“四爹”，在杂货铺里当店员。后来到长江小火轮上当会计，也做过织布工人。

林彪的母亲，亲友通常叫她“毓四婆”。

林彪有一个哥哥，一个姐姐，两个弟弟。

林彪的父亲在抗日战争时从湖北带全家逃往衡阳，再逃往柳州。林彪的母亲死于逃难途中。大嫂在去贵阳途中被日本飞机炸死。父亲辗转打听到林彪的消息后，找到重庆八路军办事处，被送往延安。解放后来到北京，1961年病逝，终年84岁。

林彪的哥哥在黄冈参加过游击队，1959年因脑出血而死。大弟弟林向荣曾任中国人民解放军团政委，战死于太原。二弟弟林毓菊后来在天津一家医院担任党委书记。姐姐则生活在湖南。

林彪在9岁时读私塾，11岁入八斗湾浚新学校。1921年，新学校停办后，他随堂兄到武汉读书。他受同乡陈潭秋、林育南的影响，思想日渐进步。1923年，林彪加入了中国社会主义青年团。1925年，林彪成为黄埔军校第四期学员，在那里加入了中国共产党。他自进入黄埔军校起，由原名林育容改名林彪。

北伐开始时，林彪担任国民革命军第二十五师第七十三团排长。

南昌起义时，林彪担任第十一军军部特务连连长。

此后，他随朱德、陈毅上了井冈山。上山后一个月，出任中国工农革命军第四军第十师第二十八团第一营营长。过了半年，1928年11月，他升为第二十八团团长。这个团是朱德南昌起义带过来的主力团。过了一年多，他升任红四军第一纵队司令员，成为红军的骨干将领。

林彪此人性格内向，言语不多，论指挥作战，确有一套本事。也正因为这样，他才从排长、连长、营长、团长、纵队司令，一个一个台阶地迈上去。他在红军建设上也有贡献，例如“三大纪律八项注意”那最后两项“注意”，便是林彪提出来的。不过，林彪又常常左右摇摆。在井冈山，在面临第三次“会剿”时，他便曾提出“红旗到底打得多久”的疑问。毛泽东曾批评他“娃娃不懂事”。这一回，毛泽东读了林彪的“新年贺信”，一下子便抓住了林彪的悲观情绪。此时的毛泽东，刚刚在古田会议上批判了党内种种错误思想，却未曾对悲观情绪来一通批判。而毛泽东对林彪悲观情绪的反感，由来已久，毛泽东收到中共中央的“二月来信”，就直截了当地复函称中央“太悲观了”！一股激情在毛泽东的心中升腾，终于把思绪从笔端汩汩流出，写出了致林彪的长信。他借林彪来做文章，以端正红四军上上下下对形势的错误估计。

毛泽东此信，后来在20世纪50年代收入《毛泽东选集》时作了删节。信的开头一段，是《星星之火，可以燎原》一文中所没有的。毛泽东此信的原文是这样的：“新年已经到来几天了，你的信我还没有回答。一则有

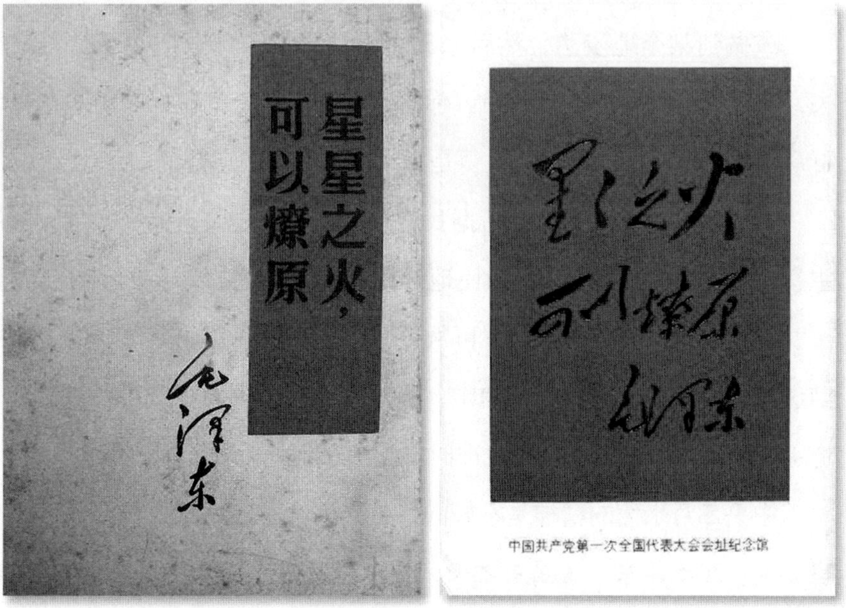

《星星之火，可以燎原》（中国共产党第一次全国代表大会会址纪念馆）

些事忙，二则也因为我到底写点什么给你呢？有什么好一点的东西可以贡献给你呢？搜索我的枯肠，没有想出一点适当的东西来，因此也就拖延着。现在我想得一点东西了，虽然不知道到底于你的情况切合不切合，但我这点材料实是现今斗争中的一个重要问题，即使于你的个别情况不切合，仍是一般紧要的问题，所以我们就把它提出来。

“我要提出什么问题呢？就是对于时局的估量和伴随而来的我们行动问题。我以前感觉到至今还有些感觉你对于时局的估量是比较的悲观。去年5月18日晚上瑞金的会议上，你这个观点是最明显。我知道你相信革命高潮是不可避免地要到来，但你不相信革命高潮有迅速到来的可能。因此，在行动上你不赞成一年争取江西的计划，而只赞成闽粤赣交界三区域的游击；同时，在三区域也没有建立赤色政权的深刻观念，因之也就没有由这种赤色政权的深入与扩大去促进全国革命高潮的深刻观念……似乎你认为在距离革命高潮尚远的时期的建立政权的艰苦工作为徒劳，而希望用比较轻便的流动游击去扩大政治影响，等到全国各地争取群众的工作做好了，或做到某个地步了，然后来一个全国暴动，那时把红军的力量加上去，就成为全国形势的大革命。你的这种全国范围的包括一切地方先争取群众后建立政权的理论，我觉得是于中国的革命不适合的。

“你的这种理论的来源，据我的观察，主要是没有把中国是一个帝国主义最后阶段中互相争夺的殖民地一件事认识清楚。”

以上这些被删去的原文，可从中共中央北方局1944年印行的《抗战以前选集》中查到。毛泽东在信中，提及了中共中央的“二月来信”。他写道：“中央二月来信就是代表那时候党内悲观分析的证据……”

中央二月来信的精神是不好的，这封信给了四军党内一部分同志以不良影响。（毛泽东：《星星之火，可以燎原》，《毛泽东选集》第1卷，人民出版社1991年版，第104页）

毛泽东对悲观情绪的根源作了如下分析：

1927年革命失败以后，革命的主观力量确实大为削弱了。剩下的一点小小的力量，若仅依据某些现象来看，自然要使同志们（作这样看法的同志们）发生悲观的念头。但若从实质上看，便大大不然。这里用得着中国的一句老话："星星之火，可以燎原。"这就是说，现在虽只有一点小小的力量，但是它的发展会是很快的……我们看事情必须要看它的实质，而把它的现象只看作入门的向导，一进了门就要抓住它的实质，这才是可靠的科学的分析方法……中国是全国都布满了干柴，很快就会燃成烈火。"星火燎原"的话，正是时局发展的适当的描写。（毛泽东：《星星之火，可以燎原》，《毛泽东选集》第1卷，人民出版社1991年版，第99、102页）最后，毛泽东以充满诗意的笔触，如此热烈欢呼道：

但我所说的中国革命高潮快要到来，决不是如有些人所谓"有到来之可能"那样完全没有行动意义的、可望而不可即的一种空的东西。它是站在海岸遥望海中已经看得见桅杆尖头了的一只航船，它是立于高山之巅远看东方已见光芒四射喷薄欲出的一轮朝日，它是躁动于母腹中的快要成熟了的一个婴儿。（毛泽东：《星星之火，可以燎原》，《毛泽东选集》第1卷，人民出版社1991年版，第106页）

毛泽东此信，写得这般潇洒，表明他复出后充满着必胜的信心。

信的结束语，也是后来被删除的。原文是：

我所不赞成你的是指你缺乏建立政权的深刻的观念，因之对于争取群众促进革命高潮的任务，就必然不能如你心头所想的完满地达到，我这封信所要说的主要的就在于这一点。

古田镇赖家坊"协成店"小屋的油灯，彻夜通亮。毛泽东一气呵成地写成了给林彪的这封长信。同时他加上了《时局估量和红军行动问题》，交付油印，发至各大队党支部。后来，此信以"毛泽东同志写给林彪同志的信”为题，收入1941年出版的《六大以来》。1947年出版的《毛泽东选集》，也全文收入此信。

1948年2月28日，林彪致函中共中央宣传部，要求印行《毛泽东选集》时，此文不要公开他的名字，称这样可以“不在群众中引起误会”，避免国外“种种无益的推测”。此时，林彪已是东北野战军司令员、中共东北局书记。

毛泽东同意了林彪的请求，将此信改为《星星之火，可以燎原》，同时删去了信的开头几段和末段中直接涉及林彪的文字。

这样，由中共中央毛泽东选集出版委员会编订的《毛泽东选集》第一卷在1952年印行时，《星星之火，可以燎原》一文的题注没有提及林彪：“这是毛泽东同志的一篇通信，是为批判当时党内的一种悲观思想而写的。”“文革”中，林彪成了中共中央副主席，仍耿耿于怀于这笔旧账。1969年9月，林彪授意他人代表，写了《西江月·重上井冈山》一词：

繁茂三湾竹树，
苍茫五哨云烟。
井冈搏斗忆当年，
唤起人间巨变。
红日光弥宇宙，
战旗涌作重洋。
工农亿万志昂扬，
誓把敌顽埋葬。
四十年前旧地，
万千往事萦怀。
英雄烈士启蒿莱，

生死艰难度外。

志壮坚信马列，

岂疑星火燎原。

辉煌胜利尽开颜，

斗志不容稍减。

1972年7月，中共中央办公厅印发《粉碎林彪反党集团反革命政变的斗争》（材料之二）说，内中的“岂疑星火燎原”一句，显然是想把那笔旧账勾销。据云，拟稿者最初写作“何疑星火燎原”，林彪改为“岂疑星火燎原”。

如此反反复复，历史云遮雾障。直至1991年《毛泽东选集》第二版问世，《星星之火，可以燎原》一文的题注才如实写上：这是毛泽东写给林彪的一封信。

1969年4月，在党的九大上，林彪作为接班人被写进了《党章》。同年9月，他邀约叶群、黄永胜、吴法宪等人重游井冈山。

1965年5月，毛泽东重上井冈山。时隔4年，他也重上井冈山，以重新显示自己历史上的丰功伟绩。

1965年，离开井冈山已36年的毛泽东说：“我老了，经常梦到井冈山。很想去看看……”5月19日，陪同毛泽东外巡的中共中央办公厅副主任、公安部副部长汪东兴打电话通知中共江西省委并井冈山管理局，准备22日接待毛泽东上山。

5月21日上午10时许，毛泽东结束了在长沙的21天生活，由中共湖南省委第一书记张平化和汪东兴等人陪同去江西考察。

中共湖南省委办公厅小车队司机赵毅雍开着银灰色吉姆轿车送毛泽东去长沙火车站东站。

赵毅雍将毛泽东送到长沙火车站东站后，毛泽东便登上专列向东飞驰而去。

赵毅雍驾驶着吉姆在湘东丘陵的崎岖山路上奔驰，后面跟着十余辆大小车辆，组成了一个浩浩荡荡的车队，直奔湘东铁路线上的醴陵。

下午1时许，车队到达醴陵县城。

醴陵邻接江西，浙赣铁路横贯这里。在距醴陵县城仅几公里的一个叫阳三石的小站，赵毅雍奉命独自开着那辆豪华的苏式银灰色吉姆轿车离开车队，悄悄来到这里，等待着专列的到来。其余的车辆则停在距车站两公里的地方待命。

下午1时多，毛泽东乘坐的专列，经过两个多小时的运行抵达阳三石车站。

毛泽东上了赵毅雍所开的那辆吉姆轿车，20余辆汽车组成一列车队，奔驰在丘陵地区的公路上。

车队进入攸县境内的莱花坪，前面是湘江支流洣水河，汽车必得要从渡船上过河。车队驶上轮渡，毛泽东坐在灰色吉姆内。有个船工透过窗玻璃，看见了车内的毛泽东，高兴极了，轻声地叫了一声："毛主席！"毛泽东朝他笑了笑，船工脸上露出幸福的笑容。

5月21日下午，毛泽东的车队驶抵茶陵县城。当晚，毛泽东下榻在中共茶陵县委招待所。毛泽东对茶陵县委领导人说：38年前，路过茶陵很狼狈，吃住都很困难，这一次可完全不一样了！

毛泽东毫无睡意，要看书，叫人把《茶陵州志》借来，开始挑灯夜读，一直读到凌晨3时。

5月22日，毛泽东离开茶陵县城，进入江西省永新县。

午饭后，车队向宁冈进发。车过宁冈砻市，他让车开慢一点。宁冈砻市是毛泽东与朱德1928年5月4日会师的地方。毛泽东坐在车内，眼睛平视前方，不时浏览砦市的风景，脸上露出了笑容。

小轿车沿着盘山公路缓缓前进。下午4时，毛泽东来到了井冈山下的茅坪村，车队在“谢氏慎公祠”前的空坪停了下来。

在谢氏慎公祠后面，有一栋土砖结构的两层楼房，楼上有一个八角形天窗，当地群众称之为八角楼，毛泽东曾在这里主持召开过苏维埃湘赣边界第一次代表大会。1928年，毛泽东在这座简陋的小砖房里，写下了《中国的红色政权为什么能够存在？》一文，分析了中国红色政权的发生和存在的原因，预言了中国革命的光明前景。

警卫人员和随行人员都下了车，可毛泽东对司机赵毅雍说：“老赵，不要停车，你慢慢地转，我们慢慢上山！”于是，灰色吉姆在八角楼前缓缓地兜了一个大圈，毛泽东撩开窗帘，浏览了一下谢氏慎公祠和八角楼外景。稍后，车子乘势掉过头来，直奔通往黄洋界的盘山公路。

灰色吉姆穿过崇山峻岭，转了几十道弯，终于第一个跃上海拔1343米的井冈山的高峰黄洋界。

72岁的毛泽东手持从北京带来的竹拐杖，他站在黄洋界上极目远眺，山风飒飒。他来到一座木头做的纪念碑前。这块碑上一面刻着毛泽东1928年秋写的那阕《西江月·井冈山》词，一面刻着朱德题写的“黄洋界保卫战胜利纪念碑”。

毛泽东心潮澎湃，他大声对张平化等陪同人员说：“这首词是1928年9月初写的。那时刚刚在黄洋界打退湖南、江西两路敌人的进攻，那一次我不在山上，你们知道这一仗吗？”接下来他讲道：“1928年8月30日，敌湘赣两军各一部趁我军在赣西南欲归未归之际进攻井冈山，我守军不足一营，好险哦！守军凭险抵抗，反复较量，终于把敌人赶下山，才保存了这个根据地。”接着，毛泽东深情地指着架设在哨口的一门大炮，向人们介绍道：这门大炮是南昌起义军带上井冈山的，至于黄洋界上的三发炮弹，人们都说前两发受潮，第三发没有受潮，所以“炮声隆”，其实也受潮了，只是打前两发时，使炮膛加热，为打响第三发提供条件，“从这点上说，前两发的功劳不能抹杀哟！这就是事物的辩证法”。大家听后，觉得很有道理。

毛泽东特意请摄影师在纪念碑前拍照留念。他首先跟张平化夫妇在纪念碑前合影。张平化是这次陪同毛泽东井冈山之行的领导干部中唯一的一位井冈山老战士，他全家有七口人为革命献身。接着，毛泽东跟江西迎接的同志合影，然后与汪东兴等随行人员合影留念。车队在黄洋界足足停了40分钟，毛泽东才依依不舍地离开。

这时太阳开始下山，车队直奔茨坪。来到大井，毛泽东凝望五井碑片刻，若有所思。

1927年秋天，毛泽东率领秋收起义部队来到井冈山时，茨坪不过是一个只有十几户人家的小山村。毛泽东到了这里后，茨坪便成了井冈山革命根据地的政治、军事、经济中心。湘赣边界特委、湘赣边界工农兵政府，都曾设在这里。东南山脚下，有一栋简陋的小民房，那就是毛泽东旧居。1928年11月间，毛泽东在这小屋里写下《井冈山的斗争》一文。

1965年的茨坪，俨然一座山中美城。车队到达茨坪时，天色已经暗下来，千百盏灯火齐放光明，一片辉煌，稀落的行人在自由漫步，喇叭里播送着当年中央苏区的民歌《十送红军》。毛泽东在车上高兴地说井冈山有电灯啦！话音刚落，车队已停在灯火辉煌的宾馆门前。

宾馆刚建成不久，坐落在青松翠竹之中，显得幽静而舒适。毛泽东下车后环顾宾馆四周，感慨地对身边的工作人员说：“这可和当年太不一样了！那时敌人前堵后追，我们靠两条腿拼命走，这一千多公里走了半个多月，这次坐汽车两天就到了，还是机械化好。”又说：“没有井冈山人民支持，没有井冈山的艰苦奋斗就不会有今天！”

毛泽东下榻在井冈山宾馆一楼115房间。这里特为他预做了又宽又厚的木板床，床上一边放被褥，一边留给他放书。根据先遣人员的安排，撤掉房间里的九斗桌，搬来一张方桌（吃饭）和三斗桌（办公），窗帘换成了黑色。

考虑到毛泽东和随行人员长途跋涉的辛苦，同时也想表达井冈山人民的一片心意，第一天晚餐桌上特地摆上了茅台酒、米酒酿、水果、香烟和丰盛的菜肴。汪东兴发现后，立即纠正，并批评："不是说好了嘛，主席每餐四菜一汤，每天两元五角钱伙食标准。一路上都没有喝酒，你们也将烟酒、水果都撤掉。主席的随行人员按每天一元五角的标准就餐，一分钱也不能多。"

毛泽东在宾馆每天吃的都是家常便饭，尤其是辣椒、青菜那是不能少的，他还喜欢吃泥鳅、小鲫鱼。敬老院有一位老赤卫队员，知道当年的毛委员爱吃小竹笋，特地拔了一些送来。毛泽东吃得津津有味，高兴地说："很久没有吃过小竹笋了，小竹笋味道好，我有这个菜就行了！"

他特别交代厨房工作人员，四菜一汤的量不要多，够吃就行，吃不了的菜不要倒掉，留到下餐再吃。

到井冈山第二天，毛泽东问宾馆工作人员："井冈山当年的红米现在还有没有？"当听说还有红米，他非常高兴。此后，每天中餐都为他蒸一小碗红米饭。

在井冈山逗留期间，毛泽东的情绪非常好，常和人谈起当年井冈山的斗争，一谈往往就是一两个小时。他工作时间安排得十分紧凑，凌晨两三点钟房间里的灯还亮着。他不断地向当地干部了解这里的建设和人民生活情况，问及这里的水利情况、公路建设以及茨坪各项新建筑。听了人们的介绍以后，毛泽东高兴地说："几十年了，井冈山变化很大。"

毛泽东特别怀念袁文才和王佐两位革命烈士，肯定袁、王为中国革命胜利作出了贡献，并特意抽出时间专门接见袁、王二位烈士的遗属。当他跟袁文才的遗孀谢梅香见面时，未待有关人员介绍，他就认出来了，叫了一声“袁嫂子”，谢梅香老人眼泪“哗”地流出来了。他见谢梅香哭，自己也很难过。当年，他在闽西，听说袁文才、王佐被错杀，在很长一段时间里心神总不安宁，他跟袁、王的感情是很深的。30多年过去了，千言万语难以诉说。毛泽东紧紧地握着谢梅香那双颤抖的手，神情格外凝重。

毛泽东还特别叮嘱随行工作人员，轮流到大小五井、井冈山革命博物馆参观，参观后要向他汇报。井冈山管理局领导将井冈山革命博物馆陈列大纲呈上给他审阅，他阅后很满意，说：“是这样的。”

5月27日，毛泽东在汪东兴、张平化等人的陪同下，手持井冈山的竹杖，向井冈山宾馆的后山登攀。他爬上山坡，高兴地举起手杖，寓意深长地说：“这东西是好武器，平时可以帮助我们走路，坏人来了可以用它自卫打击敌人。”毛泽东谈笑风生，健步向前。井冈山陪同的同志告诉他：“毛主席，那边没有路了，不能去了！”毛泽东微笑着说：“路是人走出来的嘛，我就不相信这里的山没路，有山必有路。”说着，他挥起竹杖拨开荆棘继续往前走，给随从人员踩出一条小路。

晚饭后，毛泽东经常由汪东兴、张平化、刘俊秀等陪同外出散步，一边漫步，一边漫谈。

毛泽东深情地说：“我离开井冈山已经36年了，这次旧地重游，心情特别激动，为了创建这块革命根据地，不少革命先烈牺牲了自己的生命。我早就想回井冈山看一看，没想到一别就是36年。”“今天井冈山各方面比起36年前大不相同了，上山坐汽车，住楼房，吃饭四菜一汤，穿的是干净整齐的衣服，真是神气多了。我相信，井冈山将来还会变得更好，更神气。但我劝大家日子好过了，艰苦奋斗的精神不要丢了，井冈山的革命精神不要丢了。”

从5月22日到29日，毛泽东在井冈山共住了7天。这7天时间，每到夜阑人静之时，毛泽东总在宾馆寓所里来回踱步，沉吟不已。他以忆往昔、抒豪情的海阔心胸、浩然情愫，结合自己重上井冈山所见所感，填写了两首词：

水调歌头·重上井冈山

久有凌云志，重上井冈山。千里来寻故地，旧貌变新颜。到处莺歌燕舞，更有潺潺流水，高路入云端。过了黄洋界，险处不须看。

风雷动，旌旗奋，是人寰。三十八年过去，弹指一挥间。可上九天揽月，可下五洋捉鳖，谈笑凯歌还。世上无难事，只要肯登攀。

念奴娇·井冈山

参天万木，千百里，飞上南天奇岳。故地重来何所见，多了楼台亭阁。五井碑前，黄洋界上，车子飞如跃。江山如画，古代曾云海绿。

弹指三十八年，人间变了，似天渊翻覆。犹记当时烽火里，九死一生如昨。独有豪情，天际悬明月，风雷磅礴。一声鸡唱，万怪烟消云落。

毛泽东《念奴娇·井冈山》

毛泽东回井冈山

5月29日，这天一大早，人们从山下赶来聚集在宾馆门前的坪场上，等待毛泽东的接见。这些人里有当年的老红军、老赤卫队员、老暴动队员，也有烈士遗孀和子女。

上午9时，毛泽东来到坪场上，人群中立刻响起长时间的热烈鼓掌。毛泽东边鼓掌边招手，缓步走到人群中，微笑着和他们一一握手，当毛泽东来到革命老人谢槐福面前，他停了下来，深情地望着这位革命老人。从1927年至1928年，毛泽东曾多次在他家住过。数九寒天，红军未来得及筹办棉衣，毛泽东和红军战士一样穿着单衣。红军发了棉衣后，毛泽东却把自己领到的一件棉衣送给了穷得没有衣服穿的谢槐福。此刻，谢槐福站在毛主席身边，心情无比激动，仿佛仍感受到那件棉衣的温暖。

此时，从茨坪、拿山、罗浮，从井冈山各个山村赶来见毛主席的群众正在公路边等候着。毛泽东走出小坪场，步下台阶，人群中爆发出一阵欢呼声，千百名群众欢呼雀跃，掌声、欢呼声经久不息，在群峰间久久回荡。

毛泽东向人群频频挥手告别致意，显得依依不舍。在震耳欲聋的群众惜别声中毛泽东下了井冈山……

毛泽东在井冈山会见大小五井、拿山、罗浮等地的革命老人和干部

毛泽东创造性地找到了社会主义改造的道路，他领导的“三大改造”奠定了社会主义大厦的基石。

在新民主主义革命取得胜利和中华人民共和国成立后，如何实现中国革命第二步的战略目标，建立社会主义制度？以毛泽东为首的党中央依据马克思列宁主义关于革命转变的思想，根据对中国革命发展前途的辩证思考，特别是新中国成立初期社会经济发生的新变化等实际情况，提出了党在过渡时期的总路线，领导进行了对生产资料私有制的社会主义改造，形成了中国特色的社会主义改造理论，使社会主义基本制度在中国确立起来。

1952年9月24日，毛泽东在讨论“一五”计划的方针和任务的中央书记处会议上讲了一段话，大意是：从现在开始要用10年到15年的时间，随着社会主义因素的不断增加，一步一步地逐渐由新民主主义社会过渡到社会主义社会，而不是等到10年或15年以后再采取突变的方针向社会主义过渡。

分得土地的农民在春耕

1953年12月，由中共中央宣传部拟定，经毛泽东修改和中共中央批准的文件《为动员一切力量把我国建设成为一个强大的社会主义国家而斗争——关于党在过渡时期总路线的学习和宣传提纲》，对总路线作了更为完整的正式表述，即：

从中华人民共和国成立，到社会主义改造基本完成，这是一个过渡时期。党在这个过渡时期的总路线和总任务，是要在一个相当长的时期内，逐步实现国家的社会主义工业化，并逐步实现国家对农业、对手工业和对资本主义工商业的社会主义改造。这条总路线是照耀我们各项工作的灯塔，各项工作离开它，就要犯右倾或“左”倾错误。

毛泽东历来重视农民问题，他的革命生涯基本上在农村，他对中国农民有深切的了解，也有浓厚的感情。新中国成立以后，尤其是在土地改革以后，他十分关注农村的互助合作运动。他把马列主义的关于改造小农的理论与中国农村的实际相结合，创立了对农业进行社会主义改造的理论和政策。从多方面发展了马克思主义的农业合作化理论。

1955年，在《关于农业合作化问题》的讲话中，毛泽东指出，在经济落后、生产不发达、缺乏生产资料和资金的中国广大农村，必须先有合作化，然后才能使用大机器。他强调，按照马克思主义的观点，协作能够形成新的生产力。在中国的条件下，即使没有大批农业机械，只要按照自愿

绥中县十月革命农业生产合作社的水稻喜获丰收

互利原则发展合作经济组织，也能在一定程度上达到提高生产力的目的。毛泽东的这一思路，阐明了实现农业合作化的必要性，并形成了先通过互助合作实现集体化，然后在集体化经济的基础上，逐步实现机械化和农业现代化的具有中国特点的社会主义农业发展道路。

毛泽东提出，第一步号召农民组织带有社会主义萌芽性质的、几户或十几户的农副业生产互助组；第二步在互助组的基础上，组织以土地入股和统一经营为特点的小型的带有社会主义性质的初级农业合作社；第三步，在初级社的基础上，组织大型的完全社会主义性质的高级社。

毛泽东和中共中央都认为，党的领导是搞好农业合作化的关键，而正确执行党的阶级路线和其他方针政策是搞好合作化的重要保证。1954年12月，中共中央提出了“依靠贫农（包括新中农），巩固地团结中农，限制并逐步改造富农”的农业合作化时期的阶级政策。这一政策奠定了农业合作化的群众基础。

1955年年底，毛泽东亲自主持编辑的《中国农村的社会主义高潮》（上、中、下）一书出版，是新中国农村社会主义革命和建设中的一件大事。特别是他为该书中的104篇文章写的按语，对农村的阶级斗争、农业

1955年，毛泽东在杭州为《中国农村的社会主义高潮》一书写按语

的社会主义改造和集体化农村的政治、经济、文化工作等方面都作了极为重要的指示，直接推动了农业合作化运动高潮的到来。

在农业合作化理论和政策的正确指导下，农业社会主义改造迅速发展。到1956年年底，全国入社农户占总农户的96.3%，5亿多农民在党的领导下通过合作化，走上了社会主义道路。

探索找到了一条对资本主义工商业“和平赎买”的社会主义改造道路。

毛泽东的国家资本主义理论萌芽于《新民主主义论》。在解放战争时期，由于东北解放区较早地进行了大规模的新民主主义经济建设，也就较早地产生了公私合办、出租、委托经营、公私合营、订货包销等国家资本主义的各种形式。到1953年正式决策进行资本主义工商业社会主义改造时，毛泽东关于国家资本主义理论已趋于成熟。

毛泽东指出，国家资本主义是“在人民政府管理之下的，用各种形式和国营社会主义经济联系着的，并受工人监督的资本主义经济”。

他阐明了对资本主义工商业和平改造的方针和利用、限制、改造的政策。

他把中国资产阶级区分为两个不同部分，并以此理论为基础，论述了和平改造民族资产阶级的可能性。指出，工人阶级同民族资产阶级的矛盾属于人民内部矛盾。因此，在一定时期，我们仍要与他们保持联盟。为了使民族资产阶级接受和平改造，毛泽东又提出了各种与之相适应的经济赎买形式。基本形式有“四马分肥”（资本家利润、工资福利、税收、公积金各占约四分之一）和给资本家支付定息，也包括对资方工作人员的安排。和平赎买是剥夺剥夺者的一种形式。

他系统地阐述了利用、限制、改造的完整政策。利用就是在一定时期内允许对国计民生有利的资本主义工商业继续存在，并有一些发展。限制就是限制其不利于国计民生的消极作用，国家通过对企业活动范围的管理、劳动保护政策、价格政策、税收政策和国家资本主义形式的企业利润分配等，把资本主义的剥削、无政府状况和投机活动限制在一定范围之内。改造就是把资本家的私有制变为社会主义的全民所有制。利用、限制都是为了改造，改造是政策的核心。

根据资本主义工商业的不同情况以及利用、限制、改造的需要，国家资本主义的发展经过了初级形式和高级形式两个阶段。初级形式的国家资本主义有委托加工、计划订货、统购统销、委托经销代销等。高级形式的国家资本主义是公私合营，它经过了个别企业的公私合营和全行业的公私合营两个阶段。

1956年1月，荣毅仁陪同毛泽东、陈毅视察上海申新九厂。这是毛泽东视察过的唯一一家私营企业

对资本主义工商业的和平改造在内容上包括两个方面：一方面是企业的、制度的改造；另一方面是对人的改造，即把原资本

主义工商业者改造成自食其力的社会主义劳动者，对他们从政治上适当安排，工作上发挥作用，到生活上妥善照顾，以改造阶级成员的方式和途径达到从整体上消灭资产阶级的目的。即坚持改造企业与改造人相结合，改造个人与消灭个人所属阶级相结合，这是毛泽东中国特色资本主义工商业社会主义改造的又一意义深远的伟大创造。

在党和毛泽东对资本主义工商业进行社会主义改造的理论和政策的指引下，资本主义工商业的改造从低级到高级，从“吃苹果”到“吃葡萄”，进展顺利。到1956年年底，全国私营工业的99%、私营商业的82.2%分别实现了全行业公私合营。公私合营后，资本家已不再占有和独自经营企业，而是被接受为企业职员，领取定息，同原企业利润不再发生联系。据统计，从新中国成立起到1966年，我国大约共花32亿元的低廉代价，对资本家进行赎买。逐步把资本主义工商业的生产资料转为全民所有。因此，毛泽东说，出这么一点钱，就买了这样一个阶级。这对社会主

上海召开庆祝社会主义改造胜利的集会和游行

义革命和建设是十分有利的。

1956年，中国生产资料私有制的改造取得了决定性的胜利。

1956年1月15日，工商界代表乐松生在天安门向毛泽东报喜

1980年5月，邓小平会见几内亚总统杜尔谈话时讲：“在搞社会主义方面，毛泽东主席的最大功劳是将马克思列宁主义的普遍真理同中国革命的具体实践结合起来。我们最成功的是社会主义改造。”“那时，我们在改造农业方面我们提倡建立互助组和小型合作社，规模比较小，分配也合理，所以粮食生产得到增长，农民积极性高。对资本主义工商业，我们采取赎买政策，一方面把它们改造成公有制，另一方面也没有损害国民经济的发展。我们长期允许手工业的个体经济存在，根据自愿的原则，其中大部分组织成合作社，实行集体所有制。由于我们是根据中国自己的特点采用这些方式的，所以几乎没有发生曲折，生产没有下降还不断上升，没有失业，社会产品是丰富的。”（《邓小平文选》第2卷，第313—314页）总之，“我们的社会主义改造搞得是成功的，很了不起。这是毛泽东同志对马克思列宁主义的一个重大贡献”。

应该说，从1949年新中国诞生，到1956年社会主义基本经济制度的确立，是20世纪中国又一次划时代的历史巨变。正如邓小平所指出的，“它不但根本改变了中国的命运，也改变了世界的形势”（《邓小平文选》第

2卷，第172页）。社会主义制度的建立为中国的现代化建设事业开辟了广阔的发展道路。

毛泽东还积极探索适合中国国情社会主义建设道路，并取得了初步成果。

毛泽东是伟大的、坚定的、不倦的探索者。在中国开始步入社会主义大国的时候，他又一次向全党和全国人民提出了实现马克思列宁主义同中国实际的第二次结合，走一条中国自己的社会主义建设道路的新的历史任务，并率先垂范，身体力行，领导全党以苏联经验为借鉴，在大规模调查研究的基础上，积极探索，提出了许多关于中国社会主义建设的重要观点，内容涉及经济、政治、文化、国防、外交等各个方面，取得了初步而可喜的成果。这些关于中国社会主义建设的正确的理论原则和经验总结，是毛泽东思想的主要组成部分，为后来的改革开放和建设中国特色社会主义事业提供了十分宝贵的思想源泉。

毛泽东在探索社会主义建设方面有七大贡献：

一是把“四化”作为建设伟大社会主义国家的战略目标和步骤。

社会主义改造的基本完成，社会主义制度的全面确立标志着我国开始进入社会主义初级阶段。在新阶段，如何实现国家富强就作为更加紧迫的任务提到全党和全国人民面前。

毛泽东在批阅宪法草案文稿

1954年6月，毛泽东在《关于中华人民共和国宪法草案》中提出：我们的总目标是为建设一个伟大的社会主义国家而奋斗。1957年2月，毛泽东在《关于正确处理人民内部矛盾的问题》的讲话中提出，要将“我国建设成为一个具有现代工业、现代农业和现代科学文化的社会主义国家”。1959年年底到1960年年初，在读苏联《政治经济学（教科书）》的谈话中，毛泽东进一步指出，建设社会主义，原来要求是工业现代化，农业现代化，科学文化现代化，现在要加上国防现代化。从此，毛泽东对建设一个伟大社会主义国家的目标具体化为“四个现代化”的分目标。1964年在三届人大一次会议上，周恩来根据毛泽东的提议，在《政府工作报告》中庄严宣告要在20世纪末实现“四个现代化”。

是毛泽东第一次提出了这个宏伟目标，它既体现了中国近代以来追赶世界现代化先进潮流的历史要求，又反映了中国革命历史发展的规律。

二是正确分析了社会主义社会的基本矛盾。

党的八大于1956年9月15日至27日在北京举行。大会对社会主义改造基本完成以后国内的主要矛盾作出了科学的判断，会议决议指出：“我们国内的主要矛盾，已经是人民对于建立先进的工业国的要求同落后的农业国的现实之间的矛盾，已经是人民对于经济文化迅速发展的需要同当前经济文化不能满足人民需要的状况之间的矛盾。这一矛盾的实质，在我国社会主义制度已经建立的情况下，也就是先进的社会主义制度同落后的社会生产力之间的矛盾。”

社会主义时期的主要矛盾是由社会主义社会的基本矛盾决定的。毛泽东指出，在社会主义条件下基本矛盾仍然是生产关系和生产力之间的矛盾，上层建筑和经济基础之间的矛盾。他强调，社会主义社会的基本矛盾同旧社会的基本矛盾具有根本不同的性质，它可以经过社会主义制度本身来不断得到解决。这些基本矛盾反映到社会生活中，主要已经不是阶级矛盾和阶级斗争，而是“在客观上将会长期存在的社会生产和社会需要之间的矛盾”（《毛泽东文集》第7卷，第215页）。毛泽东关于社会主义社会

1956年9月15日，毛泽东在党的八大上致开幕词

基本矛盾的理论，为我们正确认识社会主义社会的发展动力，特别是社会主义社会的主要矛盾和根本任务，提供了科学依据。

党的八大关于政治报告的决议明确指出：党和全国人民当前的主要任务，就是要集中力量发展社会生产力，实现国家工业化，逐步满足人民日益增长的物质和文化需要。八大后不久，毛泽东又明确指出："我们的根本任务已经由解放生产力变为在新的生产关系下面保护和发展生产力。"（《毛泽东文集》第7卷，第218页）党和毛泽东关于社会主义社会主要矛盾和根本任务的思想为我国的社会主义建设指明了正确的方向。

三是提出了正确处理人民内部矛盾的问题。

1956年以后，随着社会主义革命的胜利和社会主义建设的巨大成就，使我国出现了空前团结统一的局面。这种情况却使许多人发生了错觉，误以为社会主义社会不存在矛盾了，矛盾不再是社会主义社会发展的动力了。特别是在国际上出现了苏共二十大全盘否定斯大林和波兰、匈牙利事件，我国出现少数人闹事之后，许多人仍不敢正视客观存在并日益公开化的社会矛盾，尤其不敢承认在我国人民内部也存在着矛盾。这种情况严重地阻碍着社会主义事业的向前发展。如何从理论上正确说明社会主义社会存在的矛盾，特别是人民内部矛盾，成为摆在全党面前的一项重要任务。正是在这种条件下，毛泽东在1957年2月召开的最高国务会议第十一次（扩大）会议上发表了题为《关于正确处理人民内部矛盾的问题》的讲话。提出了正确处理人民内部矛盾是国家政治生活的主题的重要思想。

毛泽东特别强调正确处理人民内部矛盾的作用。他指出："在这个时候，我们提出划分敌我和人民内部两类矛盾的界限，提出正确处理人民内部矛盾的问题，以使团结全国各族人民进行一场新的战争——向自然界开战，发展我们的经济，发展我们的文化……巩固我们的新制度，建设我们的新国家，就是十分必要的了。"（《毛泽东文集》第7卷，第216页）

毛泽东提出，走自己的工业化道路，还要从社会的大系统着眼，在处理好经济关系的同时，必须处理好政治生活和文化生活方面的关系。比如，要正确处理好汉族和少数民族的关系，党和非党的关系，革命和反革命的关系，是非关系，中国和外国的关系等。毛泽东指出，我们的任务就是要处理好这些方方面面的关系和矛盾，要努力把党内外、国内外一切积极因素，直接的间接的积极因素全部调动起来，把我国建设成为一个强大的社会主义国家。

毛泽东在最高国务会议第十一次（扩大）会议上作题为《关于正确处理人民内部矛盾的问题》的报告

四是深化了对中国工业化道路的认识。

在1962年八届十中全会上，毛泽东总结"大跃进"的教训，更加明确地提出要“以农业为基础，以工业为主导”，将其确定为发展国民经济的总方针，要求我国国民经济计划必须以发展农业为出发点，安排经济计划以农轻重为序，坚决把工业部门的工作转到以农业为基础的轨道上来。这一总方针符合客观经济规律，对我国现代化建设具有长远指导意义。

1956年年底，毛泽东同民主建国会、全国工商联负责人黄炎培、陈叔通谈话时说，在公有经济占优势的情况下，应当允许私人开工厂和商店，因为国营和合营企业还不能满足社会主义需要。“可以消灭资本主义又搞资本主义”。刘少奇、周恩来也指出，我们国家有百分之九十几的社会主义，可以搞百分之几的资本主义，以作为社会主义经济的补充；在社会主义建设中，搞一点私营的，活一点有好处。这些有关所有制改革的思想，当时并未付诸实践，但为党的十一届三中全会后经济体制改革奠定了最初的思想基础。

五是在经济管理体制方面进行了有益的探索。

中共八大后，陈云主持体制改革工作，在充分调查研究的基础上，分别制定了关于改进工业、商业和财政的管理体制的规定。其基本精神是：适当调整中央与地方、国家同企业之间的关系，把一部分工业管理、商业管理、财政管理的权力下放给地方行政机关和工矿企业，以更好地调动和发挥地方和企业的积极性。这是我国经济体制改革史上一次积极有益的探索。

在改革企业管理中，党和毛泽东十分重视企业的民主管理和企业组织形式的创新。1960年3月，毛泽东在中共中央批转中共鞍山市委《关于工业战线上的技术革新和技术革命运动开展情况的报告》的批示中，强调把工人参加管理，干部参加劳动，改革不合理的规章制度，干部、工人、技术人员三结合，即“两参一改三结合”，作为新的企业管理制度，并将鞍钢所创造的这一经验称为“鞍钢宪法”。1961年9月，中央颁布的《国营工业企业工作条例（草案）》正式确认了这一制度，进一步强调要改善和加强企业管理，实行党委领导下的厂长负责制，把企业职工代表大会作为民主管理企业的有效形式。此外，20世纪60年代初，在毛泽东、刘少奇、周恩来、邓小平等提议下，中央决定借鉴西方工业发达国家管理企业的组织形式，在工业交通部门试办托拉斯（密切相关的企业组成的联营公司），以改善我国工业组织管理工作，提高企业经济效益。这也是我国改革企业经管理体制的一次有益尝试。后来由于“文化大革命”这一试点被迫中断。

六是提出要发展社会主义商品生产和商品交换。

20世纪50年代后期，在纠正经济工作“左”倾错误中，毛泽东针对党内有些同志急于想使人民公社由集体所有制过渡到全民所有制，由社会主义过渡到共产主义，以及企图废除商品生产等“左”的主张，提出要发展社会主义商品生产和商品交换。他说，只要还存在两种所有制，商品生产和商品交换极其必要，极其有用。商品生产不能与资本主义混为一谈。商品生产从古就有。商品生产和资本主义制度相联系，是资本主义的商品生产，同社会主义制度相联系，就是社会主义的商品生产。他还说，中国原来是一个商品生产很不发达的国家，比印度、巴西还落后，需要有一个发展商品生产的阶段。他认为，商品经济要持久一点好，主张在今后一个必要的历史时期内，商品生产和商品交换必须有一个很大的发展。不久，毛泽东又强调要重视价值规律。他在1959年2月中共中央政治局扩大会议上指出，价值规律是客观存在的经济法则。我们对于社会产品，只能实行等价交换，不能实行无偿占有，违反了这一点，终究是不行的。他在同年3月的一个批示中还写道，价值规律是一个伟大的学校，只有利用它，才有可能教会我们的几千万干部和几万万人民，才有可能建设我们的社会主义和共产主义，否则一切都不可能。（《毛泽东文集》第8卷，第34页）这些思想对于我们今天建立和发展社会主义市场经济体制仍不失指导意义。

七是提出了对国民经济发展要保持有效的宏观调控。

国民经济是一个有机的整体，要做到各部门之间，再生产过程各个环节之间协调发展，就必须进行有效的宏观调控。1958年“大跃进”由于片面追求高指标、高速度，违反了经济发展规律，实际上是打乱和取消宏观调控的结果。针对这一情况，党中央和毛泽东决定对国民经济进行调整。1961年1月，党的八届九中全会通过了“调整、巩固、充实、提高”的八字方针。同年9月，中央又作出《关于当前工业问题的指示》，要求在今后三年内执行八字方针必须以调整为中心。1962年1月，党中央在北京召开7000人大会，指明了经济工作中存在的缺点错误，分析产生的原因，对经验教训实事求是地作出总结。2月，刘少奇主持召开政治局常委扩大会议（中南海西楼会议），进一步研究经济调整问题。陈云在会上对当时的经济形势及克服困难的办法作了重要讲话，主张从1960年算起用大约五年时间来安排一个国民经济的恢复阶段。党中央采纳了陈云的意见，制定了大力精减职工和减少城市人口、压缩基本建设规模、缩短工业战线、从人力物力财力多方面加强和支援农业等措施，大刀阔斧地对国民经济进行调整。这样，到1965年，经过五年调整，工业和农业的关系、工业内部的关系，积累和消费的比例关系都比较协调了，工农业生产得到恢复和发展，市场供应得到改善，财政收支达到平衡，全国物价稳定，市场繁荣，国民经济调整任务胜利完成。我们党获得了更加丰富的领导经济建设的经验。

需要指出的是，20世纪五六十年代，我们党在探索中国自己的社会主义建设道路的过程中，在指导思想上出现了两个发展趋向。一个发展趋向是正确的和比较正确的趋向，这就是党在探索中国自己的建设社会主义道路的过程中，形成的一些正确的和比较正确的理论观点和方针政策。上述七个方面是党和毛泽东从1956年起，为摆脱苏联模式，探索适合中国国情社会主义建设道路所取得的主要理论成果。这些成果，丰富了毛泽东思想的理论宝库，为中共十一届三中全会后逐步形成的邓小平理论提供了重要的思想材料，为建设中国特色社会主义道路的开辟积累了宝贵的经验。

毛泽东在中共八届九中全会上讲话。主席台上左起：陈云、周恩来、刘少奇、毛泽东、朱德、邓小平

但同时也应看到，当时的探索不可避免地存在着历史局限性。也因此而存在着另一个发展趋向，即错误的趋向。第一，当时的探索从总体上说，还没有摆脱苏联模式。正如邓小平所指出的：“我们过去照搬苏联搞社会主义的模式，带来很多问题，我们很早就发现了，但没有解决好。”（《邓小平文选》第2卷，第261页）第二，在探索中所取得的一些正确的理论成果，由于种种原因而未能在实践中坚持下去，有的还出现了严重背离。典型的例子是八大作出的关于社会主义主要矛盾的正确判断没有坚持下去。第三，在探索中存在着的错误倾向逐步发展的状况，最后导致“文化大革命”这样长时间的全局性的“左”倾错误的发生。这使我国的社会主义事业遭到了严重挫折。毛泽东在探索中国社会主义建设道路中出现严重失误的原因是多方面的，其中包括缺乏社会主义建设的经验，对社会主义建设的长期性、艰巨性和复杂性缺乏充分的思想理论准备，民主集中制和集体领导的原则遭到破坏，党和国家领导制度上存在某些缺陷，以及国际因素的影响，等等。而最根本的原因在于当时对“什么是社会主义，如何建设社会主义”这个重大的理论和实践问题没有完全搞清楚。

探索的道路从来是不平坦的，探索的历程从来是迂回曲折的。在探索中，往往是清醒与迷茫、正确与错误、成功与挫折相互渗透和交织在一起。当“左”的错误发展趋向终于暂时压倒了正确的发展趋向，就导致了上述的结果。1978年，党的十一届三中全会后，邓小平在领导全党正确评价毛泽东的历史功过，确立毛泽东思想历史地位的同时，继续探索中国特色的实现社会主义现代化的道路。一方面，纠正毛泽东晚年的失误，把他反对错了的事情改正过来；另一方面，把毛泽东已经提出但是没有做好的事情做好，并且提出了一系列毛泽东没有提出的新任务、新方针、新政策，终于找到了一条具有中国特色的社会主义建设道路。从这个意义上讲，探索中国特色的社会主义建设道路的伟大历史任务，是开始于毛泽东，成功于邓小平。我们党经历了两代领导集体的艰辛努力才找到了这条道路，我们应该珍惜这个来之不易的成果。

以毛泽东为代表的中国共产党人依据马克思主义不断革命论和革命发展阶段论相统一的原理，从中国国情出发，在国民经济基本恢复后，适时引导革命从新民主主义向社会主义转变，提出党在过渡时期总路线，阐明了对生产资料私有制进行社会主义改造的理论和政策，使社会主义基本制度在中国确立起来。在社会主义制度建立的基础上，党和毛泽东勇于突破苏联模式，对中国社会主义建设道路进行艰辛的探索，提出了一系列关于社会主义建设的正确理论原则。这些理论原则反映了我国社会主义发展的客观规律，对于今天建设有中国特色的社会主义仍然具有重要的理论意义和实践意义。

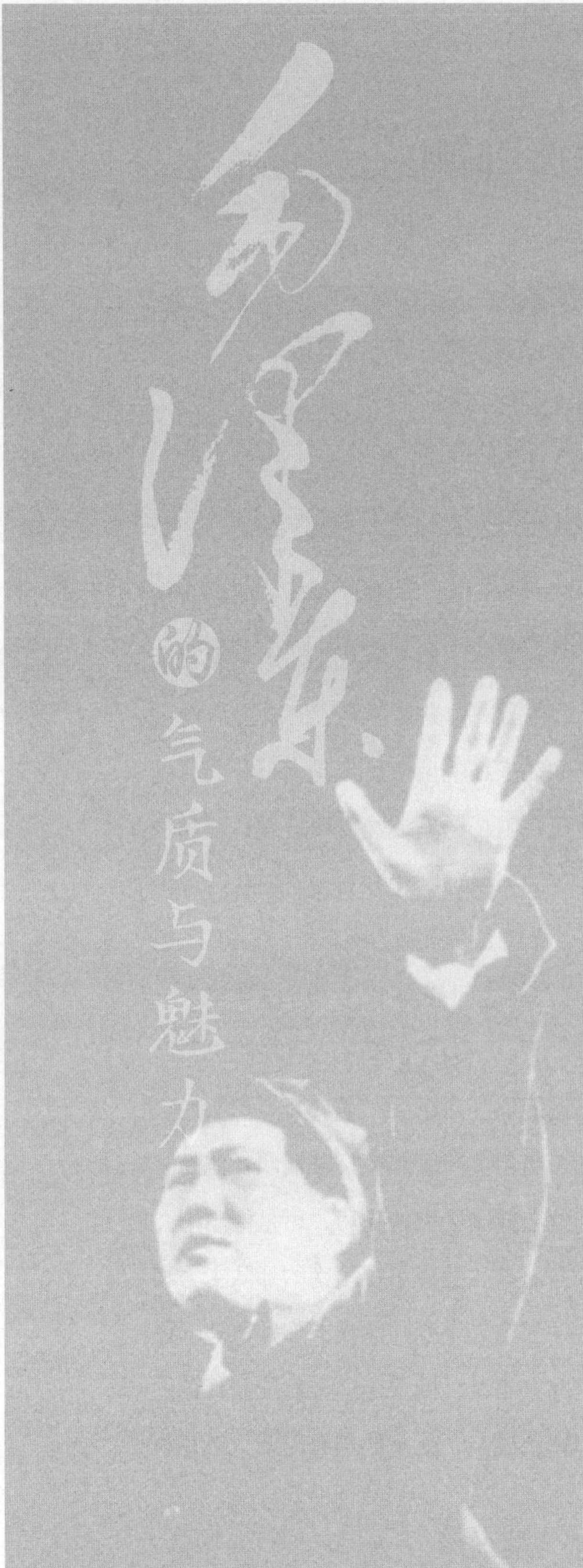

四 压倒敌人的英雄气概

毛泽东是一个军事奇才，他运用机动灵活的战略战术，指挥中央红军连续粉碎了蒋军的三次『围剿』，使赣南、闽西两个根据地连成一片，中央根据地有了很大发展。在中央苏区，在毛泽东的领导指挥下，一支上井冈山时只有3600人的红军，发展到10多万人马；在第一、二、三次反『围剿』中，红军总共打败敌军60多万，歼敌7万多，创造了人民军队作战的战略战术原则。

以少胜多，粉碎敌人三次“围剿”

蒋介石把赣南定为“剿匪重点”。1930年12月，蒋介石也从南京飞到南昌市，部署第一次“围剿”朱毛红军的行动。

蒋介石的下榻处是位于南昌市中心洗马池地区的江西大旅社，蒋介石到来前，江西省主席又对宾馆进行了装修，从武汉行营赶来的何成浚在宾馆周围布下了严密的警戒。由于在最近结束的蒋冯阎大战中大获全胜，蒋介石的心情很好，一到江西大旅社，就着实夸奖了何成浚几句：“这次我能打垮阎锡山、冯玉祥，和你在南线的出色工作是离不开的。可以说你老兄在南线指挥若定，谈笑退三军呵！”何成浚谨慎地说：“都是委座指导有方，我只不过是执行了委座的指示。”蒋介石笑着说：“成浚兄就不要过谦了，这次围剿朱毛红军，你还要多出些力啊！”

蒋介石在旅社里四处看看，蛮有兴趣地问鲁涤平：“听说当年八一南昌暴动时，这里就是周恩来的指挥所？”鲁涤平恭敬地回答说：“是的。当年周恩来的办公室就是委座下榻的那间房子。”蒋介石点点头说：“好，好。周恩来这个人我是了解的。当年黄埔军东征打陈炯明，他是立了大功的，很有才干。清党时，我劝他选择国民党的党籍，可是他不干，到南昌组织暴动，到底叫他闹了个局面出来。毛泽东在赣南的部队主力和主要骨干，还都是周恩来从南昌拉走的那个二十五师的人。你知道他，还有蒋先云、陈赓这些学生为什么放着高官不做，偏要走这条危险而艰苦的路吗？”鲁涤平答不上来，蒋介石挥挥手说：“就是他们有信仰，愿意为信仰而死。他们有几万军队这并不可怕，我有几百万军队打他们。可怕的是他们的这种甘愿为信仰肝脑涂地的献身精神，这一点，值得我党所有同志学习啊！”

第二天，蒋介石在江西大旅社召开军事会议，围剿军的师长公秉藩、张辉瓒、谭道源等人出席了会议。蒋介石训示道：“以前会剿朱毛红军，各省拥军自保，只要能把匪军逐出本省了事，致使毛泽东可以从容寻找薄弱地区打击之。国府有鉴于此，决定成立陆海空军总司令南昌行营，由江西省主席兼第九路军总指挥鲁涤平为行营主任。统一调集12个师，围剿朱毛匪部，务要荡平共匪，根本解决。据情报，朱毛匪部共有兵3万余人，徒手者甚众，我围剿军10万人，装备精良，人数、装备占绝对优势。诸位要发扬总理提倡的革命精神，长驱直入，分进合击，猛进猛打，一鼓奏捷。”

部署完毕，蒋介石飞回南京去了。10万“围剿”军在鲁涤平的指挥下，大举向赣南杀来，张辉瓒率主力十八师一马当先，逼近红一方面军驻地东固。

如何粉碎敌人的“围剿”，在红一方面军作战会议上，将领们议论纷纷，有主张北上迎敌的，有主张打九

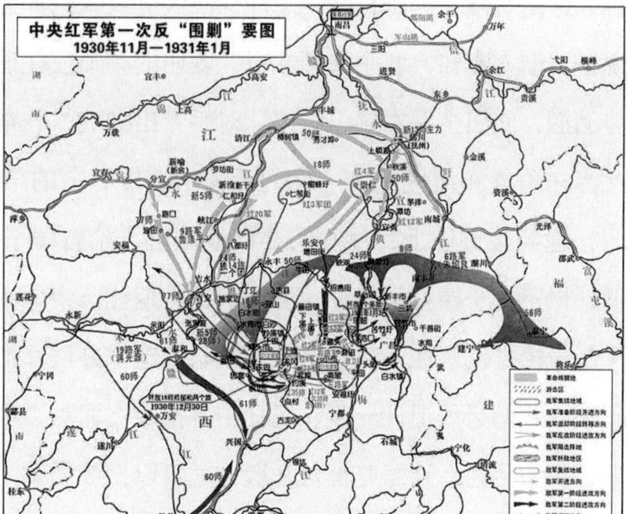

中央红军第一次反“围剿”示意图

张辉瓒（1885—1931）

江南昌吸引走敌军的。毛泽东摆摆手说：“不行不行，你们说的这些办法都不行。北上迎敌，那是硬拼，是叫花子和龙王比宝，长沙城下的血的教训还不深刻吗？打九江、南昌也不现实，我军打不下九江南昌，敌人是明白这个道理的，所以也吸引不走他们。再说，我们一走，根据地丢了，结果是扁担未扎，两头打塌。”

毛泽东继续说：“让敌人进来。放进来打。”有人一听放敌人进入根据地马上就叫起来了：“不行，这是右倾，逃跑！我们怎能让敌人进入我们神圣的根据地。”毛泽东说：“谁人不知，两个拳师放对，聪明的拳师往往退让一步，而蠢人则气势汹汹，使出全副本领，结果让对手看出破绽，一拳击倒。”讲到这里，毛泽东语气和缓地说：“你们看《水浒传》上的梁山好汉林冲发配沧州时，途经柴进庄上，洪教头要和他比对，抡着棒子连唤来来来，气势汹汹，恨不得一棒打倒林冲。聪明的林冲退让三步，乘洪教头步子混乱时，手起一棒打倒了他。我们对敌人也采取这个办法。把敌人放进来打。强敌犯境，我们必须退让一步，退让中寻找敌之弱点，选择有利时机，有利地形，集中兵力，连续吃掉他几股，就可以打败围剿。这就是《孙子兵法》上所说的避其锐气、击其惰性的战略。”

毛泽东的一番道理说服了大家。再则，敌进甚疾，也没有时间让大家可以从容讨论。毛泽东立即命令召开誓师大会。他让秘书们铺好纸，自己挥毫泼墨，写了一副大会主席台的对联：

敌进我退，敌驻我扰，敌疲我打，敌退我追，游击战里操胜券；

大步进退，诱敌深入，集中兵力，各个击破，运动战中歼敌人。

这十六字诀游击战术的由来，与毛泽东在井冈山上的斗争分不开。

毛泽东刚上井冈山时，听说有一个叫山大王的朱聋子，本名朱孔阳，在井冈山当了几十年的“山大王”，官府多次捉他一直捉不到。他利用井冈山地势险峻，到处是悬崖绝壁，山里树密林深，气候多变，经常是云雾弥漫的天气，与官府兵周旋。官府兵一进山，他就与之满山转圈子，你到这里来，我到那里去，使官府兵对他无可奈何。他的基本经验是：“在井冈山不要会打仗，只要会打圈。”毛泽东研究了朱聋子这一经验，从中受到启发，“打圈”是为了避实就虚，摆脱敌人的追击，而打仗是为了吃掉敌人，战胜敌人，从而引出了他新的思路。他对红军的战士们讲，我们要把“打圈”和打仗结合起来，把“山大王”的办法改为“红军不但会打圈，还要会打仗”。敌人向我们“进剿”，我们就退避三舍。我们一退，敌人不知我们的去向，他就得重新侦察。我们先领着他兜圈子，等他的弱点暴露出来，我们就打他个干净利落。

1927年12月，毛泽东在茶陵与战士们笑谈战术，说了一段极精彩的话：打得赢就打，打不赢就走；赚钱就来，蚀本不干，这就是我们的战术。按照这个战术，毛泽东在井冈山很少做蚀本的买卖。

1928年1月中旬，江西的敌人以一个团又一个营的兵力对井冈山发动第一次“进剿”。在此情况下，毛泽东在遂川主持召开了前委和万安县委的联席会议，总结井冈山工农革命军和万安农军开展游击战的经验，把这一时期开展游击战的经验概括为：对付敌人的办法，要看敌人的多少，打得赢就打，打不赢就走，敌人来了我们退，敌人去了我们后面追，提出了“敌来我走，敌驻我扰，敌退我追”的游击战原则。这是毛泽东第一次比较系统地总结出来的“十二字秘诀”。

毛泽东运用这一原则，率工农革命军主力由遂川返回井冈山，经过充分准备，对进占新城的敌人，从南、北、东三面突然发起进攻，经数小时激战，全歼守敌，攻占新城。此次战斗，我军首次全歼敌正规军一个营，俘敌近300人，打破了敌人的第一次“进剿”，为井冈山根据地的建立奠定了基础。

1928年5月中旬，蒋介石调集湘、赣两省十个团的兵力，向井冈山根据地企图实施分进合击。当敌人从吉安向永新推进时，毛泽东和朱德采用“敌来我走”的办法，令红军于5月底主动撤出永新城，集结于宁冈待命。敌人占了永新后，不知红军的虚实，不敢贸然行动。红军从宁冈出发，向西佯攻酃县，引诱赣敌第九师杨池生、第二十七师杨如轩部向西深入。红军带着敌人转了一个圈子之后，突然回师东进宁冈新城，占领了七溪岭有利地形。6月23日激战一天，全歼敌人一个团，击溃其两个团，又乘胜猛追40里，缴获大批枪支，取得了龙源口大捷的胜利，粉碎了敌人对井冈山根据地的“进剿”。根据地的人民赞扬说：“不费红军三分力，打败江西两只羊（杨）。”

毛泽东从战争学习战争，并不断总结游击战争的经验，逐步形成了游击战争的战略战术原则。他在1929年4月5日，代表前委给中央的信中，作了这样的概括：“我们三年来从斗争中所得的战术，真是和古今中外的战术都不同。用我们的战术，群众斗争的发动是一天比一天扩大的，任何强大的敌人是奈何我们不得的。我们的战术就是游击的战术。大要说来是：‘分兵以发动群众，集中以应付敌人。’‘敌进我退，敌驻我扰，敌疲我打，敌退我追。’‘固定区域的割据，用波浪式的推进政策。强敌跟追，用盘旋式的打圈子政策。’‘很短的时间，很好的方法，发动很大的群众。’这种战术正如打网，要随时打开，又要随时收拢。打开以争取群众，收拢以应付敌人。三年以来，都是用的这种战术。”

这是井冈山自1927年到1929年三年游击战术的一次大汇总。所以，这次在3万主力红军的反“围剿”誓师大会上，毛泽东才不忘在楹联中嵌入“十六字诀”。

誓师大会刚开完，军报传来，张辉瓒率十八师已经出动。毛泽东看看地图，判定张辉瓒要从东固出发西攻龙冈。占领了龙冈，张辉瓒可与已在东固的新编第五师师长公秉藩联手南进，互为犄角。从东固到龙冈只有60多里路，红一方面军这时驻在东固附近，必须要赶在张辉瓒的前面，在龙冈布下埋伏。军情紧急，不及细说，毛泽东下令部队立即向西面的龙冈前进。红四军军长林彪、政委罗荣桓得令后，立即在路旁竖了一块大门板，用粉笔写了几句动员词：“军长、政委示：上固无敌，敌在龙冈，望全军将士奋起精神消灭之。林彪、罗荣桓。”战士们看见军长政委的命令，加快步伐，小跑着赶往龙冈。

1930年12月29日，红军经紧急行军赶到龙冈，进入了伏击阵地。龙冈位于江西永丰县，是一个小镇，周围高山环绕，中间是一条狭窄的山谷，大路就从谷底通过。黄公略率红三军蔡会文、周子昆、陈伯钧、李涛、朱良才、李聚奎等将领和全军将士埋伏在正面。林彪、罗荣桓率红四军陈奇涵、赵尔陆、罗瑞卿、杨成武、萧克、刘亚楼等将领和全军将士埋伏在西侧。罗炳辉、谭震林率红十二军谭政、杨立三、杨至诚、寻淮洲、张宗逊、邓华等将领和全军将士埋伏在左翼。毛泽东在苦竹岭设下指挥所，和朱德一起指挥战斗。

张辉瓒乃湘人，杀人如麻，有“屠夫”之称。他率十八师全体人马近万人浩浩荡荡地从东固向龙冈行进。张辉瓒素好排场，坐着大轿，前后是他的装备精良的警卫连。全连士兵都是左挎盒子炮，枪柄上的吊金红丝穗挂在脖子上；背上一把雪亮的马刀，刀柄上的国民党小党旗迎风飘舞。

张辉瓒起身行伍，又毕业于清军讲武堂，后来又留学日本和德国的军事学校，既有丰富的实战经验，又有较高的理论修养。龙冈地形不好，他是一清二楚。但是一则据鲁涤平介绍，红军只是一群乌合之众，不堪一击；二则张辉瓒求战心切，所以不顾龙冈地形险恶，大举进兵。

从东固到龙冈，几十里的路上毫无敌踪，张辉瓒又喜又急。喜的是红军果然不堪一击，听见十八师到来，早已远逃，足见十八师之威名赫赫。急的是什么时候才能抓住红军。张辉瓒急令部队加速前进。

12月30日，毛泽东在苦竹岭指挥所里接到报告，得知张辉瓒迅猛逼近龙冈，忙命部队做好战斗准备。下午3时，敌进龙冈，山间忽然升起浓雾，毛泽东高兴地说，真是天助我也，浓雾将使敌军无法判定目标。

张辉瓒见浓雾升起，暗叫不好，正想退兵，周围山头上一声大喊，子弹如雨点般射来。一阵弹雨飞过，数万红军从山头上冲杀下来。张辉瓒大惊，原来红军并不是乌合之众，他们早就在这里布下了伏兵等着自己，他不由得骂鲁涤平情报不准，骗了自己。他想着调整部署，据守顽抗，但浓雾中根本无法调动部队，眼睁睁看着红军将十八师分截为数段。经从上午8时至下午4时，红军全歼敌人9000。敌十八师全军覆灭。师部被捣毁后，张辉瓒眼见已无力回天，便急忙扔掉身上的中将呢子军服，换上了一件士兵上衣，穿着来不及脱下的将军服裤子，只身向万功山山顶爬去。当他爬到半山腰时，忽听山顶上有枪声，知道山顶已被红军占领不能再上了，便慌慌张张四下观望，发现不远处的一棵大枫树下有个土坑，便急急忙忙爬过去钻进土坑，将边上的茅草使劲往身上盖。不一会儿，红四军第十师几个搜山的战士来到了这棵大枫树下。他们见土坑边的茅草被人刚刚扒拉过，便上前用枪一挑，藏在里面的人露了出来。张辉瓒就这样被红军战士活捉了，被押往毛泽东指挥所。

张辉瓒是长沙人，大革命时期与毛泽东有过交往，那时毛泽东是国民党中央宣传部代部长，是张辉瓒的上级。他比毛泽东长7岁，一见面就鞠躬，“润之先生”一个劲儿不停叫，毛泽东哈哈大笑：“你一再说过，要剃朱、毛的头，想不到，今日被我们剃了头！”张连说：“惭愧！惭愧！有罪，有罪！”

“都是鲁涤平骗了我，说你们是乌合之众，不堪一击。润之兄，念在过去的情分上，你就饶我一命吧。”毛泽东严肃地说：“按说，你杀了我们那么多人，今天杀你一千遍也不为过。不过，我们是优待俘虏的，我不但不杀你，还要请你给我们红军学校的学员上课呢。毕竟，你喝过洋墨水啊！”张辉瓒一听不杀他，一下跪倒在地：“润之兄不杀之恩，小弟定当结环以报。”毛泽东让他起来，命令战士们押往后方。

但是张辉瓒民愤太大，押往东固后，被当地政府公审处决。然后他的首级被装进笼子，绑在木筏上，扔进了赣江。国民党七十七师发现后捞起送往南昌，后被何键砍几段樟树，葬于长沙岳麓山。张的家属曾不惜任何代价到上海找中共救他，蒋也提出要释放大批政治犯，给现洋20万，以换回张辉瓒。朱德对此很后悔，说倒不是因为那笔钱，而是因为蒋进行报复，杀害了我们许多在狱中的同志。

毛泽东率红一军团追击，1931年1月3日在东韶追上谭道源之第五十师，歼其一旅。五天连打二仗，歼敌一个半师，余敌惊惶退出根据地，第一次反“围剿”胜利结束。

这次反“围剿”，红军缴获无算。特别令毛泽东高兴的是，这次还缴获了张辉瓒和谭道源的两部无线电台。红军终于有了自己的无线电台，毛泽东下令成立红军的第一个无线电台，任命王诤为台长，冯文彬为政委；又下令成立报务员训练班，以王诤、刘寅为教师，培训红军通信干部。王、刘二人是随电台被俘的报务员，自愿留下当红军，以后都成为领导人民军队无线通信工作的高级将领。

第一次反“围剿”胜利后，毛泽东写下了：《渔家傲·反第一次大“围剿”》

万木霜天红烂漫，天兵怒气冲霄汉。
雾满龙冈千嶂暗，齐声唤，前头捉了张辉瓒。
二十万军重入赣，风烟滚滚来天半。
唤起工农千百万，同心干，不周山下红旗乱。

1931年2月，蒋介石派军政部长何应钦赴南昌百花洲，代理总司令职权指挥南昌、武汉两行营，并将“围剿”红军不力的首任行营主任鲁涤平撤职。

41岁的何应钦，虽然出生于贵州义兴，但祖籍江西。他跟蒋介石有着颇深的交情。1908年，18岁的何应钦赴日本留学，在振武学堂结识比他大三岁、来自浙江奉化的蒋介石。同窗之谊，使蒋何之间变得亲密。

何应钦回国后，在黔军中任团长、旅长以至成为黔军总参谋长。由于黔军总司令王文华突然遭刺，他失去靠山，离黔出亡，到广州任孙中山元帅府参谋。当蒋介石出任黄埔军校校长，他任战术少将总教官兼黄埔军校教育长，从此蒋何携手。1929年，当蒋介石出任海陆空军总司令，何应钦出任海陆空军司令部总参谋长。翌年，又任国民政府军政部部长。

蒋介石反省上次“围剿”之败，败在“长驱直入”，入了毛泽东布下的“口袋”。这一回的第二次“围剿”，他把战略方针改成：“稳扎稳打，步步为营，紧缩包围。”

何应钦调集了20个师又3个旅，兵力20万，比第一次“围剿”增加了一倍，亦即毛泽东的词中所谓“二十万军重入赣，风烟滚滚来天半”。

这时红军的总兵力为35000人，只及国民党军队的六分之一。为此，蒋介石以为消灭红军将不费吹灰之力，他发表演说，紧握拳头，大声宣称：“三个月内消灭共军！”

面对六倍于己的敌军，红军统帅部在青塘召开了苏区中央局扩大会议，展开了深入的讨论和研究：

项英提出转移，主张“跑”，把红军开到四川去。他引述斯大林的话来作为依据：“四川是最理想的根据地。”也有许多人主张“分兵退敌”，以为红军分散游击，可以分散敌军的目标。

毛泽东力排众议，提出“诱敌深入，集中兵力，先打弱敌，并在运动中各个歼灭敌人”的作战方针。他指出这20万“全部是蒋之非嫡系部队”，主张“拣弱的打”。

经过前后一个半月、四次会议的反复讨论，毛泽东的意见终于得到了中共中央新派来的“三人团”的认可。

何应钦指挥着20万大军，“齐头并进，稳扎稳打”，西起赣江，东至福建建宁，连营700里，徐徐朝南推进。到了4月下旬，已推进至富田、广昌、建宁一线。直至此时，何应钦仍不知红军主力何在。

毛泽东是一位军事奇才，是一位“无师自通”的将才。他约了彭德怀，在东固一带的群山之中钻来钻去，一边摘吃山上的刺梅，一边察看地形，他看中了这块地方。

东固在上回“捉了张辉瓒”的龙冈之北，地形很有点像井冈山，只是没有井冈山那么高罢了。东固群山环抱，北有东固岭、钟鼓，东南有名为“狐狸十八歇”的大山，南有大乌山、荒石岭，西南有白云山，西有观音崖，西北有九寸岭，群山之间，只有五条羊肠小道，类似于井冈山那五大哨口。这是易守难攻的好地方。自1931年4月20日起，毛泽东竟把3万红军主力调入东固，派兵严守各山口。3万大军在这深山之中悄然待命，伺机而动。

这时，东固的西、北、南三面皆有蒋军，而且挨得很近：西有王金钰部队，驻扎在富田坡下一带，离东固不过40里；北面郭华宗部队，驻扎水南、白沙，离东固只70里；南面，蒋光鼐、蔡廷锴的两个师，占领了兴国县城。毛泽东所下的是步险棋，一旦消息走漏，三军夹击，那就天机尽泄，陷入包围圈之中。项英挖苦毛泽东，说他“钻牛角”。毛泽东坦然答曰：“我们就要钻这个‘牛角’！”

毛泽东看中东固，除了那里群山环立、地形极为有利之外，还在于中共在东固有很深的根基，那里曾被誉为赣西南“群众斗争最红的地方”。3万大军进山，那里的妇女、孩子都帮助放哨，查“路条”，家家户户借粮给红军。

不过，东固原本只有万把人。陡然增加了3万青壮年，粮食顿时紧张，蔬菜也不够供应。于是，红军从每日三餐改为每天两顿，纷纷上山挖竹笋、下田逮泥鳅、入河摸螺蛳，权且当菜。

何应钦和毛泽东两位主帅都在摸对方的底。何应钦觉得好生奇怪，怎么一路“稳扎稳打”，从未遇上有力的抵抗，不见红军主力的踪影？毛泽东坐在深山之中，却在终日琢磨，选择什么时机突然奇袭，才会收到最好的战果？

何应钦的右路军总指挥为王金钰，其部队之一是第二十八师，师长公秉藩，乃是红军的老对手。该师参加过第一次“围剿”，那时首先攻占东固并跟张辉瓒部队在浓雾中火并。要不是逃得快，早就全军覆没，此次又与毛泽东交手，未免心惊胆战。

1931年5月8日，公秉藩的八十二旅旅长王懋德报告说，他们探知红军主力在东固，那里集中了红军七八个军！

不过，秉公藩对此将信将疑，于是急报何应钦，何下令对东固进行飞机侦察，漆着青天白日的侦察机在东固上空反复盘旋，没有发现异常迹象。

于是，5月11日，何应钦复电公秉藩：

“连日派飞机侦察均未见敌踪，仍盼鼓励所属，不顾一切，奋勇前进，如期攻下东固，树各路之先声。”

这时，红军已经有了无线电台。这个电台跟随红一方面军司令部行动，成了毛泽东、朱德的“耳朵”。此刻，在东固，红军电台昼夜有人值班，监听着国民党部队发出的每一个无线电信号。国民党部队做梦也未曾想到，红军居然也在接收着他们之间的联络电报！

在监听中，要算公秉藩师部发出的无线电报信号最为“嘹亮”，因为其他部队用的都是15瓦特的收发报机，而公秉藩师部用的是100瓦特的收发报机。红军盘算着如何把公秉藩师部的收发报机完好无损地弄到手，因为那台大功率的收发报机足以跟上海的中共中央直接联系。

红军主力3万大军，在东固大山之中，已经埋伏了整整25天，很多人都已烦躁起来，怀疑毛泽东钻“牛角”，究竟能不能钻得成？

正在这节骨眼上，1931年5月15日黄昏，红军电台从空中捕捉着重要情报，那是公秉藩师部跟该师吉安留守处之间的明码往返联络：

师部台：“我们现驻富田，明晨出发。”

吉安台：“哪里去？”

师部台：“东固。”

红军电台马上把这份重要情报送到毛泽东和朱德手中。总司令部的灯火通宵亮着，毛泽东和朱德忙碌着调兵遣将，在公秉藩师必经之路上布好“口袋”。

5月16日清早，前方侦察部队向公秉藩汇报，说通往东固的道路“平静得和水一样”。

迎着朝阳，公秉藩率师向东固前进了。山间路窄，队伍成一列纵队前进，前前后后达五六里长。内中最显眼的是三顶大轿，里面分别坐着师长公秉藩以及副师长、参谋长。

上午10时许，公秉藩师全部进入毛泽东的“口袋”。一声令下，寂静的山谷忽地响起炒豆般的枪声，喊杀声震天动地。红军在前，独立团、赤卫队在后，以战斗队形从山上猛冲下来，敌人兵力无法展开，机枪、重炮丧失优势，敌人死伤严重。这时，红军电台收到了公秉藩师部发出的“SOS”呼救号声，红军总司令部闻讯笑声连连。

下午3时，战斗结束。公秉藩的二十八师全军覆没，一个旅也被歼灭。这一仗，红军共歼蒋军1万多人！

师长公秉藩也被红军活捉。不过，他化装成士兵。红军宽大俘虏，给回家的蒋军士兵每人发两块“花边”银圆。公秉藩也混在士兵中领大洋。发到他的时候，只剩一块大洋。红军要他等一下，过一会儿补发一块大洋给他。他生怕有变，连声说“一块花边足够用”，赶紧逃脱，溜之大吉。

至于公秉藩那部100瓦特的电台，真的完好无损地被缴获。另外，还缴获了六部15瓦特电台。从此，红军建立了无线电总队，王诤任总队长，伍云甫任政委。这支无线电总队一直窃听着蒋介石部队的往返电报，为红军提供了重要情报。

东固一战，朱毛红军威风大振。从5月16日至31日的15天内，红一方面军由西向东横扫700里，在东固、白沙、中村、广昌、建宁、五战五捷，歼敌3万多人，缴枪两万多支。第二次反“围剿”又取得了胜利。

毛泽东又一次显露了他的韬略雄才。彭德怀从此称他是“摇鹅毛扇的”，把他比作诸葛亮。彭德怀说了一番佩服毛泽东的话：“我在这次战役中学到一些东西：毛泽东对战役部署，固然是异常细心地反复思考，力求无缺；对战术问题也是异常细心的，反复推究，特别是不耻下问，虚心听取别人的意见。此役集中优势兵力，‘伤敌十指，不如断敌一指’，他对此运用得最熟练。”

胜利之时，毛泽东诗兴大发，写下《渔家傲·反第二次大“围剿”》

白云山头云欲立，
白云山下呼声急，
枯木朽株齐努力。
枪林逼，
飞将军自重霄入。
七百里驱十五日，
赣水苍茫闽山碧，
横扫千军如卷席。
有人泣，
为营步步嗟何及！

毛泽东写及的白云山，便是歼灭国民党军二十八师之处。据毛泽东说，那天一早他登上白云山时，山头还是一片白云。红军奇兵突击二十八师，蒋军士兵惊呼“你们是天上飞下来的呀”，故毛泽东有“飞将军自重霄入”之句。至于那“有人泣”，不言而喻巧指蒋介石也。

1931年6月下旬，蒋介石带着美国、日本、德国的军事顾问到南昌召开军事会议，部署以23个师、3个旅约30万人的兵力再次“围剿”红军。在会上，蒋介石破口大骂狼狈逃回的各路将领是无能之辈，骂到痛心处失声痛哭。他就不信：红军消灭不了？这次，他要“御驾亲征”，亲自担任“围剿”军总司令，以何应钦为前线总司令，以数量上超过红军10倍的30万兵力，与红军决一死战，同朱毛比一高低。

蒋介石令何应钦为中路军总司令，驻南昌；令陈铭枢为右路军总司令，驻吉安；令朱绍良为左路军总司令，驻南丰。“围剿”部队不但有杂牌军，还有嫡系陈诚、罗卓英、赵观涛、卫立煌、蒋鼎文的5个师。蒋介石深知红军在第二次反“围剿”作战中于15天里，连走700里，打了5仗，虽然大获胜利，但肯定非常疲劳，决心在红军刚开始休整之时来个长驱直入，使红军不及准备就遭歼灭。于是，他在第二次“围剿”失败后仅一个月，也就是1931年6月就开始第三次“围剿”。

命运注定蒋介石的这第三次“围剿”必然也以失败告终。原来这时中共中央任命毛泽东为苏区中央局书记、中革军委主席，指挥权现在集中到毛泽东的手里了。得知敌军大致的消息后，他立即命令红军主力绕道千里到兴国集中。这时敌进甚疾，毛泽东命令红军向富田前进，寻歼敌师，不料被白军发现，陈诚、罗卓英两师人马包围上来，毛泽东乃令部队退回兴国高兴圩，第二天趁夜通过了蒋鼎文师和蒋光鼐军之间的宽仅40里的空隙地带；8月7日，在莲塘先打上官云相第四十七师一个多旅；接着，在良村再打郝梦龄五十四师大部；8月11日，在黄陂三打毛炳文第八师约四个团，取得三战三捷的胜利。缴枪万余。

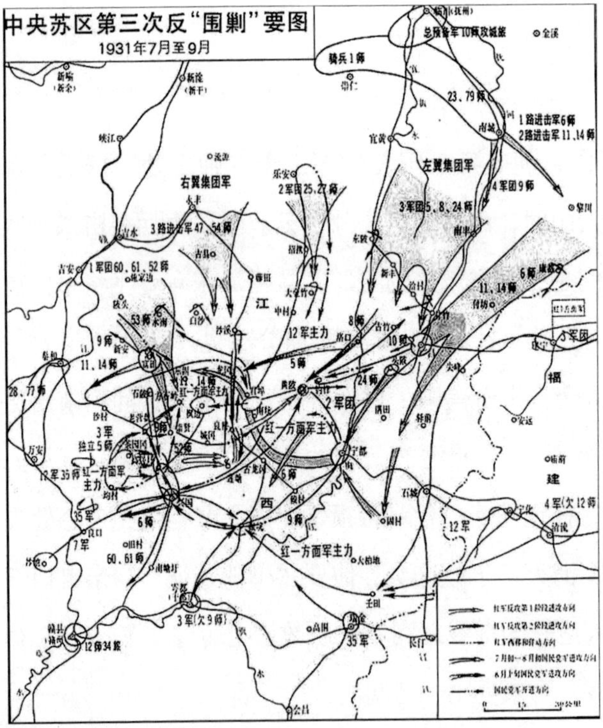

中央苏区第三次反“围剿”示意图

蒋介石发现红军大队在黄陂，即指

挥部队猛扑过来。毛泽东令罗炳辉率所部红十二军把敌军大队引向东南，自己率主力从敌军中间的一个宽仅20里的大山空隙中钻了过去，西进兴国县境休整。半个多月后，蒋介石得到准确情报，才知把白军主力引到黄陂东南的只是红军的一支小部队，红军主力已在兴国休整了半个月。他气了个半死，想调部队到兴国去打，但白军主力被罗炳辉拖着在山里转了半个月，肥的拖瘦，瘦的拖死，士疲师老，再找红军打，只能是当红军运输大队长，白白地给红军送枪送人。无奈之中，蒋介石只好于9月初命令白军撤出根据地。

毛泽东得知白军全面撤退，当即令红军主力出击，除高兴圩一仗与敌第六十师、第六十一师打成对峙外，于9月7日在老营盘先消灭蒋鼎文师的一个旅，9月15日，在方石岭再消灭韩德勤军的五十二师，复歼灭蒋光鼐、蔡廷锴两个师各一部。敌军慌忙逃出根据地，毛泽东下令红军班师。此次反"围剿"，红军六战五捷，击溃敌人7个师，歼敌17个团，毙俘敌3万余人，缴枪3万余支，重炮数十门，军需无算。

红军班师了，分得了土地的根据地农民箪食壶浆，欢迎子弟兵凯旋，帮着红军战士搬运堆积如山的战利品，姑娘们跳起了欢快的桂花舞。凯旋的红军战士们高唱着《第三次反围剿胜利歌》从街上走过，人们也都放声和唱。

眼看第三次反"围剿"已经胜利了，黄公略却不幸地倒下了。

方石岭、张家背战斗结束后，即9月15日中午，黄公略率领红三军七师、九师，马不停蹄地从张家背罩子坑出发，遵照总司令部的命令，由西向东转移，前往瑞金、石城、于都、宁都地区，清扫江西革命根据地内残存的白色据点和"土围子"，使根据地连成一片。

当日下午3时半左右，黄公略率部到达他熟悉的东固六渡坳。

正当黄公略随军部前进到山坳口附近时，天空中突然响起了"嗡嗡"的声音，三架敌机飞来了。敌机似乎发现了目标，即从上空猛烈俯冲下来，做低空盘旋。飞机飞得很低，飞机上的字都看得清清楚楚。那是三架意大利的“达格佛斯”黑色飞机。蒋介石靠着洋人的势力，连日不断派飞机来轰炸。敌机欺负红军没有高射炮，冲得很低很低地来捕捉目标。

黄公略军长即令值班参谋发出警报。部队官兵迅速钻进树林隐蔽起来。黄公略与军部首长就近躲进山坳口旁边的一间土房子里。

“啪啪啪”，敌机似乎发现了目标，机关枪子弹像油锅里沾了水似的蹦跳着。

“报告军长，七师的队伍正从罗坑那边开过来了！”值班参谋跑来报告。

黄公略二话没说就冲出了门。警卫员小高、小方急忙上前挡住：“危险！军长。”

“一个师的安全更要紧！”黄公略推开小高、小方，冲到山坳口，立即命令七师就地隐蔽，嘴里不停地喊着：“同志们卧倒，注意隐蔽！”同时，指挥机枪手对空射击。刹那间，浩浩荡荡的队伍，一下就隐没在茂密的茶树林中，大路上不见一个人影。

机枪手没打过飞机，捕捉不到目标。敌机毫无顾忌地往下俯冲，疯狂地扫射。黄军长气极了：“向左，打提前量！”“狠狠地打！”大声呼喊着，指挥机枪手射击。可是，仍然无效。

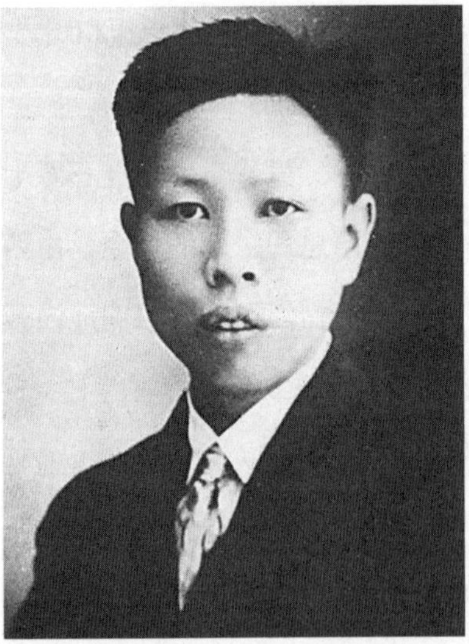

黄公略（1898.1.24—1931.9.15）

这时，只见黄公略一个箭步冲上去，要亲自抓过机枪射击。就在这一瞬间，天上敌机又是一阵雨点般的扫射。在场的红三军团政治部主任何长工急忙叫道：“老黄，快躺下！”但已经来不及了。三颗罪恶的子弹，穿过黄公略左腋下。他向前趔趄几步，尽力支撑起身子。小高追上去喊：“你中弹了，军长！”黄公略忙用右手捂住左腋下。顿时，鲜血如注，透过灰色的旧军衣，浸在手上，滴在山坡上。小高和值班参谋扶住他。黄公略对值班参谋说：“快！快组织所有的机枪一起打！”

当敌机在空中盘旋第三圈时，四面的机枪一齐射向空中，三架达格佛斯害怕了，迅速高高升起，朝南昌方向逃走了。

“嗡嗡”声没有了。黄公略昏了过去。

军医处的医务人员迅速赶来抢救。包扎好后，军医处救护队长杨世明挑选四名身强力壮的救护队员黄福长、欧阳昭连、何锡鹅和杨济德，将黄公略送往黄陂北的背田村红三军军医处所在地进行抢救。

临走时，黄公略苏醒过来。他见参谋长陈奇涵和军部的同志围在身边，小高、小方直哭。他摆摆手，示意小高、小方不要哭。由于战斗转移紧迫，他要大家继续开进，只要副官长郭天民留在他身边打招呼。

临别时，参谋长陈奇涵问军长有什么嘱咐。黄公略说：“你回去要好好整顿军队，做好充分准备，一、二、三次反‘围剿’我们胜利了，但绝不可骄傲轻敌，要巩固和扩大红军，以争取中国的独立和解放，争取革命事业的最后胜利！”

“我记住了，请军长放心养伤。”陈奇涵说。

“还有，”黄公略继续说，“请你替我写封家信吧！家中的老母、妻子不知现在怎样了，还有个孩子，也不知是男是女，大概已有半岁了。请嘱咐妻子侍奉好老母，抚养好孩子，我对不起他们。”

“你家的地址是湖南湘乡什么地方？”

黄公略说：“你写湘乡黄公略的家，哪一个都知道。”

黄公略躺在一副有布篷的竹竿担架上，被送到背田村。这里只有四五户人家。军医处的院子上面是平房，下面是利用山边挖的两个窑洞。黄公略住在东边的窑洞里。担架一到，军医处医务主任戴济民立即进行抢救。

参谋长陈奇涵赶来了。

郭化若赶来了，伤心得直哭。

总政委毛泽东听到这一不幸的消息后，带着警卫人员由方石岭至张家背的路上赶来，他说：“对黄公略同志要尽一切办法挽救。”

由于黄公略伤势过重，医务处医疗条件又极差，经抢救无效，黄公略于当天下午7时30分，停止了呼吸。

一颗将星，过早地陨落了。

9月20日，红一方面军总部从方石岭、张家背、六渡坳，转移到兴国顶龙乡水头庄后，召开第三次战争胜利祝捷大会暨黄公略军长追悼大会。毛总政委和朱总司令都讲了话，对黄公略表示沉痛哀悼。毛泽东写挽联曰：“广州暴动不死，平江暴动不死，而今竟牺牲，堪恨大祸从天降；革命战争有功，游击战争有功，毕生何奋勇，好教后世继君来。”

毛泽东后来不止一次地对人说：“黄公略同志政治、军事都很强，死得太可惜了！”

为了纪念黄公略，党中央在中央革命根据地成立了公略步兵学校。1932年春，在瑞金城东北的叶坪修建了公略亭，人们将永远怀念他。2009年9月14日，黄公略被评为100位为新中国成立作出突出贡献的英雄模范之一。坐落在湘乡市桂花乡朝阳村高木冲的黄公略故居，已经湖南省人民政府公布为省级文物保护单位。聂荣臻、王震、邓颖超等为故居题词，故居瞻仰、参观者甚多，成为爱国主义教育基地。

不足3万人的红一方面军从福建道千里转回赣南，在于都与邓小平的红七军会师，完成了战略退却，然后转入战略进攻。从7月1日至9月15日的77天中，红一方面军分别在兴国莲塘、良村、宁都黄陂、兴国老营盘及高兴圩地区、东固的方石岭等地五战五捷，歼敌3万余人。蒋要在3个月内歼灭共产党的誓言又破产了。

藐视敌人，敢与世界头号强敌较量

1950年6月25日，朝鲜半岛爆发内战。

朝鲜半岛像一截凸出的树干，从亚洲大陆北部向东南延伸，伸入太平洋的黄海与日本海之间，面积仅占亚洲总面积的二百分之一。自1910年8月朝鲜沦为日本帝国主义的殖民地后，朝鲜人民即长期遭受日本帝国主义的残酷剥削和压迫。第二次世界大战后期，苏、美两国政府代表1945年7月举行波茨坦会议期间，协调了对日本的军事行动。1945年8月10日，苏、美两军开始从陆地和海上同时向朝鲜半岛的日军进攻。日军在苏、美两军强大攻势下，于9月2日战败投降。在日军投降后，苏、美两军又以三八线为界，分别驻扎在朝鲜半岛的南北地区。本来，三八线只是一条临时军事分界线，苏美两军也只是暂时驻扎。但是，朝鲜南部在美国的扶持和导演下却于1948年8月15日单独成立了“大韩民国政府”，选举了曾在美国居住了几十年的李承晚为总统。人口2100万人。朝鲜北部人民针锋相对，也于1948年9月9日宣布成立了“朝鲜民主主义人民共和国”，任命金日成为内阁首相。人口900万人。从此一个完整的朝鲜半岛一分为二，三八线成了一条互相对立的界线，北部“朝鲜民主主义人民共和国”坚持社会主义制度，南部朝鲜“大韩民国”则实行资本主义制度。在两种不同的社会制度对立情况下，双方矛盾日益加深，政治和军事摩擦斗争日益尖锐化，战争空气逐步升高，终于爆发了南北朝鲜之间的内战。

战前，军事实力北方胜于南方。北方军队13.5万人，南方9.8万人；北方坦克150辆，南方27辆；北方火炮600门，南方89门；北方飞机196架，南方32架；双方都有步兵师8个。

战争是由李伪政权挑起的。1948年8月，南朝鲜与美国签订秘密协定，提出“北伐第一”的口号，从1949年1月至1950年4月，李承晚在三八线发动了1274次进攻，作为试探。1950年5月李将其陆军8个步兵师中的5个调到三八线附近。美国务院顾问杜勒斯访问朝鲜，到三八线视察，检阅伪军。

6月25日拂晓，李伪军越过三八线，分三路向北朝鲜进攻，侵入1~2公里。

朝鲜内阁举行非常会议，下午6时，部队予以反击，李伪军向南溃逃，形势对其极为不利，北朝鲜军追至三八线南3~5公里。

朝鲜战争本来是一个国家的内战，但是，美国政府从其称霸世界的全球战略出发，迫不及待地采取了武装干涉朝鲜内战的反动政策。

7月7日，美国操纵联合国安理会通过紧急决议案，提出立即组成“联合国军司令部”，接着，杜鲁门任命了美国驻远东部队总司令兼驻日盟军总司令麦克阿瑟担任所谓“联合国军”总司令。先后纠集了世界五大洲16个国家的军队，组成“联合国军”。企图首先消灭前进到南朝鲜的朝鲜民主主义人民共和国人民军，然后越过三八线，占领北朝鲜，以达到控制整个朝鲜半岛，作为其侵略远东地区军事基地的目的。

朝鲜局势的巨变，引起了中国政府的高度重视。根据毛泽东的提议，由军委副主席周恩来于7月7日主持召开了中共中央军委扩大会议，决定立即组建一支东北边防军，尽快开往与朝鲜相邻的鸭绿江以北地区布防待命，以保卫我国东北边防的安全，并随时准备渡江援助朝鲜民主主义人民共和国。军委扩大会议后，中央军委即于7月13日命令驻华南地区原第四野战军十三兵团所属三十八军、三十九军、四十军和驻黑龙江地区的四十二军共4个军组成“东北边防军”。此外，又抽调炮兵3个师和4个高炮团、1个工兵团、1个战车团、1个汽车团，于7月底到8月中旬全部车运到鸭绿江北岸之本溪、凤城、辽阳、安东（丹东）、通化、集安、宽甸等地集结待命。

东北边防军所属部队统由东北军司令员兼政治委员高岗领导，并任命十五兵团司令员邓华为十三兵团司令员兼政治委员，另调洪学智、韩先楚为副司令员，解方为参谋长，杜平为政治部主任。上述部队至8月中旬先后到达了鸭绿江边的特定地区，旋即开始进行政治动员，充实人员，改换装备，加紧训练，积极进行各项准备工作。

此时，朝鲜战场的形势是，朝鲜人民军已于8月中旬前进到朝鲜半岛南部，解放了南朝鲜约80%的广大地区。但当人民军前进到洛东江边时，因江上的重要桥梁全部炸毁，加上李伪军7个师的残部和先后到达南朝鲜的美军几个师，都收缩在洛东对岸以釜山为中心的只有1万多平方公里的狭小地区内，且兵力集中、装备精良，朝鲜人民军进攻受阻，双方形成胶着状态。同时，美军不断增加兵力、准备反扑，并出动数百架飞机，轰炸朝鲜北部城镇和交通要道，严重破坏了朝鲜人民军的后方供应线，人民军的处境越来越不利。

最先感到朝鲜战局会发生逆转的是十三兵团的司令邓华、副司令洪学智等人。他们在给毛泽东的电报中说："北朝鲜人民军各个击破和歼灭敌人的机会已成过去。""估计敌人将来反攻的意图，可能一为以一部分兵力在北朝鲜沿海侧后几处登陆，做扰乱牵制，其主力则于现地由南而北沿主要铁道、公路逐步推进；一为以小部兵力与对方周旋，抓住人民军，其主力则在侧后大举登陆，前后夹击，如此，人民军的处境会很困难。"

在中南海居仁堂，有一排戒备森严的平房，被人称为"白虎节堂"。这里是总参作战室。作战室里，大方桌上，玻璃板下压了军事地图，墙壁上也挂满了地图和各种表册资料。1950年8月的一天，几名参谋正在翻阅资料，研究军事地图，雷英夫拿了一支粗大的红蓝铅笔，一边轻轻在左手心上敲，一边凝望地图沉思默想。他是河南省孟津县人。1938年参加八路军，同年加入中国共产党。在抗日战争时期，任连政治指导员、游击支队宣传员，抗日军政大学学员，军委总参谋部一局科长、叶剑英参谋长军事秘书；解放战争时期，任北平军调处执行部执行处科长、副处长、代处长；新中国成立后，任周恩来总理军事秘书，军委作战部一局副局长兼总参谋部作战室主任。

此时，他凝神注视着地图上的朝鲜半岛，对朝鲜战局产生了担忧和疑虑。

“哈里曼和沃尔特斯已经到了东京吗？”雷英夫急切地问。

“昨天已经到达。”有人回答。

艾夫里尔·哈里曼是美国杜鲁门总统的顾问，弗农·沃尔特斯是哈里曼的军事助手。

“看来，美国人是要有大的阴谋和行动了。”雷英夫不无忧虑地皱起眉，手中那支粗大的红蓝铅笔在面前摆了一下，“我们一起讨论讨论，把情况汇总一下，摆出几条来，看看他们可能干什么？”

在总参作战室内，紧张的分析研究延续到下午。意见归纳出6条，要不要向上级反映呢？雷英夫在犹豫。

他知道，从红军时期开始，我军决定战略战术的是统帅人物。毛泽东是举世公认的大军事家、大策略家，抗日战争和解放战争中，无论战略还是具体战役上的决策都是由他作出的。参谋人员只为决策提供情况和意见，做一些具体技术工作。

开国少将雷英夫

但他知道，新中国成立后，统帅人物都日

理万机，再不能像过去那样集中主要精力盯住军事作战。总参的主要任务是为统帅部提供军事情报及谋略参考，责任重大。天黑时，雷英夫拿定主意，到西花厅面见周恩来。

“总理，我们作战室反复研究，认为朝鲜战场埋伏着很大危险。”雷英夫小声报告。

“嗯？”周恩来微有震动，望住雷英夫，“有什么发现吗？”

“我们发现美国人很可能要搞登陆作战。”

周恩来的目光在雷英夫脸上停留几秒，忽然一闪，走到地图前，很快地说：“你讲吧。”

“我们分析归纳出六条根据。”雷英夫指点地图说，“麦克阿瑟把美伪主力十几个师都摆在了釜山三角洲的滩头阵地上，我们计算一下，平均八平方公里摆一个师，他的一个师差不多二万人。这些部队既不走，也不增援，固守阵地，干什么？从战略上看，势将吸引住朝鲜人民军的全部主力。我们怕这是有战略意图的。”

周恩来沉思着微微点头。

“美国驻日本的两个师，是他的预备队，战斗力很强。根据情报，这两个师没有增援朝鲜战场的动向，也没做防守日本的准备。他们要干什么？并且两个师中有一个是陆战队。”

周恩来听完第二条，眉毛一下子拧紧，显然明白了其中的含义。

“第三，麦克阿瑟和他的第八集团军都是登陆作战的老手，靠这手他在太平洋战争中叫日本人吃尽苦头，一败再败。他对登陆作战不仅有丰富经验，而且海空力量又占绝对优势。还有一条，这个人绰号是‘堑壕里的士兵’，二次世界大战中不止一次冲在士兵前边，一年里两次负伤，获得七枚银星奖章。这个人勇敢，喜欢冒险。”雷英夫介绍完麦克阿瑟的禀性，又把手指向地图，“他登陆作战，攻占尼多罗岛、吕宋岛以及其他几个岛屿时，五角大楼曾说太冒险，但他都干了，并获得成功。”

周恩来再次沉思着点头：“他当然要千方百计发挥他的长处。”

“第四，朝鲜半岛南北长三千里，而东西最窄处只有一百多公里，像个冬瓜。最利于分割，而登陆点又很多，元山、铺南浦、仁川、群山港……”

“会在哪里登陆呢？”周恩来沉吟着思索。

“朝鲜人民军打到洛东江，主力全投入釜山一带，后方很空虚。我们分析西海岸的仁川是麦克阿瑟的登陆点。这里人民军没有多少部队，是汉城的外港，又是战略要地，海水落差大，地势危险复杂，容易被忽视，而麦克阿瑟恰恰喜欢搞出人意料的惊人之举！”

周恩来沉思良久，眼皮一眨：“说下去，说完！”

“第六条，迄今为止，无论朝鲜还是苏联对敌人这一手似乎都没有很好的精神准备。我们分析认为，表面形势很好，实则极险，一旦美国在仁川登陆。切断给养和退路，人民军主力就会被包围……那是绝境，会出大乱子。”

雷英夫话音未落，周恩来即大步走向电话机。

“主席，我是周恩来！雷英夫到我这里来，讲了他们作战室对朝鲜战争的一些预测和判断……他们认为美军有可能在朝鲜北部登陆。”

“叫这个雷英夫，还有作战部的李涛，你带他们到我这里来一下。”毛泽东说。

不一会儿，周恩来、雷英夫、李涛来到菊香书屋毛泽东的办公室。

“这就是雷英夫。”周恩来说。

“噢，英夫，英俊丈夫，好嘛，坐吧！”毛泽东和雷英夫握握手，笑着说。“主席想听听你对朝鲜战局的分析，你不要慌，慢慢讲！”周恩来说。

雷英夫点点头，表情有些局促。他是一个30岁左右的年轻人，过去由于工作关系虽然经常接触中央领导同志，但像这样面对面地向毛泽东汇报自己对某一个问题的看法还是第一次，因此，神情难免有些紧张。

“你说说看，你是怎么得出这个结论的？”毛泽东注视着雷英夫说，他觉得这个年轻人肯动脑子思考问题，有自己的独到见解。

“我看过有关麦克阿瑟的资料，他这个人惯于岛屿作战，并善于在后方搞突然袭击。而朝鲜是半岛形状，有利于发挥他的特长。”雷英夫急促地说着，不时地抬手抹一下额头上沁出的汗水。

“他有什么所长啊？”毛泽东又问了一句。

雷英夫知道毛泽东善于知己知彼，他除了暗中佩服，说话时也特别小心谨慎。

“麦克阿瑟常常利用美国的海、空军优势，实施机动登陆作战。美军在太平洋对日作战时，他就采用这种方法。他在指挥攻打马努斯和洛斯内格罗斯岛的战役中，便在日本人的鼻子底下，冒险实施两栖登陆攻击，取得胜利。在美军进攻吕宋岛的战役中，他以主攻部队在林加延湾海岸登陆，向马尼拉进军，同时以一部分兵力在苏比克海湾西北的海岸和马尼拉湾南面的纳苏格布海岸登陆，封锁巴丹半岛和科雷吉多尔岛，切断日军的退路，并从马尼拉的后方向马尼拉进攻。现在，麦克阿瑟的第八集团军困守南端的釜山港，还有新从美国调来的几个师在日本集结，没有投入使用，如果他把这些部队用舰艇运到朝鲜中部的港口登陆，那就切断了人民军的退路，这样，人民军就可能腹背受敌。”

毛泽东一边听着汇报，一边看着地图，在深深地思索着。

“那么，你们看，美军有可能在什么地点登陆？”毛泽东缓缓地问道。

“按照邓华、洪学智他们的估计，敌人在平壤和汉城附近的港口登陆的可能性大。”李涛考虑了一下说。

“我看，在元山、仁川、群山等港口之中，仁川登陆的可能性最大。”周恩来思考着说。

“我们分析，是在仁川！”雷英夫跟着说。

仁川是朝鲜中部西海岸的一个港口，距汉城仅40公里，是朝鲜国土东西最狭窄的“蜂腰部位”。美军如在这里登陆成功，就等于在北朝鲜军队的后方把朝鲜国土拦腰斩断，从而使在南朝鲜土地上的北朝鲜军队陷入包围之中，北朝鲜军队将会在由釜山展开的扇形战场上两面受敌，其后果十分严重。

“那么，仁川是否适宜登陆呢？海水有多深，大军舰是不是开得进去？你看过有关方面的水文资料吗？”毛泽东看着雷英夫说。

“这个，没有……”雷英夫一时答不上来，他还没有想到这一点，脸上微微发红。

“主席，我立即通知情报部门准备这方面的资料！”周恩来说。

“我看这件事马虎不得，应该立即向金日成通报一下，提请他们注意！”

“你看是否给我们驻朝大使倪志亮发报，让他把我们的意思转告金日成？”

“就这么办。还要电告兵团，要邓华加紧准备，一定要在8月底，最迟不得超过9月底做好一切准备工作。”

雷英夫的预测没有错。

1950年9月15日凌晨，“联合国军”总司令麦克阿瑟坐在他的“麦金莱山”号旗舰上，嘴里叼着他的玉米芯烟斗，面对汹涌澎湃的大海和他待发的舰队，心潮起伏。他已秘密地从日本和太平洋地区调遣了强大的陆、海、空军兵力，乘朝鲜人民军主力南进到洛东江边受阻，后方交通供应断绝的情况下，由他亲自指挥的7万多兵力，在200多艘舰艇和500多架飞机的支援下，在朝鲜的西海岸仁川港实施登陆。

在这之前，为隐蔽他仁川登陆的企图，他搞了一系列军事佯动：他下令所有的电台和报刊大肆宣扬联合国军要在釜山进行反攻的消息；他在朝鲜东海岸命令“密苏里”战列舰舰队上的巨炮几乎摧毁了海岸上所有的炮台和海岸阵地；命“特里姆盖”号航空母舰和“海伦娜”号巡洋舰在平壤外港和南浦一带炮击。他特别在人们最容易考虑可能登陆的群山港附近50公里范围内的公路、铁路等目标进行了酷似登陆前的猛烈轰炸。麦克阿瑟的伪装对他的军事行动起了一定程度的作用。

凌晨2时，随着一团火光和一声巨响，仁川登陆的火力准备开始了。四艘巡洋舰和八艘驱逐舰在离海岸很近的地方，在不足45分钟的时间内，把2845发炮弹倾泻在月尾岛上。小岛霎时陷入一片火海之中，随着惊天动地的爆炸声，月尾岛上的所有生灵都荡然无存。

使麦克阿瑟想不到的是，当美军登陆部队开始在仁川泥泞的海岸上爬

1950年9月15日，美军在仁川登陆

行的时候，仍然受到了北朝鲜人民军队的顽强抵抗。李大勋上尉指挥的人民军海防炮兵连的全体指战员与阵地共存亡，直到炮身被烧热弯曲或被敌人的炮弹炸断为止，前仆后继，击沉和击毁敌人四艘舰艇。最后，炮兵和步兵同登陆的敌人展开了白刃战，直至壮烈牺牲。

在一片火海中，美海军陆战队乘登陆艇向海滩冲击。17时30分，美军登陆仁川，在一夜之中，美军1.8万多人占领仁川城。

随后登陆部队在美国第八集团军司令沃克中将指挥下，急速向汉城方向进攻，将朝鲜人民军的后方交通线拦腰截断。此时正在洛东江对岸布防的美军和南朝鲜军队约10个师，也配合在北面的登陆部队开始向北进攻，对朝鲜人民军形成南北夹击之势。人民军腹背受敌，遭受到严重伤亡和损失，被迫沿山间隘路向北撤退，遂使已取得的胜利前功尽弃，而且形势日趋恶化。

美军于9月26日攻占了汉城。此时，美国总统杜鲁门指示麦克阿瑟："假设俄国人或中国人没有宣布进行干涉的意图或没有进行实际干涉，你可越过三八线，消灭朝鲜军队。"9月29日，大批"联合国军"和南朝鲜军队进抵至三八线附近。

9月30日，周恩来在庆祝新中国成立一周年大会上发表讲话说："中国人民绝不能容忍外国的侵略，也不能听任帝国主义对自己的邻人肆意侵略而置之不理。"同一天，他还召见印度驻中国大使潘尼迦，请印度政府转达中国对美国的警告："如果美军越过三八线，中国将出兵援助朝鲜民主主义人民共和国。"

然而，麦克阿瑟认为中国政府的严重警告不过是"虚声恫吓"和"外交上的政治讹诈"。他吹嘘说："如果中国在战争开始后的两个月内进行干预的话，那就可能有决定性的意义，而现在我们再也不怕他们干预了。"

在朝鲜人民处于十分危急的时刻，我国驻朝鲜民主主义人民共和国大使馆于9月30日晚在使馆地下室仍举行了国庆招待会，朝鲜党和国家领导人应邀出席。会后，金日成首相召见中国驻朝大使倪志亮和参赞柴军武，当面提出："希望中国尽快派集结在鸭绿江边的十三兵团迅速过江，支援朝鲜人民军作战，反击敌人。"

10月1日，麦克阿瑟又向朝鲜民主主义人民共和国发出"最后通牒"，要求朝鲜人民军"放下武器停止战斗，无条件投降"。夜间，南朝鲜陆军第三师开始越过三八线向朝鲜北部进犯。

战争的火焰在中国边界燃烧，刚刚成立的中华人民共和国又面临一场严峻的考验。毛泽东亲自主持召开了政治局会议，决定采取重大决策。

近些年来，一些曾常年在毛泽东身边工作的同志回忆说，出兵抗美援朝的决策是毛泽东主席一生中最难作出的决策之一。为了确定这一决策，毛泽东主席多少天睡不着觉，反复思考后才下了最大的决心。

在长期的战争生涯中，毛泽东对于自身的安危并不在意。1947年国民党重点进攻陕北时，毛泽东坚持不向安全地区转移，只带少数人转战陕北以牵制敌人的重兵。有一段时间，身后国民党军追兵的火把都可看到，毛泽东仍然泰然自若。可是每逢遇到重大的战略决策问题，毛泽东却常常是日夜焦虑，反复思考，经常多少天睡不着，而作出抗美援朝的决策又是其中最突出的一次。

出兵入朝同美帝国主义作战，这个思想准备虽然早就有了，可是最后下这个决心又是很不容易的！

支持朝鲜人民进行反侵略斗争，这是中国共产党人的一贯立场。中朝两国是长期的友好邻邦，20世纪初日本侵占了朝鲜以后，许多朝鲜革命者来到了中国，和中国共产党长期并肩战斗。解放战争期间，有数万在华的朝鲜人参加了中国人民解放军，在东北野战军中，就曾建立过两个以朝鲜同志为主体的独立师。同时，以金日成为首的朝鲜革命政权和苏联在北朝鲜的驻军一起，曾给予东北解放区以多方面的帮助。确实如同毛泽东所高度评价的那样："我们中华人民共和国灿烂的五星红旗上，染有朝鲜革命烈士的鲜血。"朝鲜战争爆发前，中央军委就已将在中国人民解放军中服役的朝鲜同志连同武器一起送回朝鲜。战争爆发后，中国也给朝鲜以各种支持。应该支持朝鲜人民反抗美国侵略，对此中国共产党党内和国内各民主党派的意见都是一致的。

当时需要反复研究的问题，主要是新中国有没有力量出兵朝鲜同美国作战，能不能打赢这场战争。有人认为出兵是引火烧身，也是出于这种考虑。由于中国共产党已经成为一个要为5亿人民的国家负责的执政党，不像在农村根据地那样不怕打烂坛坛罐罐，出兵的决心确实一时难下。在当时敢于同美国较量，这确实需要相当的胆略。从中美双方的力量对比上看，1950年美国钢产量达8772万吨，工农业总产值达2800亿美元。而同年中国钢产量只有60万吨，工农业总产值只有446亿元（大约能折合100亿美元）。美国还拥有原子弹和各种世界上最先进的武器装备，并有世界上最大的军工生产能力，仅各种弹药每年就可生产数百万吨。而这时中国人民解放军的武器装备基本上还是战争中缴获的陈旧的杂式武器，国内不仅不能生产各种重型武器，弹药的年生产能力也仅有几千吨。这时苏联的工农业总产值也只相当于美国的三分之一，苏联在第二次世界大战中所受的重大损失也未完全恢复，虽然有核武器却难以直接打击美国本土，所以苏联不愿因援助朝鲜而冒和美国发生冲突的危险。斯大林更没有估计到中国敢于出兵，只是通知中共中央："金日成同志到中国东北组织流亡政府。"

毛泽东与林彪谈话，想让他率军出兵朝鲜。

"我和少奇、朱总与总理商量过，打算让你挂帅出征，怎么样？"

“主席和几位中央领导同志让我带兵去朝鲜，这是对我的信任。大敌当前，作为一个军队的领导人，为捍卫我们神圣的祖国领土，率兵出去打仗，这是神圣的义务，也是责无旁贷的。”说到这里，林彪为难地说：“只是我这几个月来身体很不好，老出虚汗，四肢无力，头晕眼花，睡不好，吃不好。个人流血牺牲是小事一桩，我怕担负不了这样的重担，是不是派一名比我更强、身体更好的同志去。”

林彪的态度，出乎毛泽东的意料，他怎么也没想到，自己多年一手培养的爱将，到了关键时刻却不听从他的命令。但毛泽东毕竟是有修养的大政治家，他不动声色地说：“身体不好，那就好好休养吧，如果中南医疗条件不好，到北京来治疗吧。身体是革命的本钱，没有一个好身体，怎能担负起重要工作。”

“感谢主席的关心！”不知是林彪心中内疚，还是怕毛泽东看透自己

油画：决策出兵

内心的秘密，顷刻，他动情地说：“从上井冈山起，我就在主席亲切教导下成长，我虽然跟着主席打过不少胜仗，但我也犯过不少错误，由于长期艰苦的战争环境，弄得一身是病，在敌人把战火眼看就要烧到我们祖国大门口的时候，没能奔赴疆场，我心里十分不安，我感到对不起主席的多年培养。”“是否先派别的同志去抵挡一阵，等我治疗一个时期，只要身体稍微好转，我立即去朝鲜战场。”

“好吧，”毛泽东不冷不热地说，“你看谁去合适？你推荐一个嘛！”

林彪怎么也没想到毛泽东会让他推荐出征的人选。他沉思了一会儿，然后不慌不忙地说：“我斗胆建议，彭德怀同志合适！彭总在一方面军的时候，他一直跟主席在一起打仗。抗日战争时，他也指挥和组织过大战役，他不但有指挥大规模战役的军事才华，而且身体也好。据我看，彭总能担此重任。”

“好！你的意见，我可以考虑，和政治局商量再定。”

没过几天，毛泽东又和刘少奇、周恩来、朱德等人研究出征的问题。

几位决策人对林彪拒绝出国作战，有些失望，也感到震惊。几个人面面相觑，谁也没有发言。毛泽东望望他们说：“我提一个人怎么样？彭德怀同志可担此重任，他有指挥大规模战役的军事才华，身体也好，大家看看怎么样？”

“德怀同志对党对革命事业忠心耿耿，任劳任怨，是一位难得的帅才。”刘少奇表示同意。

“德怀同志是最理想的人选了。”朱德接着道，“从内战到抗战，到三年解放战争，他指挥了不少大战役，是一位无私无畏的帅才。一脑袋个人打算的人，就算是有那么一点歪才，也未必都能充分地发挥出来。”

“那就请主席和彭总当面谈谈吧！”周恩来道。

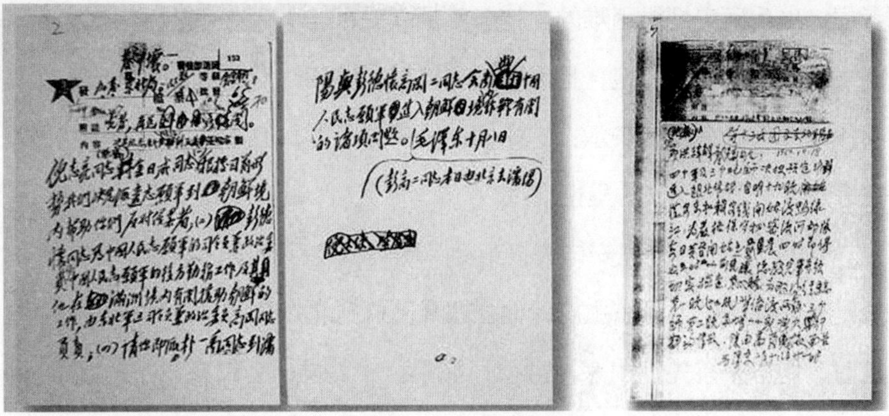

图为毛泽东手书，通过中国驻朝大使转交金日成的信

1950年10月1日，就在北京的国庆焰火尚未熄灭，欢乐的人群还未完全离开天安门广场时，毛泽东在中南海颐年堂主持中央政治局常委会，讨论金日成的来电和朝鲜局势，直到天亮才休会。

毛泽东彻夜未眠，于2日凌晨2时急电召高岗即行动身来京开会；下午3时左右，毛、朱、刘、周、高岗及代总长聂荣臻等在颐年堂开会。会议根据朝鲜战争的形势，初步把我国出兵入朝的时间，定在10月15日。会议临结束时，毛泽东又提议，将今天开会情况以他的名义择要电告斯大林。

在10月2日的决定作出后，中共中央还想争取最后一线希望来避免中美双方的交战，并准备通过这一努力，表明我国的出兵确实是迫不得已。10月2日深夜，周恩来受中共中央的委托紧急约见印度驻华大使潘尼迦。10月3日1时，周恩来待潘尼迦赶到，马上请他向印度总理尼赫鲁报告，并转告美国和英国政府，我国希望朝鲜问题和平解决，如果美军越过三八线，我们不能坐视不顾。事后证明，美国政府在当日就得到这一信息，可是仍然不予理睬。10月3日以后，中共中央继续开会讨论出兵问题。毛泽东让大家尽量摆出出兵的不利条件，到会的中央领导人也都发言表示了自己的意见。从国内恢复国民经济的需要，从当时的财力物力及双方装备技术相差悬殊考虑，出兵确实是很困难的。林彪就是以美军一个师拥有数百门炮，我军的一个师才有十几门炮，且没有制空权等客观条件为理由，不赞成出兵入朝作战。毛泽东当时表示："你们说的都有理由，但是别人危急，我们站在旁边看，怎样说，心里也难过。"

10月4日，周总理安排去接彭德怀的飞机飞往西安。为了严守秘密，只是对彭德怀说毛泽东主席请他立即乘飞机到北京开会。当他来到颐年堂前时，周恩来首先迎出来与彭德怀握手："彭总，会议在下午3点就已开始了，来不及等你。"

政治局委员们见彭德怀赶来参加会议，都站起来和他握手。毛泽东说："老彭，辛苦了，你来得正好！美帝国主义军队已越过三八线了，现在政治局正在讨论我国准备出兵援朝的有关问题，大家正在发表意见，请你也准备谈谈你的观点。"

彭德怀来京前，满脑子里装的是如何建设开发大西北的经济问题，对中央召开这样的紧急会议，思想上并无准备，从几个同志的发言中，他才知道出兵支援朝鲜民主主义人民共和国有些不同意见。毛泽东说："你们说的都是理由，但别人处于国家危急时刻，我们站在旁边看，不论怎么说，心里很难过。"

第二天上午9时左右，邓小平受毛泽东委托来到彭总下榻的北京饭店。他和彭总两人在房间交谈约一小时后，即同车去中南海。

"老彭，据朝鲜来的情报，美军和南朝鲜军队正在大批越过三八线，因此政治局今天下午还要继续开会。你彭老总是怎么考虑的！"

"主席，昨天晚上我几乎没有睡觉。我把你讲的四句话，反复思考了几十遍，我拥护毛主席出兵援朝的英明决策。"

"嗯，好哇！还是你彭老总有战略远见，看来你是百分之百地支持我的意见啰！"

毛泽东高声说：“我们有些同志，只看眼前，看不到将来，更有人被美国的飞机、大炮吓破了胆！我们过去不是也经历了优势装备的敌人吗？”

“老彭，你看，带兵去支援朝鲜人民作战，这样艰巨的任务，派谁挂帅合适呢？”停了一下，毛泽东又征询地问。

彭德怀建议说：“林彪同志对东北、朝鲜的情况熟悉，最好由他带兵入朝。”

“算啦，算啦，他已经请了病假。人家有病，总不能不叫他治。其实他的病都在脑子里，怕在朝鲜打不好，面子上不好看噢。”

“常委几个同志商量的意见，这副重担，还是请你彭老总来挂帅，这是一场比保卫延安更艰苦复杂的战争，不知你的身体情况怎样？你可能思想上还没这个准备吧，你考虑有什么困难？”毛泽东说到这里，两眼注视着彭德怀。

“主席，我这个人的脾气你很了解，我服从中央的决定！”

毛泽东说：“这我就放心了。”“给你10天作准备，初步预定10月15日。关于部队更换苏联装备和空军支援问题，恩来同志即刻去莫斯科与斯大林同志商谈，尽快解决。”

10月6日继续召开最高军事会议，研究入朝作战的具体问题，会议由周恩来主持，在总参所在地居仁堂举行。林彪在会上继续表示不赞成出兵，周恩来当即批评了这种态度，强调中央的决心已定，现在只是研究如何执行的问题。会上还决定由周恩来、林彪赴苏联商洽武器装备问题。

10月7日，联合国大会在美国操纵下通过了“统一”朝鲜的决议，这充分表明了美国一意孤行、不听警告的态度，美军越过三八线已势在必行。面对这种情况，10月8日，中国人民革命军事委员会主席毛泽东发布了“着将东北边防军改为中国人民志愿军，迅即向朝鲜境内出动”的命令。果然，10月9日，美军越过三八线向北推进。同日，彭德怀在沈阳召开东北边防军军以上干部会议，传达了中央关于出兵的决定，并要求各军于10日之内做好一切作战准备。彭德怀决定于10月11日先行入朝，到朝鲜政府所在地德川同金日成商讨联合作战问题。

10月7日晚，毛泽东在菊香书屋内设家宴为即将赴朝的彭德怀送行。

彭德怀（1898.10.24—1974.11.29）

10月10日深夜，中央军委代总参谋长聂荣臻又要求彭德怀火速回京，参加中央政治局会议，重新研究出国作战问题。这时，由于苏联不肯向入朝部队提供空中掩护，中央不得不再度慎重考虑同美军交战的问题。10月12日，毛泽东电令第十三兵团（东北边防军）暂不出动，同日中共中央政治局又一次开会讨论出兵问题，经讨论确定还是应该出兵。至此，出兵参战的决心终于最后确定下来。

1950年10月19日，志愿军第一批入朝参战部队，在没有空军掩护的情况下，雄赳赳，气昂昂，跨过鸭绿江，进入朝鲜境内，与朝鲜人民军并肩抗击侵略者。1950年10月25日，志愿军打响入朝后的第一仗，以光荣的胜利拉开抗美援朝战争的序幕。

从1950年10月25日至1951年6月10日，为抗美援朝战争第一阶段。这个阶段，中国人民志愿军和朝鲜人民军采取以运动战为主，与部分阵地战、游击战相结合的方针，连续进行了5次战略性战役。其特点是：战役规模的夜间作战和很少有战役间隙的连续作战，攻防转换频繁，战局变化急剧。

从1951年6月11日至1953年7月27日，为抗美援朝战争第二阶段。这个阶段，中朝人民军队执行“持久作战、积极防御”的战略方针，以阵地战为主要作战形式，进行持久的积极防御作战。其特点是：军事行动与停战谈判密切配合，边打边谈，以打促谈，斗争尖锐复杂；战线相对稳定，局部性攻防作战频繁；战争双方都力图争取主动，打破僵局，谋求于自己更有利的地位。

1951年6月23日，苏联驻联合国秘书马立克提出关于和平解决朝鲜问题的建议。6月30日，李奇微发表声明表示愿意接受。7月1日，金日成和彭德怀也声明赞成谈判。

1951年7月10日，战争双方开始举行朝鲜停战谈判。此后，战争出现长达两年多的边打边谈的局面。

美国《新闻世界》报道：一个美国司令官在美国政府命令下，打起白

彭德怀在停战协定上签字

旗，前去和敌人举行谈判，在美国立国175年历史中，这是头一次。

最后，经过两年多的唇枪舌剑及“大炮、炸弹和机关枪的辩论”，双方终于在1953年7月27日达成并签订了朝鲜停战协议。

在抗美援朝战争阵地战时期（1951年6月中旬至1953年7月27日），中国人民志愿军歼敌53.32万人。

这场战争在世界历史上具有重要影响，极大地提高了新中国的国际地位，打破了美国不可战胜的神话，维护了东北亚地区的长期和平。中国人民抗美援朝战争的胜利，不但保卫了朝鲜民主主义人民共和国，保卫了中国的国家安全，极大地鼓舞激发了中国人民的爱国热情，有力促进了新中国成立初期国民经济恢复的顺利完成，为中国进行建设争取了长期的和平环境，而且使东北亚地区保持了自朝鲜停战以来近60年的长期和平环境。

自力更生，制造“两弹一星”

“两弹一星”最初是指原子弹、氢弹和人造卫星。“两弹”中的原子弹和氢弹后来合称核弹；另一弹指导弹；“一星”则是人造卫星。

20世纪50年代中期，刚刚诞生的新中国百废待兴，面对国际上严峻的核讹诈形势和军备竞赛的发展趋势，以毛泽东为核心的党中央第一代领导集体毅然作出发展导弹、核弹、人造地球卫星，突破国防尖端技术的战略决策。

毛泽东在1958年就先后表示：“我们也要搞人造卫星！搞原子弹、氢弹、导弹，我看有十年工夫是完全可能。”即便当时中国开发上述技术的环境还十分落后和艰苦，但不少科学家从此开始投入这些开发计划中。

对于核武器，毛泽东在战略上是藐视的，称它是“纸老虎”；但在战术上却非常重视，在新中国成立前共产党刚刚接管北京且经费相当困难的情况下，就向去欧洲参加世界和平大会的物理学家钱三强提供了5万美元的外汇，用来购买核仪器以备新中国成立后制造自己的核武器时使用。

1951年8月，杨承宗从法国归来，并带来了约里奥·居里（居里夫人的女婿）赠给中国政府的礼物——用于核研究的10克铀。同时，1955年1月14日，周恩来召集李四光和钱三强来到中南海，从中了解到，我国在实地勘察中发现了发展原子能事业所需的铀矿资源。

1956年，因“波匈事件”发生，赫鲁晓夫为巩固其地位，争取中国支持，在科技援华的态度上有所松动，1957年10月间，与中国正式签订了中苏两国关于国防新技术方面的协定，并以此作为对毛泽东第二次访苏时的礼物。

苏联将向中国提供一枚原子弹的教学模型及图纸资料，提供包括原子弹、导弹在内的部分尖端武器的制造技术，并派专家帮助中国开展研制工作。

1958年，中国的核工业正式上马。

自1958年起，为了迎接苏联援助原子弹教学模型和图纸资料的到来，核武器研究院以最快的速度，建成一个专用厂房和相应配套的研究室；广大科技人员几乎人人突击学俄文，除了吃饭、睡觉，其他时间都用上了，全院各个场所，一片俄语声，一时间好似一个俄语研究院；所有的人都在盼望早日得到这一样品和图纸资料，以便早日上马，早日出成果，早日作出自己的贡献。但是，正在中国科技人员等待和盼望的时候，情况发展却不像想象的那样。1959年，来了一位苏联专家，可是，他对原子弹的技术问题却只字不提，怎么问他都不说，就是重复一句话“你们都去工厂实习”。他的口袋里装着一本资料，上班拿出来看看，下班装着就走，从不让中国人接触，有人生气地给他起了个外号“哑巴和尚”。

1959年6月20日，苏共中央正式致信中共中央，单方面撕毁了已达成的协议，宣布：中断对中国的技术援助，两年后看形势发展再说……7月26日，苏联决定撤走全部在华工作的200余名专家，停止原定设备的供应，带走全部图纸资料。

到了1960年下半年，就连这个“哑巴和尚”也不来了。院领导正式传达了赫鲁晓夫的恶劣行径以及中央的决心：“自力更生，自己动手搞出原子弹”，激起全院科技人员的义愤和奋发图强的激情。

与此同时，国家为核武器研究院向全国选调科学家和技术骨干，得到全国各部门的大力支持，选谁给谁，指谁调谁，不到一年的时间选拔了全国许多优秀的科技人员，先后来到核武器研究院，此时的研究院真可谓是人才济济。

调来的国际上知名专家有：著名理论物理学家彭桓武，他是在英国获得两个博士学位和在英国担任教授的第一个中国人；著名物理学家、反西格马负超子发现者王淦昌；著名空气动力学家郭永怀等，还有两弹元勋邓稼先和后来担任中国科学院院长的周光召，以及朱光亚、陈能宽、程开甲等，许多才华横溢的科技专家，他们放弃了国外优越的生活条件，排除了种种阻挠，毅然回到国内，隐姓埋名，默默耕耘。他们带领核武器研究院广大科技人员，施展智慧，奋力攻关，为我国研制原子弹成功，作出了贡献。

当时任核工业部副部长的钱三强，他在1946年和夫人何泽慧在法国居里夫人试验室，先后发现核铀裂变的“三裂变”“四裂变”现象，在国际上引起了很大反响，并由此而引发一系列的核物理研究。钱三强和夫人何泽慧也不定期地前来核武器研究院参加学术讨论会，发表了不少宝贵的见解。

核武器研究院在院长李觉将军的主持下，很快组建成三大部：理论部、试验部、总体部，排列出研制原子弹的各项技术关，分配到各研究室，再分工到各研究小组和个人，一场全面攻关、自力更生、奋发图强的激情之火，在核武器研究院燃烧起来。

很快，小型爆炸物理试验场、大型爆炸物理试验场和特种炸药车间相继建立。一到夜晚，各研究室仍然灯火通明，研究人员个个埋头钻研，孜孜不倦；大、小爆炸物理试验场，惊天动地的试验爆炸声，遥相呼应，试验数据不断报来，一个个成果呈现出来，必须攻下的技术难关接连取得可喜的进展。各项理论研究和实际试验工作，在热火朝天、有条不紊地进行。

4年，经历了不知疲倦的4年，忘我劳动的4年，也是为国献身的4年。

原子弹的研制工作，攻关如此有成就，进展如此之快，出乎国内、国际上的预料之外。

美国人在1945年制造出三颗原子弹，其中两颗是“内爆”型，一颗是“枪法”型，在广岛投下的是“枪法”型，在本国本土进行试验和在长崎投下的是“内爆”型。据1960年美国《纽约时报》报道，“内爆”型原子弹如果研制成功，就表明下一步可能研制出氢弹，“内爆”型是一种有发展前途的原子弹。

我国的第一颗原子弹采用了“内爆”型。所谓“内爆”型是将大量高效能炸药起爆的能量压向内心，产生高温高压，将内心里的核燃料压缩后产生核裂变，释放出大量核能。但是，困难的问题在于炸药起爆后，能量并不是完全向内心压缩，而是向四周扩散，这就无法实现核裂变。

要解决这一重大技术关，就是如何使炸药同步起爆，能量聚焦，科学家把这一技术问题叫作同步聚焦。通俗的概念是，炸药起爆时要同步，爆炸后的能量要完全聚焦，压向内心。

我国科学家和技术人员经过无数次的理论计算和试验，终于攻克了这一技术难关。从北京试验到西北基地，从小型到中型再到大型，从局部到整体，一步一步地理论计算和试验下去。1963年12月，同步聚焦技术关成功突破了。

1964年9月，张爱萍与刘西尧向中央专门委员会呈报首次核试验的准备情况和正式试验工作汇报提纲，此汇报提纲得到中央批准后，中央任命当时任副总参谋长的张爱萍为首次核试验的总指挥，任命当时任核工业部副部长的刘西尧为副总指挥。

1964年9月16日和9月17日，周恩来主持第九次中央专门委员会，会议听取了情况汇报，详细研究了核试验准备情况。由于当时中苏关系破裂，美国急于想知道中国是否会加速自行发展核武器，美国在我国周边建立了许多个监听站和测向站，不断利用间谍卫星和高空侦察机窃取我国有关核试验的情报，并多次发出要打击中国核基地的核威胁，周恩来在会上综合各方面的意见后，提出两种方案，一是暂不试验，继续发展核技术；二是不惧怕核威胁，尽早进行核试验。

此两种方案很快上报给毛泽东，不久，毛泽东最后正式表态定案：既然核武器不一定能用，就应该尽早试验。一言定了乾坤。从此时，核爆炸工作进入倒计时。

1964年9月23日下午，周恩来召集贺龙、陈毅、张爱萍、刘杰、刘西尧等人，正式传达了毛泽东和中央常委的决定。

1964年10月14日，张爱萍在新疆核试验基地，向中国首次核试验委员会全体成员宣布中央的命令：经中央军委研究决定，原子弹试验的零点时间定为，1964年10月16日15时（北京时间）。零点时间即核爆炸时间。

1964年10月14日下午7时20分，我国第一颗原子弹，吊装到罗布泊地区一个102米高的铁塔顶部。此时站在铁塔上，极目远眺，在一定的距离和位置上，安装着效应试验的飞机、大炮、坦克、装甲车、舰艇、各种车辆、建筑群体以及各类生物等，这里就好像大战前的战场一样，甚为壮观。

1964年10月16日早晨6时30分，完成了爆炸前的最后一项准备工作：连接雷管，随即全体工作人员陆续撤离爆炸试验现场，最后一批人员12时56分撤离完毕。

我国第一颗原子弹爆炸成功

1964年10月16日14时59分40秒，寂静的罗布泊上空突然出现炫目的闪光，一团巨大火球腾空而起，接着一声巨响，不一会儿便形成了由浓烟火焰交织组成的一支“巨拳”，高高挥起。

1966年6月，随着中国导弹家族的发展壮大，人民解放军的一支新兵种——“第二炮兵”部队宣告成立。4个月后，便进行了核弹与导弹“两弹”结合的发射试验。我国第一颗带核弹头的地地导弹的发射成功，又一次使世界震惊！

与此同时，发射卫星的工作也在紧锣密鼓地进行着。

1964年，我国经济形势好转和中近程导弹发射成功。当年12月三届人大会议期间，赵九章上书周总理，陈述理由，认为抓卫星工作是时候了。1965年1月，周总理批示科学院提出具体方案，因此，就在“581”的基础上，将“651”定为卫星任务的代号。

随即，张劲夫和裴丽生、竺可桢迅速组织有关人员讨论，在多年卫星基础研究和火箭探空实践的基础上，形成党组建议上报。与此同时，钱学森致函聂荣臻副总理，也建议早日制订卫星计划，列入国家任务。

聂荣臻请张爱萍副总参谋长就发射卫星问题约张劲夫和钱学森等有关部门负责人座谈。根据座谈意见，国防科委4月29日向中央专委提出1970—1971年发射我国第一颗人造卫星的报告，建议卫星工程总体及卫星本体由中国科学院负责，运载火箭由七机部负责，地面观测、跟踪、遥控系统以四机部为主，科学院配合。5月6日该报告经中央专委12次会议批准，并指示：以中国科学院为主，负责发射人造卫星的总体设计和技术抓总，由四机部、七机部及总后勤部军事医学院等部门协作。从此，中国第一颗人造卫星的研制任务正式启动。

1965年7月1日，《中国科学院关于发展我国人造卫星工作的规划方案建议》呈报到中央专委。8月9日、10日，中央专委第十三次会议讨论并原则批准这个规划方案，确定国防科委负责组织协调；科学院可先按此规划开展工作。

10月20日至11月30日，中国科学院受国防科委的委托，在北京主持召开了中国第一颗地球卫星总体方案论证会。

651设计院“东方红一号”卫星总体组由钱骥副院长领导，全组11个人。

1967年1月之后，科学院卫星研制科研队伍、试验基地、科研设施、工厂，以及研制任务一起交给了国防部门。1968年成立了中国空间技术研究院，继续完成了“东方红一号”卫星的研制工作。

1970年4月24日21时35分，酒泉卫星发射中心，随着一声巨响，“长征一号”火箭徐徐上升，把中国首颗卫星——重173千克的“东方红一号”送入近地点439千米、远地点2384千米的绕地球轨道，太空中响彻《东方红》的乐曲声。我国成为继苏联、美国、法国、日本之后，世界第五个发射卫星的国家。

“东方红一号”虽比苏联发射第一颗人造卫星“斯普特尼克一号”晚了13年，但它的质量超过了前四个国家第一颗卫星质量的总和。从此，中国正式加入了“太空俱乐部”。发射成功后，钱学森向中央提出中国应该发展载人航天，并提交发展中国载人航天事业的报告，得到毛泽东亲笔批示“同意”。

“东方红一号”卫星文化是“两弹一星”精神和航天精神的体现。在“东方红一号”卫星的研制过程中，我们依靠自己的力量，全国大协作，建立起了一个比较完善和健全的航天科学技术研究、设计、试验、制造及质量保障和管理体系，锻炼和造就了一支技术水平高、能打硬仗、善于攻关、专业配套、老中青相结合的航天技术队伍。历史会记住钱学森、赵九章、郭永怀、钱骥、陈芳允、杨嘉墀、王大衍、王希季、任新民、孙家栋等“两弹一星”元勋对中国科技发展的杰出贡献。

“东方红一号”卫星

从此之后，我国的国防科技工业不断发展壮大，先后掌握了中子弹设计技术和核武器小型化技术，研制和发射了各种型号的战略战术导弹和运载火箭，潜艇水下发射成功，发射多颗返回式卫星、地球同步轨道及太阳同步轨道卫星。“两弹一星”不仅为我们建立战略导弹部队提供了装备技术保障，增强了我军在高技术条件下的防御能力和作战能力，而且带动了我国高技术及其产业的发展，促进了经济建设和科技进步。“两弹一星”事业所取得的巨大成就，是中国人民挺直腰杆站起来的重要标志，极大地鼓舞了全党全军全国人民的斗志，增强了民族凝聚力，激发了振兴中华的爱国热情。

卫星发射场景

正如邓小平曾经指出的那样：“如果六十年代以来中国没有原子弹、氢弹，没有发射卫星，中国就不能叫有重要影响的大国，就没有现在这样的国际地位。这些东西反映一个民族的能力，也是一个民族、一个国家兴旺发达的标志。”

毛泽东的气质与魅力
【下册】
王正民 著
中国文史出版社

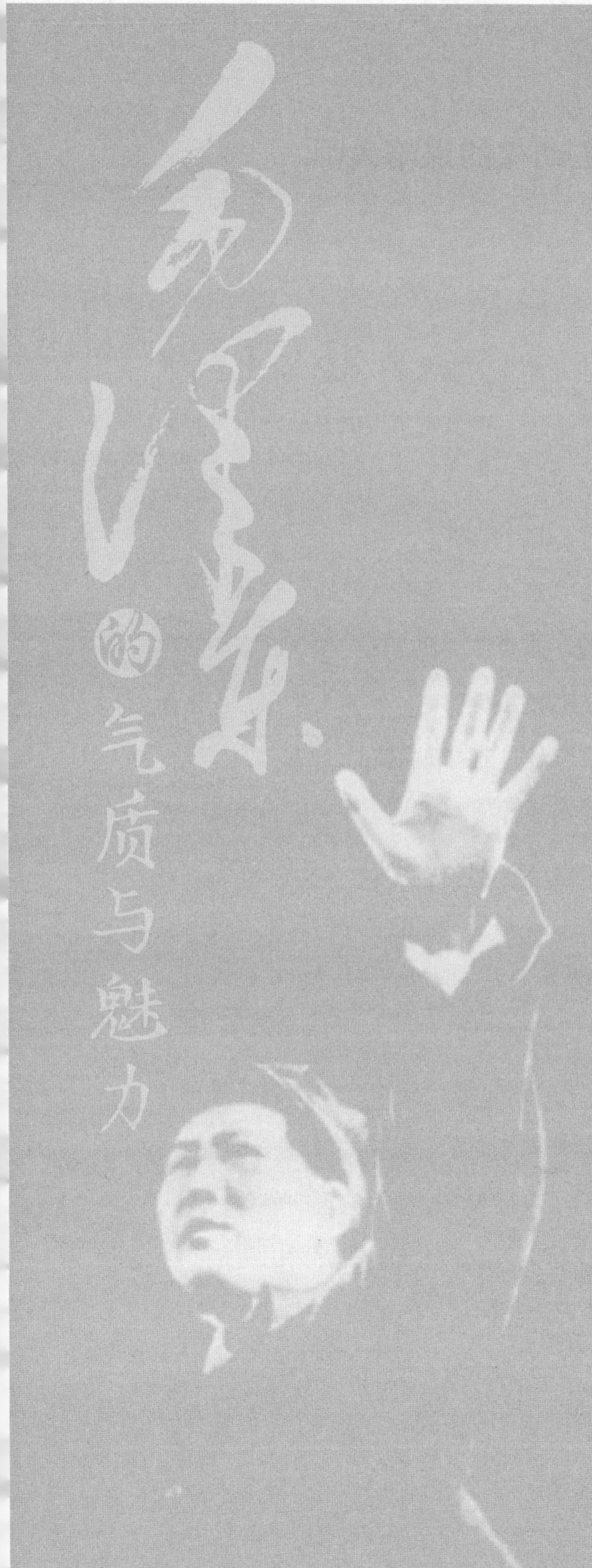

五 无与伦比的军事才华

毛泽东是一个文人，没有进过军事学院，最后却成为我军的最高统帅，成为中国近现代史上最伟大的军事家。他的军事才能独树一帜、出类拔萃、前无古人。在长期的中国革命战争中，他博采众长，从古今中外的军事理论中吸取适合中国革命实际的精华，在实践中创造性地加以运用，并不断地丰富发展和完善，创立了毛泽东军事思想，形成了系统精湛的科学理论。他运筹帷幄，决胜千里，胸中自有雄兵百万。他的名字使敌人闻风丧胆！他的军队无敌于天下！

谋略高超，驾驭战争主动权的谋略大师

毛泽东是一个伟大的战略家，也是罕见的谋略家。他的谋略涵盖了政治、经济、军事、文化、外交等各个方面。而其军事谋略是他军事思想的重要组成部分，是其中坚和核心。

自从有了战争，就有了指导战争取胜的谋略。中国人向以谋略智慧著称于世。《孙子兵法》《三国演义》风靡世界。现代人从政、经商、搞公关，都离不开谋略。可是论起谋略来，古今中外没有哪一位谋略家能够和毛泽东相比。毛泽东的谋略是一代大师的雄韬伟略。它博大精深、变化无穷，运用起来有出神入化之妙，堪称谋略史上的瑰丽精品。

我国2000多年前战国时期的《孙子兵法》中就提出了“上兵伐谋，其次伐交，其次伐兵，其下攻城”，将谋略放在战争的头等重要地位。

在中国革命和建设的重要转折关头，是毛泽东的高超的谋略思想指引着中国革命和建设的正确方向，指引着我们去夺取一个又一个的辉煌胜利。

在军事指挥上，他具有战略全局的谋略思想。

毛泽东的谋略思想具有超前科学的预见性。在长沙一师学习期间，正当他“风华正茂、挥斥方遒”时，他就和同学们议论“当山大王”的问题，在秋收起义的前夕，他就预见到了攻打大城市难以实现的前景，就叫人了解过罗霄山脉的地理情况，为在起义失败后带部队上井冈山奠定了思想准备，这是毛泽东农村包围城市谋略思想的最早的体现。

在抗日战争初期，民族矛盾上升为主要矛盾，他大义释前嫌，以中华民族最高利益为出发点，不计较与国民党十年内战的血海深仇，倡导并促

成了第二次国共合作，建立了最广泛的抗日民族统一战线，为抗战胜利奠定了基础。

当时，国内“速胜论”和“亡国论”到处飞，在共产党内，一些人也有轻敌思想。当时，党内外都有人轻视游击战争，而把希望寄托于正规战争。就在很多中国人对抗战的前途感到迷茫的时候，毛泽东的《论持久战》就如同一盏黑夜里的明灯，指明了抗战胜利的道路。

毛泽东的谋略思想充满了唯物论和辩证法。

毛泽东把马列主义关于武装斗争的学说和中国革命的实际情况相结合，创造性地找到了农村包围城市、最后夺取全国政权的中国革命的正确道路，坚持了实事求是的思想路线，他在分析这个理论的客观依据和主观因素时，又充分运用了历史唯物主义的辩证法，把国情、社情、党情，敌我双方力量的对比和发展趋势作了深刻的分析和阐述，从而得出了科学的结论，并辩证地指出，中国革命的前途是“农村包围城市，最后夺取全国政权”。

毛泽东的谋略思想具有高瞻远瞩的全局性。

从1948年下半年起解放战争进入了战略决战阶段，继济南战役胜利之后，中国人民解放军遵照毛泽东的指示，连续发动了辽沈、淮海、平津三大战役，这是中国人民革命战争历史上，也是世界战争史上罕见的壮丽篇章。这场气势磅礴的大决战，生动地体现出毛泽东作为卓越的军事家那种高瞻远瞩、全局在胸的战略眼光和多谋善断的伟大胆略。

辽沈、淮海、平津三大战役，历时142天，共争取起义、投诚、接受和平改编与歼灭国民党正规军144个师，非正规军29个师，合计共154万余人，国民党赖以维持其反动统治的主要军事力量基本上被消灭。三大战役的胜利，奠定了人民解放战争在全国胜利的坚实基础。三大战役是毛泽东与国民党军进行战略决战的全局下进行的，在战役和战役的衔接之间，每个战役的各个阶段之间，都是一环扣一环、一浪高一浪地相互支援、相互牵制的有机整体。毛泽东以娴熟高超的指挥艺术，“在世界上最小的指挥部里，指挥了世界上规模最大的革命战争”。

毛泽东的谋略思想具有高屋建瓴的无产阶级的革命家的宏伟气魄。他的“帝国主义和一切反动派都是纸老虎”“战略上藐视敌人，战术上重视敌人”的思想是中国革命的强大思想武器，是振奋人心、鼓舞斗志的战斗号角，是激励我军敢于斗争、敢于胜利的光辉旗帜。在这个思想指引下，我军120万军队仅用了3年就打垮了蒋介石的800万美式武装。解放战争中，我军在还没有完全粉碎蒋军的重点进攻的形势下，毛泽东毅然作出“挺进中原”和“三军配合、两翼牵制”的伟大战略决策，把解放战争推到了一个历史的转折点，并进而迎来了中国革命的最高潮。这一点，就充分体现了毛泽东是一位战略大师的风范。

毛泽东时时面临着情况瞬息万变，矛盾错综复杂，真相扑朔迷离，结局众说纷纭的局面。但“沧海横流，方显出英雄本色”。毛泽东一生都在挑战困难与强敌，他是个看到大海就激动的人，他的卫士说他是未来世界的“情人”，他举重若轻，在大风大浪中“却似闲庭信步”。他全局在胸，以高超绝伦的斗争艺术，驾驶着中国革命的航船，冲破重重海浪，避过层层暗礁，胜利地到达了光辉的彼岸。

在这些谋略选择中，他反复权衡利弊，深思熟虑，善于抓住主要矛盾，把握住事物的本质，在重重迷雾中指出中国革命的正确方向，在艰难中作出具有重大意义的谋略选择。

毛泽东和蒋介石早在大革命时期就认识了，可以说两人是不打不相识，毛泽东深知蒋介石一贯反共反人民的本质不会改变，对他在抗战胜利后的反革命两手也洞若观火。但为了争取中国的光明前途，教育人民，他不顾个人安危，深入虎穴，前往重庆与蒋介石谈判，实行用革命的两手来对付反革命的两手的高明谋略，在宏观上牢牢把握着战略的主动权，从而

解放军炮击金门

在政治上赢得了高分，在军事上也立于不败之地。

在歼灭蒋军主力的战略决战中，毛泽东的军事指挥艺术已发展到高峰，他用兵潇洒自如，导演了中国革命史上威武雄壮的革命史诗，前线捷报频传，蒋军兵败如山倒。毛泽东创造性地运用了“天津、北平、绥远”三种方式，极大地丰富了他的军事思想。

1958年毛泽东决策炮击金门，是他军事斗争与政治斗争紧密配合的高超艺术。

1949年，国民党蒋介石集团逃到台湾。由于台湾战略地位重要，美国不愿台湾落入新中国手中，很快派军舰到台湾。毛泽东领导的新中国政府坚决维护国家领土完整，反对制造“两个中国”和“一中一台”的阴谋，积极准备解放台湾。

1954年12月，《美台共同防御条约》出笼，美国向台湾提供大量军事援助，并扩大了美军在台人数。美国还在台湾海峡大肆炫耀武力，用发动核战争威吓中国人民。1957年，美国第七舰队与国民党军队举行针对中国大陆的军事演习，蒋介石也摆出“反攻大陆”的架势。

1958年7月中旬，毛泽东连续召开会议，决定炮击金门，以回答美国的核讹诈和蒋介石的“反攻”。8月23日，中国人民解放军万炮齐鸣，3万发炮弹飞向金门，国民党军600余人伤亡，金门岛上一片火海。此时，美国虽然在台湾海峡集结了大规模的海空兵力，但是却没敢轻举妄动。

23日17时30分，远在台北的蒋介石刚刚准备吃饭，就收到了金门正在遭受猛烈炮轰的报告。闻听此讯，已是七十古稀的蒋介石先是一怔，不一会儿眉头舒展，连说了三个“好”，随即命令左右：给美国总统艾森豪威尔去讯求援。

中国人民解放军炮击金门后，美国想劝蒋介石放弃金门等岛屿，希望大陆与台湾“划峡而治”，造成“两个中国”的局面。蒋介石则认为，放弃金门等岛屿，等于放弃大陆其他地方主权，降为地方性政权，会影响台湾国民党政权的巩固。所以，他在是否放弃金门等岛屿的问题上与美国发生了矛盾。毛泽东为实施“联蒋抵美”的政策，从国家统一的长远考虑，决定停止炮击金门。

当年10月21日，美国国务卿杜勒斯到台湾，准备继续向蒋介石施压，要国民党军队撤离金门等岛屿。在这种情形下，毛泽东命令在杜勒斯抵台前一天恢复炮击，使蒋介石获得了拒绝撤出金门等岛屿的口实。此后，金门炮击单日打，双日不打；炮击只打沙滩，不打民房与工事。金门炮击以一种特殊的方式，保持了海峡两岸的“接触”，使美国“划峡而治”“两个中国”的阴谋再一次破产。

毛泽东炮击金门的决策，其意义超出了军事斗争，收到了政治上和外交上的重大成果。这一决策启示我们：领导干部要善于进行战略思维，把全局作为观察和处理问题的出发点和落脚点，以全局利益来判断是非得失，力求谋大利而避大害；在总览全局的时候，必须抓住重点、突出重点，把握对全局有决定意义的关键的一招。

出神入化、炉火纯青的指挥艺术

毛泽东说，打仗好比雷公打豆腐，专拣软的欺；又好比做生意，赚钱就来，蚀本就不干。毛泽东妙化山大王朱聋子的“打圈战”，创造出自成一体的游击兵法，使我军终于有了自己的战略战术，走、打、进、退从此变幻莫测，与孙子的“兵无常势，水无常形”交相辉映。

敌进我退，

敌驻我扰，

敌疲我打，

敌退我追。

这就是名扬四海，非同小可的游击“圣经”——十六字诀。同时也是毛泽东积极防御战略的思想基础，而积极防御战略是毛泽东兵法中克敌制胜的法宝，这一法宝目前早已成为国际范围内军事史上的丰碑被万人敬仰、遵循。

在越南战争中，越南军队就曾奉行过这一游击经典；在西点军校，高级美军教官们也曾热烈地与学员们讨论并研究这一经典；在1958年古巴的密林里，一位现代游击战专家格瓦拉给游击队员们讲授的游击战经典也是这“十六字诀”。同时他还根据毛泽东这一著名游击理论撰写过《游击战》一书。古巴获得解放后，他又只身进入扎伊尔、拉丁美洲的玻利维亚开展新的游击战，1967年，当他39岁时战死于玻利维亚。而这位现代游击天才最为崇拜的就是毛泽东的兵法，其中尤其对“十六字诀”推崇备至，奉为“圣经”。

秋收起义后，几仗一打下来，毛泽东一下子在严酷的现实面前认清了真正的形势，即“敌强我弱，敌多我少”。他不得不把战略的重心放在防御与进攻的关系上，放在如何“以弱胜强、以少胜多”这方面上。

毛泽东在还未亲自率兵打仗之前，还不可能真正了解“山大王”到底靠什么本事在井冈山生存下来的。上井冈山不久之后，他仔细地研究了王佐的师傅朱孔阳（绰号朱聋子）的打仗经验。朱聋子作战靠他自己总结出来的一句名言：“不要会打仗，只要会打圈。”那意思就是仗打得好不好无所谓，只要官军一来，就利用其熟悉的地形、民情等有利条件，与其巧妙周旋，躲来藏去，总之最终把官军甩掉，使之不能消灭他。

朱聋子的话让毛泽东豁然开朗，他认为“打圈是个好经验。打圈是为了避实就虚，歼灭敌人，使根据地不断巩固扩大。强敌来了，先领它兜圈子，等它的弱点暴露出来，就要抓得准，打得狠，要打得干净利落，要缴到枪，抓到人”。同时毛泽东还从革命战争的根本目标出发，赋予“打圈”新的内容，认为：我们要把朱聋子这句话改一下，改为“既要会打圈，又要会打仗”。打圈是为了避实击虚，迷惑敌人，摆脱敌人的追击，并迫使敌人暴露出弱点；打仗是为了战胜敌人，消灭敌人。毛泽东还以中国民间通俗的语言比喻道：我们打仗，好比雷公打豆腐，要专拣软的欺；打仗又好比做生意，赚钱就来，蚀本就不干，打得赢就打，打不赢就走。而且“十六字诀”中的第一句“敌进我退”与《孙子兵法》中的“走为上策”同出一理。

毛泽东的确出手不凡，一上来就抓住了战争的本质，以“十六字诀”把保存自己和消灭敌人的道理说得透透彻彻。

“十六字诀”成了当时指导革命根据地军事斗争的总方针。从战略上讲，当时红军的兵力和作战范围都非常有限，必须开展这种游击战才能确保并扩大红色革命根据地。

按照毛泽东的解释就是：“十六字诀”包括了战略防御和战略进攻的两个阶段，在防御时又包举了战略退却和战略反攻的两个阶段。（《毛泽东选集》第1卷，第205页）

什么叫“敌进我退”呢？那就是当敌军向红军占领的根据地“进剿”时，就是战略上的全面进攻，红军在战略防御中，为了保存自己，就必须实行战略退却，这就是“敌进我退”。当敌军进入了根据地后，为了使其不得安宁并削弱其战斗力，就应进行“敌驻我扰”。而当敌军终被扰得疲惫不堪时，就应集中兵力主动向敌人进攻，歼灭敌人的有生力量，这就叫“敌疲我打”，这时已从战略防御进入战略进攻阶段。最后当敌人不得不退却时，就应乘胜追击，争取多消灭一些敌人，多收缴一些武器，这时已是全线出击的时刻。

可见，毛泽东“十六字诀”体现的是以弱胜强的作战手段。弱军要战胜强军，不能像强军战胜弱军那样，主要凭借强有力的进攻，而是需要动用一些以谋略为特征的作战手段。比如有时为了造成对方的错觉和不意而动用麻痹敌人的手段，为了把强敌削弱而动用袭扰、疲惫敌人的手段，以及避实击虚，寻机而战等策略。作为战略步骤，“敌进我退”可以直接造成敌人的错觉，起到使敌人麻痹的作用。如果在退却中再动用一些伪装、欺骗敌人的手段效果将会更好。比如在敌人前进过程中，以少数兵力沿途袭扰，就能达到弄疲敌军、削弱敌军战斗力的目的。

从“敌进我退”至“敌疲我打”“敌退我追”，包含了避强击弱、避实击虚和寻机而战的内容。从退却中避开优势之敌，避开进攻之敌的锋芒，然后寻找机会专打被削弱了的敌人，或打疲累沮丧的敌人，或打多路强敌中的薄弱之敌，或打敌人战线中的薄弱部位，就很容易成功。

与此同时，“十六字诀”还具备战术功能。在战术上，“十六字诀”显得尤其灵活。各游击队和红军的师、团、营、连在各种战役的战斗中，可以根据各种不同情况，趋利避害，灵活机动，按“十六字诀”规定的基本战法，更加巧妙地与敌军进行战斗，使走、打、进、退显得更加变幻莫测。

《孙子兵法》中曾非常强调“兵无常势，水无常形”。然而，由于小农经济为基础的封建社会长期停滞，就不可避免地在某种程度上造成了兵家墨守成规的保守传统。毛泽东在战略战术的运用上，却一反传统兵家的保守传统，充分体现了他那诗人般的想象力和不拘一格的态度。他出神入化，将中国历史上的军事精华与外国先进的军事思想相结合，走出了自己的一条独特道路。毛泽东自幼就读《水浒传》《三国演义》，青年时代又博览群书，热爱读报，胸怀全球，放眼世界，因此他所吸收的兵法营养是多方面的，非常广博深厚。他首先吸收了中国古代兵法中的谋略思想和朴素的军事辩证法，继承了旧式农民战争的有益经验，同时又剔除其封建糟粕和落后成分，注入了先进军事科学的内容；接着他又吸收了近代传入中国的西方军事学的合理成分，同时又同那种抄袭德日战术的“洋泾浜”式的旧军事教条主义划清了界限；他注意了以苏联革命的军事理论丰富自己，但对全面照搬苏联模式的“本本主义”也坚决反对。古为今用，洋为中用，一切都从中国革命的具体实践出发。最后，毛泽东终于创造出他兵法中的第一座里程碑——“十六字诀”。

1929年4月5日，毛泽东在给中央的报告中第一次以文字形式表达了他这一整套游击战法。他说道：我们三年来从斗争中所得的战术真是跟古今中外的战术都不同。用我们的战术，群众斗争的发动是一天比一天扩大的，任何强大的敌人是奈何我们不得的。我们的战术就是游击战术。大致说来，分兵以发动群众，集中以应付敌人，“敌进我退，敌驻我扰，敌疲

龙源口战斗遗址——久大桥

我打，敌退我追”，“固定区域的割据，用波浪式的推进政策，强敌跟追，用盘旋式的打圈子政策”，很短的时间，很好的方法，发动很多的群众，这种战术正如打网，要随时打开，又要随时收拢，打开以争取群众，收拢以应付敌人，3年以来，都是用的这种战术。

图中站立者为龙源口战斗总指挥朱德

毛泽东自己已在此将一套游击兵法的精神阐释得极为清楚了。

从1930年到1931年，毛泽东亲自指挥了连续3次的反“围剿”，从而进一步深化和丰富了“十六字诀”的内容。

大柏地战斗遗址

“十六字诀”有一个逐渐形成完善的过程。红四军曾在毛泽东、朱德的指挥下取得了一系列举足轻重的胜利。1928年6月，敌人以5个团由吉安进犯永新，红四军主动撤出永新城，退至根据地中心地区宁冈。敌人进占永新城后，又分两路进攻宁冈。红四军乘敌疲惫松懈之际，歼敌一部。接着转入追击，将逃敌歼灭于龙源口，共歼敌一个团，击溃敌人两个团，缴获步枪400多支，重机枪一挺，使红四军的武器装备大大加强了。这是井冈山地区的红四军在“十六字诀”指导下打的第一个大胜仗。龙源口大捷后，井冈山根据地进一步扩大，包括宁冈、永新、莲花三个县的全部和遂川、酃县（今炎陵县）、安福、茶陵、吉安五个县的部分地区，形成根据地的全盛时期。

1929年2月，当红四军主力向赣南进军时，敌人以一个旅的兵力紧追不舍。为摆脱被动，红四军在瑞金以北大柏地，利用有利地形，主力埋伏在狭长山谷两侧，以小部兵力边打边退，将敌引入伏击圈内，然后发动攻击，将敌一个旅大部被歼灭，俘虏800多人，缴枪800余支。

1933年夏天，毛泽东重新经过大柏地，触景生情，写了《菩萨蛮·大柏地》。

1930年2月，当红四军准备进攻吉水时，敌人三个旅前来“会剿”。红四军实行敌进我退的战术。当敌一个旅由樟树进到吉水分三路南下时，红四军突然北上，发起水南战斗，先歼敌左路两个营大部，后歼敌右路和中路四个营大部，俘敌1600多人。

上述战例，极为生动地说明了“十六字诀”的不断成熟和对游击战争所起到的重大作用。

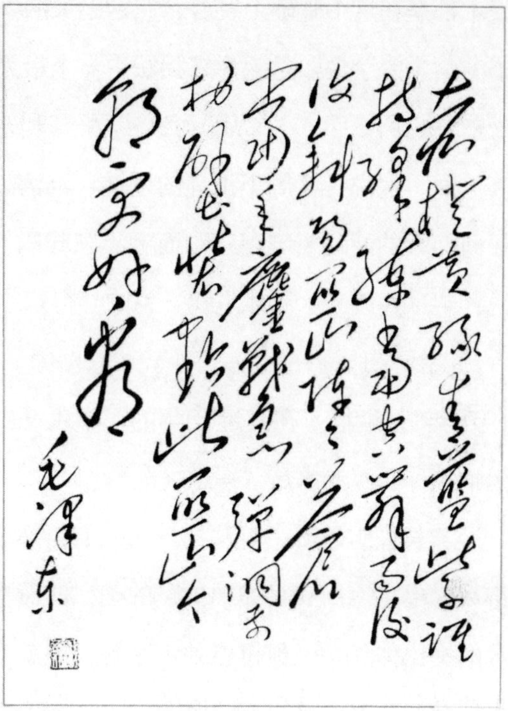

《菩萨蛮·大柏地》

除此之外，“十六字诀”还使中国革命战争终于有了自己的战略战术原则。它的提出，圆满地解决了中国革命战争初期完全符合特点的正确用兵之道这一重大问题。因为红军的战略，不能简单地抄袭或生搬硬套任何国家和军队的正规兵法、战略，必须根据自己的需要创造出确实符合实际情况的具有中国革命战争特色的游击战争的战略。我们知道，在中外历史上，往往有一些革命军队由于在革命战争初期，不能从实际情况出发，在军事战略问题上解决得不好，缺乏或根本没有正确的战略指导，结果惨遭失败。

而中国革命战争能从胜利走向胜利，多亏了毛泽东这位一代兵法大师迅速总结了革命战争初期的经验，很快地从失败中吸取了教训，及时地提出了“十六字诀”这一伟大、正确的战略战术思想，从而使中国革命战争在他正确的战略战术指导下，得以蓬勃向前发展，直至最终夺得全国的胜利。

事实证明，几十年来中国人民解放军所形成的一整套人民战争的战略战术都是在这个基础上发展、完善起来的。

“十六字诀”是毛泽东兵法中一个最为辉煌的闪光点!

1960年5月，“二战”名将蒙哥马利来华访问。在受到毛泽东的亲切接见时，他说：“阁下指挥的辽沈、淮海、平津三大战役，可以与世界上任何伟大的战役相媲美。”而毛泽东却以他特有的幽默，微笑着摇摇头，说：“‘四渡赤水’才是我一生的‘得意之笔’！”

毛泽东作为伟大的军事家、战略家，从1927年9月领导秋收起义到1976年9月逝世，在其近60年的军事生涯中，他指挥过大小战役数百次，但唯独称四渡赤水是“得意之笔”。

《长征组歌》中有这样一句人们再熟悉不过的唱词——“四渡赤水出奇兵，毛主席用兵真如神！”的确，四渡赤水确是毛泽东高超军事指挥艺术的突出体现。但你可能并不了解，成就毛泽东这“得意之笔”的却是以青杠坡战斗为核心的土城战役。

土城战役是毛泽东重新回到红军领导岗位后亲自指挥的第一个战役。由于情报失误，土城战役没有达到预期的目的。但正是由于土城战役的失利，才有了后来的四渡赤水。

根据刘伯承、聂荣臻的建议，1935年1月召开的遵义会议分析了黔北地区是否适合建立根据地的问题。经过讨论，大家认为这里人烟稀少，少数民族又多，党的工作基础薄弱，不便于创建根据地，于是决定中央红军北渡长江，同四方面军会合，在川西或川西北创建根据地。

与此同时，蒋介石加紧对红军的围追堵截作了重新部署，除分别以湘鄂、川陕敌军各一部对付红二、六军团和红四方面军外，集中国民党中央军薛岳兵团和黔军全部、川滇军大部、湘桂粤军一部共17个师又13个旅150个团近40万人，妄图将中央红军37000多人围歼于乌江西北地区。红军周围的局势变得更加严峻了。

临危受命的毛泽东急欲在惊涛骇浪中杀出一条生路。他力主放弃原定与红二、六军团会合的计划，改为北上渡过长江，与红四方面军会合。这一主张，得到大家的一致赞成。于是，中共中央、中革军委决定率领部队撤出遵义城，逐次向北转移，在川黔交界的赤水、土城地区集中，准备渡江北上。

青杠坡战役旧址

1月19日，中央红军分三路从松坎、桐梓、遵义地区向土城方向开进，并于27日全部进抵赤水河以东地区。然而，川军郭勋祺部也尾追而至。行军途中，毛泽东同朱德、周恩来、刘伯承等共同察看了沿途地形，发现道路两侧均系山谷地带，如果追兵孤军深入，红军便可以利用两边山谷的有利地形，集中优势兵力，合围夹击歼灭该敌。这个时候，军委二局截获了川军潘文华的26日电令，获悉尾追之敌只有郭勋祺部四个团的兵力，跟进潘佐部两个团。毛泽东当即下决心，命令在土城镇以北的红二师继续北上，同先头已抵达旺隆场的红一师相机夺取赤水城；以红三军团三个师，占领土城东北5公里的607.5至杨柳庄一线南面高地，以红五军团两个师占领青杠坡至一碗水一线北面高地，从南北夹击歼灭郭勋祺部；干部团在土城以东两公里处的白马山作预备队，对尾追之敌展开一场“歼灭战”。

28日凌晨，细雨蒙蒙，寒风刺骨。红三、五军团在彭德怀、杨尚昆的指挥下，从土城镇外水狮坝分两路向进占枫村坝、青杠坡地区的川军阵地发起进攻。敌郭勋祺部凭借有利地形拼死顽抗，红军官兵拼死争夺，往复冲杀。战斗异常激烈，交战双方陷入胶着状态，成了一场名副其实的“拉锯战”“消耗战”。

更严重的是，红军从俘虏的番号中发现原来的情报有误，川军不是四个团6000多人，实为6个团万余人，还有后续部队，且装备精良，战斗力很强。据当年在军委总部任作战参谋的孔石泉同志回忆：“我们在土城那一仗没有打好，因为对敌人估计不足。敌人的发报我们收到了，但把‘旅’翻译成了‘团’，因此估计敌人是两个团的兵力。如果知道是旅就不会打的。以后伤亡很大，不能不走了，是我们自己撤退的，只打了个击溃战。”

对于此事，美国作家哈里森·索尔兹伯里在《长征——前所未闻的故事》一书有过这样的评价：“毛和他的部下意识到他们正在进行一场危险的战斗。敌人并不是不堪一击的黔军，而是驻守宜宾的川军总司令刘湘手下的精锐部队，前线指挥官是外号叫‘熊猫’的郭勋祺。”敌人的兵力总数“至少一万人，而且训练有素，纪律严明，指挥有方。毛因失算使红军遇上了长征中最关键的一次战斗。他得到的情报错得不能再错了”。

“旅”和“团”一字之差的情报失误，让毛泽东痛心疾首、刻骨铭心，但从来都不墨守成规的他迅速从不利战局中寻找有利因素，急令红一军团红二师火速返回增援，以求变被动为主动。在增援部队尚未赶到的两三个小时内，敌军的反攻更加凶猛，阵地一度被攻破。敌人抢占部分山头后，步步紧逼，甚至打到了位于大埂上东南方向一个叫“漏风垭”的地方，而那正是中革军委指挥部前沿。山后就是赤水河，无险可守，战局于我十分不利。在这紧急关头，毛泽东果断命令陈赓、宋任穷率军委纵队干部团发起反冲锋。临危受命的干部团猛打猛冲，打得敌人失了神，连滚带爬地溃退下去。毛泽东在白马山上用望远镜看到这个情景，兴奋地对身边人员说：“打得好！打得好！陈赓行，可以当军长。”

红二师返回后，中革军委认真分析了形势，重新调整了进攻部署，决定再次向青杠坡敌军发起总攻。战事危急，朱德总司令亲临前线统一指挥，指战员备受鼓舞，士气大增。下午2时，总攻开始，一场殊死搏斗在青杠坡山梁及两翼峡谷展开。红二师担任正面作战，主攻青杠坡山腰川军指挥所永安寺。川军凭借有利地形，布置了三层防卫火力，红军多次进攻都未能奏效。红二师从两翼发起猛烈攻击，正面佯作后退之势，诱敌转向两侧防卫。红二师五团突击队一跃而起，直扑永安寺，经一场白刃战，终于将永安寺占领。此时，大量占据着临时工事的敌军依然负隅顽抗，且敌后援部队独立第三旅迅速增援上来，教导师第二旅由古蔺向土城方面迂回堵截，赤水的第五师2个旅及第一师第三旅第七团也从西北向红军侧后攻击，其余增援部队还源源而至。当晚，毛泽东提议召集中央政治局几个领导人开会。会议根据各路国民党军正会集而来进行围堵的新情况，判明原定在这里北渡长江的计划已不能实现，决定迅速撤出战斗，西渡赤水，向川南古蔺、叙永地区转移。

1月29日，红军在土城、猿猴两地一渡赤水，进入川南古蔺、叙永地区。继而放弃了北渡长江的计划，迅速转向川、滇、黔三省边境国民党军设防空虚的云南扎西地区集结，跳出了国民党军的包围圈。毛泽东以一当十，声东击西，瞒天过海，导演出一部“四渡赤水”的千古绝唱，写下了自己军事生涯中的“得意之笔”，创造出了中外战争史上的奇迹。

毛泽东高超的机动灵活的军事指挥艺术，表现在指挥四渡赤水作战中巧妙地处理“走”与“打”的关系，以走创造战机，以打开辟道路，在运动中寻机击破敌军合围。毛泽东指挥3万中央红军疲惫之师，抗击40万国民党军的围追堵截，在前有长江，后有乌江的狭窄地区，该走就走，该打则打，打得赢就打，打不赢就走，走中有打，打中有走，把走与打、消灭敌人与保存自己辩证有机地结合起来，使国民党军队疲于奔命，十分被动。而中央红军在运动中纵横驰骋，要打就打，要走就走，稳操主动。四渡赤水作战，主要目的是通过“走”使红军摆脱国民党军的围追堵截，转危为安。但毛泽东仍在运动中，寻找机会“打”，不放过任何消灭敌人的机会。他在指挥红军二渡赤水后，还歼灭了国民党军两个师八个团。这样的“走”与“打”，既不同于“有进无退的拼命主义”，更不同于“有退无进的逃跑主义”，而是把“走”与“打”有机地结合起来。毛泽东在《中国革命战争的战略问题》一文中指出：打得赢就打，打不赢就走，这就是今天我们的运动战的通俗解释。天下也没有只承认打不承认走的军事家，不过不如我们走得这么厉害罢了。对于我们，走路的时间通常多于作战的时间，平均每月打得一个大仗就算是好的。一切走都是为着打，我们的一切战略战役方针都是建立在打的基点上。四渡赤水作战中，毛泽东巧妙地处理了“走”和“打”的关系，体现了其高超的、机动灵活的、指挥艺术和军事哲学思想。

毛泽东高超的机动灵活的指挥艺术，还表现在指挥四渡赤水作战中正确地处理“虚”与“实”的关系，巧妙地运用虚实行动，调动和迷惑敌人。

娄山关战役旧址

一渡赤水，避实就虚，摆脱川军。土城战斗，川军实力较强，还有后续部队增援。为了从不利的局面摆脱出来，毛泽东指挥红军避实就虚，一渡赤水，进入云南扎西。

二渡赤水，乘虚而入，速战速决。蒋介石调集各路国民党军，安图南北夹击，聚歼红军于扎西地区，毛泽东利用敌人以为红军要北渡长江和黔北兵力空虚的弱点，指挥红军乘虚回师东进，二渡赤水，连续攻占桐梓、娄山关，重占遵义，取得了长征以来的第一个大胜利。战后，毛泽东写下了“雄关漫道真如铁，而今迈步从头越”的悲壮诗句。

三渡赤水，将计就计，虚张声势。当蒋介石又调集重兵，妄图围歼红军于遵义、鸭溪地区时，毛泽东将计就计，故意在遵义地区徘徊，诱敌前来，当敌军逼近时，指挥红军三渡赤水，重入川南，同时以一部军队伪装主力，虚张声势，造成北渡长江假象。

四渡赤水，形西实东，迷惑敌人。当吸引国民党军重兵再次向川南集中的情况下，毛泽东为迷惑国民党军，以一个团的兵力诱敌西进，而指挥红军主力秘密北上，然后突然向东，四渡赤水，继而南渡乌江，跳出了敌人的包围圈。为了进一步调动敌人，实现由长江上游金沙江北渡入川的战略目的，毛泽东指挥中央红军示形于东而击于西，兵临贵阳逼昆明，调虎离山袭金沙，乘敌空虚，渡过金沙江。至此，中央红军跳出了数十万国民党军的围追堵截的合围圈，挫败了蒋介石妄图围歼红军于川滇黔边的企图，实现了渡江北上的战略意图，取得了战略转移中具有决定意义的胜利。

毛泽东以高超的、机动灵活的军事指挥艺术，指挥中央红军与10倍于己的国民党军进行周旋，穿插迂回于国民党军重兵集团之间，纵横驰骋于川滇黔地区，巧妙地牵制、调动、打击国民党军，使国民党军疲于奔命。蒋介石哀叹：“这是国军追击以来的奇耻大辱。”滇军将领说：“共军拐个弯，我们跑断腿”；中央军将领说：“追，追，追，一直追死自己为止”；黔军将领认为是“磨盘战术，出奇制胜”；川军说共军是“神出鬼没”。从这些当年作战的对手的感慨中，我们也可以看出毛泽东高超机动灵活的军事指挥艺术。

毛泽东以高超的、机动灵活的军事指挥艺术，指挥四渡赤水作战取得胜利，成为他军事生涯中的“得意之笔”。之所以成为“得意之笔”，是因为四渡赤水作战，与毛泽东在其他时期指挥的作战是有所不同的。在井冈山时期和中央苏区时期，毛泽东指挥红军反“进剿”“会剿”和反“围剿”作战，是以根据地为依托，并有地方政府和人民群众的大力支援。而四渡赤水作战，是在失去根据地无后方依托，又经常面对数倍甚至十多倍的国民党军围追堵截的严峻形势下进行的，毛泽东指挥红军经常变换作战方向，转移作战地区，在国民党军几十万重兵之间，避实就虚，忽东忽西，忽南忽北，大范围地迂回往来，如入“无人之境”，迷惑和调动敌人，导演了一出威武雄壮的以少胜多、以弱胜强的活剧，展现了毛泽东高超的军事指挥艺术，成为毛泽东独具匠心的杰作。抗日战争时期特别是解放战争时期，包括抗美援朝战争，毛泽东不再是战役指挥，而是战略指挥，制定战争的战略方针，把握和指导战争的全局，“运筹于帷幄之中，决胜于千里之外”。虽然，这是毛泽东的战争指导艺术更加成熟，并且达到了炉火纯青的地步。但是，毛泽东更看重他作为战役指挥员、亲自指挥的四渡赤水之战，能够发挥出他高超的机动灵活的指挥艺术。所以，他对蒙哥马利元帅说“三大战役没有什么，四渡赤水才是我的得意之笔”。可见，四渡赤水在毛泽东军事生涯特别是军事指挥生涯的重要地位。

毛泽东在指挥四渡赤水中运用上述机动灵活战略战术，成为毛泽东军事战略战术思想的重要组成部分，后来在抗日战争、解放战争中得到进一步发展。在抗日战争爆发前后，毛泽东在《中国革命战争的战略问题》《抗日游击战争的战略问题》《论持久战》《战争和战略问题》等著述中，总结了建军十多年来作战包括四渡赤水作战的经验，毛泽东系统提出了机动灵活的运动战的理论。在解放战争时期，在战争的实践中，毛泽东将其战争指导理论，其中也包括其指挥四渡赤水作战的一些指导原则，总结概括升华为著名的十大军事原则，成为我军重要的作战指导原则，成为毛泽东军事思想的重要组成部分。

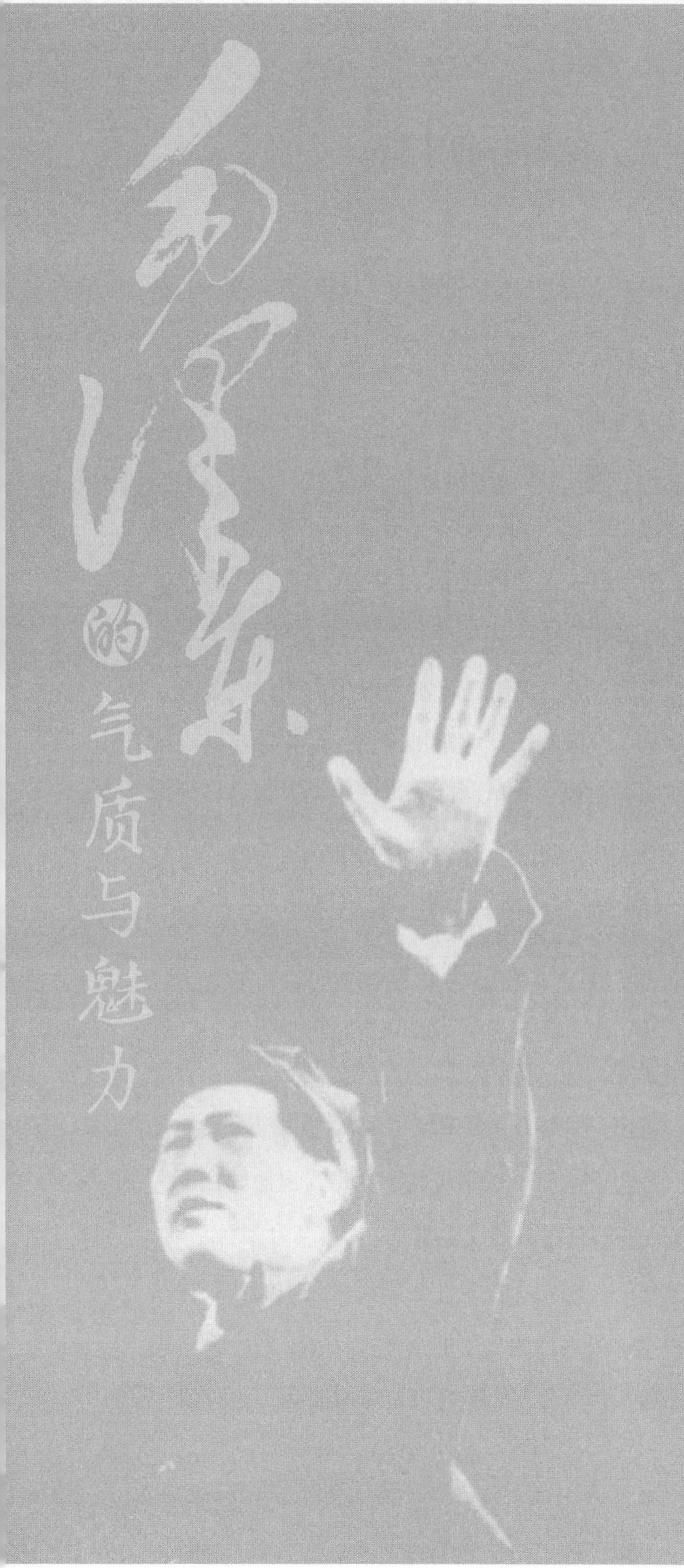

六 『为人民服务』的执政理念

毛泽东具有牢固的执政为民的思想理念，无论是在革命中还是建设中，他都把人民的利益看得高于一切，他说话办事、制定方针政策都把人民的利益作为出发点和落脚点，他与人民心连心，是一位深受广大人民群众信赖和拥护的杰出领袖。

以民为本，坚持为人民服务的宗旨

毛泽东“为人民服务”的伟大号召体现了中国共产党人的最高宗旨，这个宗旨的正式提出，是1944年9月，毛泽东在纪念一名普通警卫战士张思德的讲话中提出的。毛泽东第一次从理论上深刻阐明了“为人民服务”的思想。这个演讲经整理后以《为人民服务》为题，发表在延安《解放日报》和国民党统治区《新华日报》等报纸上，1953年收入《毛泽东选集》第三卷。从此，“为人民服务”就成了中国共产党人的座右铭。

张思德（1915—1944），1915年阴历三月初六出生在四川仪陇县六合乡的一个山村贫苦农民家庭。全家靠给地主帮工度日，母亲和哥哥相继冻饿而死，父亲远走他乡，不知所终。张思德成了孤儿，七八岁时，就给地主家割草、放牛，他11岁时才读了几个月的书。1933年，刚满17岁的张思德就参加了工农红军，后来随红军长征来到陕北。

在长征途中，张思德时刻关怀着战友。进入草地半个月以后，部队开始断粮，首长乘骑的骡马也被杀了吃了，皮带、棉絮、枪背带被吃得所剩无几。为了部队能够走出草地，连队党组织向共产党员发出号召：尝百草！茫茫草地，青草丛生，尝出一种能吃的野草，往往需要付出极大的代价，轻者中毒，重者死亡。张思德这时虽然不是共产党员，但他好几次冒着生命危险口嚼检验野菜是否能够食用，多次中毒。

张思德在长征路上多次负伤，组织上决定让他到设在云阳的“荣誉军人学校”休养、治疗。他利用这段平静的日子加紧学习认字、写字，思想素质和政治觉悟有了显著提高，并向党支部递交了入党申请书。1937年10

月，“荣校”党支部批准张思德光荣地加入了中国共产党。

1940年春天，张思德被分配到中央军委警卫营，担任通信班班长。

1940年起，国民党的军事包围和经济封锁给整个陕甘宁边区的社会生活带来极大困难。为了解决中央机关和警卫部队的冬季取暖问题，中央军委警卫营命令张思德带领10个战士组成一个班，进山烧炭。烧木炭是一个重体力活，当时，有的同志思想颇有顾虑。于是张思德便动员大家说：“进山烧炭，又脏又费衣服，生活要比延安更艰苦。但是我们烧好炭，保证首长和同志们的冬天取暖，就等于为抗战、为战胜敌人经济封锁贡献了一份力量。因此，这也是一份重要的革命工作。进了山，我们就如同在战场上一样，一定要完成好这个任务！”战士们在张思德的带领下，各个精神饱满，全班超额完成任务，张思德被党组织评为劳动模范。

1942年，张思德被调到中央警卫连当战士，担负警卫中央首长的工作。

张思德参军11年，同期入伍的同志有的已当上了团长甚至旅长，他却从不计较个人职务的高低。中央军委警卫营与中央教导大队合编时，领导决定张思德由班长改为战士，他愉快接受，他说：“当班长是革命的需要，当战士也是革命的需要。”

正在和战友烧炭的张思德（左）

1944年年初，张思德响应党中央提出的开展大生产运动号召，主动到安塞县石峡谷办生产农场，担任副队长。1944年9月5日一大早，下起了毛毛雨。地里的活儿干不成了，队长和张思德商量以后，决定临时组织一个突击队，进山赶挖几个新炭窑。张思德带着八个战士，一路唱着歌到了庙河沟的山林，分散在三个地方挖窑。毛毛细雨下大了，张思德给另两处的几个战士送去遮雨的麻袋回来继续挖窑。跟他一起干的战士小白请求说："这回让我进去挖一会儿吧！"张思德见外面还在下雨，窑里也能容下两个人了，就说："好，进去多注意！"小白见他还要进去，劝他歇会儿。张思德说："我不累。我们得赶紧把炭窑挖成，多出一窑，就是为抗战多作一份贡献！"说着，又钻进了窑里。

雨渐渐停了下来，快到中午时分，一眼炭窑就要挖成了。为了保证质量，张思德拿着小镢头开始修整窑面，突然，窑顶上"啪啪"掉下几片碎土。"快出去，有危险！"张思德大喊一声，一把将小白推出窑口，就在这时，"轰隆"一声，两米多厚的窑顶坍塌下来。小白在窑口被压住半截身子，张思德被整个埋在土里。当战士们把张思德沾满泥土的遗体挖出来时，哭声连成一片。这个长征过来的老战士，在危险的时刻，把生命留给了战友，献出了自己年仅29岁的生命。

噩耗传到枣园，毛泽东听了后心情非常难过。他悲痛地说："张思德为我站过岗，你们要在枣园机关里为他举行一个追悼会，我要去参加。"

9月8日下午，中共中央直属机关举行了"追悼张思德同志大会"。毛泽东参加了大会，并且亲自献上一个花圈摆在大会台子中央，花圈的挽联上有他亲笔题写的："向为人民利益而牺牲的张思德同志致敬！"并发表了《为人民服务》的著名讲话。

毛泽东怀着沉痛的心情说："我们的共产党和共产党所领导的八路军、新四军，是革命的队伍。我们这个队伍完全是为着解放人民的，是彻底地为人民的利益工作的。张思德同志就是我们这个队伍中的一个同志。

"人总是要死的，但死的意义有不同。中国古时候有个文学家叫作司马迁的说过：'人固有一死，或重于泰山，或轻于鸿毛。'为人民利益而死，就比泰山还重；替法西斯卖力，替剥削人民和压迫人民的人去死，就比鸿毛还轻。张思德同志是为人民利益而死的，他的死是比泰山还要重的。”

毛泽东的讲话对张思德的一生作了高度的评价，对中国共产党的宗旨和共产党人的人生观作了系统的概括。张思德是千千万万个革命战士中的普通一兵，是千千万万个共产党员中的普通一员。毛泽东在战争年代，参加一个普通战士的追悼会，这是第一次，也是他整个革命生涯里仅有的一次。

作为经历了二万五千里长征的一位战士，张思德年轻的生命是平凡的、普通的，可他这种全心全意为人民服务的精神，却像一颗高高升起在东方天幕上的启明星，显示了共产党人远大的前景、辉煌的未来。东岳泰山，为五岳之首，张思德之死重于泰山，因为他的精神价值在漫长的中国革命历程中是无法估量的。

构建民族精神，提出文艺为工农兵服务思想

在延安，毛泽东提出了文艺要为工农兵服务的宗旨。

1942年5月2日，中共中央宣传部在延安杨家岭召开文艺座谈会。

5月23日，在延安文艺座谈会上，毛泽东发表了《在延安文艺座谈会上的讲话》（以下简称《讲话》），提出了文艺要为工农兵服务的正确方向。《讲话》是对五四以来中国新文化运动的经验和教训的总结，它联系延安和各抗日根据地文艺界存在的问题，提出了中国共产党解决这一系列问题的理论和政策。

当时，延安的物质生活已十分艰苦，但精神文化生活却十分丰富。中共在延安创办了一批报刊，计有《新中华报》（1941年扩大为《解放日报》）、《解放》周刊、《共产党人》、《八路军军政杂志》、《中国青年》、《中国妇女》、《中国工人》、《中国文化》等。延安最大的出版单位解放社还出版了《马恩丛书》等各种理论和政治宣传读物。1939年，萧三从苏联返回延安，办起了俱乐部，迅速将交际舞传播开来，交际舞会、京剧晚会、大合唱以及《日出》《雷雨》等话剧，使延安的革命的生活又增添了一种活泼欢快的气氛，延安的文艺工作者也活跃起来，除了间或有日军的空袭，延安似乎已远离战时生活环境。

但是，在前进的征途上，许多作家和文艺工作者也遇到了新的问题，主要是他们对新环境、生活、人物和服务对象不熟、不懂，有严重脱离实际、脱离群众的现象存在，一些不正确的思想观念也在影响着他们的工作。

毛泽东对文艺界的状况作了大量的调查研究，他把鲁艺、“文抗”等单

位的文艺工作者，个别或一批批地请到他家里进行交谈，详细地询问作家、艺术家的思想和写作情况。与毛泽东谈过话的人有何其芳、严文井、萧军、周立波、曹葆华、姚时晓、刘白羽、罗烽、欧阳山、草明、艾青、丁玲等人。

在延安的作家群中，毛泽东是很赏识丁玲的。1936年11月中旬，丁玲在地下党的营救下，从被国民党囚禁长达3年的南京到了党中央所在地保安。当天晚上，中央宣传部在一间大窑洞里开会欢迎她。党中央的一些领导同志参加了晚会，周恩来、张闻天等许多人讲了话。在这个晚会上，丁玲第一次见到毛泽东。西安事变后，丁玲在随军经甘肃赴三原的途中收到了前线指挥部转交的毛泽东给她的《临江仙》词电文：

壁上红旗飘落照，西风漫卷孤城。
保安人物一时新。
洞中开宴会，招待出牢人。

纤笔一支谁与似，三千毛瑟精兵。
阵图开向陇山东。
昨天文小姐，今日武将军。

这首诗词充分体现了毛泽东对丁玲的器重和对文艺工作的高度重视。

1940年，丁玲发表了《三八节有感》的文章。这是一篇散文式杂文，它从关心妇女社会地位出发，就恋爱、婚姻、家庭等方面，列举出种种障碍，最后提出妇女要“取得平等，得首先强己”。这之中，有批评延安地区一些干部的，也有积极的建议。但文章遭到红军的一些高级将领的怒斥。

毛泽东当时曾找丁玲作了一次长谈，他说：“我们要不要自我批评？要的。”“但是你要进行批评，先得肯定人家的好处，说他怎样艰苦，怎

延安时期的丁玲

样打胜仗，怎样有功劳，说我们这个党是了不起的，是伟大的、光荣的。然后再说我们还有一点缺点，还有封建残余，一些男同志对女同志的看法还不一样。”“而你开门见山就说女同志受压迫、受歧视，人家就受不了啦。”毛泽东平和安详的谈话，丁玲听来倍觉亲切。她表示，一定要轻装上阵，再为革命文艺奉献自己的一切。

毛泽东在向艾青征求意见时说：“有些文章，大家看了有意见。你看怎么办？”艾青表示，开个会，你出来讲讲话。毛泽东又问：“我说话有人听吗？”艾青认真地说：“至少我是听的！”谈话后，毛泽东写信让艾青代他搜集文艺界反面的意见，艾青接到信后，夜以继日，挥笔疾书，根据他到延安一年的体会和感触，从正面提意见的角度，给毛泽东写了8000字的长文。

经过一个多月的调查研究，毛泽东取得了十分积极的成果。他摸清了文艺队伍的状况，全面掌握了正反两方面的意见，为开好座谈会做了充分准备。

一张薄薄的粉红色油光纸，上面印着几行字，算是当年延安的“豪华型”请帖了：

为着交换对于目前文艺运动各方面的问题的意见起见，特定于5月2日下午一时半在杨家岭办公厅楼下会议室内开座谈会，敬希届时出席为盼。

毛泽东

凯丰

这张请帖发到延安文艺界人士手中。从1942年5月2日起所召开的座谈会，后来闻名于世，即“延安文艺座谈会”。

在粉红色的请帖上，跟毛泽东一起署名的凯丰，本名何克全，当时的中共中央宣传部副部长，代理部长。

5月2日下午1时多，延安文艺明星——周扬、丁玲、艾青、陈荒煤、何其芳、林默涵、刘白羽、周立波、华君武、吕骥、陈波儿、萧军……会聚在杨家岭“飞机楼”底层南厅。

“飞机楼”，是杨家岭这小山村里当年的一幢“现代化”建筑。砖石结构，当中三层，两侧一层，从山上往下看，如同一架张开双翅的“飞机”，人称“飞机楼”。“飞机楼”乃中共中央办公楼，是中共中央机关工作人员和附近军民在1941年建成的。

底层南厅，是中共中央会议室兼饭堂。这时，摆了20多条长板凳，放上一张办公桌，就算是文艺座谈会的会场。办公桌上铺了一块白布，权且作为主席台。

除毛泽东、凯丰以外，当时在延安的中央政治局委员朱德、陈云、任弼时、王稼祥、博古、康生等也都出席了会议。被邀请参加会议的文艺工作者连同中央和一些部门负责人，共100余人。座谈会举行过三次全体会议，有几十位党内外作家发言，毛泽东自始至终地参加了这三次会议。

5月2日，当人们差不多到齐的时候，毛泽东从他的窑洞朝“飞机楼”走来。不几分钟，就到了。凯丰主持会议，毛泽东发表讲话。毛泽东的一侧，坐着速记员。毛泽东讲话时，手中只有一份简单的提纲。

毛泽东出语幽默，说：“我们有两支军队，一支是朱总司令的，一支是鲁总司令的。”那“朱总司令”，人人皆知是朱德总司令，而“鲁总司令”倒是头一回听说。经毛泽东解释，与会者方知是指鲁迅。毛泽东的

毛泽东和参加延安文艺工作者座谈会的代表合影

意思是说，一支是武装的军队，一支是文化的军队，共产党要有文武两支军队。

那天，毛泽东提出了关于文艺工作的五个问题，以期引起与会者的讨论，即立场问题、态度问题、工作对象问题、熟悉生活问题和学习问题。

毛泽东说完这番话之后，大家就展开讨论。座谈会上，不少作家争先恐后地发言，有的谈自己的见解，有的对其他人的发言提出不同意见。这次会后，报纸并没有作报道。

据何其芳回忆："中间休息的时候，毛主席站在会议室的门口。外边的光线射进来，我才注意到毛主席的褪色的灰布裤子的两个膝头部分，补了两块颜色鲜明的蓝布补丁。"

林默涵是会议的出席者之一，他回忆，那天有一位作家的发言口气很大，颇为出格。林默涵和许多出席者都有点听不下去了。这时，只见胡乔木霍地站了起来发言，对那位作家当场加以批驳。全场的目光，都投向胡乔木。林默涵记得，胡乔木的发言，很尖锐、很明朗，也很坚决，尽管那位作家很有名气。平素，胡乔木言语不多。然而，这一次发言，给大家留下的印象很深。

5月13日，延安戏剧界40余人集会，座谈剧运方向和戏剧界团结等问题。会议从早到晚，开了整整一天，中心是"文艺运动的普及和提高"的问题。与会者一致认为，一两年来延安的"大戏热"是一种偏向，不适当地强调了提高，忽视了广大工农兵的需要，自觉不自觉地把观众对象局限于机关公务人员、学生、知识分子的狭小圈子，以后应更着重于普及工作。但普及与提高两者的关系是什么呢？大多数人认为普及和提高是同一工作的两方面，要有精确的分工，又要有有机的联系；另一些人认为应把两者分开，使它们各自专门化起来。

5月14日，萧军在《解放日报》上发表《对于当前文艺诸问题之我见》，文章开头说："5月2日由毛泽东、凯丰两同志主持举行过一次'文艺座谈会'，作者为参加者之一。"这是第一次在出版物中报道了延安召开文艺座谈会的消息。该文于6月12日由《新华日报》转载，又把这一信息传递到了国统区。

5月16日召开座谈会的第二次会议。整天时间，毛泽东都在认真地听取大家的发言，并不时地做着记录。有几个人的发言格外引起与会者的注意。一位作家从"什么是文学艺术"的定义出发，讲了一个多小时文学基本知识，引起大家的不满。

一二〇师战斗剧社社长欧阳山尊根据自己几年来在前线和农村工作、学习的体会，讲了前线部队和敌后群众对于文艺工作的迫切需要，以及实际斗争给予文艺工作者的教育，认为文艺工作者应该有一分热，发一分光，甚至发两分光，这样做似乎付出很多，但实际上学到的东西更多。他呼吁延安的文艺干部到前方去。从毛泽东的表情上可以看出，他对这个发言很满意。柯仲平报告了民众剧团在农村演出《小放牛》受欢迎的情况，他说："不要瞧不起《小放牛》，我们就是演《小放牛》，群众很喜欢，老百姓慰劳的鸡蛋、花生、水果、红枣，我们都吃不完，装满了衣袋、行囊和马褡。"他的发言引起大家的欢笑，毛泽东也很高兴，但他说："如果老是《小放牛》，以后就没有鸡蛋吃了。"会上也有人继续发表"人类之爱"和"爱是永恒的主题""不歌功颂德"之类的言论。

经过讨论甚至争论，座谈会在5月23日下午闭幕。那天，出席的人最多，会议干脆在“飞机楼”前的广场上举行。先是由朱德讲话，他针对前两次会上出现的一些思想观点和情绪指出：一个人眼睛长得再高，也要看得起工农兵；中国第一、世界第一，都得由工农兵群众批准。他不点名地批评了萧军。萧军在第一次会议上发言说：“红莲、白藕、绿叶是一家，儒家、道家、释家也是一家；党内人士、非党人士、进步人士是一家，政治、军事、文艺也是一家。虽说是一家，但他们的辈分是平等的，谁也不能领导谁……我们革命，就要像鲁迅先生一样，将旧世界砸得粉碎，绝不写歌功颂德的文章。像今天这样的会，我就可写出十万字来。我非常欣赏罗曼·罗兰的新英雄主义。我要做中国第一作家，也要做世界第一作家。”

朱德说，不要怕谈“转变”思想和立场，不但会有转变，而且是“投降”。他说，他自己就是看到共产党能够救中国而由旧军人“投降共产党的”。我投降无产阶级，并不是想来当总司令，我只是替无产阶级打仗、拼命、做事。后来打仗多了，事情做久了，大家推我做总司令。

他说，共产党、八路军有功有德，为什么不该歌不该颂呢？针对有的作家感觉在延安怀才不遇，没有受到更大的重视，便借用唐代著名诗人李白的两句诗来发泄内心的不满，“生不用封万户侯，但愿一识韩荆州”，意思是说在延安没有知人善任的韩荆州。朱德说，现在的“韩荆州”是谁呢？就是工农兵。因此，我们搞文艺工作的同志，要密切联系工农兵群众，用我们的笔杆子，为广大人民服务。

有的同志觉得延安生活不好，太苦了。其实比起我们从前过雪山草地的时候，这已经是天堂了。有的同志说，外面大都市里吃的住的穿的东西比延安好，但是那再好，是人家的呀，延安的东西再不好，也是我们自己的呀。

毛泽东在总结发言中说：“朱总司令讲得很好！”

朱老总的发言深入浅出、生动有力，很受文艺家们欢迎。他发言后，趁着落日的余晖，与会者簇拥在“飞机楼”前，由摄影家吴印咸为与会者摄影留念。

晚饭后，毛泽东作长篇讲话。广场上点起了汽灯。据人们回忆：“主席讲话时，手中拿着一份毛笔写的提纲。他即兴而讲，讲得很风趣、很深刻，对许多争论不已的问题作了结论。”

人们专注地听着毛泽东的讲话，他以深刻的洞察力和高度的概括力，把全部问题归结为一个“为什么人”的问题，即文艺要为工农兵服务和如何服务的问题。在对这个根本问题给予充分的马克思主义阐述的基础上，对座谈会之前和座谈会期间延安文艺界反映出来的思想观点，一一分析、辩驳。他希望文艺工作者积极投入整风运动，划清无产阶级和小资产阶级两种思想、革命根据地和国民党统治区两种区域的界限，毫不迟疑地同新的群众结合起来，克服“唯心论、教条主义、空想、空谈、轻视实践、脱离群众”等缺点，写出“为人民大众所热烈欢迎的优秀的作品”。

那天，速记员做了速记。胡乔木作为毛泽东的秘书，也在汽灯下仔细做了笔记。毛泽东的讲话，在延安文艺界产生了巨大的影响。

座谈会后的一周内，毛泽东又两次发表关于文艺问题的讲话，对座谈会讲话内容作进一步申述。

第一次是5月28日在整风高级学习组的会议上。他指出：召开文艺座谈会的目的，就是要解决一个“结合”问题，“文学家、艺术家、文艺工作者和我们党的结合问题，与工人农民结合、与军队结合的问题”。这是一个“长期的过程”。而为了实现这几个“结合”，又必须“解决思想上的问题”，即“要把资产阶级思想、小资产阶级思想加以破坏，转变为无产阶级思想”，这是“结合的基础”。党的政策就是“要小心好好引导小资产阶级出身的艺术家，自觉地不是勉强地、慢慢地和工农打成一片”，“以工农的思想为思想，以工农的习惯为习惯”，如此才能写好工农，教育工农。

第二次是5月30日在鲁艺。他提出著名的“小鲁艺”“大鲁艺”的观点，提出现在学习的地方是“小鲁艺”，只在“小鲁艺”学习是不够的，还要到“大鲁艺”学习，这“大鲁艺”就是工农兵群众的生活和斗争。鉴于鲁艺曾有过的片面强调提高的倾向，毛泽东说：长征经过的毛儿盖地方有许多又高又大的树，那些树也是从豆芽菜一样矮小的树苗苗长起来的。提高要以普及为基础，不要把“豆芽菜”随便踩掉了。

毛泽东是著作巨匠。他的著作，通常是由他自己亲笔写就。这一回，只有很简单的提纲，无法发表，他嘱咐秘书胡乔木根据速记稿加以整理。

于是，整理毛泽东讲话稿的任务，便落到胡乔木头上。他确实是很合适的人选。他整理时，参考了速记稿，也参考了自己的笔记。他的整理稿，分两部分：毛泽东在5月2日的讲话，为《引言》；5月23日的讲话，为《结论》。

1942年的冬天，延安天寒地冻。胡乔木常常是通宵达旦地准备文稿，毛泽东心疼这位才子，他把延安人民送给他的一件虎皮大衣，转赠胡乔木，以示关怀。胡乔木十分珍惜这件礼物，直至他逝世后，才由其子女赠送给家乡的盐城市图书馆，放在“胡乔木藏书纪念室”里公开展出。

胡乔木的整理稿交给毛泽东之后，毛泽东又作了仔仔细细的修改。毛泽东的著述态度甚为严谨，除了那些命令、电报、声明要马上发出去之外，重要的、不急于赶时间的著作，他总要斟酌、推敲多遍。

1943年3月10日，中共中央文委和中共中央组织部召集党的文艺工作者共50来人开会，号召大家遵照毛泽东在延安文艺座谈会上的讲话精神，深入群众、深入生活。中共中央宣传部代部长凯丰和中共中央组织部部长陈云在会上讲了话。于是，延安文艺界掀起了下乡热潮。

为了配合这一形势，经毛泽东同意，3月13日延安《解放日报》刊登了毛泽东《在延安文艺座谈会上的讲话》（以下简称《讲话》）部分内容。这是该讲话首次公开发表。

直至1943年10月19日，为了纪念鲁迅去世七周年，经毛泽东仔细改订，该讲话才在这一天全文发表于《解放日报》。

翌日，中共中央“总学委”发出《关于学习毛泽东〈在延安文艺座谈会上的讲话〉的通知》（以下简称《通知》），指出：“《解放日报》10月19日发表的毛泽东同志在1942年5月延安文艺座谈会上的讲话是中国共产党在思想建设理论建设的事业上最重要的文献之一，是毛泽东同志用通俗语言所写成的马列主义中国化的教科书……”

《通知》要求把《讲话》“尽量印成小册子”，列为“整风必读的文件”。随着时间的推移，《讲话》产生的影响越来越大，成为毛泽东的主要著作之一。

《在延安文艺座谈会上的讲话》的发表，标志着新文学与工农兵群众相结合的文艺新时期的开始。一批批振奋人心的作品相继破土而出。短短几年内，在戏剧、音乐、美术、木刻和文学创作等方面，都取得了丰硕的成果。

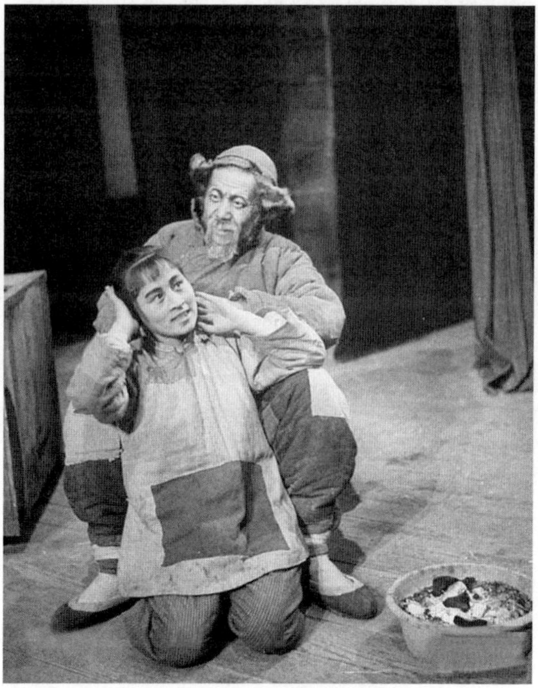

美国媒体拍摄的1946年《白毛女》剧照

在活跃的戏剧工作中，首屈一指的是大秧歌运动。除此之外，以《白毛女》代表的新秧歌剧也迅速崛起。延安和边区的戏剧改革也取得了突出成绩，中央党校俱乐部编演的《逼上梁山》受到了毛泽东的称赞。延安评剧研究院编演的《三打祝家庄》也再次赢得声誉。延安和边区的音乐也掀起了新的一页，《黄河大合唱》是抗战创作中最成功的一个新型歌曲。

许多作家在毛泽东文艺思想指引下，在塑造工农兵形象和反映伟大的革命斗争方面获得了新成就，在文学的民族化、群众化上取得了重大突破。出现了赵树理的《小二黑结婚》《李有才板话》，丁玲的《太阳照在桑干河上》，周立波的《暴风骤雨》，李季的《王贵与李香香》，贺敬之、丁毅的《白毛女》，阮章竞的《漳河水》，孙犁的《荷花淀》等作品。在国统区，党领导下的进步文艺界团结广大作家，发挥了重大战斗作用。艾青、田间及七月诗派的诗歌创作，茅盾、巴金、老舍、沙汀、艾芜、路翎的小说以及曹禺、夏衍、陈白尘、宋之的、吴祖光的戏剧创作，在反映现实的深度、广度与多样化方面都达到了新的水平。

注重调查研究，关心群众生活

毛泽东是中国共产党内大兴调查研究的开创者。在民主革命期间，毛泽东是有名的农民运动大王，也是个大力进行调查研究的大王。早在1917年夏季，24岁的毛泽东邀同学“游学”，走遍长沙周围五个县，了解社会民俗风情，调查农民和其他阶层的社会状况。

1920年3月，他在致友人的一封信中写道，作为中国人，关于“中国”这个地盘内的情形，不可不加以实地的调查和研究。他最早的光辉著作《中国社会各阶级的分析》，如果没有对中国社会特别是对中国农村亲身的细致入微的调查，是不可能写得这样实在、深刻和准确的。1926年，他在主持广州农民运动讲习所期间，主编和出版了26种“农民问题丛刊”，除了自己发表调查研究的文章，其余大部分都是组织农讲所学员在各省农村所作的社会调查。

1927年年初中国革命发展到一个重要关头，面对着决定中国命运之运动的迅猛兴起，革命和反革命，革命队伍中的正确主张和错误主张，展开了激烈的斗争和争论。毛泽东到湖南湘潭、湘乡、衡山、醴陵、长沙五县农村作了32天调查，写了著名的《湖南农民运动考察报告》。它以调查所得的事实，雄辩地驳斥了种种反革命谰言和党内的右倾投降主义思想，是一篇马克思主义的重要著作。

土地革命战争初期，毛泽东先后作了永新调查、宁冈调查、寻乌调查、兴国调查、长冈乡调查、才溪乡调查等农村调查，为开创以农村包围城市的革命道路提供了重要依据。

在毛泽东的倡导下，红四军逐渐养成了做社会调查的传统。1929年9月，陈毅向中央作关于红四军的历史及其状况的报告时，特地将“调查工作”列为红四军群众工作的第一项工作。周恩来根据陈毅报告主持起草的中央给红四军的信（“九月来信”）也特别提到：“关于调查工作应切实去做”，“这个工作做得好，对于了解中国农村实际生活及帮助土地革命策略之决定有重大意义”。（《周恩来选集》上卷，第36页）

1929年12月，毛泽东根据中央“九月来信”精神起草的古田会议决议，把对调查工作意义的认识和阐述，提到了新的思想高度和政治高度，即肃清唯心观念（后来一般称之为“主观主义”）以实现对革命的正确指导这样的高度。决议中说：对于政治形势的唯心的分析和对于工作的唯心的指导，其必然的结果，不是机会主义，就是盲动主义。纠正的方法：教育党员用马克思列宁主义的方法去作政治形势的分析及阶级形势的分析和阶级势力的估量，代替唯心方法的分析和估量。使党员注意社会经济的调查和研究，由此来决定斗争的策略和工作的方法，使同志们知道离开了实际情况的调查，就要堕入空想和盲动的深坑。这两条，前一条说的是掌握马克思列宁主义的方法，后一条说的是调查和研究中国实际情况。

毛泽东在调查研究中写的《反对本本主义》

1930年5月毛泽东在《反对本本主义》文章的一开头就痛切地指出：“许多同志都成天地闭着眼睛在那里瞎说，这是共产党员的耻辱，岂有共产党员而可以闭着眼睛瞎说一顿的吗？要不得！要不得！注重调查！反对瞎说！”

《反对本本主义》是一本重要著作。

1931年4月2日，中央革命军事委员会以总政治部主任毛泽东的名义向红军各政治部和地方各级政府发出通知，进一步提出：不做正确的调查同样没有发言权。这是对“没有调查，没有发言权”这个口号的补充和发展，使这个口号更加完备了。这两篇文献说明，毛泽东是把这个口号作为党的正确的思想路线和工作方法的基本口号，在党内反复加以宣传和阐发的。可惜的是，这个口号和它所代表的马克思列宁主义的思想路线和工作方法，没有为当时的党中央所接受。在1931年11月召开的中央苏区党的第一次代表大会（赣南会议）上，这个口号连同毛泽东在红军和苏区土地革命中制定和执行的正确政策，还遭到了错误的批评。说这是所谓“否认理论否认政治的狭隘的经验论的落后思想”，这是中共六届四中全会以后王明的教条主义统治中央并在中央苏区贯彻执行的结果。

但毛泽东始终坚定地认为：“‘没有调查就没有发言权’，这句话，虽然曾经被人讥为‘狭隘经验论’的，我却至今不悔；不但不悔，我仍然坚持没有调查是不可能有发言权的。”

到底要不要调查研究的争论直到延安整风时才得到解决。在延安整风中，毛泽东把自己调查研究的文章汇成了书。

1941年8月，根据毛泽东的提议，中共中央作出了《关于调查研究的决定》。之后，在党中央和各中央局、区委、省委或工委成立了调查研究室，调查研究作为党的一项重要的工作制度确定了下来。

在延安时期，毛泽东身体力行地做调查研究工作，给全党作出了表率。

毛泽东的警卫战士都是来自全国各地的优秀战士。这些战士来自农村，作风朴实，一般只有小学或初中文化程度。全国解放后，毛泽东经常让战士们利用回家探亲的机会，了解农村情况。

1955年5月14日下午，在颐年堂前的院子里，毛泽东给他的警卫战士上了一个多小时的调查研究课。他说："做调查研究工作的目的，就是要多为人民服务。你们都做警卫工作，我现在想给你们加一样，不知同意不同意？就是调查工作，这个工作对中央有帮助。光站哨，工作很单纯，和吃菜一样，不光吃青菜，还吃点辣椒。大家有三个任务：一个是保卫工作；一个是学习，学习文化；一个是调查工作，一方面可以看家，以看家为名做调查工作。我们拟了一个章程，对人要谦虚，对父母、对乡村老百姓，要尊重家里边的人，要尊重老百姓，要尊重乡村干部，别摆架子……谦虚就可以调查出东西。一方面调查生产的情况，生产的粮食、特产、花生、芝麻、烟叶、小米、大麦等等，生产的情况怎样，吃的够不够……"

毛泽东从战士回乡探亲的农村调查报告中，看到了不少地区农民的真实生活情况，听到了农民的心里话。同时，他还解答战士调查中遇到的问题，给战士讲解党的政策，提高了战士的认识和工作能力。

1958年，毛泽东去天津新立村参观水稻。随行的一位干部和当地干部说，一亩地产10万斤。毛泽东摇着头说："吹牛。"那位干部说，他们用灯光照，用吹风机往稻田里吹风，让小孩子往上站。毛泽东说："靠不住，站得高，跌得狠。"

1959年7月的一天，庐山雨夜，"美庐"二楼不时传出欢快的笑声。这是毛泽东与周小舟、李锐、田家英、周惠正在亲切交谈。

田家英春天曾去四川农村搞调查，全国劳动模范罗世发向田家英如实谈了被逼说假话、"放卫星"的苦境。田家英学着罗劳模的腔调说："水稻要亩产万斤，哪个龟儿子哄你，只好把谷子往田里堆！"毛泽东和大伙都哈哈大笑起来。毛泽东说："五八年有些事，我有责任。提倡敢想敢干，八大二次会议达到高峰。其中有些胡思乱想，唯心主义。因此，不能全怪下面的各个部门。""钢铁要翻番，把别的事情忘记了，本末倒置。"

李锐问："主席，您怎么也相信了亩产万斤呢？"毛泽东回答："我也是受了人家的影响。一位有名的科学家写文章，说只要太阳能多利用一点，农作物就可以大幅度高产。"李锐进言："我和家英有个想法，现在中央应当采取一些应急措施，比如让陈云重新来主管财经。"毛泽东说："同意陈云当总指挥……"他提议说："来，我们喝点茅台酒，以助谈兴。"五人将服务员斟满杯的酒一饮而尽。

毛泽东说："五八年的毛病，主要出在综合平衡上。现在看来，陈云那个'先市场，后基建'的意思是对的。六亿五千万人的衣食住行没有安排好，出了一点乱子。我是始作俑者喽！怪不得下面工作的同志。"

1960年12月26日，是毛泽东67岁生日。这天，他起床后，不吃不喝，只是一支接一支地抽烟，烟灰缸快满了，才对值班卫士封耀松交代："你去把子龙、银桥、高智、敬先、林克和东兴同志叫来，今天在我这里吃饭。"下午，这七位同志同毛泽东主席一起围着一张饭桌吃饭。是给他祝寿吗？不是，因为毛泽东从不允许为他祝寿。今天，大家也忘了是他的生日。饭桌上，没有酒，没有肉，只是多了些油和盐。毛泽东的竹筷子伸向菜盘，没夹菜便又放下了，只是环视就座的同志。于是，大家都放下了筷子。

毛泽东心情沉重地对大家说："现在老百姓遭了灾。你们都去搞些调查研究。那里到底有些什么问题啊？把情况反映上来……人民公社、大办食堂，到底好不好？群众有什么意见？反映上来。"大家纷纷点头。毛泽东指着李银桥、叶子龙说："你们下去……广泛调查研究。"李银桥、叶子龙应声："是，主席。"毛泽东又说："小封啊，你去不去？"小封说："去。"毛泽东点头："那好，那好……要讲真话，不许说假话。不许隐瞒欺骗！"那天夜里，仍是封耀松值班，毛泽东流着泪对他说："小封，我不放心哪。他们许多事瞒着我，我出去到哪里，他们都能有准备。你们要下去，你们能看到真实情况，要告诉我真实情况。"

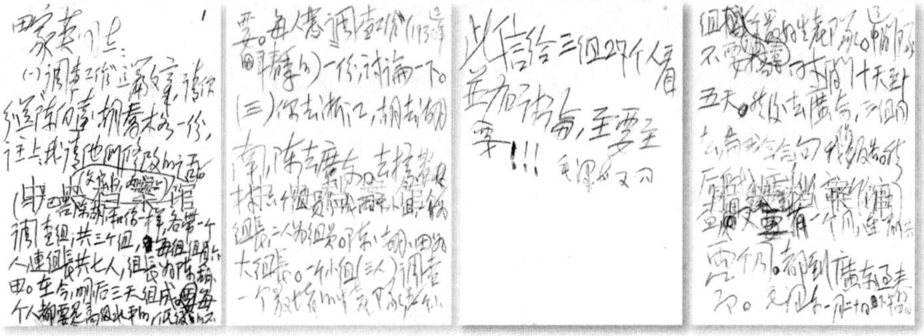

毛泽东关于调查研究问题给秘书田家英的信

李银桥一行去了河南信阳。半年后回到北京，如实向毛泽东汇报了大办食堂确实不好在什么地方。不久，中央下指示取消大食堂。这样，农民生活方便了。而后，银桥等同志又去江西劳动半年，同时搞社会调查。

20世纪20年代，一同在韶山长大的表兄弟贺晓秋与毛泽东参加了韶山地区的农民运动。毛泽东后来回忆说，贺晓秋“是我的救命恩人呢，没有他们这些人舍身相救，毛泽东早就不在世了”。新中国成立初期，毛泽东给贺晓秋寄过信，还两次寄过300元、100元钱。贺晓秋1960年10月去世。他的儿子贺凤生是生产队队长。贺晓秋临终前安排儿子：要把这几年下面发生的一切告诉毛主席，要让毛主席了解基层的真实情况。

1960年年底，贺凤生凭着新中国成立初期毛泽东写给他父亲的信，进入了新华门，住进了中央办公厅招待所。不久，他被请到毛泽东的客厅。……毛泽东问及他父亲的情况及通信汇款情况等之后，贺凤生直截了当地说：“主席，你晓得乡里现在的情况吧？晓得下面刮‘五风’吗？”毛泽东兴奋地说：“好哇，我正需要听这方面的情况。你先回去好好回忆一下，下次专门找个时间听你谈一次，越具体越好，要真实情况，不要掺水，是一说一，是二说二，骂娘也告诉我，只有贺晓秋的儿子才有这么好的礼物给我。”他还对身边的机要秘书罗光禄说：“交给你一个任务，安排好贺凤生参观北京，调动他的积极性，好给我提意见。”第一次接见到此结束了。

不久，毛泽东安排专门时间，与贺凤生长时间交谈。贺凤生的开头炮放响了："主席……吃食堂饿死人啦！食堂不散我不回去了。"毛泽东说："讲下去，讲下去……"贺凤生讲解放后的发展和变化，毛泽东笑着说："不要唱什么赞歌了。"贺凤生说："但是，总路线、'大跃进'、人民公社三面红旗提出后，情况就变了。'五风'刮得不像话呢。'大跃进'来了，要搞公社化。好不容易一家一产有了房子，一夜之间，全部都要拆了去居民点，土砖墙要捣碎了沤肥料，弄得到处鸡飞狗跳墙，哭爹的哭爹，骂娘的骂娘，一百户两百户连在一起，越大越是集体化。小铁锅砸了炼钢铁，小灶拆了积土肥，筷子碗碟全部归公，只允许一个大队开一个食堂，大锅饭、钵子饭、双蒸饭，还没得饱饭吃……吃得男人大肚子水肿……女人没崽生。""现在的干部都兴'放卫星'……仓里没得几粒谷，还硬说亩产达到几千斤……干部当老爷，严重脱离群众，老百姓饿得要死，只能在背后整天骂娘。"贺凤生流泪了。第二次会见，持续了3个小时。

毛泽东第二次接见贺凤生后不久，贺凤生想家了，便对毛泽东提出："我过了年就回去。"毛泽东笑着问："你不是说食堂不散不回去吗？"毛泽东告诉他：你上次反映的情况，已经和刘少奇主席、周恩来总理交换了意见，党中央、国务院进行过研究，认为食堂要拆散，生产要恢复，"浮夸风"要制止。毛泽东鼓励贺凤生说："感谢你为中央提供了最有价值的情况，那是少奇、恩来和我都捞不到的真实情况呀！社会上像你贺凤生这样敢讲真话的人太少了。"他继续说："中央领导下去，下面尽讲好听的，带着看好的，很难得到真实情况。他们怕说拐了场丢掉乌纱帽。农村有句俗话，叫'三十吃年饭，尽赶好的搬'……要提倡各级干部都讲真话。"贺凤生问："食堂散不散呢！"毛泽东说："食堂是肯定要散的。

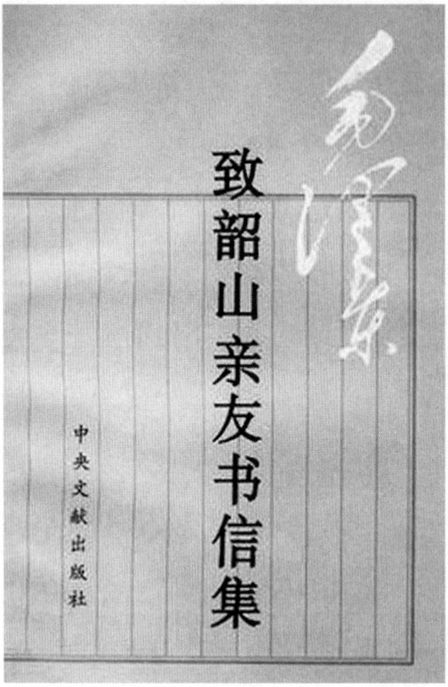

《毛泽东致韶山亲友书信集》，书中收集毛泽东在1915年至1958年写给韶山亲友的书信95封

我的意见是大锅改小锅，大碗改小碗。要让农民吃饱饭，不能风一阵、雨一阵，任何一级干部都不准搞假家伙。”他痛心地说：“你们华容县那个钱粮湖围垦，也有可能是个好工程，但下雪吃冰，落雨淋雨，使农民兄弟受苦就不太好了。对不起农民兄弟，请你代表我向他们道个歉。”

1966年国庆节刚过，贺凤生又乘火车北上，又准备找毛泽东告状。10月7日，毛泽东又接见了他。贺凤生这次是对着“文化大革命”及其带来的极“左”的东西来的。贺说：“过去是土豪劣绅戴高帽子，如今我这个叫花子出身的贫雇农也搞了顶高帽子戴在脑壳上了。”“如今硬是乱哒套，县委书记看芦苇，吊儿郎当地当司令，把您毛主席做菩萨敬，你晓得不？”“从社教以后，好多人学会了整人，好多人总是挨整，搞坏了作风，人与人之间关系很紧张，怎么大小带个长字的都成了走资派呢……我不肯戴（高帽子），造反派……白白打了我一顿。”贺凤生说，隆庄大队有个老实巴交的农民，家里贴的毛主席像被大风刮破了，成了现行反革命分子，用麻绳捆着戴高帽子游街。“要家家户户做宝书台，换上毛主席像，供上《毛泽东选集》，五保户、瞎子家里也要供宝书，人人都要活学活用。农民怕背语录，但是干什么都要先背语录……”“我是程咬金明人不做暗事，一没做宝书台，二没有买石膏像，宝书倒发了一套，没看过几回，好多字认不出来。这个为人民服务的语录牌我倒很喜欢，一直戴在身上。”贺凤生还说，这几年破四旧，毁了好多值钱的东西，叫人心痛。谈了很久，毛泽东不断点头，表示同意。

最后，毛泽东告诉贺凤生：“‘文化大革命’，是中央会议通过的，原来只是想冲一下少数干部的官气，想不到影响这么大，中央是要采取措施的。任何政党、任何个人，都可能在工作中犯错误，中央也一样，也可能犯错误，党犯了错误也应该改正。你们那里动不动戴高帽子肯定是不妥的。”毛泽东感慨地说：“这些情况是十分重要的，哪怕是我和周总理下去，不碰上你贺凤生，怕也没人敢提供这么真实的情况了。”

急民所急，想民所想

中国不但是个农业国，而且是一个人口文盲半文盲占大多数的国家。新中国成立后，在国民经济恢复时期，国家百废待兴，百业待举。毛泽东从中国人民的实际情况出发，十分注意领导人民打文化翻身仗。

早在1945年，毛泽东就明确地指出，在80%的人口中扫除文盲，是新中国的一项重要工作。要让人民在政治上翻身的基础上实现在文化上的翻身。他在新中国成立初期，先后部署掀起四次扫盲高潮，并取得了巨大成效。

新中国刚刚成立，就将教育工作提上议事日程。1949年年底，在毛泽东直接关怀下召开的第一次全国教育工作会议决定：新中国的教育是新民主主义的教育，主要任务是提高人民文化水平，培养国家建设人才，肃清封建的、买办的、法西斯主义的思想，发展为人民服务的思想。

1950年6月，毛泽东又在中共七届三中全会上提出："要有步骤地谨慎地进行旧有学校教育和旧有社会文化的改革工作。"

遵照毛泽东的指示，新中国很快对旧的教育制度和教学组织进行了改革。人民政府收回了教育主权，改造了全国30余万所大中小学，使之纳入社会主义的办学轨道。之后，有了基本生活保障的人民，终于可以把自己的孩子送去上小学了。旨在改变6亿人口中有4亿多文盲现状的扫盲工作也同时展开了。

"推行识字教育，逐步减少文盲。"这是1950年9月召开第一次全国工农教育会议的基本精神。为了鼓励和推动学习，毛泽东在9月27日接见了与会的全体代表，并与学习劳模亲切握手、合影。于是，一场“政府领导、依靠群众组织”的识字扫盲运动从政府机关开始，向全国各地迅速展开。

毛泽东非常关注扫盲的方法。早在1949年8月25日，华北大学校长、中国文字改革的坚决倡导者吴玉章就给毛泽东写信，提出为了有效地扫除文盲，需要迅速进行文字改革。对吴玉章的建议，毛泽东极为重视，把信批转给郭沫若、茅盾等人研究。在毛泽东的关心下，1949年10月，中国文字改革协会成立，其中一项任务就是研究汉语拼音方案。

1951年，中国人民解放军西南军区文化教员祁建华创造了《速成识字法》。这是一种借助注音字母的辅助作用，利用汉字字形、字义、字音相同与相异的不同特点，来提高识字速度的方法。1951年，西南军区在126万名干部、战士中试行《速成识字法》，一般只要15天时间，能识字1500个以上，能读部队小学课本三册，能写短稿。某野战军采用这一方法，于1952年3月底彻底扫除了文盲。

1951年11月29日，重庆《新华日报》介绍了祁建华的《速成识字法》。1952年1月11日，新华社发表了祁建华写的《“速成识字法”的创造经过》。4月23日，政务院文化教育委员会举行颁奖典礼，奖励发明者祁建华的杰出贡献。4月26日，《人民日报》发表社论，号召各地“普遍推行速成识字法”。扫盲运动的第一次高潮迅速形成。

1952年11月5日，中央人民政府委员会第19次会议通过决议，成立中央扫除文盲工作委员会，任命楚图南为主任委员，李昌任党组书记，以《速成识字法》闻名全国的祁建华被任命为副主任委员，另一名副主任委员是林汉达。

扫盲运动有如星火燎原，在全国轰轰烈烈地开展起来了。为了把更多的迫切要求学文化的人组织起来，多种多样的学习方式被创造出来：工厂

1958年，北京市宣武区椿树胡同管界内的624名文盲中有557人参加了扫盲学习。图为一个扫盲小组在练习写生字

的“车间学校”、煤矿的“坑口学习小组”、农村的“地头学习小组”、妇女的“炕头学习小组”等。

“教师条件很平常，识字就能教文盲”。“扫除文盲人人有责，教人识字是一项光荣的任务”“亲教亲，邻教邻，夫妻识字，爱人教爱人，儿子教父亲”等口号迅速响彻全国，使神州大地到处呈现出一片“读书声声响，处处是课堂，互教又互学，师生大家当”的热烈场面。到1953年止，全国扫除职工文盲近100万人，扫除农民文盲308万人。许多从“扫盲班”毕业的学员升入了业余学校，得到了进一步的深造。

1955年，扫盲教育工作再次成为全国工作的重点。9月，毛泽东看到了《山东莒南县高家柳沟村青年团支部创办记工学习班的经验》，十分欣喜，他在这份报告的按语中说：“列宁说过：‘在一个文盲充斥的国家内，是建成不了共产主义社会的。’我国现在文盲这样多，而社会主义的建设又不能等到消灭了文盲以后才去开始进行，这就产生了一个尖锐的矛盾。现在我国不仅有许多到了学习年龄的儿童没有学校可进，而且还有一大批超过学龄的少年和青年也没有学校可进，成年人更不待说了。这个严重的问题必须在农业合作化的过程中加以解决，也只有在农业合作化的过程中才能解决。”“山东莒南县高家柳沟村青年团支部做了一个创造性的工作。”他号召说：“这种学习班，各地应当普遍地仿办。各级青年团组

织应当领导这一工作，一切党政机关应当予以支持。”（《毛泽东文集》第6卷，1999年版，第455—456页）

在中国共产党七届六中全会上，毛泽东又谈到了扫盲运动：“扫盲运动，我看要扫起来才好。有些地方把扫盲运动扫掉了，这不好。要在合作化中间把文盲扫掉，不是把扫盲运动扫掉，不是扫扫盲，而是扫盲。”（《毛泽东选集》第5卷，1977年版）

就在这种背景下，扫盲运动又再次发动起来，在全国范围内迅速掀起了第二次扫盲高潮。

为了推动扫盲运动的深入，3月15日，全国扫除文盲协会成立。会长由陈毅元帅担任。

3月29日，中共中央和国务院发布《扫除文盲的决定》，将扫盲提高到了空前的高度，第一次把扫盲作为国家发展大计。

在扫盲运动高潮中，人民群众创造出很多很好的教学形式。当时，

1955年，辽宁省复县沙坨村的扫盲班在地里通过实物进行扫盲教学

工矿企业采取了“长班短班结合、集中分散结合、脱产业余结合、自学辅导结合”等形式，农村采取了“农闲多学、农忙少学、大忙放学、忙后复学”等形式，做到了“学习方法大家找，怎么方便怎么好。安排活茬挤时间，能学多少学多少”，“见物识字”，“见字问字，见人问人，处处是课堂，一片读书声”。

到1957年上半年，全国原有文盲中已有2200万人脱盲，并已有160万人达到高小和初中毕业文化程度。

1958年春，我国的工农业生产都出现了“大跃进”的做法，文教卫生事业当然也要“跃进”。毛泽东非常希望能够加快扫盲的步伐，要求尽快制定出新的扫盲规划来。

2月底至3月初，教育部、团中央、全国总工会、全国妇联、全国扫除文盲协会召开扫盲先进单位代表会。全国扫除文盲协会会长陈毅在讲话中说：扫盲工作是使六万万人民“睁开眼睛”的工作，要建设现代化的社会主义强国，一开步走，就要识字。从扫识字盲，扫文化盲，到扫科学盲。他号召来一个文化上的“原子爆炸”。会议向全国发出5年内基本上扫除全国青壮年文盲的倡议。

3月7日、5月20日，《人民日报》先后发表社论《掀起规模壮阔的扫盲大跃进》《用革命精神扫除文盲》。一个群众性的第三次扫盲高潮很快形成。一场你追我赶的扫盲“大跃进”轰轰烈烈地开展起来了。

群众中蕴含着无穷的创造力，一些扫盲口号应运而生：“社会主义是天堂，没有文化不能上”“工业化、农业化，没有文化不能化”“技术是个宝，没有文化学不了”“文化跟着生产走”“生产到哪里，学习到哪里”“雪地是块大石板，文盲写字写得欢”“千人教万人学，万人教全民学”“一切识字的人都要动员起来教人识字，一切不识字的青壮年都要组织起来努力学习”“工业大跃进！农业大跃进！扫盲也要大跃进”“读百本书，写万个字”“读万言书，写千封信”“一年突击，两年扫尾、巩固，三年全部扫光全省（湖南）青壮年文盲”。

受当时普遍存在的“浮夸风”的影响，扫盲“卫星”竞相升空。1958年1月，黑龙江省宁安县率先宣布成了基本无文盲县。随后，黑龙江省提出了“乘卫星，坐火箭，赶上宁安县”的口号，经过3个月的大干，成为全国第一个无文盲省。

在示范效应下，其他各省的扫盲“跃进”步伐也大大加快，参加扫盲的人数和已实现基本扫除文盲的地区数不断攀升。4月底，全国有137个县基本扫除了文盲。6月底，全国参加扫盲学习的9000余万人，444个县基本上扫除了文盲。7月底，全国有639个县、市基本扫除文盲，占全国县、市总数的28%，其中，基本扫除文盲的省有黑龙江、吉林、浙江和甘肃。全国有4100多万人摘掉了文盲帽子。8月，扫盲数字又大大上升了。据报道，从1月到8月，我国扫除了近9000万文盲，在全国2257个县、市中，有1516个即67%的县、市基本扫除了文盲，12个省相继宣布为基本扫除文盲省。10月中旬，数字达到了顶峰。据称：全国有1799个县、市单位基本上扫除了青壮年文盲，即79%的县、市基本扫除了文盲；有17个基本无文盲省；从1958年1月到9月共扫除青壮年文盲1亿人。

历史往往令人哭笑不得。中国仿佛一夜之间就甩掉了文化落后的帽子，完全陷入一种自我陶醉的狂热幻想中。

对于这一时期扫盲运动中出现的浮夸现象，毛泽东发现并对之作出过批评。在1958年11月的武昌会议上谈到“作假问题”时，他说：“世界上的人有的就不那么老实……比如扫盲，说什么半年、一年扫光，我就不太相信，第二个五年计划期间扫除了就不错。”

1960年4月，一份来自山西省委的报告引起了毛泽东的高度重视。报告说，山西省万荣县过去10年来一贯重视扫盲工作，但复盲现象严重。

1958年10月，万荣县决定在全县广泛地推行汉语拼音方案，采取注音识字的办法，高速度地开展扫除文盲和业余教育运动。1959年10月，县委进一步总结了注音扫盲的经验，在做了充分准备之后，一鼓作气，在全县范围内掀起了万民教、万民学的注音扫盲高潮，取得了预想不到的成效，仅两个月即实现了青壮年无文盲县的目标。

毛泽东看后，亲自为这一报告拟题：《山西省委关于在全省推广万荣县注音扫盲经验，争取在1960年使山西成为无盲省向中央的报告》。（《建国以来毛泽东文稿》第9册，中央文献出版社1996年版，第150页）他指示将这一报告印发中央一级各部委、各党组，并在党报发表。并希望经过1961年的努力，争取全国比山西迟一年完成扫盲任务。4月22日，中共中央向各地下发了这一指示。

这年的5月1日，《人民日报》在重要位置发表社论，要求认真学习、大力推广万荣县的注音识字经验，争取提前扫除文盲。在毛泽东的亲自关注下，1960年5月11日，中共中央发布了《关于推广注音识字的指示》，指出："山西省注音识字经验，是我国革命文化中一项重要的创举，应当在全国迅速推广。"

"学万荣、赶万荣"的注音识字运动很快在全国范围内如火如荼地展开了。这也是毛泽东亲自发动的第四次全民扫盲高潮。

实践证明，这个办法果然很好，广大群众对注音扫盲极为欢迎，他们用朴素的语言赞颂说："注音扫盲真正好，文盲识字如飞跃，认一个来得一个，三年五载记得牢。"

这次扫盲高潮的时间并不长，随着国民经济的调整，扫盲运动也进入了调整。但扫盲工作仍然取得了一定的突破，取得了很好的效果。

1964年，我国开始第二次人口普查，同时也对国民的文化素质进行了一次全面的调查。结果显示：15岁以上人口的文盲率，已经由解放初期的

80%下降到了52%；1亿多人摘除了文盲的帽子。

现在，我国国民文化素质普遍提高了，这与毛泽东当年在扫盲方面的不懈努力无疑是分不开的。

新中国成立后，毛泽东领导全国人民大力兴修水利，功盖华夏。

水利是农业的命脉。历史上旱灾给我国人民带来过很多灾难，据统计，我国自公元前206年至1949年的2155年间发生过较大的旱灾1056次，平均两年一次。

水利事业从古至今都被给予高度的重视。早在原始社会后期，就有了大禹治水。在夏商周时期，农田水利又有了较大的发展。春秋时楚相孙叔敖修建芍陂；战国时秦国蜀守李冰修建都江堰；水利专家郑国修建郑国渠。三国两晋南北朝时，曹魏兴复了芍陂、茹陂等许多渠堰堤塘。隋唐时开通大运河有利于农田灌溉，唐朝设专官管理水利事业，各地修建了不少水利工程，仅江南兴建和修复的水利工程就大大超过了六朝的总和。五代十国时，兴修水利工程，如安丰塘（南唐）、捍海塘（吴越）。宋朝王安石变法中，颁布《农田水利法》。元朝开凿会通河（山东东平到临清）、通惠河（通州到大都）。明朝徐光启的《农政全书》，综合介绍我国传统农学成就，建立了一个比较完整的农学体系，还介绍了欧洲先进的水利技术和工具。第二次国内革命战争时期，共产党在革命根据地开展土地革命和经济建设，把农业生产放在第一位，开展互助合作，兴修水利，开垦荒地。土地改革以后，引导农民开展互助合作运动，大规模地兴修水利，发展生产。改革开放后修建了葛洲坝、三峡等工程。

世界各国也都在兴修水利工程，调水工程至2009年就有四十几个国家兴修400余项，在这些工程中很多都是调水灌溉。如埃及，全国仅有4%的土地适于耕种，但是它却用它那有限的土地养活了那么多的人，更有新鲜水果蔬菜出口国外。类似的还有美国、以色列等国家。这说明，各国都重视农业的发展，体现出一个线路：修水利、兴农业、壮名族、强国帮。

古往今来，治水传统与华夏文明相生相伴，无数仁人志士都作出了自己的贡献。熟谙中国历史和善于以史为鉴的毛泽东，深知治水在国家建设中的意义，高度重视水利工作，取得一系列举世瞩目的重要成就。

1950年夏季，淮河流域连降大雨，中上游先后漫决，被淹农田达3100万亩。毛泽东阅读华东局的电报时，难过地落了眼泪。8月5日夜，他给周恩来的批示说：“请令水利部限日作出导淮计划，送我一阅。”9月21日，毛泽东再次督促周恩来：“治淮开工期，不宜久延，望督促早日勘测，早日作好计划，早日开工。”在抗美援朝战事正紧的情况下，毛泽东亲自批示，把两个原准备投入抗美援朝的野战师，集体转业，改编为水利一师和水利二师，开上了治淮第一线，直接担任佛子岭水库和薄山水库的建设攻坚任务，他亲笔题词：“一定要把淮河修好。”

在毛泽东的亲自关心和指导下，1951年就建成苏北灌溉总渠（长168公里）、石漫淮水库（可蓄洪4700万立方米）。1952年，又兴建白沙水库和板桥水库，安徽省以修筑淮北大堤为主，实施淮河干流和主要支流的堤防建设工程。1954年淮河再次发生特大洪水，这些水利设施发挥了作用，没有发生水患。到20世纪60年代，治淮工程取得决定性胜利，建成了佛子岭、梅山等10座大型水库及几百座小型水库。历史上多灾多难的淮河，再也没有发生过大水患。

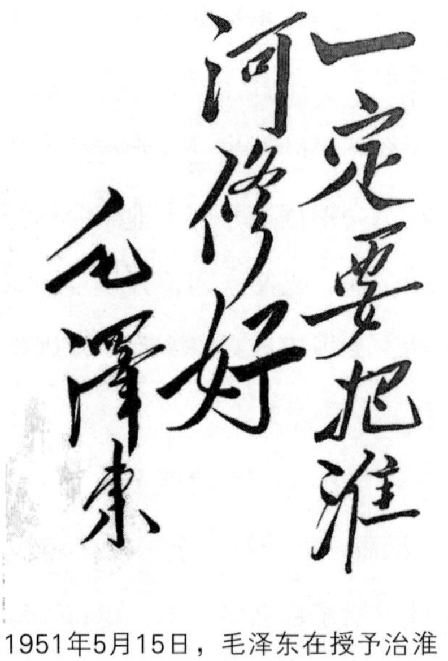

1951年5月15日，毛泽东在授予治淮委员会等单位的锦旗上题词

公元前602年至1938年，黄河下

游决口有据可查者1593次，大改道26次。治理黄河，是几千年来中华民族的共同期望。真正治理黄河的伟大时代，是从新中国开始的。1952年10月，毛泽东到郑州、兰考、开封、新乡等地视察黄河。同年底，在河南新乡建成人民胜利渠引黄灌区，共建成渠道4945公里，可灌溉农田72万亩。毛泽东专程来到引黄灌溉济卫工程渠首闸视察，并亲自摇动摇把，开启了一孔闸门。

毛泽东对黄河的治理，亲自规划、亲自视察，建设了一系列水利工程，上自刘家峡、青铜峡，中经万家寨、三门峡、小浪底，终抵人民胜利渠、东平湖水库和大堤等。黄河干流上的水利设施建设不仅根除了洪灾，为沿岸农业的发展提供了重要保障，而且开发了水力发电资源，改善了生

1952年毛主席视察黄河

态环境，对黄河流域的经济、社会、文化发展起到十分重要的促进作用。三门峡截流工程，从1953年开始，1958年截流成功，成为根治黄河水患和综合开发黄河的骨干主体工程，可灌溉农田4000万亩，发电效益显著，黄河三年两决口的历史从此结束。

毛泽东对黄河有一种特殊的情感。其名作《沁园春·雪》中的“大河上下，顿失滔滔”，描绘的就是气势磅礴的黄河。长征到达陕北后，他曾两次东渡黄河。一次是在1936年2月底，毛泽东率领红军东征，兵分两路渡过黄河转战山西，击败阎锡山的军队完成东征使命后，5月又挥师西渡黄河回到陕北。再就是1948年3月，毛泽东在陕西吴堡县川口渡过黄河，对国民党开始战略大反攻。

他第一次渡黄河时，正是黄河的凌汛期，激流里漂浮着许多磨盘大的冰块，不时发出与船身冲撞的惊心动魄的巨响。毛泽东坐在东征的木船上，谈笑风生。船工们头上包着白羊肚的毛巾，赤膊袒胸，喊着悠远浑厚的号子。毛泽东说，看，这就是我们民族的精神！

在延安时，毛泽东敞开心扉，曾同斯诺进行了数次长谈。斯诺问毛泽东，如果您卸去领袖重任，最想去做哪些事情？毛泽东虽然不知疲倦地为他的祖国操劳，但内心深处却仍旧怀有诗人的情愫，蹈李白步履，观黄河远去，不断萦绕在他的心头。于是毛泽东不假思索地回答：骑马沿黄河流域考察。

新中国成立后，毛泽东第一次出京视察的地方就是黄河。1952年10月25日至11月1日，毛泽东利用中央批准他休息的时间，出京对山东、河南境内的黄河决口泛滥最多、危害最大的河段进行了现场视察。陪同毛泽东视察的有：中共中央办公厅主任杨尚昆、公安部部长罗瑞卿、铁道部部长滕代远、第一机械部部长黄敬、轻工业部部长李烛尘和汪东兴等同志。10月27日，毛泽东在当地领导的陪同下，视察了济南历史上决口频繁、灾害严重的涨口处。毛泽东站在抗洪大坝上，远眺滚滚的黄河水，深思后问：这里黄河底比济南城内地面高多少？有人回答：6米至7米。毛泽东深情地交代，要把大堤、大坝修牢，万万不要出事。毛泽东顺堤前进，边走边谈，怎样修好堤、修好坝，雨季大水，要发动群众上堤防守，必要时军队要上去坚决死守，不能出事。许世友说：服从命令，坚决完成任务。

毛泽东在前进中，看到堤外大片盐碱地，问：这是什么原因？有人回答道：黄河高（悬河），堤外低凹，再加小清河多年未疏通，排水不畅，造成耕地盐碱化，种不保收。群众说："春天一片霜，秋天明光光，豆子不结荚，地瓜不爬秧。"这一片上下有15万亩地种不成庄稼，群众生活困难。

毛泽东说："我深知黄河洪水为害，黄河侧渗也会给人民造成灾害，你们引用黄河水淤地，改种水稻，疏通小清河排水，让群众吃大米，少吃地瓜不行吗？"省领导说："没经验，我们一定试试办。"

在河南，毛泽东来到兰考县杨庄察看黄河险工，在第9号坝上察看了工程和黄河形势。他不无忧虑地问黄河委员会主任王化云："黄河涨上天怎么办？"

毛泽东问王化云的名字是哪几个字？王化云回答后，毛泽东幽默地说：半年化云，半年化雨就好了。

毛泽东看到水面比开封城高出三四米的黄河柳园口，感慨地说："这就是悬河啊！"他对大家说："李白说'黄河之水天上来'，我真想骑着毛驴到天上去，从黄河的源头一直走到黄河的入海口，我要看看黄河究竟是怎么一回事。"

一生对中国革命和建设以及大江大河治理说过无数次气吞山河话语的毛泽东，面对着世界上最桀骜不驯的黄河，表现出了少有的敬畏和谨慎，他没有留下"根治"之类的豪言壮语，只是殷殷地嘱咐王化云等有关领导：“一定要把黄河的事情办好！”

毛泽东第二次专门关注黄河是1953年2月。在乘坐的专列上，毛泽东就三门峡水库建设的时间、库区移民问题、黄河中上游的水土保持以及南水北调等问题与王化云进行了探讨。毛泽东在了解有关情况后，高兴地说，革命成功了，事情好办了，治黄问题过去不能解决，只有现在才能解决。在汇报过程中，王化云老想让毛泽东就三门峡工程建设问题表个态，毛泽东仍然谨慎地表示回去再研究。

1953年5月，黄河委员会主任王化云以个人名义向当时主管水利的政务院副总理邓子恢呈报了《关于黄河基本情况与根治意见》和《关于黄河情况与目前防汛措施》两个报告。邓子恢将报告上报毛泽东。毛泽东阅后，对“报告很欣赏”。

1954年冬，毛泽东在南巡返京途经郑州时，在郑州火车站的专列上第三次专门听取了黄委负责人王化云、赵明甫二人关于治黄工作的汇报，并着重谈了水土保持和治理规划问题。

1955年6月，毛泽东在河南省委会客室第四次专门听取了治黄工作汇报，这次他关心的热点是关于黄河治理规划的实施问题。

1959年，毛泽东在济南泺口又一次视察了黄河，并说了一句意味深长的话：人说不到黄河心不死，我是到了黄河也不死心。

1961年8月在庐山时，毛泽东曾和身边的卫士张仙朋闲谈，他感慨地说：“我有三大志愿：

“一是要下放去搞一年工业，搞一年农业，搞半年商业，这样可使我多搞调查研究，了解情况，我不当官僚主义，对全国官员也是个推动。

“二是要骑马到黄河、长江两岸进行实地考察。我对地质方面缺少知识，要请一位地质学家，还要请一位历史学家和文学家一起去。

“三是最后写一部书，把我的一生写进去，把我的缺点、错误统统写进去，让全世界人民去评论我究竟是好人，还是坏人。”

这三个愿望中，就有沿黄河实地考察，可见毛泽东的黄河情结之深。其时，毛泽东是全国人民伟大的领袖，工作自然是千头万绪，许多大事需要他去考虑。这些看似普通的愿望，对他来说就成了奢望。

1963年的金秋时节，毛泽东告诉身边的汪东兴，他要到黄河源头去开始他的叩问，这江山如何千秋万世，无疆无垠。毛泽东以他独有的固执拍板了，汪东兴就只能马上去落实。

翌年元旦刚过，解放军总政保卫部部长蔡顺礼将军就急忙通知内蒙古军区保卫部，立即派一名负责人，两天内赶到总政保卫部。时任内蒙古军区保卫部部长的恽汝和把这个任务交给了副部长图门毕力格图。仅用了一天半，图门就风尘仆仆地赶到了总政保卫部。副总参谋长杨成武上将和保卫部蔡顺礼部长立即布置任务，提出要求。

第二天，蔡顺礼带图门去中南海，汪东兴把任务向图门作了交代，并强调绝密，内蒙古自治区领导只能告知乌兰夫和政法委书记，内蒙古军区领导只能告知第一书记和主管政法的副政委。

这年2月，图门带领一支精干的小分队，带着汽车和马匹，出发考察内蒙古境内的18个旗县。他们不仅要考察沿黄河的地形、文物、史志、风土、人情，还要调查社情、道路、人员成分、政治环境，包罗万象，详细之至。小分队的成员们，除了内蒙古公安厅警卫处处长查德格尔隐隐约约猜到一些外，大家都不明白为什么执行这次任务。图门心里清楚，他要向伟大领袖提供考察路线上的一切细节。

考察的路上，历尽了艰辛。小分队踏着未融化的冰雪，顶着西伯利亚刺骨的寒流，吃着冻硬的干粮，喝着雪水，艰难地行进在广漠的草原、戈壁、沙漠上。这一群现役的或者曾经的军人，以长期军旅生活磨炼出来的韧性，不怕野狼的袭击，不怕沙暴的疯狂，不怕刺骨的冰河，走过了18个旗县，获得了丰富的资料。

和战争期间送情报一样火急，这些资料迅速报到了中南海。

转眼又到了夏季，又一批专家、学者被派来，从专业学术方面进行了一系列考察，考察形成的资料迅速报送到了中南海汪东兴那里。

图门在此期间，精心挑选了马匹和好骑师，到北京教毛泽东骑马。又专门从骑兵部队抽调武艺、胆略、骑术都十分精良的战士，组建了骑兵警卫部队，一边等待中南海的指示，一边严格训练。1965年就在等待中悄然过去了。

1966年，“文革”开始，考察黄河的问题在毛泽东的心里已经没有位置了。

毛泽东一直很关注黄河，他曾多次想畅游黄河。1958年8月7日他视察郑州兰封东坝头，就打算横渡黄河，保卫人员再三劝阻，终于作罢。1959年9月21日，他在山东泺口险段视察黄河，对山东省委第一书记舒同说：“全国的大江大河我都游过了，就是还没有游过黄河。我明年夏季到济南来横渡黄河。”

但终其一生，毛泽东没有游过黄河。这对毛泽东和黄河来说，都是一种遗憾。

毛泽东不但关心淮河、黄河的治理，他还十分关心着长江的水利工程。

“万里长江，险在荆江。”当地人每年汛期都在提心吊胆过日子，故有“荆江不怕刀兵动，只怕南柯一梦中”的民谣。

荆江，地处长江三峡下游，上起湖北枝城市，下至湖南洞庭湖口城陵矶。下荆江裁弯后，荆江河段全长377公里。

1951年冬，毛泽东亲自审阅并批准长江水利委员会向中央报送的《荆江分洪工程计划》。1952年3月15日，中南军政委员会作出《关于荆江分洪工程的决定》，同时成立了以李先念为首的荆江分洪委员会及其所属机构。

荆江分洪工程纪念碑

荆江分洪工程包括：荆江大堤加固，太平口进洪闸，节制闸，拦河坝，洪区围堤，南线大堤等。工程实施分为两期，1952年4月5日全面动工兴建。毛泽东为工程的开工亲自题词："为广大人民的利益，争取荆江分洪工程的胜利！"

1952年汛前，在30万军民的奋战下，打响了治理长江的第一仗。仅仅75天，就建成荆江分洪第一期主体工程，经受住了1954年特大洪水的考验。1958年，丹江口工程动工，拦河大坝长近2.5公里，坝高162米，最大蓄水量209亿立方米。两条引丹灌渠，年引水9亿立方米，常年灌溉耕地360多万亩，年均发电40万千瓦时。毛泽东对这项工程给予了极大关心，一直密切关注设计、施工和未来的发展前景。在丹江口选址之时，毛泽东不仅考虑到长江中游的防洪，而且高瞻远瞩地与未来的南水北调路线联系起来。

对三峡这一关系中华民族千年大计的建设，毛泽东更是既积极又慎重。1954年长江发生全流域特大洪水后，毛泽东从武汉返京，专门在火车上听取长江水利委员会主任林一山的汇报，详细询问三峡工程规划设计中的许多重要问题。从1953年到1958年，三峡建设酝酿过程中，毛泽东6次召见林一山，了解各种细节。

自1953年2月乘"长江舰"视察到1958年1月的南宁会议，在5年的时间里，毛泽东先后6次和"长江水利委员会"主任林一山谈论和探讨三峡工程和长江水利建设问题。1954年长江大水后，毛泽东、周恩来加快了对长江治本工程的筹划。在1958年1月的南宁会议上，毛泽东提议会议安排讨论三峡工程问题，并派飞机把对兴建三峡工程两种不同意见的代表林一山和李锐接到会上，请他们各抒己见。林、李两位早在1956年就在专业刊物上发表了对立观点的文章，争论激烈。毛泽东在听取了各方面的意见后，提出了三峡工程建设要“积极准备，充分可靠”的方针。这个方针是在肯定兴建三峡工程的同时又充分吸收了反对意见的合理部分形成的。就是在这次会上，毛泽东提名周恩来挂帅三峡工程。周恩来谦虚地说：“这么大的事，还是请主席管。”刘少奇在一边插话道：“周恩来同志能领会主席的意图，还是请恩来同志挂帅。”周恩来答道：“好，我来管。”毛泽东高兴地说道：“好吧！你来管，一年抓四次。”林一山在其《周总理关怀水利建设》一文中说：从1950年年初长江委成立开始，周总理就很关注长江的治理开发。在1958年南宁会议上，三峡工程和长江流域规划工作明确由周总理主管后，周总理过问更多。林一山说，他每次到北京，总理都要他去汇报工作。

毛泽东和周恩来都深知决策的重要性，始终坚持既积极又慎重的态度，坚持百家争鸣、博采众长的民主决策的原则。南宁会议结束后，周恩来于2月26日至3月5日，率领有关负责干部和科技专家共100余人查勘了长江三峡，研讨三峡工程问题。同行的有李富春、李先念两位副总理和苏联专家等，林一山和李锐也在这支队伍中。在查勘路上，更多的人听到了林、李对立的主张（据李锐回忆，周恩来没有安排林发言，而安排了与林观点相似的钱正英发言），其他人员也都畅所欲言，讨论十分热烈。周恩来非常重视不同的意见，他指出：“三峡是千年大计，对问题只发展一面，很容易走到片面，为三峡搞得更好，还是可以争论的。”“在今后工作中，还允许有反对意见，这是我们社会主义的优越性。”3月25日，党中央成都会议通过了周恩来提出的《中共中央关于三峡水利枢纽和长江流域规划的意见》。此前，周恩来已就该文件的内容向毛泽东作了口头汇报。这是关于三峡工程的第一个“红头文件”。

1958年，毛泽东乘船视察长江三峡

1958年8月，周恩来主持召开北戴河长江流域规划座谈会，提出了“为1961年开工做好准备”的要求。特别值得一提的是，这次会议还批准兴建三峡试验坝——丹江口水利枢纽，为三峡工程建设开辟道路。这个先搞丹江口的决策，是一个积极慎重、循序渐进的决策，体现了毛泽东的“积极准备，充分可靠”的方针。

但与此同时，毛泽东在武汉东湖与林一山谈话时问到了如果三峡水库建成后的使用年限问题。林回答由于淤积问题，水库的寿命都只有200年到300年。毛泽东认为这么大的投入，应该考虑上千年的使用期。于是，林一山立即研究淤积问题。1964年，在周恩来主持下，林一山用他提出的水库长期使用新理论解决黄河三门峡水库泥沙严重淤积问题，取得了巨大成功，这也预示着未来的三峡大坝的使用期会大大延长。

1966年3月，林一山向党中央和毛泽东写了关于修建长江三峡大坝的报告。报告说：“长江规划和三峡工程研究，在总理的亲自指导下，按照主席所指示的‘积极准备、充分可靠’和‘有利无弊’的方针进行工作。最近几年，根据主席的指示，我们着重研究了建筑物防护，水库淤积和分期建设等三个问题，进一步认识到分期建设更符合于‘有利无弊’

的方针，大大增加了近期建设三峡工程的可能性。根据当前国家经济发展情况，三峡工程宜早不宜迟，建议中央将这一工程列为第三、第四两个五年计划期间的建设项目。”毛泽东阅后批示：“已阅。需要一个反面报告。”由此可以看出，毛泽东对三峡工程的决策一直重视倾听不同的声音。毛泽东不是反对建三峡大坝，而是认为如此重大的项目的决策需要特别地谨慎，既要听正面意见，也要听反面意见，以避免片面性，在比较中达到决策最优化的目的。

1970年12月26日，毛泽东审阅了周恩来报送的中共中央关于兴建葛洲坝水利枢纽工程给武汉军区、湖北省革委会的批示稿。周恩来在送审稿中说：“中央政治局十一月会议讨论原则批准。”毛泽东批示：“赞成兴建此坝。”周恩来曾就修建葛洲坝解释过，他说：“至于三峡大坝，需视国际形势和国内防空的技术力量的增长，修高坝经验的积累，再在‘四五’期间考虑何时兴建。”他还指出：“修建葛洲坝水利枢纽，是有计划有步骤地实现伟大领袖毛主席‘高峡出平湖’伟大理想的实战准备。”12月30日，葛洲坝工程举行了开工典礼。

但葛洲坝工程受到了林一山的反对。对此，周恩来十分重视，他指示林把自己的观点写成书面意见。周恩来在致信毛泽东时，附上了林的书面意见。毛泽东坚持一贯注重在重大工程问题上听取反面意见的民主作风，在后来下发中央关于葛洲坝工程上马的正式文件时，将林一山的反对意见一并发到全党，以提醒要充分重视可能出现的问题，特别提到了“要准备修改设计”。

果然，在葛洲坝工程开工两年后，遇到重大技术难题。正当工程骑虎难下的时候，周恩来以病弱之身，亲自主持召开会议，集思广益，最后决定暂停施工，彻底检查。据李锐回忆，在一次会议上，“总理说：李锐对三峡的意见还是正确的嘛”。周恩来指示组建了以林一山为主任的葛洲坝的工程技术委员会，负责全面“修改设计”。林一山全力以赴，用两年时间就拿出了通常要五年至六年才能完成的技术设计，精心组织施工。葛洲坝终于在1974年重新开工。此后建设一直比较顺利。当1991年葛洲坝工程产生的效益基本收回了工程总投资时，昔日反对葛洲坝工程上马的林一山，才完全体会到了建设葛洲坝工程的战略意义：建设葛洲坝的过程可以为建设三峡工程积累经验，奠定基础。正如周恩来所说，葛洲坝工程是为三峡工程作重要的“实战准备”“搞好了葛洲坝，就是大成功”。

党的十一届三中全会后，修建三峡大坝重新提上日程。以林一山为代表的主建派和以李锐为代表的反对派多次向中央陈述了各自的主张。社会各界许多人士也通过各种渠道提出了大量的意见和建议。党和国家最高决策层发扬毛泽东、周恩来对三峡工程民主决策的传统，积极欢迎反对意见，尽可能吸取其合理内核。时任副总理的邹家华在《关于提请审议兴建长江三峡工程的议案的说明》中再次肯定：任何意见“都是从对国家和人民负责出发。这些意见对增加论证深度，改进论证工作以及完善论证结果都起到了十分积极的作用”。

毛泽东、周恩来生前都未能亲眼看到“高峡出平湖”的壮观，但三峡工程今日的辉煌足以告慰两位伟人。防洪方面，三峡工程曾于2010年和2012年遭遇两次大洪水，洪峰流量都超过1998年洪水的最大洪峰流量。但由于三峡工程成功地发挥了拦洪削峰作用，从而有效地缓解了中下游地区的防洪压力。发电方面2014年三峡水电站全年发电988亿千瓦时，超过巴西和巴拉圭共同拥有的伊泰普水电站，创单座水电站年发电量新的世界最高纪录，并首度成为世界上年度发电量最高的水电站。其他方面，如环境影响等，都在预见和可控范围内。国际河流组织政策主任白好德（Peter Bosshard）早在2011年就在美国报刊撰文称：“都江堰体现出中国顺应自然的道家哲学，长江上的大坝则是毛主义征服大自然的象征，三峡大坝被

三峡大坝

视为全球大坝的建设范本。”

毛泽东把水利建设当作全体人民的大事，强调要依靠群众、动员群众。除淮河、黄河、长江外，对海河、辽河、松花江、珠江等也展开了全面整治，尤其是遍布全国各地的水利建设如火如荼。新中国成立前，我国只有大中型水库23座。1949年至1976年，全国建成大、中、小水库85000多座，建成万亩以上的灌区5000多处，灌溉面积8亿亩。

1958年，毛泽东带领参加中央工作会议的代表以及中央、国家机关工作人员，来到十三陵水库义务劳动。这段时间，北京还修建了怀柔水库、密云水库，得到毛泽东的亲切关怀。密云水库总蓄水量达43.75亿立方米，怀柔水库总库容1.44亿立方米，成为北京的生命之源。

1957年12月，毛泽东经过数次考察并征求了周恩来等人的意见后，决定修建十三陵水库。

十三陵水库于1958年1月破土动工，开始只有民工8000人和义务劳动大军2000人。为了赶在汛期之前完成筑坝任务，北京市委决定发动全市各方面力量参加义务劳动。至5月，每昼夜达到10万人。1958年五六月间，周恩来三次到十三陵水库参加劳动。

5月25日下午，毛泽东与周恩来、刘少奇、朱德、邓小平率全体中央委员和候补委员，来到十三陵水库工地参加义务劳动。这些中央领导人到十三陵水库工地参加劳动，一方面体现了人民政府对治水安邦的重视，另一方面也体现了毛泽东希望所有干部不要脱离群众的意愿。毛泽东在当时的八大二次会议上强调：像我们这些人是否每年可体力劳动一个月，分几次，目的主要是锻炼思想意识，也可锻炼身体，增长知识。那天，直到晚上7时，毛泽东一行人才返回北京城。

6月12日，周恩来写报告给毛泽东："昨晚尚昆转达主席关于组织政府部长们去十三陵工地参加一周劳动的指示，今天已经布置。"6月15日，他亲自率领中央国家机关和中共中央直属机关领导干部300多人到十三陵水库工地参加劳动。300多人中，有部长6人，副部长、副主任64人，部长助理50人，司局长级干部174人，中央直属机关干部也去了20多人。那天，天气依然很热，脚下的沙砾都被晒得发烫。水库指挥部的同志刚刚说："我们欢迎首长们……"周恩来立即纠正说："这里没有首长，没有总理、部长、司局长的职务，在这里大家都是普通劳动者。"在一天的劳动中，周恩来不仅装料、拉车，而且坚持推了几车石料。当天晚上，他在致毛泽东的信中说："我和习仲勋、罗瑞卿两同志今日随同他们前往劳动一天，夜间回来，准备参加明天政治局会议，待政治局会议开过后，拟再去参加几天。"6月22日和23日，周恩来又来到十三陵水库工地参加劳动。在中央的带动下，原本安排在第三个五年计划期间修建的十三陵水库，用了不到半年的时间就完成了。当时还有不少的外国驻华使节和国际友人受到感动，主动参加了十三陵的义务劳动。

有文章称："5月25日那天晚上，毛泽东在阅读彭真送来的材料时，写信道，发明'跃进'一词的人，其功不在禹下。而在建设中最早使用'跃进'一词的正是周恩来，周恩来当功不在禹下。其实，在共和国的历程中，毛泽东和周恩来都是功盖大禹的人物，因为他们从开国之初便下大力治水。"

在1958年开始的群众性兴修水利过程中，红旗渠堪称人类征服自然的奇迹。它酝酿于1958年，1960年开工，1969年完成。河南省林县人民在巍巍太行山的悬崖峭壁、险滩峡谷中，开凿出一条河道，共削平1250座山头，斩断264座山崖，凿通211个隧洞，架设152座渡漕，动用土石方2229万立方米。全渠由总干渠、3条干渠、数百条支渠组成，总干渠长70.6公里，加上各支渠，总长度达1500公里，灌溉面积扩大60万亩，从此结束了林县缺水的历史。

在海河治理工程中，修筑防洪大堤4300公里，修建大小型水库80多座，总库容达130多亿立方米，使海河的排洪力提高10多倍。

横跨皖、豫两省的淠史杭水利工程，始建于1958年，1970年竣工，是一座以防洪、灌溉为主，综合发电、航运、水产养殖的大型水利工程。它使安徽西北部10多个县的900多万亩土地得以灌溉，成为堪与都江堰齐名的伟大壮举。

拉开历史的时空，人民将会重新发现毛泽东对中华民族、中华文明所作的伟大贡献。

七 海纳百川的宽广胸怀

毛泽东胸怀天下，他『先天下之忧而忧，后天下之乐而乐』，他的大气、豪气交织在一起，铸就了伟人宽广胸襟，这个胸怀，足以装得下五洲四海，三山五岳，他的坦荡胸怀和高超领导艺术指导中国革命和建设中赢得了一个又一个的胜利。

大义弃前嫌，促成第二次国共合作

在中华民族危亡的时刻，中国共产党展现了彻底的爱国主义情怀。在近代，挽救民族危亡曾是一个严肃而沉重的历史课题。中国政坛上曾出现过300多个政党，其中不少政党也曾有自己的救国方案，但是都难以付诸实现。到了现代，大浪淘沙，政党的数目只剩下十多个，其中国民党和共产党是中国政坛上左右中国命运的最大的两个政党。两个政党都有自己的完整纲领和救国方案，也曾合作共同掀起了第一次大革命，由于国民党右派的背叛，两党又经历了十年血海深仇的内战。但在民族大义面前，中国共产党站在民族利益的最高端，忍辱负重，大义释前嫌，不计恩怨，用自己的行动诠释了什么是真正的爱国主义精神；中国共产党提议并再次与国民党合作，奋不顾身地担起了民族解放的大任，在抗日民族统一战线中堪称中流砥柱，与抗日的各党各派和各族人民共同取得了中华民族百年来反抗外强侵略的第一次完全胜利，谱写了中华民族最光辉的篇章。

1931年九一八事变日本侵占中国东北后，中国共产党高举民族解放的大旗，以民族大义为重，为建立以国共合作为基础的抗日民族统一战线进行了长期不懈的努力。

1935年1月，中国共产党发表宣言，首次提出红军准备在“立即停止进攻苏区、立即保证民众的民主权利、立即武装民众创立武装的义勇军”的三个条件下与任何武装部队订立共同对日作战的协定。

8月1日，中国共产党又发表了《为抗日救国告全体同胞书》（《八一宣言》），再次明确表示只要国民党军队停止进攻苏区，实行对日作战，红军愿立刻与之携手，共同救国。

12月，党中央在瓦窑堡举行政治局扩大会议，从理论和政策上正式确立了中国共产党关于建立抗日民族统一战线策略的总路线。

会后，毛泽东又作了《论反对日本帝国主义的策略》的报告，系统地阐明了党的抗日民族统一战线的策略方针。次年八九月份，中共中央根据形势的进一步变化情况，又发出致国民党书和《关于逼蒋抗日问题的指示》，明确提出实现第二次国共合作，组成国共两党合作为基础的全民族抗日统一战线，并把“抗日反蒋”口号改为“逼蒋抗日”。

西安事变和平解决。

1935年冬，中共中央建立了中共中央联络局，又称西北联络局，由李克农担任局长。此局在周恩来、叶剑英的领导下，从事对国民党，特别是东北军和西北军的统一战线工作。

这个局的统战工作重点是以张学良为首的东北军。中共中央对张学良做统一战线工作，主要是从加紧做俘虏军官高福源的工作开始的。

高福源是在陕北榆林桥战役中被红十五军团俘虏的东北军六一九团的团长。他被俘不久，就和其他俘虏一起，被红军带到了陕北安定县（今子长县）的瓦窑堡。高福源在瓦窑堡住了约两个月，亲身感受到红军对他们亲切友好的态度，亲眼看到红军官兵亲如兄弟、团结友爱的关系，亲耳听到共产党关于停止内战、一致抗日的主张，以及红军爬雪山、过草地的英雄事迹，他深受教育。他想自己应有所作为，便要求回到东北军去劝说张学良走联共抗日的道路，得到中共支持。

1936年1月8日，高福源前往洛川。一周后，他带着令人吃惊的消息返回了红一方面军司令部。据高福源说，他在洛川不仅见到了东北军第六十七军军长王以哲，张学良也亲自驾机从西安飞来与他谈话，谈话结果令人感到兴奋。因为不仅王以哲对于中共共同抗日主张深表赞成，而且张学良也表示愿意亲自与中共方面的全权代表就共同抗日问题进行商谈。

对此，中央非常重视，经过反复考虑，决定派李克农为红军代表去洛川同张学良谈判。1936年2月21日，李克农一行在大雪中从瓦窑堡出发赶赴洛川。

李克农一行去洛川谈判是严格保密的，所以他们一律便装打扮，正式代表李克农穿的是中山装。17岁的译电员戴镜元着学生装。化名徐之光的钱之光，名义上是秘书，戴礼帽，穿长衫，实际上负责采购物品和药品。还有一位警卫员，负责保卫工作。

李克农一行四人，加上高福源，在东北军的护送下，于25日下午5时左右到了洛川。洛川会谈分为两个阶段。前一阶段从2月26日到28日，王以哲、赵镇藩根据张学良的回电指示，同李克农多次交换意见，就红军与东北军六十七军的局部合作问题达成了若干口头协议。

3月3日，张学良由南京返回西安，第二天就亲自驾机飞抵洛川，秘密与李克农面谈。3月4日下午3时，洛川会谈的第二阶段正式开始，主要谈判整个东北军与红军停战共同抗日的问题。谈判是在李克农住处的一间小房子里进行的。

张学良也化了装，身穿银灰色长袍、黑丝绒马褂，头戴礼帽，鼻架墨镜，手提文明棍，像一位精明的富商，又有一副风流倜傥的派头。他一进门就对李克农说："李先生辛苦了，我这次来是'整销'的，不是'零售'。"

他言下之意，红军与六十七军达成的口头协定，他已经知晓，完全同意。但那只是局部的，他要进行一揽子全面交易。

李克农意会了，也完全同意，就诙谐地说："张将军解甲从'商'了。"

"你是干什么工作的？"张学良突然问李克农。可能他从有关方面打听过李克农的经历，心存疑虑。

“红军政治部组织部部长。”这是李克农此行的公开身份。

“组织部是对付敌人的吗？”张学良又问。

“不是。”

“你到我这儿来，毛先生知道吗？”

“我正是奉他的命令来的。”

“好！”张学良一拍椅子扶手，站起身来，踱着方步，边走边说：“那就请解答几个问题：你们红军是不是真抗日？是一个幌子呢，还是真的？红军内部是不是团结？你们说是抗日的，为什么一定要反对蒋介石？”

李克农心里清楚，红军代表应以诚待人，但面对骄傲的张少帅，也要有一定的“斗争”。于是他说：“红军当然是抗日的，不是为了抗日，何必二万五千里长征到此？至于第二个问题：红军是团结的。的确有些争论。你晓得，张国焘跟我们已经分了家。这是我们党内的斗争，你张先生

西安事变前，钱江、伍修权、李克农和井茂然在保安

不是共产党员，不可能体会。”李克农知道张学良是暗指张国焘分裂，表明红军不团结，就主动挑明了谈。张学良点点头，表明理解李克农的回答。

“抗日为什么要反对蒋介石呢？”李克农接着说，“就是因为他不抗日嘛！凡是抗日的我们就团结，这是我们的方针。”

对这个解释，张学良不同意，因为天快黑了，张学良请李克农先吃晚饭再说。

吃完饭继续会谈。张学良问：“我不知道李先生能不能负责？要能负责，再谈下去。”实际上，张学良对李克农在共产党内的作用有多大不摸底。

“当然能负责。如果我不能负责，早就声明了。既然派我来，我就是代表。”李克农回答得很干脆。

“那么，我要问一问，你们红军能不能放下武器，接受政府的改编？”张学良并不是老粗，在谈判中还要设陷阱。

李克农马上断然回答：“张先生，你误会了！我不是投降代表，是谈判代表！这一点你可不要弄错了！”说完，他立起身就往外走。

张学良连忙起身相拦，说：“不要走！不要走！谈下去！”接着他又亮出一手，指着地图说：“能不能把瓦窑堡让给我？”

李克农立刻说：“如果副司令要此地，为什么不多要一些地方？我们共同抗日，收复失地不好吗？”后来达成的协议中有此一项：1936年6月红军让出瓦窑堡，中共中央机关搬迁到保安。红军体谅东北军的处境，退让一下，让张学良拿这个“战功”堵蒋介石的嘴。

谈判中，张学良表示他完全拥护共产党联合抗日的主张，希望能同中共主要负责人晤谈。

到3月5日凌晨5时，谈判结束，达成了红军与东北军停止内战、共同抗日的四项初步协定。

张学良提出，最好由毛泽东或周恩来为中共全权代表，与张进一步商谈抗日救国大计。地点定在肤施（延安），时间由中共定。张学良负责和盛世才交涉红军代表借道新疆去苏联的事。中共派代表常驻西安，由张学良以灰色名义掩护。红军与东北军建立电讯联络。

3月16日，李克农一行到达石楼。李克农向毛泽东、周恩来、张闻天、彭德怀等中央领导人详细汇报了谈判经过。

3月27日，中共中央在石楼附近召开政治局会议，专门讨论了抗日民族统一战线的策略问题。毛泽东作报告。他指出：在全国民众要求抗日的形势下，国民党统治集团内部已发生分化。党的统一战线方针是：在“停止内战、一致抗日”的口号下，对民族反革命派采取各个击破，对民族革命派采取各个争取；争取民族改良主义者同民族革命派的左翼建立坚固的同盟。他特别指出：“东北军之特点：失掉土地，因此其抗日情绪高，愿与我们合作。”对张学良要实行互不侵犯，共同抗日，可以派出全权代表同张学良直接谈。不管任何派别，都可以同他们进行谈判，而在基本原则上不能让步。报告提出，军事谈判集中于军委，政党谈判集中于中央常委，全部由常委指挥。会议一致通过毛泽东的报告。

会议认为张学良的态度是诚恳的，同他进一步谈判，对开展抗日统一战线很重要。会议决定，由周恩来为全权代表，偕李克农到延安同张学良会谈。

周恩来在延安同张学良会谈，这是一次有历史意义的会见。

4月7日，周恩来偕李克农等人起程，8日下午到达川口村。周恩来随即用电台与张联系，不巧电台故障，直到第二天上午张才得知消息。于是急电一二九师师长周福成准备盛情款待，一面亲自驾驶飞机，带着王以哲、刘鼎等人飞往肤施。当天黄昏，周恩来、李克农由人引导在夜幕中走到教堂门前，张学良匆匆从里面赶出来，两位互相久仰，虽是初次见面，但却一见如故。张学良连说：“欢迎！欢迎！”接着抱歉地说：“这里虽是我部防地，但老蒋密探颇多，所以我不能大张旗鼓地欢迎周先生，请多见谅。”周恩来理解地笑着说：“所以，我们只能在黑夜里会谈了，不过肤施是块宝地，我相信不久会大放光明的。”

接着，周与张携手走进教堂中央。只见一张圆桌上摆满水果、糕点，一杯杯刚斟的热茶散发清香。透过五支融融烛光，周恩来见张学良英姿勃发，张学良见周恩来仪表堂堂，双方顿生敬佩之情。

张学良说：“中国前途有两条，一走共产党的路，一走国民党的路。过去拥蒋，现在看来，好像不对了。如果中国不停止内战，怎么能把日本人赶出去呢？抗日民族统一战线，既然要争取一切可以争取的力量参加，那么蒋介石也应当包括在内。他现在实际上统治着中国，不仅大部分地盘和军事力量掌握在他手中，而且财政、金融、外交等也由他一手包揽。我们现在想要壮大抗日力量，为什么要把他掌握的这股力量排斥在外呢？尤其是，我们是他的部下，如提‘反蒋抗日’，工作起来有实际困难。目前应当设法把他‘攘外必先安内’的错误政策扭转过来，逼他走上抗日的道路，可以提‘逼蒋抗日’或‘联蒋抗日’。”

周恩来听了此番恳谈，沉思片刻说：“张先生这个意见很有道理，是值得我们重视的。我本人同意张先生‘逼蒋抗日’或‘联蒋抗日’的主张，如果抗日战争争取不到蒋介石这个集团参加，将是一个很大的损失，争取过来有好处。”

张学良若有所悟地说：“我同蒋介石接触很多，据我看只要我们认真争取，是可以把他团结到抗日阵线里来的，问题是我们要用最大的力量去争取，想尽一切办法去争取。”周笑着说：“如果能够把这样一个力量争取过来抗日救国，也是我们十分希望的。可是，他搞独裁、搞法西斯，不要民主，看不到人民群众的雄厚力量，要用什么办法才能争取过来呢？

张先生知己知彼，可以多谈一谈。”张说：“蒋介石是有抗日的思想和打算的，日本人给他难堪，他也发过牢骚，心中愤恨。但他有个很错误、很固定的看法，就是认为必须先消灭共产党才能抗日，因为共产党的一切口号、一切行动，都是为了打倒他，他要是在前方抗日，他不放心，这就是他‘攘外必先安内’的政策依据。”

此时周恩来站起来，愤慨地揭露蒋介石窃取革命胜利果实、背叛孙中山先生“三大政策”、勾结帝国主义、投降封建军阀、血腥镇压共产党和工农群众的累累罪行。李克农、刘鼎听罢，觉得痛快淋漓，张学良也很激动。周恩来环顾左右后又说：“这些都是旧账，我们不愿意再算了。”张学良连忙说：“对，对，抗日是当前最迫切的大事啊！”周恩来见好就收地说：“我还是那句话：光让步是不行的，让步太多，会使不知足的人认为我们是软弱可欺的；要让步，还要斗争，才能达到真正的团结。”张兴奋地说：“说得对，说得好，你们在外面逼，我们在里面劝，内外夹击，一定可以把蒋介石扭转过来。”

不知不觉天已拂晓，在天际还有几颗星辰闪烁，四野雾霭渐渐散去，一轮红日即将喷薄而出时，周恩来与张学良紧紧握手后纵身上马向瓦窑堡奔去。归途中周恩来动情地说：“真想不到张学良是这样爽朗的人，这样有决心、有勇气的人，真出乎意料！”接着他亲赴东征前线对毛泽东说：“张学良公心卓著、毫无私心，虽手握重兵，却没一点军阀味道，真是一位了不起的青年将军！”然后，周恩来在给张学良的信中写道：“坐谈竟夜，快慰平生，归语诸同志并电告前方，感佩先生肝胆照人，诚抗日大幸！”

与周恩来握别后，张学良随即驾机绕到黄河上空兜了一个大圈子，他看着九曲黄河慨叹：“这次谈得太好了，比我想象的好得多，周先生有情有义有礼，解决了我心中许多难题，真是相见恨晚！”

4月15日，中共中央在山西省永和县赵家沟村召开中共中央会议，大会由毛泽东主持，大家听取周恩来汇报，批准肤施会谈达成的各项协议，一致认为“逼蒋抗日”或“联蒋抗日”是当时历史条件下值得采纳的“有理、有利、有节”的政治主张。同时认为渡河东征已达到预期目的，取得很大胜利，为顾全抗日救国大局，避免大规模内战爆发，党中央断然决定：将“渡河东征，抗日反蒋”的方针，改变为“回师西渡，逼蒋抗日”。

7月27日，中央政治局举行会议，周恩来报告了东北军工作委员会的工作。毛泽东在会上称赞周恩来领导的这项工作“可为很好的模范”。并且提出：过去我们的工作方针，第一在西边建立根据地，第二在东边开展游击战争，第三建立抗日联合战线。“以后的工作方针还是以前的三个，但次序要变更，第一是联合战线的扩大，应放在第一位。”对东北军，对杨虎城部队，对南京部队，都要建立工作委员会。现在大家应该出马，不应该关起门来。不仅要注意上层，还应该抓紧中层的工作。红军的行动也应该配合这一工作。会议通过了毛泽东这个提议。

对张学良的复杂处境，毛泽东十分关心。他在8月9日写信给张学良提醒他：蒋介石一解决西南问题，就有极大可能进攻西北。“无论如何兄不要再去南京了，并要十分防备蒋的暗害阴谋。”

在同杨虎城第十七路军建立联系后，毛泽东写信给杨虎城说：“先生同意联合战线，盛情可感。”“良以先生在理在势在历史均有参加抗日战线之可能。故敝方坚持联合政策，不以先生之迟疑态度而稍变自己的方针。然为友为敌，在先生不可无明确之表示。”同一天，又写信给第十七路军总参议杜斌丞，希望他继续推动杨虎城下决心联共抗日：“先生一言兴邦，甚望加速推动之力，西北各部亦望大力斡旋。救西北救华北救中国之伟大事业，愿与先生勉之。”杨虎城收到毛泽东的信后十分感动，表示诚恳地接受中国共产党联合抗日救国的主张。

与此同时，中共中央也和国民党直接对话，努力促成停止内战，一致抗日。

1936年6月20日，中共中央《致国民党二中全会书》提出："只要你们立即停止进攻红军和苏区，立即动员全国对日抗战，并实现民主自由与制裁汉奸，我们和红军不独不妨害你们抗日，而且用一切力量援助你们，并愿和你们密切合作。""我们随时都准备同贵党任何组织任何中央委员任何军政领袖进行关于合作救国的谈判。"这封信7月10日在国民党五届二中全会上宣布后，产生了积极的反响。蒋介石的报告中说："中央对外交所抱的最低限度，就是保持领土主权的完整。"这比他在国民党五大上所说"和平未到完全绝望时期，决不放弃和平，牺牲未到最后关头，亦决不轻言牺牲"，显然又进了一步。接着，南京政府外交部部长张群同日本驻华大使谈判时，采取了强硬的态度，这在九一八事变以来还不曾有过。

日本步步加紧对中国的侵略，不仅严重威胁着中华民族的生存，也严重威胁着蒋介石和南京政府的统治地位。蒋介石和南京政府内许多人员也有相当强烈的民族情绪。他们原来一直希望日本的侵略能够适可而止，并且在很大程度上期待国际社会能对日本实施制裁，使局势不致进一步恶化，但这些希望都落了空。华北事变的发展，特别是日本导演的"华北自治运动"的出台，把南京政府逼到几乎无路可退的地步。正是在这种情况下，南京政府开始考虑大幅度调整它的对日政策。

1936年8月10日，中共中央举行政治局会议，这是一次重要的决策性会议。毛泽东在会上作了国共两党关系和统一战线等问题的报告和结论。会议一致同意毛泽东的报告和结论，确定以国民党、蒋介石作为今后谈判的主要对手，决定发表公开宣言和秘密文件。这次会议标志着由"抗日反蒋"向"逼蒋抗日"过渡的结束，决定了全党实行"逼蒋抗日"的方针。

会议决定发表的"公开宣言"，就是毛泽东起草的《中国共产党致中国国民党书》。再一次向国民党大声疾呼："立即停止内战，组织全国的抗日统一战线，发动神圣的民族自卫战争，抵抗日本帝国主义的进攻，保卫及恢复中国的领土主权，拯救全国人民于水深火热之中。"

会议决定在党内所发的"秘密文件"，就是9月1日中共中央《关于逼蒋抗日问题的指示》。会后，毛泽东草拟了《国共两党抗日救国协定草案》，在9月20日前后脱稿。协定草案共八条，这个协定草案的基本内容，成为后来国共谈判的基础，也是中国共产党同各地方实力派谈判建立民族统一战线的基础。

毛泽东还直接致信南京政府的军政要员宋子文、邵力子、孙科、陈立夫和王均、朱绍良、毛炳文等，力陈抗日救国大义，主张"停战议和，一致抗日"。他多次写信给宋庆龄、蔡元培、沈钧儒、邹韬奋、陶行知、章乃器等爱国领袖，对他们的爱国行动表示敬佩。他还努力同地方实力派取得联系，分别写信给李宗仁、白崇禧、阎锡山、傅作义、宋哲元和各派政治势力代表冯玉祥、李济深、蒋光鼐、蔡廷锴等，争取他们对中共抗日民族统一战线主张的理解与支持。

在这期间，毛泽东进一步加强了对张学良和杨虎城部的工作。9月，他派自己的秘书张文彬到西安同杨虎城谈判，达成了互不侵犯、双方在防区内取消敌对行动、取消经济封锁、建立军事联络等协议。张文彬作为红军代表留在西安，公开身份是十七路军总指挥部政治处主任秘书。10月初，毛泽东等又派叶剑英到西安张学良部作为中共中央的常驻代表，进一步开展对东北军、西北军和整个西北地区的统一战线工作。

到1936年深秋，红军和东北军、十七路军的关系进一步改善，步调更趋一致。在西北地区，已经初步形成红军和东北军、十七路军"三位一体"的新局面。

12月初，发生了震惊中外的西安事变，成为由中国国内革命战争向抗日民族战争转变的转折点。

西安事变是在日本帝国主义加紧侵略中国，蒋介石继续推行“攘外必先安内”的错误政策，中华民族危机日益严重，中国人民抗日高潮进一步兴起的历史背景下发生的。

1936年12月初，在西安的张学良和杨虎城面对蒋介石和其率领的一大批国民党高级将领亲临前线的“剿共”督战态势颇为不满，几经商议，最后下决心不再参加“剿共”行动；为此，二人几次“晋见”再次抵达西安的蒋介石，劝说其放弃内战政策，但蒋介石却根本听不进去。

12月4日，蒋介石住进了临潼的清华池。清华池的第一道门卫由张学良的“西北剿总”卫队第一营第一连担任，营长王玉瓒；第二道门和五间厅之间的警卫，则由蒋介石带来的卫士担任。在清华池，蒋介石逼迫张学良和杨虎城在两个方案中作出抉择：

第一，服从“剿共”命令，将东北军、十七路军全部开到陕甘前线作战；

第二，如不愿“剿共”，就将东北军调往福建，第十七路军调往安徽，让出陕甘，由“中央军”“剿共”。

对于蒋介石的这两个方案，张学良和杨虎城都是不能接受的：他们既不愿意再与红军作战，又不愿意离开西北。如果攻打红军，势必使自己的实力消耗殆尽；而离开西北，得不到红军的支援，迟早必被蒋介石所“改编”或吞并。权衡利弊后，张、杨下定决心：一不再打内战，二不离开西北。二人决定先行“苦谏”，万不得已即实行“兵谏”……

12月9日，西安1万多名学生举行游行，纪念“一二·九”运动一周年。游行的学生们高举“停止内战”和“一致抗日”的横幅标语、手持小纸旗走上街头，却遭到国民党特务的开枪镇压，打伤小学生一人，更激起了学生们的极大义愤；学生们临时决定，徒步去50里地以外的临潼清华池，向蒋介石“请愿”。

蒋介石得到报告后，急忙布置军队在十里铺架设机枪拦阻，同时让侍从室主任钱大钧打电话给张学良，要他派兵镇压，并连声说“格杀勿论”；张学良不得不亲自去十里铺劝阻学生，并向学生们保证：“一星期之内，我一定用事实答复你们……”

实际上，张学良和杨虎城都感到蒋介石积极反共、消极抗日的顽固态度实难改变，但还是抱着最后的一线“希望”。12月10日，张学良再次硬着头皮向蒋介石“进谏”，要求联合全国的一切武装力量和动员全国的民众，一致抵御外患，他慷慨陈词，声泪俱下……不想，蒋介石就像是吃了秤砣，铁了心，连连拍着桌子喊叫：“现在你就是拿枪把我打死，我的‘剿共’计划也不能改变！”同时对张学良在十里铺对学生们的讲话表示了极端的不满。

张学良退出后，让杨虎城再去一次，看看情况；杨虎城去了，见蒋介石依然是一副顽固不化的态度，只得返回同张学良商议。二人觉得“苦谏”和“哭谏”等软办法都无济于事，再用也无效，最后决定实行“兵谏”……

张学良（1901.6.3—2001.10.14）

杨虎城（1893.11.26—1949.9.6）

12月12日，张学良、杨虎城两将军率领东北军、西北军在西安发动兵谏，扣押前来布置“剿共”的蒋介石，迫使他停止反共内战，实行联共抗日，西安事变由此爆发。

西安事变的爆发，在国内外引起巨大反响，西安成为国内外关注的中心和各种矛盾的焦点。形势十分复杂，内战危机迫在眉睫，张、杨两将军无所适从。

当时，在保安的一孔窑洞里，毛泽东办公室就设在这里。

12月12日上午8时，毛泽东被从睡梦中叫醒。

“报告主席，蒋介石在西安被捉了，刘鼎同志刚发来电报。”叶子龙说完将电报递到毛泽东手里。毛泽东仔细看着电报，浑身充满一种异乎寻常的力量。警卫员贺清华照例来给他倒水。毛泽东说：“贺清华！张学良、杨虎城在西安把蒋介石扣起来了，赶快把这封电报送到张闻天同志那里去，请他召集所有的政治局委员开会。”

周恩来、张闻天、博古、朱德、张国焘等陆续来到毛泽东的窑洞，并传阅了电报内容，其中有张学良给毛泽东和周恩来的电报：

吾等为中华民族及抗日前途利益计，不顾一切，今已将蒋及重要将领陈诚、朱绍良、蒋鼎文、卫立煌等扣留，迫其释放爱国分子，改组联合政府。兄等有何高见，速复！

接着，政治局开会，“商量处理西安事变的方针政策”。各自发表意见。

因为西安事变的发生很突然，情况还不很清楚，有待进一步了解和观察，会上对许多重大问题只是交换意见，需要在进一步弄清情况后才能作出决断。与会者有九个人发了言，其中讲得最激烈的是张国焘。他说：“在西安事件意义上，第一是抗日，第二是反蒋。”“内乱是不是可免？这是不可免的，只是大小问题。”“因此，打倒南京政府，建立抗日政府，应该讨论怎样来实现。”“杀掉蒋介石”，“打出潼关去”。

张闻天不同意这个意见，说：“我们不采取与南京对立方针。”“尽量争取南京政府正统，联合非蒋系队伍。在军事上采取防御，政治上采取进攻。”毛泽东在作结论时说：我们现在处在一个历史事变的新阶段。在这个阶段，前途摆着许多通路，同时也有很多困难。敌人要争取很多人到他们方面去，我们也要争取很多人到我们方面来。针对张国焘“第一是抗日，第二是反蒋”的说法，毛泽东强调：“我们不是正面的反蒋，而是具体地指出蒋的个人的错误”，“又要反蒋，又不反蒋，不把反蒋与抗日并立”。指出：“我们应该站在后面，让张杨去打头阵。”

当天中午，毛泽东、周恩来电告张学良：“恩来拟来西安与兄协商尔后大计，拟请派飞机赴延安来接。”

西安事变的消息传出后，红军各部队顿时沸腾起来，整个保安乃至陕北变成了欢乐的海洋。在保安的邓颖超得知蒋介石被扣留的消息后，“高兴地跑到院子里，和同志们一起，又唱又跳。她和许多同志一样，以为党中央一定主张杀掉蒋介石，替千千万万牺牲的烈士报仇，给中国革命搬掉最大一块绊脚石”。当时在保安采访的美国记者埃德加·斯诺曾这样写道：“蒋介石被扣的消息传到保安，保安举行了群众大会，毛泽东和其他一些人出席了大会，并讲了话。会上通过了一个决议——要求公审蒋介石。”当时，在定边的李维汉也回忆说：“我们在定边获此消息，欣喜若狂，当即在大庙里召开群众大会，由高岗主持，广为宣传，与会群众高呼：‘枪毙蒋介石！’会后，我们致电党中央反映了群众的愿望。”

在当天发给张学良的电报中，毛泽东除了告知“恩来拟来兄处协商大计”之外，还提出如下建议：要把蒋介石扣押在自己的卫队营里，以防其收买属员，尤其是不能交给其他部队看管；将东北军主力调至西安、平凉一线，十七路军主力集中于西安、潼关。同时表示：红军钳制宁夏、陇东一带胡宗南、曾万钟、毛炳文、关麟征、李仙洲等中央军，以免西安腹背受敌。

15日，由毛泽东领衔发表《红军将领关于西安事变致国民党政府电》，电报肯定了张、杨发动兵谏的正义性质，指出它是“蒋氏对外退让，对内用兵，对民压迫三大错误政策之结果”，“观其宣布之八项主张，实为全国人民之所言，厉行不暇，何可厚非”，“南京当局亟宜引为反省之资，而绝不可负气横决，反而发动空前之内战”；指出南京决定讨伐张、杨，会造成“亲痛仇快之讥，千秋万世，永难煎涤”；要求南京政府“立下决心，接受张、杨二氏主张，停止正在发动之内战”，同时提出“罢免蒋氏，交付国人裁判”，并表示红军愿与国民党军队“联袂偕行，共赴民族革命之战场，为自由解放之祖国而血战”。17日，毛泽东等中央领导为以周恩来为首的中共代表团送行。中央代表团的成员除了有周恩来、博古、叶剑英之外，随同前去的还有邓发、李克农、李涛、罗瑞卿、曾三、童小鹏等人。

毛泽东对周恩来叮嘱道：“恩来同志，全世界、全中国这时候都看着西安。西安很复杂，大政方针虽然确定，具体情况由你们处理。”

凌晨，鹅毛大雪还在不停地下着，那高山，那树木，那窑洞，那田地，全都披上了一层厚厚的银装。不到8时，在周恩来的窑洞前已挤满了熙熙攘攘的人群。不少人是赶来送行的。周恩来、邓发、李克农、李涛、罗瑞卿、曾三、童小鹏、龙飞虎、邱南章等与前来送行的人一一道别（秦邦宪、叶剑英从外地直接去西安），由一支红军骑兵队担任护送任务。

一匹匹战马踏着崎岖不平的山路，很快在漫天风雪里拉成一条线，向着远方奔去。毛泽东和朱德仍站在原地，一直盯着这支远去的人马渐渐消失了，他们才离去。毛泽东意味深长地对朱德说：“恩来此行，任重道远啊！”

那时，延安还叫肤施，城内的西北军已经撤走，城里只有一些民团驻防着。从蓝家坪到延安飞机场，如果从延安城内通过，只有三四里路程，所以当晚代表团就派张子华等人进城找肤施县县长高锦尚交涉，经交涉，高仍拒绝中共代表团进城。这样，只好绕道而行。

清早，雪停了，但天气仍然阴沉沉的，寒风刺骨。代表团的队伍踏上了清凉山的小路，向着延安的南部方向走去。这一段山路又陡又滑，人们只能牵着马徒步攀登。代表团由城外西山绕到城南的杜甫川，由杜甫川到了二十里堡，又由二十里堡终于胜利地到达了延安机场。

中共代表团到达机场时，张学良派来的专机已在这里等候了两个小时。当时全国有专机的只有蒋介石和张学良两个人。机场上，一位穿着校官军服、风度不凡的青年军官，正在焦急地张望着。当他看到大队人马到来时，立即迎上前去。他不是别人，正是张学良派来专程迎接周恩来等中共代表团的刘鼎。

刘鼎于1924年赴德国勤工俭学，经孙炳文、朱德介绍转为中国共产党党员。1936年3月，他应张学良将军的邀请，经宋庆龄介绍从上海到达西安。

1936年4月9日，张学良让刘鼎随同他到延安，参加周恩来与张学良的会谈。参加这次会谈的只有张学良、王以哲、刘鼎、周恩来、李克农五人。会谈后，刘鼎被中央任命为中央驻东北军代表。对外的公开身份是东北抗日义勇军代表和张学良将军的秘书。

这次在机场，刘鼎见了周恩来非常高兴，他说昨天飞机来了一次，没有接到又飞回西安去了，张学良将军要我们今天再来接。周恩来对张将军的好意表示感谢，并同美籍驾驶员握手致谢。由于飞机座位有限，所以周恩来指定邓发、李克农、罗瑞卿、杜里卿、张子华、童小鹏、邱南章等人随他登机，其他吴德峰、曾三等人留下来等飞机来接秦邦宪、叶剑英时再去。飞机起飞时已是下午4时了，天上还飘着雪花。

张、杨“兵谏”的消息，迅速传遍古城。整个西安沸腾了。各界群众纷纷走向街头，成群结队举行游行示威，高呼：“拥护张学良、杨虎城将军的爱国行动！”“拥护‘八项主张’！”“打倒日本帝国主义！”“打倒蒋介石！”

这时西安古城，笼罩着一派战争气氛，南京政府多数人估计蒋介石没有生还的希望，亲日派跃跃欲试，西安局势处于一种紧张动荡之中。在这千钧一发的紧要关头，周恩来率领的中共代表团从陕北赶来了。

周恩来等人乘坐的飞机，到达西安机场的时候，天已近黄昏了。刘鼎先安排周恩来等人在北新街七贤庄一号休息。周恩来一直是蓄着胡须的，从保安出发时来不及刮脸就匆匆上路了。来到西安，要接触各界人士，留着长须不便，他下决心把它剃掉，但在七贤庄一号却找不到一把剪子和剃刀。正在着急之时，刘鼎忽然想起安装电台的我党地下工作者涂作潮家中有，于是刘鼎便陪着周恩来坐车到涂作潮家中去，才把胡须剃掉。

后来，刘鼎根据张学良的意见，安排周恩来一行人住进了张学良的公馆。

张学良与周恩来两人重逢格外高兴，当张学良看到周恩来没有了胡须，就非常惊奇地问：“哟，你的美髯呢？”周恩来答道：“刚刚剃掉了。”张学良说：“那样长的美髯剪掉太可惜了。”当晚张学良在公馆的中楼设宴招待中共代表团和随行人员。宴会后，张学良与周恩来进行了长谈。

中共代表团的内部分工是：周恩来自己侧重于政治方面，负责上层统战和群众团体的工作；叶剑英主要负责军事工作；秦邦宪则侧重党组织内部工作以及群众工作；李克农作为代表团的秘书长，统管代表团内部的事务工作。

12月18日，周恩来就到止园杨公馆拜会了杨虎城将军，双方进行了交谈。随即在张公馆的中楼，举行了以东北军张学良、十七路军杨虎城、中共周恩来为代表的三方会谈。在会谈中，周恩来充分肯定了张、杨的爱国热情，并提出和平解决西安事变的六项主张：双方停战，中央军撤至潼关以东；改组南京政府，肃清亲日派，加入抗战分子；释放政治犯，保障民主权利；停止“剿共”，联合红军抗日，共产党公开活动；召开各党、各派、各界、各军救国会议；与同情抗日的国家合作。三方在政策上取得了一致意见，达成了共识，被称为“三位一体”。周恩来还特别强调，“三位一体”，将是推动全国抗日民族统一战线的中坚。“三位一体”的紧密团结极其重要。如南京方面挑动内战，我保证在任何情况下，中共都信守三方协议，联合抗击南京政府亲日派对西安的“讨伐”。

说起来，周恩来与蒋介石是老相识了。由他来代表中共解决西安事变，是再恰当不过了。周恩来不负众望，在处理事变中充分发挥了他高超的统战艺术，展现了他的卓越才华。

原美国总统尼克松在其著作《领袖们》一书中，形容周恩来与蒋介石之间的关系，“就像在公园里乘坐滑车一样，时起时落”。可以这样说，在周恩来与蒋介石的长期交往中，他们既是齐心协力的朋友，又是唇枪舌剑的政敌。

任黄埔军校政治部主任时的周恩来

1924年黄埔军校建立后，作为校长的蒋介石，为了办好学校，培养为其未来打天下的栋梁之材，曾请求在西欧留过学的黄埔军校政治部副主任、军校学生入学考试面试主考官张申府从留学人员中举荐一些优秀者来黄埔执教，张申府便举荐了包括周恩来在内的50人。时值第一次国共合作时期，身为中共广东区委委员长兼区委宣传部部长的周恩来，经党组织批准，应邀于当年秋进入黄埔军校，兼任军校的政治教官，讲授政治经济学，从此开始了他与蒋介石之间磕磕碰碰、长达20多年的交往生涯。

1924年11月间，周恩来被蒋介石任命为黄埔军校政治部主任。周恩来上任后，经过一番大力整顿，使政治部的工作很快纳入正轨，出现了新的气象。他还支持军校的进步学生建立了“血花剧社”，编演新剧，宣传革命，使军校充满了革命的生机和活力，蒋介石为此称赞他是个“导演人才”。随着广州周边形势的急剧恶化，黄埔军校的学生们不得不暂停学业，投身于平定广州商团叛乱和东征讨伐陈炯明的战斗中去。周恩来在其中发挥了很大的鼓舞和组织领导作用。蒋介石曾对人夸耀说：黄埔军校里他最得力的助手，一个是周恩来，一个是邓演达。

“四一二”政变发生后，周恩来与蒋介石彻底决裂。面对蒋介石的反革命嚣张气焰，周恩来冒着腥风血雨，于1927年8月1日在南昌组织领导了武装暴动，由此走上了创建人民军队、武装反抗蒋介石国民党反动派的革命道路。蒋介石恼羞成怒，曾紧急下令悬赏8万元缉拿周恩来，却无果而终。

这次，周恩来面对的是更为复杂多变的局面。是与蒋介石决裂后的第一次会面。

事变发生的当晚，南京方面即对西安事变作出了强烈反应，中共中央寄希望的南京分化的局面已再难出现。南京国民党中央常务委员会和政治委员会在当晚紧急召集的临时联席会议上，通过了两项强硬的决议：决定“褫夺张学良本兼各职，交军事委员会严办”；“指挥调动军队由军事委员会常务委员兼军政部部长何应钦负责”。

与此同时，张学良秘密指示设法夺取洛阳的东北军炮兵旅旅长黄永安早早就向洛阳警备司令祝绍周告了密，奉命向潼关运动抵抗中央军推进的十七路军之冯钦哉部也秘密与中央军接洽，事实上倒向了南京方面。冯部倒戈使中央军樊崧甫部抢先进驻了陇海线的战略要地潼关，樊部之董钊师更进占了陕西之华阴，国民党中央军进入陕西之大门因此而洞开。加上何应钦强烈主战，甘肃之胡宗南等各部中央军又随时可以从背后发动进攻，西安方面事变开始后就明显地处于背腹受敌的不利态势。

周恩来明察秋毫，于当夜致电毛泽东并中共中央，报告国民党中央军刘峙部已以五个师入潼关、逼渭南。“张拟以杨部控西安，东北军主力集渭水北备战，决战必使红军参加。”他已同张学良商定红军南下延安、庆阳一线接防。电报中还报告说：蒋鼎文已释放，持蒋介石信令停止内战，宋子文明日来西安。

第二天，周恩来又两次向中央报告情况：“南京亲日派目的在造成内战，不在救蒋。宋美龄函蒋：宁抗日勿死敌手。孔祥熙企图调和，宋子文以停战为条件来西安，汪将回国。”这些都为中共中央的决策提供了极其重要的情况和建议。

在收到周恩来来电的同时，毛泽东又获悉：日本外相17日声言，南京若与张、杨妥协，日本将不能坐视；日本关东军发表声明，要求南京“反共防共”。他和张闻天、博古等商定，主张有条件地恢复蒋介石的自由，和平解决西安事变。18日，中共中央公开发表《关于西安事变致国民党中央电》，表示“为国家民族计，为蒋氏个人计”，要求国民党：“召集全国各党、各派、各界、各军的抗日救国代表大会，决定对日抗战，组织国防政府抗日联军。”“停止一切内战，一致抗日。”“开放人民抗日救国运动，实行言论集会结社的民主权利，释放一切政治犯及上海爱国领袖。”并表示：“本党相信，如贵党能实现上项全国人民的迫切要求，不但国家民族从此得救，即蒋氏的安全自由当亦不成问题，否则糜烂横政，民族生存与贵党生命均将为贵党错误的政策而断送干净也。”

12月19日，张闻天主持召开中共中央政治局扩大会议，讨论解决西安事变的基本方针。这时，西安事变发生后各方面的情况已比较清楚，中共中央已有可能明确地提出自己的方针。毛泽东在会上作了报告和结论。他在报告中说："西安事变发生后，南京的一切注意力都集中在捉蒋介石问题上，动员一切力量来对付西安，把张杨一切抗日主张都置而不问，更动员所有部队讨伐张杨，这是西安事变发生后所引起的黑暗方面的表现，这是对于抗日不利的。"我们必须指出："目前问题主要是抗日问题，不是对蒋个人的问题，盲目地拥护蒋个人而不问抗日是完全不对的。"他接着说：在另一方面，西安事变的发生是由于南京政府不立刻对日抗战，尤其是由于蒋介石的"剿匪"政策所造成的。它"能更促进抗日（力量）与亲日（力量）的分化，使抗日战争更为扩大，这是光明的一面"。我们应该"坚定地站在抗日的立场，对于好的方面发扬，对于黑暗方面给以打击"。他明确地提出反对使内战扩大，也就是争取西安事变和平解决的主张，说："我们主要是要消弭内战与不使内战延长。"

会议讨论时，政治局内部的意见很一致。博古表示："我完全赞成毛主席这个解释。"我们应着重指出，目前的问题是抗日不抗日的问题，不是蒋个人的问题，"不采取与南京的对立"。张闻天说："我们应尽量争取时间，进行和平调解。"

毛泽东作结论指出：西安事变是站在红军的侧面，受红军的影响是很大的。只有结束内战才能抗日。"现在应估计到这次是可能使内战结束。""我们应变国内战争为抗日战争。""我们要争取南京，更要争取西安。"

会议通过《中央关于西安事变及我们的任务的指示》提出："反对新的内战，主张南京与西安间在团结抗日的基础上，和平解决。"同时，中华苏维埃中央政府及中共中央联名向南京、西安当局发出通电，表明主张和平解决西安事变。由于政治局内部意见已很一致，这个通电并没有等候共产国际的来电，就在12月19日当天发表了。

为了实现中共中央和平解决西安事变的主张，毛泽东在19日这一天就起草并发出14份电报。其中，发给在西安的周恩来的电报有11份，通报了中央的决定并提出具体的工作部署。发给在前线指挥军事的彭德怀、任弼时的电报有两份，命令他们率领野战军急行军直达长武待命，并派八十一师和二十八军开赴延安接受任务，给张杨以实际的援助。还致电在南京的潘汉年："请向南京接洽和平解决西安事变之可能性，及其最低限度条件，避免亡国惨祸。"

共产国际的来电，是在20日收到的。它的内容和中共中央已经作出的决定基本一致。毛泽东立刻在当晚8时把它转发给周恩来。

潘汉年那时正住在南京宋子文公馆里。这是因为蒋介石在西安被扣后，宋美龄急于了解中共的态度，经过宋庆龄的介绍，潘汉年从上海到南京住进了宋公馆。

潘汉年收到12月18日的《中共中央关于西安事变致国民党中央电》后，立刻把它交给宋子文转送国民党中央。他还以共产国际和中国共产党代表的特殊身份，从旁支持宋美龄等力排众议，主张和平营救蒋介石。当他接到毛泽东19日的密电后，又把刚刚译出的《中华苏维埃中央政府及中共中央对西安事变的通电》立刻交给宋子文，并说：宋委员最了解张学良将军，他一定会热情欢迎您去西安的。宋子文认为潘汉年这个话反映了中共的意向，就在经过同亲日派的辩论后获准"以私人资格前往西安"。20日上午，宋子文由顾问端纳陪同飞抵西安。张学良在见到宋子文时，坦率地告诉他：只要蒋答应张、杨通电中的八项主张，东北军、十七路军和红军将一致同意释放蒋介石。随后陪同他一起去见蒋介石。周恩来也明确转告宋子文：中共并未参与此事，对事变主张和平解决，希望他劝说蒋介石改变政策。第二天，宋子文飞回南京。

毛泽东在21日又致电潘汉年，提出同南京政府谈判的五项条件，要他立刻向陈立夫等提出，并且表示：“在上述条件有相当保证时，劝告西安恢复蒋介石先生之自由，并赞助他团结全国一致对日。”

潘汉年立刻向陈立夫等提出，并且从旁促进宋美龄去西安。22日，宋美龄接到张学良欢迎她前往西安的电报后，立刻在端纳、宋子文等陪同下飞赴西安。

12月22日，宋子文、宋美龄一行飞抵西安。第二天“三位一体”与宋美龄、宋子文在张公馆中楼，进行了谈判。

谈判从23日上午开始，南京方面出席的有宋子文，后来又加上宋美龄，西安方面出席的有张学良、杨虎城、周恩来。谈判一开始，张、杨重申他们在通电中提出的八项主张，周恩来也说明中共的六项主张。经过两天谈判，宋美龄和宋子文对谈判的一些问题都作了明确的承诺。

在会谈中，周恩来表达了要会见蒋介石的意愿。

先由宋美龄去知会蒋介石。她点燃一支香烟，深深地吸了一口，复又缓缓地吐向空中，漫不经心地问：“达令，周先生有意和你面商国家大事。”

“我不和他谈！”蒋介石习惯地操着领袖的口吻，断然地回答。“不，你一定要和他谈。你想要回南京过圣诞节吗？没有这位周先生从中斡旋，你恐怕是难以离开西安的。”

蒋介石是最怕死的，他嘴上虽硬，心里是同意的。

接着，周恩来由宋子文、宋美龄、张学良陪同，会见蒋介石。宋氏兄妹告诉周，蒋这两天病了，不能多谈话。周一进蒋的卧室，蒋介石仍不免尴尬，勉强坐起来，扶住摔伤的腰，请周坐。周恩来神情庄重，态度从容，同蒋握手。二人双目对视，周恩来注目蒋介石，但见当年的蒋校长已经青春不再，脸色憔悴，两腮深陷，鬓角微秃，清癯消瘦，目光暗淡，可能因为腰伤，身体也有些佝偻。

还是周恩来先开口："蒋先生，我们有十年没见面，你显得苍老多了。"

蒋点点头，叹口气，然后用眼睛直看着周说："恩来，你是我的部下，你应该听我的话。"

周立即回答说："只要蒋先生能够改变'攘外必先安内'的政策，停止内战，一致抗日，不但我个人可以听蒋先生的话，就连我们红军也可以听蒋先生的指挥。"周责问蒋介石说，"我们要求停止内战，为什么不停止？"

蒋介石回答："我等你们到西北来。"

周恩来接着说："我们已经到西北一年多了。"

蒋介石没有回答，周恩来心里很清楚，蒋介石的意思是在西北消灭红军。

这时，宋氏兄妹一致对周表示感激，宋美龄俯身对蒋说："周先生是来同你商谈救国大计的，你听清了没有？"直起身来又说："你们本是同校故交，今日会面，要互相见谅。此次委员长在西安出事，多亏周先生千里迢迢前来斡旋，实在感激得很！"

在轻松的气氛中，周恩来和蒋介石拉起家常："蒋先生，好些年没有见过经国了吧？如果想见，我们可以设法向斯大林交涉，将滞留苏联的经国接回来。"

周恩来一提到蒋经国，蒋介石马上鼻子一酸，要落下泪来，许久说不出话来。最后压低嗓音说："恩来，我们再也不要打内战了。我回南京后，你可以直接来找我谈。"

蒋介石向周恩来表示以下三点：

停止剿共，联红抗日，统一中国，受他指挥。

由宋、宋、张全权代表他与周解决一切。

他回南京以后，周可直接去谈判。

周恩来见蒋介石困顿不堪的样子，便起身告辞：“蒋先生休息吧，我们以后还有机会再谈。”周恩来与蒋介石相隔10年后的这次见面，气氛是好的，也是有成效的。

这一夜，蒋介石和宋美龄安安稳稳地睡了一觉，这是他们被扣留以来的第一次。所以蒋介石的顾问端纳说：“周恩来……实际上是使委员长在西安事变中能够安然无恙地离开的人。”国际舆论认为，周恩来在解决西安事变时，一跃成为闻名世界的主角而登上了舞台。

由宋氏兄妹代表蒋介石在一份保证文件上签了字。在这份保证文件中，蒋介石同意：宣布并开始武装抗击日本侵略者；停止进攻中国共产党；容纳共产党共同抗日；把亲日派官员从国民政府中请出去。蒋介石的顾问、美籍澳大利亚人端纳，作为“见证人”，也在文件上签了字。但蒋介石却不同意签字保证，只答应以“领袖人格作保”，回南京后逐步执行谈判协议。

12月24日下午，周恩来与秦邦宪等在张公馆东楼上谈话，忽然传来飞机声，周恩来恍然大悟，连说“糟了，糟了，蒋介石走了”。于是他急速赶往机场，但到达时早已机去人渺。

1948年1月，周恩来观看晋绥军区平剧院演出的《连环套》后，对演职人员谈了一番话。他说：“张学良和我们结成统一战线以后，表现很好，很愿意抗日。但是，张学良在《连环套》这出戏中受了很大影响。他说什么‘好汉做事好汉当’，这就说明戏剧对人的影响在脑子里是擦不掉的，以致影响到人命关天的大事。”

《连环套》的剧情是：清康熙年间，连环套山里的草莽英雄窦尔敦，盗走名贵御马，嫁祸于20年前的仇人黄三太。但黄三太已死，其子黄天霸替父受屈，决心找回御马。黄天霸到连环套拜山，施计使窦尔敦道出盗马事，又激他同意比武。次日比武时，黄天霸等斥责窦尔敦做事不敢当，不光明磊落。窦尔敦听了心中惭愧，慨然承认盗马，并随黄天霸送回御马，俯首就擒。张学良是个戏迷，对流传甚广的《连环套》自然十分熟悉。周恩来的意思是说，西安事变后的张学良与窦尔敦一样，因为担心落下恶名，为了表明自己的坦荡之心，亲自送蒋回南京并甘愿接受处置，结果落得个终身软禁的悲剧下场。20世纪80年代的电影《西安事变》还特意设计了这样一个情节：西安事变和平解决后，1936年12月25日，张学良送蒋介石飞回南京。周恩来赶到机场，见飞机已起飞，长叹一声说："张汉卿就是看《连环套》那些旧戏中毒了，他不但摆队送天霸，还要负荆请罪啊！"

由于以周恩来为首的中共代表团执行了党的正确方针，经过努力终于使蒋介石被迫接受了六项条件。尽管蒋介石背信弃义，一到南京，就囚禁了张学良，随之又迫害了杨虎城，但是，西安事变终于成为我国现代史上的一个重要的转折点。

12月27日，中共中央举行政治局扩大会议。毛泽东在会上指出，"西安事变的力量使国民党结束了十年的错误政策"，"就内战来说，十年的

1937年4月初，周恩来在西安谈判后回到延安，受到迎接。左起：秦邦宪 、张闻天、毛泽东、周恩来、彭德怀、林伯渠、萧劲光

内战，以什么来结束内战？就是西安事变。西安事变结束了内战，也就是抗战的开始”。

“张学良不走，和杨将军相为肘腋，协同作战，则东北、西北两军都可保全；如今这一走，杨虎城失去了臂膀，东北军也不好统领呢……”

“为今之计，我们该怎样对西北军讲呢？”周恩来征求毛泽东的意见，“我们总要支持西北军……目前还不会有什么大的变化……”毛泽东说：“为今之计，先要促成全国的抗日统一战线；统一战线确立了，各路军兵都会有出路的。”周恩来点头，表示赞同毛泽东的见解。

1937年1月1日，毛泽东同周恩来联名致电在南京的中共代表潘汉年，指出：共产党“赞助国民党一切有利于救亡图存之改革”，愿与陈立夫、宋子文、孙科、冯玉祥各方面“商洽团结一致挽救危局之方法”。

1月2日，毛泽东和张闻天发出《关于巩固张、杨两军与红军团结，推动时局好转的指示》，指出：“目前全局重心，在巩固张、杨两军团结于红军周围，以对抗亲日派，推动时局转向有利方面。”“南京亦正在争此一着，用分化与威胁手段夺取张、杨两军，以孤立红军。”

1月5日，毛泽东、张闻天致电周恩来、秦邦宪：“目前只要三方面团结，真正地硬一下，并把红军的声威传出去，使中央军不敢猛进（猛进时消灭其一部），有可能释放张学良，完成西北半独立局面。”

1月21日，毛泽东再次与周恩来联名致电潘汉年，指出在谈判中，坚决要求蒋介石同意保证和平解决后，不再有战争，不执行“剿共”政策，并保证红军最低限度的给养……潘汉年根据上述指示，与蒋介石、宋子文、张冲等进行了多次协商，但没有任何结果。

在蒋介石一意孤行，用武力进逼西安时，东北军在少壮派军官的鼓动下，准备与蒋介石决一死战。周恩来立即向陕北和毛泽东发报请示。

1月30日，毛泽东、朱德回电指示：“和平是我们的基本方针，也是张杨的基本方针。但我们与张杨是‘三位一体’，进则同进，退则同退，我们不能独异失去张杨。”

2月10日，国民党五届二中全会召开，中共中央向国民党提出五项要求和四项保证，这次会议最终确定了“和平统一”的对内政策，至此，经过中国共产党和毛泽东的斗争，西安事变最终得以和平解决，国共合作抗日的局面初步形成。

西安事变和平解决后不久，为了使根据地广大干部、战士和群众，对西安事变和平解决的方针有明确的认识，毛泽东到红军大学作关于和平解决的报告并回答有关疑问。

对于和平解决西安事变，特别是好不容易抓住了蒋介石又把他放了，党内和红军内有些人想不通。一个学员含着泪问，为什么不能杀？蒋介石欠我们的血债太多了，他杀了我们许多同志，将他千刀万剐，也难解心头之恨。毛泽东来到这位学员跟前，语重心长地说：“你们大家的心情可以理解的，正因为我们要报仇雪恨，我们更不能感情用事。杀了蒋介石，只能引起更大规模的内战，中国人打中国人，日本侵略军占领全中国岂不是更容易、更便宜了？”

当时还有人担心，如果蒋介石不谈判，不接受张、杨的抗日主张怎么办？蒋介石心狠手毒，毫无信义可言，放了他，他会抗日吗？对此，毛泽东作了深刻分析。他说：

日本侵略者、国民党内亲日派，他们唯恐我们不会杀掉蒋介石，而蒋介石又最怕死，在这种生死攸关的时刻，蒋介石会认识到抗日则生，不抗日则死。再加上宋氏兄妹的劝说，蒋介石肯定会接受张、杨二将军的抗日主张的……陕北的毛驴很多，毛驴驮了东西是不愿上山的，但是陕北老乡让毛驴上山有三个办法：一拉、二推、三打。蒋介石是不愿抗战的，我们就采取对付毛驴一样的办法来对付蒋介石，拉他，推他，再不走就打他。当然喽，要拉得紧，推得有力，打得得当，驴子就被赶上山了，蒋介石也就抗日了。当前，日本帝国主义和中华民族的矛盾是主要矛盾，我们党领导人民抗战是主要矛盾的主要方面，起决定作用的是我们，国共合作一致抗日是大势所趋。但是，驴子是会踢人的，我们要提防它，这就是既联合又斗争。

毛泽东的报告既生动形象，又发人深思，解决了人们的种种疑虑，从而激发了全党为建立抗日民族统一战线而斗争的积极性。

总之，西安事变的发生及其和平解决，结束了十年内战，标志着中国共产党倡导的抗日民族统一战线的初步形成，国共合作抗日已经是大势所趋。这其中，周恩来立下了卓越功勋。

国共谈判求同存异。

西安事变和平解决后，中国共产党大义释前嫌，于1937年2月中旬至3月中旬，同国民党举行了五次谈判，最终促成了抗日民族统一战线的建立。

中共方面以周恩来、秦邦宪和叶剑英为谈判代表，南京政府则派出军事委员会西安行营主任兼第一集团军总司令顾祝同、国民党中央组织部调查科总干事张冲及国民政府军事委员会政训处处长贺衷寒为国民党方面的代表在西安举行谈判。

本来，在西安，蒋介石已亲口向周恩来许下了联共抗日的诺言，并邀周恩来赴南京谈判。但在张学良送蒋被扣以后，蒋介石的诺言是否可信，已使人感到怀疑。于是，1937年1月5日和6日，毛泽东连续拍电指出："此时则无人能证明恩来去宁后，不为张学良第二。"因此，"恩来此时绝对不应离开西安"，应该欢迎"张君（张冲）到西安与恩来同志协商"。这样，1937年2月12日，国共在西安举行第一次正式会谈。

中共主要代表是周恩来，国民党代表张冲为国民党方面的主要代表。

一见张冲，周恩来就主动伸出了手：“欢迎，欢迎，我们终于见面了！久闻淮南先生大名，今日相见，果然年轻有为。”

张冲面露羞愧，忙答：“不敢，不敢，淮南过去对恩来先生多有不恭，实在惭愧，还请多多包涵。”

张冲生于1903年，1923年加入国民党。1929年，由同乡同学萧铮、郑亦同等引荐，始受知于陈果夫、陈立夫兄弟，先后担任国民党哈尔滨党部特派员、天津市党部委员、南京特别市党部书记长等职。张冲熟谙俄语，又通晓苏联事务和党务，深得陈氏兄弟器重。20世纪30年代初，他又升任国民党中央组织部调查科（“中统”前身）总干事，主管情报事务。张冲利用特务机关的权势与金钱在上海滩迫使几家报纸一律登出了炮制的“伍豪脱党启事”，以诬陷周恩来。之前又曾率特务按叛徒顾顺章的口供由南京赴上海搜捕周恩来，但一次次均告失败。

周恩来爽朗地笑道：“度尽劫波兄弟在，相逢一笑泯恩仇。我们不是走到一起来了吗？还是向前看吧！”

“是的，是的，淮南将恪尽职守，争取停止内战，一致抗日，至于个人功罪，在所不计。”张冲这番话，既像是对周恩来说的，也像是对自己说的。

1937年春，周恩来、叶剑英与张冲在七贤庄红军驻西安联络处

中共代表团拟定的谈判方针的基本精神是：可以服从三民主义，但放弃共产主义信仰、承认国民党在全国领导、取消共产

党绝不可能，惟国民党如能改组成民族革命联盟性质时，则共产党可以整个加入这一联盟，但仍保持其独立组织；红军改编后，人数可让步为六七万，编制可改为四个师，每师三个旅、六个团，约一万五千人，其余编某路军的直属队；红军改编后，军队中拒绝国民党组织，但可实施统一的政训纲领。

在2月9日，顾祝同就到达西安。不久，蒋介石又加派了贺衷寒为谈判代表。国民党的政工特务立即在大街上张贴反动标语，攻击西安事变。周恩来马上去见顾祝同，质问道：“这些标语是谁贴的？想要干什么？”

顾祝同在黄埔军校建校之初即已熟识这位江苏老乡，但他早已倾向于蒋介石。十多年来，两人除了在战场上遥遥相对，坐到一起的时候这还是头一遭。久经磨炼，顾祝同已学会了忍耐。“标语的事我马上找政训处处长贺衷寒查问，如属实，则严令取消，请周先生放心。”他接着问：“听说贵军在西安搞了个办事处，可有此事？”

周恩来直言不讳：“是的，这也是表明我们与贵党合作的诚意。希望贵党不要再做损害民众团体的事。”

顾祝同满口答应：“只要我主政西安事务，决不会迫害民众团体的。我也同意你们在西安设办事处。”

2月12日下午，会谈开始。起初较为顺利，达成了一些协议。

16日，蒋介石密电顾祝同，红军人数“中央准编其四团制师两师，照中央编制，八团兵力当在一万五千人。以上之数，不能再多”。关于干部“各师之参谋长与师内各级之副，自副师长乃至副排长人员，应由中央派充也”。“其他对于政治者待军事办法商妥后，再由恩来来京另议。”

顾祝同、贺衷寒等根据蒋介石的旨意，在谈判中坚持红军编制两个师。经过激烈争执，双方商议红军编制三个师。

3月8日，双方就共产党在适当时刻公开、苏区政府改为特区政府、红军改编为国民革命军、分期释放在狱的共产党员等问题，达成初步协议，决定由周恩来将一月来的谈判写成一总结性条文，报蒋介石最后决定。

周恩来总结的条文，除重申承认国民政府的领导地位，取消暴动政策和没收地主政策，停止赤化运动外，提出红军“改编为国民革命军，服从中央军事委员会及蒋委员长之统一指挥。其编制人员给养及补充，按照国军同等待遇，其各级人员由自己推选，呈请军委任命，政训工作由中央派人联络”。“在三个国防师上，设某路军总指挥部，其直属队为特务营、工兵营”以及陕甘宁行政区执行中央统一法令与民选制，立即停止对西路军的进攻，等等。

同日，周恩来将一月来与国民党的谈判结果电告中共中央书记处并彭德怀、任弼时、刘伯承、张浩。

3月10日，顾祝同约贺衷寒、张冲和周恩来、叶剑英一同修改谈判总结条文。双方在中共政治与红军独立领导问题上激烈争执。顾祝同方没有通过周恩来起草的方案，由贺衷寒另行起草。

3月11日，贺衷寒提出一个修正案，对原已达成的协议作了重大的改动，提出许多中共方面无法接受的条件。其中提出，红军改编为三个师后，每个师的人数只能有九千余人，共二万余人，要服从南京军事委员会和蒋介石的“一切命令”，政训人员由南京政府派人，各级副职也由南京政府逐渐派人充当；陕甘宁行政区改为地方行政区，直属所在各省；并取消“民选制度”，改“民选推荐”为“地方推荐”。这个修正案的目的很明确，就是要把红军和苏区完全置于南京当局的直接控制之下。

周恩来立即将情况电告中共中央，并根据中央电示，当晚约见张冲，指出由于贺衷寒节外生枝，一切都有根本动摇的可能，要求他以原提条文电蒋介石，否则只有请张冲回南京见蒋。同时也表示，我党只是不承认贺案，对于两党团结救国和拥护蒋委员长的根本方针，并不因为贺案而动摇。

事情至此已经很清楚，这些问题不是西安的国民党谈判代表所能解决的，需要同蒋介石直接谈判。12日，中共中央书记处同意周恩来的意见，由他向国民党方面“申明西安无可再谈，要求见蒋解决”。

3月13日，中共中央决定召开政治局扩大会议，周恩来回延安开会。行前，顾祝同、张冲向周恩来口头表示他们两人也不同意贺衷寒定的条文，赞同周恩来直接面见蒋介石。

这样，历时一个多月的西安谈判告一段落。只解决了红军改编成三个师，和在西安设红军办事处的协议。

经周恩来的交涉，在西安正式设立了八路军办事处。

在西安北新街中段东侧，有一四合院式的平房建筑群，就是所谓的七贤庄。七贤庄所在的这片区域，原是清代满族居民区。辛亥革命时期这里的群众“恨”屋及乌，把它毁为废墟。后来一些银行资本家买下了这里的地皮，并在此建起了一排连墙式的宅院，共有10院，整齐划一，对外租出。

当时任秦风日报社社长的成柏仁先生便给这里起了一个比较雅气的名字，叫作七贤庄。

“七贤庄”：一是因为附近已有一德庄、四皓庄、五福庄、六谷庄、八仙庄等这样的街名，依序填空便据典命名为“七贤庄”；二是由于西晋竹林七贤嵇康、阮籍、山涛、向秀、阮咸、王戎、刘伶的故事而得名。

当时，在西安的红军秘密联络处就设在七贤庄一号。

1936年4月，周恩来指示中共驻东北军的代表刘鼎设法在西安设立一个秘密的联络转运站，担负药品、医疗器械的购买、接收和转运工作，以缓解陕甘苏区、红军医药条件的困难。刘鼎见这里比较僻静，离火车站很近，便用200块大洋租下了七贤庄一号院。为了便于掩护，刘鼎通过美国记者艾格妮丝·史沫特莱，请来共产党员，德国医生海伯特在七贤庄一号开设了一家牙科诊所，掩护中共地下活动，并帮助解决一些陕北红军所需的医疗器材和药品。1936年夏秋之际，经张学良同意，联络处在地下室安装了一部功率较大的电台，担负与延安的联络工作。

西安事变后，联络转运站即由秘密状态改为半公开状态，1937年2月初，中国工农红军西安联络处（又称中国工农红军西北办事处）在七贤庄一号正式成立。联络处对外称“十七路军通信训练班”，十七路军派一个班担任警卫任务。

当时周恩来、叶剑英等在西安红军联络处，还有一项重要任务，就是通过同国民党谈判，营救红军西路军失败后的被俘人员。经交涉，周恩来、叶剑英等营救出包括红四方面军三十军参谋长黄鹄显等一大批红军干部战士。

七贤庄一号不仅是中共在西安公开的办事机关所在地，也是地下党的一个联络点，战斗在国民党统治区的中共地下党组织经常通过这里向党中央反映情况，党中央也经常交代红军联络处负责办理各地地下党组织的事情。

除此之外，一些爱国青年学生和进步人士前往陕北，到达西安，都由红军联络处负责安排。著名作家丁玲从上海来到西安，就是由叶剑英帮助联系车辆，派人送到保安的。

不少红军干部和人员，也要经过七贤庄联络处，负责转送到其他地方。

由于红军西安联络处的出色工作，对团结各方人士发挥了越来越大的作用。

西安八路军办事处纪念馆

周恩来离开西安后，由叶剑英、李克农、张文彬、李涛、宣侠父等与国民党方面继续保持联系，并与各方人士接谈，为国共合作奔走，多方面地开展工作。

1937年8月，红军改编为国民革命军第八路军后，红军西安联络处遂改为八路军西安办事处。

1937年3月中旬至4月初，周恩来、秦邦宪、叶剑英在杭州与蒋介石、顾祝同、邵力子进行了第二轮谈判。

阳春三月，沪杭公路上一辆黑色轿车在疾驶。轿车里坐的正是大名鼎鼎的周恩来和潘汉年。

此前，远在陕北延安的周恩来接到蒋介石的秘密邀请，遂经潘汉年和张冲共同安排的路线，由张冲陪同从西安飞抵上海，下榻于著名的新亚饭店。

一别上海多年，周恩来触景生情，感慨良多。当年，他置身中央领导核心，在秘密状态下纵横沪上，“伍豪之剑”令敌胆寒。而今非昔比，又要与老对手在特殊的领域进行一场特殊的斗争。

3月的西湖，正以她“水光潋滟晴方好，山色空蒙雨亦奇”的妩媚姿色吸引众多的游客。而位于湖滨的“澄庐”别墅，也悄悄地迎来了蒋介石夫妇。

周恩来和潘汉年的轿车抵达西湖。张冲安排他们下榻于昭庆寺旁的“柏庐”别墅里。

一切安排妥当后，张冲告知：“委员长的意思，明天上午就开始会谈，地点是烟霞洞。”

烟霞洞，坐落在西湖南边的烟霞岭上，此地洞幽林深，岚烟袅袅，是个僻静的地方。难怪当年胡适爱在此读书养性，瞿秋白要来这著书立说。张冲也可谓好眼力，选中这“一角夕阳藏古洞，四周岚翠接遥村”的好地方，作为秘密会谈的场所。

次日清晨，车抵烟霞岭下，周恩来和潘汉年脚踩石阶青苔，耳闻鸟鸣莺啼，如约准时登临烟霞洞。张冲趋步迎上，把他们引进洞旁烟霞寺内。

“哦，恩来、潘先生来了，很好，很好。”蒋介石面带微笑，与中共代表一一握手，寒暄，又做着手势说，“恩来，为了早日完成抗日大业，请！”

入屋落座，蒋介石心绪颇佳，指着侍卫刚上的茶水说：“恩来，请先尝尝家乡的龙井茶虎跑水。”

周恩来啜口茶水，点头称好。放下茶杯，问道：“委员长有何指教？我们想听听。”

蒋介石也不推辞，显得很爽快：“中共有民族意识，革命精神，是新生力量。西安事变后全国的和平运动影响很好。”紧接着，话锋一转：“但你们要检讨过去的决定，不必谈与国民党合作，而是与我合作，永远合作，这个问题解决了，其他都好商量。”

凭着多年的了解，机敏的周恩来一下就洞悉了蒋的内心，明白他的真实意图在于“领袖问题”。周恩来开门见山，直入主题：“我们拥护委员长的原则是站在民族解放、民主自由和民生改善的共同奋斗的立场上的，决不能容忍投降改编之诬蔑。如果委员长决心抗日，中共一定竭诚合作，决不谋取一党之私利。”

“好的，好的，我知道中共是不会让我失望的。”蒋介石很高兴。

但周恩来又严正申明：“我们承认委员长是全国抗日领袖，并不意味着我们丧失作为一个政党的独立性，如果说抗日是合作的基础，那独立则是我们的原则。”

“这个……再谈，再谈。”蒋介石敷衍道。

周恩来还提出了中共的六项具体要求。

为此，双方唇枪舌剑，你来我往。周恩来和潘汉年不卑不亢，据理力争；而蒋介石和张冲也步步为营，讨价还价。谈判进入了艰苦的拉锯之中。

接下来的几天，双方又易地再谈，几经交锋。中共为民族大业计，又作了些让步；蒋介石也迫于全国抗日浪潮的高涨和为向各方有个交代，采纳周恩来的意见，提出要商量一个永久的合作办法。

周恩来问：“委员长有什么具体设想？”

蒋介石滑头地答：“我正在疗养身体，还没有具体办法，你回延安先商量。”不过，他许诺说：“即使永久合作的办法尚未肯定，我也决不再打你们！”

蒋介石提出：国共合作，在国民党内阻力很大，是不是可以不提国共合作，只提共产党和他本人合作。周恩来认为这样做会缩小共产党的威望和影响，不能同意。蒋介石没有坚持他的意见，希望周恩来回延安后，拿出一个具体可行的合作共同纲领，然后再到庐山去继续谈判。

“合久必分，分久必合。”至此，国共有了初步的合作意向，取得了一定的谅解。对此，中共中央肯定这次西湖会谈“结果尚好”。

就在西湖会谈将要结束之时，潘汉年收到了共产国际发自莫斯科的一份急电（潘汉年又是共产国际代表）。

3月27日是宋美龄的生日，周恩来和潘汉年给宋美龄送去一束鲜花，并给蒋介石带去一个出人意料的消息：“委员长，我们已收到共产国际的电报，苏联内务部已查到蒋经国先生的下落，并批准他立即返回中国。”

蒋介石忽闻此讯，惊喜交加，动了真情。尽管蒋经国有“不孝”行为，但关山万里，父子分离，音信全无，今朝终有团聚之日了。他感激地说：“恩来，你是中共最有理智，也最有人情味的同志。关于释放政治犯的问题请你们先开一张名单过来，查实后分批释放。”见此情景，首倡此事的张冲站在一旁舒心地笑了。

1937年4月中旬，蒋经国乘船抵上海，毛泽东、周恩来还派李克农会

蒋介石与蒋经国

同张冲到上海见蒋经国，希望他以民主思想影响蒋介石。

蒋介石又嘱咐张冲：“淮南，你尽快编制一套密码，交恩来带回延安，以便今后直接联络。”

此时的张冲，已与中共代表取得了充分的谅解和信任，他为西湖会谈做了许多有益的促进工作。为表达对这位国民党年轻中委的真诚谢意，周恩来提议：“汉年，请为我和淮南先生照个相。”

“咔嚓”一瞬间，历史在这里定格。多才多艺的潘汉年不仅为周恩来和张冲留下了他们化敌为友的友谊见证，也留下了迄今为止仅存的关于西湖会谈的唯一纪念物。此后，作为蒋介石的特使，张冲又与周恩来相处多年，庐山、南京、延安、武汉、重庆……都留下了他们“劳神焦思，奔走坛坫”“安危与共，风雨同舟”（周恩来语）的足迹。

或许是无独有偶，礼尚往来吧，就在周、张合影这天，一直陪伴蒋介石在西湖休养并关注此次会谈的宋美龄，主动到中共代表的下榻处拜访，感谢周恩来和潘汉年在西安事变时对她的理解和帮助，以及他们为国共合作所作的努力。她对中共的光明磊落和周、潘的才华风度表示由衷的感佩，并恳切希望周、潘以后能像对她二姐宋庆龄一样为她帮忙。

3月底，周恩来、潘汉年要离杭返沪，张冲为他们设宴饯行。

此次来杭，正值“窈窕西湖三十里，柳丝含烟拂湖水”的时节。周、潘虽然在西子湖逗留多日，但因谈判的紧张和艰苦，无暇顾及美丽的湖山。所以，临行前他们欣然应邀前往楼外楼菜馆，在二楼选了个僻静的位置，吃了一餐家乡饭。

几十年后，周恩来重登此楼，对当年的情景记忆犹新，感慨不已！这可能也是他解放后九上楼外楼的原因之一吧。

4月初，周恩来返回延安向中共中央汇报磋商方案，跟着，又要经西安到南方再次与蒋介石谈判。

4月26日，周恩来乘坐顾祝同派来迎接的双座小飞机，单人飞往西安。

1937年5月，江南已是赤日炎炎了。蒋介石5月27日便上了庐山，他要在这里迎接中共谈判代表周恩来，与他进行国共第二次合作的第三轮谈判。

1937年6月4日，中共中央副主席、中央军委副主席周恩来上了庐山，下榻国民政府军政部常务次长陈诚上将的公寓。周恩来带来了经过中共中央反复斟酌、在很多重大问题做了让步的《关于御侮救亡、复兴中国的民族统一纲领（草案）》（以下简称《纲领》），《纲领》主要内容有争取民族独立，反对日本帝国主义；实现民权，保障人民自由；实现民生幸福，建立国防经济等。

然而，当6月8日，周恩来与蒋介石、宋子文、张冲举行会谈时，蒋介石却根本不提周恩来递交的《纲领》，只是提出要成立一个“国民革命同盟会”，具体办法是：“国民革命同盟会由我指定国民党的干部若干人，共产党推出同等数量之干部合组之，我为主席，有最后决定之权。”很明显，蒋介石关于成立“同盟会”的做法，是首先要从组织上将共产党糅合在国民党内，减弱甚至消除共产党对其军队和边区政府的独立领导权，一切服从于蒋介石的领导。

周恩来听了之后，心中十分不满。他尽量控制自己的情绪，平静地反问道："本来，是蒋委员长在杭州要求中共先提出一个合作的纲领来，我们从国家、民族的利益出发，充分考虑到了国民政府和蒋委员长的态度和意见，反复权衡利弊，拿出了一个纲领，却为何又撇开不谈？"

蒋介石没有正面回答周恩来的提问，继续阐述国民党的意见：一旦"同盟会"成立，即可由中共先发表愿与国民党合作、一切服从国民政府、一切服从"同盟会"的宣言，然后由国民政府公布红军编制为三个师，45000人。三个师之上设政治训练处指挥之，由国民政府指定国民党人任训练处正职，由国民政府指定国民党人任三个师的参谋长，具体负责军事行动，朱德、毛泽东必须离开红军出洋考察。边区政府可由中共建议国民政府方面的人任正职，由你们自行推荐副职。分批释放在狱中的共产党员。由中共方面派人联络南方游击队。

蒋介石的意见相比杭州的谈判有所倒退。周恩来当即严正地表示：我不能同意委员长所提出的"同盟会"的组织原则和红军指挥机关、边区人事安排的意见，这些原则问题事关重大，我党要慎重考虑。至于朱德、毛泽东是否"出洋"，纯属我党内部问题，只能由我党自行做出决定。

尽管国共两党在合作谈判上存在很大分歧，但双方都希望能够尽快解决分歧，重新携手合作。从6月8日至15日，周恩来除了和蒋介石直接会谈，还分别与宋美龄、邵力子、张治中、张冲等人多次会晤，反复说明中共的立场、态度，会谈、会晤的气氛还是友好的。宋美龄多次向蒋介石进言，要蒋介石充分考虑中共的意见，采取更加灵活的态度，以达到双方礼让，尽快在原则问题上取得大致相同的意见。6月20日，周恩来离开庐山，返回延安。

1937年6月26日，蒋介石去电再邀周恩来上庐山。7月初，周恩来同博古、林伯渠到西安，7日，到达上海。就在这天晚上，震惊世界的"卢沟桥事变”发生了。

在这期间，国民党在庐山召开了一次有关抗战的“谈话会”。

1937年6月23日起，中国社会各界的不少名流巨卿，相继收到一份特殊的请柬。这份请柬由国民党中央政治会议主席汪精卫、副主席蒋介石共同署名，内容是邀请他们前往庐山共商国是、“茗叙候教”。中政会秘书长张群的随柬附函，用语更是华彩而谦恭。抗战史上著名的庐山谈话会，随着这一大批“积学盛名，世所共仰”人士的登山，拉开帷幕。

庐山谈话会，是以中央政治会议名义召开的各党派及无党派人士谈话会。谈话会从1937年6月初开始筹备，决定在7月15日起的一个月内，分三期邀请200余人参加谈话，征询各界对内政外交的意见。

第一期谈话会于7月16日至20日举行，实际出席者158人；第二期谈话会于7月28日至30日举行，实际出席者72人。原定8月15日前举行的第三期谈话会因抗战军事紧张而取消。

在谈话会开始的前两天，7月14日，周恩来、秦邦宪、林伯渠再次来到庐山，继续与国民党进行谈判。

此时，蒋介石将陈布雷调上庐山，让他写有关西安事变的回忆录。

陈布雷是7月3日上庐山的，他住在牯岭路54号，隔壁就是谈话会的招待所，来访他的客人经常满座。

蒋介石住在牯岭路12号，陈布雷首先去觐见。蒋介石说：“布雷先生，你来了，很好，好好休养，顺便可以为我撰些文章。”蒋介石在藤椅上端坐着，忽然叹了一口气说：“周恩来在6月里一个晚上来见过我。我同意将红军改编为中国国民革命军第十八集团军，叫他们在华北及敌后打击日寇。”说到这里，他凝思着：“周恩来是个人才啊，我们党里像这样的人才太少啦！可惜，可惜，不能为我所用！”

陈布雷过去是听说过这个传奇人物的，他也早就领略过周的风采。在

6月9日，陈布雷曾陪同初上庐山进行国共第二次合作谈判的周恩来游览仙人洞。周恩来注视着这几处石刻，深沉地对陈布雷说道：“这都是人民的心声啊！百年来，我中华民族屡遭外国列强的欺凌蹂躏，泱泱大国，竟贫弱衰败至此，每个炎黄子孙都不能不痛彻心脾！中国又到了生死存亡的关头，各党各派都应抛弃一切恩恩怨怨，顺应时代潮流，携起手来，同心同德，共同抵御外侮，洗雪百年耻辱，重振中华民族。”

陈布雷连连点头，他无比佩服周恩来。

陈布雷素称蒋介石的“文胆”，据统计，仅在抗日战争期间，蒋介石公开发表演讲、谈话、书告、别录等文章共有657篇，大多出自陈布雷这支“如椽大笔”。

1941年，周恩来在重庆天官府郭宅对郭沫若秘书翁泽永（陈布雷的外甥）说：“请你传话给布雷先生，对他的道德文章，我们共产党人钦佩；但希望他的笔不要为一个人服务，要为全中国四万万人民服务。”

但是，陈布雷已不能自拔了，他自己明确地说：“我如同一个已经出嫁的女人，只能从一而终了！”

在蒋家王朝的崩溃前夕，陈布雷又向周恩来“托孤”。

陈布雷虽“从一而终”，但他的女儿陈琏、女婿袁永熙、儿子陈远为追求进步与光明，竟然纷纷加入了中国共产党。

重庆谈判失败后，蒋介石铁心要打内战。1947年2月27日、28日，国民党先后通知中共驻南京、上海、重庆等地担任谈判联络工作的代表于3月5日前全部撤回延安，宣布和平谈判完全破裂。

陈布雷闻悉中共代表团团长周恩来不日即将离开南京，好几日神情忧郁，在办公室里来回踱步，长吁短叹。一天傍晚，陈布雷叫上侍从副官居亦侨，坐着小汽车，先在紫金山下绕了一圈，七拐八弯，最后辗转到了中共驻南京办事处所在地梅园新村17号。进门后，陈布雷对居亦侨说：“你在楼下会客室坐着。”然后径直往楼上周恩来办公室走去了。

陈布雷在楼上坐了两个多小时，快半夜了，才和周恩来一起下楼，两人走到楼前花园左角，又继续攀谈起来。

两人又谈了约莫半个小时，陈布雷才向周恩来告辞。周恩来送他们上车，临别时，陈布雷和周恩来两人紧紧握手。

陈布雷（1890.11.15—1948.11.13）

“你的事我去办，你放心。”周恩来坚定而温和地说，“再会吧，再见！”

陈布雷也说：“希望周先生再来，再来南京！”说完，挥手告别，登上小汽车。

汽车往回疾驰。在车内，居亦侨目不转睛地用诧异和惊奇的目光打量着陈布雷，想不明白陈布雷此行的目的。陈布雷似乎看出了他的疑虑，忙说道：“此行我为私，而非为公。”

若干年后，居亦侨才得知陈布雷那晚所谓“为私”原来是为儿子、女儿、女婿的私事，希望周恩来多加照顾，前来周恩来这里“托孤”的。

陈布雷从心里讨厌内战，曾多次向蒋介石建议罢兵休战议和，不料却被蒋介石斥之为“书生误国”；他不满蒋、宋、孔、陈四大家族的贪腐，曾向蒋介石建议让其拿出藏匿的美元，用于国家建设和改善民生，从而招致了蒋介石的嫉恨。

蒋介石恼怒，竟打了他一个耳光，并厉言训斥他“教子无方”，因自己的女儿、儿子都跑到共产党那边去了。

于是，诤谏不成，便“尸谏”。1948年11月13日，陈布雷服用大剂量安眠药自尽。

参加庐山谈话会的来宾和陪客一共有230人。来宾都以个人的身份出席，不代表党派、团体，大多都是知识界、工商界的名流，他们胸前佩戴着大会发给的特制的图形白底蓝色“五老峰”会徽，分别住在牯岭的美国学校、仙岩客寓和胡金芳旅社，自己拥有别墅的来宾和陪客则下榻私邸。

周恩来他们住在陈诚别墅，与一些会员仅一墙之隔，一出门就碰见。博古、林伯渠都说：“何不利用此机会，以我们党代表的身份参加谈话会？”

周恩来就去12号别墅找蒋介石交涉。

蒋介石拒绝：“你们是秘密来谈判的，还是不露面的好。”并且说：“谈判的事，我与你先谈，林祖涵、秦邦宪就不要来了。”

再谈的时候，蒋介石果然不要林、博二人参加。周恩来向蒋递了《中共中央为公布国共合作宣言》（以下简称《宣言》），并要其速转国民党中央社立即发表。

蒋介石不紧不慢，翻了翻，推给邵力子：“你看看吧。”又转向周恩来：“我有什么意见，会让淮南（张冲）转告你们的。”

周恩来有些着急：“上面的日期可是7月15日。”

蒋介石手一扬：“这好办，可以改。你们今天刚到，我谈话会那边的事也很忙，就谈到这里吧。”

7月17日上午，一身戎装的蒋介石面对100多名各党派代表、各界名流正式发表《抗战宣言》，郑重宣布：我们已快要临到人为刀俎、我为鱼肉的极人世悲惨之境地，我们不能不应战！至于战争既开之后，我们只有牺牲到底，抗战到底，若是彷徨不定，妄想苟安，便会陷民族于万劫不复之地；如果放弃尺寸土地和主权，便是中华民族的千古罪人！……如果战端一开，那就是地无分南北，年无分老幼，无论何人，皆有守土抗战之责任，皆应抱定牺牲一切之决心！会场不时响起热烈的掌声。

到会的167个来宾和坐在台上的汪精卫也为之激动。

周恩来的老师、天津南开大学校长张伯苓也来了。蒋介石讲完话，他率先提议：“我们应该不分党派，团结在一起，服从蒋委员长的领导。”于是，到会的人纷纷在宣言上签字。周恩来来看望张伯苓时，张问：“你是否同意我的提议呢？”

周恩来点点头，并在旁边加上“拥护蒋委员长”几个字。

7月17日下午，周恩来、秦邦宪、林伯渠来到“美庐”别墅，与蒋介石、邵力子、张冲举行国共合作第四轮谈判。

周恩来在别墅庭园中握着迎上来的蒋介石的手说：蒋先生，你上午发表的《抗战宣言》很好！表达了国民政府举全国人力物力，共同抗战的意愿和决心。

两党代表走进“美庐”的会议室，分别坐定。蒋介石兴致颇高地说：贵党关于国共合作的《宣言》我已看了，很好，我已安排尽快发表。贵党既然承认三民主义，取消苏维埃政府，将红军改编为国民革命军，那我们的合作就已经没有什么大的障碍了。

张冲从公文包中取出一份草案念道：根据国民政府和军事委员会研究决定，同意将延安部队改编为国民革命军，颁布三个师的番号，12个团的编制，共计45000人，不设独立指挥机关，归属西北行营管辖。师、团二级设政训处，直接指挥军队，由国民党方面委派李秉中、丁维汾等人担任政训处主任，共产党方面派人任副主任。另由国民党方面委派刘伯龙、龚建勋、梁固担任三个师的参谋长，具体负责军事行动。

张冲说完，蒋介石、邵力子的目光都看着周恩来等人。周恩来不慌不忙，端起茶杯，吹了吹浮在水面的茶叶，喝了几口，看着蒋介石说道：

“我党希望在改编红军时，能多保留一些数量，既然国民政府已决定三个师的编制，我们也就同意照此改编。但是，我党一再声明，改编后的红军指挥权仍然属于共产党，既不能由国民党直接指挥，也不能由两党共同指挥。此外，我们也一再要求，红军改编后，要成立独立的最高指挥机构，直接由军委会统辖。至于红军改编时，各级干部的配备，那是我党内部的事务，只能由我党自行处理。因此，对贵党提出的委派政训处主任及参谋长，我党是不能接受的。”

周恩来说完，蒋介石等人互相看了看，都没有作声。过了一会儿，邵力子才字斟句酌地说道：“贵党既已声明愿将红军改编为国民革命军，那么，国民政府根据需要，安排人选，依兄弟之见，似也在情理之中。”

“邵先生所言不无道理。不过，请问委员长先生，”周恩来平静地说道，“贵党派人担任红军的指挥主官，想必是有所考虑。是认为我军缺乏优秀的指挥员吗？”

“这个”，蒋介石支吾了一下，说道，“贵党的刘伯承、陈赓、林彪、左权都是难得的将才，指挥军队当然是没有问题。”“那么，是不是担心我军不听从军委会的统一调遣，或是不积极抗日呢？”周恩来又平静地问了一句。

“嗯。”蒋介石应着，没有作声。邵力子忙说：“贵党在民众中享有威望，抗日主张早已传喻全国，岂会自食其言，失信于民。”

“既然如此，要派人担任我军指挥主官，究竟是为了什么呢？”秦邦宪不禁追问了一句。

蒋介石皱了皱眉头，扬扬手说：“我看，这也不是什么大不了的事，无碍大局吧。”“不，委员长先生！”周恩来正色说道，“能不能保证改编后的红军的整体性和独立性，是关系到国共两党能不能实现合作抗日的大事。如果贵党想取消我党对军队的独立指挥权，我党是不能接受的。”

“嗯，好的，我们会再商量商量的，要使双方都满意。”蒋介石说道，“当前形势严峻，请贵党按三个师的编制尽快改编好部队，随时听候调遣。”

17日下午的谈判结束了，18日下午继续进行谈判，虽然在红军改编后的指挥权上尚未达成完全一致的意见，但蒋介石已口头上表示，尊重共产党的意见，尽量满足共产党的要求。在其他的一些问题上基本取得了一致的意见。

7月20日，蒋介石由庐山返回南京，召集全国军政负责人到南京研讨抗日对策。7月28日至30日，北平、天津相继失陷。

蒋介石再也坐不住了，于31日发表了《告抗战全体将士书》。

蒋介石把康泽叫来，让他在对面的椅子上坐下，焦急地布置：“应该叫共军去和日寇拼。你去通知周恩来，叫他们赶紧出兵，不要等候改编了，各级副职人员、政工人员、行政人员也不派了。”

康泽出了蒋官邸就去给叶剑英打电话，让他火速转告周恩来。

叶剑英回话：“现在陕北正在集中三个师，装备好了，每天可以出发一个旅，由潼关以北的一个渡口渡过黄河，经过同蒲路到山西东北部八路军作战的地区去。”

1937年庐山谈判后，八路军相继到作战区。康泽又把情况回报蒋介石，顺便提道：“不如给他们一些给养，使他们在精神上来个愉快。”

蒋介石来不及多想，说：“可以。”

7月28日，周恩来、博古、林伯渠返回延安。

7月31日，叶剑英与蒋鼎文继续会晤，要他转告蒋介石，红军改编至8月上旬可以完毕。改编后的指挥机关，按照中共中央意见，朱德、彭德怀任正、副主任。不能以“改编红军”为名而不设指挥机关，由蒋直接指挥。

会谈中，叶剑英得知南京国民政府军事委员会即将召开国防会议，蒋介石有邀请毛泽东、朱德赴会的意图，便以“万万火急”的电报致电中央书记处：“蒋目前的困难是平津陷落，和平绝望，牺牲已到最后关头……后方无一省一军不拥护中央，蒋无借口，亦无谎可说，蒋只有决心抗战才能维持统治。国防会议的做法是要抗战，大家一致来抗，毛、朱已在被请之列。我想毛不必去，朱必须去。免为人所借口。”

8月1日，在陕西三原云阳镇与朱德、彭德怀安排红军改编事宜的周恩来接到毛泽东转来的张冲急电：蒋密邀毛泽东、朱德、周恩来即飞南京，共商国防问题。

4日，中共中央确定派周恩来、朱德和叶剑英去南京参加国防会议。

5日，周恩来、朱德到西安，会同已在西安的叶剑英飞抵南京。

9日，朱德、周恩来和叶剑英应国民党军事委员会委员长蒋介石之邀，赴南京参加国防会议，朱德、叶剑英在西安与云南省政府主席龙云同机飞往南京。在南京付厚岗一号小楼原是张伯苓的住宅，临时借给八路军驻南京办事处使用。

12日，康泽代表蒋介石会见周恩来，他对周恩来7月间给蒋介石的《宣言》指责道：“委员长的意思，大敌当前不宜提民主，应一律改为民用，为民所用嘛。你们对三民主义的解释有悖于我党宗旨，提同国民党获得谅解而共赴国难等语亦不妥，这实际上只是委员长同你们共党之间的谅解，政府开诚接纳任何党派。”

康泽说着，把修改过的《宣言》交给周恩来，脸上一副身肩重任而信心百倍的样子。周恩来一直不说话。他习惯于后发制人，尤其对某种突如其来的事情。他的本事是再意想不到的事，也不会让他卡壳。他翻阅一遍《宣言》，当即表示：“把三项政治主张全部删掉，只留下共产党向国民党的四项保证，请你转告委员长，我们反对如此修改，并主张《宣言》暂缓发表。你刚才所说的意见，有的可以研究，有的不能同意。”

这一段时间，康泽成为蒋介石的红人，接受过许多差事。康泽坚持修改《宣言》的强硬措施并没得逞。原因是第二天8月13日，日本侵略军突然发动了对上海的大规模进攻，战火威胁着南京政府的心脏地区。于是，国共谈判长期拖而不决的状况被日本人打破了。

为了参加这次国防会议，中共方面不但派出了以周恩来、朱德、叶剑英为代表的参会成员，而且还派出了以红军总政治部副主任邓小平为首的一个工作团。这个工作团主要是为代表团成员在会议中与蒋介石谈判国共合作提供幕后服务。

可是蒋介石的国防会议迟迟不开，周恩来知道，蒋介石还要为阻挠红军改编走上抗日战场制造种种障碍。便乘此机会，利用各种关系，频繁拜会了一大批国民党地方实力派：冯玉祥、李济深、李宗仁、白崇禧、刘湘、龙云、黄琪翔等，开诚布公地向他们阐明我方对共同抗日、改编红军的原则立场和态度，使半年来国共两党会谈的真相大白于天下。

8月13日上午，淞沪抗战爆发。这天，周恩来、朱德、叶剑英就同国民党谈判条件向中共中央提出建议：努力抗战，以巩固蒋介石的抗战决心；红军立即改编，争取开动；力争发表《中共中央为公布国共合作宣言》；催促南京发表红军改编后正副指挥的任命。

14日，南京国民政府发表《自卫抗战声明书》，宣告：“中国之领土主权，已横受日本之侵略”，“中国决不放弃领土之任何部分，遇有侵略，惟有实行天赋之自卫权以应之”。

15日，“陆海空军大元帅”蒋介石下达总动员令，将全国临战地区分为五个战区，并将大批主力部队调往上海方向。

17日，日本政府公开宣布放弃“不扩大”方针，向中国发动全面进攻。

18日，中共中央书记处给周恩来、朱德、叶剑英发出《关于与国民党谈判的十项条件的训令》，提出两党合作须建立在一定原则上。目前最重要的问题，是使中国共产党和红军取得合法地位。要求国民党迅速公开发表宣言，同时要求蒋介石发表谈话；公开边区组织和指挥部；承认红军充任战略的游击支援队；在总的战略方针下进行独立自主的游击战争，发挥红军特长，以及立即发给红军以平等待遇之经费和补充器物等各项条件，以便红军早日开赴前线杀敌。

此时，南京危在旦夕，每天都有十几架飞机在南京上空狂轰滥炸，南京城陷入一片混乱之中。这天，冯玉祥风风火火地闯进总统府说："委员长，我这个副委员长干不下去了，我请求辞职。"

对于冯玉祥，蒋介石与对其他人不同，一来他们是拜把兄弟，二来冯玉祥是一位地方实力派人物，而且在军、政界身居要职，在军队中有很大影响。

冯玉祥气冲冲地说："国共和谈大半年了，这么大的事，我这个军委会的副委员长竟然一无所知。你说，我这还算什么副委员长，这个副委员长不该辞职吗？"蒋介石赔着笑脸，显得十分无奈地说："你恐怕又是听了什么人的蛊惑了吧？"

"我就是听周恩来之言才来找你的。"冯玉祥毫不掩饰地说，"你说我受人蛊惑，我认为我冯玉祥不是个没有主见的人，我就是不理解，人家共产党的军队要求改编为国民革命军，上前线打日本鬼子，这有什么不对吗？你为何变着法儿找理由不批准呢？"

蒋介石说："你有所不知。这帮共产党精明得很，他们以抗日为口号，实际上却是想得到政府的承认，得到政府的经费，名正言顺地扩大自己的实力，扩展苏区的地盘，以求羽翼丰满，然后好同政府作对。等到那时，我们可就后悔莫及了。"

冯玉祥说："委员长真是聪明一世，糊涂一时。红军只编三个师，仅有国军的六十分之一。再说，红军早就高喊抗日，将他改编，他能不上抗日战场？那时，你可以一下把他送到最前线，然后再给他划一个防地范围，不让他越雷池一步不就行了。"

冯玉祥（1882.11.6—1948.9.1）

蒋介石听了这话，一反常态地说："好，就依你的话，同意他们改编。"

在冯玉祥的督促下，蒋介石召来了军政部部长何应钦。

蒋介石说："敬之，中日交战已经开始，中共方面一直要求到抗日前线，国共谈判已经进行了半年多。关于收编红军一事，不知你有何看法？"

何应钦说："既然委员长作出决定，敬之遵照执行就是了。"

蒋介石一笑："不是执行的问题。我是问你，收编红军，准备给予三个师的番号，三师之上又给什么名义，划归于哪个战区，防区划多大地盘，等等。我想听听你的意见。"

何应钦说："关于番号问题，我看也不用新编了。整编桂系时空着一个第八路军的番号，就授给红军算了；至于师的番号嘛，那更简单，原来东北军战败全师覆灭，撤销了的番号不少，后来整编时又空出许多番号，随便用三个就行了。"

8月18日，蒋介石召见周恩来与中共代表团。

蒋介石显得非常大度地说："国共合作谈判经过了很长时间，我们也达成了不少的共识。现在日寇猖狂至极，大有亡我中华之意。在这民族危亡的关头，我认为只有国共团结、一致对外才是上策，为此，我同意将红军收编为国民革命军。"

周恩来一听蒋用"收编"一词，觉得很不满意，但是半年来蒋终于明确表了态，所以他也就没再去苛求字义，只静静地听蒋介石怎么安排。蒋介石见周恩来没说什么，便朝坐在一旁的何应钦道："敬之呀，你把具体要求谈一下吧。"

何应钦打开笔记本，说："中日战争已进入白热化，根据两党几次谈判的意见，军政部提出：红军接受收编以后，列入国民革命军序列，称为第八路军，下设第一一五师、第一二〇师、第一二九师。三师之上，设立第八路军总指挥部，由朱德任总指挥，叶剑英任参谋长，左权任副参谋长，任弼时任政训处主任，邓小平任副主任。三个师的正副师长均按中共方面提出的人选任命。"

周恩来一听，就知道又有情况，便专门提醒："何部长是不是说漏了，总指挥部还应有彭德怀任副总指挥。"

"这个问题嘛，我看战时的指挥还是人少为好。"蒋介石在那里绷着脸说。

周恩来马上说："红军改编后的领导干部配备人选，我们是经过精心研究而确定的，如果没有什么特殊理由的话，我希望蒋委员长还是不要改动为好。"

蒋介石也说不出什么来，只好对何应钦说："那就把彭德怀的副总指挥加进去吧。"

何应钦接着说："第八路军划归第二战区，由阎锡山司令长官指挥。

关于第八路军的防区，当为太原以北、大同以东的晋察一带。蒋委员长已批示，目前形势十万火急，三师应迅速收编。军委会将在22日公布收编令，红军马上改编，本月底前全部编完，并开赴指定防区担任国防任务。”

周恩来说：“红军接受国民政府军事委员会和军政部的命令，但还必须就作战方针提出自己的观点。改编后的红军坚持在整个战略方针下，执行独立自主的分散作战的游击战争，而不是阵地战或集中作战，不能在战役战术上受束缚。只有如此，才能发挥红军特长，给日寇以相当打击。红军应充任战略游击队，执行侧面作战，不正面作战，协助友军，扰乱与钳制敌人大部，消灭敌人一部。”

蒋介石不吭气，何应钦点头同意。周恩来终于松了一口气。

当天，周恩来、叶剑英将此谈判结果电告中共中央及毛泽东。

同日，周恩来、叶剑英电告毛泽东，说南京方面已同意发表朱德、彭德怀为八路军正副总指挥，部队以速开为有利。并建议“至少以一个旅为先遣部队，先行东进”。中共中央同意了这个建议。

至此，国共两党关于红军改编为国民革命军第八路军的协议达成。

同时，周恩来、叶剑英还营救了在南京被关押的一批革命同志。

当时，在南京“首都反省院”关着一大批中共党员和革命同志，从西安事变和平谈判开始，中共中央就把“释放一切政治犯”作为国共两党重新合作的一项重要要求提出来，进行多次交涉。七七事变之后，国民党政府迫于全国各阶层民众一致要求释放政治犯的压力，释放了一批关在南京中央军人监狱的刑期较短的政治犯，对一些“重要的政治犯”却不予释放。周恩来、叶剑英等利用国共谈判的机会，多次进行交涉，营救被关押在南京几个监狱的同志。

8月18日，周恩来、叶剑英驱车来到“首都反省院”看望狱中难友。

经多次交涉，将500多名难友从国民党监狱救出。其中有共产党员钱瑛、刘宁一、帅孟奇、彭镜秋、黄文杰、王鹤寿、刘顺元、郑绍文、曹瑛、赵希愚、谭天度、萧桂昌、顾玉良、周云德、陈曾固、喻屏、陈春林、熊有清、陈霖、何洛等。这批人出狱后，大部分经西安转送到了延安，一部分送到衡阳八路军办事处办的训练班学习，少数就地分配了工作。后来，他们中的少数人在革命战争中牺牲了，大多数在新中国成立后担任了重要领导职务。谭天度在百岁寿辰时向前来祝寿的同志说：“我能活到今天，多亏当年周恩来、叶剑英解救10年牢狱之灾！”

1937年8月21日，周恩来离开南京去山西。此后，在国共两党谈判中一些未能解决的遗留问题，由叶剑英继续谈判和交涉。

8月22日，南京国民政府正式宣布中共在西北的红军改编为国民革命军第八路军的命令，任命朱德、彭德怀为正副总指挥。

8月25日，中共中央革命军事委员会主席毛泽东和副主席周恩来、朱德正式发布关于红军改编为国民革命军第八路军的命令。

9月11日，按照国民政府军事委员会的命令，第八路军改称第十八集团军，隶属第二战区。

中共中央为了加强统一战线工作，决定成立长江沿岸委员会，周恩来、秦邦宪、叶剑英、董必武、林伯渠为委员，周恩来为书记。

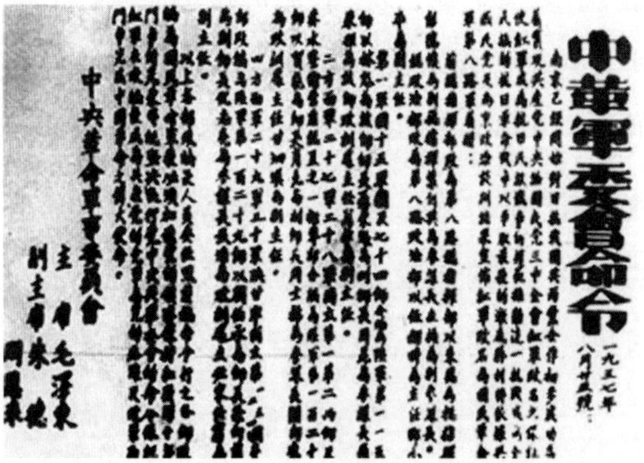
中革軍委會命令
一九三七年八月廿五號
中央革命軍事委員會
主席毛澤東
副主席朱德 周恩來

《关于红军改编为国民革命军第八路军的命令》

这期间，秦邦宪、叶剑英还根据中央指示，就南方游击队改编问题，同国民党进行了多次谈判。9月下旬，秦邦宪、叶剑英与国民党代表经过谈判，商定将南方八省区中共游击队的主力编为一个军。

9月中下旬，中共中央以博古、叶剑英为代表，就《中共中央为公布国共合作宣言》的修改和发表问题，与蒋介石、康泽等人举行第二次南京谈判。

21日，博古、叶剑英和蒋介石、康泽、张冲在孔祥熙的公馆里会谈，蒋介石同意发表宣言。

9月22日，国民党中央通讯社发表了中共于7月15日提交的《为公布国共合作共同抗日的宣言》。

9月23日，蒋介石发表了《对中国共产党宣言的谈话》（以下简称《谈话》），《谈话》表示："中国共产党人既摒弃成见，确认国家独立与民族利益之重要，吾人惟望其真诚一致，更望其在御侮救亡统一指挥之下，以贡献能力于国家，与全国同胞一致奋斗，以完成革命之使命。"

《谈话》实际上承认了中国共产党在全国的合法地位。

至此，国共两党在谈判桌上经过7个多月的曲折复杂斗争，终于实现了第二次国共合作，以国共两党为基础的抗日民族统一战线正式形成。

思想建党，创建整风新模式

延安整风，是毛泽东对马克思主义党建思想的一次大发展。它既是全党范围的普遍的马克思主义教育运动，也是一次伟大的思想解放运动。延安整风对强化党的思想、政治、组织、作风建设是一个伟大的创举，堪称党的建设发展史上一座极其重要的丰碑。

通过延安整风，中国共产党全面解决了党内长期存在的“左”倾错误路线影响，解决了遵义会议未能解决的政治路线问题。不仅初步确立了实事求是的思想路线，破除了将苏共经验和共产国际指示神圣化的教条主义，而且还将马克思主义中国化的第一个理论成果——毛泽东思想确定为党的指导思想，从而极大地推动了马克思主义中国化的进程，对中国革命和建设事业产生了深远的影响。

延安整风于1942年正式拉开了帷幕，至1945年4月结束，大体可划分为思想动员阶段（1942年2月至4月）、整顿三风阶段（1942年4月至1943年10月）和总结历史经验阶段（1943年10月至1945年4月）。

《诗经·周颂·小毖》中有“予其惩，而毖后患”一语。“惩前毖后”即由此演化而来，毛泽东古为今用，借古喻今，赋予它新的生命。在延安整风中他采取了“惩前毖后，治病救人”的方针，既弄清思想，又团结同志。毛泽东对这一方针作了详细的解释：“对以前的错误一定要揭发，不讲情面，要以科学的态度来分析批判过去的坏东西，以便使后来的工作慎重些，做得好些。这就是‘惩前毖后’的意思。但是我们揭发错误，批判缺点的目的，好像医生治病一样，完全是为了救人，而不是为

油画：毛泽东作整风报告

了把人整死。一个人发了阑尾炎，医生把阑尾割了，这个人就救出来了。任何犯错误的人，只要他不讳疾忌医，不固执错误，以至于达到不可救药的地步，而是老老实实，真正愿意医治，愿意改正，我们就要欢迎他，把他的病治好，使他变成为一个好同志。这个工作绝不是痛快一时，乱打一顿，所能奏效的。”

1943年3月5日，毛泽东在政治局整风会议上讲话指出：“这一次我们主要是弄清思想，总结经验教训，要使同志们懂得犯错误不是个人的偶然现象，而是社会现象，是小资产阶级的急性病。我们强调产生错误的社会原因，不强调个人责任。不要否定一切。四中全会到遵义会议这段历史，我与博古等在一起工作，有共同点，都要打蒋介石，都要搞土地革命，分歧点就是如何打蒋介石，这是策略上的分歧。多数同志企图否认六大，说基本上是错误的。我认为六大虽有缺点错误，但基本路线是正确的。

二十八个半布尔什维克的派别现在没有了，经验主义宗派也没有了。党的历史上的两个宗派，已经不存在了。现在比较严重的是各种山头主义，主要原因是长期农村分割和缺乏教育，历史上的问题不是主要的了。”

毛泽东的讲话，是对政治局整风会议关于党的历史问题讨论的总结。讲话纠正了会议过程中的偏差，与会同志表示拥护，犯过错误的同志解除了思想包袱，未犯错误的同志对一些历史问题有了正确看法。

早在延安整风之前，在清算张国焘错误路线的时候，曾经不适当地牵连了原四方面军的其他一些同志，毛泽东知道后，就出面做思想工作，找一些同志谈话并道歉。有人反映四方面军的同志不被重用，毛泽东知道这个情况以后说，我们要把张国焘与四方面军广大干部区别开来，四方面军的干部是我们党的干部，与红一、二、四方面军的同志要一视同仁。这样，就教育争取了原四方面军的广大同志。后来，张国焘叛逃时，连警卫员都不跟他走。

在党的七大上，毛泽东提议要把几位犯了错误的同志包括当时的王明，选进中央委员会。

毛泽东指出，王明等人的错误，是在一定历史条件下犯的，特别是中国的小资产阶级像一片汪洋大海，而中国还没有什么小资产阶级政党，他们之中革命的人都加入了中国共产党，当然也把他们的思想情绪带了进来，这是不足为怪的。现在经过整风，惩前毖后，治病救人，已经把是非弄清楚了，就不应当太看重个人的责任……

选举的那天，代表们投票后开始唱票。大会宣布“唱票时可以自由活动”。在一些代表自由活动时，毛泽东一直坐在台上听唱票，一直等到快唱完了，王明的得票过了半数，他才放心地走了。

毛泽东针对这件事说，如果选不上，大家心中都会不安的。一人向隅，满座为之不欢。

在大会选举中，由于毛泽东的举荐，李立三当选为中央委员。大会共选出中央委员44人，按得票多少，李立三排第15名。

党的七大推选李立三为中央委员一事，对李立三震动很大。他对党、对毛泽东怀有真诚感激的心情，顿时精神大振。李立三在谈到毛泽东的“惩前毖后，治病救人”方针时，十分激动地说道：“1930年我犯了路线错误，给党的事业造成了严重损失，想起来就十分痛心。我曾用‘残酷斗争，无情打击’的办法，对待那些持不同意见的同志们。等到我离开中央的工作岗位，决心重新学习、从头做起的时候，米夫、王明却把这个办法用在我的身上，使我吃尽了苦头。我犯错误的时间不到半年，他们叫我在苏联作检讨，却没完没了。把我搞得像小媳妇一样，不敢多说半句话，不能多走半步路。他们实际上是要置我于死地。在那种处境之下，如果思想不健康，缺乏对共产主义的坚定信念，就会丧失信心，看不见前途，对未来失去希望。”

王稼祥没能选为中央委员，毛泽东在对七大代表的讲话说：“他是能够执行大会路线的，而且从过去看，在四中全会后第三次‘左’倾路线正在高涨时，在遵义会议时，在六中全会时，也都可以证明这一点。”“昨天选举中央委员，他没有当选，所以主席团把他作为候补中央委员的第一名候选人，希望大家选他。”毛泽东的这篇讲话，使代表们加深了对王稼祥的了解。大会进行了候补中央委员的投票。6月11日，七大公布候补中央委员选举结果，选出候补中央委员33人，按得票多少先后为序，王稼祥以名列第二当选。杨尚昆回忆当时的情景，说是“毛主席帮助稼祥同志‘竞选’”。

参加整风的每个同志在学习文件的过程中，对照检查自己的思想、工作和历史，认清哪些是正确的、哪些是错误的，最后写出总结，确定努力方向。同时，提倡同志之间互相批评，互相帮助，改造错误，但主要是依靠个人的自觉性，开展自我批评。整风学习的自觉性，要具体地表现为严肃地解剖自己，实行自我反省，提高思想觉悟。在整个教育的过程中，始终认真贯彻民主集中制，在中央和各级党组织的集中统一领导下，把各种不同的思想和不同的意见，统统摆在桌面上，从不同思想、不同意见的鲜明对比中，对问题进行充分的研究和探讨。强调在批评别人的错误时，必须从实际出发，摆事实讲道理，与人为善，以理服人，以便更利于分清是非，团结同志。最后在对人的处理上持慎重态度，不轻易给予纪律处分。根据整风运动的经验，毛泽东又进一步把这一方针概括成一个公式："团结—批评—团结"，即从团结的愿望出发，经过批评或斗争，使矛盾得到解决，从而在新的基础上达到新的团结。

在整风学习中，出现一股自我反省的热潮。延安《解放日报》刊登了邓力群的《我来照镜子》、崔哲的《宗派主义倾向在我身上是怎样具体表现的》、王恩华的《二十年来我的教条主义》等。中央党校二部安子文带头进行"脱裤子，割尾巴"，进行自我检查，在党校起了表率作用。

1942年，毛泽东在高级干部会议上作报告

自我反省使许多人幡然醒悟，认识到自我改造是共产党人的重要修养。一些参加革命多年的老红军、老同志，也普遍地受到了教育。一个红军旅长说："这是最彻底的整风，洗了澡，擦了背，一切大的小的毛病都揭露了，医治了，使我受到最宝贵的教育。"李维汉在回顾延安整风时深有感触地说："这是我们党的黄金时代。我个人世界观的根本转折是在延安，我的工作有些成绩也是在延安，延安是我的第二故乡，思想的故乡。"

1928年5月，刘志丹、唐澍、刘继曾领导了渭华起义。后与1927年10月谢子长领导的起义部队组建了红二十六军。1935年春，红二十六军与红二十七军会师，成立前敌总指挥部，刘志丹任总指挥。1935年7月5日，中央北方局派了一个代表团到达陕北根据地。代表团成员坚持王明的"左"倾路线，不调查，偏听偏信，错误地在西北革命根据地党内进行了反对"右倾机会主义"的斗争和肃清右派反革命的肃反运动。他们先是将刘志丹排斥出领导核心，接着又用严刑逼供的方法，制造了大量冤案，把中共陕甘边特委和红二十六军的刘志丹、高岗、习仲勋、张秀山、张策等干部逮捕起来，进行残酷斗争，并杀害了200多名党政军干部，造成了严重后果。

中共中央和毛泽东长征到达陕北听取详细汇报后，立即指示：刀下留人，停止捕人，并派王首道任西北保卫局局长，偕刘向三和贾拓夫赶到瓦窑堡去，把局势控制下来。临行前，毛泽东语重心长地对他们说："如果我们错杀了革命同志，那就是犯罪行为。"

不久，毛泽东听取了王首道等人的汇报，严肃地指出，这次肃反事件是完全错误的，逮捕刘志丹是莫须有的诬陷，是机会主义的狂热病。中央成立了处理肃反的五人委员会，由董必武任书记。经中共中央批准，于1935年11月7日释放了刘志丹，并为习仲勋等一批受冤枉的同志平反昭雪，使西北革命根据地转危为安。

然而，由于当时历史条件的限制，对于历史上的路线争论和经验教训还来不及也没有条件弄清楚，因此造成了人们的思想认识不统一，只有经过普遍的整风运动，才有条件总结这些历史经验教训，分清路线是非。为此，中共西北局于1942年10月19日至1943年1月14日召开了一次为期88天的高级干部会议。这次会议是在中共中央和毛泽东的直接领导下召开的。毛泽东不但出席了开幕式和闭幕式，而且在会议期间作了两次重要的报告。

会议从10月下旬到11月中旬着重检讨了边区党在历史上的路线争论与经验教训问题。

会议经过充分讨论，肯定了刘志丹等执行的正确路线，清算了“左”倾机会主义在边区的严重错误。中共中央于1942年12月12日，作出了《关于1935年陕北肃反问题重新审查的决定》。该决定正确地总结了陕北党的历史经验，重新审定了1935年11月陕北党组织对此问题的结论。

毛泽东在整顿三风的报告中，一再强调整风是为了分清路线是非，澄清问题，端正思想路线和工作作风，而不是为了追究任何个人的责任，更不是整人。所以整风开始后，干部们并没有感到有任何压力，都认为能够集中地读点书是很难得的机会。

但是，康生的“抢救运动”打破了运动的平静。1938年年初，康生还在延安吹捧王明。据当时在延安的司马璐回忆，当康生陪同王明给设在枣园的敌区干部训练班受训的干部作报告时，康生“领导我们高呼‘我们党的天才领袖王明同志万岁’”。1939年2月，康生担任中央社会部部长兼情报部部长、敌区工作委员会副主任，成了中共情报和政治保卫工作的最高负责人。他迅速成了延安炙手可热的人物。他以中共的“捷尔仁茨基”（苏联十月革命后肃反机关“契卡”的首任领导人）自居，很快将延安的保卫机构分门别类建立和完善起来。

当整风开始后，康生掌握着对人的生杀予夺之权，他威风凛凛，经常身着俄式皮夹克，足蹬长皮靴，手牵洋狗，每次外出至少有四名保镖跟随，已成为延安最令人恐惧的人物。整风学习开始不久，康生便把中央研究院作为重点，后又转入审干，把中央党校也作为重点。中央研究院的前身是马列学院，院长是张闻天，该院为我党培养了大批理论骨干。但康生对中央研究院的评价是“教条主义的大本营”，并亲自插手中央研究院的整风运动，矛头指向许多党内的老同志和青年党员。

毛泽东认为：“整风是思想上的清党，审干是组织上的清党。”中共中央决定由中央总学委负责领导这项工作，日常事务由康生主持。为了加强对审干工作的领导，中央还成立了反内奸斗争委员会，由刘少奇任主任，康生、彭真、高岗为副主任。

在当时十分复杂的社会政治环境下，在各种敌对势力千方百计对中国共产党和根据地进行渗透和破坏的情况下，对干部队伍进行一次认真的审查是完全必要的，通过这项工作可以清除特务，纯洁革命队伍。鉴于以往的经验教训，毛泽东向有关负责人强调：“我们过去在肃反中有很沉痛的教训。我们这次无论如何不要搞逼供信，要调查研究，要重证据。”

1942年1月，康生在西北局高干会上作了《关于锄奸问题》的报告，在报告中大肆宣传“延安特务如麻”，说什么“一种特务是打进来的，如戴笠派来的特务”，“一种是拉出去的，即在我们队伍里发展他们的人做特务工作”。报告后，少数单位开始审查干部，接着各单位也都纷纷跟了上来。

4月下旬，康生在中央社会部的干部会议上说：王实味的《野百合花》在香港报纸上发表了，并责成中央研究院组织批判。中央研究院召开了揭发批判王实味的斗争会，康生多次出席，并给王实味戴上“托派分子”的帽子。

五六月间，康生策划了对王实味的批判。王实味是中央研究院文艺研究室的研究员，整风开始以后，他发表了《野百合花》《政治家、艺术家》等杂文，接着又在中央研究院的《矢与的》壁报上发表了几篇短文。他在这些文章中指责延安干部群众之间隔阂很大，干部不以平等态度待人，对人缺乏关怀爱护，“到处乌鸦一般黑”，而有的人却认为延安的黑暗面“算不得什么”，“天塌不下来”，“不能提倡平均主义”等。

对王实味的这些错误言论，毛泽东曾不指名地批评过，在3月31日，毛泽东《在〈解放日报〉改版座谈会上的讲话》中指出：“……批评应该是严正的、尖锐的，但又应该是诚恳的、坦白的、与人为善的。”当时的到会者都知道，这是毛泽东不点名地批评王实味。（求是理论网：《纪念毛泽东在延安文艺座谈会上的讲话》发表70周年：2012年5月10日，来源：《湖南工人报》，哈战荣、李伟：《〈在延安文艺座谈会上的讲话〉发表始末上》）毛泽东的批评显然是为了纠正偏向，是善意的。而康生则是利用了这一问题。

成全、王里夫妇二人过去认识王实味，到延安后也有所接触，潘芳、宗正夫妇二人同王实味是邻居，来往较多，康生便把他们与王实味的关系定为“托派关系”，对他们先后开了72天的批斗大会，把他们与王实味一起打成“反党集团”。

7月1日，毛泽东写信给康生，要求把他阐述防奸工作的两条路线的一段话刊载在《防奸经验》第6期上。毛泽东写的这段话是：“防奸工作的两条路线。正确路线是：‘首长负责，自己动手，领导骨干与广大群众相结合，一般号召与个别指导相结合，调查研究，分清是非轻重，争取失足者，培养干部，教育群众。’错误路线是：‘逼，供，信。’我们应该执行正确路线，反对错误路线。”（中共中央文献研究室编：《毛泽东文集》第3卷，人民出版社1996年版，第35页）

但是，在实际工作中，由于过分严重地估计了敌情，由于抗日根据地处于同外界隔绝的状况，对干部的历史状况的调查研究十分困难，在这方面所花的力气不多，出现了严重的偏差。

7月15日，康生在中央直属机关大会上作了危言耸听的《抢救失足者》的报告后，更出现相当普遍地大搞“逼、供、信”的过火斗争，使整风运动中的审干工作变成了抢救失足者运动，单在延安地区十几天内就骇人听闻地揪出所谓特务分子1400多人，造成大批冤假错案，使审干工作大大偏离了正确的轨道。

11月，康生等人在西北公学把张克勤打成“特务”。张克勤是甘肃地下党的一名党员，那时还不到20岁。由于他的父亲在兰州开了一个照相馆，光顾照相馆的自然是什么人都有，国民党的军官、特务之类的人也去。据此，康生就说张克勤父亲的照相馆是“特务联络点”，张克勤是他父亲派到延安来的“特务”，于是逼迫张克勤承认，张不承认，就批斗他七天七夜，张克勤终于承认了自己是“特务”，还“供”出一个“红旗党”。此后，“红旗党”越来越多。

康生把整风学习中正常的检讨、反省引向审干、肃反，并且把它说成是一种规律，杜撰出“整风必然转入审干，审干必然转入肃反”的谬论。

1943年4月1日晚，康生召集边区保安机关的负责人开会布置，提出拘捕名单。当时担任边区保安处一局局长的师哲问康生：“要抓的人有没有材料，没有确切材料，怎么审问？”康生回答说：“有材料还要你们审问干什么？”这一夜之间就抓了260多人。

当时，轰动一时的“绥德特务”案件也是假案的典型。绥德师范师生员工共350多名，“失足者”竟达162人。分区的“特嫌”有2000多人。康生不仅在延安到处推广“绥德经验”，还通过新华社，广发到各根据地。

中央党校副校长彭真和中央社会部副部长李克农看到问题的严重性，向毛泽东作了报告。毛泽东听完后说：“我看是扩大化了。我们要很快纠正这一种错误做法。我们的政策是一个不杀，大部不抓。这些同志的问题是会搞清楚的，现在可不能随便作结论。我们如果给哪一个同志做错了结论，那就会害人一辈子。现在做错了我们要给人家平反，给受害的同志道歉。要彻底纠正这种‘左’倾扩大化的错误。”

7月30日，毛泽东明确指示停止“抢救失足者运动”。

8月15日，中共中央通过了《关于审查干部的决定》，重申了审查干部的九条方针，纠正反特扩大化和“逼、供、信”错误。

12月22日，毛泽东主持召开了中央书记处工作会议，主要讨论反特斗争问题。会议认为，延安反特务斗争的过程中，是由熟视无睹到特务如麻。反特斗争，从好的方面看：真正清查出一批特务分子；从阴暗方面看：扩大了特务组织，某些部门或某些地方，产生了群众恐慌的现象。产生上述偏向的主要原因是：对中央的有关方针掌握不够，忽视调查研究工作，不重证据，领导干部忙于路线的学习，放松了对审干工作的领导。会议决定，今后延安审查干部应转入新的阶段，即甄别是非轻重的阶段。

在会议的讨论中，任弼时率先否定了康生关于知识分子大多是特务的谬论。他说：抗战后到延安的知识分子总共4万余人，就文化程度而言，初中以上约70%，初中约30%。据恩来讲，截至1943年，国民党员有一百几十万人，其中学生党员约3万人，主要是在1940年以后发展的。国民党绝不会把3万学生党员都送到延安来。在延安的新知识分子，中直机关和军队系统，共约4万人，大多数是在1937年、1938年进来的，其中3600多人是地下党撤退来的。他认为，抗战后到延安的知识分子有80%—90%是好的，他们是为了抗日救国、为了革命到延安的。“抢救运动”中，有的单位把80%的新知识分子弄成“坦白”分子，应予否定。他还说，最初的审干工作是好的，后来的“抢救运动”就是强迫坦白，现在要进行甄别，取得经验教训。敌后根据地不能采用延安的“抢救运动”的办法。

毛泽东同意任弼时的分析，他说：对特务分子也要分清重要的与普通的，自觉的与被迫的，首要的与胁从的。有些青年在抗战初期加入国民党，是为了抗日，不是错误，他们的主要错误是没有向党报告。

1944年1月24日，中共中央发出了经毛泽东审改的关于对坦白分子进行甄别工作的指示，指出：根据延安的初步经验，在坦白分子中，属于职业特务的是极少数，变节分子也是少数，有党派问题（加入过国民党、三青团，入党时未向党报告）的分子，被欺骗蒙蔽的分子及仅属党内错误的分子三类占绝大多数，对这些人在分清是非后均应平反，取消特务帽子，按其情况作出适当结论。对于被特务诬告或在审查时完全弄错了的，要完全平反。在反特斗争中要注意保护好人，防止特务诬害。

此后，各单位根据中央指示的精神，对审干工作中的扩大化错误进行了复查、甄别、平反，分别情况作出实事求是的结论。

对肃反扩大化中受到错误对待的人，毛泽东不止一次地表示要对此负责任，并先后多次向受害者赔礼道歉。对此，胡乔木回忆说："毛主席从1944年上半年起就主动承担责任，进行了自我批评。毛主席到中央党校作报告，在大会上就讲了三次。第一次是1944年5月。他说：'在整风审干中有些同志受了委屈，有点气是可以理解的，但已进行了甄别。现在摘下帽子，赔个不是。我举起手，向大家敬个礼，你们不还礼，我怎么放下手呢？'第二次是在1944年10月。他说去年审查干部，反特务，发生许多毛病，特别是在抢救运动中发生过火，认为特务如麻，这是不对的。去年'抢救运动'有错误，夸大了问题，缺乏调查研究和分别对待。这都已经过去了。第三次是在1945年2月，准备召开七大了，他还说：'这两年运动有许多错误，整个延安犯了许多错误。谁负责？我负责。因为发号施令的是我。戴错了帽子的，在座有这样的同志，我赔一个不是。凡是搞错了的，我们修正错误。'"

在党的七大上，当毛泽东看到有人提出保障人权的意见时，又一次在大会上说，审干运动无非是对大家人权不尊重嘛！我代表党中央在党的代表大会上向大家赔礼道歉，错了的中央负责，请大家不要计较。

1945年春节，纷纷扬扬的瑞雪覆盖了延河两岸的山峦。一天，王诤局长兴高采烈地从枣园回到局部说，明天要到枣园去给毛泽东同志拜年，各电台、总机除了当班的同志以外都去，毛泽东同志要亲自给大家讲话。消息一传开，同志们奔走相告，有些人激动得一夜都没有睡稳觉。

次日拂晓，分散在西川里的通信战士，陆续从四面八方朝着局部裴庄会拢而来。队伍在延河畔集合好，王诤亲自带队，秧歌队走在最前面，恰似一条蜿蜒的长龙，迎着朝霞向枣园出发了。

在这浩浩荡荡的队伍中，绝大多数都是从大后方和敌占区来的青年知识分子。在“抢救运动”中，康生把从大后方和沦陷区来的不少青年干部，都打成了“派进来的特务”或“红旗党分子”。他们有的被关禁闭，有的遭受轮番围攻，幸亏毛泽东及时发现了这一严重错误，党组织做了一些善后工作，但仍有许多同志终始背着沉重的思想包袱。

队伍来到枣园崖畔下的场坪上停下来，围成了一个大圆圈儿。不一会儿，毛泽东头戴灰棉帽，身穿旧灰棉制服，微笑着健步走到场中央。他高声说道：“三局的同志今天到这里来给我拜年，现在我先给你们拜年！你们辛苦了！！”话音未落，激起了全场一片热烈的掌声。毛泽东首先强调了通信工作的重要性，赞誉通信战士是“无名英雄”，勉励大家要安心和热爱技术工作。然后，渐渐把话题转到了“抢救运动”方面。

毛泽东说：“你们当中有不少同志在运动中受了委屈，一些同志被戴错了帽子，大家有些怨气是不是？”他亲切的目光扫视着群众，接着说：“‘抢救运动’是把敌人的力量估计过大，把自己的力量估计小了。搞得草木皆兵，‘特务’如麻，伤害了很多好同志。好在这是一场夜间演习，用的不是真枪实弹，用的是石灰包，夜间看不清楚，一时分不清敌我，打在身上留下几个石灰包印。天亮一看，原来打的是自己人，打错了。这时候，把石灰印拍掉，给你敬个礼，赔个不是：‘同志，我打错你了！’”毛泽东顿了顿，语气沉重地说：“这个错误的责任不在哪个本单位的领导，责任要由中央来负，主要由我来负，因为我是发号施令的。同志们，我这里给那些受了委屈的同志行个脱帽礼，向大家赔礼道歉了。”

说到这里，毛泽东摘下帽子，伸出胳膊，环顾了一下大家，恭恭敬敬地行了个鞠躬礼。啊！领袖给战士脱帽鞠躬了，这是多么平凡的形象，多么磊落的胸怀，多么伟大的风度！此时此景，那些在“抢救运动”中受了打击和冤枉的同志，一个个热泪扑簌簌地夺眶而出。

毛泽东接着幽默地说：“现在我把帽子拿下来了，赔一个不是，敬一个礼。那么受委屈的同志你怎么办呢？你应该还一个礼吧！你不还礼，我的帽子就只好老拿在手里。”

听着毛泽东这诙谐风趣的话语，场上的情绪立刻活跃起来。这时一股寒风吹来，拂起毛泽东蓬松的头发，卷起场上的阵阵雪粉。许多同志不约而同地说：“请主席把帽子戴好吧！”

随着大家轻松的情绪，毛泽东戴好帽子，转而语调深沉地说：“我们在整风审干工作中，得到了两条经验，一条经验就是取得了成绩，另一条经验就是犯了错误。我们党在七八年中由九万发展到一百多万，有些坏人混了进来，不纯的分子混了进来。一方面确有特务，应采取严肃态度，从思想、组织上加以纯洁；另一方面，不是特务如麻，要实事求是，采取谨慎态度。不谨慎就要出乱子，就要冤枉自己的同志。我们党有一条规矩，叫作坚持真理，修正错误，一切从实际出发，凡是做对了的，就要坚持，凡是做错了的，就要纠正。对所有戴错帽子的同志，都要向他们承认错误，赔一个不是。这是我们的进步，是我们全党的一个进步。中国革命要胜利，就要采取这种态度。”

毛泽东那洪亮清楚的声音，像洪钟一样扣动着每个人的心弦。毛泽东又和蔼亲切地说：“许多被错戴帽子的同志，最后证明没有什么问题，是经过锻炼考验的好干部。所有这些同志，你手中有理，理在你手里，你手里拿的东西叫作理。所以，你就要放下包袱，开动机器，轻装上阵。大敌当前，日本鬼子包围我们，胡宗南进攻我们，我们不能背着包袱跟敌人拼。因为背着包袱，手脚就很不灵便，跟敌人对打起来就会打不赢。反过来，如果把包袱放下来，轻装上阵，那就动作灵活，能使出全身武艺，就会打胜仗。”

毛泽东那生动形象的比喻和深入浅出的道理，就像温馨的春风，融化着枣园坡上的冰雪，驱散了积压在人们胸中的阴云。

秧歌扭起来了，高跷踩起来了，旱船跑起来了，悠扬的唢呐声划破了天空。当演到秧歌剧《夫妻识字》时，王诤告诉毛泽东：“那个扮演婆姨的女演员，就是从大后方来的知识青年，在运动中也曾成了被‘抢救’的对象，你看她今天表演得多好咧！”毛泽东听了，微笑着不住地点头，时而报以热烈的鼓掌。

毛泽东这样诚恳地承担责任的态度非常感人。许多受过冤屈的同志最初气很大，经过毛泽东这样多次的赔礼道歉，不仅气消了，反而感到不安。对运动中的事大家不计较了，同志间的团结增强了，心情重新舒畅了。

毛泽东正确处理和对待“抢救运动”的错误，为全党树立了批评与自我批评的光辉范例。

广交朋友，肝胆相照

毛泽东具有光明磊落、海纳百川的胸襟，他与党外朋友和民主人士肝胆相照、荣辱与共、风雨同舟，深得朋友们的爱戴。

1947年下半年，人民解放军全国规模的战略进攻取得节节胜利，国民党独裁统治将被推翻已是大势所趋，新民主主义革命胜利的曙光已然初现。10月10日，中共中央颁布《中国人民解放军宣言》，向全国人民响亮地提出“打倒蒋介石、解放全中国”的口号，该宣言指出：“实现全国人民的迫切要求，打倒内战祸首蒋介石，组织民主联合政府，借以达到解放人民和民族的总目标。”深受革命形势的激荡和鼓舞，曾经在长期争取社会进步与正义的政治实践中，在追求民主自由和共同反对国民党独裁统治的斗争中与中国共产党团结合作、患难与共的中国民主同盟、中国国民党革命委员会、中国民主建国会、中国民主促进会、中国农工民主党、九三学社、中国致公党、台湾民主自治同盟等民主党派和民主人士顺应历史潮流，纷纷于1948年年初郑重发表声明，明确表明参加中国共产党领导的新民主主义革命的立场。

面对迅速发展的国内政治局势，毛泽东审时度势，以革命战略家的远见卓识和前瞻性的执政党思维，亲自修改1948年中共中央“五一口号”，号召“各民主党派、各人民团体及社会贤达，迅速召开政治协商会议，讨论并实现召集人民代表大会、成立民主联合政府”。

经毛泽东画龙点睛式地修改的“五一口号”的发布，表达了各民主党派、人民团体、无党派民主人士、海外华侨共同的政治心愿，强烈地激发

1949年7月5日，新政治协商会议筹备会常务委员在北平中南海合影

起他们的政治参与热情，调动了他们建设国家新型民主政治的积极性，因而立即出现了“一呼百应”的热烈局面。在不到两个月的时间里，各民主党派、人民团体、海外华侨团体和无党派民主人士，纷纷以发表通电、声明、宣言、告全国同胞书等方式，积极响应中国共产党的号召，并欣然接受中国共产党的邀请和安排，克服重重困难，辗转北上解放区，共商建国大计，筹建新中国。由此而揭开了多党合作事业的历史新篇章，开启了多党合作事业的历史进程。

1949年9月至10月，由中国共产党、各民主党派、各民主力量共同参加的中国人民政治协商会议第一届全体会议召开，具有临时宪法性质的《中国人民政治协商会议共同纲领》通过，中华人民共和国中央人民政府成立，中华人民共和国诞生。这一系列具有开辟中国历史新纪元标志性意义的重大事件目不暇接地发生，无不是毛泽东统一战线思想之花结出的丰硕的民主政治实践之果，深刻地凸显出了毛泽东统一战线思想对于指导中国革命的实践价值和深远历史意义。

新中国成立后，毛泽东针对中国由新民主主义迈入社会主义时期统一战线工作所面临的新情况、新问题，高瞻远瞩，创造性地提出了一系列事关社会主义政治发展道路基本问题的重要的思想和理论，主创了社会主义建设时期统一战线的理论政策原则。毛泽东在探索中国建设社会主义道路的过程中，以1956年八大前后相继发表的《论十大关系》《关于正确处理人民内部矛盾的问题》，中共《八大政治报告》，以及于此期间发表的有关讲话、阅批的历次全国统战工作会议文件为主要内容和标志，在国内主要矛盾、社会主义改造、党的工作重点转移、经济体制改革、民主政治建设、思想文化建设，以及政党、民族、宗教等重大社会政治关系等多个方面，取得了一系列虽然是初步的，但却是对于社会主义时期统一战线理论和实践具有开创性和方向性意义的重要思想认识成果。

简要概括是："调动一切积极因素为社会主义事业服务""采取同党外民主人士'长期共存，互相监督'真诚合作的方针""处理好国内各阶级、政党、民族、宗教等各方面的关系""正确处理人民内部矛盾""用和平的方法改造资本主义所有制为社会主义所有制""处理好国家同农民的关系""知识分子是工人阶级的一部分""保持党同人民群众的血肉联系，密切联系人民群众""扩大人民民主，健全社会主义法制""统筹兼顾、适当安排"，等等。由此，构成了中国共产党关于社会主义建设时期统一战线的一系列理论认识和方针政策，毛泽东是主要的理论创立者。新中国成立初期，统一战线工作的成功实践证明，统一战线是建设社会主义新中国的重要法宝。

毛泽东与民主人士的交往源远流长，真正做到了肝胆相照、荣辱与共。

毛泽东与张治中的相互交往开始于1945年8月的重庆谈判。张治中对国共和谈的热情，给毛泽东留下了良好的印象。1949年张治中任国民党政府和平谈判代表团首席代表，谈判失败后留在了北京。毛泽东对张治中关怀备至，他常邀张治中过去座谈、聚会，并把张治中介绍给到会的朋友："他是三到延安的好朋友！"这使张治中内心感到暖烘烘的。

毛泽东很尊重张治中的意见。

1949年6月，中国人民政治协商会议筹备会在北平召开前，曾酝酿和讨论国家的名号问题。毛泽东在中南海邀集各界人士座谈，介绍了筹备会上专家们的意见，提出中央的意见是拟用"中华人民民主共和国"。张治中发表了不同意见，说："'共和'这个词的本身本来就包含了'民主'的意思，何必重复？不如就干脆叫'中华人民共和国'。"经众人反复讨论，终于最后决定了一直沿用至今的国名。这年8月，在有关国旗图案的遴选工作时，专家们从全国征集的2000多幅图案中筛选出三幅，由毛泽东主持与各界人士作最后的定选。在毛泽东的住处，张治中问毛泽东："现在大家都在议论国旗图案，你的意见呢？""我同意一颗星一条黄河的那种，你觉得如何？"毛泽东说。

1945年8月28日，毛泽东、周恩来、张治中（左一）、赫尔利在延安机场

“我反对。中间一条杠，把红旗劈为两半，不成了分裂国家了吗？”毛泽东说：“你说的是一个严重问题。不过，不少人主张采用这幅，也举出不少理由。这样吧，我还要找些人座谈一下，你也来。”张治中表示同意。在中南海举行的座谈会上，毛泽东手持两幅图案：一幅是五星加一条横杠；一幅是现在的五星红旗，只是多了个镰刀斧头。前一幅的说明是：红旗象征革命，五星代表共产党的领导，横杠代表黄河。张治中当即表示不同意见，他说：“第一，杠子向来不代表河流，中间一横杠容易被认为分裂国家，分裂革命；第二，杠子在中国人的传统观念中是金箍棒，国旗当中摆根金箍棒干吗？不如用这一幅五星红旗。”张治中的话得到大多数人同意，毛泽东也觉得有道理，后来就以比较一致的意见确定了五星红旗为国旗。

1954年全国人大一届一次会议开幕前，张治中探知毛泽东不准备讲话，就通过周恩来、彭真建议毛讲话。后来周、彭告诉张，毛泽东仍不愿讲话。于是张就直接去找毛泽东。张说：“这次人大是中国历史上第一次真正的人民大会，您是国家主席，开幕时是主持人，怎能不讲话？”毛泽东说：“就是你一个人希望我讲话。”张治中说：“不，不是我一个人，是全体代表，全国人民都希望听到您的讲话。”这次交谈后，毛泽东还是不同意讲话。但是，开幕式上，毛泽东却讲话了。这番话既全面又扼要，其中“领导我们事业的核心力量是中国共产党，指导我们思想的理论基础是马克思列宁主义”精辟有力，受到举国欢迎。会间休息时，毛泽东幽默地对张治中说：“你胜利了。本来不准备讲话，只因开幕式我是主持人，不能不说几句话，谁知一拿起笔来越写越多，就成了一篇讲话了。”

周世钊是当年毛泽东在湖南省第一师范读书时的同班同学、新民学会会员。毛泽东是中国共产党的最早党员和几十年的领袖，周世钊则没有加入过中国共产党，解放后参加中国民主同盟。但是毛泽东与周世钊就有63

年的长期交往，同气相求，友谊始终不渝。1961年，毛泽东为了抒发对湖南故乡和友人的怀念与祝愿，写了一篇七律《答友人》：

九嶷山上白云飞，帝子乘风下翠微。
斑竹一枝千滴泪，红霞万朵百重衣。
洞庭波涌连天雪，长岛人歌动地诗。
我欲因之梦寥廓，芙蓉国里尽朝晖。

这里的友人就是指周世钊先生。1958年7月，周世钊当选为湖南省副省长。他受任新职，思绪万千，于10月17日写信给毛泽东，诉说了自己复杂的心情。谁料只隔了一周，毛泽东于25日就回信给周世钊说："赐书收到，10月17日的，读了高兴。受任新职，不要拈轻怕重，而要拈重鄙轻。古人云：贤者在位，能者在职，二者不可得兼。我看你这个人是可以兼的，年年月月日日时时感觉自己能力不行，实则是因为一不甚认识自己；二不甚理解客观事物——那些留学生们、大教授们，人事纠纷，复杂心理，看不起你，口中不说，目笑存之，如此等类。这些社会常态，几乎人人要经历的。此外，自己缺乏从政经验，临事而惧，陈力而后就列，这是好的。这些都是事实，可以理解的。我认为聪明、老实二字，足以解决一切困难问题。这点似乎同你谈过。聪谓多问多思，实谓实事求是。持之以恒，行之有素，总是比较能够做好事情的。你的勇气，看来比过去大有增加。士别三日，应当刮目相看了。我又讲了这一大篇，无非加一点油，添一点醋而已。"毛泽东的这封信，其赤诚之心跃然纸上，给周世钊以极大鼓舞，激励他信心百倍地走上了新的领导岗位。

1967年，红卫兵抄了周世钊的家。他去北京见了毛泽东。李津身在一篇文章中对此作了追忆：

周说："我刚从北京回来，见到毛主席，他曾询及此事，我回答主席说：'一身之外无长物，抄家者一无所获，不过搞乱了我好些旧书，弄得残缺不全。可惜！可惜！痛心！痛心！……'"言下仍有痛惜之感。接着又告诉我主席对他说："……这对你不起，由我负责赔偿，你那些旧书，我这里都应该有，任你挑选拿去作赔，只不得抄我的家……"周老告诉我，主席还对他说："……你不要心存芥蒂，湖南的事，你还是要管的，当说的说，可管则管，至少是教育方面的事，你要管，不必负气……"周老当时回答说："我连个党员都不是，怎能管事，怎么管事？……"主席说："你愿入党我可作介绍，你是副省长嘛！即使造反，你也应管，再说你又是湖南民盟的负责人，……怎能袖手旁观……"周老答道："今天这个局面，民主党派还能起什么作用……连个庙都没有了……"主席说："庙可以重修嘛！修庙是积福的事，我出点香火钱。"我听周老绘声绘色地介绍情况后，感觉这一席谈话，不仅诚挚隽永，而且含义深远。事虽已隔多年，原话我难全记准确，可自信大意不差，记之可见党中央和毛主席对民主党派、爱国人士爱护关切之深，和"长期共存"之至意，充分体现了"肝胆相照，荣辱与共"的真挚精神。

1953年，毛泽东同爱国华侨领袖陈嘉庚（中）、庄明理（右）亲切交谈

陈嘉庚是著名的华侨领袖之一，在南

洋爱国华侨中享有崇高的威望。1939年年底，陈嘉庚率“南洋华侨回国慰问考察团”回国慰问抗战将士。为了款待这位“财神爷”，蒋介石特地拨出了8万元巨款作为欢迎接待费，国民党军政要员也纷纷会见宴请。陈嘉庚对此极为反感，对国家前途感到十分失望。后来，陈嘉庚冲破阻挠来到延安。毛泽东在窑洞里亲切接见和宴请了陈嘉庚。简单的家具陈设、不事铺张的晚宴，尤其是与中共领袖融洽的交谈，都给陈嘉庚留下了极为深刻的印象。正像他后来对慰问团其他成员所说的：“毛主席生活非常朴素，为人虚怀若谷、和蔼可亲。……一党之领袖其艰苦朴素有如此者，令人敬佩！”重庆和延安的鲜明对比，使陈嘉庚看到了中国的希望。正如他所说：“我未往延安时，对中国的前途甚为悲观，以为中国的救星尚未出世，或正在学校读书。其实此人已有50岁了，而且已经做了很多大事了。此人现在在延安，他就是毛主席。”返回南洋后，陈嘉庚就在自己的会客大厅里端端正正地挂上了毛泽东的画像。这是南洋第一张公开悬挂的毛泽东画像，它象征着毛泽东与华侨领袖陈嘉庚的密切交往和陈嘉庚对毛泽东的崇敬之情。

1954年5月20日，毛泽东和陈叔通等一起参观中共历史博物馆在午门城楼正殿举办的全国基本建设出土文物展览。图为毛泽东和陈叔通在午门城楼上休息时留影

毛泽东一生与党外民主人士的代表人物有着广泛密切的交往。在书信来往中，对民主人士中的年长者通常称先生，但对关系更密切的开明绅

士、陕甘宁边区政府副主席李鼎铭则破例地称之为老先生，以表示非同一般的尊重之情。毛泽东与清代翰林陈叔通的交往，是他在对民主人士的交往中真心尊重的典范。在人民解放战争节节胜利的1948年，陈叔通响应中共“五一”号召，辗转到达解放区。毛泽东等人见到陈叔通就像见到家人一样，尊称他为“叔老”，对他冒着危险、长途跋涉来到解放区表示热烈欢迎，并称赞他过去不事权贵、洁身自好的高风亮节。毛泽东除了在召开会议时征求陈叔通的意见外，还不时地请他到自己家里叙谈。陈叔通曾对人说过，他看到历代最高统治者，都有一种不可一世的傲气，毛泽东和蔼可亲，与他交谈就像在同家人谈话一样。当陈叔通每次按约定时间去拜访毛泽东时，毛泽东大都在门口等候；他回来时，毛泽东总是送出门外，并亲自打开车门，照顾他上车，然后关上车门，与陈叔通告别。待车走远了，陈老还可以看到毛泽东在向他不停地挥手。此外，毛泽东经常同陈叔通商讨国家大事，听取他的意见，对陈叔通的意见多数是赞扬的。也有几次，毛泽东听了陈叔通的话后沉吟不语。陈叔通就想自己是否说错了，但他知道毛泽东喜欢他直言不讳。所以，陈叔通有心里话总是向毛泽东申述，知道他不但不会见怪，而且还可得到他的教诲。在三年困难时期，他向毛泽东倾吐自己的忧心，毛泽东耐心地分析了形势，指出成绩很大，问题不少，前途光明。陈叔通听了，回家后写了一副对联：“一心记住六亿人口，两眼看清

1958年4月，毛泽东在武汉会见李达，右一为王任重

九个指头。”一时传为佳话。

毛泽东与出席中共一大的代表李达称兄道弟更是耐人寻味，传为美谈。毛泽东和李达交往很深。两人同籍湖南，同为中国共产党创始人出席中共一大，又都是马克思主义哲学家、理论家。由于复杂的历史原因，李达曾一度脱党，但毛泽东从未中断过与他的亲密交往。20世纪50年代，毛泽东常到武汉视察，与在武汉大学任校长的李达有过多次晤谈。李达大毛泽东三岁，毛泽东称他鹤鸣兄。第一次在东湖见面时，李达对这时已担任党和国家领袖的毛泽东想一改常口叫“主席”，可一时又不习惯，一连“毛主……”了好几次，“席”字老挤不上来。毛泽东便说：“你主、主、主什么？我从前叫过你李主任吗？现在我叫你李校长好不好？过去你不是叫我润之，我叫你鹤鸣兄吗？”李达说：“我很遗憾，没有同你上井冈山，没有参加二万五千里长征。”毛泽东说：“你遗憾什么？你是黑旋风李逵，你比他还厉害，他只有两板斧，你有三板斧。你从五四时期直到全国解放，都是理论界的‘黑旋风’。胡适、梁启超、张东荪、江亢虎这些大人物都挨过你的板斧，你在理论界跟鲁迅一样。”一个“黑旋风”，一个“鲁迅”，把李达对中国革命的贡献作了精辟的概括和公正的评价，使李达对毛泽东的拘谨之感立即消散了。

毛泽东对民主人士是推心置腹，坦诚招待。

程潜，字颂云，湖南醴陵人，是国民党元老，曾任孙中山非常大总统府陆军总长，解放前任湖南绥靖公署主任、湖南省主席。由于毛泽东的争取和帮助，程潜于1949年8月4日在长沙举行和平起义，湖南得以和平解放。毛泽东称之为“义声昭著，举国欢迎”。对这位起义的国民党元老，毛泽东十分敬重。党中央邀请程潜作为特邀代表北上参加新政协，毛泽东专门去火车站亲自迎接，并在中南海设宴招待程潜。席间，毛泽东举杯祝酒说：“程潜将军领导全体官兵起义，和平解放湖南，带了一个好头，使湖南人民免遭战争灾难。你们立了功，向你们祝贺，向你们致敬。”不久，毛泽东又请程潜到家里做客。饭后，毛泽东提议去划船，并亲自为客人荡起了双桨。此外，毛泽东还在百忙中与程潜等同游天坛。毛泽东的这些举动使程潜大为感动。特别是有一次毛泽东单独约见了在程潜身边工作的程星龄，谈起了新中国成立后程潜的工作问题。毛泽东说："颂云是老前辈，他从事革命时，我们还是学生。我想颂云屈就中南军政委员会副主席之职，论班辈就感到有些为难，请你考虑同颂云婉商一下如何？”程星龄回答："他一定会欣然从命的。”毛泽东则坚持要程星龄回去同程潜商量一下，明日再答复。当程星龄把这番话转告程潜时，程潜感动得热泪盈眶。

毛泽东与傅作义的第一次见面，也同样给傅作义留下了终生难忘的印象。傅作义，是国民党的高级将领，曾任华北"剿总"司令，在内战全面爆发后与人民解放军全力作战，攻取华北重镇张家口。平津战役中，傅作义接受了和平改编的条件，北平和平解放。在和谈条件尚未全部执行的时候，傅作义对前途仍忧心忡忡，提出希望亲自拜见毛泽东等人。1949年2月22

1952年，在中南海，毛泽东亲自为程潜划船

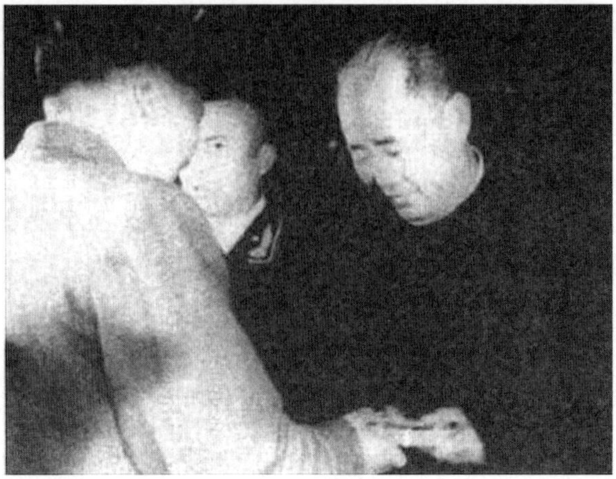

1955年，毛泽东授予傅作义一级解放勋章

日，毛泽东在西柏坡接见了傅作义。傅作义紧握毛泽东的手，第一句就说："我有罪！"毛泽东第一句话却让他如沐春风："你有功！谢谢你，你做了一件大好事。人民是永远不会忘掉你的！"坐下以后，毛泽东对傅作义说："北平和平解放最好，你这是为人民做了一件大好事。假如说，你过去有过错的话，那么现在功过权衡，还是功大于过，也是有功人员。"毛泽东还对傅作义说："不久我们也要到北平去。将来咱们可以更好地合作，建设我们的国家。"毛泽东的一席话使积聚在傅作义心头的疑虑顿时冰消雪化。他当即表示，回北平以后一定做好部队和平改编工作。"我个人也要无条件地服从毛主席和党中央的决定，叫我做任何工作，我保证把工作做好。在我有生之年，做一些对人民有益的事情，也好弥补我过去的过错。"傅作义回到北平后，精神振奋，心情愉快。李克农曾风趣地说："毛主席一席谈话，傅作义前后判若两人。"

毛泽东善于化消极因素为积极因素，团结一切可以团结的力量，赢得更多同盟者。他与末代皇帝、伪满战犯溥仪及其亲属的交往，为我们留下了化陈腐为新生的杰作。

载涛，曾出任过清朝宣统军咨府大臣、禁卫军训练大臣的王爷，是末代皇帝溥仪的七叔。1950年8月10日，毛泽东签署命令委任载涛为中国人民解放军炮兵司令部马政局顾问，使他一下子成了中国人民解放军的一员。载涛对这个突如其来的巨大变化，百感交集，思绪万千，把它看作一生中最大的荣誉。他高兴地说："新中国诞生了，我载涛也新生了！"他也怀疑："像我这样的人，怎么有资格当人民解放军的顾问？"他更纳闷："我从来没有见过毛主席，他怎么会知道我载涛呢？"他不禁从内心深处赞叹："毛主席伟大啊！知我者毛泽东也！"想着想着，这位末代王朝的亲贵大臣，竟激动得掉下眼泪，哭了起来。他感慨毛泽东的英明，真正化消极为积极，更感受新社会好，连自己这株枯木，也能逢春，获得了新的生命。他满腹心思，无从表达，最后对全家人说了这样一句话："在我有生之年，一定要报毛主席知遇之恩！"并恭恭敬敬地给毛泽东写了一封信，倾诉他的感激之情。有一天，载涛家里北房东南角上塌了个大窟窿，但修理经费困难。毛泽东知道这件事后，在一次有教育界人士参加的座谈会上说："听说载涛生活不宽裕，房子坏了，没有钱修。从我的稿费中拿出2000元，给先生修房。"会后，章士钊先生专程将毛泽东的这笔稿费送到载涛家中。载涛感动得说不出话来，眼泪不由得夺眶而出。他提笔疾书，第二次给毛泽东写了一封信，表达他对毛泽东的感激之情，也表达了他报效国家和人民的一片心意。

金蕊秀，是溥仪的三妹。新中国诞生后，金蕊秀曾在首都北京的一个街道工作，担任卫生组组长、居民组组长和治保委员。1954年的一天，她去章士钊先生家做客，章士钊说："你给溥仪写的信很有意思，我是从一本书上看到的。那本书叫《满宫残照记》，我把它呈给毛主席看了。"接着，他要求金蕊秀写个自传，也呈给毛主席看看。很快，金蕊秀写好了自传，交给了章士钊。过了一段时间，章士钊告诉金蕊秀：毛主席非常关心你，亲自写了一封信，其大意是：你的信收到了，那件事（指她的工作）已交人处理了。不久，金蕊秀被安排为北京市东城区政协委员。后来，周恩来在接见她时说："关于你的工作安排一事，是毛主席交给我，我交给下边的。"想到毛泽东在日理万机的情况下，还对清朝末代皇帝溥仪及其眷属的生活如此关怀备至，金蕊秀心里不胜感激。

毛泽东对溥仪的亲属是这样关心，对溥仪本人更是非常挂念。当溥仪还在抚顺战犯管理所监押的时候，毛泽东就很注意关于溥仪改造的上报材料。当他得知溥仪在抚顺学习得不错，便在1956年2月当面向载涛建议，让他偕家属前往抚顺探视溥仪。很快，北京市市长彭真为载涛、金蕊秀等人的一行作了周到的安排，出资购置服装、派人沿路照顾他们吃住参观，使溥仪和亲属们都深深感到了新中国的温暖。两个月后，毛泽东在中央政治局扩大会议上再次提及溥仪说："……连被俘的战犯宣统皇帝、康泽这样的人也不杀。不杀他们，不是没有可杀之罪，而是杀了不利。……不杀头，就要给饭吃。对于一切反革命分子，都应当给予生活出路，使他们有自新的机会。"

溥仪特赦回到北京以后，毛泽东每次谈到改造旧阶级、旧思想，总忘不了举溥仪为例。1962年1月31日，毛泽东还专门在家中宴请溥仪，由章士钊、程潜、仇鳌和王季范等人陪同。这些人都是毛泽东的老乡，又都是清末的资产阶级革命家或社会贤达。毛泽东幽默地戏称溥仪为"顶头上司"。席间宾主边吃边聊。毛泽东知道溥仪在抚顺时已与他的"福贵人"离婚，就问："你还没有结婚吧？"溥仪回答说："还没有呢！"毛泽东又说："还可以再结婚嘛！不过你的婚姻问题要慎重考虑，不能马马虎虎。要找一个合适的，因为这是后

毛泽东和溥仪

半生的事，要成立一个家。”饭后，毛泽东和溥仪等一起照了相。溥仪把这张珍贵的照片摆在床头几上，以作纪念。1964年2月13日，毛泽东在春节座谈会上说：“对宣统要好好地团结，他和光绪皇帝都是我们的顶头上司。我做过他们下面的老百姓。听说溥仪生活不太好，每月只有180多元薪水，怕是太少了吧！”说到这里，他又转向在场的章士钊先生继续说：“我想拿点稿费，通过你送给他改善改善生活，不要使他‘长铗归来乎食无鱼’，人家是皇帝嘛！”溥仪知道这件事后非常感动，他对夫人李淑贤说：“我们现在的生活不是很好吗？靠劳动吃饭，这就是幸福！”又说：“主席的钱我们不能收，盛情我们领了。”

毛泽东与章士钊有着特殊的友情。

1963年年初，毛泽东对章含之说：“行老有没有告诉过你，我还欠了他一笔债没有还呢？”章以为毛泽东在开玩笑，就说：“父亲没有讲过，要是主席欠债，父亲是必定不会催债的。”毛泽东却很认真地说：“也许章老忘了。这笔债我见到你，想起来了，早该还了！”于是，毛泽东告诉她，1920年，他为筹备党的成立、湖南的革命运动以及一部分同志去欧洲勤工俭学，急需一笔数量较大的银款。他去上海找到章士钊，当然没有说明要成立共产党，只说是为一批有志青年筹款去欧洲勤工俭学，请章士钊帮忙。章士钊立即答应，随后发动了社会各界名

1963年7月21日，毛泽东等党和国家领导人前往机场迎候邓小平、彭真率中共代表团返回北京时，与在场的民主人士章士钊（左一）、张难先（左二）、李书城（左三）等在一起亲切交谈

流捐款，一共筹集了2万银圆，全部交给了毛泽东。毛泽东笑着对章含之说："行老哪里晓得他募捐来的这笔钱帮了共产党的大忙。当时，一部分钱确实供一批同志去欧洲。另一部分我们回湖南用去造反闹革命了！"毛泽东说："你回去告诉行老，我从现在开始要还他这笔欠了近50年的债，1年还2000元，10年还完2万。"章含之回家告诉父亲，章士钊哈哈大笑说："确有其事，主席竟还记得！"父女俩都未想到，几天之后，毛泽东果真派秘书送上第一个2000元，并说今后每年春节送上2000元。章士钊为此十分不安，他要女儿转告毛泽东，他不能收此厚赠，当时的银圆是募集来的，他自己也拿不出这笔巨款。毛泽东听了传话微笑着说："你也不懂我这是用我的稿费给行老一点生活补助啊？他给我们共产党的帮助哪里是我能用人民币偿还的呢？你们那位老人家我知道一生无钱，又爱管闲事，散钱去帮助那许多人。他写给我的信多半是替别人解决问题。有的事政府解决不了，他自己掏腰包帮助了。我要是明说给他补助，他这位老先生的脾气我知道，是不会收的。所以我说还债。你就告诉他，我毛泽东说的，欠的账是无论如何要还的。这个钱是从我的稿酬中付的。"

自此，每年春节初二这天，毛泽东必定派秘书送去2000元，一直到1972年送满累计2万元。1973年的春节过后不久，毛泽东问章含之送给父亲的钱送去没有。章说："今年没有送。"毛泽东问为什么。章回答说："主席忘了，当初说定10年分期偿还，还足2万。去年已是最后一笔，主席当年借的2万已还清了。"毛泽东笑了，并说："怪我没说清，这个钱是给你们那位老人家的补助，哪里能真的10年就停！我告诉他们马上补送。"章说："父亲不会收，他当初说那就只收10年。"毛泽东说："你回去告诉行老，从今后开始还利息。50年的利息我也算不清应该多少。就这样还下去，行老只要健在，这个利息是要还下去的。"接着毛泽东认真地对章含之说："这个钱一直送到行老不在为止。他去世了，就停了。你们这一代要靠自己，不要靠父亲的遗产。”

毛泽东与党外人士交朋友时，因人而异，有的是登门拜访、书信往来；而有的则以文会友、诗词唱和。

1949年毛泽东与柳亚子在北平

毛泽东和柳亚子第一次相见于1926年国民党第二次全国代表大会上，分别19年后的1945年，毛泽东在重庆谈判时和诗人重逢。毛泽东向柳亚子分析了当前的形势，指出“前途是光明的，道路是曲折的”，使柳亚子看清了时局发展的方向，增强了人民革命必胜的信心。柳亚子非常感动，在一首诗中写道：“与君一席肺肝语，胜我十年萤雪功。”毛泽东在重庆期间，曾经把1936年2月在陕北初见大雪之作《沁园春·雪》抄赠给柳亚子。柳亚子非常高兴，推崇备至。“展读之余，叹为中国有词以来第一作手，虽苏、辛犹未能抗手。”因此和了一首，《附润之骥尾》。

1949年春，柳亚子应邀到达北京参加新政协会议。当时解放战争仍在进行，我党虽然进入了北平，但头绪纷繁，万事待理，同时由海外和国统区北上的民主人士纷至沓来，应接不暇。因此对柳亚子的照顾也有欠妥的地方。于是柳亚子写下一诗《感事呈毛泽东》发牢骚，流露出归隐故乡之意。

开天辟地君真健，
说项依刘我大难。

夺席谈经非五鹿，
无车弹铗怨冯驩。
头颅早悔平生贱，
肝胆宁忘一寸丹！
安得南征驰捷报，
分湖便是子陵滩。

毛泽东给柳亚子写了一诗《七律·和柳亚子先生》，诗中写道：

饮茶粤海未能忘，
索句渝州叶正黄。
三十一年还旧国，
落花时节读华章。
牢骚太盛防肠断，
风物长宜放眼量。
莫道昆明池水浅，
观鱼胜过富春江。

毛泽东在这里通过回忆过去他同柳亚子的交往，想唤起先生的革命激情，希望他能像过去一样积极参加革命斗争，跟上时代的步伐。批评了柳亚子的错误思想，同时也检查了自己的工作，又从生活上关心照顾柳亚子，这使柳亚子十分感动，放弃了回乡的念头，决定留在北京。他以“冒言吾拜心肝赤”的虚心态度和“昆明湖水清如许，未必严光忆富江”的自我批评精神，继续为人民服务。

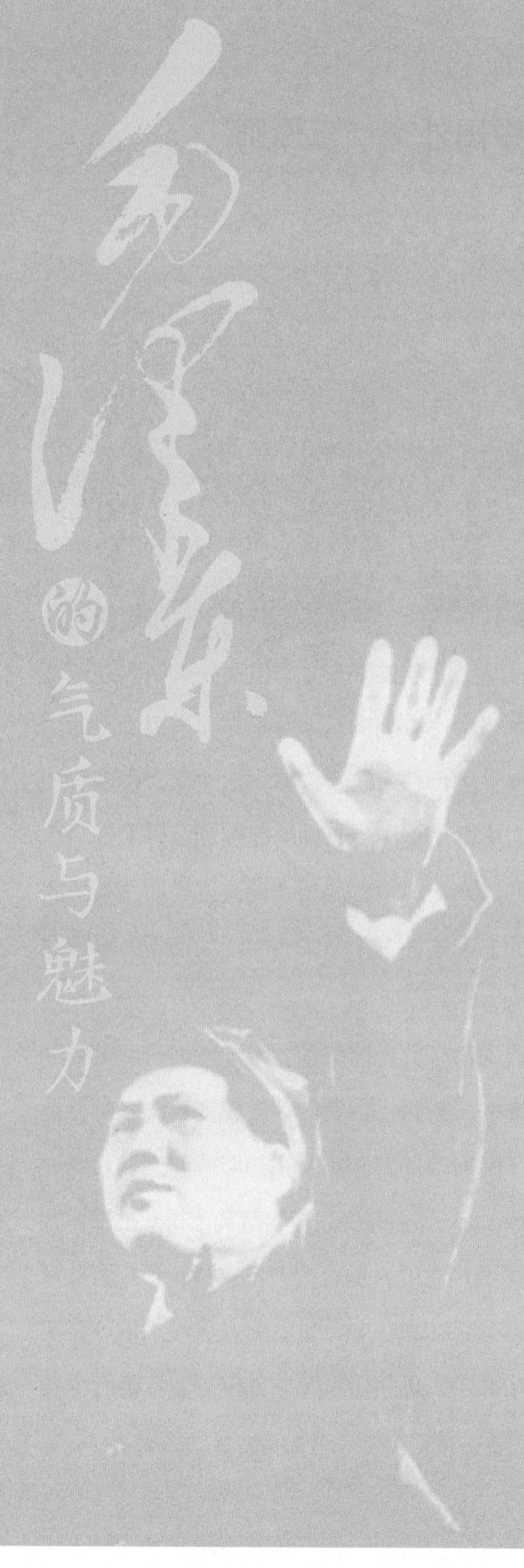

八 高瞻远瞩的外交思维

在新中国的外交上，毛泽东是一位高瞻远瞩的战略家。他纵观世界风云，把握时代发展潮流，从维护国家和中华民族的最高利益出发，制定正确而富有远见的外交政策，使站起来了的中国人民有了民族尊严和民族自信心，使新中国的国际威望迅速提高，并奠定了中国在世界上的大国地位。

另起炉灶，提出新中国外交“三原则”

新中国成立前夕，毛泽东就为新中国的外交提出和规定了三项原则，就是“一边倒”“另起炉灶”“打扫干净屋子再请客”。新中国一成立，我们就否定了晚清以来形成的外交传统。在对外关系中，实行“一边倒”，即倒向苏联，倒向社会主义阵营；对资本主义国家，则要“另起炉灶”和“打扫干净屋子再请客”。

毛泽东提出的“一边倒”有其必然性。他最早公开提出“一边倒”，是1949年6月20日发表的《论人民民主专政》一文。但“一边倒”并不是新鲜事物，应该说，中共一成立就“一边倒”。中共是在共产国际帮助之下建立起来的。建党后，就一直服从共产国际的领导。1921年“中国共产党第一个决议”就规定，“党中央委员会应每月向第三国际报告工作”。（《中共中央文件选集》第1卷，第8页）中共二大“议决正式加入第三国际，完全承认第三国际所决议的加入条件二十一条，中国共产党为国际共产党之中国支部”。（同上，第63页）

中国共产党的一切事情当时都得听共产国际的，就连发展一些重要的社会人物入党，也得共产国际批准。例如，1936年西安事变后，张学良提出入党，中央请示国际，被挡了回来；1937年周恩来想吸收阎宝航入党，中央又上报国际，刚开始没有获得同意，后来经过一再解释才得到批准。共产国际1943年解散后，参加外国共产党的人仍可把关系直接转到本国共产党。外交部20世纪50年代初从美国回来的党员干部，好几名参加的就是美共。即使共产国际不存在了，中共中央仍将服从苏共的领导。这是刘少奇代表中共中央在新中国成立前的1949年7月当面向斯大林作出的承诺。

由于历史原因，毛泽东执行的是推动世界革命的外交路线，而领导世界革命有分工。1943年共产国际解散后，中国共产党仍然承认苏联共产党是世界革命的总司令部，中国只是一个方面军的司令部。局部要服从全局，所以中国党要服从苏联共产党。而且当时说得很清楚，这一点，刘少奇和斯大林在1949年谈话的时候，斯大林只是稍微辩驳了一下，说苏共和中共不能是领导被领导关系了，但实际上他对中国表示的这个态度还是满意的。

从当时国家发展的角度来说，也是不“一边倒”不行。在苏联援助之前，中国连个洋钉都搞不了。中国从一个洋钉都不能生产，到可以生产汽车、飞机，都离不开苏联的帮助。中国工业化真正起步，从一个落后的国家变成新兴大国，苏联援助起到了相当大的作用。

1949年12月16日，毛泽东启程访问苏联。1950年1月20日，周恩来率

1949年12月21日，毛泽东在莫斯科出席庆祝斯大林七十寿辰盛大庆典

政府代表团随后抵莫斯科。毛泽东、周恩来与斯大林、维辛斯基就一系列重大问题进行了讨论，2月14日，两国政府签订了《中苏友好同盟互助条约》、《关于中国长春铁路、旅顺口及大连的协定》和《关于贷款给中华人民共和国的协定》。即使毛泽东对当时作为社会主义阵营的代表的苏联是取积极拥护的态度的话，那么，这一态度也是有保留的，即苏联必须平等地对待中国，必须尊重中国的主权和领土完整。《关于中国长春铁路、旅顺口及大连的协定》的签订充分说明了这一点。根据协定，最迟于1952年年末，苏联政府应将共同管理中国长春铁路的一切权利以及属于该路的全部财产无偿地移交中华人民共和国，苏联军队也从共同使用的旅顺口海军基地撤退，并将该地区的设备移交中华人民共和国，由中华人民共和国偿付苏联自1945年起对上述设备的恢复与建设的费用；现时大连所有财产凡为苏联方面临时代管或苏联方面租用者，于1950年内由中华人民共和国政府接收；等等。可见，在维护中国主权和领土完整方面，毛泽东的态度是十分坚定的，正如纪登奎在谈到毛泽东时所说的："在维护祖国的独立和主权问题上，他是不含糊的。"

毛泽东莫斯科之行结束后不久，斯大林突然对凤梨产生了好感："给中国人去封信"，他命令马林科夫，"我要他们给我们一片地区建立一座凤梨罐头厂"。赫鲁晓夫委婉地警告斯大林，中共不愿意在中国的土地上有外国工厂。"这肯定会冒犯毛泽东的。"这位后来成了专搞这一套的人说道。毛泽东不喜欢斯大林的这个主意，但他的电报语调温和：

"要是你对罐头凤梨有兴趣，那就给我们一笔贷款，我们自己建一座罐头厂。然后，我们用这家工厂的产品偿还你的贷款。"斯大林破口大骂，说是中国的凤梨配不上克里姆林宫的餐桌。

这件逸事既表明了毛泽东非凡的外交智慧和高超的外交手腕，也表明，在涉及国与国的平等和国家主权的问题上，毛泽东是寸步不让的。早在20世纪30年代，当斯诺问毛泽东，苏维埃中国是否会受苏联控制时，毛泽东答道：要是出现那种局面的话，那么“把铁路修到火星上去也有可能了”。可见，毛泽东的“一边倒”只是倒向社会主义、共产主义的真理，而不是倒向某个大国。

毛泽东的“一边倒”对中国有两大好处。一个是得到苏联援助。那时候好多东西都要苏联帮助。仗还没打完就要求苏联派大批专家来，而且要得很急。比如解放上海，一开始我们还不想那么快就把上海打下来，因为我们不懂大城市管理。国民党的人是不能用了，那交通怎么弄？下水道怎么弄？不知道。应该说，苏联有些援助确实是无私的。有些技术，苏联还没开始使用就拿到中国来了。1953年开始修武汉长江大桥，大桥使用的新浇注法，就是由苏联发明但还没在苏联采用的技术，经过苏联党的政治局和政府的部长会议讨论，他们决定允许先让中国用起来。毛泽东就非常感激苏联那个帮我们造桥的工程师西宁。据说，在长江修的七八座大桥里，至今最结实的还是这座苏联援建的武汉大桥。

苏联的援助是大规模和全面的，第一个五年计划156个项目，苏联就帮助我们初步建立起了工业化体系，使我们的工业在各个方面都打下了一点基础。

“一边倒”的第二个好处，就是得到了苏联的保护。比如，蒋介石炸上海，苏联派来三个空军师，就炸不成了。中华人民共和国成立时“冷战”已经开始。

“另起炉灶”，是指否定国民党同各国建立的外交关系。1949年10月1日，中央人民政府向全世界发布公告：世界上只有一个中国，就是中华人民共和国。任何国家只有同国民党残余集团断绝关系，并对中华人民共和国采取友好态度，我国政府才同它们在平等互利及互相尊重领土主权的基础上建立关系。“另起炉灶”表现了新中国外交上的严肃性，表明了毛泽东坚决维护国家独立、主权和领土完整的原则立场。

新中国成立后，我国政府很快把毛泽东的公告送达各国政府，向它们表明了我们在外交上的基本立场和态度。为了严格执行“另起炉灶”的方针，我们又提出了建交要经过谈判的手续，看看人家是否真正愿意在平等、互利和互相尊重领土主权的基础上同我们建立外交关系。这一外交方针很快地得到了苏联等社会主义国家和其他爱好和平、谋求民主与进步的国家的欢迎。

在毛泽东制定的这一外交方针的指引下，中国政府积极而又谨慎地发展同世界各国的外交关系，积数十年之功，终于取得了辉煌的成绩。1971年10月25日，第26届联合国大会以76票赞成，35票反对，17票弃权的压倒多数，通过了由阿尔巴尼亚、阿尔及利亚等23国的提案，立即把蒋介石国民党的代表从联合国及其所属的一切机构中驱逐出去，恢复了中华人民共和国在联合国的一切合法权利。

“打扫干净屋子再请客”，就是要对旧中国同外国签订的一切不平等条约和协定重新审查处理，在清除帝国主义在华特权和经济、文化上的影响之后，再让外国客人进来，不让帝国主义保留在中国的特权。

提案以压倒多数通过后，出席联大的各友好国家的代表热烈鼓掌欢呼的场面

中国脱胎于半殖民地半封建社会，在以往的国际关系中，中国受尽了各帝国主义国家的欺侮，所以帝国主义国家多数都在中国拥有特权和殖民地。一些帝国主义国家总想保留在中国

的特权，它们千方百计地想钻进来，同我们谈判建交。在这种情况下，毛泽东的外交方针是宁愿等一等，先把它们在我国的残余势力清除干净了，然后再考虑建交的问题，否则就会留下它们活动的余地，因为帝国主义的军事力量虽然被赶走了，但它们在我国百余年的经济势力还很大，尤其是文化影响还很深，如匆忙建交，容易留下隐患，对我国的独立构成威胁。

1956年，毛泽东在与两位拉丁美洲人士谈话中重申了“美帝国主义是纸老虎”的观点，鼓励他们起来斗争，“直到风吹雨打把纸老虎打破”。1957年，在省市自治区党委书记会议上，毛泽东详尽地阐发了他对建立中美外交关系的看法：我还是这样看，迟几年跟美国建立外交关系为好。这比较有利。苏联跟美国建交，是在十月革命之后十七年。1929年爆发世界经济危机，持续到1933年。这一年，德国是希特勒上台，美国是罗斯福上台，这个时候，苏美才建交。我们跟美国建交，可能要在第三个五年计划完成以后，也就是说，要经过十八年或者更长的时间。我们也不急于进联合国，就同我们不急于跟美国建交一样。我们采取这个方针，是为了尽量剥夺美国的政治资本，使它处于没有道理和孤立的地位。不要我们进联合国，不跟我们建交，那么好吧，你拖的时间越长，欠我们的账就越多。越拖越没有道理，在美国国内，在国际舆论上，你就越孤立。我在延安就跟一个美国人讲过，你美国一百年不承认我们这个政府，一百零一年你还不承认？我就不信。总有一天，美国要跟我们建交。那时美国人跑进中国来一看，就会感到后悔莫及。因为中国这个地方变了，房子打扫干净了，“四害”也除了，他们再找不到多少朋友了，散布一点细菌也没有多大作用了。

新中国外交的三大决策都是为了维护国家独立，都是为建立独立自主的外交关系服务的。三大决策处于中心位置和最有代表性的是“另起炉灶”。周恩来指出：“这一‘另起炉灶’的方针，使我国改变了半殖民地的地位，在政治上建立了独立自主的外交关系。”他还指出：“开国后我们用‘另起炉灶’和‘打扫干净屋子再请客’这两手，在整个战略上处于主动地位。”

毛泽东在中国人民政治协商会议第一届全体会议上的开幕词中指出：“在国际上，我们必须和一切爱好和平自由的国家和人民团结在一起，首先是和苏联及各新民主国家团结在一起，使我们的保障人民革命胜利成果和反对内外敌人复辟阴谋的斗争不致处于孤立地位。”

“另起炉灶”和“打扫干净屋子再请客”反映了新中国不同于旧中国跪在地上办外交的本质特征，它所直接反映的独立自主的外交精神是长期存在的，是不会改变的。而“一边倒”是特定国际环境下的特定时期的产物，是随着国际形势的变化而变化的。

新中国成立之初虽然倒向苏联和以苏联为首的和平民主阵营，但对苏联也保持着独立自主的根本立场。

1949年年底和1950年年初，毛泽东、周恩来访问苏联，同斯大林签订中苏新约，不仅是为了寻求苏联的帮助、确立同盟关系，同时也是为了维护新中国的独立自主，废除过去国民党政府同苏联签订的有损中国主权的不平等条约。

1950年4月11日，毛泽东主持了中央人民政府委员会第六次会议，周恩来在会上作了《关于中苏条约的报告》。会议批准了这个条约。毛泽东在讲话中指出：“我们是处在一种什么情况之下来订这个条约呢？就是说，我们打胜了一个敌人，就是国内的反动派，把国外反动派所扶助的蒋介石反动派打倒了。国外反动派，在我们中国境内，也赶出去了，基本上赶出去了。但是世界上还有反动派，就是我们国外的帝国主义。国内呢，还很困难。……在这种情况下，我们需要有朋友。……我们同苏联的关系，我们同苏联的友谊，应该在一种法律上，就是说在条约上，把它固定下来，用条约把中苏两国友谊固定下来，建立同盟关系。……帝国主义者如果准备打我们的时候，我们就请好了一个帮手。”

在谈到条约和协定的重大意义时，毛泽东指出：“这次缔结的中苏条约和协定，使中苏两大国家的友谊用法律形式固定下来，使得我们有了一个可靠的同盟军，这样就便利我们放手进行国内的建设工作和共同对付可能的帝国主义侵略，争取世界的和平。”总之，“这一行动将使人民共和国处于更有利的地位，使资本主义各国不能不就我范围，有利于迫使各国无条件承认中国，……使各资本主义国家不敢妄动”。

20世纪50年代中后期以来，“一边倒”不再被提起，而独立自主越来越被强调。1964年4月18日，周恩来指出：“如果不是坚决贯彻独立自主的立场，就会成为卫星国，仰帝国主义的鼻息，就会成为从属国家。因此在坚持独立自主上不能放松。”

1958年，苏联无视中国的独立主权，提出“关于建立联合舰队和长波电台的建议”，被中国顶了回去。此后，中国同苏联的每一次争论、每一次较量，都围绕着一个中心，那就是维护中国的独立主权、捍卫中国的平等地位。1989年5月，邓小平回顾中苏关系恶化的那段历史时说：“意识形态争论的那些问题，这方面现在我们也不认为自己当时说的都是对的。真正的实质问题是不平等，中国人感到受屈辱。”

胸怀全人类，实行无私的国际主义援助

毛泽东不但是一个伟大的爱国者，还是一个彻底的无产阶级国际主义者。他对兄弟党、兄弟国家及被压迫人民和被压迫民族的援助从来不附加任何条件，都是竭尽全力地进行无私的支援和帮助。

毛泽东积极主张的抗美援朝，一方面是他不畏强敌，敢于斗争敢于胜利的精神表现，另一方面是毛泽东无产阶级国际主义的体现。

胡乔木曾回忆说：我在毛主席身边工作20多年，记得有两件事是毛泽东很难下决心的，其中一件事就是1950年派志愿军入朝作战。

在朝鲜处境危急，1950年10月1日金日成致函毛泽东请求中国直接出动解放军给予援助时，中国是否出动军队支援朝鲜人民作战，这对以毛泽东为主席的中共中央是十分艰难的抉择。当时新中国才刚刚成立，经济上千疮百孔，国家百废待兴，新中国的政治、经济和生活秩序都未步入正轨，并且军队武器装备落后，如果出动军队到朝鲜作战，面对的是资本主义世界最强大的国家美国，中国出兵能够打胜吗？正是面临这些实际问题，毛泽东主持中共中央书记处和政治局才多次召开会议，慎重研究讨论是否出兵援朝问题，而在政治局研究讨论时多数成员主张不出兵或暂不出兵。

毛泽东说，我们可以提出几十条、几百条甚至几千条顾虑，这些顾虑都是揣测可能发生的。他认为，尽管遇到那样多条的顾虑，但那是可以克服的困难，或者应该忍受的困难，也是我们为着争取这个伟大的胜利应该付出的代价。

10月19日，中国人民志愿军在司令员兼政治委员彭德怀率领下开赴朝鲜，开始了伟大的抗美援朝、保家卫国的战争。

1950年10月27日，毛泽东在中南海接见王季范和周世钊时，针对他们的顾虑说："不错，我们急需和平建设，如果要我写出和平建设的理由，可以写出百条千条，但这百条千条的理由不能敌住六个大字，就是'不能置之不理'。"

出兵朝鲜，参加抗美援朝战争，是毛泽东一生最为艰难的一次决策。20年以后的1970年10月10日，毛泽东、周恩来会见金日成时，共同回忆了这段曲折的决策过程。

毛泽东说："那个时候，我们虽然摆了5个军在鸭绿江边，可是我们政治局总是定不了，这么一翻，那么一翻，嗯！最后还是决定了。你不帮助，怎么办啊？"

毛泽东还说："事情总是这么弯弯曲曲的。在那个时候，因为中国动动摇摇，斯大林也就泄了气了，说：算了吧！后头不是总理去了吗？是带了不出兵的意见去的吧？"

周恩来说："两种意见，要他选择。我们出兵就要他的空军支持我们。"

毛泽东说："我们只要他们空军帮忙，但他们不干。"

周恩来说："开始的时候，莫洛托夫赞成了，以后斯大林又给他打电话说，不能用空军支援，空军只能到鸭绿江边。"

毛泽东说："最后才决定了，国内去了电报，不管苏联出不出空军，我们去。"

在朝鲜战争初期，中国共产党及时地提出"抗美援朝，保家卫国"的口号。这个口号，把国际主义与爱国主义结合起来，在当时极大地发挥了政治动员的作用。

1970年10月10日，毛泽东、周恩来在会见金日成时，曾谈到这个口号的重要作用。

毛泽东说："那些人有百分之二十的战士、干部是积极的、愿意打的。这是根据他们当时的调查。动员了以后，他们作了一个调查，说有百分之二十的战士、干部是愿意打的，有百分之二十是不愿意打的。"

周恩来插话："那是在开始的时候。"

毛泽东说："除了这百分之四十，还有百分之六十，是打可以，不打也可以，随大溜。我说这就可以了嘛，因为有百分之六十可以随大溜，可以赞成打，再加上百分之二十愿打的，这不是百分之八十了吗？就可以打了嘛。又把国际主义跟爱国主义结合起来，叫'抗美援朝，保家卫国'。你如果不提'保家卫国'，他也不赞成啊。他说，只为了朝鲜人，不为中国人还行啊？所以我说，是为了保家卫国嘛，就是你要保家，你要卫国，要到那个地方去保、那个地方去卫。"

金日成表示赞成："是的。当时提出这个口号很好，很正确。"

毛泽东说："你不去支持朝鲜人民保卫朝鲜，还能保自己的家，卫自己的国？这样战士就理解了。"

中华人民共和国刚刚成立，便参加了抗美援朝这一场当时世界上现代化水平最高的局部战争，中国人民付出了巨大的代价。中国先后有297万部队以志愿军名义入朝，直接消耗战费62亿元人民币，还对苏联欠下30亿元人民币（当时折合13亿美元）的军火债，战时我军牺牲15万多人。

这是何等的国际主义体现！在世界上也是绝无仅有的。

毛泽东领导的对越南抗法斗争的支援，也是伟大的无产阶级国际主义的光辉体现。

新中国成立不久，1949年冬，胡志明和印度支那共产党中央写信给毛泽东、中共中央，要求中国提供援助和派人去越南。

1950年1月，胡志明亲自秘密来到北京，向中共中央提出援越抗法的要求。

1950年，毛泽东与胡志明

越南民主共和国是1945年9月2日正式宣布成立的。不久，中国国民党军队即进入越南北纬16度线以北地区，占领河内；英国殖民侵略军和部分法国殖民侵略军进入越南16度线以南地区，占领西贡，并分别接受日军投降。以后中国国民党妥协，把所占领的越南北方地区交由法军接防。法军不但在海防等地登陆，还进入河内，对越南发动了新的殖民侵略战争。以胡志明为首的越南民主共和国政府动员全民奋起抵抗，坚持长期抗战。法国殖民侵略军在军事上处于优势，占领了几个重要城市和交通线，迫使越南民主共和国党、政、军领导机关从河内迁移到越北山区，但仍然坚持继续领导越南人民进行抗法战争。法军对越北山区抗战根据地实行包围、封锁、分割并不断进行军事进攻和狂轰滥炸。这时，战场形势处于相持阶段：法军不能征服越南军民，越南军民一时也难以发动反攻，只能分散打游击。

此时，在国际上还没有一个国家承认越南民主共和国，没有任何一个国际组织同越南建立联系，越南尚未取得国际地位，也得不到外援。如何援助越南抗击法国殖民侵略军的问题，是中、越、苏三方最高领导进行磋商的大事。毛泽东和胡志明在莫斯科时，曾同斯大林进行过会谈。在胡志明提出请各社会主义国家承认越南民主共和国时，斯大林认为这样做可能刺激各帝国主义国家，增加对越南的压力。而毛泽东却认为承认越南民主共和国是长自己的志气，灭敌人的威风。接着，中华人民共和国第一个承认了越南民主共和国并建立了外交关系。其后，苏联和各社会主义国家相继承认了越南民主共和国并建立了外交关系。

胡志明千里迢迢来中国，去苏联，是希望得到各方面的援助，尤其是军事和财政经济的援助。斯大林认为，中国是越南的邻邦，熟悉越南的情况，而第二次世界大战使苏联和东欧各国受到严重的战争创伤，苏联还要帮助东欧各社会主义国家恢复和建设，负担很重，希望援助越南的任务以中国为主。

那时新中国刚刚成立不久，举国上下正致力于恢复国民经济、医治战争创伤。而美帝国主义又不甘心在中国的失败，对新中国实行包围、封锁、孤立，甚至企图干涉、颠覆新中国。法殖民侵略者也在中越边境加强兵力部署和军事设施，封锁中越边境。法国飞机不断在中越边境上空盘旋，扫射轰炸，威胁中国的安全。法国殖民侵略者还支持、庇护蒋军残部和武装匪特，在中越边境进行捣乱破坏。

在此国际国内形势十分严重，任务艰巨，困难很大的情况下，毛泽东毅然决定援越抗法，向越南大力提供无私的和无偿的军事援助、财政经济援助，派顾问去帮助越南作战和工作。这充分说明了毛泽东的伟大的无产阶级国际主义精神。

援助越南的第一步就是打通中越边境交通，援助越南的物资才能顺利运往越南。打通中越边境的交通要道只有两个选择：一个是打越南和广西接壤的高平；一个是打越南和云南接壤的老街。先打高平还是先打老街，或是同时打，印支共产党中央和我党中央都作了调查研究，反复酝酿磋商了近三个月。1950年7月2日，毛泽东给越共中央复电："同意先打高平的意见，对高平的具体作战方案等陈赓去后，由你们最后商定。以后如何作战，由你们自己根据具体情况决定。我们如有意见，仅供你们参考。因为你们比我们熟悉情况。”

毛泽东派陈赓作为中共中央代表去越南帮助组织指挥边界战役，军事顾问团参加了边界战役。这是一次关键性的战役。毛泽东对此次战役非常重视和关注，许多重要电报都是由他亲自审批，甚至由他亲自起草。边界战役准备期间，毛泽东同意胡志明和印支共产党中央把一部分越南人民军开到云南文山地区进行休整、装备、训练的要求，并帮助这部分部队组编成两个大团（师），形成两个拳头，在边界战役中起了重要作用。陈赓遵照毛泽东的指示，进行了大力的、无私的帮助。越南军民终于赢得这次战役的重大胜利，扭转了越南战场的被动局势，打通了中越边界交通。胡志明、武元甲等对此表示非常高兴和满意。边界战役胜利结束后，胡志明于1950年10月14日向毛泽东、中共中央致信：“高平七溪战役（指边界战役）我们已获全胜。这胜利之最大原因是因为中共苏共之尽量援助，滇、桂、粤

陈赓与胡志明在越南秘密指挥营地

奠边府大捷

同志们的忘我地、热诚地，不辞艰苦地执行您们的指示而给予我们以直接的帮助。”

1950年11月，毛泽东说：法国殖民侵略者是越南人民的敌人，也是中国人民的敌人，是中越两国人民的共同敌人；中国帮助越南打败法国殖民侵略者，恢复越南和平，这是中国帮助越南。而越南把法国殖民侵略者打败了，赶出了越南，中国的南部边疆也就解除了法国殖民侵略者的威胁，这又是越南帮助了中国。不能只说中国帮助了越南，应当说越南也帮助了中国，帮助是相互的。

中国向越南提供的援助和帮助，中国政府没有向越南要过钱、讨过账，没有同越南签订什么不平等的协议或协定，没有在越南建立任何军事基地和驻扎一兵一卒，完全是无代价、无私的，这充分说明了毛泽东伟大的国际主义。这种国际主义也是世界上罕见的。

从1950年的边界战役以后，又经中游战役、宁平战役、东北战役、上寮战役、西北战役和红河三角洲敌后游击战等大大小小的战役，直到奠边府大捷，迫使法国殖民侵略者坐在日内瓦的谈判桌前签字停战，越南人民终于取得了决定性的胜利。

越南人民在毛泽东伟大的国际主义精神的感召下，极其尊重和爱戴毛泽东，把毛泽东亲切地称为毛伯伯，就像称呼胡志明为胡伯伯一样，感情真挚而热诚。

分化瓦解，用小球推动大球

毛泽东有高超的洞察力，他“乱云飞渡仍从容”。面对复杂多变的国际政治格局，他统筹全局，着眼于未来；他所进行的战略设计，高屋建瓴、纵横捭阖。

1971年4月的一个凌晨，毛泽东还在凝思，毫无睡意。他的焦点仍是那份写字台上的请示报告。这份外交部和国家体委联合打来的关于不邀请美国乒乓球队访华的报告，周恩来已经写上“拟同意”三个字。本来一天前，毛泽东已经在看过报告后用笔做了圈阅，向下级做了传达：主席不同意邀请美国乒乓球队访华。

根据近来的种种迹象表明，中美关系已经进入了一个关键的转折关头。尼克松上台后，为了摆脱困境，开始着手调整与中国的关系。他感到美国在远东的力量不够，在中美苏三角关系中可以玩中国牌来压苏联，所以尼克松一上台就开始作出同中国改善关系的试探。通过巴基斯坦渠道和罗马尼亚渠道传来美国方面想进一步与我们接触、对话的信息。周恩来也曾谈起过美国半个多月前，宣布取消到中国旅行的一切限制，并希望对方会有互惠行动的公告。加上几天前，突然发生在日本参加比赛的美国乒乓球队向我方领队表示想来华访问一事。毛泽东感到：面对种种信号，他面临的将是一项重大的抉择，由于中苏关系紧张，我们也需要同美国改善关系。所以，一个民间团体的要求并非小事。首先该让谁到中国，是总统，还是让这伙已到门口的球员？时机难逢，稍纵即逝，让美国乒乓球队打头阵有何不好？这也许是打开已结有20年坚冰的中美关系的一个非常好的契机。

据毛泽东的护士长吴旭君回忆，当晚毛泽东要她给外交部一位领导同志打电话："邀请美国队访华。"但毛泽东自己有过交代：他吃了安眠药以后说的话不算数。这一下使吴旭君犯难了，毛主席现在讲的话算不算数呢？她故意迟疑着没有动身。毛泽东见她没有动，急着对她说："小吴，你还坐在那里呀，我让你办的事怎么不去办？"吴旭君故意反问："主席，您刚才和我说什么呀？我没听清楚，请您再说一遍。"毛泽东又一字一句地把刚才讲的话重复了一遍。吴还是不太放心，反问他："主席，白天退给外交部的文件不是已经办完了吗？您亲自圈阅的，不邀请美国乒乓球队访华，怎么现在又提出邀请呢？您都吃过安眠药了，您说的话算数吗？"毛泽东把大手一挥，说："算！赶快办，再慢就来不及了。"吴听了这句话拔腿就往值班室跑，给外交部打电话。通完电话回来，只见毛泽东仍坐在那里等她回信。吴旭君把情况向毛泽东作了汇报，毛泽东听完后点头表示："好，就这样。"

这时，窗外已开始天亮了。

中国的邀请一宣布，不仅把美国方面惊呆了，也把世界轰动了，成了举世瞩目的重大事件。尼克松得知消息，喜出望外，马上批准了乒乓球队接受邀请。中国人的主动行动，以他意想不到的方式进行着，尼克松连夜召开了特别会议。

作为总统特别助理的基辛格博士同样也受到震撼，他的感受更为深沉、复杂。他这个世界知名学府哈佛的教授，一向以高傲自信著称，此刻，都不能不惊叹毛泽东行动的高明。如果说，从1969年到1970年中美两国的外交小步舞，使他觉得对手也是懂外交的话，那么，毛泽东今天这一着使他隐隐约约地感到，他面对的是一个外交巨人。在这一场复杂的外交围棋赛中，他遇到了一个高手。那些庸俗、肤浅之辈是导演不出那样的外交杰作的。

现在基辛格才真正领悟到了中国人的信息微妙，行动沉着。

1971年7月9日基辛格秘密到达北京，叶剑英（左二）、黄华（左三）等到机场迎接

乒乓球队访华后，尼克松和基辛格在谋划着下一步行动。尼克松面对着桌上摆着的研究中国的材料说，毛泽东把请一个美国人上天安门站在他身边作为信息向我传达，我没想到，那他同斯诺讲，我作为总统或旅游者去中国，双方谈得成也行，谈不成也行，是什么意思？如果谈不成，我去北京又有什么意义？基辛格很快思路大开，他说我悟出来了，毛泽东这个人真不简单，他用他的语言讲出中美两国接触这件事本身的意义，它会改变世界格局，就是谈不成也是有意义的。此人气魄很大，是从大的全球战略上考虑问题的。

作为尼克松总统的特使基辛格很快启程，秘密访问了北京，并为总统访华做着准备。

基辛格来华首先遇到的问题就是如何发表总统访华时中美会谈公报。面对两国的巨大分歧，周恩来总理本着毛泽东制定的“公开摆明分歧是解决问题的开始”这一方针。使中国方面在如何发表公报的谈判中，从一开始就从根本上立于主动的地位。保持了自己的尊严，坚持了自己的立场。谈判之后，基辛格钦佩地脱口而出，毛泽东的公开摆明分歧的方针，既可以使双方盟国与朋友放心，说明他们的利益得到了保护，还会使各方人士确信公报是真诚的，这种能独出心裁的方式就是中国方案的精妙之处。

台湾问题曾使会谈陷入僵局。周恩来说，中国关于台湾的立场是不会变的。基辛格说，美国不会抛弃老朋友。当毛泽东得知台湾问题是双方分歧的焦点时，他说，我看台湾问题事小，世界局势事大，台湾问题拖100年再谈也可以，先谈世界格局的大问题。本着这一精神，周恩来又重新提出了中国的方案，并豁达地告诉基辛格，毛主席说台湾问题可以拖100年，既表明我们有耐心，又包含了不能让台湾问题妨碍中美两国关系正常化，这都表明了我们的诚意，而你们的诚意又何在？基辛格一听说毛泽东讲台湾事小，世界事大，使他更感觉这是有世界眼光的巨人说的话，他不得不佩服毛泽东处世的原则与灵活。

经过多少次努力，中美双方于1972年2月发表了著名的《中美上海联合公报》。美方在公报中承认台湾是中国领土的一部分和“只有一个中国”的原则，并作出要在台湾逐步减少武器供应和军事援助的承诺，确认从台湾撤出全部美国武装力量和军事设施的最终目标。1973年，基辛格再次访问中国，双方决定设立联络处，中美正式有了外交关系。

自从1971年4月毛泽东导演乒乓外交、宣布中美关系的大门打开以后，尼克松加紧了访华的准备，不到一年，历史把一个世界头号共产党人、一个世界头号反共分子带到了一起。

1972年2月21日，毛泽东在中南海会见尼克松

1972年2月，尼克松访问中国，他在中国逗留了八天，这是有史以来美国总统对一个外国所进行的最长的访问，也是有史以来美国总统第一次在与美国没有外交关系的国家里进行谈

判。毛泽东在他的书房里会见了尼克松，两人都笑了，他们的四只手相叠在一起握了好一会儿，大大超过了正常礼节的握手时间。原来安排的会晤时间是15分钟，结果谈了65分钟。

毛泽东为尼克松写了一个含义隐晦的条幅，并送给这位美国总统以作为他访问的纪念：

老头坐凳
嫦娥奔月
走马观花

坐在凳子上的“老头”是帝国主义；“嫦娥奔月”是卫星的迷人形象；“走马观花”则是指尼克松本人草草地观看了一下中国。

显而易见，毛泽东在这个条幅中赞扬了尼克松，肯定他不是坐在凳上的顽固派。中美建交在中国的外交史上揭开了新的一页，也为新的世界政治格局的形成行了奠基礼。实践表明，毛泽东的“打扫干净屋子再请客”的外交方针是正确的。这一方针与“另起炉灶”的方针紧密配合、相得益彰，它们使我国在外交战略上始终处在主动的地位上。尼克松很高兴地走了，他说这一周改变了世界。毛泽东却指出：“我看还是世界改变了他，要不，他隔海骂了我们好多年，为什么又要飞到北京来？”

1976年2月21日至29日，尼克松夫妇再次访华。尽管他已不是总统，但重病的毛泽东仍按总统“规格”会见了他，双方会谈达1小时40分钟。尼克松引用毛泽东名句“世上无难事，只要肯登攀”展望未来的中美关系。毛泽东虽步履维艰，说话也困难，但精神集中、思想活跃。有时，毛泽东以为翻译听不懂他的话，就抓起笔记本写出自己的论点。尼克松见状感到十分难受，慨叹：无论别人怎样看待他，谁也不能否认他已经战斗到最后一息了。

毛泽东沉浸在和这位前总统风趣、诙谐的唇枪舌剑中，大病未愈的他脸颊上浮动着兴奋的光晕。毛泽东喜欢争论，特别是和隔海相互敌视了几十年的“头号敌人”同室争论，这更增加了毛泽东的兴致和激情。来宾们也被毛泽东的语言魅力倾倒，笑声不断。

宾主将要告别时，毛泽东颤巍巍地端起茶几上的青瓷茶杯举了举，示意尼克松也端起茶杯。开始，尼克松不懂其举动之意，愕然地望着青瓷茶杯，但转瞬反应过来，随之也热情响应端起了茶杯，高高地与毛泽东碰杯。

毛泽东边干杯边风趣地说：“我们是几十年的隔海老冤家啦！不是冤家不聚头，不打不成交嘛！我们应该为冤家干一杯！我不会喝酒……”他耸耸肩，作出无可奈何的模样，“不过不要紧，中国有句老话‘君子之交淡如水’，没有酒有水，以水代酒——干杯！”这次奇特的碰杯将会谈的气氛推到高潮，在场的人都哈哈大笑。

这是毛泽东最后一次会见一位前任外国元首，仅半年后的9月9日他溘然长逝。尼克松为之洒泪并于当天发表声明说：“1972年在北京会见时，我们两个作为代表完全不同的哲学观点的领导人都认识到，中美友谊已成为对我们两国利益同样是必不可少的了。”毛泽东“对世界形势的客观现实也有深刻的了解”，中美两国“自那时起所建立的新关系应当归功于他的这种高瞻远瞩”。在尼克松图书

1976年2月23日上午，毛泽东在中南海住所会见了尼克松

馆，竖立着10尊与真人大小一样的世界政治人物雕像，他们是尼克松最为钦佩的政治家，其中排在最前面的是身着中山装、穿圆口布鞋、坐在沙发上健谈的毛泽东。

小球推动了大球，自中美“乒乓外交”之后，尼克松确实起了领头羊的作用，特别像联邦德国这样资本主义强国都紧跟尼克松与中国建立了大使级外交关系。

在日本，1971年7月15日美国白宫的声明，也有如一声霹雷，使小小的岛国震动起来。在日本人称之为“尼克松冲击”下，日中接触的国门大开。日本各界知名人士纷纷访华，舆论界也大声疾呼，要求早日恢复日中邦交，“不要错过最后一班车”成为当时的流行语。尼克松访华被西方国家称为“越顶外交”，既然在战略转换上有美国“越顶”在前，为何日本不可在同中国建交上“超顶”于后？舆论、民间鼎力相促，从此，一场建交前的准备工作大张旗鼓地开始了，从田中角荣首相表明建交决心到两国外长签署联合声明实现邦交正常化不过82天，由此，写下了日中关系史的新篇章。

1972年9月27日，毛泽东在中南海会见日本首相田中角荣

亲手结束日中两国数十年不幸历史的日方代表田中角荣首相曾经谈到，作出决断揭开了日中两国永远和平帷幕的是中国的毛泽东，这一决断不仅有益于中国，也有益于全人类。

团结大多数，提出“三个世界”的划分

1974年2月22日，毛泽东会见赞比亚总统卡翁达时说：“我看美国、苏联是第一世界。中间派，日本、欧洲、加拿大，是第二世界。咱们是第三世界。”他还说：“第三世界人口众多。亚洲除日本都是第三世界。整个非洲是第三世界，拉丁美洲是第三世界。”这就是毛泽东著名的“三个世界”理论。这个理论为我国广交穷朋友找到了根据。

新中国成立后，实行“一边倒”的外交路线，对新中国在艰难条件下站稳脚跟、争取有利的国际环境起了十分重要的作用。但是，随着斯大林去世，中苏关系开始逐步恶化，美苏、美日关系进一步缓和。这些促使毛泽东重新审视“一边倒”的外交路线。1956年11月1日，中国发表《中华人民共和国关于苏联政府1956年10月30日宣言的声明》，首次明确提出把和平共处五项原则贯彻到社会主义阵营各国的关系中，这标志着“一边倒”的外交路线的终结。

1974年2月22日，毛泽东会见赞比亚总统卡翁达

随着中苏关系的恶化，毛泽东不得不以极大的精力筹划反对苏联侵略的斗争。珍宝岛的枪炮声，促使毛泽东不得不重新认识世界格局的划分，对国际外交战略重新思考和重新定位。

正如毛泽东所预料的一样，随着中国人民的胜利，在亚洲掀起了民族解放运动的新高潮。20世纪50年代中期以埃及维护苏伊士运河主权斗争的胜利为标志迎来了非洲的觉醒，亚非拉的民族解放运动以更加迅猛的势头发展。这一切使毛泽东感到高兴，也使他看到中国人民的真正朋友所在。

毛泽东分析国际形势的新变化，首先提出了“中间地带”理论。1946年8月间，毛泽东在会见美国记者安娜·路易斯·斯特朗时，提出了关于“中间地带”的思想。他认为战后世界的中心实际上不是美苏之争，而是美国到处侵略和“中间地带”的国家与人民反对美国的侵略和扩张。他说：“美国和苏联中间隔着极其辽阔的地带，这里有欧、亚、非三洲的许多资本主义国家和殖民地、半殖民地国家。美国反动派在没有压服这些国家之前，是谈不到进攻苏联的。”毛泽东认为，只有处于“中间地带”的国家和人民联合起来，反对美国的侵略和扩张，才能避免第三次世界战争。（《毛泽东选集》第4卷，第1193—1194页）他把亚非拉称为第一中间地带；把西欧、日本和加拿大、澳大利亚、新西兰称为第二中间地带。“中间地带”理论是“三个世界”理论的源头。到1974年，新独立的国家已近百个，而苏联执行霸权主义政策，与美国成为两个超级大国。就在这个时候，毛泽东提出了“三个世界”的理论。他认为，美国、苏联是第一世界，是最大的国际剥削者和压迫者，是新的世界战争的策源地；第二世界情况复杂，有的至今还同第三世界保持着不同形态的殖民主义关系，同时，所有的发达国家都在不同程度上受着两个超级大国的控制、威胁或欺负；第三世界的国家虽然取得了政治上的独立，但都还面临着肃清殖民主义残余势力，发展民族经济，巩固民族独立的历史重任，这些国家，地域辽阔，人口众多，资源丰富，这些国家受的压迫最深，反对压迫、谋求解放和发展的要求最强烈。毛泽东明确把中国放在第三世界中。

1974年4月，在联合国大会第六届特别会议上，邓小平向世界宣布了

1974年4月10日，国务院副总理邓小平在联合国大会第六届特别会议一般性辩论中发言

“三个世界”理论并指出“中国属于第三世界。中国现在不是、将来也不做超级大国”。毛泽东的“三个世界”理论很快走向国际舞台。

这个理论向世界公布后，在世界上引起了强烈的反应。中国属于第三世界，在联合国五个常任理事国中，中国是唯一的第三世界国家，是世界所有第三世界国家坚定的朋友和代言人。中国的国际战略是依靠第三世界，联合第二世界，以对付第一世界。从1974年开始，中国外交走上紧密联系和团结第三世界，争取第二世界，与第一世界作斗争的轨道。也正是在“三个世界”理论智慧的启迪下，中国的外交政策更趋灵活，取得了“朋友遍天下”的战果，在国际事务中发挥了日益重大的作用。

从1970年到1982年，同我国建交的第三世界国家达56个，比1968年以前增加了将近一倍。其中在20世纪60年代同中国外交关系一度中断或发生波折的7个非洲国家，都在此期间先后同我国恢复或改善了外交关系。可以说，70年代是我国同第三世界国家关系大发展的年代。

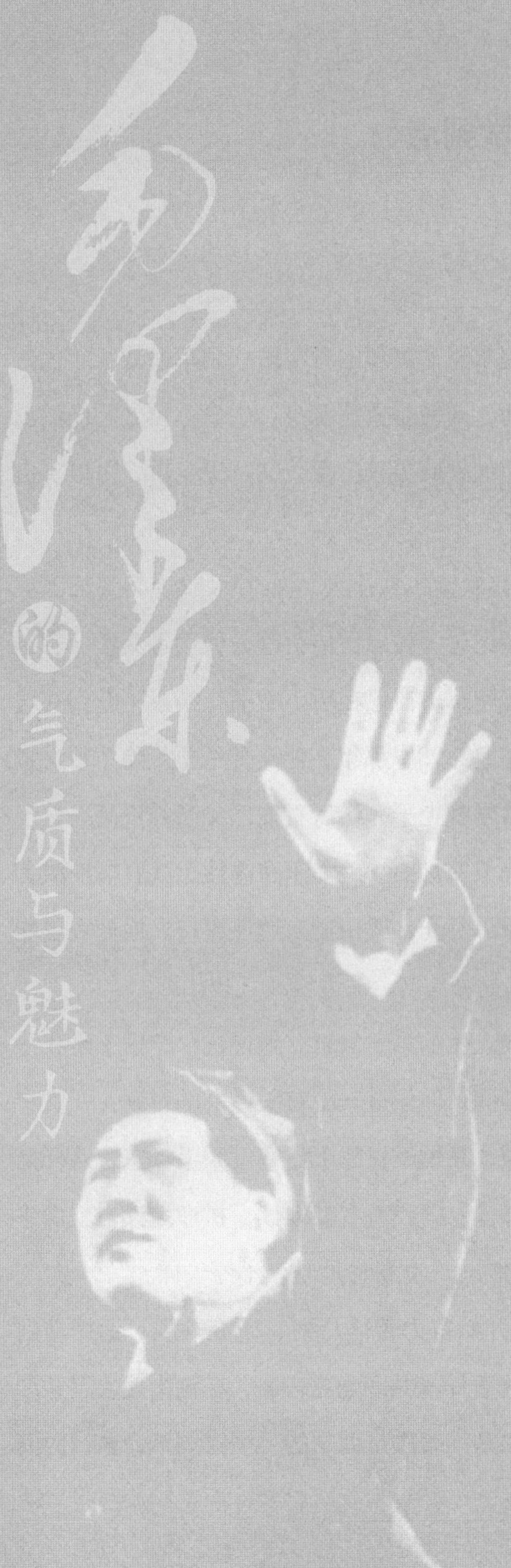

九　别具风骚的文人气质

毛泽东不但是伟大的政治家、思想家、军事家，还是一个具有浪漫主义色彩的杰出诗人，别具一格的书法家，他身上有着浓厚的文人修养和气质，他的文采，令世人望尘莫及。

酷爱读书，活到老学到老

毛泽东一生酷爱学习，从追求革命真理的青年时代到革命战争年代，再到建设社会主义时期从未间断，即使是重病缠身、生命弥留之际仍然没有停止学习。毛泽东读书，涉猎的领域极其广泛，文、史、哲、军事、自然科学，古今中外，无所不至。

毛泽东自幼就爱看书，很喜欢读古典小说，如《水浒传》《三国演义》《封神榜》《说唐》《西游记》《精忠岳传》等，他读了又读。有一次，他去野外放牛，他让牛自己吃草，自己在树下看书，结果牛跑到邻居家菜园里吃了不少菜，他也不知道。13岁那年，他离开私塾，除了帮父亲干活，仍然挤时间看书，而且常常晚上干完活后看书。父亲并不高兴，一来儿子读的不是经史子集，二来浪费灯油。毛泽东在阁楼上就着桐油或者菜籽油灯光看书，为不让父亲看见灯光，就用蓝布遮住窗户。他把乡里能找到的书都读完了，又设法到远处去借书，往返要20几里山路。

毛泽东一直把读书学习看成人生的第一需求。他说过："读书是我终身的爱好。"在湖南一师读书期间，他作过一副有关读书的对联："贵有恒，何必三更起五更眠；最无益，只怕一日曝十日寒。"毛泽东曾这样描述他在湖南一师图书馆读书的感受："我就贪婪地读，拼命地读，就像牛闯进了人家的菜园，尝到了菜的味道，就拼命地吃个不停一样。"

从1920年开始，毛泽东就开始奋力苦读马列、研究马列、运用马列了。1920年，毛泽东开始读马恩著作《共产党宣言》，在湖南建立了共产主义小组；毛泽东接触的第二本马列著作是列宁的《国家与革命》，时间是1926—1927年；1932年4月，毛泽东开始读恩格斯的《反杜林论》，列宁的《社会民主党在民主革命中的两种策略》、《共产主义运动中的“左派”幼稚病》（红军打开漳州时获得的）；长征路上，病中的毛泽东在担架上还读《反杜林论》；延安时期，毛泽东读的马、恩、列、斯经典著作就更多了。有些书上留下了毛泽东的批语和画的圈、点、杠。对有的书，读了三遍，写有某年某月“初读”“二读”“三读”。那时，毛泽东还读了《资本论》。1943年12月20日，毛泽东给他当时的秘书胡乔木写信，请代为收集有关唯物史观社会发展史的书籍。1948年4月，毛泽东重读列宁的《共产主义运动中的“左派”幼稚病》，读后在书的封面上写了一个批示：“请同志们看此书的第二章，使同志们懂得，必须消灭现在我们工作中的某些严重的无纪律状态或无政府状态。”1948年6月1日，中共中央宣传部向全党发布了毛泽东的这个批示，要求全党学习《共产主义运动中的“左派”幼稚病》的第二章。新中国成立后，党的工作重心转向经济建设。1954年，毛泽东再次阅读《资本论》，以后又多次读《政治经济学批判》《列宁有关政治经济学论文十三篇》。1958年，毛泽东还下功夫研究斯大林的《苏联社会主义经济问题》，至少读了四遍。

毛泽东对重点的书、经典的书坚持多读、常读，反复读、一辈子读。他一生中，读得遍数最多、读得最熟、读得时间最长的一本书是马克思、恩格斯著的《共产党宣言》。

《共产党宣言》是1848年马克思、恩格斯为共产主义者同盟起草的纲领，是关于共产主义的第一个纲领性文献，它完整、系统而严密地阐述了马克思主义的主要思想。它是共产主义信仰者和广大进步人士的行动指南，是阐述人类无产阶级所追求的实现共产主义理想的最进步、最新的世界观和最具唯物辩证法思想理念的科学著作。所以，毛泽东一直把它放在身边，放在案头，在疾病缠身、生命垂危的最后岁月，他还时常翻阅，读而不倦，读而不厌。

一本《共产党宣言》传到中国，毛泽东前后读了57年。57年里，他到底读过多少遍呢！我们知道，在中南海故居存放的他读过的版本有：1943年延安解放出版社出版，博古译的版本；1949年解放出版社，根据苏联莫斯科外文书局出版局中文版翻印的版本；1964年人民出版社出版，中共中央马恩列斯著作编译局翻印的大字本等几种。1939年年底，他自己说《共产党宣言》读了不下一百遍，后来的几十年里，他自己说“每年都把《共产党宣言》读几遍”。他一生一共反复读了多少遍，这是很难说清楚的。对领导干部来说，经典著作读一遍、读两遍、读三遍，是可以做到的。天天读，反反复复地读，融会贯通，对书中的精辟论断、至理名言等熟记于心，要做到这些就不那么容易了。但毛泽东做到了。

密切联系实际读经典，是毛泽东最基本的读书方法。他在读书过程中，将所读的内容与中国革命斗争的实际和社会主义经济建设的实际，与党的建设的实际，与中国社会前进发展的政治、经济、历史、文化、教育的实际，自然科学的实际等紧密地联系起来。把读书时自己头脑里所想、所思、所动等都写下来，记下来，表达出来。这仿佛是读书人在与书的作者或书上的人物包括历史人物、现代人物的面对面的交谈、交流、讨论。他随读随想，随想随记，时想时记，所以，他

1961年，毛泽东在庐山查阅图书

读得多，记得住，用得上，收获大。

中南海毛泽东故居收存的毛泽东生前阅读的书籍中，有许多是他批画过的书籍。这些笔记、批注、批画，是他读书时心脑活动、思考的真实记录，也是他和作者思想认识、观点、想法、看法、感情的互动与交流。

毛泽东读书的范围十分广泛，从内容上来说，马列主义著作、哲学著作、鲁迅著作、历史著作、经济学著作、军事著作、文学著作、自然科学著作、技术科学著作等，他都爱读。从时间上来说，古代的、现代的、当代的，从社会科学到自然科学，他都有兴趣。除读马列著作之外，20世纪30年代上海出版的精装二十卷本《鲁迅全集》与他朝夕相伴近40年，清乾隆武英殿木刻线装大字版《二十四史》与他朝夕相伴24年，《资治通鉴》、历朝历史演义、古典小说、名人传记、诗词曲赋、丛书、类书、工具书及其他多种经、史、子、集等方面的读物都是他爱读的。他不仅对哲学著作有兴趣，而且对逻辑学、美学、佛学等宗教哲学著作也有兴趣，佛教的经典《金刚经》《六祖坛经》《华严经》等经典他都读过，基督教的《圣经》也读过。各门自然科学、自然科学史，包括《无线电话是怎样工作的》等通俗书籍，他也有兴趣涉猎。1975年，他还要读李约瑟著的《中国科学技术史》、杨振宁的《基本粒子发现简史》、李政道的《不平常的核态》等理论著作。

毛泽东十分喜爱阅读古典文学作品，像《水浒传》《西游记》《三国演义》《红楼梦》等书他都读过多遍。对古典小说中的许多历史人物、故事、典故等都十分熟悉，这使他的文章充满了典故且妙趣横生。

毛泽东把《红楼梦》当历史读，毛泽东的“红学”观点可以归纳为两点：第一，要了解《红楼梦》的历史背景，以及《红楼梦》中的思想反映了怎样的历史进步要求。第二，要把握好《红楼梦》的历史内涵，要把它看作中国封建社会走向衰败的一个缩影。

《红楼梦》书中包罗万象，被称为“百科全书”，因为视角不同，所以每个人眼里都有一部《红楼梦》。正如鲁迅先生所说的：“经学家看见《易》，道学家看见淫，才子看见缠绵，革命家看见排满，流言家看见宫闱秘事……”

1961年12月20日，在中央政治局常委和各大区第一书记会议上，当刘少奇谈到自己已经看完《红楼梦》，说该书“讲到很细致的封建社会情况”时，毛泽东说道：“《红楼梦》不仅要当作小说看，而且要当作历史看。它写的是很细致的、很精细的社会历史。”

1964年8月，他在北戴河同哲学工作者谈话时还说道：“大家都不注意《红楼梦》的第四回，那是个总纲。第四回《葫芦僧乱判葫芦案》，讲护官符，提到四大家族……讲历史不拿阶级斗争观点讲，就讲不通。”

毛泽东提出了“第四回总纲说”，是理解整部小说的“一把根本的钥匙”，而那张“护官符”则从另一个侧面，揭示了封建统治阶级维护其统治秩序和地位的牢固形式和法宝，反映了他们利用这一法宝对财富的剥夺和占有，对平民百姓的肆意欺压。而这一切，没有敏锐的阶级斗争眼光，是不容易发现和领会的。

井冈山时期，贺子珍在谈话时说她喜欢读《三国演义》《水浒传》，不喜欢读《红楼梦》，说《红楼梦》里尽是谈情说爱，软绵绵的没有意思。毛泽东反驳说：“你这个评价不公正，这是一本难得的好书哩！《红楼梦》里写了两派，一派好，一派不好。贾母、王熙凤、贾政，这是一派，是不好的；贾宝玉、林黛玉、丫鬟，这是一派，是好的。《红楼梦》写了两派的斗争。我看你一定没有仔细读这本书，你要重读一遍。”当时中国共产党正在领导土地革命，毛泽东以阶级斗争的观点读《红楼梦》，与政治紧密结合。

对于宝黛的评价，毛泽东也自成体系。工作人员孟锦云有次说：“我同情林黛玉，可不喜欢贾宝玉，他对那么多女孩子都好，这叫什么事啊，一点都不专一。”毛泽东则反驳：“贾宝玉，是个很有性格的男孩哩。他对女孩好，那是因他觉得女孩受压迫嘛。大观园里的女孩总比那些男人干净得多，你还不懂贾宝玉。”

1951年秋天的一个夜晚，毛泽东接见周世钊等几位湖南教育界人士时说：“你们都是干教育工作的，应该把青少年的体育运动看得比什么都重要。必须记住：有志参加革命工作的人必须锻炼身体，使身体强健，精力充沛，才能担负起艰巨复杂的工作。《红楼梦》中两位主角：一位是贾宝玉，一位是林黛玉。依我看来，这两位都不太高明。贾宝玉不能料理自己的生活，连吃饭穿衣都要丫头服侍，这种全不肯劳动的公子哥儿，无论如何是不会革命的！林黛玉多愁善感，常好哭脸，她瘦弱多病，只好住在潇湘馆，吐血，闹肺病，又怎么能革命呢？今天的青年学生应该既有文化，又会劳动；既用脑，又用手；既能文，又能武的全面发展的新人。男的绝不要学贾宝玉，女的绝不要学林黛玉。”

1955年7月5日，第一届全国人民代表大会第二次会议在北京召开，休息期间，爱新觉罗·载涛见到毛泽东，毛泽东同载涛热情握手，指着周恩来说：“我是《红楼梦》里的老夫人，不大管事，他才是掌家，有什么事可以找他。”毛泽东以书中人物自比，使严肃的气氛瞬间轻松。

《红楼梦》第八十二回里，林黛玉听到袭人评论尤二姐之死时说道：“这也难说，但凡家庭之事，不是东风压倒西风，就是西风压倒东风。”1957年，毛泽东在莫斯科共产党和工人党代表会议上发言说：“现在我感觉国际形势到了一个新的转折点。世界上现在有两股风：东风，西风。中国有句成语：不是东风压倒西风，就是西风压倒东风，也就是说，社会主义的力量，对于帝国主义的力量占了压倒性的优势。”

毛泽东喜欢向人推荐《红楼梦》，身边的工作人员换了一茬又一茬，有秘书、卫士、厨师、司机和保健医生，等等，这些人的职业各异，文化水平参差不齐，毛泽东除了要求他们加强学习外，无一例外都推荐他们看《红楼梦》。毛泽东常说：“作为一个中国人，既然有阅读能力，不可不读《红楼梦》，不读就不懂中国封建社会。读一遍也不行，最少看三遍，不看三遍没有发言权。”

1938年10月延安召开六届六中全会，会间休息时毛泽东说：“中国有三部小说，《三国演义》《水浒传》《红楼梦》，不看完这三部书，不算是中国人。”徐海东表示自己看过其他的，没看过《红楼梦》，毛泽东笑说，那你算半个中国人。

有次在广东珠江游泳休息时，毛泽东问时任吉林省公安厅厅长的薛焰最近读过什么书，有没有看过《红楼梦》，薛焰回答：“这是本文艺书，我是搞公安的，没看过。”

毛泽东认真说：“搞公安的就不要看？你知道那里面有多少人命案子呀！这是一本讲阶级斗争的书，应该看看。你最少要看上五遍才能搞清楚。”

戎马一生的军事家许世友反对读《红楼梦》，有次在部队干部集训上即兴说，《红楼梦》说的尽是吊膀子（男女间谈恋爱的事），有什么看头？

1973年12月12日，毛泽东召开了一次政治局会议，会上他指着在座的南京军区司令员许世友说：“你就知道打仗。你以后搞点文学吧，‘常恨随陆无武，绛灌无文’，你能看点《红楼梦》吗？要看五遍。”

经过这次谈话，许世友真的读了《红楼梦》，不过却不是全本。他让秘书找到南京大学，要学校搞一个删节本，南大领导指定中文系吴新雷执笔，将大部头的《红楼梦》删减到5万字左右。删减工作是保密的，吴新雷也不知道是许世友要看，只知道是南京军区下的任务，要求“对《红楼梦》是压缩，而不是缩写，要全部用原文，不能有自己的话；主要人物、情节都要有”。吴新雷说：“搞了五个月，我倒是真的读了五遍，不然串不起来。《红楼梦》中的诗词只保留了一两首，《葬花吟》还是保留了。”

一次毛泽东问许世友读完《红楼梦》有什么感受，许答道：“没什么感受，无非就是些吊膀子、搂搂抱抱呗。”毛泽东笑说：“你还是读得少，要读四遍才能懂。”

不只读《红楼梦》，毛泽东还看了很多研究“红学”的著作。1964年8月18日，毛泽东在北戴河与几个哲学工作者谈话时说：“《红楼梦》写了二百多年了，研究红学的到现在还没有搞清楚，可见问题之难。”

研究《红楼梦》的著作中，毛泽东圈画和批注都比较多；特别是俞平伯的《红楼梦辨》，毛泽东读得很仔细，差不多从头到尾都有批画，不少地方，除批注、画道道外，还画上了问号。对“作者的态度”“《红楼梦》的风格”这两节，圈画最多。

如在“作者的态度”一节中，作者俞平伯写“《红楼梦》是感叹自己身世的”一句旁，粗粗地画了一竖道，在竖道旁边还画了一个大大的问号。

在“《红楼梦》的风格”这一节，毛泽东画的问号更多，有的一页上就画了七八个问号。比如，就在这一节的开头，俞平伯写道：“平心看来，《红楼梦》在世界文学中的位置是不很高的。这一类小说，和一切中国的文学——诗，词，曲——在一个平面上。这类文学的特色，至多不过是个人身世性格的反映。”毛泽东读了这一小段话之后，在“位置是不很高的”七个字旁画下两条粗道，然后又画了个大大的问号，写下“不同意”。

不管人生处在什么境遇，顺境也罢，逆境也罢，毛泽东始终迷恋读书。1957年，毛泽东曾感慨地对曾志说：“1932年秋开始，我没有工作，

毛泽东斜靠在超大木板床上看书

就把马恩列斯的书统统找了出来，不全不够的就向一些同志借。埋头读马列，差不多整天看。读了这本看那本，有时交替着，扎扎实实下功夫，硬是读了两年的书。”“后来写成的《矛盾论》《实践论》，就是这两年读马列著作形成的。”

中国古人读书讲“三上”，即枕上、厕上和马上。众所周知，毛泽东睡的床与众不同，差不多有两米宽，睡一小半，剩一大半摆书，摆满了各种书。他上厕所也看书，甚至养成了一个不好的习惯，经常在厕所里一蹲就是一两个小时。长征途中，枪林弹雨，走路、骑马或者坐在担架上，毛泽东会背诵古人诗文或者推敲自己的诗词。他自己也说过：“我的那些诗词，是在马背上哼成的。”

古人说：“书非借不能读也。”毛泽东个人藏书已经很丰富，但他还经常到一些图书馆去借书。1958年，北京图书馆为毛泽东办了第1号借书证。北京、上海、广州、武汉、成都、庐山等地的图书馆都留有毛泽东的借书记录。据不完全统计，进城以后到1976年9月，毛泽东先后从北京图书馆等单位借阅的图书达2000余种，5000余册。

像许多读书人一样，毛泽东十分爱书。

1947年，中央机关撤离枣林沟时，门口已经能听见敌人的枪炮声，毛泽东走到警卫员马汉荣身边，望望自己的书籍，终于开口说：“我个人有点事情想求你帮忙，你看……”“主席，您只管吩咐吧！”“有几箱书籍，能放你家里吗？”“能，没问题。”“这个……对家人不妨碍吧？比如，会不会受牵连？”“没妨碍。”当时，大家焦急万分，都在担心毛泽东的安全。毛泽东却紧锁双眉，担心的只是书。马汉荣送书走后，毛泽东的眉头才舒展开。战争年代，每一次转移都要精简行装，毛泽东什么都舍得精简，就是书舍不得。新中国成立后，每次外出，哪怕是一两天，毛泽东也要把书带上，有各种工具书、古典文学书、政治书籍以及文件材料。如果带车外出，工作人员总要提前一小时把书送上车，并按照家中的顺序摆好，以便毛泽东上车后就能看书。

毛泽东的秘书田家英和为毛泽东管理图书的逄先知为毛泽东藏书室的建设和管理做了大量工作。

根据毛泽东的要求，紫云轩（北房正中一间毛泽东的小会客室）靠墙摆满了书架；北房东头两间是毛泽东的卧室，贴北墙和东墙摆上一排书架。紫云轩和卧室内的书是常用书和正在阅读的书；北房西头的两大间屋、西房的北头三间屋、南房西头两间屋，后来全是专门藏书的屋子了。书一排排，一架架，摆放得十分整齐。毛泽东的藏书的主要分类是：第一类是马恩列斯经典著作；第二类是阐释马列原理教科书、理论书；第三类是有关中国历史的书；第四类是中国古书；第五类是中国近代、现代名著；第六类是工具书……这些书中，包括毛泽东在井冈山时期、延安时期收集的一部分图书，其中的一些书上留有毛泽东大量的批注。

毛泽东对自己的藏书十分珍视。有一次，他发现有一本书被老鼠啃了，便指示要消灭藏书室中的老鼠。

毛泽东不但学中文，而且学外文。1954年，毛泽东年过花甲，仍坚持学习英语。以他当时的年龄，记忆力衰退无疑是一个极大的障碍，而浓重的湖南乡音又常影响发音的纯正。但他就像个谦逊的小学生，让他的秘书林克充任他的老师，外文教科书则更是须臾不离左右。1957年11月，抵莫

毛泽东的卧室及藏书

斯科参加世界共产党与工人党代表大会时，毛泽东也不忘抽出时间来学习。每天天还未亮，他就让林克到他房间领读。1976年1月1日，戴维·艾森豪威尔夫妇拜见毛泽东的时候，毛泽东竟然用一口纯正的美国口音朗读他们带来的尼克松总统的信。凭着顽强的毅力，克服难以想象的困难，毛泽东掌握了英语。他曾风趣地对林克说："活一天，就要学一天，尽可能多学一点。不然，将来见马克思时，他听不懂我的韶山语，不能用英语和他交谈，岂不遗憾？"

毛泽东在延安时说过一句话："如果再过十年我就死了，那么我就一定要学习九年零三百五十九天。"他真正做到了活到老，学到老。为了读书，毛泽东把一切能利用的时间都用上了，甚至在病魔缠身的耄耋之年，他也未放弃对书本的钟爱。

1975年，他身患重病，极度虚弱，眼睛也由于老年性白内障做了摘除手术，视力极差，阅读相当吃力。医务人员劝阻他暂停看书，他根本不听。他们只好为他设计了一副特殊的单腿眼镜。当他右侧卧看书时，戴没有右腿的眼镜；左侧卧看书时，则戴没有左腿的眼镜。

毛泽东是1976年9月9日0时10分逝世的，根据当时的记录，9月8日那天，他全身都插满了管子，时而昏迷，时而清醒，清醒过来就看书、看文件，共11次，计两小时五十分钟。这期间，他已说不出话来，只是敲了三下木制的床头，身边的工作人员开始不知道他要看什么。有人想到，当时日本正在大选，毛泽东或许是要看自民党总裁、日本首相三木武夫的材料，于是就用手托着三木的材料给他看。毛泽东最后一次看书是9月8日下午4时37分，此后再也没有醒过来，七个多小时后他与世长辞。

毛泽东一生题词无数，但是他写得最多的是“学习，学习，再学习”这七个字。他身边很多工作人员离开他的时候，都拿出个小本子请他题字留念，他总是写上“学习，学习，再学习”。毛泽东经常提醒他们说：“勤学习，多看书，眼界就宽了。看看世界多么大，才懂得自己多么小。”

毛泽东一生究竟读了多少书，谁也说不清楚。对他来说，读书学习不是一种可有可无的选择，不是简单靠兴趣支配的选择，甚至也不仅仅是出于工作的需要，而是他的一种精神存在和思想升华的必要方式，是一种基本的生活常态，是一种“别无选择”的选择。

客观公正，科学评说历史人物

毛泽东作为伟大的政治家、军事家曾经通读过《二十四史》（一说《二十五史》），并且写过《毛泽东评点二十四史》，而对于中国历史上优秀的帝王，他在其诗歌《沁园春·雪》当中就有说明：惜秦皇汉武，略输文采；唐宗宋祖，稍逊风骚。一代天骄，成吉思汗，只识弯弓射大雕。

《二十四史》是一部卷帙浩繁的中国历史典籍。它是从西汉司马迁开始，经由2000多年来历朝著名的历史学家精心编纂的纪传体史书合集，全书共3213卷，约4000万字，记叙了从传说中的黄帝时代到明崇祯十七年长达4000多年里中华民族的政治、经济、文化、天文、地理等各个方面，是我国最详细、最权威的一部历史巨著。

毛泽东一生酷爱读史，尤其青睐《二十四史》。1952年，工作人员为他添置了一部清乾隆武英殿版的《二十四史》，从此，无论在京还是外出，无论健康还是生病，这部史书始终伴随着他。直到逝世之前，重病缠身的他还用颤抖的手在几册《晋书》的封面上分别记下了“1975.8再阅”“1975.9再阅”“一九七五、八”等字样。

风雨春秋二十四载，毛泽东在日理万机之余，用顽强的毅力通读了这部历史长卷，有些史册和篇章还两遍、三遍、四遍地研读过。他在研读《二十四史》时，用不同颜色的笔写下了大量图画和批语。这些是毛泽东情感和思想的率直流露，它是情怀不能自抑的感慨，是思绪如飞的激越。“五帝三皇神圣事”“一篇读罢头飞雪”，这或许就是毛泽东心境的最好写照。一部《二十四史》所包含的“几千寒热”令毛泽东“东方白”时，却“歌未竟”。

毛泽东喜欢评价历史人物。他尤其喜欢读那些纵论治国的政论文。他极为欣赏的政论家有三个，一是西汉的贾谊，一是初唐的马周，一是中唐的刘蕡。

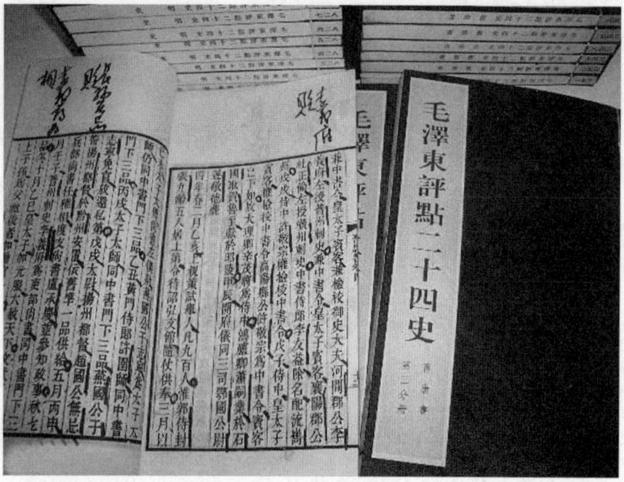
毛泽东评点《二十四史》

贾谊，又称贾太傅、贾长沙、贾生。西汉政治家、文学家。河南洛阳人。18岁时，就以博学能文而闻名于郡中，得到郡守吴公（秦朝丞相李斯的同乡，又是李斯的学生）的赏识，收为弟子。文帝即位后，因吴公的推荐，任为博士，掌文献典籍。其时，贾谊不过20多岁，在博士中最为年轻，但以见识和议论，赢得博士中年长者的尊敬，受到文帝的重视，不到一年，被擢升为太中大夫。朝廷上许多法令、规章的制定，都由他主持进行。

贾谊在政治上主张改革，提出改定历法，修正律令，制定制度等，引起了一部分朝臣的不满。他们以“洛阳之人，年少初学，专欲擅权，纷乱诸事”（《史记·屈原贾生列传》）的流言，动摇了文帝对贾谊的信任，结果文帝让贾谊离开长安，去做长沙王的太傅。后人称贾谊为贾长沙、贾太傅。

文帝七年（前173），贾谊被召回长安，任梁怀王的太傅。此时文帝虽仍赞赏贾谊的博学，但对于他多次上疏陈述的政治主张并不采纳。后来梁怀王骑马摔死，贾谊认为自己没有尽到太傅的责任，经常悲泣自责，不久而逝。

贾谊是杰出的政论家，其作品最著名的是《过秦论》（多年来被选入中学语文课本）与《治安策》（又称《陈政事疏》），载于《汉书·贾谊传》。

毛泽东最喜欢贾谊的《治安策》，该文从国家的长治久安出发，居安思危，痛陈盛世下潜伏的危机，直指西汉同姓王分封制之弊：诸王幼弱，可暂免为祟，但将来长成，国家必现“一胫之大几如腰，一指之大几如股”的尾大不掉局面。建议朝廷“众建诸侯而少其力”，及早削弱其挑战中央的能量。贾谊还提出了匈奴侵扰、抗外不力、世风侈靡、仁义不施等种种弊端。所提措施，都有的放矢；分析时势，有理有据。毛泽东曾称赞《治安策》“是西汉一代最好的政论”，“全文切中当时事理”。（毛泽东1958年4月27日给田家英的信）

毛泽东读欧阳修等著的《新唐书》时，读到《马周传》中“马周上疏”的那一页，毛泽东在其天头处写下：“贾生《治安策》以后第一奇文。宋人万言书，如苏轼之流所为者，纸上空谈耳。”

毛泽东所评点的“马周上疏”，那是马周于唐贞观六年给唐太宗的一封奏折。该奏折不粉饰太平，直言各处“营造供奉器物，并诸王妃主服饰，皆过靡丽”；痛陈百姓所服的徭役太重，“兄去弟还，往来远者五六千里，春秋冬夏，略无休时”。后果就是在贞观之治下，依然“百姓未安”，“自五六年来，百姓咸有怨言”。马周总结历史提出治国原则：自古明王圣主，虽因人设教，而大要节俭于身，恩加于人，故其下爱之如父母，仰之如日月，畏之如雷霆，卜祚遐长，而祸乱不作也。毛泽东在此段话语之上方画了三个大圈，又特意在“节俭于身，恩加于人”边上逐字加双圆套圈。毛泽东赞赏的是出身卑贱的马周深谙社会病症，且能准确地提供矫正之道。

唐太宗为了表彰马周对国家作出的巨大贡献，亲自为马周题词：鸾凤凌云，必资羽翼。股肱之寄，诚在忠良。对马周所做的一切给予了非常高的评价。在这名臣云集、大贤辈出的唐朝初年也是不多见的。

刘蕡，字去华，唐幽州昌平（今北京市昌平）人。中唐大和二年（828），他在参加被举荐"贤良方正"之士的考试中，针对其时宦官专权的现状，大胆上策。刘在上策中称："宫闱将变，社稷将危"，"阍寺持废立之权"，"四凶在朝，虽强必诛"。痛论宦官专权，能废立君主，危害国家，劝皇帝诛灭他们。考官赞赏刘的文章，但惧怕宦官的专横，不敢录取他。令狐楚、牛僧孺都征召他为幕府从事，后授秘书郎。终因宦官诬陷，贬为柳州司户参军，客死他乡。

敢于把矛头直指当时权势炙手可热的宦官，刘蕡的胆识确实非同寻常。其论述亦切中时弊，"慨然有澄清之志"。不愧为唐一代之俊杰。

毛泽东在读《旧唐书·刘蕡传》时，对刘蕡的政论很赞赏，并在旁边批道："起特奇。"1958年毛泽东还专门写了咏刘的《七绝·刘蕡》：

千载长天起大云，
中唐俊伟有刘。
孤鸿铩羽悲鸣镝，
万马齐喑叫一声。

（中央文献出版社2003年12月版《毛泽东诗词全编鉴赏》）

毛泽东在多次讲话中，说到历史上年轻有为的人物时，常常提到贾谊。如，1958年5月8日在八大二次会议上，毛泽东作"破除迷信"的讲话，一口气讲了几十个年轻有为的例子，其中也谈到贾谊。毛泽东说："汉朝有个贾谊，十几岁就被汉文帝找去了，一天升了三次官。后来贬到长江，写了两篇赋，《吊屈原赋》和《鸟赋》。后来又回到朝廷，写了一本书，叫《治安策》。他是秦汉史专家。他写了10篇作品，留下来的是两篇文学作品（两篇赋），两篇政治作品——《治安策》与《过秦论》。他

死在长沙的时候才只有33岁。”（陈晋主编：《毛泽东读书笔记》，广东人民出版社1994年版，第259页）

毛泽东曾两次写诗歌颂贾谊。他一生两次写诗歌颂的历史人物，仅贾谊一人而已。一首是《七律·咏贾谊》：

少年倜傥廊庙才，壮志未酬事堪哀。
胸罗文章兵百万，胆照华国树千台。
雄英无计倾圣主，高节终竟受疑猜。
千古同惜长沙傅，空白汨罗步尘埃。

另一首是《七绝·贾谊》：

贾生才调世无伦，哭泣情怀吊屈文。
梁王堕马寻常事，何用哀伤付一生。

在中国古代人物中，曹操得到毛泽东的点评是最多的了。毛泽东肯定曹操的政治功业，称赞曹操的军事才能，还欣赏曹操的文采风骚……同时也指出曹操存在的缺点。据统计，毛泽东对曹操各种形式的评价共达32次！

毛泽东年轻时就对曹操十分推崇。他读书时就曾经在《讲堂录》中写道：才不胜今人，不足以为才；学不胜古人，不足以为学。天下无所谓才，有能雄时者，无对手也。以言对手，则孟德、仲谋、诸葛尚已。

据人民出版社1983年出版的《毛泽东书信选集》记载，周士钊对1918年的《过魏都》记忆犹新。周士钊是毛泽东在湖南第一师范的同班同学，关系甚好。1918年8月，毛泽东路过河南，特地与罗章龙、陈绍休三人到许昌瞻仰魏都旧墟，凭吊曹操，并与罗章龙作《过魏都》联诗一首：

横槊赋诗意飞扬（罗），
自明本志好文章（毛）。
萧条异代西田墓（毛），
铜雀荒沦落夕阳（罗）。

诗中表达出毛泽东对曹操的钦佩之意。

1952年11月1日，毛泽东视察河南安阳，参观殷墟。他对随行人员说：漳河，就是曹操练水兵的地方。曹操也是个了不起的人物。他在这进行了大规模的扩建，还在这一带实行屯田制，使百姓丰衣足食，积蓄力量，逐渐统一北方，为后来晋统一全国打下了基础。

1954年夏，毛泽东在北戴河吟诵曹操《观沧海》一诗后，对身边工作人员说，曹操是了不起的政治家、军事家，也是个了不起的诗人。“曹操统一中国北方，创立魏国。他改革了东汉的许多恶政，抑制豪强，发展生产，实行屯田制，还督促开荒，推行法治，提倡节俭，使遭受大破坏的社会开始稳定、恢复、发展。这些难道不该肯定？难道不是了不起？说曹操是白脸奸臣，书上那么写，戏里这么演，老百姓这么说，那是封建正统观念所制造的冤案。还有那些反动士族，他们是封建文化的垄断者，他们写东西就是维护封建正统。这个案要翻。”（陈晋主编：《毛泽东读书笔记》，广东人民出版社1994年版，第760—761页）

1954年夏他在《浪淘沙·北戴河》一词中这样写道：

往事越千年，魏武挥鞭，东临碣石有遗篇。
萧瑟秋风今又是，换了人间。

这是毛泽东给曹操定论的名篇。寥寥数语，一个政治家、军事家和诗人的形象便跃然纸上。

1954年7月23日这天，毛泽东特意给女儿李敏、李讷写信说：“北戴河、秦皇岛、山海关一带是曹孟德到过的地方。他不仅是政治家，也是诗人。他的碣石诗是有名的。”（陈晋主编：《毛泽东读书笔记》，广东人民出版社1994年版，第272页）

时任毛泽东国际问题的秘书林克写过这样一段回忆：1957年春季，毛泽东离开北京到天津、济南、徐州、南京、上海等地视察。3月20日下午，毛泽东乘飞机由南京飞往上海，途经镇江上空时，毛泽东触景生情书写了宋人辛弃疾《南乡子·登京口北固亭》这首词。写完后，围绕这首词的内容，毛泽东又讲了许多。在说到“生子当如孙仲谋”这一句时，毛泽东说是借引曹操的言语。接着，毛泽东讲到《三国演义》中曹操煮酒论英雄一节，曹操说：“夫英雄者，胸怀大志，腹有良谋，有包藏宇宙之机，吞吐天地之志者也。”刘备问：“谁能当之？”曹操以手指刘备后自指说：“今天下英雄，惟使君与操耳。”说到这里，毛泽东继而发挥说，尽管刘备比曹操所见略逊，但刘备这个人会用人，能团结

北戴河边伫立思考的毛泽东

人，终成大事。曹操的这句名言，毛泽东一直深深地印在自己的脑子里。直到晚年，他在练习书法时，还时常很有兴致地一次又一次地书写。

毛泽东反对贬损曹操，对把曹操看作奸臣的传统观念十分不满。1957年4月10日，毛泽东在与《人民日报》负责人谈话时，为曹操辩诬：历史上说曹操是奸雄，不要相信那些演义。其实，曹操不坏。当时曹操是代表进步一方的，汉是没落的。

1957年11月2日，毛泽东正在莫斯科访问。当晚，他请胡乔木、郭沫若到住处一道用餐，边吃边谈中，毛泽东首先提起《三国演义》的话头，他们夹叙夹议，谈得很热烈。毛泽东忽然转向翻译李越然，问："你说说，曹操和诸葛亮这两个人谁更厉害些？"李越然一时不知如何回答。毛泽东说："诸葛亮用兵固然足智多谋，可曹操这个人也不简单。唱戏总把他扮成个大白脸，其实冤枉。这个人很了不起。"

1958年8月中旬，中共中央在北戴河召开政治局扩大会议。毛泽东召集各大协作区主任开会，他在会上说，我们与劳动者在一起，是有好处的。我们感情会起变化，影响几千万干部子弟。曹操骂汉献帝"生于深宫之中，长于妇人之手"是有道理的。毛泽东以这则故事来告诫领导干部不要脱离群众，可谓恰到好处。

还有一次，毛泽东同湖北省委副秘书长梅白谈起领导干部子女的教育问题。毛泽东问梅白："你记得曹操评汉献帝的话吗？"梅白答道："记得。有这样两句：'生于深宫之中，长于妇人之手。'"毛泽东称赞说："不错，你读书不少。现在有些高级干部的子女也是'汉献帝'，'生于深宫之中，长于妇人之手'，娇生惯养，吃不得苦，是温室里的花朵，有些是'阿斗'呀。中央、省级机关的托儿所、幼儿园，部队的八一小学，孩子们相互之间比坐的是什么汽车来的，爸爸干什么，看谁的官大。这样不是从小培养一批贵族少爷吗？这使我很担心呀！"

1958年11月，毛泽东在接见河南安阳县委书记时谈到曹操，他说：“曹操这个人懂得用人之道，招贤纳士，搞‘五湖四海’，不搞宗派。他还注意疏浚河道，引水灌溉，发展农业生产。”

11月20日，毛泽东在武汉召开的座谈会上又谈到曹操，他说，《三国演义》和《三国志》对曹操的评价是不同的。《三国演义》把曹操当作奸臣来描写，《三国志》则把曹操当作历史上的正面人物来叙述。他还说：曹操是天下大乱时期出现的“非常之人”“超世之杰”，可是因为《三国演义》又通俗又生动，所以看的人多，加上旧戏上演三国戏都是以《三国演义》为蓝本编造的，所以曹操在旧戏舞台上就是一个白脸奸臣。这一点可以说在我国是妇孺皆知的。“说曹操是奸臣，那是封建正统观念制造的冤案”。“现在我们要给曹操翻案，我们党是讲真理的党，凡是错案、冤案，十年、二十年要翻，一千年、两千年也要翻。”

1958年12月，毛泽东读《三国志集解》中卢弼对《让县自明本志令》的注文时，针对卢弼对曹操的指责，写了这样一段批语：“此篇注文，贴了魏武不少大字报，欲加之罪，何患无辞；李太白云：‘魏帝营八极，蚁观一祢衡。’此为近之。”

毛泽东在读《魏书·刘表传》时还写了两条有关曹操的批注。

《魏书·刘表传》裴松之的注中，有一段说刘表初到荆州时，江南有一些刘姓家族举兵谋反，刘表“遣人诱宗贼，至者五十五人，皆斩之”。毛泽东读到此注，对“皆斩之”的做法是不赞成的，所以，他在“皆斩之”三字旁画了粗粗的曲线，又在天头上写下了这样一条批语：杀降不祥，孟德所不为也。

孟德是曹操的字。刘表在对待俘虏的做法上与曹操是大相径庭的。曹操之所以能取得全局的胜利，这与他对俘虏的豁达大度是分不开的。曹操“不杀降”，敢于用人，史书有不少的记载。建安三年（198），曹操在兖州，任用毕谌，后张邈叛，将毕谌的母、弟、妻劫去，曹操对他说：“卿老母在彼，可去。”毕谌去后就没有回来。及至讨平张邈，毕谌被捉，大家都为他的性命担忧。曹操说：“夫人孝于其亲者，岂不亦忠于君乎？吾所求也。”不仅没有杀毕谌，反任为鲁相。魏种本是曹操推荐的孝廉，张邈攻陷兖州时，曹操说：“唯魏种且不弃孤也。”岂料魏种却投降了。及至打败了张邈，魏种被擒，曹操并没有杀他，说“惟其才也”“释其缚而用之”。毛泽东的这条批语，既表明了他对刘表做法的蔑视，又表明了他对曹操“不杀降”和爱才的称赞。

在《魏书·刘表传》中，卢弼也有一段注释，刘表于建安五年（200）“攻张怿平之”，有“地方数千里，带甲十余万”，祭祀天地，自立为帝。毛泽东读了这段注释又在天头上写了一条批语：做土皇帝，孟德不为。这里，毛泽东又一次称赞了曹操。

1959年2月，毛泽东读了《光明日报》上发表的翦伯赞写的《应该替曹操恢复名誉》一文后说：曹操结束汉末豪族混战的局面，恢复了黄河两岸的广大平原，为后来的两晋统一铺平了道路。

1959年6月，毛泽东在同《人民日报社》负责人吴冷西谈话时说：“有些人最大的缺点是多谋寡断。刘备、孙权、袁绍都有这个缺点，曹操就多谋善断。”“要反对多端寡要，没有要点，言不及义。要一下子看到问题所在。曹操批评袁绍，‘志大而智小，色厉而胆薄’，没有头脑。还批评袁绍有其他缺点，兵多而分工不明，将骄而政令不一，地虽广，粮虽多，完全可为我所用。”（陈晋主编：《毛泽东读书笔记》，广东人民出版社1994年版，第763页）

毛泽东称赞曹操“多谋善断”，批评袁绍的“多端寡要”是有依据的。公元200年春，曹操将东征刘备，手下将领都说：“与曹公争夺天下的人只有袁绍。袁绍正要逼近，他乘人之危袭击我们，怎么办？”曹操说：

“刘备是豪杰之士，现在不攻打，将来一定是大患。袁绍虽有大志，但他见事迟，他不会动兵的。”郭嘉也劝曹操东征，于是曹操大破刘备。袁绍的缺点则在于多端寡要，瞻前顾后。曹操东征刘备的时候，袁绍的谋士田丰建议他从背后攻打曹操，袁绍却以儿子生病为由推辞。田丰用手杖击打地面说：“你遇到了千载难逢的好机会，却以小孩生病为由白白丧失，太可惜了！”袁绍进军黎阳，派颜良到白马攻打曹军。谋士沮授提出：“颜良气量狭窄，性情暴躁，虽然勇猛但不能独当此任。”袁绍不听，结果颜良兵败被杀。袁绍“没有头脑”，“志大而智小”，于此可见一斑。

史学界闻风而动。郭沫若、翦伯赞等历史学家纷纷发表文章，从而在1959年形成了一股为曹操翻案之风。1959年8月11日，毛泽东在庐山会议上又说：曹操被骂了一千多年，现在应恢复名誉。从此，曹操被恢复了历史名誉，京剧舞台上的曹操，在眉心添加了一红点，以示是好人。

毛泽东十分喜欢曹操的诗。他有一次与身边工作人员谈话时说：“我还是喜欢曹操的诗。气魄雄伟，慷慨悲凉，是真男子，大手笔。”毛泽东和他的子女们在一次谈话时这样说过：“曹操的文章诗词，极为本色，直抒胸臆，豁达通脱，应当学习。”毛泽东不仅爱读爱吟曹操的诗，而且在练习书法时也常书写曹操的诗。《毛泽东手书古诗词选》就收入了两首曹操的诗，一首是《观沧海》，一首是《龟虽寿》。

毛泽东很欣赏曹操的养生之道。1961年8月，他向因病休养的胡乔木推荐曹操的《龟虽寿》一诗说，曹操诗云：

盈缩之期，不独在天。
养怡之福，可得永年。

此诗宜读。

1963年12月，他又写信给因病休养的林彪推荐《龟虽寿》，说："此诗讲长生之道的，很好。希你找来一读，可以增强信心。"

1970年3月，毛泽东提出了召开四届人大。在四届人大将要召开的时候，毛泽东提出了不设国家主席的建议。为了说服中央委员能够同意他的建议，不要在四届人大会议上再提设国家主席问题，毛泽东用三国时代的历史故事来启发与教育大家。毛泽东说："三国时，孙权劝曹操当皇帝，曹操说，孙权要把他放在火炉上烤。"接着，毛泽东又说："我劝你们不要把我当皇帝，你们也不要做孙权。"

1975年，毛泽东对北大女教师芦荻谈话时说：汉末开始大分裂，黄巾起义摧毁了汉代的封建统治，后来形成了三国，这是向统一发展的。三国的几个政治家、军事家，对统一都有所贡献，而以曹操为最大。司马氏一度完成了统一，主要就是他那时打下的基础。

在1976年的一次谈话中，毛泽东把曹操和孔子、秦始皇、朱元璋并列，认为他们都是对历史贡献巨大的人。这一年，毛泽东为了说明在实践中才能增长才干的道理，还举曹操没有上过大学的例子加以说明。

当然，毛泽东对曹操并非全盘肯定。他认为曹操的主要缺点有二：一是有时也优柔寡断。1966年3月，毛泽东在杭州的一次谈话中说：曹操打过张鲁之后，应该打四川。刘晔、司马懿建议他打。曹操不肯去，隔了几个星期，后悔了。二是不能严于律己。毛泽东曾经批评过曹操不能严于律己。《三国志》中的《武帝纪》说曹操"其令诸将出征，败军者抵罪，失利者免官爵"，毛泽东则在眉批中写下"赤壁之败，将抵何人之罪"一语，批评曹操对人严而责己宽。

豪放浪漫、现实主义的杰出诗人

毛泽东是伟大的革命家、政治家、军事家、思想家，同时又是独领风骚的诗词巨匠。毛泽东诗词想象丰富、气势磅礴、寓意深刻、意境高远，充满了革命的现实主义和浪漫主义精神，是中国革命和建设艰辛历程的艺术再现，弘扬了中华优秀传统文化和社会主义先进文化。毛泽东诗词是一个说不尽的话题，在当今时代依然彰显其光辉和魅力，是常读常新、常悟常新的传世经典。

对于诗人毛泽东来说，战争年代军事家才略触发了他的战斗诗情，和平建设年代政治家的才智则引出了他的一系列诗思。当我们阅读从1927年秋收起义到他1976年离世前的诗词创作时就不难发现，从诗词创作主体和主题来说，夺取政权阶段他是一位军事家诗人，夺取政权后他则成为一位政治家诗人。毛泽东诗词艺术风格具有鲜明的特点。

一是豪放大气。

也可以说，充满了革命的英雄主义、浪漫主义和乐观主义。但也还可以有个解释，叫作“霸蛮”。这是湖南人的方言，毛就是特别“霸蛮”。比如毛泽东诗词中好用大的字眼，名词如天啊山啊海啊，量词如亿啊万啊千啊之类的，平均每一首里不止一个“万”字。“看万山红遍”“万里雪飘”“一万年太久”“万类霜天竞自由”“粪土当年万户侯”“寥廓江天万里霜”“敌军围困万千

毛泽东在写诗

重”“飞起玉龙三百万”“万水千山只等闲”“万户萧疏鬼唱歌”“百万雄师过大江”……比较集中的如《渔家傲·反第一次大“围剿”》：

“万木霜天红烂漫，天兵怒气冲霄汉。雾满龙冈千嶂暗，齐声唤，前头捉了张辉瓒。二十万军重入赣，风烟滚滚来天半。唤起工农千百万，同心干，不周山下红旗乱。”

看看这气势，用了三个“天”、三个“万”、两个“千”，还不包括“冲霄汉”“红旗乱”“风烟滚滚”这样的大词，真是声色雄壮，文气浩荡，一泻千里，势若长江大河！

现在盛传的毛泽东16岁时写的《咏蛙》：“独坐池塘如虎踞，绿杨树下养精神。春来我不先开口，哪个虫儿敢作声？”这哪里是青蛙，简直就是一只老虎。

到了32岁，写了《沁园春·长沙》，“怅寥廓，问苍茫大地，谁主沉浮？”虽是一介布衣，但有问鼎天下之气势。

而且，毛泽东的这种胸襟和气魄是在斗争中不断发展和扩大的，比如说《元旦·如梦令》：“宁化、清流、归化，路隘林深苔滑。今日向何方，直指武夷山下。山下山下，风展红旗如画。”

这是1929年冬，“古田会议”刚刚结束，国民党便集中闽、粤、赣三省16个团的兵力来围剿红四军，为安全计，朱、毛分兵转移，毛所率部队多不过数千，而且弹尽粮绝，他们衣衫褴褛，生死未卜，但毛这时把生死置之度外，完全变成一个诗人了，以审美的眼光去看半山腰上的红军队伍逶迤而来，只觉红旗招展，风光如画。

还有一首《菩萨蛮·大柏地》：“赤橙黄绿青蓝紫，谁持彩练当空舞？雨后复斜阳，关山阵阵苍。当年鏖战急，弹洞前村壁。装点此关山，今朝更好看。”写彩虹的诗，没有能超过毛泽东的，有过农村或山地生活的人，一定会觉得这个场景很亲切，很生动。

再看《清平乐·会昌》，1934年秋，毛泽东久已被剥夺了一切实职，可以说是政治生涯的低谷。然而毛泽东却豪迈地唱道："东方欲晓，莫道君行早。踏遍青山人未老，风景这边独好。会昌城外高峰，颠连直接东溟。战士指看南粤，更加郁郁葱葱。"格调明朗，情绪阳光，毫无压抑感伤之状。这是毛乐观自信性格的自然流露。

毛泽东在逆境中的泰然心态，其实是以顽强的斗争精神为支撑的，而不断斗争的胜利，又激发了他更加豪迈的乐观主义。

二是想象浪漫。

毛泽东自己说："我的兴趣偏于豪放，不废婉约。"岂止不废，其实毛泽东的几首婉约之作都是上品。比如写给杨开慧的三首词《虞美人·枕上》《贺新郎·别友》《蝶恋花·答李淑一》，都很好地体现了毛泽东的浪漫的想象力。

《虞美人·枕上》是毛泽东的第一首词，写于25岁那一年，也是他的第一首情诗，这是毛泽东毕生创作中唯一没有政治色彩，表达个人情感最为纯粹的作品。是写给新婚妻子杨开慧的，新婚不久骤然别离，长夜难眠，辗转反侧，毛泽东的炽热、深情、真挚，在其中得到了充分体现。"堆来枕上愁何状，江海翻波浪"。所谓愁是一种心境，一种情绪，莫可名状，最难形容，但毛词是言其形，形象清新，想象别致，俨然又一婉约名句。

1959年6月27日，毛泽东在长沙蓉园接见李淑一

时隔5年，毛泽东正值而立之年，在国共两党中，或身居要职，或崭露头角，正是一代才俊，任重而道远，但为了革命大业，他不得不抛妻别子，出门远游，一方面是娇妻稚子的温馨小家，一方面是凶险莫测的茫茫征程，毛泽东选择后者，但离别之痛、后顾之忧却油然而生，千言万语汇成了一首《贺新郎》。"挥手从兹

去。更哪堪凄然相向，苦情重诉。眼角眉梢都似恨，热泪欲零还住。”临别之际杨开慧那幽怨的神情深深地铭刻在毛泽东心中，或许杨开慧也有预感，一次普通分手，可能变成永诀。“汽笛一声肠已断，从此天涯孤旅。”真是一语成谶，终身追悔莫及。“人有病，天知否？”有点天人感应的意思，使毛泽东为婉约派又贡献了一首杰作。

毛、杨之间的这种深厚感情和神奇感应，经过30多年的酝酿和发酵，终于又诞生出了他写给杨开慧的第三首词《蝶恋花·答李淑一》：

我失骄杨君失柳，
杨柳轻飏直上重霄九。
问讯吴刚何所有，
吴刚捧出桂花酒。
寂寞嫦娥舒广袖，
万里长空且为忠魂舞。
忽报人间曾伏虎，
泪飞顿作倾盆雨。

这时的毛泽东早已从儿女情长、生离死别中超脱出来了，他把一杯人间的苦酒酿成了一场漫天花雨。“杨”字前面加一“骄”字，章士钊曾问毛泽东“骄杨”二字何解，毛泽东答曰：“女子革命而丧其元，焉得不骄？”沉重的历史已成往事，革命的英烈却羽化登仙，成为寻访月宫的客人，这是何等壮丽、壮阔的景象！以万里蓝天为背景，以千朵祥云为舞台，寂寞嫦娥长袖善舞，以慰忠魂，这种想象浪漫不羁。然而真正的高潮还在最后，其情绪、意境陡然间由凄清、凄美转向了热烈、放纵，一腔深情化作豪雨，告慰天下。可以说，这首词出于婉约而又超越婉约，前婉约而后豪放，集婉约和豪放于一身，是千年婉约派中的一声别调。

三是文采华美。

毛泽东看重文采，追求文才，他写文章追求“神气”，追求“光昌流丽”，他写诗词亦如是。

两首《沁园春》是毛泽东诗词中气韵兼胜的代表之作。《沁园春》的上阕：

独立寒秋，
湘江北去，
橘子洲头。
看万山红遍，
层林尽染；
漫江碧透，
百舸争流。
鹰击长空，
鱼翔浅底，
万类霜天竞自由。
怅寥廓，
问苍茫大地，
谁主沉浮？

北国风光，
千里冰封，
万里雪飘。
望长城内外，
惟余莽莽；
大河上下，
顿失滔滔。

山舞银蛇，
原驰蜡象，
欲与天公试比高。
须晴日，
看红装素裹，
分外妖娆。

这两个半阕都何其色彩明丽，形象生动，气势磅礴，文辞华美。但细观之下，又各有不同。前者体现了青年毛泽东对世间万物充满了探索和好奇之心，后者则反映了中年毛泽东将个人和民族命运结合在一起并握于股掌之中，雄视天下，这时候看世界就观其大略，变成了粗线条。

几个七律中的颔联和颈联也表现了这个特点。

“云横九派浮黄鹤，浪下三吴起白烟。”（《七律·登庐山》）

“斑竹一枝千滴泪，红霞万朵百重衣。”

“洞庭波涌连天雪，长岛人歌动地诗。”（《七律·答友人》）

诗中是名词对名词，动词对动词，量词对量词，色彩对色彩，对得工整漂亮，用毛泽东自己的话来说就是“光昌流丽”，他喜欢用这个词来形容文章写得漂亮。

这是一种文雅华丽的，还有一种就是口语传神的。比如：“齐声唤，前头捉了张辉瓒。”把敌酋师长的名字直接写到词里，不禁让我们想起辛词“试问天下谁敌手？曹刘。生子当如孙仲谋”。而且行军队伍中一片欢腾声如在耳畔，颇有神韵。再比如：“收拾金瓯一片，分田分地真忙。”如话桑麻，声声悦耳。再比如：“俏也不争春，只把春来报。待到山花烂漫时，她在丛中笑。”娓娓道来，质朴动听，虽如白话，但气韵生动，意境高妙。

因而，毛泽东是一流诗人，他能古为今用。

他完成了古典诗词的现代转型，把中国古典诗词用来反映当代生活，反映无产阶级革命斗争，这几乎是毛泽东一个人完成的，而且完成得非常杰出和自然。可以毫不夸张地说，经过艺术创新，他的诗词已然成为中国古典诗词的最后一座高峰和传统文化向现代文化转型过渡中的一座重要桥梁。毛泽东诗词中的许多名篇名句，已经成为中华文化长河中的瑰宝和当代中国人耳熟能详的警句格言。已经成为毛泽东巨大精神遗产中的重要组成部分，深刻地影响了几代中国人。

四是在诗词中，毛泽东实现了诗史合一。

从毛泽东1918年写下《送纵宇一郎东行》明确表明革命心志，到1949年写《人民解放军占领南京》，30年恰巧有28首诗词，正好对应和记录了毛泽东开创和领导的28年武装斗争。他用自己大气磅礴的、瑰丽多姿的、文采风流的诗词创作，有意无意地记录了自己领导的艰苦卓绝的、惊天动地的、波澜壮阔的、翻天覆地的斗争历程。毛泽东是用诗写史，也是以史写诗，正事写史，余事写诗，诗史合一，真是千古一人，既前无古人，肯定也是后无来者。

一位外国友人曾这样评价毛泽东：“一个诗人赢得了一个新中国。”毛泽东不仅“赢得了一个新中国”，而且还留下了许多影响深远的诗词。柳亚子称赞毛泽东诗词是“推翻历史三千载，自铸雄奇瑰丽诗”；他在读了《沁园春·雪》之后赞叹道：“才华信美多娇，看千古词人共折腰”；元帅诗人陈毅评价毛泽东诗词是“妙语拈来着眼高，诗词大国推盟主”；郭沫若在读了毛泽东诗词后填词称赞毛泽东：“经纶外，诗词余事，泰山北斗”；毛泽东诗词研究的开创者臧克家说“毛泽东诗词是一个说不尽的话题”。

1961年，毛泽东在庐山

毛体书法，唯我独尊

毛泽东是一位杰出的书法家，它独创的“毛体”字享誉国内外，在中国书法史上独领风骚。

毛泽东8岁进私塾，对毛笔字的书写产生了极大的兴趣，自此与翰墨结下不解之缘而成为当代书法巨匠。

秋收起义后，毛泽东率部来到江西永都县，贺子珍和父亲知他喜欢书法，习惯用毛笔起草文件和书写文稿，就经常给他购买笔墨纸砚准备着。毛泽东喜欢用毛笔和铅笔。在江西和福建做调查和记录时他大多用铅笔，而起草文案、书写材料时则一律用毛笔。毛泽东对毛笔及墨、砚、纸“文房四宝”特别爱护珍惜。他常说：“我用‘文房四宝’要打败国民党四大家族。”

贺子珍经常和毛泽东一起切磋书法技艺，毛泽东说：“字要写得好，就得起得早；字要写得美，必须勤磨炼；刻苦自励，穷而后工，才能得心应手。学字要有帖，帖中要发挥。”毛泽东主张习字要有体，但不一定完全受一种体的限制，要兼学并蓄，广采博收，有自己的创新，自己的风格特点，要能适用，雅俗共赏，才能引人入胜。

他兼学并蓄广采博取。毛泽东在学习书法过程中，研究学习的范围很广。红军长征时期他在遵义县北的娄山关，见一石碑上刻的“娄山关”三字不仅写得苍劲挺拔，而且石工刻得也如眼前峻峰峭壁，堪称佳作。毛泽东在这块石碑前停留良久，感叹再三，他反复揣摩，不断用手比画运笔，嘴里说着：“可惜这碑不知出自哪朝哪代哪位名家之手啊！”他问陈昌奉等：“娄山关‘刻碑’做什么用呢？”同志们答不上来。毛泽东解释说道：“关乃要塞重地，是出入的通道，因此常以碑柱碑石为界，区分和标志地名。”

毛泽东一生戎马倥偬、日理万机，实在没有太多的时间留心书法，但他深厚的学识积淀和超群的才华志向，使他的艺术气质和中国书法抒情的本质特征完美融合，形成了恣肆雄浑、洒脱无羁的艺术风格。草书意多于法，最少束缚，不仅是中国书法艺术的最高境界，也是中国书法中最能表现人之激越性情的一种艺术形式。因此，与其说毛泽东选择了草书，毋宁说草书选择了毛泽东。

1949年进京之后，毛泽东对书法的爱好与日俱增，主动开始了对书法艺术尤其是狂草的艺术追求。他的书房置放各种法帖，以便时常阅读。20年间，所存草书拓本及影印本碑帖有600多种，看过的也近400种，出访苏联时，还以《三希堂法帖》自随。

由楷书、行书移情到草书，是毛泽东书法艺术在当时的发展趋势，也是其走向成熟的重要标志。为了更突出笔墨之意，他用笔由小狼毫改换为长锋羊毫，为了探索草书的奥妙，他披阅古今各种草书字帖，吩咐秘书将自藏的从王羲之到于右任历代草书大家字帖找出来学习，并向北京故宫博物院借阅各种草书作品。1959年，毛泽东闲暇时用草书写自作诗词、鲁迅诗歌和古诗词，一写再写，留下了大量的草书墨迹。

他的狂草，独创一格，具有鲜明的时代特色和艺术个性。

以狂草出名的怀素，被后人尊为“草圣”。田家英说过：“毛泽东的字是学怀素的，写起来很有气魄。”这话有一定道理，但并不充分。毛泽东的狂草作品，行笔用墨，极为精熟，有重有轻，字又奇大奇小，带有很强的节奏感，具有震人魂魄的艺术力量。

正是这些毛体狂草，把中国草书艺术推向了时代的也是历史的巅峰，令人叹为观止，堪称空绝千古。以怀素、张旭为代表的唐代狂草，笔势虽狂放不羁，惊心动魄，恣意昂扬，挥洒自如，但其艺术思想则显现出相当的脱离实用、脱离人民的特征。这与毛泽东书法很好地驾驭了艺术性与实用性、先锋性与人民性这些重大矛盾，是不可以相提并论的，这正是怀素等狂僧酒徒素所不备的强大特征。

草书除了草法难掌握外，更难的是通篇布局。毛泽东草书的可贵之处是对通篇气势的驾驭能力。他的狂草最鲜明的特色是通篇气象恢宏、汪洋恣肆、纵横捭阖、虎视鹰扬。特别是其书于20世纪50年代末60年代初是毛泽东草书创作的高峰期。这一阶段，他的草书作品，笔意奔放、气势畅达、开合聚散、变化莫测。自书诗词《清平乐·六盘山》《忆秦娥·娄山关》《七律·长征》《采桑子·重阳》等作品为其代表作。军事家、战略家毛泽东用兵如神，善于运筹帷幄，驾驭全局。字如其人，在书法上他也

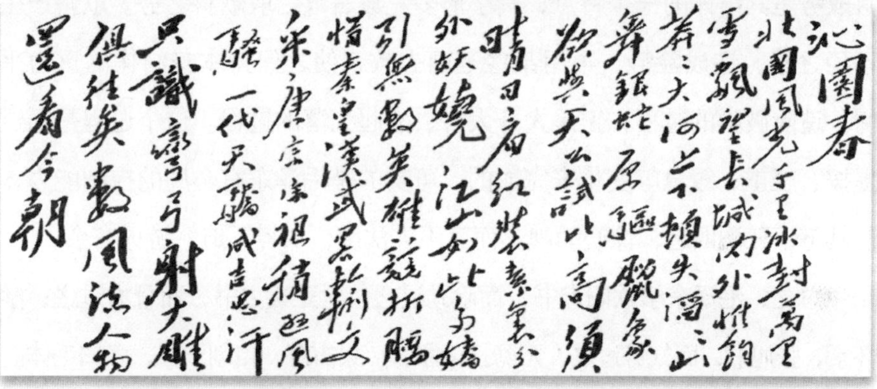

毛泽东两首词的草书

显示出谋篇布局的高妙。书法与兵法有相通之处，前人论书，多与论兵并提。如明代项穆在《书法雅言》中所说：“夫字犹用兵，同在制胜。兵无常阵，字无定形，临阵决机，将书审势，权谋妙算，务在万全。”书法，尤其是狂草，对毛泽东而言，虽然是调养身心抒发情感的手段，但是在其笔下却显示出“兵无常阵，字无定形”的谋篇布局特征。他等笔阵于军阵，泳墨海如沧海，形体灵活多变，对通篇布局的宏观驾驭，着眼于总体战略而不拘泥于一城一池之得失，自由烂漫而毫不顾忌胶柱鼓瑟之成规，是一般书家想不到也做不到的。

就结体而言，毛泽东是造“险”破“险”的高手。正如他的诗所言“无限风光在险峰”，他的笔探的是险处的瑰奇，追求的是动态的美。欹斜取势是其结体的一个特点，其字形多左放右敛，取欹斜之势。欹斜产生不稳之感，造成险势，再用某些笔画去救，使之保持本身结构的重力平衡。造险破险的过程，正是大开大合、大起大落的过程。这个过程是通过提按、轻重、缓急等变化来完成的。可贵的是毛泽东有全局的控制能力，使其笔下狂澜四起，惊心动魄，而又不失法度，从容不迫，游刃有余。

总之，毛泽东学欧阳询书，而险劲过之；学王羲之书，而骨力过之；学怀素、张旭书，而气势过之。乃隐括诸家，广集古意，自创一格，名曰毛体。

毛泽东是真正的草书王。有学者指出，他尤其是中国行草书的集大成者。中国书法界将王羲之的行楷、张旭的狂草、怀素的小草及毛泽东的行草并称为中国书法艺术“四绝”，亦称中国草书发展的四大“里程碑”。的确，毛泽东在长期革命生涯中独创的大气天成、雄视万里、开天辟地的现代行草经典，是中国草书发展历程中最重要、最高大、最挺拔的一块“里程碑”。

历史已经证明，毛泽东是中国书法史上最强烈的个性之王，他的书法创作彰显着他压倒一切而不被一切所压倒的强烈个性，激励着后人向着超越古人、今能胜古、创新不已的大道上勇敢前进！

十　疾恶如仇的反腐铁腕

在中国共产党发展壮大的历史进程中，毛泽东始终高度重视反腐倡廉工作，留下许多彪炳史册的成功经验和宝贵精神财富。

开天辟地，建设瑞金苏维埃政府

早在苏维埃政府时期，毛泽东就十分痛恨贪官污吏，主张建立人民的廉洁政府。

中国共产党就是从瑞金开始建立自己的政权，从此开始了翻天覆地的解放中华民族、建立新中国的伟大创举。

瑞金市位于江西省东南边陲，武夷山脉西麓，与福建省长汀县相邻。瑞金之名始于904年，古时这里盛产沙金，并设置淘金场，黄金为瑞气盈门，故名“瑞金”。瑞金是享誉中外的“红色故都”、共和国摇篮、中央红军长征出发地。

瑞金在中国革命历史上曾经写下了光辉灿烂的一页，有着重要的历史地位。她是中国第一个红色政权——中华苏维埃共和国临时中央政府的诞生地，第二次国内革命战争时期中央革命根据地的中心，是驰名中外的红军二万五千里长征的出发地之一。

“红都”这个光荣的称谓起源于20世纪30年代初，毛泽东、朱德等老一辈无产阶级革命家在瑞金进行伟大革命实践和红色政权建设探索的光荣历史。1931年11月7日至20日，酝酿了近两年时间，第一次全国苏维埃代表大会，在瑞金的叶坪隆重召开，大会向世界庄严宣告中华苏维埃共和国临时中央政府正式成立，定都瑞金，成为全国苏区的政治、经济、军事和文化的中心。毛泽东当选为临时中央政府主席，大会还通过了中华苏维埃共和国宪法大纲等决议案，自此，我们党领导的红色政权正式以国家形式出现。

中华苏维埃共和国临时中央政府，是中国共产党领导下第一个劳苦大众当家做主的政权，是中华人民共和国的伟大预演。

中央政府驻地从选址上，就注意了廉洁与高效、实用的特点。并没有大兴土木，劳民伤财之举。

中央政府驻地先后在叶坪、沙洲坝、云石山，是受控于当年的战争环境和社会经济条件。

苏维埃政府旧址多为公共祠堂、庙宇，部分为没收地主庭院，罕于新建。因陋就简是中央政府倡导的一项基本工作方法，在整个红色都城的体系中居于主导和核心地位，是中央政府正常运行和赢得民心的基础。在叶坪，召开“一苏大会”后改为临时中央政府办公场所的谢氏宗祠，毛泽东养病的东华山古寺，云石山“云山古寺”等中央政府驻地，中共中央分局、中央政府办事处所在地梁氏宗祠、沙洲坝六届五中全会会址“福主庙”，均为公共祠堂、庙宇。其中，中共中央局下肖旧址，中央执行委员会、中央人民委员会旧址元太屋等均为地主的庭院。在100多处革命旧居旧址中，仅有六处为中央政府设计兴建的，五处为纪念性建筑。中华苏维埃共和国第二次全国代表大会会址——临时中央政府大礼堂位于沙洲坝，其他分布在叶坪红军广场的红军检阅台、红军烈士纪念塔、红军烈士纪念亭、公略亭、博生堡，这些难得的建筑被誉为新中国建筑事业的萌芽。这些现象，不仅反映了当时根据地经济的困难，更多的是体现了苏维埃政府最大限度地代表了人民的利益，绝不劳民伤财，绝不铺张浪费、脱离群众，使苏区人民耳目一新，从而树立了苏维埃政府的威信。

中央政府驻地的先后布局，是为了工作方便的一个特殊的环境。叶坪、沙洲坝、云石山，这些中央政府驻地的选择，近的相距6公里，最远的也只有19公里，也各具其特点。这一切不但为当时苏区的政治、经济、军事形势所左右，而且为政府的廉洁高效提供了条件，也平添了红都的神秘色彩。

以姓聚居是中央政府驻地分布的基本特色。以谢姓聚居的叶坪村、以杨姓聚居的沙洲坝村、以梁姓聚居的云石山，经过革命洗礼的瑞金客家人，不仅勤劳勇敢，团结互助，而且具有坚定的革命信念，加上"三年两不收，还有余粮下赣州"的优越生存环境，这些也是中央政府定都瑞金的可靠保证。

中央政府在充分挖掘新的驻地资源优势时，比较注重原有驻地资源的利用，充分调动各地群众参与苏维埃建设的积极性，成为中央政府变迁时的一项重要工作。例如1933年4月，迁驻沙洲坝后的中央政府，同年6月，先后在叶坪谢氏宗祠召开中央苏区八县以上苏维埃政府主席等负责人的查田运动大会、八县贫农团代表查田运动大会。作为第二次全国苏维埃代表大会献礼工程的五大建筑，也都选择建在了叶坪红军广场，共同构成了第一个红色都城的有机部分。中央政府所在地在某种程度上，集中体现了民众的拥护与鱼水情深。建立和保持良好的干群关系的重要性，随着中央政府驻地变迁，得到进一步的认同和强化。

建立健全各种财政制度，堵塞漏洞。

苏维埃政权建立初期，财务制度不健全，会计工作把收钱、管钱、用钱机关混在一起，没有公开，也没有彼此之间的相互监督和制约。这就给贪污浪费和经济舞弊造成可乘之机。为规范财政管理，1931年12月，临时中央政府颁布了《中华苏维埃共和国暂行财政条例》。该条例共14条，规定了苏区财政收入缴交、支出实行严格的预算和决算，严格履行领款程序和实行统一的簿记制度等。接着，人民委员会发布《统一财政编制预决算制度》（财字第二号）训令，中央财政人民委员部接连发布了《目前各级财政部的中心工作》（财字第六号）训令、《统一会计制度》（第十二号）训令和《为统一财政收据防止舞弊》的第七号布告。1932年9月13

日，中央财政人民委员部在第六号训令中强调："各级政府必须按照中央颁布的条例坚决执行，不按照财政系统，依照财政手续，无论任何机关，都不准给一个钱。对于随便提款及随便付款都必须予以严厉处分。"

确立了财政统一原则后，临时中央政府着手各项财政制度的建设。

为了切实贯彻执行财政条例，落实临时中央政府关于统一财政的训令，1932年2月人民委员会发布第五号命令，责令各级政府切实执行工作检查，并且特别强调，各级政府一定要检查财政统一是否得到切实执行，其执行的程度如何，在执行过程中出现什么障碍，在统一财政中是否发现隐蔽、贪污等情形。规定3月1日至31日为检查期限，并要求各级政府要绝对执行这一命令。临时中央政府派财政委员会委员毛泽民去巡查江西省的财政工作。3月1日，人民委员会举行第八次会议，听取毛泽民的巡查报告，根据他的汇报作出了如下决定：积极培养财政人才；严办政府工作人员中的贪污分子；发一布告，号召群众监督各级政府经济，把各级政府办的合作社转交给工农群众接办，并通过了政府工作人员有关经费使用问题的规定。

遵照人民委员会的指示精神，各苏维埃地区都进行了财政检查和整顿。1932年3月，福建省第一次工农兵代表大会通过并公布了财政纪律处分。同年9月7日，福建省苏维埃政府又发出第三十号通令《统一财政造具名册按月发给行政费》，作出如下规定：各级政府一切收入（无论是税收或打土豪罚款等），必须一点一滴按月按级缴来省苏，如有隐匿不缴或未经批准擅自动用者，必予以严厉制裁，不按照时限造预决算的决不发款，收入仍一样要照缴。1932年5月，湘鄂赣省委邓希之等三人负责检查省委财政工作。经过检查，发现以前账目一塌糊涂，诸如手续不清、收支没有单据、重报多领、流水账对不上总数等情况较为普遍。针对这种情况，省委作出了《统一全省党的财政决议案》，逐步完善了财政管理制度。

中央审计委员会旧址：瑞金云石山

建立审计制度，杜绝贪污浪费。

1934年2月，第二次全国苏维埃代表大会决定成立中央审计委员会，任命阮啸仙为中央审计委员会主任。

中央审计委员会成立后，开展了大量审计工作。

1933年12月5日出版的《红色中华》报载：“据中央审计委员会报告：十月份中央总务厅预算浮支五千元之多，总卫生部十月份预算载后方医院及工作人员，人数与实际所有数相差很远，瑞金县苏维埃政府每月仅灯油费一项达一百二十元之多，其他不少的苏维埃机关及军事机关浮支浪费的事亦时常发生。这证明浪费现象现在差不多是普遍地存在着。”中央审计委员会与工农检察部一起，对中央总务厅和瑞金县苏维埃政府财政部等单位进一步进行审计核查，发现中央总务厅管理处处长左祥云等贪污案件，进行了严肃查处。

1934年3月，中央审计委员会审查了中央革命互济总会和中央反帝拥苏总同盟经费收支情况，发现互济总会的财政开支有“拿救济费做机关开支”“会费一塌糊涂”“各种捐款没去检查”“开支项目不适当”等问题；发现反帝拥苏总同盟没有对各地会员所缴交的会费进行清理，“只靠中府津贴和红军月费来开支。最近才检查出粤赣省门岭县一个区主任贪污三十多元，西江一个区主任贪污了十六七元，砂星区一个区主任贪污三吊多钱，又前主任贪污百多毛，都是贪污了月费。”中央审计委员会责成中央革命互济总会要“建立各级会计制度，收款支款和经手的救济款项，都要有详细的计算和检查”；要求中央反帝拥苏总同盟“应做到停止政府津贴，实行经费自给”。

阮啸仙（1897—1935）

同月，中央审计委员会审查了一批国有企业的收支情况，发现中央印刷厂“有支出预算，无收入预算”；邮政总局对该局邮务工人自动节省上交的经费，“竟不知共有多少，缴交到了何处”；中央造币厂“对于国币的铸费多少？合算不合算？厂长全然不知”。粮食调剂总局与贸易局以前未分开核算，两局账目混在一起，没有建立预决算制度。中央审计委员会通过审计，要求各国有企业加强管理，切实转变领导作风，改进存在的问题，将国有企业办好。

审计工作的开展，有效地促进了苏区党政机关和企事业单位经济管理和行政管理的改善，遏制了贪污浪费和官僚主义作风的蔓延。

举办学校和训练班，提高各级干部素质。

中央苏区时期，苏维埃各级干部和红军指挥员大都是工农出身，文化素质和领导水平普遍较低。发展苏区教育事业，大力提高各级干部的文化知识水平和思想觉悟，成为党和苏维埃政府的重要任务和奋斗目标之一。中央苏区的干部教育，主要采取办干部训练班和干部学校的方式，来培养各级各类干部人才。

办训练班是苏区干部教育最常见的形式。干部训练班最大的特点是配合中心任务，理论联系实际，形式灵活多样，时间短、解决问题快。训练班一般是按系统、分层次举办的。中央组织局规定：省委举办的干部训练班，主要任务是培训县一级干部、省巡视员、县委训练班的教员和区级主要干部。训练科目有政治常识、党的建设、苏维埃建设和实习及社会工作。训练时间为4个星期，上课24小时，自修120小时。

县委训练班，主要任务是培训、提高区级干部、支部流动训练班的教员和主要支部的书记。科目有党员须知的解析区委怎样领导支部、支部如何开展工作、苏维埃运动基本工作、怎样在地方武装中工作、工会工作等。训练时间为3个星期，每天上课6小时，共108小时。

训练班学员一般都要求具有一定的工作实践经验，有一定文化基础的身体健康的中青年。教学内容切合革命斗争的实际需要，学习时间多则3个月，少则三五天，短期速成不拘形式，因陋就简。这种灵活的训练办法，为快速培训大批干部发挥了积极的作用。

干部学校是苏区干部教育比较正规的方式。中央苏区形成后，干部学校教育得到较大的发展。规模较大的中央干部学校有苏维埃大学、马克思共产主义大学、中央列宁团校、高尔基戏剧学校、中央农业学校、商业学校、银行专修学校、地方苏区干部学校、中央红色医务学校等。

江西省苏维埃政府于1933年8月31日发布第四号命令，决定创办江西省苏维埃干部学校。该校于1933年9月17日开学，招收学员360人（其中女学员占三分之一），分设6个班，每个班60人。学员在校学习时间共33天，计144课时；学习课目分三种：政治课、专修课、常识课。学员毕业后，由省苏维埃政府各部按照实际情形，分配到各县工作。

中央马克思共产主义学校。其前身是1932年春创办的中共苏区中央局党校。任弼时兼任校长，重点培养县、区级干部。1933年3月13日，在中共苏区中央局党校的基础上，正式创办中央马克思共产主义学校（亦称中央党校）。

中央马克思共产主义学校校址，洋溪村满太屋刘氏私祠

这是中国共产党在中央苏区创办的第一所正规的中央高级党校。校址初设瑞金县叶坪洋溪村，后迁至瑞金县下肖区（今瑞金市沙洲坝镇）黄竹堪下新厅村，1934年7月再迁至瑞金田心乡（今属瑞金云石山乡）社公背侣玉公祠。第一任校长任弼时，副校长杨尚昆。后由张闻天兼任校长，董必武任副校长，罗明任教育长。

学校内设三种类型的训练班，即：新区工作人员训练班、党政工团干部训练班、高级干部训练班。学习课程因班而异，主要有：马克思列宁主义基本原理、党的建设、苏维埃建设、工人运动、中共党史、联共（布）党史、西方革命史、地理、自然科学常识等。许多课程都请中央负责同志讲授。如毛泽东讲授苏维埃运动史，任弼时、邓颖超讲授中共党史，博古讲授联共（布）党史，陈云讲授职工运动史，顾作霖讲授少共史，董必武讲授西方革命史，周恩来、朱德、刘伯承、李德讲授军事课，张闻天、刘少奇也常到校讲授有关课程。

党校的教学方法以自修为主，讲授为辅。学习期间，均安排学员到苏区各地参加社会实践和调查研究。

在中央党校学习时，学员们都是过着艰苦的生活。曾在中央党校第二期学习过的李宽和回忆说：

“学校的生活很艰苦。教室是借用的民房和祠堂。板凳、桌子也是从老百姓家里借来的。我们就坐在这些借来的长凳上看书、做笔记，大家总是聚精会神地听讲，除少数教材是铅印外，大部分都是油印，很多字看不清楚，但大家毫无怨言。

“吃‘小包饭’的情景更感人。大家互相关心，相互体贴，总要把自己那份‘小包饭’从自己的饭碗里拨出一些给饭量大的同学。大家相互推让，谁也不愿多吃一口。这种互相关心互相照顾的精神，使每个人感到革命集体的温暖，把大家更紧密地联结在一起，为争取前线的胜利作贡献。那时由于敌人的经济封锁，还有一个比缺粮食更困难的事，就是吃盐极困难。当时一块银洋只能买到一两咸盐，有时用硝盐（有苦味）代替咸盐。生活可谓艰难至极，但我们始终相互关照，充满革命乐观主义精神。学习之余开展各种活动，校园里随时可听到欢快的歌声。”

沈泽民（1902—1933）

苏维埃大学，又称国立沈泽民苏维埃大学，以纪念因病逝世的中共鄂豫皖省委书记沈泽民。

苏维埃大学是1933年8月16日中央人民委员会第四十八次常会决定开办的，以培养苏维埃高级干部为宗旨。由毛泽东、沙可夫、林伯渠、梁柏台、潘汉年等组成苏维埃大学委员会，毛泽东亲任校长，沙可夫（中央教育部副部长）任副校长。1934年2月后，校长、副校长分别由瞿秋

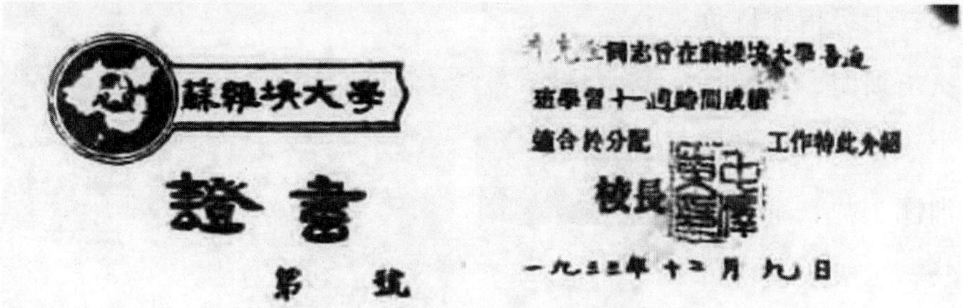

苏维埃大学毕业证书

白、徐特立继任。校址选在瑞金沙洲坝中央政府大礼堂附近的黄土岗上，校舍全部新建，但都是干打垒的茅屋房。

苏维埃大学从1933年9月开始招收学员，先后共招有1500余名，分特别班和普通班。

党和苏维埃政府领导人毛泽东、张闻天等，对苏维埃大学的教学工作十分重视和关心。为给苏维埃大学准备教材，毛泽东亲自做长冈乡调查和才溪乡调查，并在此基础上总结两个乡苏维埃政府工作经验，写出《乡苏怎样工作》一文，在苏维埃大学向学员演讲。张闻天以毛泽东为榜样，在调查研究基础上，也写出《区苏怎样工作》一文，在苏维埃大学演讲。苏维埃中央政府其他领导人，都分别到苏维埃大学授课。

红军大学，又称红军郝西史大学（纪念苏联红军将领郝西史），由原中国工农红军中央军事政治学校上级干部队为基础扩大而建成，校址设在瑞金大埠乡。

红军大学由何长工任校长兼政治委员。1934年2月，何长工调任粤赣军区司令员兼政治委员后，由周昆代理校长，徐梦秋代理政治委员。1934年6月，张宗逊任校长兼政治委员，同年9月彭雪枫任政治委员。校政治部主任徐梦秋，教育长周昆，校务部长杨至诚。

红军大学下设4个科：高级科负责培训师、军、军区级以上的军政干部；上级指挥科负责培训团、营长；上级参谋科负责培训团、师、军参谋长；上级政治科负责培训团政治委员、营教导员。宋任穷、程子华、李天柱、唐亮、刘道生、曹里怀、苏静等，都曾是红大学员。

红军大学校址为瑞金县城西门外的杨氏宗祠

红军大学专职教员有萧劲光、周士第等，兼职教员有瞿秋白、李弼庭等。

毛泽东、朱德、周恩来、任弼时、王稼祥、董必武、刘伯承、贺昌、邓小平等，都曾到红大作报告或讲课。

红军大学先后共办4期，每期200人。第四期未及毕业，即编入红军野战军干部团上级干部大队，于1934年10月参加长征。

苏维埃政府十分注重反腐败斗争，从制度入手，加强纪检，对犯罪分子坚决予以严厉惩处，开创了廉洁自律的新风。

在苏维埃共和国成立时，中央临时政府立法机构先后颁布了《惩治反革命条例》《中华苏维埃共和国司法程序》《革命法规条例》等法律法规。1932年2月19日，临时中央政府决定成立临时最高法庭，代理行使最高法院职权，并委任何叔衡为最高法庭主席；同时苏区基层政权单位设立裁判所，代行地方各级法院职权。为了提高苏区的司法运作效率，中央苏区还专门设立了工农检察部，由毛泽东提议，何叔衡出任工农检察部部长。何叔衡上任后，即以崇高的使命感和严肃认真的工作作风开始对苏区范围的党政干部、党群关系、违法乱纪、官僚特权等现象展开深入的调查。调查的结果让何叔衡深感震惊，根据调查掌握的材料显示：有相当一部分县、区政府腐败浪费现象非常严重。1932年，江西省工农代表大会曾做这样的描述：过去各级政府的浪费情形实在惊人，乡每月可用数百元，一区可用数千元，一县甚至用万元以上。贪污腐化更是普遍，各级政府的工作人员随便可以乱用隐报存款，吞没公款，对所没收来的东西私自占有等。

新生苏维埃政权出现的这些腐败现象严重腐蚀党的肌体，影响到苏维埃政权的稳固。何叔衡感到事态严重，立即向中央领导人报告了调查情况。毛泽东等领导人高度关注，决定加强工农检察部的工作。

当时新生的苏维埃共和国临时中央政府各部工作人员都很少，连部长在内只有几个人，中央政府工农检察部却有七八十个干部，是临时中央政府的一个大部。为了加强检举监督力度，调动苏区群众参与反贪反腐的积极性，何叔衡接受司法部副部长梁柏台的建议，报请中央临时政府批准，在中央工农检察部增设了控告局。随后，在中央苏区苏维埃共和国的各级政府、各机关单位、各村、各街道和路口到处可见苏区专门设置的

何叔衡

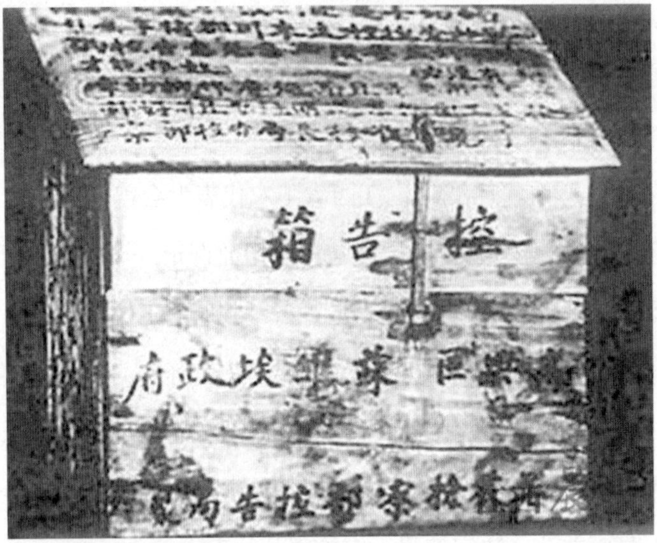

中央工农检察部设置的控告箱

一种特制的木头箱——控告箱。控告箱主要用来宣传动员苏区群众参与反贪反腐运动，要求群众所写的控告意见书必须署本人的真实姓名，并强调苏维埃的公民无论任何人都有权向控告局控告。这些控告箱的设置显示出苏维埃政权惩治腐败的决心，极大地鼓舞了苏区工农群众积极参与检举揭发腐败分子并与其做斗争的信心和勇气。

1932年2月，中央苏区政府第八次会议作出决定，对于政府工作人员中的贪污分子进行严办，号召群众检举揭发驱逐政府中的贪污分子。中央苏区的反腐败斗争就此拉开了帷幕。一天，瑞金县苏维埃裁判部收到了一封举报信，检举了叶坪村苏维埃政府主席谢步升的一系列贪腐行为。信中说，谢步升曾在南下途中将一名生病掉队的军医杀死，然后非法占有其金戒指、毡毯等物；偷盖苏维埃中央政府管理科的大印，伪造出入苏区的通行证等证件，私自贩运水牛到白区出售，每头牛获利大洋3元。何叔衡看了检举信后，立即成立专案组调查谢步升案。

适逢专案组调查谢步升期间，有一妇女来到瑞金县苏维埃裁判部，找到审判员谢正平。谢正平一眼认出来者是叶坪村谢深润的老婆朱秀秀，忙招呼她坐下。朱秀秀见无外人，边哭边倾诉自己的不幸遭遇。没想到，朱秀秀要检举她的情夫谢步升杀人案，被害者是她丈夫谢深润。

在叶坪村百姓的眼里，谢步升是个很善钻营、聪明透顶的人。他自幼家贫，12岁时就给地主打短工。1929年，年届30岁的谢步升参加了杨金山领导的工农武装暴动队，并一度成为云集暴动队队长。不久，面对险恶的形势，谢步升不辞而别，转而做起了贩运货物的生意。因为根据地内必要物资与白区物资存在差价，而当时中央苏区群众300余万人，每年要吃900多万元的食盐，要穿600万元的布，这让谢步升看到苏区隐藏的商机。于是，头脑灵活的他很快就协同几个人干起了“红”“白”区物资贸易的生意，并从中大发横财。

1930年，随着“打土豪、分田地”运动的高涨，谢步升忽又抛开生意参与到打土豪、分田地的斗争中。由于他斗争积极，被吸收加入中国共产党。随后，他又被推举担任村苏维埃政府主席。谢步升的个人声望也由此水涨船高。他与临时中央政府和红军的领导人常有接触，逐步得到苏区领导的赏识。1931年，中央苏区红军连续打破了国民党军队的第二、第三次“围剿”后，红军队伍大幅增加。苏区政府物资需求量也随之加大，苏区一时物资紧缺。谢又开始搞投机买卖，并偷盖公章，贩卖紧缺物资。

同村的谢深润是谢步升做生意时的老搭档，两人感情甚笃。谢步升回家参加打土豪时，谢深润继续在边境地区贩盐、贩米。在此期间，谢步升伙同中央政府总务厅供应处副处长钱丽萍给谢深润私开路条，供其从白区贩卖粮食和食盐到苏区，所得利润两人平分。谢深润家里有了积蓄，便在本村买下两亩薄田耕种，并仍做贩运生意。叶坪村成立苏维埃政府后，苏区开始丈量田地划分阶级成分。群众根据谢深润的家庭状况要给他定富农，而谢步升凭着手中权力，硬将谢深润定为中农。这样谢深润不仅保住了田，还分得了一些土地和生产工具。受到恩惠的谢深润一家对谢步升自然感激不尽。

朱秀秀比丈夫谢深润小了近10岁，体态丰腴，颇有几分姿色。为报答谢步升，朱秀秀经常做些好菜备上酒邀请他来家里吃饭。哪知，一来二去，谢、朱两人竟勾搭成奸。很快谢深润发现两人奸情，并扬言要去告发谢步升。事发后，谢步升去找瑞金县委组织部部长陈景魁，诬陷谢深润是个“隐藏的‘社会民主党’分子”。说他反对苏维埃中央政府，在谢氏祠堂开会，聚众闹事，从事破坏工农政权、陷害革命干部的活动。没想到，陈景魁听后竟然说：“现在‘肃反’正在风头上，只要他是‘社民党’就好办！原来陈景魁自身就是暗藏在革命队伍中的地主民团头子，也经常干欺男霸女的勾当。有了上面的支持，谢步升更加有恃无恐了。随后他和两个同伙将谢深润骗到村外，残忍地将其杀害。起初，朱秀秀并不知道丈夫被杀害了，还以为丈夫被关在了什么地方，便三天两头去向谢步升求情放人。当她弄清事情真相时，再也忍不住心中的愤怒，跑去厮打谢步升，向其要人。此时的谢步升不仅不念旧情，反用拳脚殴打朱秀秀，并把她关了起来，威胁说：如不老实，会是你丈夫一样的下场！朱秀秀万般无奈，才撬门从关押地点跑出来，到县苏维埃裁判部告发谢步升的恶行。

苏维埃裁判部根据朱秀秀提供的线索，暗地里对谢步升进行了调查。仅仅两天，就基本掌握了谢步升违纪违法事实。调查人员将有关情况向时为第一任临时最高法庭主审的何叔衡作了汇报。何叔衡非常感慨：谢步升出身贫苦，很有魄力和干劲，原本是棵好苗子，没料到竟然在背后欺男霸女，谋财害命。由于涉案者身份特殊，且人命关天，案情重大，何叔衡向中共瑞金县委书记邓小平作了汇报。

邓小平了解到案情后，当即指示由裁判部负责调查、速办。按照何叔衡的安排，调查组成员杨世珠又向时任中央执行委员会主席、中央人民委员会主席的毛泽东汇报。毛泽东听后异常严肃地说：“你们要把情况调查核实清楚，速战速决。”随后，何叔衡要求先进行外围调查，然后再转入内线取证。为摸清谢步升本人的基本情况，调查人员不辞辛苦，辗转几个地方，终于找到他的妻子杨氏。杨氏知道调查人员的来意后禁不住痛哭流涕，向他们哭诉了谢步升的恶行。原来，谢步升经常与一“妖婆”来往，嫌妻子碍手碍脚，便偷偷地将其卖给山河村一个老光棍做老婆。杨氏被卖后并没去老光棍家，而是偷偷跑到远房表姐家躲了起来。杨氏还向调查人员反映了谢步升的贪污犯罪事实：在担任云集暴动队队长时，其将打土豪所得的50多公斤食盐私自挑回，将衣物数件拿回，还将一包金银首饰拿回家藏了起来；在“一苏大会”前夕，其用村苏维埃主席的身份徇私舞弊，用大斗收小斗出的办法收集大米，欺骗“一苏大会筹备处”，并将剩余的1500多公斤大米私自卖给大米商……杨氏最后叹口气说：“我知道谢步升早晚会有这么一天的，他是不得好死的。”

据杨氏所说，她指的两年前就与谢步升有往来的那位“妖婆”并不是朱秀秀，而是被镇压的瑞金大地主谢益金的续弦汪彩凤。据汪彩凤说，1930年夏的一天早上，她在院子里干活，谢步升带着县苏维埃军事部的搜查人员进家来，说是要搜查她家里是否暗藏了武器。搜查员没有查到，对汪彩凤教训一番后便离开了。可谢步升却在当天晚上又到了谢宅，威胁利诱占有了汪彩凤。

毛泽东听到谢步升的犯罪事实后，马上表示：“这样的人必须调查处理。腐败不清除，苏维埃旗帜就打不下去，共产党就会失去威望和民心！与贪污腐化作斗争，是我们共产党人的天职，谁也阻挡不了！”

办案人员在得到毛泽东的支持后，更加充满信心地深入调查谢步升的案子。很快，叶坪村群众就揭发了谢步升以往利用村苏维埃政府主席的身份多吃多拿，巧取豪夺，侵占苏区财物，还随意抢夺群众的家畜财产等，不一而足。调查人员还发现了谢步升抢劫瑞林寨布店邱老板的案件。瑞林寨是瑞林区的集市，北面与宁都县交界，是方圆几十公里比较繁荣的商品集散地。群众举报说，被抢劫的瑞林寨布店邱老板在遭遇变故后，便心灰意冷回到福建汀州去了，临走时把被抢物品记在一个本子上，交给可以信任的邻居赖崇发，交代说，如果这桩土匪事件被揭发，就交出这个本子。邱老板记录的被抢物品总价值约为270大洋，另有现洋108元。

至此，过去被谢步升欺压的群众敢怒不敢言的局面打破了。在群众的检举揭发下，受命于谢步升杀害谢深润的凶手被抓获，目击者黄水生也站出来证明谢步升杀害谢深润的犯罪事实。随后，1927年谢步升为谋财杀害南昌起义南下军医的事情也被揭发了出来。谢步升从军医那抢来的金戒指、军用水壶、军装和毛毯等物品，在谢步升的母亲和姐姐家里查获。此行，办案人员还发现谢步升私藏的大米和钱币。

铁证如山，何叔衡决定，马上将谢步升逮捕关押。

瑞金县属于中央直属县，谢步升案由瑞金县裁判部的法庭主席潘立中主审，谢正平等陪审。经过举证审理，1932年5月5日，瑞金县裁判部发布谢步升案的第八号“判决书”。

谢步升，男，瑞金九区叶坪人，曾为共产党员，兹将被告人的罪状列举如下：

打土豪的财产归私有，吞没公款3000多毛（毫子）；他当村政府主席时，借主席的势力，强奸妇女，包庇富农，将富农改为中农，收受贿赂300多块大洋；奸淫了谢深润的老婆，并诬谢深润是社党，报私仇杀了谢深润；收买群众的米，用大斗进，小斗出，卖给“一苏大会”获利大洋270多块；偷了中央政府管理科的印子，私打牛条过山贩卖，每只牛得大洋3元，总计得大洋33元；1927年9月在宁瑞交界处杀了贺龙、叶挺军队的医官，并拿了金戒指2枚，光洋5个，还有怀表、毡毯等物；1927年8月，伙同他人抢劫了瑞林寨邱姓的布店，把布、现洋、鸡、鸭、猪抢劫一空，他个人得赃款93块大洋；把自己的老婆卖了，得了3头黄牛，三头黄牛卖了1700毛（毫子）。

根据中央执行委员会第六号训令，判决谢步升死刑，并没收他个人的一切财产，倘若对方不服，在一星期的期间内可以向临时最高法庭上诉。

谢步升不服一审判决，认为当过云集暴动队队长，打土豪分田地立过功，向中华苏维埃共和国临时最高法庭提出上诉。1932年5月9日，临时最高法庭作出判决：

本法庭审理的结果，认为瑞金县苏裁判部1932年5月5日对于谢步升的判决书是正确的，谢步升的上诉否决，仍按照瑞金县苏裁判部的原判决执行，把谢步升处以枪决，在3时执行，并没收谢步升个人的一切财产。

1932年5月9日下午，谢步升被执行死刑。这声清脆的枪响划过江西瑞金城西的田野和山冈，震撼了整个苏区。这是中国共产党在成立中华苏维埃共和国后反腐败的第一声枪响。

此后，在毛泽东领导下，苏区廉政建设逐步完善。

首先，严厉打击贪污腐化分子。何叔衡在各级党组织建立监察委员会，实行党对反贪机构的直接领导，在各级政府设立工农检察部、控告局和裁判部，这些机构广泛吸收和动员苏区工农群众加入，成立反腐轻骑队、突击队、群众法庭等组织，并委任工农通信员随时检举腐败分子，一张巨大的苏区反腐网迅速形成。这些反腐机构的工作人员深入基层、暗访调查、搜集证据、打击腐败的行动让腐败分子防不胜防。

中央苏区在处决谢步升后，经反贪机关连续作战，先后在财政部、劳动部、土地部、中央总务厅、粮食调剂局、中央合作总社等单位查出贪污腐败分子60余人。对其中情节较重者处以重刑，极个别的还判处了死刑。惩处了苏区的钟铁青腐败案、唐达仁贪污案、左祥云贪污案、陈景魁涉黑案和瑞金县集体腐败案等。在红色政权两年多的反腐斗争中，揭露并处理了一大批腐败犯罪分子。仅江西省乐安县增田，善和两区、乡，便查处72

人，万安县、区各机关共查处60人，石城县查处49人，永丰县查处43人。在中央机关，共查出有贪污行为的会计科科长和会计10人，管理科科长及科员8人，财政处处长3人，总务厅厅长1人，局长3人，所长1人，厂长2人，贪污公款累计大洋2053.66元，还有棉花135公斤，金戒指4枚。送法庭制裁的29人，开除公职的3人，包庇贪污与官僚主义者送法庭的1人，建议撤职改调工作的7人，给严重警告的2人，警告的4人。只有300万人的中央苏区反贪运动取得了极大的成果，这些腐败案的处理不仅纯洁了队伍，震慑了腐败分子，也使苏区群众更加扬眉吐气，斗志昂扬。

其次，逐步开展法制建设。1932年9月初，董必武抵达瑞金，毛泽东让学过法律的董必武与何叔衡一起把腐败的漏洞堵住、堵死。董必武和何叔衡商量后，决定从健全组织和健全法律两方面同时下手。经过大量调查，董必武、何叔衡共同制定的一系列反腐组织工作纲要出台了，包括《工农检察部的组织条例》《工农检察部控告局的组织纲要》《突击队的组织和工作》《轻骑队的组织与工作大纲》《工农通讯员任务》《政府人员惩办条例》《统一会计制度》《怎样检举贪污浪费》等。特别是1933年12月15日中央政府执行委员会发布的《关于惩治贪污浪费行为》的第二十六号训令，被史学家称之为中国共产党历史上第一份反腐败的量刑标准。训令规定：贪污公款在500元以上者，处以死刑；贪污公款在300元以上500元以下者，处以2年以上5年以下的监禁；贪污公款在100元以上300元以下者，处以半年以上2年以下的监禁；贪污公款在100元以下者，处以半年以下的强迫劳动。中央苏区法制的完善使中央苏区在政府管理和定罪量刑方面做到有章可循，强调法律面前人人平等，党员干部以身作则，避免在反腐运动中出现对涉案人员量刑不当和反腐运动扩大化造成冤假错案的现象。

最后，依靠群众检举隐藏的腐败分子。谢步升案件的案发就主要是由

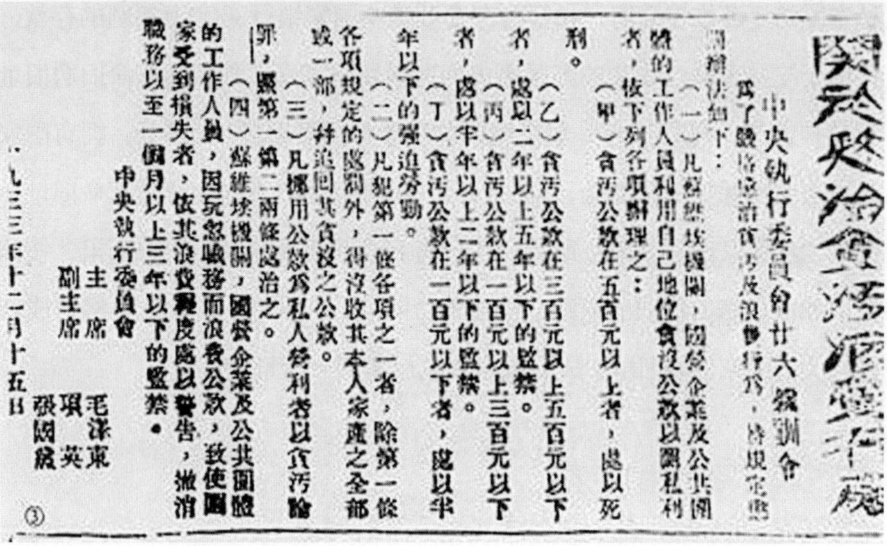

關於懲治貪污浪費行爲

中央執行委員會第廿六號訓令

爲了懲治貪污及浪費行爲，特規定懲治辦法如下：

（一）凡蘇維埃機關，國營企業及公共團體的工作人員利用自己地位貪沒公款以圖私利者，依下列各項辦理之：

（甲）貪污公款在五百元以上者，處以死刑。

（乙）貪污公款在三百元以上五百元以下者，處以二年以上五年以下的監禁。

（丙）貪污公款在一百元以上三百元以下者，處以半年以上二年以下的監禁。

（丁）貪污公款在一百元以下者，處以半年以下的強迫勞動。

（二）凡犯第一條各項之一者，除第一條各項規定的處罰外，得沒收其本人家產之全部或一部，並追回其貪沒之公款。

（三）凡挪用公款爲私人營利者以貪污論罪，照第一第二兩條處治之。

（四）蘇維埃機關，國營企業及公共團體的工作人員，因玩忽職務而浪費公款，致使國家受到損失者，依其浪費輕重處以警告，撤消職務以至一個月以上三年以下的監禁。

中央執行委員會

主　席　毛澤東

副主席　項　英　張國燾

一九三三年十二月十五日

③

苏区关于惩治贪污浪费行为的训令

群众检举才实现的，彰显了群众监督在反腐败斗争中的重要作用。中央印刷厂、中央造币厂和军委印刷所等贪污案件都是通过控告信检举查出的。

在毛泽东等同志的教育和引导下，苏区干部扎根基层，心系群众，艰苦奋斗，忘我工作，形成了受到苏区群众高度赞扬的好作风。“苏区干部好作风，自带干粮去办公，日穿草鞋干革命，夜打灯笼访贫农。”苏区群众唱出的这首热情的山歌，是对这种优良作风的生动概括。

瑞金作为赤色首都，也是毛泽东思想的主要发源地和初步的形成地，是人民代表大会制度和“八一”建军节的诞生地。

同时，苏区人民为苏维埃政权建设奉献了一切。以瑞金为例，当年仅24万人的瑞金，一共有11万人参军参战，5万多人为革命捐躯，其中1.08万人牺牲在红军长征途中，瑞金有名有姓的烈士有17166名。为支持苏区建设和支援红军北上抗日战略转移，从1932年至1934年，瑞金人民认购了68万元的公债，借出25万担谷子，其中41.5万元公债和捐集的所有粮食无私奉献给了苏维埃政府，长征时存在苏维埃国家银行2600万银圆的存款一并用于支持革命。光荣的苏区历史为瑞金留下了众多独特的革命旧居旧址和精神遗产。到2013年，瑞金境内共和革命旧居旧址180多处，拥有国家级重点文物保护单位33处，同时，自1995年新华社在瑞金修建革命旧址、续写“红色家谱”以来，到2013年已有40多个部委来瑞金寻根问祖，按照修旧如旧、修旧复旧的原则，修建革命旧址，在叶坪、沙洲坝已经形成规模较大的国家部委旧群，成为瑞金红色旅游的一大景观。

跳出周期率，打造红都延安

1935年10月，中央红军经过二万五千里长征，到达西北革命根据地。党中央于1937年1月进驻延安。从此，以毛泽东为代表的党中央在这里战斗和生活了13年。延安和陕甘宁边区成为中国人民抗日战争的领导中心、外国人眼中的神秘的红色堡垒，中国人心中的神圣的革命圣地，延安进入了有史以来最辉煌的时期。

有人说，当时延安是“只见公仆不见官”。

经过数年的经营，在20世纪40年代初，延安有人口约3.8万人，市区居民约7000人大部分居住在城南，3万多人是中共中央和边区各机关、学校的干部，他们散居在延安及其郊区。

依照瑞金时代的经验，延安人口构成中的这两部分都已被充分地动员和组织起来。在边区和延安市，我党建立了垂直的党政机构和群众团体，党的政令可以自中共中央、边区党委（西北局）、边区政府一直下达到市、区、乡党组织，直至农村中的党支部。

统一战线是中国共产党领导革命、战胜敌人的“三个主要的法宝”之一；“三三制”是党在抗日战争时期关于统一战线政权的政策和原则。它明确规定：抗日民主政权中人员的分配比例，共产党员大体占三分之一，左派进步分子大体占三分之一，中间分子和其他分子大体占三分之一（党外人士大体共占三分之二）。中共中央在有关文件中强调：共产党员应与这些党外人士实行民主合作，不得一意孤行、把持包办。毛泽东还强调：上述人员的分配是党的真实的政策，不能敷衍塞责。共产党员要坚决反对主观主义和关门主义的作风，实事求是，与党外人士民主合作；使他们有职有权。“所谓领导权，不是要一天到晚当作口号去高喊，也不是盛气凌人地要人家服从我们，而是以党的正确政策和自己的模范工作，说服和教育党外人士，使他们愿意接受我们的建议。”

1941年11月召开的陕甘宁边区第二届参议会，改变了第一届参议会（1939年1月召开）选举边区政府负责人全部是中共党员的状况，不折不扣地执行了“三三制”的政策；选举林伯渠为边区政府主席，开明绅士李鼎铭为副主席。在选举边区政府委员时，当选的18人中本来有中共党员7人；由于超过了“三三制”的规定，德高望重的徐特立主动申请退出，然后按得票多少的次序，改由一名党外人士递补当选。议员代表李丹生在闭幕会上发言说：共产党“说到做到，以信义昭示天下，则天下都是你们的”。李鼎铭说：“我原本不愿出来做事的，是受到毛主席在参议会上的演说的感动才出来的，在党外人士有职有权的鼓励下出来的。”

延安时期进行的四次选举，遵照《陕甘宁边区选举条例》的规定和要求，切实做到了“普遍、自由、直接、平等”，堪称国史、党史上民主选举的典范。当时的宣传口号是：“民主政治，选举第一。没有选举，就没有民主。没有民主，就没有革命。”选民们也用民谣、小曲来表达自己的心声：“民主政治要实行，选举为了老百姓。咱们选举什么人？办事又好又公平。”许多足不出村的小脚老太太，都骑着毛驴，翻山越岭，赶到选举地点。为了使不识字的选民能够行使选举权，不少地方还使用了“碗里放豆”“香头烧洞”等便于操作的选举方式，开创了“草根民主”的先河。

延安时期的干部待遇，实行的是供给制。不论是生活待遇，还是医疗保健，差异是存在的，但这种差异并不巨大，仍然应算作平均主义的范畴。

据康克清回忆，在1937年春天时，师团级可以拿到每月3元的津贴。当然，随着经济情况的好转，享受高津贴人员的范围也随之扩大。据1939

年中共中央颁布的《各机关津贴标准》，军委会主席、委员、师长，以及政府主席、委员和边区参议会议长、常驻议员，包括政府直属各厅、处、院等机关首长和大学校长等，每月津贴一律5元；旅长、专员、处长及各中学校长等4元；团长、县长、县议会议长及科长等3.5元；营长、区长、各小学校长等3元；连排长2.5元；班长、伙夫、马夫及通信员等2元；学员、战士及勤务员等1.5元。

供给制在1942年形成固定的制度以后，边区政府对各机关、部队、学校人员，采取的是工作生活经费和办公用品的平均分配制度，“衣食所需及办公用品一部分发给经费，一部分改以实物供给，其中不足的部分由各机关部队学校生产自给”。但不论是统一供给部分还是自给部分，都有相应的规定。

可以说，供给制确保了中共的纪律和干部的相对廉洁，这也是毛泽东长期引以为自豪的最重要的革命传统之一。

在延安，毛泽东一直对党和政府内部的腐败分子深恶痛绝，严惩不贷。

1937年10月10日，毛泽东在一份材料的批语中就明确指出：“共产党与红军，对于自己的党员与红军成员不能不执行比较一般平民更加严格的纪律”；体现了“从严治党”的理念。

在1937年的延安，当时发生了一起轰动一时的“黄克功桃色事件”。毛泽东“挥泪斩马谡”，一个红军将领被公审枪毙了。

黄克功从少年时代参加红军，跟随毛泽东经历了井冈山的斗争和二万五千里长征，是“老井冈”中留下来不多的将领。当时，黄克功仅仅26岁，年轻、英俊。

刘茜当时才十五六岁，为了革命来到延安。她容貌清秀，被分到抗日军政大学四队学习，队长就是黄克功。刘茜选择了黄克功。刘茜开始和黄克功谈恋爱后，又把爱情转向了另一个人。

已调到陕北公学的刘茜，给黄克功捎了封信，构成黄克功去找她的契机。1937年10月5日晚饭后，黄克功将心爱的勃朗宁手枪装进口袋，正巧，抗大训练部的干部黄志勇饭后在溜达，黄克功便拉着他向陕北公学走去。就在公学门前的河边，黄克功遇到刘茜等一群学员。学员们见到队长，都很客气。刘茜却没吭声，冷冷地望着他。

黄克功随即招呼刘茜："咱们走走好吗？"陕北公学的女学员走了，黄志勇也借故走了。

那天晚上，黄克功同刘茜在河滩上对峙了一阵，便开始对刘茜另有所爱进行责备。在他看来，自己身经百战从未失败，哪能在这场爱的战役中败下阵来。他不服输。他责备她，甚至骂她，试图要她回心转意。然而刘茜不但没有悔意，反而声称他们之间不存在婚约，双方都有权找自己所爱的人。

"要不是爱上别人就宣布咱俩结婚。"黄克功盯着刘茜灰布帽下的眸子，并且拔出了枪。他拉住她的一只胳膊："你答应不答应？"试图使她在震慑下改变主意，没想到她那眸子里的目光更加仇恨和冰凉了，他感到了绝望。

一个响亮的巴掌，打在黄克功的脸上，他颤抖了一下。刘茜冰冷的目光还在抽打着他……

他把枪口对准了她的脑门，枪响了……

高等法院将黄克功收监。

这种骇人听闻的案件，在当时的延安是绝无仅有的。一时间，人们议论纷纷。不少人也纷纷出面讲情，有一些老井冈也通过不同渠道向毛泽东讲情，毛泽东不为所动。

终于，黄克功案件交给了人民公审。来自各学校、部队和机关的万余人按指定地点静静地坐着。延河水轻缓地在流淌。

毛泽东和张闻天在不远的延河对岸朝这里张望着。直到审判大会快要开始时，毛泽东才背着双手，低着头走开……

陕甘宁高等法院刑庭的法官、陪审员、起诉人、证人、辩护人和法警进入了会场。刑庭审判长雷经天等人，宣布开庭后，起诉人与证人先向大会陈述了黄克功事件的全部细节。随后，各单位代表发表了对这一事件的分析、要求，以及结论性的群众意见，然后等着法庭审判。

黄克功讲述最后一个愿望："……死刑如果是必须执行的话，我希望我能死在与敌人作战的战场上，如果允许，给我一挺机关枪，由执法队督阵，我要死在同敌人的拼杀中。如果不合刑律，那就算了。"

休庭片刻后重新开庭，审判长庄严地、一字一顿地宣布了判处黄克功死刑并立即执行。黄克功跟着行刑队，穿过坐在东北侧的人群，向刑场走去。

就在黄克功走到会场边时，只见一匹快马在会场外停下，一位工作人员翻身下马，径直向审判长雷经天走去。雷经天起来接过那位工作人员送上来的一件东西。主席台上先传出声音："信，毛主席的信。"那声音很小。很快，"毛主席的信"像风一般传遍会场。黄克功在会场边也听到了。他自己停住了脚步，他比任何人都关心这封信。原来，他在审判前，专门给毛泽东写了一封信，承认了自己的罪行，请毛主席定夺。

大会主持人招手让黄克功回到原来的位置上，因为信中建议要当着黄克功本人的面，向公审大会宣读：

雷经天同志：

你及黄克功的信均收阅。黄克功过去的斗争历史是光荣的，今天处以极刑，我及党中央的同志都是为之惋惜的。但他犯了不容赦免的大罪，一个共产党员、红军干部而有如此卑鄙的，残忍的，失掉党的立场的，失掉革命立场的，失掉人的立场的行为，如赦免他，便无以教育党，无以教育红军，无以教育革命，根据党与红军的纪律，处他以极刑。正因为黄克功不同于一个普通人，正因为他是一个多年的共产党员，正因为他是一个多年的红军，所以不能不这样办。共产党与红军，对于自己的党员与红军成员不能不执行比一般平民更加严格的纪律。当此国家危急革命紧张之时，黄克功卑鄙无耻残忍自私至如此程度，他之处死，是他自己的行为决定的。一切共产党员，一切红军指战员，一切革命分子，都要以黄克功为前车之鉴。请你在公审会上，当着黄克功及到会群众，除宣布法庭判决外，并宣布我这封信。对刘茜同志之家属，应给以安慰与体恤。

毛泽东

1937年10月10日

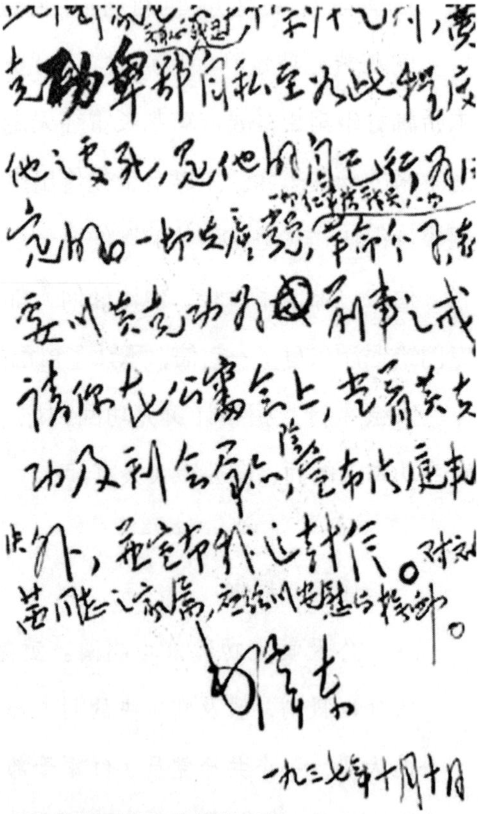
他之处死，是他自己行为决定的。一切共产党员，一切红军指战员，一切革命分子，都要以黄克功为前车之戒。请你在公审会上，当着黄克功及到会群众，宣布法庭判决外，并宣布我这封信。对刘茜同志之家属，应给以安慰与体恤。

毛泽东

一九三七年十月十日

毛泽东给雷经天的信的手稿

随着雷经天的声音停止，大家再将目光转向黄克功时，他才如梦一般醒来，高高地昂起头，然后又高呼“中华民族解放万岁”“打倒日本帝国主义”“中国共产党万岁”三句口号，跟着行刑队走出了会场。就这样，一个勇冠三军的红军将领被公审枪毙了。

黄克功被依法处决后，在抗大、在延安，乃至在西安、太原等广大国民党统治区和沦陷区产生了强烈的反响。群众异口同声称赞："共产党、八路军不诿罪于人，不枉法，公正无私，纪律严明，真是了不起。"当时的陕甘宁政府机关报《新中华报》在10月14日第一版报道："边区最高法院11日组织公审黄克功枪杀刘茜案。审讯结果，黄克功自己承认，因为刘茜拒绝他的求婚要求，而实行强迫，终于不遂而以手枪枪杀刘茜。这是苏区中从来所未曾见过。黄克功这种卑鄙行为，是一个革命军人所不容许的……法院为执行群众要求与法律起见，特于公审大会将黄克功执行枪决。"一位来自国统区的参观者给边区高等法院题词，赞扬"陕甘宁边区司法没有'法制小人，礼遇君子'的恶劣态度"，充满着"平等与正义的精神"。著名民主战士李公朴先生曾这样评价："它为将来的新中国建立了一个好的法律榜样。"

黄克功被依法处决后，毛泽东还在抗大特意作了一场"革命与恋爱"的讲演，提出了革命青年在恋爱时应遵循的"三原则"——革命的原则、不妨碍工作和学习的原则、自愿的原则。他要求大家从"黄克功案"中吸取教训，要严肃对待恋爱、婚姻、家庭问题，要培养无产阶级的理想和情操，坚决杜绝类似事件发生。三个月后，在抗大的一次宴会上，毛泽东又提起此事，说："这叫否定之否定。黄克功一粒子弹，否定了刘茜，违反了政策，破坏了群众影响；我们的一粒子弹，又否定了黄克功，坚持了政策，挽回了群众影响，而且使得群众更拥护我们了。"此后，毛泽东多次提到过这件事，指出作为党的干部，居功自傲、贪图享乐、欺压群众、自私自利是万万要不得的。

当时的延安正像一块巨大的磁石，吸引着不少热血知识青年和进步人士不远千里，历经艰难，慕名来到延安参加革命。在此案的问题上，共产党的态度如何，直接影响到延安军民的情绪。而毛泽东的坚决果断，平息了人们的疑虑，重申了共产党及军队更为严格的纪律要求。此后，延安风气始终井然有序。

由中共陕甘宁边区中央局提出、中共中央政治局1941年5月1日批准、陕甘宁边区第二届参议会1941年11月21日通过发布的《陕甘宁边区施政纲领》，在1938年8月《陕甘宁边区惩治贪污暂行条例》的基础上，进一步明确规定“厉行廉洁政治，严惩公务人员之贪污行为，禁止任何公务人员假公济私之行为，共产党员有犯法者从重治罪”。陕甘宁边区参议会和政府还相继制定和公布了《陕甘宁边区保障人权条例》《陕甘宁边区政纪总则》《陕甘宁边区政务人员公约》《陕甘宁边区各级政府干部奖惩暂行条例》《陕甘宁边区宪法原则》等法规，把廉政建设逐步纳入了民主和法治的轨道。

1941年12月底，清涧县张家畔税务分局局长肖玉璧，是1933年参加革命的红军战斗英雄，全身有伤疤90多处，曾任陕甘宁边区某区主席、贸易局副局长，因贪污3050元，由陕甘宁边区高等法院依法判处并执行死刑。《解放日报》（当时的中共中央机关报）在1942年1月5日评论中指出：在“廉洁政治”的地面上，不容许有一个“肖玉璧”式的莠草生长！有了，就拔掉它！

诸如此类的案例，彰显了延安时期“从严治党”的思想和行动。

当年延安的良好风气，得益于各级领导的带头践行，做好样子。为积极参加大生产运动，毛泽东、朱德带头种菜，周恩来、任弼时带头纺线；为同甘共苦，不搞特殊，华侨捐赠的汽车，毛泽东带头不坐，分给了老同志和其他单位坐，宋庆龄给几位领导捎来的营养品，都被送到幼儿园；为厉行节约，支援抗战的著名华侨领袖陈嘉庚率团来延安访问，毛泽东就在窑洞里招待他吃饭，只花了几角钱。

美国记者斯诺在1936年和1939年先后两次长期访问陕北根据地和延安以后写道：我看到毛泽东住在简陋的窑洞里，穿的是打了补丁的衣服，吃的是小米饭和辣椒土豆丝；周恩来睡在土炕上；彭德怀穿的背心是用缴获敌人的降落伞做的；林伯渠的耳朵上用线绳系着断了一只腿的眼镜；林彪请我吃的是“面条宴”；红军大学学员把敌人的传单翻过来当作课堂笔记本使用……“他们坚忍卓绝，任劳任怨，是无法打败的”。斯诺称赞“只见公仆不见官”的“那种精神，那种力量，那种欲望，那种热情……是人类历史本身的丰富而灿烂的精华”，是“东方魔力”“兴国之光”。

“谁说得对就照他的办。”

在延安期间，毛泽东大力提倡实事求是的工作作风，他提出，一切从人民的利益出发，谁说得对就照他的办。

1941年11月6日，陕甘宁边区第二届参议会在延安大礼堂隆重开幕。出席会议的有农民、工人、干部、战士和党外民主人士。毛泽东出席了开幕式并发表了30分钟的重要演说，号召共产党人和党外人士密切合作。他说：为了打倒日本帝国主义，我们有义务与党外人士合作，希望各参议员本着知无不言、言无不尽的精神提意见。

议员中有一位个子矮小、两眼炯炯有神、拄拐杖的老人，他就是米脂县参议会议长李鼎铭先生。李鼎铭先生原是米脂县一位有名望的绅士，清朝末年，曾在米脂创办小学，这个小学被当时复古的绅士封闭了，后又做过榆林中学的教员和小学校长，晚年以行医务农为生。他为人正直，同情农工，热爱祖国，拥护共产党团结抗日的政策，被选为米脂县参议会会长、陕甘宁边区第二届参议会议员。毛泽东的话深深地打动了李鼎铭先生的心。他根据陕甘宁边区老百姓负担重的情况，提出了一个“精兵简政”方案，其主要内容是：为了更好地完成抗日救国大业，兵要精，政要简，行政机构要以质胜量，提高工作效能。事前有一些民主人士因对共产党能否采纳建议有怀疑，曾数度劝阻他不要提出。但他深感共产党与党外人士合作是出于至诚，就大胆地提了出来。

“精兵简政”议案提出后，果然受到一些人的批评，有的人甚至怀疑李鼎铭先生提出这个方案的动机。而毛泽东对这个提案却非常重视。延安隆冬的夜晚，西北风呼呼地刮着，阵阵寒意透过薄薄的窗纸袭来。在微弱的灯光下，毛泽东反复翻看着这个提案，拿起红笔把重要的段落圈了起来，又一字一句地抄在自己的本子上，旁边还加上一段批语：这个办法很好，恰恰是改进我们的机关主义、官僚主义、形式主义的对症药。

“精兵简政”议案提交大会讨论时，李鼎铭先生刚发完言，毛泽东就站起来，一边鼓掌一边走到台前，极其深刻而生动地阐述了实行精兵简政的必要性，对一些不正确的批评进行了反批评。他严肃地指出，我们的党是为人民服务的，不论谁提出的意见，只要对人民有好处，我们就照办。

“精兵简政”议案终于在参议会上通过了，毛泽东还为《解放日报》写了《一个极其重要的政策》的社论。此后，不仅陕甘宁边区实行了精兵简政，而且党中央还把这项政策推广到党所领导的各抗日根据地去。精兵简政的实施，对于解决“鱼大水小”的矛盾，减轻人民负担，度过抗日战争最艰苦的时期，坚持持久抗战，起了重大作用。

经毛泽东提议，李鼎铭先生在这次参议会上，被选为陕甘宁边区政府的副主席。不久，他由米脂搬家来延安时，将全部家产献给了当地政府。来延安不久，毛泽东就接见了他。那一天刚到黄昏，毛泽东就派车接他到杨家岭，热情地把他迎进土窑洞里，问他搬家的情况。他说，把家产全部

李鼎铭（1881—1947）与林伯渠(1886.3.20—1960.5.29)

献给了国家。毛泽东说，留一点吧。他说，一点也不留。毛泽东哈哈大笑着说："你真是开明人士。"当时人们把进步士绅称为"开明绅士"，毛泽东叫他"开明人士"，这是对他的高度赞扬。

毛泽东对李鼎铭先生非常关怀，李鼎铭每次来杨家岭，他工作再忙，也要接见他，给他讲国内外抗战的形势，他总是恭恭敬敬、聚精会神地听。毛泽东还经常到边区政府看望他，并指示有关部门对他在生活上加以照顾。李鼎铭先生的大儿子在国民党统治区当差，他想叫儿子弃暗投明，回延安来参加革命工作。经毛泽东同意，边区政府派人带着他给儿子的亲笔信，经过一番曲折，把他的大儿子全家接回延安。他看见儿子安全回来，满面笑容，高兴地连声说："共产党真行！"

在党和毛泽东的关怀下，李鼎铭先生的觉悟不断提高，他为团结抗日和边区建设做了许多有益的工作。

1942年8月的一天，雷暴雨越下越大，陕甘宁边区政府小礼堂里正在召开征收公粮会议。忽然，一声巨响，落雷把礼堂的一根木柱击断了，出席会议的延川县县长李彩云不幸触电而死。这件事传出后，有的群众借霹雷发泄不满，说"为什么不把毛泽东劈死"。

对此，毛泽东不同意去追查骂自己的人，更不抓"反革命"，而是派人去弄清了"骂"的原因：边区政府下达的征粮任务过重，老百姓有意见。

弄清真相后，毛泽东指示有关部门将征收公粮的任务从20万担（每担300斤）减至16万担，减征4万担。这件事的妥善处理，更加提高了毛泽东的威信，更加密切了党群关系。

清涧县有一个农妇伍兰花的丈夫在山上用铁犁耕地时，不幸被雷电击毙。伍兰花十分悲痛，大骂"世道不好""共产党黑暗""毛泽东领导官僚横行"等。中央社会调查部闻讯后，把伍兰花拘押到延安，并由保卫部门建议判处死刑，报陕甘宁边区高等法院审判和中央审批以后即在清涧县枪毙，以此来稳定社会局势和群众情绪。

一天夜里，毛泽东从社会调查部部长康生派人送来的《情况汇报》中，知道了这件事，整夜未眠。第二天，他决定见见这位女死囚。

他对社会调查部的人说："你们不能这样做嘛……中央设立社会调查部，不是设几个官位。如果不做调查，就随随便便抓人、杀人，这是国民党的黑暗做法！就这些而论，人家骂得就有道理呀！"

毛泽东坐在会客室里，被带进来的女犯伍兰花是个地地道道的庄稼人。毛泽东说："不用怕，坐吧！"他顺手抓把红枣让她吃，跟她谈家常："……我是湖南人，在家也种地。"伍兰花惊奇地问："你也是种田人家？"

"我们共产党的干部、红军，种地的多，南方人你们不晓得，陕北的谢子长、刘志丹，听说过吧！"

"刘志丹，咱在娘家见过咧！"说到这里，伍兰花认出了面前这位与自己谈家常的共产党大官："是毛主席吧？看，那颗痣多像，咱村长辈们说你是个大福星哩！"毛泽东哈哈大笑："真是这样就好了，就可多为穷苦人办好事了！"他说到这里，伍兰花被感动得泣不成声："毛主席，咱不好哩，咱不该骂政府哩，你枪毙咱吧！"说完，跪在了地上。毛泽东扶起她："别这样，我们不会枪毙你的。"她见毛泽东这么温和诚恳，便实话实说："共产党来了，咱分了五亩地。头两年还好，这两年村里官、乡里官、县里官，都不管咱死活啦，要公粮还骂咱男人和老娘！"

毛泽东问："村干部、乡干部真的骂人？"伍兰花严肃回话："妇道人家，不敢撒谎！"

毛泽东说："我信，我信，我是说他们也不到你家看看实情吗？"

"这两年去过一次……买了酒，买了肉，才把村长请来。"毛泽东听到这里，站起来，点燃烟，踱了几步，说："妹子，说吧！我在听哩！"

伍兰花被感动了，但反而没多少话要说了："咱男人走了，只求您看在三个娃的分上，早点放咱回，行不？"

"行！行！"

继而，毛泽东招呼有关同志进来，指示说："派专人送她回家。记住，带上公文，讲明她没有什么罪，是个敢讲真话的好人。对于清涧的公粮问题，社会调查部和边区政府要做调查，该免的免，该减的减……社会调查部对这次捕人应作出深刻反省。我们的组织、干部部门，也要对现任的村以上官员，进行一次审检，把不胜任的，不是全心全意为人民的撤换下来。"那位干部记下了毛泽东的指示，准备向有关部门传达。

然后，毛泽东把一盘红枣装进伍兰花的衣袋，亲切地对她说："妹子，谢谢你啦，你给我们讲了真话，批评了我们工作中的缺点、错误，你是我们应该尊重的妇女！"

党中央和毛泽东在延安期间，时刻关心着延安的人民群众。与人民群众同呼吸、共命运，结下了深厚的友谊。

1944年的一天，中共中央办公厅通知延安市委书记张汉武到枣园毛泽东住处。一见面，张汉武就问："主席，有什么任务？"毛泽东主席问："你知不知道侯家沟有两个小村庄的妇女为什么不生孩子？"张答："知道这个情况，但不知是什么原因。"

"是不是水有问题？"

张汉武不敢下结论。

毛泽东提出："请中央医院去把水化验一下好不好？"张汉武认为很好，可担心"这种小事医院不干"。不久，毛泽东向中央医院下达了去侯家沟化验水的指示。经化验，发现水中含有大量有害物质。医院一方面安排指导群众对饮水进行处理，一方面对群众疾病进行治疗。

一年之后，侯家沟的妇女开始生孩子了，这个山沟里传出了婴儿的哭声。

毛泽东在延安与农民交谈

有一年元宵节的前一天，毛泽东在枣园村外的地头上与两位正在休息的老农拉家常。两位老农告诉他，正月十五是他们的生日。毛泽东笑着说："明天正好是元宵节，请你们到我们那里去坐坐，咱们大家一起来贺个寿。"

元宵节的下午，毛泽东派人请来了枣园乡的24位60多岁的老农。在中央书记处小礼堂，毛泽东与他们逐一亲切握手。这些翻了身能够吃饱穿暖的农民流着眼泪感谢主席为他们贺寿。

毛泽东对老人们说："咱们今天做主人了，好日子还在后头哩！"

欢声笑语中，毛泽东招待大家吃寿饭，还亲自为大家敬酒，他还送给每位老人一条毛巾、一块肥皂，作为寿礼。

1945年大年初一早晨，毛泽东和周恩来、任弼时来到枣园乡政府。领袖们和杨乡长亲切握手。毛泽东问："杨乡长，你们辛辛苦苦一年了，年可过得好吗？""好，好。主席和首长们好！"杨乡长又递烟又沏茶。周恩来不让乡长忙乎，让乡长领着他们去给枣园村二十多户乡亲拜年。乡长考虑到乡亲们居住太分散，中央首长工作太忙，提出"把各家的家长请到乡政府来"。

枣园村的乡亲们听说中央首长来拜年，扶老携幼，兴高采烈地向乡政府赶来。毛泽东和其他中央首长一起迎接乡亲们，向大家祝贺新年好。他们拉着几位老年人的手，请他们坐下，递烟、让茶，还给小孩子们抓瓜子、花生、糖果。问乡亲们生活上有什么困难，一位老人站起来回答：“托主席的福……年年都有粮食吃，从来没有这么好的日子。”毛泽东从多方面启发乡亲们提意见，乡亲们表示：感激还感激不过来，还能有什么意见。大家纷纷夸奖部队和干部为群众带来的好处……很快，两个小时过去了。离开乡亲们时，毛泽东说：“我是这里的一户居民，和大家接近得少了。今后，得和大家多接近，希望你们常到我那里去。”

1946年春节，延安人民献匾

毛泽东还非常注意倾听党外著名民主人士的意见。

1945年6月，褚辅成、黄炎培、冷遹、王云五、傅斯年、左舜生、章伯钧七位国民参政员联名致电毛泽东、周恩来，表示希望访问延安，为两党谈判搭建桥梁。不久，中共中央回电欢迎。

除了王云五因病受阻外，其他六名参议院登上前往延安的飞机。7月1日，延安的中共领导人，自毛泽东、周恩来、朱德以下，全部到机场迎接。当毛泽东和黄炎培握手时，毛泽东说：“我们20多年不见了！”黄炎培一下很愕然，一问才知道，1920年杜威访华时，黄炎培曾请杜威在上海演讲。当时台下听众中就有毛泽东。

第二天，黄炎培等人到杨家岭，拜访毛泽东。黄炎培见会客室的四壁挂着几幅画，其中一幅是沈钧儒次子沈叔羊画的一瓶茅台，配有自己的一

1945年，毛泽东与黄炎培在延安机场

首七绝："喧传有客过茅台，酿酒池中洗脚来。是假是真我不管，天寒且饮两三杯。"这幅画是1943年国共关系恶化时，沈叔羊为他父亲"画以娱之"的。在请黄炎培题词时，他想起长征时谣传共产党人在茅台酒池里洗脚，当即题了这首诗。黄炎培忽然在这里见到旧作，知道中共是把自己当朋友的。

黄炎培一行在延安看到了琳琅满目的商品、各式各样的新房，以及街道上的意见箱——每个延安人都能"直达上听"，给毛泽东提建议。他发现，在延安喊毛泽东就是毛泽东，很少会称职衔。黄炎培在同中共领袖交谈时，毛泽东、朱德、陈毅等人的"朴实稳重"，也给他留下了深刻印象。

晚上，毛泽东设宴款待客人。黄炎培在宴会上说："延安就我所看到的，没有一寸土地是荒着的，也没有一个人好像在闲荡。有一位朋友告诉我，政府对于每个老百姓的生命和生活好像都负责，这句做到，在政治上更没有其他问题了。"

六位参政员将要回重庆时，毛泽东问黄炎培有什么感想，黄炎培坦率地说："我生六十多年，耳闻的不说，所亲眼看到的，真所谓'其兴也勃焉'，'其亡也忽焉'，一人，一家，一团体，一地方，乃至一国，不少单位都没有跳出这周期率的支配力。大凡初时聚精会神，没有一事不用心，没有一人不卖力，也许那时艰难困苦，只有从万死中觅取一生。既而环境渐渐好转了，精神也就渐渐放下了。有的因为历史长久，自然地惰性发作，由少数演变为多数，到风气养成，虽有大力，无法扭转，并且无法补救。也有为了区域一步步扩大，它的扩大，有的出于自然发展，有的为功业欲所驱使，强求发展，到干部人才渐见竭蹶、艰于应付的时候，环境倒愈加复杂起来了，控制力不免趋于薄弱了。一部历史‘政怠宦成’的也有，‘人亡政息’的也有，‘求荣取辱’的也有。总之没有能跳出这周期率。中共诸君从过去到现在，我略略了解的了。就是希望找出一条新路，来跳出这周期率的支配。”

毛泽东听了他这番话后，回答说：“我们已经找到新路，我们能跳出这周期率。这条新路，就是民主。只有让人民来监督政府，政府才不敢松懈。只有人人起来负责，才不会人亡政息。”在黄炎培看来：“这话是对的，因为只有把每一地方的事，公之于每一地方的人，才能使地地得人，人人得事。把民主来打破这周期率，怕是有效的。”

延安归来，黄炎培在重庆闭门谢客，由自己口述，夫人姚维钧执笔——原配王纠思在1940年过世后，黄炎培在贵阳大学演讲，女学生姚维钧一见倾心，后来两人书信往来百余封。等到姚大学一毕业，就同黄炎培在重庆成婚。黄在婚礼时散发的告亲友书中说，此是“佳人易得，同志难求”。他们夫妻联手，用几天时间，写出一本小书——《延安归来》。

黄炎培这本74页的小册子分为“延安归来答客问”与“延安五天日记”两部分，回忆了他访问中的所见所闻，呈现给外界一派欣欣向荣的景象。《延安归来》先是在《国讯》杂志发表了两天的日记，读者反响热烈。但是当要发行单行本的时候，遇到了问题。原来国民政府规定，新书出版要送有关部门审查。黄炎培知道如果自己走合法程序，这本书就会被扣，所以干脆一不做，二不休，也不送审，1945年8月10日就直接印刷发行了。这本书出版当天，政府就出动人马四处搜查。封禁行为成了一种“广告”，读者们对书的内容更为好奇，初版的两万册在几天内销售一空。

《延安归来》中写道：“每个人得投书街头的意见箱，也个个得上书建议于主席毛泽东。”“公务人员不论男女都穿制服，女子学生装短发，都代表十足的朝气。”“至于中共重要人物毛泽东先生，依我看来是一位思想丰富而精锐又勇于执行者。朱德先生一望而知为长者。此外，轰轰烈烈的贺龙、彭德怀、聂荣臻、林彪、刘伯承……诸位先生（徐向前先生在病中没有能相见）在一般人想象中，一定脱不了飞扬跋扈的姿态。料不到，这几位先生都是从沉静笃实中带着些文雅，一点没有狙犷傲慢样子，天天见面笑谈，真是古人所说‘如坐春风中’。这一点太出乎我们意外了。”“我认为中共朋友最可贵的精神，倒是不断地要好，不断地追求进步。这种精神充分发挥出来，前途希望是无限的。”同期访问延安的左舜生也对梁实秋说，在延安的各级政治机关门口没有警卫，任何老百姓都可以排闼直入。

国民政府的书报审查制度始于1931年。从1937年到1945年，在国民党中央党部和国民政府档案中有案可查的，就有1311种书刊遭查禁。从1938年3月到1945年8月，国民党中宣部和中央图书杂志审查委员会档案显示，被禁书刊有2000种以上。这还不包括各地自行查禁的书刊。

黄炎培与朋友们即以《延安归来》为契机，发起了一场“拒检运动”。在重庆媒体界的压力下，当年9月30日，《中央日报》发布了《出版检查明日废除》的消息。

国共大规模开战后，黄炎培将责任归咎于国民党，一怒之下辞去参政员，回上海卖字为生。1949年年初，黄炎培在中共地下党的安排下，转道香港到北平。毛泽东、周恩来在香山的双清别墅接见了黄炎培。

黄炎培向毛泽东谈及民主建国会成立的经过，毛泽东说，民建以民营实业家为主，要以推动民营工作为主要工作。毛泽东给黄炎培吃了一颗“定心丸”：新中国成立后，不会如斯大林那样对民营企业“赶尽杀绝”，而会予以利用和发展。黄炎培担任了中央人民政府委员、政务院副总理兼轻工业部部长。本来，黄炎培是一生拒不做官的。当年北洋军阀政府曾经两次任命他为教育总长，但他都拒不就任。他儿子黄大能曾问他："恁地年过七十而做起官来了？"黄炎培说："人民政府，是人民的政府、是自家的政府。自家的事，需要人做时，自家不应该不做。是做事，不是做官。"

70多岁的黄炎培成了政府主要领导，他不肯尸位素餐，不改直言本色。他亲笔给毛泽东写的信有100多封，毛泽东的回信有60多封，他们讨论的大都是国事。如1950年，因为之前抑制通货膨胀，随后一度出现市场萧条、商店关门的情况。黄炎培遂将自己的建议，致信毛泽东、周恩来，以及分管经济工作的陈云、薄一波。毛泽东收信后，又请黄炎培当面讨论。放松银根、增发货币、增加信贷等建议被中央付诸实施，稳定了经济状况。对于毛泽东的从善如流，黄炎培很是感动，他在日记中写道："今如愿了。"

1949年后最初几年的发展，让黄炎培以为中国走出了"历史周期率"。1951年，黄炎培在《中国共产党三十年》中说："对人要和大众紧密联系，对己要自我批评；这些武器，会从人群中放出万丈光芒。只有流水是不腐的，事实已经证明，并不是夸张。到今天，我识得了，当时延安一席谈，我估计低了，所得到的答复，是正确的，'只有人人起来负责，这好政府才会久长'。"

毛泽东与黄炎培

提出“两个务必”，进京赶考

在中国革命胜利的前夕，中国共产党为了解决新形势下所面临的一系列重大问题，于1949年3月5日至13日，在西柏坡召开了七届二中全会。出席会议的中央委员34人，候补中央委员19人，由毛泽东、刘少奇、周恩来、朱德、任弼时组成的全会主席团主持了这次会议。

会场设在中央大院的西北角，即由毛泽东住处往朱德住的后沟路过的那个山嘴西侧。这不是民房，是临时搭建的，土坯垒墙，檩条搭顶，没用椽子，将苇帘直接搭在檩上，上面便抹泥封顶了。这座房子比不上民房坚固，但比民房宽敞得多，一间要顶四五间，人称中央小礼堂。由于当时再没有比这大的房子，因此临时将它布置成了会场。

毛泽东在七届二中全会作报告

会场上用的东西大部分是从石家庄拉来的战利品，一小部分是在西柏坡做的。会场没有鲜花，没有扩音设备，没有座位牌，毛泽东始终坐在主席台

七届二中全会会场

一张长条桌旁，他和每一位与会者一样，随时做着笔记。在主席台的两侧放了两张方桌，各有两名记录员。下面摆放了四个沙发和一些长条椅，是供朱德、刘少奇、周恩来、任弼时等同志用的，但也没有固定的位置，往往一张沙发上坐两三个人，长椅上是三四个人，来得早的坐在前面，来得晚的坐在后面，而住在中央大院的同志则是自己带凳子，散会后再搬回去。主席台上方挂有马恩列斯和毛泽东、朱德的画像，下面是写有“中国共产党”字样的两面党旗，在两侧墙上也分别悬挂着党旗，后墙上挂有向全会汇报的战争态势示意图。

七届二中全会是解放战争时期中共召开的唯一的一次中央全会，会议作出的各项政策规定，不仅对迎接中国革命的胜利，而且对新中国的建设事业，都起着巨大的指导作用。

全会听取并讨论了毛泽东的报告，批准了1945年6月七届一中全会以来中央政治局的工作，批准了由中国共产党发起的关于召开新的政治协商会议及成立民主联合政府的建议，批准了毛泽东主席关于以八项条件为基础与南京政府进行和平谈判的声明，全会最后通过了《中国共产党第七届中央委员会第二次全体会议决议》（以下简称《决议》）。

《决议》指出：人民解放军永远是一个战斗队，对于这一点不能有任何的误解和动摇。人民解放军又是一个工作队，随着战斗逐步地减少，工作队的作用就增加了。我们必须准备把210万野战军全部地化为工作队，必须把210万野战军看成一个巨大的干部学校。

《决议》指出：从1927年到现在，我们的工作重点是在乡村，在乡村聚集力量，用乡村包围城市，然后取得城市。采取这样一种工作方式的时期现在已经完结。从现在起，开始了由城市到乡村并由城市领导乡村的时期。党的工作重心由乡村移到了城市。

《决议》最后强调：我们很快就要在全国胜利了。因为胜利，党内的骄傲情绪，以功臣自居的情绪，停顿起来不求进步的情绪，贪图享乐不愿再过艰苦生活的情绪，可能生长。因为胜利，人民感谢我们，资产阶级也会出来捧场。可能有这样一些共产党人，他们是不曾被拿枪的敌人征服过的，他们在这些敌人面前不愧英雄的称号；但是经不起人们用糖衣裹着的炮弹的攻击，他们在糖弹面前要打败仗，我们必须防止这种情况。夺取全国胜利，这只是万里长征走完了第一步。中国的革命是伟大的，但是革命以后的路程更长，工作更伟大，更艰苦。务必继续保持谦虚、谨慎、不骄、不躁的作风，务必继续保持艰苦奋斗的作风。为此，会议最后根据毛泽东的提议做出了六条规定：一不做寿，二不送礼，三少敬酒，四少拍掌，五不以人名作地名，六不要把中国同志同马恩列斯平列。

党的七届二中全会为党的工作重心从农村转移到城市，转移到以生产建设为中心，使中国由农业国逐渐转变为工业国，由新民主主义社会逐渐转变到社会主义社会，从政治上、思想上、理论上和方针政策上做了充分的准备，并描绘了新中国的宏伟蓝图，具有极为重大的历史意义。

中共七届二中全会还郑重宣布："新中国将定都北平！"

对于定都何处，毛泽东在这一期间曾征求过王稼祥的意见。

1949年元旦刚刚过去，西柏坡冬日的寒流便渐渐减弱。毛泽东在西柏坡指挥三大战役的同时，也在思考着即将诞生的新中国的选都事宜。从当时的国内、国际条件出发，毛泽东和党中央曾想定都哈尔滨。随着三大战役即将胜利结束这一时局的重大发展，认为有必要重新考虑选都问题。

恰在这时，王稼祥、朱仲丽夫妇来看望毛泽东。

前不久，王稼祥从苏联治病回国后，任中共中央东北局委员、城市工作部部长，他与毛泽东有着深厚的革命情谊；朱仲丽之父朱剑凡与杨开慧之父杨昌济系至交，毛泽东1920年任湖南第一师范附小主事时，朱剑凡安排他寄宿自己创办的周南女校，二人结为忘年交，毛泽东为朱仲丽世兄。王稼祥与朱仲丽喜结良缘，还是毛泽东搭的桥。

对于王稼祥、朱仲丽夫妇的到来，毛泽东兴高采烈，惊喜地说："稼祥，来来来，快坐下，今日我有件大事要向你讨教。"

王稼祥一边与毛泽东亲切握手，一边谦和地说："这可不敢当，主席有话请讲。"

王稼祥与夫人朱仲丽在延安的合影

毛泽东谈了和平解放北平的想法之后，接着说："我们很快要取得全国的胜利了，我想听听你的意见，我们的政府定都在何处？历史上，历朝把京都不是定在西安，就是开封，要不就是南京、北平。我们的首都定在哪里最合适呢？中央虽有考虑，但还没有最后定案。"

王稼祥开门见山地回答："是不是定在北平？"

毛泽东神采奕奕，点了点头，微笑着说："谈谈你的理由。"

王稼祥这位学识丰富的革命家、外交家运用排中律，阐明定都北平的理由。

王稼祥首先以肯定的口吻说：“南京离东南沿海太近，从当前的国际形势看，这是它的很大缺陷，我们定都，当然不能选在南京。”

“西安如何呢？”

“西安的缺陷是太偏西，现在不是秦汉隋唐时代了，今天中国经济重心是在沿海和江南，由此看来，西安也不合适。”

毛泽东谈及有的同志认为开封、洛阳作为古都，是否可以考虑定都问题。

王稼祥认为，开封、洛阳经济落后、交通不便，“也失去了作为京都的地位”。

毛泽东兴致勃勃地问：“你认为最合适的建都地点在哪里？”

按照规律，择都应从政治上着眼，现中国南方尚未解放，我们的根据地主要在北方，宜定都北平。基于这一考虑，成竹在胸的王稼祥淋漓尽致地表达了自己的观点：“北平位于沿海地区，属于经济发达圈内，而且扼守连接东北与关内的咽喉地带，战略地位十分重要，可谓今日中国的重心所在。同时，它靠近苏蒙，与社会主义苏联和蒙古人民共和国国界长而无战争之忧。虽然离海近，但渤海是中国内海，有辽宁、山东两个半岛拱卫，战略上十分安全。一旦国际上有事，不致京师震动。此外，北平是明清两代五百年帝都，从人民群众的心理上，也乐意接受。考虑到这些有利条件，我的意见，我们政府的首都应该选在北平。”

“哈哈哈！”毛泽东爽朗的笑声中包含着对老战友远见卓识的赞赏，“稼祥，你的分析，正合我意。看来，我们的首都，就定在北平了。不过，北平现在还在傅作义之手哩。”

“我们很快就会进入北平的。”王稼祥的话语中充满了自信。

油画：人民解放军进入北平

毛泽东高瞻远瞩地说："是啊，我们很快就要进入北平了，我希望能够和平进入北平，最好北平不要打！"

由于工作重心的转移，七届二中全会的召开，加速了中共中央迁往北平的进程。早在1949年1月召开的中央政治局会议以后，党中央就决定从西柏坡迁入北平。1月19日，即派中央直属机关供给部副部长范离等一行前往已为我军占领的北平西郊，其主要任务是选定中央机关的驻地。

1月31日，人民解放军浩浩荡荡进驻北平城，北平宣告和平解放。

中共中央和中国人民解放军总部迁移北平，是一件具有重大历史意义的大事，党中央十分重视，确定由周恩来、任弼时、杨尚昆主管这项工作。1949年2月初即着手迁移的准备工作，并为此成立了由杨尚昆和曾山负责的转移委员会，统一处理撤出西柏坡和迁移过程中的有关事宜。派往北平的先遣组则统由李克农负责，下设筹备、收发、招待三个处，分别负责对外交涉、备置用具、社情调查、布置警卫、营地修葺建设、安排过往人员住地等事宜。根据中央的指示，中共中央华北局、北平市委、北平市政府和北平驻军也成立了由叶剑英、聂荣臻、程子华、刘亚楼、李克农组成的迎接中央迁平组织委员会。

为了做到万无一失地组织好这次转移，专门制定了各机关部队转移前后应该遵守和注意的事项，其主要内容包括：转移前要对全体人员进行教育；要妥善处理好与驻地居民关系中一切未了事宜。在转移过程中必须绝对服从指挥，严格遵守三大纪律八项注意；要发扬阶级友爱精神，团结互助；要遵守当地政府法令，尊重群众风俗，不得增加群众负担。进入城市后要做到四不：不乱讲话乱吃东西，不乱跑，不乱动手，不乱收人；五要：认清环境、分清敌友、提高警惕，爱护公共物资、遵守公共纪律，保持艰苦朴素的优良传统，向工人与劳动人民学习，切实执行政策法令、遵守三大纪律八项注意及各种制度；三讲究：礼貌、正派、整洁。这些规定非常周到、具体，充分体现了党中央对这次转移的高度重视，也是我党我军的光荣传统和优良风范的体现。

3月20日，转移委员会发出通知，对转移中有些人员的处理问题，作出了一般的不准退职的规定，并规定："老弱或有疾病不能继续工作，但也不愿意退职或回地方工作者，不得劝其退职，也不得嫌弃，仍随原机关转移，妥为照顾。""老弱不能继续工作而确实自愿退职者（回家后确实能生活者）可准予退职……除必须给以足够路费外，并应按其军龄及家庭情况对其以后生活分别给以适当的关照。"

3月21日，第四野战军政治部保卫部部长钱益民和司令部作战科科长尹健带着100辆大卡车和20辆吉普车，分别从北平、天津出发，专程前往西柏坡；叶剑英和铁道部部长滕代远则于24日带着三列专列前往涿州，去迎接毛泽东、党中央向北平转移。

3月23日，西柏坡的冬天已过去，天气特别晴朗，平时很少有汽车出入的党中央所在地突然来了20多辆卡车和吉普车，引来了不少正在春耕的老百姓围观。宁静的西柏坡弥漫着一种欢乐与喜悦的气氛，大家悄悄地奔走相告：“毛主席、周副主席要进北京了！”

这天，周恩来一改通宵办公、白天休息的习惯，上午8点就起床了。他来到毛泽东的住处。听说主席要工作人员9点前叫他起床，周恩来说，不要这么早叫，10点钟叫也不晚。10点钟，周恩来最先走进了毛泽东的办公室。

周恩来问：“主席，休息好没有？路途很长，很辛苦的。”毛泽东意味深长地笑道：“今天是进京赶考的日子，不睡觉也高兴啊！”周恩来会意地说：“我们都应考及格，不要退回来。”毛泽东说：“退回来就失败了，我们决不做李自成！”

毛泽东为什么提到李自成？在做进驻北平准备的这段时间，他想了很多。但是，他想的不是与他斗了几十年的蒋介石，而是想到了明末农民起义领袖李自成。

明末，以李自成为领袖的大顺军在人民的支持下，所向披靡，经过16年的奋斗灭亡了明王朝。1644年，李自成占领北京。在这以后，李自成及其部下居功自傲，贪图安逸，从将军到士兵，个个乘机中饱私囊，军纪败坏，士气瓦解，一支能征善战的大军，占领北京43天即被腐化侵蚀，变成了毫无战斗力的乌合之众。当吴三桂引着清军一到，堂堂的大顺朝顷刻之间便烟灭灰尽了。

这一历史悲剧引起有识之士的思考，郭沫若写下《甲申三百年祭》。他写道：自然，假如从整个的历史运动来看，经历了十六七年才达到这最后的阶段，要说难也未尝不是难。但要达到这最后阶段的突变上，有类于河堤决裂，系积年累月的浸渐而溃迸，要说容易也实在显得太容易了。在过短的时期之内获得了过大的成功，这却使自成以下如牛金星、刘宗敏之流，似乎都沉沦进了过分的陶醉里去了。进了北京以后，自成便进了皇宫。丞相牛金星所忙的是筹备登基大典，招揽门生，开科选举。将军刘宗敏所忙的是挟夹降官搜括赃款，严刑杀人。纷纷然，昏昏然，大家都像以为天下就已经太平了一样。近在肘腋的关外大敌，他们似乎全不在意。山海关仅仅派了几千兵镇守，而几十万的士兵却在京城里面享乐。尽管平时的军令是怎样严，在大家都陶醉了的时候，竟弄得刘将军“杀人无虚日，大抵兵丁掠抢民财也”了。

郭沫若的文章是在1944年3月写成，并发表在重庆《新华日报》上，不久就传到延安，立即引起了中国共产党人的重视。在抗日民族战争胜利之际，中国共产党领导的新式农民革命战争，会不会重蹈旧式农民战争的覆辙，这不能不引起毛泽东等人的深深思考。4月12日，毛泽东在延安高级干部会议上指出：“我党同志对于几次骄傲，几次错误，都要引为鉴戒。近日我们印了郭沫若论李自成的文章，也是叫同志们引为鉴戒，不要重犯胜利时骄傲的错误。”同年11月21日，毛泽东在给郭沫若的信中说道：“你的《甲申三百年祭》，我们把它当作整风文件看待。小胜即骄傲，大胜更骄傲，一次又一次吃亏，如何避免此种毛病，实在值得注意。”

在西柏坡，毛泽东就多次提醒不要重犯类似李自成的错误。

薄一波在《若干重大决策与事件的回顾》中写道：平、津接管工作，中央决定由彭真、叶剑英和黄克诚、黄敬同志分别主持。彭真任北平市委书记，叶剑英同志任军管会主任兼市长；黄克诚任天津市委书记兼军管会主任，黄敬同志任市长。毛主席又谈到了郭沫若写的《甲申三百年祭》。他说，我们不能像李自成进北京，一进城就变了。这个时期，毛主席当着中央和大区的一些同志的面说，新中国快要成立了，我们这些人将来都是要上历史的，不能像李自成进北京那样，要约法几章。这次毛主席又重提这一点，足见面对全国胜利的形势，怎样预防当政后重蹈李自成式的因胜利而骄傲而腐化的覆辙，已成为他反复思考的大事。他还向我谈了党内特别是党的高级干部一定要做到“几不”，即不做寿、不祝酒、不以人名作地名、活人不上舞台等。毛主席的这些话，不久得到了党的七届二中全会认可，形成全党必须遵守的规定。

七届二中全会以后，西柏坡的中央机关开始做进城的准备工作了。有一天，毛泽东问李银桥：“银桥，要进城了，你准备得怎么样啊？”

“东西都收拾好了，随时可以行动。”李银桥蛮有把握地回答说。

“这里呢？”毛泽东指了指李银桥的太阳穴，见他不解其意，便又说：“小心，不要中了资产阶级的糖衣炮弹，不要当李自成。”

毛泽东又把中央直属单位和警卫部队的干部召集起来，语重心长地告诫说：“我们就要进北平了，我们进北平可不是李自成进北京，他们进城后就腐化了。我们共产党进北平，是要继续革命，建设社会主义，一直到共产主义。”

在距李自成失败305年后的1949年，在距郭沫若发表《甲申三百年祭》后的第五个年头，毛泽东要率领中国共产党进驻北平，这是同一个城市，然而会不会重蹈覆辙呢？

面对胜利，毛泽东和他的战友始终保持着清醒的头脑。

23日上午11时，几位领导在欢声笑语中率领中共中央机关和中国人民解放军总部浩浩荡荡地离开了中国农村最后一个根据地，踏上了赶考的路程。

建设文明国家，铲除社会丑恶现象

毛泽东见不得任何丑恶的东西，不容任何丑恶的东西危害人民和民族。可以说，他的一生是同一切丑恶、落后和反动做不懈斗争的一生。

他用钢一般的意志、铁一般的拳头和火一样的思想，以及他自身的影响，在中国大地上（除台湾地区、香港地区和澳门地区）刮起一阵阵消灭一切封资思想的飓风，在新中国成立后的短短几年时间里，几乎消灭了所有社会丑恶现象。

在毛泽东时代，可以说，没有贪官污吏，没有分配不公，没有吃喝嫖赌，没有贫富巨差，没有不安全食品，没有空气水污染，没有性病和各种奇怪的病，而且是不断地消灭了诸多旧中国治不了的病，没有黑社会，没有黄赌毒，没有坑蒙拐骗，没有卖淫嫖娼，真正实现了路不拾遗，夜不闭户，人心向善，社会清明。

新中国成立后，毛泽东常由秘书陪同乘车观察北平社情。一天晚上，毛泽东的车在一胡同口被吵吵嚷嚷的人群阻断去路。原来，是一个妓院的老鸨在追赶、揪打一个体弱多病的小妓女，强迫她回去接客。

毛泽东看到这揪心的一幕，马上叫秘书下车阻止。他将拳头狠狠地砸向汽车靠背，下决心向妓女制度宣战，彻底铲除掉这一丑恶现象。

很巧，回到住处后，北平市委书记彭真也来汇报这类事情。彭真告诉毛泽东：前几天他踏访妓院了解情况，见到一个年仅15岁的小妓女痛哭流涕地诉说她是“如何被拐骗到妓院”，“每天接客10多人，被老板盘剥后，一天所得只有4个窝窝头”的情况。彭真气愤地对毛泽东说：“这是人过的日子吗？我们共产党能坐视不管吗？”

听过彭真的汇报，毛泽东义愤填膺。他当即急电罗瑞卿，让他马上来一趟。

罗瑞卿急匆匆赶来，毛泽东坚定地说：“新中国决不允许娼妓遍地，黑道横行，我们要把房子打扫干净！”

罗瑞卿受命后，很快便召开有关会议，确定在全国大中城市采取两种方案：一是以北京等地为代表的，在尽可能短的时间内摸清妓院的有关情况，然后集中力量，统一时间，一举将全部妓院予以封闭；二是以天津等大城市为代表的，采取“寓禁于限”的方针，在相对较长时间内，逐步取缔妓院。

经毛泽东直接授意，罗瑞卿决定马上落实第一个方案……

当时，尽管北京市妓院数已有所下降，但仍有224家，有妓女1268人。主要集中在北京的八条胡同。

针对这一情况，起初罗瑞卿决定采取迅雷不及掩耳之势，一举查封妓院。

但当时的妓院已形成一种独特的“服务行业”，除了妓女，还有一大批从业人员，其中不少都是社会底层人员。为此，毛泽东打电话告诉罗瑞卿：“要向各界群众作解释，防止反革命分子挑唆破坏，协助政府把这件事完全办好！”

根据毛泽东的指示，1949年11月12日，罗瑞卿召开北京公安局集体办公会议。强调指出：“封闭妓院不是公安部单方面的行动。要通过人民代表会议，听听他们的意见，要由他们作出决定后再办。”

接着，罗瑞卿主持起草了关于立即封闭北京市妓院的议案，经报市委、市政府批准后，即送市人代会作出决议。

11月21日，北京市第二届各界代表会议召开，会议通过了封闭北京所有妓院的决议。当决议一通过，市委书记彭真、市长聂荣臻便立即专门向毛泽东作了汇报。毛泽东在看过报告中关于对妓院老鸨的惩处、对妓女的教育帮助的措施后，十分满意，说："这个决议好！应立即执行！"

离开毛泽东住处，彭真、聂荣臻便立即向市公安局下达了封闭妓院的命令。21日晚8时，2400余名干警开始分头同时行动。12时，即将全部妓女进行卫生处理后，集中到八个事先准备好的妇女生产教养院。22日凌晨5时，北京市的所有妓院便被全部封闭。

毛泽东十分关心这件事，一直在等罗瑞卿的消息。

当封闭妓院工作刚刚结束，罗瑞卿便拿起电话，向毛泽东作了汇报。他说："毛主席，今晨5时止，北京市公安局采取行动，已将全市224家妓院全部封闭。从此，新中国的首都，党中央、国务院所在地——北京市，再也不会有蹂躏妇女、摧残妇女的野蛮妓院制度了！"

毛泽东听后非常高兴，连连称赞罗瑞卿："干得好！干得好！"同时嘱咐他说："要注意做好善后工作，并继续在全国其他城市采取适当措施，使全国的妇女真正当家成为自己的主人！"

23日上午，关押在北京各公安分局的妓院老鸨、管家们被集中起来，罗瑞卿对他们进行了训话。他在历数了这些人的罪行后，指出："你们是直接压迫妇女、剥削妇女的罪人，只有老老实实向人民低头悔过，向政府坦白交代，痛改前非，才有自新之路。否则，人民是不会宽容你们的！"

接着，罗瑞卿宣布了人民政府对他们的五种处理办法，有的被判死刑、没收财产；有的被判无期或有期徒刑；而对盘剥、虐待妓女情节较轻的，则被教育保释，没收财产。与此同时，对妓女们的教育、体检和疾病治疗工作也相继展开。有家可归者，被发放路费遣送回家；有对象者，则帮忙操持婚礼；年幼者被送进学校读书；无家可归者，被安排学习生产技术……

而在全国其他地区如青岛、秦皇岛、洛阳、长沙等地，也都在统一时间封闭了妓院，并对妓女进行了收容、教育和改造。这是以北京等地为代表的禁娼方式。

北京妓女获得重生

随后，根据毛泽东示意，罗瑞卿继续采取措施，命令全国其他各地的公安机关，结合加强对妓院、妓女的治安管理，大力开展宣传教育活动，揭露娼妓制度的罪恶，鼓励妓女重新做人。

经过短短几年的工作，从事娼妓业的人员便大大减少。武汉、上海、西安等地也适时相继封闭了妓院，其他各地公开设立的妓院也在1954年前后被封闭。至1955年，在中国绵延几千年的妓女被彻底禁绝了！这是罗瑞卿在公安部部长任上，根据毛泽东指示，做的一件震惊中外、惊天动地的大事。

新中国成立之后，为了保护人民的身心健康，恢复和发展生产，在毛泽东领导下，从1950年至1952年，只用了两年多的时间，就将祸害了中国100多年的鸦片烟毒扫进了历史的垃圾堆。

新中国建立之初，国民党反动派留给新中国的是一个经济崩溃、政治腐败、充满各种丑恶现象的烂摊子。解放前夕全国种植罂粟的面积高达100多万公顷，最大产毒地在西南地区（四川、云南、贵州、西康四省及重庆市），其种烟土地达1545万亩，占耕地总面积的9.4%，而在云南省高达33%，在西康省高达48%以上。制毒贩毒者约有50万人，几乎遍及全国，仅华北地区的察哈尔、山西、绥远、河北四省及北京、天津二市就有毒贩1万多人。西安的各个行业几乎都贩毒，有的小镇仅有万余人口却有毒贩500多人。至于鸦片烟馆更是到处林立，仅昆明一市即有烟馆1100多家。全国约有烟民2000多万人，约占当时总人口的4.4%，而在贵州省高达21.42%。众多烟民因吸毒倾家荡产，道德沦丧，家破人亡。当时广为流传的一副对联是烟毒危害的生动写照：“竹枪一支，打得妻离子散，未闻炮声震地；铜灯半盏，烧尽田地房廊，不见烟火冲天！”

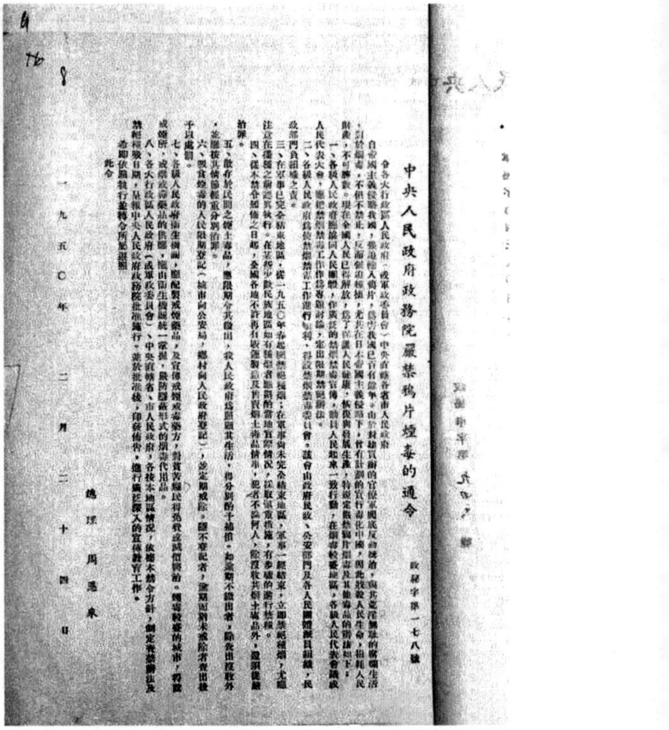
中央人民政府政務院嚴禁鴉片煙毒的通令

政秘字第一七八號

此令

總理 周恩來

一九五〇年二月二十四日

1950年政务院的禁毒通令

《新华日报》1951年3月15日报道：“据不完全统计，解放前西南地区种罂粟曾多达1545.46万亩，如果用这些土地种粮食，以当时的产量计算，每年损失粮食35.55亿斤……”毒品还不单单是严重地阻碍了农业生产，随之产生了武装贩运、残害群众、腐蚀健康等一系列的问题，严重影响了社会的健康发展。

1950年2月24日，中央人民政府政务院向各大行政区人民政府（或军政委员会）及中央直辖市人民政府发出《严禁鸦片烟毒的通令》（以下简称《通令》），严令各省市积极开展禁止烟毒的工作。《通令》首先揭露了帝国主义和封建官僚军阀利用鸦片毒害中国人民的滔天罪行。然后特别规定了严禁烟毒的办法八条。其中第一条就是“发动群众进行禁烟禁毒工作”。随后，新中国又颁布了一系列有关禁毒的条例、办法。比如《麻醉药品临时登记处理办法》《麻醉药品暂行条例》《管理麻醉药品暂行条例实施细则》等等。政务院颁布《通令》之后，各大军政委员会和各省市，根据政务院《通令》的指示，成立了禁烟机构，并结合土改、剿匪和反霸工作，取得很大的成效。此外，在各地颁布的其他指导生产的文件中，还一步步稳扎稳打地巩固禁毒工作的成果。比如西南军政委员会1950年3月1日发布的《关于1950年春耕及农业生产指示》中，就特别指出要严禁种植鸦片。1951年春，西南区就基本禁绝了鸦片种植。在以往鸦片种植的重灾区，农民们自动订立公约，保证不让一粒大烟籽入土。通过一系列深入细致的工作，100多年治理不了的毒祸，在人民当家做主的阶段得以根治。

从1949年5月至1951年年底，全国禁毒斗争初见成效。针对毒品的种、运、制、贩、吸等环节的实际情况，人民政府及公安机关采取“力劝两头，断斩中间”的策略，即规劝吸毒者不吸、种者不种（包括强制铲除），重点卡断流通环节，着重打击制毒贩毒。此法在当时称之为“拦腰一棍”，使得种罂粟的不易卖出，吸食者也不易买到，因而鸦片价格大跌，除了边疆少数民族地区与内地偏僻山区尚有零星种植罂粟外，全国大

1952年4月，上海禁毒人员捕获吸毒及贩毒人员

部分地区先后实现了禁种。但是，由于巨大的毒品地下市场依然存在，不法之徒为牟取暴利铤而走险；产地禁种使得存货“浮出水面”及境外货走私入境，所以禁毒斗争的形势依然严峻。

1952年，“三反”“五反”运动中，从全国各地揭露出大量毒品案件。为此，时任公安部副部长的徐子荣，在给毛泽东写的专题报告中说，必须于“三反”“五反”运动末期，大张旗鼓地再搞一次群众性的禁毒运动。公安人员不论吸食、盗卖、贩运、制售毒品和包庇掩护毒犯都是严重的犯法行为，必须一律严肃对待，绝不宽恕。毛泽东批示“徐子荣同志所提意见是好的”，并命政务院财政经济委员会副主任李富春“找徐子荣同志一商”。

4月15日，中共中央发出《中共中央关于肃清毒品流行的指示》；5月21日，政务院发布《中央人民政府政务院为查禁鸦片烟毒的通令》；7月30日，中央批准了公安部《关于开展全国规模的禁毒运动的报告》。

8月10日，公安部一声令下，全国1202个禁毒重点地方和重点部门同时大规模地搜查缉捕毒品案犯，毒犯们纷纷落入法网，全国查出毒贩近37万人，逮捕82056人。

全国的禁毒运动取得了巨大胜利。据中共中央转发公安部部长罗瑞卿《关于全国禁毒运动的总结报告》称，运动于1952年11月底结束，共查出毒犯369705名，共逮捕82056名；处理51627名，其中判处各种徒刑（包括死刑、无期徒刑）33786名，劳改的2138名，管制的6843名，释放3534名，已处决880名；共缴获毒品3996056两，制毒机235部又15716套，贩运藏毒工具263459件、迫击炮2门、机枪5挺、长短枪877支、子弹80296粒、手榴弹167颗、炸弹16个、发报机6部。

从1950年2月24日政务院颁布禁毒通令开始，到1952年11月底全国禁毒运动结束，新中国在不到三年内彻底禁绝了百年烟毒。

从严治党，开国反腐第一案

毛泽东曾说：“谁腐败就杀谁的头。”

1950年3月4日，访苏离京达88天的毛泽东，率中国党政代表团回到了中南海。

第二天，李银桥去香山接来了妻子韩桂馨。毛泽东特意在吃饭时让厨师多准备了几样炒菜，为韩桂馨“贺喜”。

饭后闲谈中，毛泽东向韩桂馨详细询问了香山的一些情况，韩桂馨无意中说起一位领导干部在香山找了一处幽静的山坡，在给机关施工时顺便也为自己盖了一幢二层小楼，只是还没有住进去。毛泽东听了，脸色变得难看起来。韩桂馨便没有再说下去。

不料第二天下午，李银桥在菊香书屋见到了那位在香山为自己盖房子的领导干部，坐在毛泽东会客室里的还有周恩来和聂荣臻。

毛泽东双手叉着腰站在那里上上下下打量着那个人，按捺不住心中的怒气，大吼道：“你的派头真不小呢！我看你和过去的帝王将相差不多了！”那位领导干部吓得头上直冒冷汗，垂着头不敢正视毛泽东。毛泽东背着手在房间里大步地来回走着，突然又向那人劈头喝问：“你这么干，还配当共产党的干部吗？老百姓要戳着我们脊梁骨骂呢！我早讲过进城以后不要学做李自成，你为什么装傻？”

那人低着头胆战心惊地说：“主席，我错了……”

“你错了？当初盖房子不晓得错？”毛泽东越说越气，“我看你是明知故犯，仗着手中有点权，有意拆我们的台……”

毛泽东点燃了一支烟，狠吸一口。周恩来和聂荣臻在这种情况下也是面面相觑，谁也不便多讲一句话。

突然，毛泽东将仅吸了两口的烟使劲儿地掐灭，大手一挥，厉声喝道："拉出去枪毙！"

李银桥一听吓了一大跳，周恩来和聂荣臻也被惊得从沙发上站起来。那人更是被吓得软了身子，摇摇晃晃地险些瘫倒了……

毛泽东又连说两句："拉出去，拉出去毙了。"

李银桥看看周恩来和聂荣臻。周恩来和聂荣臻见状，不得不上前劝慰毛泽东暂息雷霆之怒，等将问题调查清楚后再作严肃处理。毛泽东依旧盛怒道："我们共产党员是为人民服务的，不是来这里享受的，更不允许贪污腐化！这样下去，就成了李自成了！"

周恩来说："主席讲得对！这件事需要调查清楚，按法律程序办……"

聂荣臻说："我们一定要严肃处理，绝不宽怠！"

那位干部也回过神来说："我一定吸取教训……愿意接受党给我的任何处分……"

毛泽东这才余怒未消地对聂荣臻说："那就交给你去办吧！"

在毛泽东发起和领导的"三反""五反"运动中，曾揪出"老虎"十余万。

1951年冬，北京落下了第一场雪，丰泽园变成了一片琼瑶琉璃世界。

当时，反贪污、反浪费、反官僚主义的"三反"运动正在全国轰轰烈烈地开展。毛泽东工作了一夜，天刚放亮，他站起身，搓搓脸，朝门口走去。

刚开门跨出门槛一步，毛泽东猛地站住脚，他惊喜地仰天凝视，只见天空纷纷扬扬正落下洁白的雪花，他的目光又移向被大雪覆盖的松柏、屋顶、墙头和庭院，久久不动，像是在倾听那雪花落地的沙沙声。

卫士见毛泽东在门口发愣，急忙抓住扫帚去扫路。毛泽东不时回头打量着自己留在雪地上的脚印，目光中闪着孩子一般的新奇和喜悦的神色。

“不要扫！”毛泽东急切地喊着，眉头也皱了起来。卫士轻轻把扫帚放下。

毛泽东小心翼翼地走下台阶，缓慢地迈着步伐，走走停停，他不忍心踏坏院子里白莹莹的积雪，就从廊沿下走出庭院后门，沿着中海散步。

忽然，毛泽东面对一株苍松停了下来，凝视着那墨绿的松枝和挂在松枝上的洁白积雪，严肃地沉思着。

“你贪污了没有？”毛泽东望着松树和积雪，突然问了卫士长李银桥一句。

“没有！”李银桥坦然地回答。

“你现在不贪污，你以后贪污不贪污？”

“不贪污！”

“那就好。你来的时候像这些雪，以后也要保持，要洁身自爱，反腐蚀，不要叫糖衣炮弹打中。”毛泽东指着松树上洁白无瑕的积雪说。

“我一定照主席说的办！”

“你不贪污，你有浪费没有？”毛泽东又问。

“浪费现象，可能没有完全杜绝。”李银桥诚实地回答。

“浪费也一样可耻。不贪污，还要节约。节约每一滴水，每一度电……”

李银桥静静地听着，心中不时泛起阵阵波澜，两年前，中央从西柏坡进城时毛泽东的话仍在人们耳边回旋。

是啊，时间过得真快，转眼间，共产党取得了天下，大批干部由偏远的乡村走进了城市，他们大部分都保持和发扬了党的优良传统，“考试”

合格。但也有极少数的干部却经不住糖衣炮弹的攻击，时间不长就败下阵来，贪污浪费，腐化堕落，有的甚至于变成了人民的罪人。

毛泽东极端痛恨腐败，他决不容许腐败分子逍遥法外。

1951年11月，北京已有几分寒意。在一个万籁俱寂的夜晚，中南海菊香书屋灯火通明。毛泽东正在批阅东北局书记高岗关于开展增产节约运动，进一步反贪污、反浪费、反官僚主义斗争的报告。报告中列举了沈阳市在部分单位中揭发出3629人有贪污行为，东北贸易部检举和坦白的赃款达5亿人民币，浪费现象官僚主义也很严重，东北铁路系统积压上千亿元的材料无人处理。

毛泽东深感事情的严重性。11月20日，他为中共中央将东北局报告转发全国，要求全国各级党政军领导重视东北的经验。这是毛泽东向全党发出进行“三反”斗争的第一个号令。

1951年12月1日，中共中央发出《关于实行精兵简政、增产节约、反对贪污、反对浪费和反对官僚主义的决定》（以下简称《决定》），正式拉开了“三反”运动的序幕。

12月8日，中央又发出《关于三反斗争必须大张旗鼓进行的电报》。

毛泽东从1951年12月31日上午11时到1952年1月1日上午7时半，连续20个小时处理中南军区的报告，并派秘书罗光禄乘飞机直飞武汉。当日下午5时半，毛泽东又邀请十几位民主人士和党内几位负责人在颐年堂举行团拜会，并发表元旦祝词，号召我国全体人民和一切工作人员一致起来，大张旗鼓地，雷厉风行地，开展一个大规模的“三反”斗争，将这些旧社会遗留下来的污毒洗干净。

自《决定》下发后，许多部门都行动起来了。

中央机关于1951年12月31日下午召开了党政军各部门处长以上数百人参加的党委扩大会议，由中纪委主任薄一波、中央机关总党委第二书记安子文宣布中央决定和作动员报告，限期1952年1月1日至10日，各院委、部、会、院、署、行、局、处及其下面的一切单位，务必发动群众斗争，实行坦白检举，于1月11日送来报告。如有违者，不论部长、行长、署长、局长、处长、科长或经理，一律撤职查办。

1952年在北京中山音乐堂召开反贪污公审大会，审判宋德贵等七犯

1月9日，周恩来总理又召集中央、华北及北京、天津两市的高级干部及各界代表人物2300余人，在北京召开“三反”动员大会，亲自作动员。

毛泽东对“三反”运动极为重视，他夜以继日地批阅各地报告，代中央起草决议、指示、批语、电报、信件等。整个“三反”运动期间，这样的文件就达233件之多。

1952年1月中旬，运动的重点已开始转入清查和打击严重的贪污分子阶段，即所谓打“大老虎”阶段。

1月19日，中直机关总党委召开有1000余人参加的高级干部会议，宣布要集中力量打“老虎”。

1月23日，毛泽东起草了《关于三反斗争展开后要将注意力引向搜寻大老虎的电报》，指出，党政军民学各系统都必定有大贪污犯，要将注意力引向搜寻“大老虎”，穷追务获，不要停留，不要松劲，不要满足于已得成绩。第二天，又指示各地：每个省、每个大城市及各大军区单位都有100只至几百只“大老虎”，如捉不到，就是打败仗。

政务院财政经济委员会副主任李富春于1月30日在中财委党组会上作打虎总结报告时，曾提出判定“大老虎”的六条标准：个人贪污一亿元以上者；贪污不满一亿元，但对国家经济造成很大损失者；满一亿元以上的集体贪污案的组织者、主谋者；贪污5000万元以上，但性质严重；使国家损失在一亿元以上者；全国解放时隐瞒各级国家财产或官僚资本未报，价值在一亿元以上者等。嗣后，李富春将这六条标准向中央作了报告，2月2日毛泽东将李富春拟定的六条标准批转全国省（军）以上党政军各级党委参照执行。

2月10日，毛泽东在对《关于华北军区后勤部捉虎报告》的批语中再次强调：大贪污犯是人民的敌人，要增加打虎的勇气，坚决彻底地将他们肃清，而不应有丝毫的留恋或同情。

在打虎斗争高潮中，各地也不同程度地出现过一些过火行为，以致发生强拉硬凑，或逼供、诱供、假供的情况，因而伤害了一些好人。中央发现这些苗头后，及时采取措施进行了纠正。毛泽东指出：个别单位已发现用逼供的方法打虎，如果打出的不是真虎而是假虎，冤枉了好人。各地如出现这种情况请予迅速纠正。

2月22日，毛泽东在转发华东军区党委《关于打虎情况和部署的报告》的批语中再次指出："要注意调查研究，算大账，算细账，清查老虎真假，严禁逼供信。"全国贪污1000元以上的"老虎"先定29万人，后改为10.5万人。

到1952年3月，大部分地区的"三反"运动进入审理、定案、处理阶段。中共中央于3月5日发出了《关于处理贪污浪费问题的若干规定》，提出处理贪污浪费问题的原则：对绝大多数情节较轻又彻底坦白，立功自赎者，从宽处理；对少数情节严重恶劣或隐瞒欺骗、拒绝坦白者，应从严惩治；对浪费问题亦应以严肃的态度，分别情况，予以适当解决，以教育干部，团结群众。

3月11日，政务院颁发了中纪委《关于处理贪污、浪费及克服官僚主义错误的若干规定》（以下简称《规定》）。

《规定》按照“严肃与宽大相结合，改造与惩治相结合”的方针，对贪污、浪费问题规定了具体而明确的处理办法。对贪污分子的处理规定：

凡贪污未满100万元者，只要彻底坦白，真诚悔过，保证不再犯，不当贪污分子对待，可以免予处分和追缴贪污款物；凡超过100万元未满1000万元者，只要情节不严重恶劣，彻底承认错误，可以免于刑事处分，但应视情况给予行政处分，并酌退贪污款物；对情节恶劣又拒不坦白者予以刑事处分。

凡贪污超过1000万元，未满一亿元的贪污分子，可依其情节轻重，坦白认罪程度，退赃及检举主动情况，分别给予适当的刑事处分，或免刑给予行政处分，应尽可能追缴贪污款物。

凡贪污一亿元以上的贪污分子，一般按其情节轻重，给予不同刑事处分，追缴贪污款物。但自动坦白退出赃款赃物，有检举立功者，也可免于刑事处分，给予行政处分。

4月21日，中央人民政府颁布了《中华人民共和国惩治贪污条例》，为惩治贪污犯罪提供了统一的标准和法律武器。

1952年10月25日，中共中央批准了中央政策研究室《关于结束“三反”运动的报告》，宣告“三反”运动胜利结束。据统计，全国政府系统参加“三反”运动的达850万人至900万人，受到处分的占4.5%左右。县以上党政机关（未包括军队）参加“三反”运动的人数为383.6万人，共查出有贪污行为1000万元以上的10.5万余人，约占参加“三反”运动总数的2.7%。经审理定案，绝大多数免于处分，部分给予行政处分，对少数贪污数额巨大，手段恶劣，态度顽固，给国家造成严重损失者，给予严厉制裁。判处有期徒刑的9942人，判处无期徒刑的67人，判处死缓的9人，判处死刑的42人。

在运动中，查出的影响最大的腐败案是刘青山张子善案。

刘青山与张子善先后在天津工作。

1949年8月，天津地委和天津专署成立后，刘青山和张子善分别从冀中八分区和十分区调来，担任了地委书记和专员。

刘青山，1916年生，河北安国县人，雇工出身，1931年6月加入中国共产党，曾参加高（阳）蠡（县）农民起义，被国民党反动政府逮捕入狱。历任冀中区任河县委书记，八地委组织部部长、地委书记，天津地委书记。被捕前任石家庄市委副书记。

张子善，1914年生，河北省深县人，学生出身，1933年10月加入中国共产党，翌年被国民党反动政府逮捕入狱，曾做绝食斗争与卧轨斗争。历任献县委书记，八地委组织部部长、地委书记，天津地委副书记兼专员，被捕前任天津地委书记。

刘青山、张子善是从大搞“机关生产”而走向犯罪、跌入深渊的。

机关生产，即党政机关搞生产活动。是在新中国成立初期，百废待兴、国民经济十分困难的情况下，为了解决当时刚建立起来的各级政权机关的财政经费问题以及人员的穿衣吃饭问题，中央和各级党政组织曾做出过一系列关于开展机关生产的规定；但这是暂时的，都是一种特殊时期过渡性的措施。

1949年8月，天津地委和天津专署在天津市西面30里的杨柳青镇成立。杨柳青镇是中国北方历史名镇。初名“流口”，后复名“柳口”。金贞祐二年（1214）置“柳口镇”，为本镇行政建置之始，元末明初更今名。清代之前，杨柳青镇先后隶属章武、平舒、鲁城、武清、静海、天津等县，民国时期隶属天津县，新中国成立后，先后隶属河北省、河北省天津专区、静海县、天津市南开区、天津市西郊区。

此镇地处水陆通衢，历史悠久，有万户人家，以特产木版年画而名扬全国。镇中央有一处宽敞高大但已破落不堪的宅院，据说原是一个石姓富豪的房产，叫石家大院，成为地委、专署的办公地点。

天津专区位于京津两大城市之间，下辖静海、大城、任丘、文安、永清、安次、武清、宝坻、宁河、霸县、青县11县及杨柳青、汉沽、胜芳三镇，人口400多万。全区地处九河下梢，地势低洼，历史上涝灾连年不断。1950年夏，全区14个县镇暴雨铺天，大水漫地，使刚刚获得翻身解放的广大农民，生活又处于极为困难的境地。而身为地委书记的刘青山，身为地委副书记、专员的张子善，不但不积极带领群众进行生产自救，度过灾害，反而不顾灾民死活，全身心都扑到机关生产上。

刘青山自走马上任那天起，逢人就宣扬他眼中的“机关生产”怎么好怎么妙。在任两年，两条“政绩”尽人皆知：一是借口身体不好，在津长期“养病”，基本没干工作；二是以养病为名，在津大搞“机关生产”，几乎什么都干。

在经济上，他们贪得无厌。

他们苛剥政府以工代赈救灾粮款。

1950年秋及1951年春，河北省政府决定以工代赈修治天津专区境内的潮白、海河、永定、大清、龙凤五道河流。国家对治河民工给予适当的粮款补贴报酬。

1950年秋，刘、张从中苛剥6亿元。

1951年春，省里为河工拨粮1800余万斤，刘、张掠取粮220万斤，折款22亿元。

他们还盗用机场占地赔款4300多万元，违法动支水利专款10亿元；非法动用干部家属救济粮17.5万斤；违法拼凑地方财政，非法动用地粮公产达29.862亿元；骗贷银行巨款，盗用灾民造船款，骗贷天津市银行贷款50亿元；动用宝坻县庄洼水库区108个村庄灾民造船款4亿元；进行投机倒把，胆大妄为。

他们只要有利可图，有钱可赚，他们什么都敢买，也什么都敢卖；扰乱市场，牟取暴利。

1951年4月，天津市木材市场价格上涨，刘、张冒充军人，穿着军装，持天津军区司令部执照和天津地委九号证章，一次就骗购木材四千立方米，运回天津市进行商业投机活动。

他们公行贿赂，高薪利诱瓦解国营工业技术人员；勾结奸商，破坏国家经济建设。

他们共贪污171亿余元巨款，供其挥霍享受，由革命的功臣堕落为人民的罪人。

在思想政治上，他们也忘乎所以。

“刘青山为压制党内民主，建立自己的封建统治秩序，曾说：我这是马克思、列宁主义在天津地区的具体化。”因此，在天津专区出现了一个所谓的“刘青山思想”。

张子善则说天津地委内只能有“一个头”，一个领袖。有人在“七一”纪念大会上高呼“向我们英明的领袖张专员致敬！”“在英明领袖张专员领导下前进。”

而张则对人说：“应该向该同志学习。”

刘青山有几句口头禅，随时随地张口即出：“老子们打天下，小子们来享受。”“天下是老子打下来的，享受一点还不应当吗？”

“革命胜利啦，老子该享受享受啦！”

诸如此类，皆是这位将“马列主义具体化”的“思想家”的“名言”，句句不离“老子”“享受”。

在生活上，二人极端腐败。

刘青山以“养病”为由，向组织伸手要公款，动辄数千万元，而且堂而皇之地署名“共产党员刘青山”。钱到手稍慢了点，即大哭大闹，声震屋瓦，叫嚷什么“批准我养病不照顾”，拍桌子摔板凳，搞得鸡犬不宁。

在担任天津地委书记的两年时间里，刘青山长期以“养病”为由住在一栋典雅考究的二层小洋楼内，该楼因而又被人们私下里称为“刘公馆”。

这座小洋楼位于天津城内的马场道18号，马场道是现在天津著名的“五大道”之一，曾经是外国租界，一座座风格迥异的小洋楼鳞次栉比。石家大院虽然条件不错，但分配给刘青山的两间宿舍与这座洋楼比起来，自然天差地别。

住进洋楼的刘青山，从里到外气象一新。据《人民日报》1952年1月4日第三版《党的生活》记载：“一位老战友出差路过天津，顺便去看望刘青山。一到马场道18号，就觉得特别不自在，等见到刘青山，这位老战友简直不相信自己的眼睛。刘着一身毛料西装，足蹬明晃晃的黑皮鞋，俨然一副绅士派头。再看刘的住处，钢丝床、大衣镜、沙发，地板亮得能照见人影。刘青山变得陌生了，变成了另外一个人。”

刘青山到省里开会，听到天津地委有人反映他生活腐化、闹享受，大动肝火，于是称病返回，开始对他揣测的可能反映他的人骂大街，挨个找到，把他们骂得狗血喷头。有的被当众骂哭，有的挨骂后坚决要离开天津，有的当即要求调动。刘青山甚至连张子善也卷进去骂，并致书一封且同时呈信省委、地委，满纸歪理却气势非凡，抱怨照顾他不好，状告地委不执行省委意见，指责张自私、有宗派；而当面指着张的鼻子斥之为“糊涂蛋”。

刘青山还是个“汽车迷”。

20世纪50年代初期，轿车极为罕见，连战争时期缴获的破旧的美式吉普也很少，天津地委机关只有一辆，供处理紧急事务用。刘青山一来，就把这辆美式吉普霸占了，机关用车几乎成了他的私人专车。

1950年夏，刘青山不顾国民经济困难和机关经费紧张，动用36000多万元资金，从香港进口两辆最新样式的美国高级轿车。他出入于酒楼饭店，舞厅戏院，该吃的都吃了，该玩的都玩了，该享受的也都享受了。山珍海味也有吃腻的时候，为了吃好玩好，刘青山自有“学问”。有一项是吃饺子不要韭菜馅但要韭菜味。北方的冬天很少见到韭菜，物稀则贵，即使在天津这样的大城市，冬天吃韭菜馅的饺子也是极个别富有人家享用的东西。他经常吃就发现了问题，冬天的韭菜馅虽鲜爽香美，但有些辣气，而且吃多了不好消化。于是刘青山指使炊管人员，要吃饺子，要吃韭菜味不吃韭菜馅。

炊事员很为难，恐怕“狗不理”“鸭子楼”名厨也没做过这种水饺。他们反复试验，终于找到一种办法：猪肉、虾仁、炒鸡蛋并白菜心剁烂搅馅，包时每个饺子里放几根洗净挑好的茎粗叶宽的韭菜，茎根包在饺子皮褶外，捏好后下锅，煮熟后捞出，趁热捏住露在外面的韭菜根茎，将包在饺子里的韭菜叶一起抽出来。盛盘端上去，刘青山一吃，连声叫好。

刘青山这个人，老粗出身，性子粗，态度蛮横霸道，又好大喜功，办事爱要粗胳膊。而张子善呢，学生出身，心细，工于心计，很虚伪，权力欲很强。二人一明一暗、一硬一软、一狼一狈，所以在危害别人谋取共同利益这方面很容易搞到一起。

与整日不干工作、到处吃喝拿要享乐的刘青山相比，“英明领袖张专员”颇为“坚守岗位”，坐镇杨柳青镇“石家大院”，主持全面工作，倒是貌似“勤勤恳恳”。但是，他的挥霍铺张程度丝毫不亚于刘青山。

张子善在审查中交代，他每个月光高档香烟就要吸八九条，衣着上由粗布到细布再到皮毛，饮食上先是非细粮不可，再到酒肉必备，行则非轿车不坐，两年时间里竟然换了五辆小轿车……

据后来专案组查证，仅直接用于两人生活挥霍的公款，刘青山就耗费了1.83亿元。按当时的粮价计算，可购买小米110多万斤，相当于当时3070名干部一年的定量标准。

而张子善更是挥霍了1.94亿元——这还仅是有据可查的，据张子善交代，他在1951年7月，一次就销毁了两人支取公款挥霍的三四百张单据。

1951年10月，天津专署副专员李克才向河北省委组织部揭发了刘、张的若干违法乱纪事实后，引起了河北省委的重视，并进行了调查。

10月下旬，由河北省委组织部部长、省纪检委副书记薛迅带队的河北省委纪律调查组来到了天津地委机关。在严格保密的情况下，调查组先后找了几十名党员干部个别谈话，很快掌握了刘青山、张子善在机关生产中违法乱纪的事实和生活中的腐化堕落行为。

11月21日至12月1日，中共河北省委在保定召开第三次党代表会议。作为党代会代表和天津地区代表团团长的张子善在会上被捕。

而这时，刘青山却不在国内。他随着“中国青年友好代表团”在奥地利首都维也纳参加世界和平友好理事大会。河北省委成立处理刘、张案件委员会，并以省委的名义将刘青山调回。

据时任河北省人民检察署检察长、刘张案件办案组组长孙光瑞回忆，刘青山是12月2日乘火车回到天津的，下火车后先是到马场道18号“刘公馆”休息，随即被办案人员控制。

刘青山刚听说省委要审查自己，就拍桌子吼道：“出什么事了？还能开除老子党籍？”在场的办案人员为避免冲突，忙打圆场：“你这一路辛苦，咱们先出去吃饭。”遂拉着刘青山出门上汽车，直接送到了省公安厅在保定准备的看守地点。

两天后，刘青山、张子善被开除党籍。

1951年12月14日，河北省委向华北局报告：“我们一致意见处以死刑。”12月20日，华北局将处理意见上报中央，提议“将刘青山、张子善二贪污犯处以死刑（或缓期两年执行），由省人民政府请示政务院批准后执行”。

12月下旬，华北局通过河北省委征求了天津地委及所属部门对刘、张两犯量刑的意见。结果是：地委的8个委员的一致意见是处以死刑。地区参加讨论的552名党员干部的意见是：对刘青山：同意判处死刑的535人，判处死缓的8人，判处无期徒刑的3人，判处有期徒刑的6人；对张子善：同意判处死刑的536人，判处死缓的7人，判处无期徒刑的3人，判处有期徒刑的6人。

毛泽东对此案极为关注。12月29日下午，毛泽东主持召开中央书记处扩大会议，研究对刘、张一案的处理意见。经过慎重考虑，并征求党外人士意见，中共中央决定同意河北省委的建议，由河北人民法院宣判，经最高人民法院核准，对刘青山、张子善判处死刑，立即执行。

根据毛泽东的意见，《人民日报》在1951年12月30日头版将刘青山、张子善贪污侵吞国家资财的犯罪事实公布于众，同时发表了河北省委关于开除刘、张二人党籍的决定。在公审大会召开之前，曾在冀中担任过区党委书记，看着刘、张成长，时任天津市委书记的黄敬找到薄一波说，刘、张错误严重，理应判重刑，但念其在战争年代出生入死，有过功劳，是否向毛主席说说，不要枪毙，给他们一个改造的机会。薄一波表示，中央决定了的事，恐怕不宜再提了。而黄敬坚持要薄一波向毛泽东反映，薄一波只好如实向毛泽东转达了黄敬的意见。毛泽东听后说，正是因为他们两人的地位高、功劳大，所以才要下决心处决他们。只有处决他们，才有可能挽救20个、200个、2000个、20000个犯有各种不同程度错误的干部。

1952年2月10日，农历壬辰年正月十五，星期日。

古城保定，河北省省会，笼罩在一片愤激、严峻的气氛之中。在河北省委政府领导下，河北省法院组织临时法庭，在省会保定市召开了有两万人参加的公判大会。

从上午10时起，许许多多整齐的队伍，从四面八方汇聚于保定市体育场，井然有序地就列于指定位置。参加这次公审大会的，有省级、保定市、保定专区的党、政、军机关和群众团体的领导人员、全体干部工作人员和指战员，有唐山、石家庄、秦皇岛三市及其他九个专区的各级机关团体和群众的代表，并特别邀请了因受刘青山、张子善剥削而遭受灾难的天津专区的灾民代表、治河民工代表及被害群众代表参加。据统计，到会人数共计21800多人。

与此同时，保定市内1000多台收音机打开开关，60多个广播喇叭接通电源，近万人或守坐在收音机旁，或围站在广播喇叭下。他们也在看表。

与此同时，唐山市组织了67000多人，石家庄市组织了55000多人，全省唐山、石家庄、邯郸、邢台、通县、天津、沧州、衡水、定县九个专区及各市、县、镇的机关团体干部和人民群众，近20万人在有组织地收听大会实况。

1952年2月10日，保定公审大会现场刘青山、张子善出现在万众面前。

刘青山，头戴名贵的水獭皮帽，身穿样式考究的藏青色呢子大衣，足蹬光亮可鉴的皮靴；而张子善，一身板挺的深蓝色呢子制服，头戴呢帽，脚上也是一双黑皮鞋。二人俨然一副“首长”打扮，从头到脚都是当地委书记、专员时去开会或赴宴时的装束，只是，二人各自并拢且前伸的手腕上，多了一副冰凉的手铐；胸前多了一块一尺宽二尺长的白布，上面分别用毛笔书写“大贪污犯刘青山”“大贪污犯张子善”，因而衬得刘青山的紫黑脸更黑了，张子善的黄白脸更白了。

薛迅在大会上控诉了刘青山、张子善的罪行，省主席杨秀峰宣布了最高人民法院的死刑核准令。

当宣判后，刘青山、张子善低头站在台上，面如死灰。刘青山的嘴唇嚅动两下，仿佛嘟囔了一句，像是忏悔像是抱怨像是诅咒。张子善的膝盖一软，未待身后一直警惕着的民警扶持，又硬硬地站直了。

保定东关大校场，空阔而寂寥。

省委根据中央领导的有关指示，详细地研究了处决刘、张二犯之事，决定了几项措施，交代与行刑人员及善后单位执行：子弹不打脑袋，打后

保定公审大会现场

心；殓尸安葬，棺木由公费购置；二犯之亲属不按反革命家属对待；二犯之子女由国家抚养成人。

这些决议事先也对刘青山、张子善讲明。二犯听后，放声大哭。

两声枪响，震彻长空大地。全保定市、全河北省、全中国都听到了。

两个共产党的高级领导干部，两个为建立新中国立下功劳的英雄，因极度贪污腐化而被党和人民押上断头台，这在我们新生的共和国历史上，尚属首次。

刘青山、张子善伏法后的第二天，《人民日报》《河北日报》《天津日报》等均以醒目的大字标题在头版报道了公审大会的消息，与此同时，中央及各省、市、自治区的报纸、电台也都对此迅速作了报道。香港一家右派报纸禁不住惊呼："共产党杀了共产党！"

应当这样说，共产党杀了共产党的败类！

几个月的"三反"运动，使党的正气至少20年昌盛不衰！

杀了两个人，管了几十年！

人们纷纷议论：

共产党真了不起！江山是坐定了！

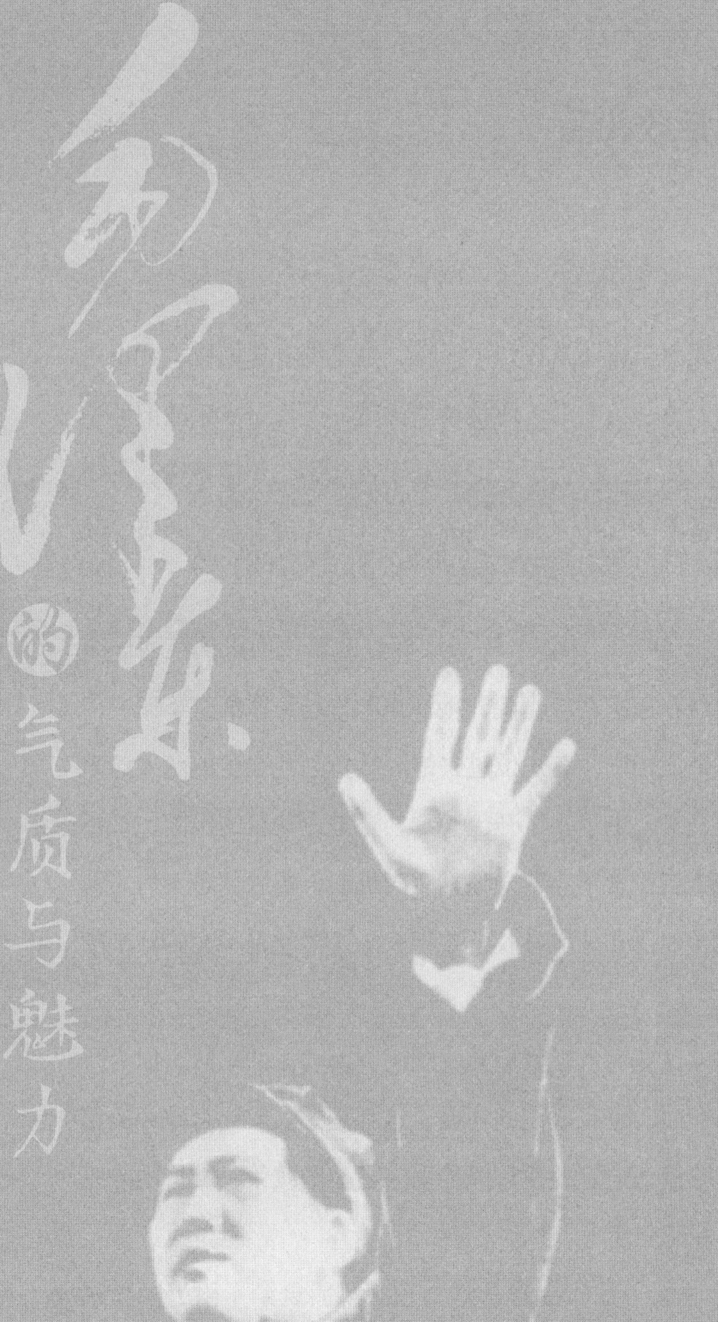

十一　廉洁自律的崇高风范

毛泽东一生具有严于律己、廉洁奉公的崇高风范和勤政为民的公仆本色。他不谋私利，道德高尚；他不搞特殊，两袖清风；他家风淳朴，堪称楷模；他功盖华夏，却从不索求。

生活俭朴，拒收礼品

毛泽东无论是在战争年代还是在和平时期，也不论身居何位，无论是在国内还是在国外，无论是条件艰苦还是条件优越，无论是乡亲故旧还是下级同志，他从来不收礼品，在生活上也总是艰苦朴素，不搞特殊、不讲排场，一尘不染，总是保持其伟大而平凡的本色，与人民群众同呼吸、共命运，永远心连心。

1929年2月9日，毛泽东、朱德、陈毅率领红四军主力来到江西瑞金北60公里的大柏圩，住在王家祠。当晚，毛泽东和朱德正在油灯下研究作战计划，一名战士进来报告说，有几位过去饱经兵荒马乱之苦的商人送来一包东西，留下一张纸条就走了。打开包一看，竟是白花花的银圆，纸条上写着："红军长官尊启：贵军大驾光临，有失远迎，不胜惶恐，为表薄意，敝商号特奉上银元四百五，敬恳收下勿辞……"落款是"大柏圩小商号郑某、陈某和曾某"。

毛泽东看后说："这些商人把我们看成国民党反动派的军队，以为我们红军也会抢他们的商店，侵犯他们的利益。这都是敌人放谣言破坏的结果。我们红军刚开到赣南，一定要执行保护商人利益的政策，维持地方正常秩序，把革命根据地建立起来。"

于是，毛泽东、陈毅一行人提着马灯，顶着风雪赶到了附近的大柏圩，挨家挨户地寻访，终于找到了送银圆的商铺老板。陈毅将那包银圆放到桌上说："老板，我们是特地给你们退礼的，这钱请收回吧！""长官，千万别嫌少，我们可以再加点！"商人惶惑不安地答道。

毛泽东和蔼地说：“老板，这钱我们一个也不能要，请收回吧！”接着他又耐心细致地向几位商人宣讲了红军各项纪律和政策，用事实说明了红军和白军的根本区别，使商人放下心来，高高兴兴地收回了银圆。由于红军秋毫无犯，得到了人民群众的支持，取得了大柏圩战斗的胜利，全歼了敌军第十五旅，使红军摆脱了尾随之敌，为开辟赣南、闽西革命根据地打开了新局面。当红军撤离时，当地老百姓包括小商人纷纷来到村口夹道欢送。望着远去的队伍，人们感慨地说：“红军好！纪律严明，自古未有。”

据著名军旅作家吴东峰在《开国将军轶事》中载：井冈山斗争时期，红一军团三十四师参谋处长陈士榘，在一次反“围剿”的战斗中缴获一女式袖珍手枪，不知何国所造，类似“掌中宝”，枪身镀金，精美绝伦。陈士榘恪守“一切缴获要归公”的纪律，把它交给了军团长林彪。林彪甚喜，把玩再三，还是割爱转送给了毛泽东。毛得枪后，弃之于地，曰：“吾用此物，红军休矣！”

毛并非不通情达理之人。同在该书中，吴东峰还谈道：1938年3月17日，陈士榘负伤，为日军炮弹所炸，头、胳膊、腿、耳九处伤口严重，转延安拐峁军队医院治疗。某日，一骑马女战士英姿飒爽，风情绰约，送一慰问信和200元现金至。信封书“陈士榘同志启”，落款处为“毛泽东手笔”，送信人正是江青！

早在抗日战争时期，有一位爱国华侨给中国共产党领导人赠送了两辆小轿车，大家一致认为，首先应给毛泽东配一辆，因为他是全党的领袖，公务最为繁忙。但毛泽东听了后不同意，他提出：“一是要考虑军事上的需要，一是要照顾年纪较大的同志。”于是，按毛泽东的意见，一辆分给主管军事的朱德使用，另外一辆分给了“五老”（徐特立、董必武、谢觉哉、林伯渠、吴玉章）使用。有一次毛泽东从枣园开会回来的途中，马受惊，他的左手腕摔伤了。朱老总和“五老”都提出让车，甚至把车都开到毛泽东的跟前，但毛泽东硬把他们给“撵”回去了。

解放初期，地方上常常向北京送一些土特产，请中央领导同志品尝，以表达心中的敬意。

中华人民共和国成立后，人民群众出于对伟大领袖的爱戴，曾给毛泽东送过一些礼物，但是毛泽东总是谢绝或者上缴，实在无法退掉的就折价处理。

湖北蕲春县有座海拔1244米的高山，名叫云丹山。山麓附近盛产一种名叫“水葡萄”的优质稻米。用它做的饭洁白透亮，松软可口，香味扑鼻，而且营养特别丰富。因产量极少（每年仅产数百公斤），自唐宋以来，历代王朝都把它规定为只有皇亲国戚才能享用的贡米。解放后，当地农民翻了身、分了地，为感谢党中央、毛泽东主席，当地农民于1951年10月把刚刚收到手的“水葡萄”米包出50斤，寄往北京中南海，送给领袖毛泽东。没有想到，一个多月后，他们竟收到毛泽东委托中央办公厅寄来的汇款和一封令人感动的信。信中写道：“钱寄上，以后再不要向中央领导人寄赠任何物资，这是我们的党纪所不能容许的。”这一番话，语重心长，掷地有声，清晰地告诉人们，在党纪面前，没有特殊公民，任何人都不能违反党的纪律。

20世纪50年代初，毛泽东对西藏问题特别关注。每次达赖、班禅来京，毛泽东总在颐年殿会见他们。有一次，西藏头面人物托人送来一块金表，那表看上去金光闪闪，拿在手上沉甸甸的，含金量很高。工作人员收下来要毛泽东把金表戴上，把他原来的旧表淘汰掉。因为毛泽东戴的那块表太旧了，表面非常模糊，表盘上的数字看不太清，早就应当换块新表了。但是毛泽东对金表毫无兴趣，吩咐工作人员说：“不换，明天就上缴特会室去。”特会室是专为中央领导同志管理经济的，也管礼品。第二天，工作人员就把这块金表上缴到特会室了。

据《叶子龙回忆录》和聂卫平回忆胡耀邦的文章载：1952年“三反”运动中各地打老虎时，高岗正奉命进京筹建国家计划委员会，他竟真的打死一只东北虎，装箱运到中南海，送给了毛泽东。毛泽东看着那只硕大的死老虎说：“这个高麻子啊！”（高岗脸上有麻子，故有此外号）当即表示不要，并让人把老虎立即抬走。毛泽东还将高岗送来的一坛强筋壮骨的虎骨药酒也让人搬走。工作人员将它埋于地下，直到老人家去世后，才被人发现挖出，分给了中南海的一些老干部。

1954年9月11日，毛泽东接见达赖与班禅

高岗虽然送上了“天王盖地虎”，但毛泽东毫不领情，严厉批评，弄得高岗自讨没趣。结果时间不长，仅一年多后，就爆发了“高饶事件”。

1953年12月26日是毛泽东的六十寿辰。事先，湖南一些家乡亲友纷纷写信给他，要求进京为他祝寿。毛泽东一概婉言谢绝。1953年10月4日，他在给韶山老地下党员毛月秋的信中说“为了了解乡间情况的目的，我同意你来京一行”，而不是“为了祝寿，此点要讲清楚”。毛泽东在信中还嘱咐毛月秋，只邀请他和另外二位亲友来京，“除你们三人外，其他没有预先约好的同志一概不要来”。“你们来时，不要带任何礼物”。同年10

月25日，毛泽东写信给家住湘乡大坪的表侄文九明说："你有关于乡间的意见告我，可以来京一行。"并说："来时不要带任何礼物。至嘱，其他的人不要来。"

第一次全国人民代表大会期间，周恩来总理召集各省的书记、省长等负责人在小会议室开会。他说："我根据毛主席的意见，找你们来谈，各地向中央赠送土特产的做法是不好的，这是劳动人民辛勤劳动生产出来的果实，我们白吃，这种风气要不得。以后你们谁送东西来，我们一定原封不动退回，而且要批评。"

20世纪60年代初，民主人士黄炎培先生到杭州龙井茶产地梅家坞参观制茶。黄炎培要买一罐龙井茶送给毛泽东，茶场的同志听说非常高兴，精选了上等的好茶，并且坚决不肯收钱。黄炎培只好带回北京，送给毛泽东，并写了一封信说明情由。后来，毛泽东委托别人把这罐茶叶送还了梅家坞茶场，并且表示感谢。

1959年9月的一天，在庐山，尽管窗外的阳光明媚，办公室里，毛泽东的心情却十分地沉重——他刚刚听说，自己身边某些工作人员，利用职务之便无偿或低价收受地方送的一些水果、茶叶、丝绸等土特产，心情不禁沉重起来。他吩咐："叫汪东兴来我这里。"汪东兴曾经跟随他走过茫茫草地，翻过终年积雪的大山，出生入死，时任江西省副省长。汪东兴一到，毛泽东就神情严肃地指示："你回来吧，主管第一办公室，你回来的第一件事情就是整风！"

整风运动自上而下进行，在着手进行调查的同时，汪东兴还在内部进行了批评和自我批评。汪东兴带领大家重新学习了毛泽东《在中国共产党第七届中央委员会第二次全体会议上的报告》，以及《三大纪律八项注意》等文件，随后，汪东兴又把毛泽东身边工作人员收受土特产的具体情况印成一份材料呈报给毛泽东。很少发脾气的毛泽东看到汇报后，大发雷

油画：毛泽东与画家齐白石

霆：“我的话你们就是不听，遇到暂时困难都过不去，脱离了群众，你们必须回到人民群众中去！”

按照毛泽东的要求，一些工作人员的职位进行了调整。

中国共产党在艰辛中成长，靠着“小米加步枪”打败了国民党的精锐部队，现在建国了，可千万不能经不住“糖衣炮弹”的进攻啊！为此，毛泽东不惜拿出自己的稿费，指示按照实际收受情况，一路退赔了2万多元！这就是现保存于韶山毛泽东遗物馆的这张退赔清单的来历！

毛泽东的礼品，多由中央秘书室办理，也有由警卫局以及毛泽东身边工作人员办理的。礼品种类五花八门，从1958年至1959年礼品清单上看，有广播收音机、摄影软片、立体幻灯机、兔毛背心、雨衣、地毯、枕席、龙须草席、海产标本、人参、鹿茸、酒杯等物品，共计40余种。这些礼品大部分是单位送的，也有个人送的。1959年11月25日，香港太古船坞的杨慎德送仿古玉鲁两件，玉扁笄一件；1959年10月17日，上海的黄正和送刻有八届八中全会公报的永久牌钢笔一支；1959年10月15日，西安的谢芝镜送象牙筷一双；1958年12月10日，唐山杨庆俭送人参两棵；1958年12月29日，甘肃谢成德送熊掌、鹿茸五斤等等。对于送来的礼品，只有极少数几件，如西哈努克亲王送的公文包、齐白石送的砚台、郭沫若送的手表等被毛泽东留下，其余的都造表交公。毛泽东留下这极少的几件，是由于与送礼人有较浓厚的私人情谊。

木雕蛇纹边镜子：径58.37厘米。1965年10月，柬埔寨西哈努克亲王访华时赠毛泽东

毛泽东倡导艰苦奋斗，毕生保持朴素节俭的生活作风。作为人民领袖，他始终严于律己，克己奉公，从不利用自己的地位和权力谋取任何私利。在韶山毛泽东同志纪念馆保存的6000多件毛泽东遗物中，有大量与毛泽东生活有关的单据、账册，如礼品清单、收支报表、“燕菜”账，等等。这些档案真实地映射出一代伟人高尚的道德情操和崇高的人格风范。

银镂空香薰：高19.58厘米，宽16厘米，盘径26.7厘米。1966年10月，巴基斯坦东巴省总督访华时赠毛泽东

毛泽东作为一代伟人，受到全世界人民的爱戴和崇敬。特别是新中国成立后，世界上许多国家的领导人和人民给毛泽东赠送了不计其数的礼品，以表达他们的敬爱之情。

然而毛泽东无论是在延安窑洞还是在北京中南海，他始终以一个普通公民自居，对于送来的礼品，毛泽东要求身边工作人员一律造册上交国库。

毛泽东先后收到很多珍贵的礼物。1964年非洲一个国家的总统送了一个大象牙，两个人都抬不动；瑞士总统送了金表两块。工作人员回忆，当时把这两块金表给毛泽东看，问他是否留下，毛泽东说："这种礼品不能要，谁当主席他送给谁，你当主席也会送给你。我是代表人民的，这种礼品不能收，一定要送仓库。"

吴连登说，我从1964年到1976年主席去世，一直在主席家里管这个家，主席的家要说好管也好管，主席一分钱不拿，也不过问你怎么花。要说不好管，该花钱的地方，必须花，主席买盒火柴、买包手纸都要花钱，一分钱都不少花，主席在外面喝一杯茶我都要去结账的，在大会堂也一样。主席的工资原来是610元，后来遇到了前所未有的困难，主席带头把自己的工资降下来了，404.80元，江青的工资是243元，他们的每一分钱都是从我这儿支出，他们俩是AA制，每个人有一本明细账。主席有几大项开支。吃饭，100元左右，包括他请客，如民主人士，主席民主人士朋友特别多，黄炎培、章士钊等这样的请客都是主席自己掏钱。另一个开支是抽烟，每个月将近100元，还要有几十元的茶叶。那时李敏、李讷上学，费用都从这边出。原来一个孩子一个月15元，随着物价的上涨，提高到30元，花起来很严格，这个月花多了，要从下个月扣回来。江青有一个姐姐叫李云露，也是30元，从主席这里支，她有时帮主席缝缝补补。另一个大项开支，是房租、水电、家具租用费，包括孩子的、江青姐姐的、江青的，一个丰泽园的房租都是主席出，江青不出。主席的家具都是租来的，这些费用每月84元左右，冬天要交取暖费30多元，一共是120多元。还有一笔开支，是老家来人，有经济困难要补贴的，有来看病的，他们的交通费，吃饭费，走时还要给一点。所以钱很紧张，我说这个家不好当。钱不够用，怎么办呢，只好从稿费中开支。主席的稿费是单独管理的，我要用时得打报告，后面附上账单，一笔笔，清清楚楚，主席签上字，我才能到中央特别会计室去取钱。

我管主席的家12年，在这12年里，主席买书就花了8000元，所以我手里的钱一直比较紧张，但不管怎么说，首要的任务是主席吃饭，要保证老人家的健康。主席从来不吃补品，不吃山珍海味，就是一日三餐，从他一生的吃饭上也可以看出他是人民的领袖。

毛泽东的生活也十分简单，他严格要求四菜一汤，最喜欢的就是红烧肉，对海鲜大不以为然，从来不食。主食是大米掺黄豆、红豆，面粉掺荞麦粉，高粱粉或玉米粉及粗杂粮。蔬菜多食苋菜、空心菜、小白菜、苦瓜、莲藕等，还有马齿苋、枸杞尖、地菜等野菜。

主席有两难，吃饭难、睡觉难。你不叫他，他不吃饭，文件没看完，他不放下。你说："主席，吃饭了。""等一下。"他还跟你商量："再等一会儿吧。"你不能干扰主席的思路，这一等就没准了，菜就凉了，又不能反复热。后来，我们专门定做了瓷器，盘子上碗上加个盖，保温，也卫生。后来有人传言主席有专用的瓷器，其实不是那么回事。我们另一个要求是主席的碗要轻，他捧一天的书了，手很累。主席原来用的碗都是景德镇的，有一次他说："我们湖南有个醴陵，那个地方的瓷器很不错。"我们很快订了醴陵的瓷器，他们让最好的工匠来制作，一个碗重124克，很轻很薄，透明的，里外有花，以红为主。主席第一次拿这个碗很高兴："这好啊！"乡情啊！主席很爱他的家乡。主席吃饭跟国内外形势也有关，我们每天翻大参考，一有大事，以素为主，这时主席吃不下饭，荤的肯定不行。

主席喜欢吃鱼头，另外喜欢吃鱼杂、鸡杂，如果中南海打了大鱼，我们就去买来，把鱼头弄下来，鱼身子再去卖给食堂，我们就这么管理，一分钱不能浪费。主席爱吃小鱼小虾，爱吃肉皮，他没有补过钙，吃得很简单，有时我们说：“主席，加点菜吧。”“我吃这个很好了，很多人还吃不饱饭哩。”他说，“中国不缺我毛泽东吃的，但如果我拿了国家的不花钱，部长们、省长们、村长们都可以拿。”他用自己的行为形成了廉政的作风。他没有一杯茶是不付钱的，吃的用的，都是照价付款。

新中国成立后，毛泽东经常外出巡视，每到一地，不仅拒绝各地送给的礼品，而且总是自带伙食费，不搞特殊化。在毛泽东的遗物中，留下了很多招待所开给他交钱交粮的发票、收据，这正是毛泽东身体力行不搞特殊化的明证。1965年5月，毛泽东重上井冈山，离开茨坪前，毛泽东的生活管理员找井冈山宾馆的会计结算伙食账，这个会计说什么也不肯收，管理员耐心地解释说：“首长和我们工作人员外出有严格的约法和开支规定，这是纪律，我必须遵守。”这约法中写着：“凡首长需要的一切东西，托当地代办的，必须货款两清，对方不要钱，我们就不收东西。”

困难时期是怎么度过的？跟老百姓一样，谁能想到主席的腿也肿？他不吃肉，有一次上了点肉，主席发脾气。主席也有供货本，布票、油票，北京市民是多少，主席就是多少。他的粮食定量26斤，如果有余下，就给孩子们补贴。为什么困难时期能度过，主席就是这样过来的，这就是人民的领袖。

送给主席的礼品很多，吃的用的都有。这些礼品我们不可能不给他看。他每天晚上要出来散步、换空气，我们就把这些礼品摆上，写上数量给他看，吃的东西数量多的送到食堂去，再把钱给人家寄回去。数量少就送给司机班，或是别的地方。没有一次听说是送给李敏李讷的，没有一次。那时，录音机、手表，金手表，瑞士的、罗马的，很稀罕，还有金银首饰，看着也喜欢，谁不喜欢呢？他的孩子也会过来，拿起来看一看，然后再放回去，从来没有拿过。重要的礼品一律送到中南海礼品库。礼品如果要用，要打借条。说一个借条的故事。1945年以前，主席没有手表，重庆谈判时，一下飞机，郭沫若一看主席没有表，为了让主席掌握好谈判的时间，他就把自己的表从腕子上摘下来，主席欣然地戴上了，这块表一直用到1969年，这个表越走越慢，有一天主席说：“我这个表要拿去修修了。”我就向汪东兴借一块表，给主席暂用，汪东兴从礼品库中拿了块金表，主席说：“借东西要打个借条，这块表修好了再还回去。”借的表用了两个月，就还回去了。

在主席的仓库里，最好的东西是他出访苏联时的大衣和帽子，那是他再高级不过的东西了，但是从出访回来就从来没穿过。20多平方米的仓库5个柜子，主席3个，江青2个，还有一个小的放的是毛岸英的东西，仓库里大多是旧东西，他的内衣好多都是缝缝补补的。他的仓库里没有棉被，进城以后他就没有棉被。天热一个床单，春秋天两床毛巾被，冬天三床毛巾被，叠在一起，睡觉时一拉。主席的毛巾最多的被打了75个补丁，补丁用的都是旧毛巾。太旧的不行，太硬，新的也不行，厚度不一样，几乎哪一条毛巾被上都有补丁。主席的袜子大多都是我们补，我们补的针脚就大一些，我们就动员主席买点新的放着，要不接见外宾，一拉裤腿，针脚就露出来了。主席有一件毛衣，还是在延安时江青织的，袖子短了，再接一块。最后送主席时，打开主席的衣服，我都哭了，都是旧衣服，这就是一个国家执政党的主席啊！

毛泽东的床上有两样东西一直放着，一个是宋庆龄送他的鸭绒枕头，另一个是他长征时带来的毛毯，他的床是木板床，一半堆着书，他躺在床上办公，靠在背板上太硬，就垫着那条毛毯，我们要换他不让换，他是不能忘了革命成功来之不易。主席第一是严格要求自己，一个大国养不起一个毛泽东？他事事节约，他说这么大个国家，不能有半点浪费。丰泽园院子旧，墙上大量掉皮，有一次没跟他说修了，他生气：“要花钱的地方太多了，怎么花在这个上面？”主席抽烟多，火柴用得多，我跟他12年，没见他用过一个打火机。他讲礼貌，从来不冲着别人划火柴，都是朝里划，这半边用完了，再用那半边。打扫卫生时，我们就把旧的扔了，他一看新的就问："旧的哪儿去了？"他说："那盒子还是好的嘛。"我们就明白了，我们就去买散的装上，再用毛笔把磷刷上，他一看："哎，这好！"他吃饭时，饭掉在桌上，他捡起来放在嘴里，我亲眼看到的，他说："农民们现在很苦哩！"他真是人民的领袖，他70多岁时有病了，还惦着让人到门头沟去了解煤矿工人是不是工作条件好了，矽肺病是不是少了。第二是严格要求子女，要他们好好学习，做好人，做好事。中南海的人都对毛主席家的孩子印象特别好，不霸道。主席对他的孩子们说："在我身边工作的都是我的同事，是你们的叔叔阿姨。"现在李讷见我还叫叔叔，我说快别叫了，我比你还小呢。"那不行，这是我爸立下的规矩。"她们出去跟老百姓一样，看电影两毛钱照样交，另外，主席不叫，他的孩子从来不到厨房吃一顿饭，他的孩子真好！现在她们都是自食其力，没有做官。毛泽东早就把中国的蓝图绘制得好好的，后来的改革开放，其实，毛泽东早就做了准备，他在1971年至1972年，与40多个国家建立了外交关系，在他的后期还加速对外开放的窗口。

针对毛泽东亿元稿费的传言，吴连登澄清说，我负责任地跟大家讲，在主席临终的时候，稿费只有124万元多一点。到了1983年，稿费变成了157万元，这中间33万元的差距主要是当年存在银行利率的提高。而且中央办公厅管得很严格，毛主席的稿费每一笔收入如何支出，不但有记录，而且都经过主管同志过目、批示。

吴连登表示，毛主席把稿费视为是人民的钱，他说这个钱不是我的，我要把稿费的钱用在为人民服务的事业上。因此，这笔稿费只在少数情况下才用于补贴家用。

吴连登说，只有一次在1972年，主席的每个孩子拿了八千，包括李敏、李讷，因为他们的生活也不富裕，毛主席为了照顾大家一下。毛主席的稿费作为家中补贴的部分是非常有限的。

在毛主席去世后，主管领导专门把我叫过去跟我讲，毛主席还有124万元稿费，这个钱要用在《毛泽东选集》的编辑、出版上，家里人一分钱都没有拿。

毛泽东严格遵守七届二中全会作出的“不做寿”的规定。

1953年8月12日，毛泽东在全国财经工作会议上讲话时，再一次向全党尤其是高级干部提出六条要求。第一条便是“不做寿”。他说：“不做寿。做寿不会使人长寿。主要是把工作做好。”所以，解放后每年遇到毛泽东过生日，有时忽略，有时让子女和身边的工作人员在一起吃顿家常便饭。毛泽东从来不让家人、工作人员和有关方面为自己搞“祝寿活动”。

1953年12月26日是毛泽东六十大寿，党中央收到世界各国马列主义政党、友好团体和知名人士发来的贺电、贺信，热情祝贺毛泽东六十大寿。毛泽东决定，对于这些贺电、贺信，一律不准公开发表。

1957年12月26日，是毛泽东64岁生日。当身边的工作人员把他请到饭桌旁时，他才想起这一天是他的生日。主食是红小豆、糙白米、小米做的干饭，雅名“红豆二米饭”。外加的几个菜是叶子龙回老家带来的腊肉、腊鱼等土产品。他烟瘾大、酒量小，喝一杯白酒脸就红了。因工作太忙，吃饭特别快。叶子龙说：“主席，这个拐角还有个菜没动呢！”毛泽东问：“哪个国家还有菜呀？”他当时可能考虑别的问题，把“拐角”误听为“国家”了。

1963年12月26日是毛泽东七十大寿，他身边的工作人员和警卫战士提出给他做一次寿，他对工作人员说：“大家都不做寿！这个封建习惯要改革。做一次寿，这个寿星就长一岁。其实就是少了一岁。不如让时间偷偷地走过去，到了八九十岁时，自己还没有发觉……这多好呀！”就这样，他的七十寿辰又被免祝了。

1973年12月26日，是毛泽东八十大寿，中共中央办公厅收到全世界100多个国家的元首、政府首脑、马列政党及其领袖人物向毛泽东致的贺电、贺信，金日成还派专人送来了寿礼，但由于毛泽东不允许，新闻媒介未作公开宣传。

1975年12月26日，毛泽东82岁生日，也是他最后一个生日。这天，毛泽东特地请来了以前在自己身边工作过的几位同志。一早，毛泽东的女儿李敏、李讷和护士长吴旭君、秘书张玉凤等来到毛泽东的居室，居室里立刻传出了欢声笑语。

这次生日，毛泽东的餐桌上也很简单，只是比平时多了几样菜。负责毛泽东生活事务的吴连登给田树滨师傅打电话的时候，老田正在电话机边守着。田树滨是中南海的面点师傅，面食点心做得特别好。毛泽东生日的长寿面，每次都是他擀的。放下电话后，田师傅急忙拿上工具到毛泽东的厨房擀面条。没多久，毛泽东说要吃饭。田师傅把面条下入沸滚的锅里，但意想不到的事情发生了：面条全碎了，一节一节的，没有一根是整的！这一幕惊呆了毛泽东厨房的庞师傅、于师傅和吴连登。田师傅流着泪说：“不得了了！从来没有这样的事，我这辈子从来没有做过这样的面条。”吴连登强烈地感受到厨房里浓厚的伤感和惊慌气氛。

毛泽东吃饭的时间短，菜又不多，只等着吃寿面。再擀面条肯定来不及了，吴连登当即决定：煮挂面！几十年后吴连登说：“主席临终也不知道这件事，他哪里知道这最后一碗长寿面不是手擀面，而是挂面。但他吃得还是很香。”这顿生日饭，毛泽东还喝了胖头鱼汤，并高兴地说：“胖头鱼汤好香噢！”他坚持自己用勺舀汤喝，显得格外高兴。

毛泽东最后一个生日时，金日成又送来了朝鲜的大苹果，表示祝贺。

这些苹果，装在竹制的圆形果篮里。篮子的把上缀着两个红色缎带，上面有金日成用朝文亲笔写的“祝毛泽东主席长寿”几个字。

毛泽东见了老朋友送的礼物，自然高兴。他拿出一个又红又大的苹果，端详片刻，然后对身边的人员说：“这苹果，留下两个，其他的你们分着吃吧。”他时刻想着别人。

新中国成立之初，毛泽东也反对给他塑像，当菩萨拜。

1950年10月27日，毛泽东在北京市人民代表会议通过的《建议中央考虑在天安门前建立毛泽东大铜像》的提案上批示：“不要这样做。”

1950年5月20日，毛泽东在沈阳市各界人民代表会议决定在市中心修建开国纪念塔、塔上铸毛泽东铜像的信函上作了批示。在来函中“修建开国纪念塔”旁边批：“这是可以的。”在“铸毛主席铜像”旁批：“只有讽刺意义。”主席还在来函上批示：“铸铜像影响不好，故不应铸。”

毛泽东一生只用竹筷、木筷吃饭夹菜，坚决反对使用任何在他看来可谓高级精美的餐具。毛泽东去世后遗留于世的大量生活遗物中，餐具占有相当比例，其中就有许多普通的竹、木筷子，但未曾发现一双用名贵材质做成的金银筷或象牙筷。

金银筷、象牙筷即使在新中国依然没有消失。以毛泽东的权力、地位，完全有条件使用这些名贵的筷子。然而，毛泽东一生都在拒绝这种似乎能象征权力、地位的东西。毛泽东一生从来不曾忘记自己农民的出身。因此，他一生都致力于使自己在生活上保持普通劳动者的生活水平，反对任何形式的特殊化，拒绝任何形式的感官享受。从这个意义上说，毛泽东的确是“甘心做平民，不愿当天子”。

1949年9月，毛泽东住进北京城不久，他的饮食依然如战争年代一样，并无多大改变。但环境毕竟变了，毛泽东的应酬多了，时常要陪客吃饭。有一天，毛泽东突然吩咐卫士：“今天我要在家招待客人，是国民党的起义将领，中午就在这里吃饭，你们准备一下。”毛泽东很少留客吃饭，更少亲自吩咐工作人员提前做准备。这次如此重视，来客自然有些特别。不一会儿，中共中央办公厅主任杨尚昆来给卫士们布置任务。他对李家骥说：“你叫厨房多加几个菜，让招待科帮助搞好一点。”他还对小李说：“你到招待科弄些好点的餐具来。”小李一听忙摇头摆手，说：“主任，主席反对摆阔呢！”杨尚昆说：“这次例外么，不然人家会笑话我们的。”杨尚昆这么说自然有其道理，因为毛家的餐具也实在难登大雅之堂，几双竹筷子霉变后黑乎乎的，怎么也洗不干净。

李家骥感到事关重大，于是跑到李银桥那儿汇报。李银桥是卫士长，听了他的汇报也很为难，他说：“既然杨主任这么说，我们还是服从吧！”于是李银桥与李家骥一道去招待科借餐具，招待科借给他们一套新碗筷，其中筷子是象牙做的。

开饭前，毛泽东突然来到东房餐厅，似乎是特意来巡视检查的。他见餐厅布置得井然有序，不禁微微点头。突然，他见到了餐桌上的象牙筷，于是脸色一沉，大声说：“谁让你们摆象牙筷？赶快给我拿下去！”李家骥在毛泽东走进东房时心中便一直七上八下、忐忑不安，现在见毛泽东生气，更是紧张得很。他硬着头皮解释说：“主席，这是从招待科借来的……”毛泽东未等他说完，马上大声打断说：“我叫你撤你就撤！”说完拂袖而去。

李家骥感到颇为委屈难受，他遵照毛泽东指示换上了黑乎乎的竹筷子，然后跑去向李银桥汇报。“刚才主席为摆象牙筷的事发火了。你看，我当初就说过不能摆的嘛！只怪杨主任呢，现在主席火了，怎么办？”李家骥说。李银桥听了，也感到大事不妙。他安慰小李：“我去跟主席解释清楚。”于是便朝毛泽东办公室走去，一边走一边回头对小李说：“你回去准备吧，就要开饭了。”

李银桥见了毛泽东，先是自我批评一番：“主席，象牙筷是我让借的，您要批评就批评我吧！我当初考虑主席平常很少在家里招待客人，不搞好一点会让客人笑话，再说来客也不一般呢！”

毛泽东本来余怒未消，现在见李银桥来赔不是，心中火气顿时消了一大半。他用缓和的口气说：“这件事么，我也有责任，怪我没有交代清楚。不过，我今天再重申一次，今后不管来客是谁，都要讲节约，不能摆阔气，不能大吃大喝。而且，今后无论是待客还是自家吃饭，都一律用竹筷子！”

于是，工作人员便从此只给毛泽东用竹筷，不曾再让他接触那些金筷银筷象牙筷。20世纪五六十年代，毛泽东外出频频。短短的十数年间，他的足迹可谓遍布祖国的大江南北。每次外巡，工作人员除了为毛泽东准备好床上用品、水箱拐杖等“行头”外，还得为他准备一双竹筷或木筷。因为他们知道，毛泽东习惯使用自己的东西，除非不得已，这一习惯很难让他改变。

毛泽东第一次出访苏联时，工作人员便特别为他准备了一双木筷子。因为苏联人吃饭用刀叉，如果毛泽东到莫斯科后苏联老大哥没有为毛泽东准备筷子那可怎么办？因此，出访前，工作人员便考虑得为毛泽东带双筷子去，做到有备无患，万无一失。

毛泽东乘坐中国专列至中苏边境，从那里改乘苏方迎接的专列。在中国专列上，陈伯达、师哲、李家骥等随行人员尚未感到生活上的任何不适，因为他们仍然在中华大地上，仍然用中国的习惯吃着中国的饭菜。在中苏边境换车后，大家才真正感到走出了国门，改变了环境。这时，无论是列车车厢设施，还是列车服务人员，都已是十足的“俄罗斯化”了。

对于俄语翻译师哲来说，这种变化在心理上并未引起太大震动，因为他毕竟不是初出国门。而对于毛泽东、陈伯达、李银桥、李家骥等人来说，这一环境的突然变化给他们的心理感受就很大了。坐在苏联专列上，呼吸着异国他乡的空气，他们的感受毕竟有些不同。待到在苏联境内吃第一顿苏式饭菜时，大家的感受便更加丰富起来。就餐前，苏方服务人员鱼贯而入，手中托着盘子刀叉利索地摆上了餐桌。大家看到这一阵势，心中不免感慨万分。毛泽东也瞅着满桌西式佳肴和锃亮锃亮的刀叉，显得若有所思。这时，中方工作人员在琳琅满目的西餐具旁为毛泽东摆上一双木筷。毛泽东落座后，右手拿起木筷，左手抓起一把叉子，很认真地对大家说："你们说说看，这两样东西哪种好？"

师哲就坐在毛泽东身边，他第一个搭上腔，说："我看，用习惯了两样都好。"

毛泽东侧过脸，问坐在另一边的陈伯达："你说哪种好啊，陈夫子？"

毛泽东问话时陈伯达正在艰难地用刀叉分割一块肉，而且口中已含了一大块。他抬起头，支吾着说："筷、筷——子——好呢！"

毛泽东拿起一块餐巾擦了一下嘴，说："对，我认为也是筷子好。"然后他掰着手指头细数起筷子的好处来。"第一，筷子经济。不用花多少钱就可以买到，不愿意买嘛还可以用一根树枝或竹子修一下就是一双筷子。筷子反映了我们中华民族勤俭节约的精神。第二，筷子大众化。中国老百姓吃饭都用筷子，而且连日本人也用筷子。第三，轻便好带，不怕丢失，不怕被盗。有这么多的益处，你们说是不是筷子好？"

毛泽东的"筷子理论"自然有些精辟独到，大家听罢纷纷说："对呀，还是筷子好呢！"并向卫士索要筷子，卫士急了，忙说："没有了呢，我们只给主席带了一双，要不你们向苏联老大哥要吧！"大家一听，尽管失望得很，但也只得悻悻作罢。

毛泽东两次访苏，除了自带被褥、拖鞋等日用品外，都特别准备了自用的筷子。据说，苏方服务员对毛泽东自带用具的习惯很是惊讶不解，但毛泽东却一生处之泰然，我行我素。后来，毛泽东巡视国内时，工作人员从来不敢忘带筷子。当然，因为毛泽东常常雷厉风行，说走便走，根本不给工作人员准备行李的时间，有时，在匆忙之中，工作人员也会忘记带上筷子或其他什么东西。

1956年，毛泽东去广州，真是说走便走，随行工作人员没有时间做行前准备，只得背起平时就准备好的行李跟着上路。这次外行由卫士封耀松负责打点行装。封耀松匆匆忙忙准备东西，没有时间细细思量。登上专列后不久，毛泽东开始用餐时，小封才发现忘记为毛泽东带筷子了。他感到大事不妙，大有罪责深重之感。然而，事已至此，也已无可奈何。于是，他便去专列招待部门借了一双筷子。招待部门只有象牙筷，小封心中惴惴不安。开饭时，毛泽东一眼便看到了这双象牙筷，顿时脸色阴沉，火冒三丈，对封耀松大发脾气。其他同志见毛泽东如此生气，便极力婉言劝慰，希望毛泽东能将就着吃完这顿饭。

可是，毛泽东任凭大家怎么规劝，就是不肯用餐。他开始像孩子一样赌气“罢饭”了。没有任何办法了，小封只得硬起头皮说：“主席，我去服务员那儿借吧，看能不能借到？”毛泽东听后半天才吱声，说：“你去吧！”于是，小封就如获大赦似的立刻跑到专列服务员值班室借筷子。然而，年轻的服务员们一般用勺子吃饭，很少有使用筷子的时候。他们听了小封的诉说，颇为同情，也深感为难，但还是答应想办法帮他找一找。

服务员都去找筷子，费尽几番周折，好不容易找到一双早已弃之不用，而且长短不齐粗糙不堪的竹筷。她们无可奈何地问小封：“这能行吗？”小封满脸颓丧地说：“有什么办法，先试试看吧！”然后转身便跑。封耀松没想到，毛泽东见了这双霉变丑陋的竹筷，顿时眉开眼笑，连声说：“好，好，我就习惯用竹筷子！”毛泽东在使用筷子方面的故事多得不计其数。据说，毛泽东使用筷子的技术十分精湛。饭粒掉到桌面上，一般人很难夹起来，而毛泽东却能一粒粒将小饭粒夹起来送到口中。此时此刻，工作人员常常惊得目瞪口呆。

毛泽东一生都用竹、木质地的普通筷子吃饭夹菜，尽管也偶尔用刀叉吃过西餐，但毕竟次数有限，他更喜欢中餐和筷子。毛泽东的家乡湖南在了解到毛泽东这一生活特点后便特意为他制作了一些漂亮的木筷送到北京。当时，他们派了专人专车去湘西寻找一种黄羊木。因为他们听说这种黄羊木质地细腻，做出来的筷子不仅美观耐用，而且无论使用多长时间也不会长霉变色。

经过苦苦寻觅，他们终于在一个老乡家门口找到了这种木材。在这个小山村里，人们不仅用这种黄羊木制作筷子，也用它来制作梳子。他们花费几百元买了老乡家的木材运回省会长沙，由木工赶制了一批木筷，然后派人专程送往北京。毛泽东用过这种木筷后，感到很是满意。此后，毛泽东便一直使用家乡父老赠送的这种木筷。毛泽东辞世后，人们清理遗物时，发现这种木筷尚且留下不少。毛泽东身边工作人员噙着热泪说：“这是主席一生中用过的最高级的筷子！”

严格家风，拒绝特殊

毛泽东的家风，是教育家人谦虚谨慎、严于律己、乐于助人、勇于奉献、艰苦朴素、不搞特殊化的良好作风，是以身作则率先垂范、为民众所称道的平民作风。

古人说："将教天下，必定其家，必正其身。"开国领袖毛泽东是领导中国人民彻底改变自己命运和国家面貌的一代伟人，在家风家教方面也堪称一代典范。他给自己定下三条原则：恋亲不为亲徇私，念旧不为旧谋利，济亲不为亲撑腰。在亲情与党的利益、人民的利益之间，他始终保持着清醒的头脑，为全党作出了表率。

新中国成立后，毛泽东的亲朋好友纷纷给他写信，要求进京，请毛泽东安排推荐工作。毛泽东知道后，特别嘱咐秘书田家英："凡是要求到北京来看我的，一律不准来，来了也不见；凡是要求我为其安排什么工作的，一律谢绝。我这里不介绍、不推荐、不说话、不写信。"

解放后，毛泽东曾给外祖父家的几位表兄弟写信10多次，并多次接他们到北京做客，寄钱赠衣物。但对他们提出的让在北京安排工作的要求，并没有同意，他说，这样做"人民会说话的"。

毛泽东的表兄文运昌是毛泽东1910年就读县立高小学堂的引荐人和担保人，他还向毛泽东推荐《盛世危言》《新民丛报》等进步书刊。毛泽东与斯诺谈话时称赞文运昌在引导他接触新思想上"起了关键作用"。

1951年4月，毛泽东邀请文运昌进京做客，文运昌十分高兴，他除了思念表弟外，还有一个重要的目的，就是仰仗毛泽东的职权给自己安排个职务。

其实，新中国成立之初，文运昌就给毛泽东办公厅主任田家英写了封信，并随信开了一张14人的名单，都是文家老少，有的是毛泽东的表兄弟，有的是表侄和表嫂娘家的亲戚，要求照顾安排工作、职务或保送升学。这份名单不久被周恩来转到毛泽东手里。

毛泽东看后，不悦地说："我不管其他领导是不是有这样为亲人做安排找位置的事，这种事，我毛泽东是不会答应的，共产党不同国民党，是因为共产党是为人民谋幸福的，而不是为自己的私利去奋斗。"于是他大笔一挥，在文运昌的名单上批示："我不能给亲友介绍工作。"

毛岸英回韶山时，遵父命到唐家托看望文家兄弟，文运昌叫弟弟文南松出面，要求毛岸英回去给父亲说说，解决文运昌的工作问题，毛岸英只有请求伯伯们谅解，因为他知道，共和国成立以来，亲友中不少人向父亲提出类似的要求，父亲总是从党和人民的利益出发，尽力说明，一一婉谢。无奈，文南松只有亲自写信，托毛岸英带给毛泽东。

对这位颇有恩情、关系极好的表兄，毛泽东也不徇私情。1950年5月12日，毛泽东在给表兄文南松的信中说："……运昌兄的工作，不宜由我推荐，宜由他自己在人民中有所表现，取得信任，便有机会参加工作……"

文运昌工作问题没有结果，这使他极为不满。直到1953年毛泽东出于多方面考虑，同意湖南省人民政府的意见，安排文运昌为湖南省文史馆馆员，但文运昌仍然觉得毛泽东没有给他多少好处。

最使文运昌不能理解的是，毛泽东作为国家主席，贵为"天子"，为什么这么忘恩负义、不近人情。他带着这个遗憾于1961年12月11日去世。

毛泽东的十一表哥文涧泉与他关系极好。1927年，文涧泉陪同毛泽东在湘乡考察农民运动。大革命失败后，他支持毛泽东继续干革命，毛泽东对他很尊重。文涧泉给毛泽东写信，请表弟介绍他的本家好友文凯到北京参加工作。1950年5月7日，毛泽东复信说："……文凯先生宜在湖南就近解决工作问题，不宜远游，弟亦未便直接为他作介，尚乞谅之……"

毛泽东眷恋外祖父家的人，但并不为他们徇私情。

解放初期，毛泽东的亲戚给他写信，请他给撑腰。对此，毛泽东总是复信耐心劝解，讲明道理，并要求尊重地方政府的领导。

毛泽东大舅母的侄儿赵浦珠，曾于辛亥革命后和毛泽东在辎重营一同当过兵。解放后，他给毛泽东多次写信，反映其生活困难，主席给他寄了300元钱。乡政府在减租土改工作中涉及赵浦珠的个人利益，他给毛泽东写信请求帮助解决。1950年5月7日，毛泽东给他去信说："弟因不悉具体情形，未便直接干预，请与当地人民政府诸同志妥为接洽，期得持平解决。"

解放初期，毛泽东得知外祖父家的亲戚从北京回湘乡以后，不把当地

1953年，毛泽东在丰泽园与文家亲属合影。后排左起：李敏（长女）、毛远新（侄子）、朱光（表外甥女婿）、刘松林（长媳）、李讷（次女）、王海容（表侄孙女）；前排左起：两位表嫂、文静纯（三表姐）、毛泽东、王季范（九哥）、肖石英（九嫂）、刘媛英（表侄媳）（括号内为合影者与毛泽东的关系）

政府放在眼里。对此，他极不赞成，并于1954年4月29日给石城乡党支部、乡政府写信：“我的亲戚唐家和文家，过去几年常有人来北京看我。回去之后，有些人骄傲起来，不大服政府管，这是不对的。文家任何人，都要同乡里众人一样，服从党和政府的领导，勤耕守法，不应特殊。请你们不要因为文家是我的亲戚，觉得不好放手管理。如有落后行为，应受批评。”

毛泽东收到亲戚的一些来信。凡是在信中谈到生活有困难的，他都从经济上给予帮助。凡是在信中提出让推荐或安排工作的，他一律不答应，绝不恩赐“金饭碗”。

有一次，毛泽东的夫人杨开慧烈士的哥哥杨开智来了信，毛泽东给他的回信是很感人的。信中说：“不要有任何奢望，不要来。一切按正常规矩办理。”

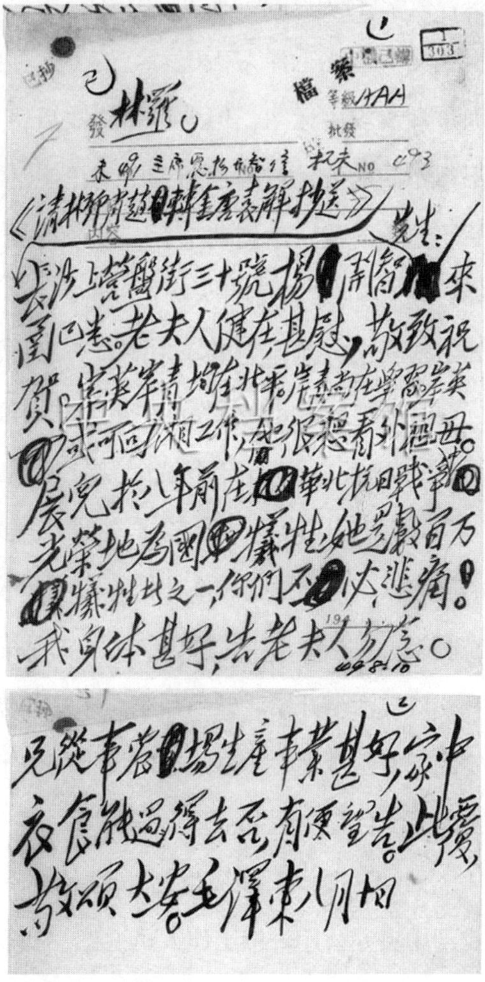

毛泽东致杨开智信

1951年夏收之后，毛泽东小时玩伴、舅家表兄文涧泉、文运昌双双来到了北京城探亲，看望毛泽东。在晚间一次谈话中，毛泽东问他们道：“十七哥怎么没来北京？”

“十七哥”是毛泽东七舅的次子文梅清。毛泽东小时在外婆家时常和他一起玩耍。文涧泉直言地说：“这次你又没请他来，他如何好意思来？”

他的话提醒了毛泽东。

毛泽东舅舅文家有表兄五人，其中两人已经谢世，文涧泉、文运昌兄弟来北京后，只剩下文梅清一人还从没来过北京。毛泽东决定届时邀请他来北京看看，见见世面，并叙叙旧情。

9月中旬，离国庆节还有半个月，毛泽东就致电给在湖南工作的老同学周世钊，请他并托他邀表兄文梅清一起赴京参加国庆。国庆前夕，周世钊偕同文梅清、毛宇居和毛泽东少时好友张有成，一起乘坐火车来到了北京，被安排住在中央办公厅招待所。

文梅清比毛泽东大6岁，一直在湘乡老家务农，不过在大革命时参加过湘潭农民运动，但大革命失败后，为了躲避敌人迫害和生计所迫，不得不四处流浪。因长期在山沟里生活，他思想不那么开化，甚至远落后于这个时代。来到北京后，他说得最多的话就是："啊呀，北京好大哟！""啊呀，北京好大哟！"

这一次，他作为毛泽东的客人参加国庆观礼，心情格外激动，与此同时，一种莫名的高傲情绪也随之在心底油然而生，有时还忍不住对毛宇居、张有成说："石伢子有出息啦！当主席和古代的皇帝差不多啦！"

10月1日国庆节，天安门举行盛大的庆祝活动。上午9时，中央办公厅的同志派车将周世钊和文梅清等人一起接到了天安门，安排他们坐在广场左侧第一观礼台，作为嘉宾参加国庆观礼。

庆祝活动开始后，毛泽东、朱德等党和国家领导人出现在挂满大红灯笼的天安门城楼上，会集在广场上的数十万群众，激动地举手高呼："毛主席万岁！""毛主席万万岁！"

谁知这时候，和周世钊、毛宇居等人坐在一起的文梅清愤然起身，找到中央办公厅一位工作人员说："我要回招待所去，请你们马上派车送我。"

工作人员不知他为何突然要回招待所去，忙问原因，文梅清气呼呼地说："你们不要问原因，我要回招待所去！我就要回招待所去！"

周世钊也觉得很莫名其妙，好几次拉扯他的衣服，想让他坐下，他还是我行我素地执意要回招待所去。无奈，周世钊只好依了他，对办公厅工作人员说："同志，他坚持要回去，就请你们派个车子送一下吧！"

工作人员只好临时叫上一辆吉普车，把气呼呼的文梅清送回了招待所。

周世钊、毛宇居等人参加完国庆观礼活动后，兴致勃勃地回到了招待所，见着文梅清笑着说："你今天是怎么啦？观礼大会才开始，你就要返回招待所！今年的观礼大会开得很热闹哩！有很多好看的东西，你没看到，实在太可惜啊！"

文梅清气呼呼地说："润之明明请我们三人来北京参加观礼活动，他们把我们安排在坪里的矮台上，我们三人是不是应该安排在城楼上？我一到那里，心里就不舒服，心里就有气。后来我想你是个校长（指周世钊），也是一个官，和我一样坐在那坪里的矮台上，我也就算了，也就没啥意见了。最气人的是到了开大会的时候，润之从里面出来，坪里那些开会的人，都举手高喊'毛主席万岁''毛主席万万岁'。我心里一怄气，火就上来了。你知道的，我是润之的表兄，十七哥啊！为什么只喊'毛主席万岁'，把我晾在一边，至少也要喊千岁吧，你说我能不生气吗？！"

这下众人忍不住扑哧一声笑起来了。

"是呀，你说是不是起码要喊我千岁才行？这些人太不懂礼节了。"文梅清说，"我能不生气吗？一生气，就坐不住，所以要回招待所，不在那个矮台子上坐了，瞧不起人嘛。"

周世钊、毛宇居等人笑完之后，向他解释现在是新社会，皇帝早就废除了，不讲旧社会那一套，人人平等……观礼坐在台上台下完全是有关部门按照嘉宾身份确定的。可他们怎么说怎么劝，在没什么文化且长期生活在乡村的文梅清面前，也解释不清。

周世钊、毛宇居见做不通文梅清的工作，只好写信托人带给中南海的毛泽东。

毛泽东接到信后，觉得表兄的思想有些糊涂，便决定邀约周世钊、文梅清、毛宇居等人一起到中南海来，当面对他进行教育。

几天之后，周世钊等人应邀来到毛泽东家里。众人坐定后，毛泽东笑着说："这次我请你们来北京，你们到了火车站，我没有去接，好多事情都是由工作人员安排，要请你们多包涵！"

"你事情多，忙。有人接待我们，就已经很不错啦！"毛宇居老先生说。

毛宇居虽当年带头保护过毛家祖坟，也是毛泽东的亲戚，但新中国成立后毛泽东没给他封官，只是隔一段时间请他到北京来做做客，走走亲戚叙叙旧，没给他安排过什么官职。毛宇居对此也很坦然，一没啥意见，二没啥要求。

周世钊说："梅清老兄原来有点意见，生了气。我们不知如何做他的工作，所以给你写信。不过第二日，他气就消下来了，我们给他解释，现在也没意见了。"

"那十七哥你就要感谢惇元（周世钊字）兄对你的帮助。"毛泽东说，"这也不能怪你，主要是我工作没做好。你是旧社会过来的人，对新社会不太了解，我没先向你讲清楚。"

文梅清不过是急脾气，旧脑子而已，现在思想通了，急忙接上话说："润之，你快莫这样讲了。这不能怪你，主要是我思想落后，对新社会不了解。我用老思想、老眼光来看你们的新社会，这是我的问题，你莫见怪！"

"按照封建王朝的规矩，喊你千岁也未尝不可。"毛泽东笑着说，"不过，现在我们是新中国，人民当家做主，封建社会那一套早就废除了。我们的国家是人民大众的，人民当家做主。因此，不论是谁，种田，做工，当干部，都是为人民服务，干部都是人民勤务员。当然，你就不是千岁了！”

“韶山有一些人有意见，说你当了这么大的官，一不拨款，二不给帮忙，三不带人出来当干部！”文梅清实话实说，“我们劝他们嘛，还这样说。”

“我这个当主席的，也是人民的勤务员，我也要全心全意为人民服务。如果我搞特权，人民就会唾弃我。韶山这么多人，我帮了这个，那个没帮，那个有意见。帮了湘潭的，湘乡人有意见，浏阳人有意见。”毛泽东解释说，“这样呢，我还带头破坏了党内的制度！”

“嗯。”文梅清说。

毛泽东又说：“就拿这次国庆活动来说吧，哪些人上天安门城楼，哪些人不上；上城楼的人，哪些人在第一排，哪些人在第二排；哪些人在左边，哪些人在右边，都要经过筹备办公室研究决定。请什么人来参加国庆观礼活动，也是要经过他们开会讨论决定。来参加观礼的，都是全国各地工农业生产和各条战线上的劳动模范、先进人物，解放军的战斗英雄，各少数民族中的模范人物以及各民主党派、工商联、无党派爱国人士中的代表，港、澳、侨胞中的代表和有关人士。我请你们来参加国庆观礼，也是经过筹备办公室会议通过的，你们就算有关人士。把你们安排在左边第一看台，这是工作人员对你们的关照。这样做，我看没违反原则。因为你们都是上了年纪的人，这点照顾我看是可以的。这就叫原则性和灵活性相结合。要是把你们安排在二、三、四、五看台，我看也是可以的。既然安排第一排了，我看十七哥就要感谢工作人员的关照才对！”

文梅清心中的疙瘩完全解开了，不住点头说：“对，对，润之你讲得对！我确实有点不谙事理，有些糊涂了。”

晚上，毛泽东留文梅清等人一起吃饭。饭前，他把孩子和工作人员喊过来，向他们一一介绍说："这是我的宇居大哥、我的十七哥，我小时候的好友张有成！"

孩子们礼貌地称呼了长辈。然后，一起入席聚餐。

一席谈话，有情有义有原则。毛泽东成功地化解了表兄的"国舅"思想。为了让他们真正认识到新中国与旧社会不一样，国庆节后，毛泽东还派毛宇居、文梅清和张有成去了天津参观。在天津，他们看到过去外国领事馆等洋建筑被人民政府收了回来，文梅清高兴地说："润之他们干得真好。大清皇帝怕洋人，共产党不怕他们，人民大众的国家就是不一样啊！"

毛泽东对家属子女一向严格要求，堪称党内干部家风建设的楷模。他对长子毛岸英的培养和要求更充分体现了他的无产阶级革命家的宽广胸怀和崇高的道德风范。

毛岸英于1922年10月24日于湖南长沙小吴门外的清水塘出生。从小就随父母奔波，1924年到上海，1925年回韶山，1926年去广州，之后，又赴长沙，奔武汉。大革命失败后，毛泽东把妻子杨开慧和三个儿子岸英、岸青、岸龙送到长沙板仓岳父家，自己去领导秋收起义，毛岸英在母亲身边生活了三年。

1930年10月24日，毛岸英随妈妈杨开慧及保姆陈玉英（孙嫂）一块儿被军阀何键抓走，关进协操坪监狱。杨开慧在狱中受尽了敌人的种种酷刑，可她始终坚贞不屈。敌人见硬的不行，于是又改变策略。一天，他们把杨开慧请到客厅坐下，对她说："只要你在报上发表和毛泽东脱离夫妻关系的启事，你就可以马上得到自由。"

敌人得到的只是杨开慧的冷笑。

1930年11月14日下午1时，29岁的杨开慧于长沙浏阳门外的刑场上被反动派杀害。当地亲友和农民冒着生命危险连夜把烈士的遗体运回板仓，埋葬在青松环绕的山坡上。8岁的岸英哭喊着妈妈，在心里埋下了复仇的种子。

杨开慧英勇就义后，经熟人出面说情、作保，毛岸英和陈玉英被释放，鉴于杨宅处于被严密监视的危险境地，在党组织的周密安排下，60多岁的杨老太太向振熙和20多岁的李崇德舅妈扮成走亲戚的样子，领着岸英兄弟三人坐火车前往武汉，而后改乘轮船到达上海。

毛泽民和夫人钱希均当时在上海党中央出版发行部搞地下工作，他们把三个孩子安排到我地下党领导的中国互济会办的上海大同幼稚园。1931年4月，由于顾顺章的叛变，上海党中央机关遭到严重破坏，大同幼稚园被解散，岸英兄弟被暂时寄养在公开身份为牧师、实为中央特科人员的董健吾家。后因白色恐怖严重，董健吾又去武汉工作，岸英兄弟生活无着，开始流浪街头。老三岸龙在几次迁移中病死，岸英、岸青曾在烧饼铺当学徒，挨打受骂，受尽折磨。逃出店铺后，两人靠卖报纸、拾破烂、捡烟头，帮助推人力车维持生活。

上海的中央特科经过改组后，陈云负总责，潘汉年担任二科科长。时任中华苏维埃政府国民经济部部长的毛泽民恰派苏区对外贸易总局局长钱之光出差西安、上海，毛泽民就委托钱之光打听毛泽东三个孩子在上海的下落。钱之光见到了潘汉年，便把这个任务当面交给了他。随后，上海特科几乎动用了全部力量进行查找。董健吾的直接上级徐强也将任务布置给了在特科负责机要工作的妻子李云。查找工作从1935年秋开始，到1936年夏天终于有了线索，有人反映说，住在一个破庙里的两个孩

1930年(左起)毛岸龙、毛岸青、毛岸英三兄弟在上海大同幼稚园

子的情况基本符合查找的目标，于是组织上派人去核实，才找到了流落街头五年、历经辛酸的岸英兄弟俩。后来，党组织通过在白区的统战关系，由国民党高级将领张学良作介绍，乘东北义勇军李杜将军去西欧以考察为名，前往召集旧部时，委托他把毛岸英、毛岸青带出国。李杜当时虽不知道这两个孩子是毛泽东的后代，但他为人豪爽、富有正义感，又在向共产党靠拢，便立刻答应了下来。

1936年6月，李杜将军办好各种出国手续，带着岸英、岸青和董健吾的儿子董寿琪从上海十六铺码头登上了法国“海法克斯劳德泽尔”号邮轮，经香港、西贡、孟买、苏伊士、地中海，于7月底到达法国马赛港。然后改乘火车到巴黎，在巴黎留半年后，又乘车前往莫斯科。先住共产国际中国代表团宿舍，后进入莫斯科市郊的莫尼诺第二国际儿童院和在伊万诺夫城的国际第一儿童院学习。

1942年5月，在苏联卫国战争中，担任国际儿童院共青团支部书记和伊万诺夫市列宁区团区委委员的毛岸英用俄文给斯大林写了一封信：“我是一名普通的中国青年，我在您领导下的苏联学习了五年。我爱苏联就像爱中国一样，我不能眼看德国法西斯的铁蹄蹂躏您的领土，我要替千千万万被杀害的苏联人民报仇。我坚决要求上战场，请你一定批准我的请求！”落款写上“谢辽沙”和“毛泽东的儿子毛岸英”。信发出后十天无消息，便又写了第二、第三封信，都石沉大海。

有一天，苏军政治部副主任兼苏共驻共产国际代表曼努伊尔斯基将军到国际儿童院视察，毛岸英要求他帮助进军校学习，被毛岸英的热情感动的将军同意了他的要求。于是，毛岸英先后来到苏雅士官学校快速班，莫斯科列宁军政学校和伏龙芝军校学习，并于1943年1月加入了苏联共产党。军校毕业后，毛岸英获中尉军衔，被任命为坦克连的指导员，在白俄罗斯第一方面军参加了苏军的大反攻。千里长驱，一直攻克柏林。1945年年初，苏联卫国战争取得了胜利，斯大林在莫斯科接见了毛岸英，并赠送小手枪一把，以作纪念。

然后，毛岸英进入莫斯科东方语言学院，学习政治经济学。他当时已23岁，无法抑制要投身到祖国解放事业中去的愿望，就要求回国，并得到了父亲的同意。当时正好有苏联红军将军级外科医生阿洛夫和内科医生米尔尼柯要去延安给毛泽东和其他领导同志担任医护工作，他们同机飞回延安。

1946年1月，毛岸英乘一架苏制伊尔——18新型客机从莫斯科起飞，经新疆，飞西安，秘密来到延安，回到了18年日夜思念的父亲身边。在机场，毛泽东迎上前去，张开双臂，紧紧抱住自己的儿子，凝视着比自己个头还高的儿子，第一句话就说：“你长得这么高了！”

毛岸英紧紧地搂着自己的父亲，不断地呼喊着：“爸爸，爸爸，我多想你啊！”听着儿子的呼唤，毛泽东的眼睛湿润了。

在延安清凉山麓的王家坪院子里的石桌旁，毛泽东仔细询问了毛岸英在苏联的学习情况。又问：“你在苏联经常读中国的书吗？”

“经常读的，能找到的我就找来读。”

“读过什么中国的小说吗？”

“读过《红楼梦》《水浒传》，还有鲁迅的作品。《红楼梦》里的诗词不大好懂。”

毛泽东把读《红楼梦》的要领告诉了毛岸英，又慈祥地对岸英说：“你在苏联长大，国内的生活你不熟悉。你在苏联大学读书，住的是洋学堂，我们中国还有个学堂，这就是农业大学，劳动大学。”

一天，毛泽东给毛岸英介绍一位劳模吴满有说：“这就是我给你找的劳动大学的校长，你过去吃的是面包牛奶，回来要吃中国的小米！”他又指着岸英对劳模说：“我现在给你送一个学生，他进过外国的大学，没有进过中国的大学。”

劳模恐慌地说："咱叫什么大学，咱啥也不懂。"

"我知道的你都知道，你知道的我还不知道。他还是娃娃，我就拜托你，你要教他种地嘛，告诉他，庄稼是怎么种出来的，怎么多打粮食。"毛泽东说。

"那我行。"劳模心中有底了。

按照父亲的安排，毛岸英带上小米、菜种和行李，来到吴家枣园上"劳动大学"。毛岸英住在农民家里，和农民一起吃饭，一起劳动，拜农民为师，很快学会了整地、点种、施肥、犁田等农活。同时，了解到了农民的风俗、心理、思想情况和社会问题，与农民建立了深厚感情。

毛岸英从农村回到延安时，身穿旧灰布衣，头扎白羊肚毛巾，脸晒黑了，满手厚茧，身板结实。毛泽东见儿子如此状况，高兴地说："你学习成绩不错嘛，不过，今后还得继续锻炼。"

毛岸英与刘谦初的女儿刘思齐在延安时期就互相认识了。中央机关迁至西柏坡后，毛岸英、刘思齐被分配到附近农村搞土改，在工作和生活中接触多了，二人互相尊重，产生了感情。经邓颖超和康克清帮忙，毛泽东同意，岸英和思齐确定了恋爱关系。

1948年，毛岸英27岁，刘思齐已接近18周岁。岸英找父亲商议他们二人想结婚的事。毛泽东和气地说："思齐还小，不到结婚年纪，现在不能结婚。"岸英说："也差不了几个月。"毛泽东说："差一天也不行……"毛岸英继续恳求："我自己的事还是让我自己做主吧。"毛泽东严肃地说："结婚年龄不到你做得了主吗？那就要由制度和纪律做主。"毛岸英以攀比的口气说："岁数不到，结婚的多着呢。"毛泽东生气了："谁叫你是毛泽东的儿子……思齐还不满18岁，不管说什么，也不能同意你们结婚。"毛岸英被父亲"剋"了一顿，心里很烦，第二天没起床，在床上哭。毛泽东听到卫士报告此事，立时火上来了。他走到儿子的住房门口，大声吼道：“毛岸英，你想干什么？”毛泽东这一声大吼比别人劝说顶用得多，毛岸英不哭了。毛泽东又狠狠地训斥了一声：“没出息！”几天之后，岸英想通了，向父亲作了检讨。毛泽东笑着说：“很好，这样，你就是一个模范的守法者，而不是一个违法者了。”

1949年4月，毛泽东和毛岸英、刘松林、李讷在香山

1949年9月，刘思齐已满18周岁，她和岸英商量结婚的事。思齐的妈妈和毛泽东都表示同意。毛泽东问：“你们准备怎么办婚事呀？”岸英回答：“我们商量了，越简单越好，我们都有随身的衣服，也有现成的被褥，不用花钱买东西。”毛泽东满意地说：“这是喜上加喜。还是应该艰苦朴素。”又说：“你们结婚是一辈子的大事呀，我请你们吃顿饭。你们想请谁就请谁。你跟思齐的妈妈说说，现在是供给制，她也不要花钱买东西了。她想请谁来都可以，来吃顿饭。”岸英、思齐商量着列出了一个“请客”的名单。毛泽东认真地对名单作了补充。定过名单之后，毛泽东说：“……弼时同志住在玉泉山休息，就不要麻烦他了。婚事要简办，我完全赞同，就是要改一改旧习嘛。”

1949年10月15日，毛岸英与刘思齐举行了婚礼。这一天，是开国大典之后的半个月，刚刚建国，毛泽东日理万机，特别繁忙，在儿子举行婚礼时，毛泽东还在开会。这一天，邓颖超和周恩来、蔡畅和李富春、康克青和朱德、王定国和谢觉哉、梁淑华和陈瑾昆、王光美和刘少奇等光临贺喜。在菊香书屋的西房里，毛泽东的战友们欢聚在一起。大家都夸岸英、思齐是一对好夫妻，说毛主席找到了一个好儿媳，向主席祝贺。蔡畅、康克清各送一对枕头套，王光美送给思齐一件睡衣。岸英让思齐保存好这些“喜礼”留作纪念。席间，毛泽东说：“这喜酒和便饭是岸英自己张罗的，好就表扬，不好就批评他。”毛泽东向亲家母张文秋祝了酒。客人走了之后，毛泽东从卧室拿出一件黑色呢子大衣，这是他1945年在重庆谈判时穿的衣服，仍很新。他对新婚夫妻说：“你们结婚了，我很高兴，可我又没有什么东西送给你们，这件大衣送给你们俩，略表我的心意。以后岸英白天穿，晚上你们俩盖，也算我送了礼物给思齐了。”

新中国一成立，毛泽东就想到了回家乡看看。但是，由于当时国事繁忙而抽不出身来，所以，他决定要他的大儿子毛岸英代他回韶山省亲。

1927年农民运动高潮中，毛泽东信誓旦旦地在韶山毛震公祠宣告：30年革命不成功，我毛润之就不回韶山！如今革命胜利了，农民兄弟们喜笑颜开地传颂着：毛泽东是真命天子，如今在北京坐了金銮宝殿啦！

中南海菊香书屋毛泽东的办公室里，来自湖南亲友的书信像雪片似的飞来，有询问毛泽东带出去的家乡子弟下落的；有要求证明××烈士身份的，有要到京城会会“真龙天子”的“同学少年”……毛泽东读着这一封封饱含深情的信，感慨万千，仿佛又回到了几十年前的故乡，那个血雨腥风、赤色风云的三湘大地……30几年过去了，毛泽东领导的中国革命胜利了，他多么想回家乡看看啊！但建国伊始，百废待兴，国务繁忙的毛泽东实在难以回去。

1950年4月末，毛岸英和刘思齐一起回中南海吃晚饭。席间，毛泽东点着桌上的干辣椒对岸英说：“你给单位请个假，回韶山老家看一看。再去看看外婆她老人家，到板仓给你母亲扫扫墓。”说到“板仓”两个字，毛泽东顿了一下。刘思齐第一次发现开国领袖毛泽东的感情竟是如此细腻，便小声说：“我也去。”

毛泽东笑了：“想去认门啊？下一次叫岸英带你去。现在你在读书。”毛岸英笑着为刘思齐夹了一块鱼，开玩笑道：“这次你就‘余’下吧。”从9岁起就离开家乡出外闯荡的岸英在即将回湘前夕非常激动，夜不能寐。他在日记中写道：“人终究是个有高度感情的动物，离别已经近20年了，对于人生来讲，这不是一个短时间……”

一个多月后，毛岸英正式成行，回韶山省亲。临行前，他去向父亲辞行。毛泽东很关切地对毛岸英说：“你现在不仅是我毛泽东的儿子，而且是一名干部了。但你还年轻，没有什么生活和社会经验，这次回湖南，一定要谦虚谨慎，你这次回湖南的重点，去老家韶山看看，代我问乡亲们好！”

毛岸英听父亲说完后，正要离开，毛泽东又叫住了他，说：“岸英，现在从湘潭到韶山还是小路，你回去时还得骑马，但是到韶山时你不能骑马，一定要在离韶山10多里地远的银田寺下马，然后步行回家，这是我们对家乡、对家乡人民最起码的礼貌。”“见了乡亲们要有礼貌，辈分大的男人北方叫爷爷，我们韶山称阿公，女的喊娭毑，长辈喊伯伯、叔叔、婶婶、阿姨，同辈的以兄弟相称，不要没大没小的。再一点，要入乡随俗，不要有任何特殊，老百姓最不喜欢摆格的人。”岸英心领神会，用道地的韶山话回道：“晓得啰，爹爹，还有么子吩咐的？”毛泽东给他逗笑了，递给他一个皮包，用手指指说：“这里的一些票子，是我多年的积蓄，看到真正困难的乡亲，你就见机行事吧，俗话说，‘空手进门，猫狗不理’，……你看着办吧！”

5月下旬，正是芙蓉国里朝晖灿烂、风轻日丽的时候，毛岸英穿着深蓝色卡其布制服，回到了阔别近20年的家乡。他这次回韶山，坐火车先到长沙，特地去拜望了外婆和舅舅一家。毛岸英手持毛泽东亲笔写的祝寿信，给80岁的外婆向振熙祝寿。老人紧紧抓住毛岸英的手，说：“没有变，没有变，和小时候长相一个样，一个样。”20年过去了，怎么会没有变呢？毛岸英的变化真是太大了，可在慈祥的外婆眼里，他永远是自己身边的孩子。毛岸英递上父亲送给外婆的两棵东北野生大人参。外婆没有牙的嘴半天闭不拢，说了一遍又一遍：“一棵是开慧的，一棵是润芝的。”老人的言外之意，是说女婿替女儿多孝敬了一份。那天，毛岸英和外婆、舅舅全家照了一张相。

第二天，由湖南省委派出一个排的解放军战士护送，毛岸英和舅舅、舅妈回到板仓，给敬爱的母亲祭墓。来到棉花岭，这个一米八的大汉，“扑通”一声跪在母亲墓前，泣不成声：“妈妈、妈妈，儿子回来啦——这次回来真不容易啊，妈妈啊，我一定好好学习，好好工作，做出成绩为你报仇！报仇！……”泪眼迷离中，他仿佛又看到了20年前那个令人心悸的日子——1930年10月24日，他的8岁生日，特务范瑾熙等带着56个枪兵，押着妈妈、保姆孙嫂和8岁的岸英，从板仓押到白水，由白水坐火车去长沙，亲爱的母亲从此一去不复返……岸英痛彻心扉的悲切号啕令旁边的亲人和战士们眼红鼻酸……

5月19日到达湘潭县株洲镇。湘潭县1949年8月11日和平解放，8月23日成立了湘潭县人民政府，辖11个区。今天的湖南株洲市即当时的湘潭县第一区株洲镇。那时，湘潭县还没有通火车，湘潭县副县长毛特夫和在县城工作的毛远翔得到消息，赶到株洲镇接毛岸英，再辗转到湘潭县城。因当时乡下不通汽车，三人于当天骑马回韶山。

毛特夫是韶山老党员毛新枚的长子，毛新枚于1927年6月被国民党杀害。1929年，毛泽民写信将毛特夫接到上海，1930年介绍他入党。毛远翔则是毛泽东房兄塾师毛宇居的亲侄子，比毛岸英小两岁。人逢故旧路途短，三位毛氏兄弟一路走马，说不完的话。下午到达银田寺时，毛岸英翻身下马，毛特夫问：“怎么啦？天不早了，今天不赶回韶山冲？”

“不，临来时父亲嘱咐我，要早点下马走着回家。”

“真的？毛主席真的这样说的？”毛特夫和毛远翔又惊又喜地问道。

毛岸英笑着点点头。

毛岸英与外祖母及杨开智夫妇

农历五月的天，孩子的脸，说变就变。快到韶山的时候，天下雨了，岸英他们挽起裤腿，打着赤脚跑到当时乡政府所在地毛鉴公祠。党支部书记毛仁秋和支部成员们正在那里等候。

岸英打着赤脚进村的消息很快传遍了韶山冲。在韶山的族谱中，有“虎踞龙盘”“灵秀聚钟”的描述，老一辈的韶山人都传说舜帝曾到过韶山，在韶峰上吹箫弄笛，演奏“韶乐”，留下了“韶山”这个名字，也留下了这个风水宝地将会产生“真命天子”的奇妙传说。大革命时期，湖南军阀何键也听到了这一传闻，曾派人来挖毛氏祖坟，想挖断毛泽东的“龙脉”，结果自然是无功而返。在韶山人眼中，少年便立下凌云志的石三伢子毛润之实在是个当代“天子”了。现在毛泽东的长子回乡省亲，“太子”的称呼自然是亲切而又贴切的。于是，“太子回来啰！”“太子回来啰！”便在人们的口头传开了。几个胡须花白的老阿公更是激动得话都说不清了：“到底是毛泽东的儿子，没得架子，好有礼性的，竟走了20多里山路进村，有马都不骑。”

毛岸英穿着一件洗得发白的旧军装，戴着军便帽，穿一双大头皮鞋，乍一看，活像一个农村基层干部。当他听到有人在喊：“太子回来啰！”出乎意料地吃了一惊，脸色苍白地连忙张开双臂，诚恳地对乡亲们说：“要不得，要不得，大家千万莫咯样讲，我爸爸不是皇帝，他是人民的仆人，千万莫再咯样喊了，要是爸爸晓得了，会‘谩它’（生气）的呢？乡亲们就叫我岸英或岸英同志，阿公叔子们喊我小毛伢子也行！”

韶山人为岸英的坦诚感动，经他这一招呼后，再没人喊他“太子”了。不过，一些托他办事的人，后来还是改不掉，仍然称他“少主席”。刚刚解放的韶山人，对于“同志”的称谓毕竟还很不习惯。

在毛鉴公祠，毛岸英转达了父亲对家乡人民的亲切问候后，人们争着拉岸英到自己家里去住。毛岸英一一谢绝了。

党支部书记毛仁秋抓住毛岸英的手，说：“我们请你去周家外婆（周陈轩，毛泽覃的岳母）那里去住。”

“周外婆快70岁了，不要打扰老人家。明天我专程去拜访她。今晚我就在这里睡门板，陪陪祖宗老子吧！”

毛仁秋笑了，说：“本来应听你的，你不知道韶山冲里的晚上冷得很，难熬。到我们家去做客，也行。”

毛岸英摆摆手：“谢谢。大家都忙了一天，不打扰了。我在北方熬惯了的。”

支委毛乾吉建议到隔壁借张床，毛岸英再次反对，坚持和毛特夫、毛远翔每人下块门板睡觉，又快又好。

当地同志坚决不依。你一言我一语地说，毛岸英是党和政府派来的使者，是中国人民敬爱的领袖毛泽东与杨开慧烈士的亲生骨肉，是党培养出的优秀干部，要是冻坏了身子，那怎好交代？

毛岸英从容地站了起来，向人们拱了拱手，说：“大家的心意我心领了。睡门板能保持艰苦作风，锻炼身体，我爸和许多革命前辈都睡过，我也学会了。”毛岸英兴致勃勃地回忆了参加陕北土改的一件事情。一次在一位老农家谈话至深夜，外面下起鹅毛大雪，老农家三代人只有一个炕。老人要毛岸英上炕，那怎么行。毛岸英架起门板，和着大衣躺下。“我年轻体壮，挺得住。不信，比比谁先打鼾？”大家笑了。毛岸英诚恳地劝大家去休息，说着下了一块小门板。大家劝他换块大的。毛岸英说：“短了可以加条板凳。我也可以屈腿睡。”

“那怎么舒服？”“大丈夫能伸能屈嘛。”毛岸英的自律和风趣，引得笑声再次响起。

翌日清晨，毛岸英来到毛泽东旧居上屋场。周围的乡亲们闻讯赶来，岸英热情地和大家打招呼，高兴地对大家说：“爸爸工作忙，不能亲自回韶山看一看，要我回来看望乡亲们，并要我代他问乡亲们好！”这时，一位双目失明颤巍巍的老人拄着拐棍走过来，老人恭恭敬敬地自我介绍：“我是满阿公，我来看望毛岸英先生。”毛岸英见状，赶紧起身让座，让老人坐下，“您老人家就是邹满阿公啊？爸爸常对我讲起，您就叫我岸英好了。”吃饭的时候，他亲自给满阿公添饭、敬菜，一边吃一边拉家常。吃完后，又为他打来洗脸水。满阿公要走了，岸英拉住他的手，把自己津贴里省下的钱送给他。老人激动得连连说：“你真是毛主席教育出来的好伢子，对我这个残废人这样好，这样尊敬。”毛岸英恭敬地说：“邹满阿公，看您老人家说的哪里话，如今穷苦人翻了身，新社会应该尊敬老人。爸爸工作忙，不能来看你们，爸爸说了，有机会就接你们去北京看看。”

东茅塘是毛泽东祖居。这天雨下个不停。毛岸英将皮鞋提在手里，赤脚冒雨来到东茅塘毛瑞和老人家。毛瑞和躺在床上，面黄肌瘦，家里已经断粮三天了，锅里、碗里尽是野菜，岸英看了难过极了，他夹了一筷子野菜放在嘴里尝了尝，掏出手帕包了一包，塞进衣袋里准备带回北京去，然后含着泪水摸出5万元钱（相当于现在5元钱）塞到瑞和阿公手里，“瑞和阿公，我没么子东西送您，这点小意思，您就先拿着去看看病吧。千万莫着急。我们韶山刚解放，土改没完成，乡亲们日子过得很苦。等土改后，我们可以分到田地，日子就会慢慢好起来的。”一席话说得毛瑞和老泪纵横，感激涕零。就这样，像撒胡椒面一样，东家五块，西家十块，临行前毛泽东平时省下的津贴再加上稿费的收入很快就所剩无几了。

棠佳阁是毛泽东外婆家，也是毛泽东小时候成长的地方。这天，毛岸英沿着他父亲青少年时代走过的滴水洞盘山小道，来到了棠佳阁。文运昌等几个老人老远就来接他。热情的外婆家人用当时来说已近乎奢侈的一桌丰盛饭菜招待毛岸英。席间，那位父亲常跟他提起的文运昌老人举起酒杯文绉绉地说："今日岸英贤侄光临寒舍，堪称盛会，我等生平难得，实属幸莫大焉，让我们共同举杯，为毛主席的健康长寿，为新中国的繁荣昌盛，干杯！"另一位文涧昌老人歉意地说："按我们的风俗，招待贵客最客气的是摆蛋糕席。可是今天没做得赢（没来得及）。"毛岸英接过话头，高兴地指着席上的笋子炒肉、小炒山蕨、清炖蘑菇等浓厚地方风味的菜肴说："哪里哪里，这些都是名副其实的山珍美味，在北京是很难吃到的。今天劳烦诸位伯父伯母如此费心，小侄实在是担当不起呀！小辈唯有用'为人民服务'的实际行动，来报答父老乡亲的深情厚谊。"

六天后，岸英依依不舍地告别了韶山冲，带着乡村的所见所闻和父老们的深厚情意回到了北京。

毛岸英回到北京后，毛泽东就急不可待地向儿子询问起家乡的事来。他对家乡的一草一木，对存在的问题和发生的变化等，询问得是那么详细。毛岸英这次代父亲回韶山省亲，实际体现出了毛泽东的浓浓故乡情，体现了毛泽东对故乡和故乡人民的深深眷念。毛岸英回韶山只是为毛泽东还愿而已。

1950年6月，美帝侵朝，朝鲜战争爆发。毛泽东和中共中央政治局常委作出了派志愿军抗美援朝的决策。

毛泽东还决定送长子毛岸英随彭德怀司令员赴朝参战。江青和其他一些同志纷纷劝说毛泽东不要派岸英出国参战。理由是：岸英在单位里负责任务很重，不好离开。毛泽东坚持岸英应该去，还讲了他应该去的许多理由，大家无法说服毛泽东。

在毛泽东讲的送子出国参战的道理中，给人印象最深的一句就是：“谁叫他是毛泽东的儿子，他不去谁还去？”

1950年10月19日，彭德怀司令员率中国人民志愿军奔赴朝鲜战场。在这支队伍中，毛泽东的长子毛岸英任志愿军总部机要秘书兼翻译。毛岸英曾参加苏联卫国战争，任过红军的中尉，有一定的军事素养。

我军入朝后，第一次战役（10月25日至11月5日）打得很好，一下子歼敌1.5万人；11月25日，美国侵略军和李承晚军队开始报复，第二次战役开始。当日上午11时，4架敌机掠过我总部上空，防空警报一解除，毛岸英便从防空洞跑到作战室，投入工作。谁知刚飞去的那4架敌机折飞回来，投下百余个汽油弹，作战室被烈火吞没，毛岸英和作战参谋高瑞欣壮烈牺牲在800摄氏度的高温中。

下午3时，彭德怀召集志司党委开会，当解方请示要不要把岸英牺牲的消息报告给毛泽东时，彭德怀铁青着脸，沉吟半晌说：“岸英同志为国捐躯光荣，我想迟早都是要报的，迟报不如早报，今天就上报。岸英的死我有责任，给中央的报告我来写。”

彭德怀伏身于一张小木桌上，手中的笔拿起又放下，放下又拿起，拿了几十年枪的手却怎么也拿不稳那支笔。纸短情长，落笔千钧。他写了一遍，撕掉了，又写，又撕，短短几行字的电文竟写了一个多小时。

军委并高（岗）、贺（晋年）：

我们今日7时已进入防空洞，毛岸英同三个参谋在房子里。11时敌机四架经过时，他们四人已出来。敌机过后，他们四人返回房子内，忽又来敌机四架，投下近百枚燃烧弹，命中房子，当时有两名参谋跑出，毛岸英及高瑞欣未及跑出被烧死。其他无损失。

志司

25日16时

周恩来读完电报愣住了，他的心和手都颤抖了，眼里噙满了泪水。再三斟酌，在来电后面写道："刘（少奇）、朱（德），因主席这两天身体不好，故未给他看。"

1951年1月2日，周恩来让江青与叶子龙给毛泽东送去彭德怀1950年11月25日的电报，并附了一封信给毛泽东和江青。

当时毛泽东正坐在沙发上，他抬头一看，只见叶子龙满脸悲情，泪涌眼眶，于是敏感地问："子龙，出什么事了？"

江青掉下泪珠哽咽着说："主席，你一定要挺住。"

毛泽东已有很长时间没接到毛岸英的信了，以为是军务繁忙，现在他似乎预感到了不幸，忙问："是不是……"

叶子龙双手递上文件夹，放在最前面的一页是周恩来的信：

主席、江青同志：

毛岸英同志的牺牲是光荣的，当时我因你们都在感冒中，未将此电送阅，但已送少奇同志阅过。在此事发生前后，我曾连电志司党委及彭，请他们严重注意指挥机关安全问题，前方回来的人亦常提及此事。高瑞欣亦是一个很好的机要参谋。胜利之后，当在大榆洞及其他许多战场多立些纪念中国人民志愿军的墓碑。

周恩来

一月二日

毛泽东的嘴唇哆嗦着，但是没有哭，没有眼泪。他眨了一下充满血丝的眼睛，目光开始慢慢移动，望着茶几上的烟盒。李银桥帮他抽出一支烟，再帮他点燃，随之便听到像陕北老农民吸烟时发出的咝咝声，他想用辛辣的烟味来压住那份痛苦的心潮。屋里静默了很长时间，没有人说话，没有人走动，但大家都感受到了毛泽东对长子的眷念和痛惜之情。

毛泽东吸完第二支烟，把烟头拧灭在烟灰缸里后，沙哑地发出一声催人泪下的叹息："唉，战争嘛，总要有伤亡，没得关系，谁让他是毛泽东的儿子呢……岸英是个苦孩子，从小没了娘，后来参加战争，没过上几天好日子。"

毛岸英的不幸牺牲，强烈地震撼着毛泽东的心灵。白发人送黑发人，岸英走得太早了，他只有28岁，结婚才刚满一年。回想起来也非常凑巧，当年毛泽东去上海出席中共一大时，也是28岁，也是刚结婚一年。父子两代同样在这种状况下身临险境，父亲则死里逃生，而他的儿子却壮烈牺牲了。

毛泽东是人民爱戴的领袖，同时也是一位慈祥的父亲，有着同常人一样的舐犊之情。他凝望着窗外那早已萧条的柳枝，轻轻苦吟着《枯树赋》："昔年种柳，依依江南。今看摇落，凄怆江潭。树犹如此，人何以堪。"

1951年2月20日晚，彭德怀回国汇报朝鲜战场情况。最后，他还向毛泽东详细汇报了毛岸英牺牲的经过，并以内疚的心情检讨说："主席，你让岸英随我到朝鲜前线后，他工作很积极。可我对你和恩来几次督促志司注意防空的指示不重视，致岸英和高参谋不幸牺牲，我应当承担责任，我和志司的同志们至今还很悲痛。"

毛泽东听罢，一时沉默不语。他伸手去拿烟，两次都没有将烟从烟盒里抽出来，最后还是警卫战士帮他取出香烟。他大口地抽着，两眼凝望窗外。然后，毛泽东抬起头来，沉痛而缓慢地对彭德怀说："打仗总是要死人的嘛！中国人民志愿军已经献出了那么多指战员的生命，他们的牺牲是光荣的。岸英作为无产阶级战士、共产党员，他尽到了自己责任。你要回去讲，岸英是志愿军的一名普通战士，不要因为是我的儿子，就当成一件大事。不能因为是我、党主席的儿子，就不该为中朝两国人民的共同事业而牺牲。世上哪有这样的道理呀！哪个战士的血肉之躯不是父母所生？”

毛泽东强忍住丧子的巨大悲痛，日理万机地工作着。可是儿媳刘思齐每周来看望他时，总问收到岸英的信没有？为何不来信？为了思齐的学习，毛泽东强颜欢笑瞒了儿媳两年，独自承受着精神和感情上的痛苦。岸英牺牲两年之后，朝鲜停战协定签订了，思齐似乎已从一直没收到岸英的来信中悟出了什么。毛泽东决定让儿媳知道此事，他把周恩来请来一起和思齐谈。周总理轻声委婉地对思齐说，为抗美援朝保家卫国，无数牺牲了生命的战士，人民永远不会忘记他们，“岸英也是其中之一”！思齐听到这一消息，立时痛不欲生。毛泽东脸色苍白，木然地坐着；思齐伏在爸爸的肩上，极度悲痛地哭着。总理让思齐躺在沙发上，当他摸着主席的手时，心里一惊，与思齐耳语：“你要节哀，你爸爸的手都冰凉啦！”思齐又哭着去安慰爸爸。

主席和儿媳互相劝慰，都各自把悲伤压在心里。主席对思齐说：“战争嘛，总是要死人的。不能因为岸英是我的孩子，就不应该为中朝人民而牺牲。”

1990年，中共中央办公厅经警卫局全面清理毛泽东留下的遗物，就在这次清理工作中，人们有出人意料地发现——在仓库的一个柜子里有一批衣物。

毛泽东的生活管理员69岁的吴连登回忆说：“每年夏天的时候，这些衣服都拿出来晒，这些东西到底是什么时候留下来的，怎么回事。那个时候，我们也说不清。所有的东西，都普通得不能再普通，但是却叠得整整齐齐，一看就是精心收藏起来的。当时账上就反映得清楚，就是他一柜子基本上都是装的他的遗物。那柜子并不大，但是这个东西呢，这个柜子里分得清楚，这就是毛岸英的。”

原来这衣物是毛岸英的，是毛泽东悄悄收藏的。

身为父亲的毛泽东，为什么要如此珍重地保留儿子的遗物呢？这其中难道有什么风俗习惯，或者特别的讲究？

毛泽东的堂侄66岁的毛岸平回忆说："并没有这个风俗，韶山人历史上，家里去了人以后，一般把那些东西都烧掉。没有保留遗物的习惯。"

不合风俗，并非习惯。毛泽东却瞒住了所有的人，悄悄将儿子的遗物保存在身边，一藏就是20多年。20多年，8000个日日夜夜，这位父亲独自守候的，是一份何等割舍不断的思念。这份父爱，是何等的魂牵梦萦。

毛泽东对自己已逝世的父母非常怀念，在他回到故乡后，在父母墓前只敬献了一束松柏作为奠祭。

1959年6月25日傍晚，毛泽东在罗瑞卿和其他同志的陪同下，回到了离别32年的故乡韶山冲。第二天，毛泽东看了他的旧居"上屋场"，看了与他的旧居对门的"谢家屋场"的毛霞生的家。然后，离开毛霞生家，走向他家屋后的山。罗瑞卿和其他同志不知道毛泽东上山干什么，都跟着向山上走去。

毛泽东到了山顶，站在一个长满茅草的坟前。看了墓碑，随行的同

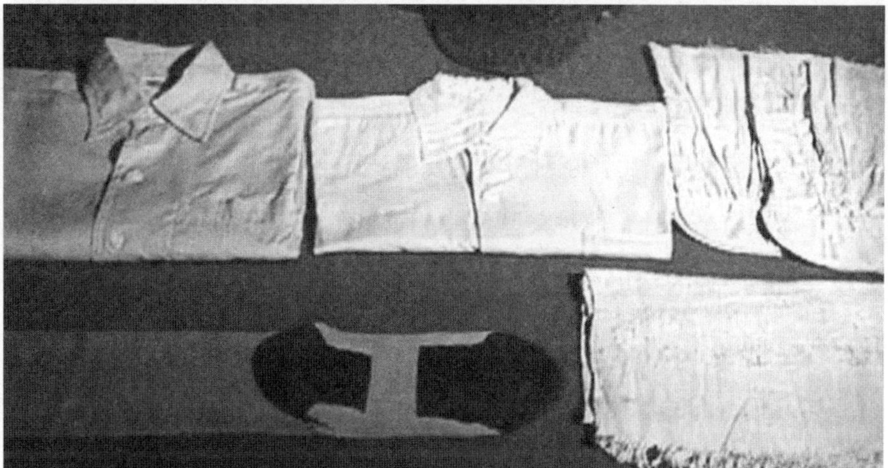

毛泽东悄悄收藏的毛岸英的遗物

志才知道此坟是毛泽东父亲和母亲的合葬墓。由于事先大家都不知道他为父母祭坟，没准备花圈和纸花。但有一位青年脑子来得快，就地折了一些松枝，用野草捆成一束，交给了主席。毛泽东从容地把松枝献在坟前，深深地鞠了一个躬，大家也鞠了一个躬。他在坟前略停了一会儿，沿着山坡往回走。路上，有一位同志问他："要不要把坟修一下？"毛泽东边走边说："不要了，保持这个原样就行了。"

韶山冲的贫苦农民为了使毛泽东父母的坟墓"保持这个原样"，曾和国民党作过斗争。毛泽东在浏阳发动了著名的秋收起义之后，湖南军阀何键派了一连人到韶山，专门破坏红军"风水"，目标是挖掉毛泽东父母的坟墓。敌人追问毛泽东父母的坟墓的地点，群众不搭腔。后来有位穷苦农民灵机一动，笑着回答："老总，跟我来吧，我告诉你们。"他带敌人上了山，指着两拱坟说："这就是的。"于是，敌人挖开坟墓，撬起腐朽的棺木，把白骨乱抛起来。敌人完成了"任务"，得胜还朝了，而那贫农十分高兴。因敌人挖的是一个地主祖宗的坟墓。这件事反映了贫苦农民与共产党领袖及其亲人的真挚感情。

下午，毛泽东对罗瑞卿说："我们共产党人，是彻底的唯物主义者，不迷信什么鬼神，但生我者父母，教我者党、同志、老师、朋友也，还得承认。"谈到祭坟，毛泽东说："我下次再回，还得去看他们两位。"

进入中南海后，毛泽东对子女的要求一直十分严格。

毛泽东有个小灶，他对家里人说："小灶是人民给我安排的，你们都无权享用。"他的女儿、姐姐，都和工作人员一样到中南海的食堂排队打饭，他们家每周六晚上团聚一次。每次吃饭时，孩子们在社会上听到什么要讲给爸爸听，读了什么书也要讲出来，如果他有看法就交流一下，紧接着布置任务，还要读什么书，下个礼拜再来讲。这顿饭一般吃的时间比较长。

毛泽东非常喜欢他的女儿李敏，但对她的要求却十分严格。

1959年6月26日，毛泽东在父母墓前鞠躬

1941年4月，毛泽东为了安慰贺子珍，同意将4岁的爱女送到莫斯科。娇娇千里迢迢认妈妈，和妈妈相聚，由此开始了李敏在莫斯科艰难困苦的童年岁月，生活的艰辛给她带来了诸多的苦难，也带来过幸福和快乐。

在苏联生活的那几年，娇娇心中只有妈妈，没有爸爸。她离开延安赴苏联时还太小，对爸爸的印象很淡很淡。

在国际儿童院的礼堂里，挂着各国共产党领袖的巨幅照片，其中有列宁、斯大林、季米特洛夫、加里宁，还有毛泽东、朱德。儿童院的老师经常对孩子们进行国际主义教育，讲述各国共产党的领袖领导本国人民进行斗争的事情，老师也讲起了中国共产党的领袖毛泽东。娇娇是怀着崇敬的心情聆听这一切的。她做梦也没有想到这个中国的伟人竟是她的爸爸。贺子珍很少同她讲起爸爸。

有一次，毛岸青特意从莫斯科到伊万诺夫市的国际儿童院看望妹妹。她给妹妹买了一小捆长长的手杖糖。兄妹俩坐在无人的礼堂聊天。突然，岸青指着高高挂在主席台上的毛泽东的照片，问娇娇：

“你知道他是谁吗？”

“是中国共产党的领袖毛泽东。”

“他是我们的爸爸。”

“你瞎说，我没有爸爸。”

“我没瞎说，他是我们的爸爸，是他把我们送到苏联学习的。”

看着岸青说得那么肯定，娇娇有点相信了。但是，爸爸还是太遥远了，娇娇仍然想象不出她同爸爸有些什么关系。

她对爸爸的情感，是在妈妈的叙说中逐步加深的。贺子珍要娇娇给爸爸写信，不能让娇娇不了解爸爸。不过，贺子珍的叙述很简略，很一般，她把娇娇还当作小孩子，不愿和她深谈些什么。

娇娇像突然长大了很多，明白了许多。她终于懂得了长期以来为什么妈妈那么哀伤、忧郁、烦恼，她同情起妈妈来。

1947年夏，贺子珍携娇娇，随同王稼祥及夫人朱仲丽从莫斯科回到祖国的哈尔滨，对于11岁的李敏来讲，这是一片完全陌生的土地。

毛泽东和党中央迁入北平，这时，他想起仍在东北的女儿和贺子珍，也更加思念起那个多年不见的女儿娇娇，他想接她回北平读书。

1949年春夏之际，贺子珍的胞妹贺怡带着毛泽东的重托来到哈尔滨。她告诉姐姐，毛泽东嘱咐她：此行先把娇娇带回北平，贺子珍留在哈尔滨等候通知。

这时，娇娇已过12岁了，她天真活泼、聪明伶俐，会讲一口流利的俄语。由于血缘的关系，她继承了母亲的天生丽质，身材细挑，肤色白净，身上洋溢着少女的魅力，而五官、眉毛和脸部轮廓又酷似父亲，模样十分可爱。听姨妈贺怡讲要带她去北平见爸爸，心里十分高兴。可是她还有点不放心，因为离开父亲太久，小时候的印象已经淡忘了。于是她想出一个主意，立即用俄文写了一封短信给爸爸。

毛主席：

大家都说您是我的亲生爸爸，我是您的亲生女儿，但是，我在苏联没有见过您，也不清楚这回事。到底您是不是我的亲爸爸，我是不是您的亲女儿？请赶快来信告诉我，这样，我才好回到您的身边。

毛泽东接到娇娇从东北来的信，信封上的中文字无疑是贺子珍的手笔。贺子珍在井冈山、瑞金、长汀、遵义、延安期间，为他抄过不少手稿，字迹清秀，刚劲有力，一眼就能认出来。毛泽东拆开信封，发现写在信笺上的全是一行一行的俄文，歪歪扭扭的，一个字也辨认不得。毛泽东请人翻译，弄清了信中的意思后，他哈哈大笑，然后挥笔写了回信。

娇娇：

看到了你的来信很高兴。

你是我的亲生女儿，我是你的亲生父亲。你去苏联十多年一直未见过面，你一定长大了长高了吧？爸爸想念你，也很喜欢你，希望快快回到爸爸身边来。爸爸已请贺怡同志专程去东北接你了，爸爸欢迎你来。

毛泽东

回信写好后，还没寄出，毛泽东又立即改变主意，吩咐有关同志将此信改用加急电报发出。

娇娇收到父亲的电报却看不懂。贺子珍就用俄文逐字逐句翻译给她听。娇娇听清楚电报的意思后，高兴得跳了起来："啊！我爸爸来电报了！""我要到北平见爸爸啦！"

女儿的笑声感染了贺子珍，激起了她对毛泽东朝夕相处共同战斗的美好岁月的回忆。她告诉女儿到了北平见到父亲一定要代她问候。贺子珍说："娇娇，到了爸爸身边，要听爸爸的话，要好好学习，要照顾爸爸的身体，不要淘气，不要影响爸爸的工作……"

娇娇依依不舍地离开东北，离开在苏联同生死共命运六七年的妈妈贺子珍，跟随姨妈贺怡启程了。上车前，娇娇一次又一次亲妈妈的脸："妈妈，您在这里等着，女儿到了北平后，见到了爸爸，就来接您。"列车渐渐地远去了，远去了，贺子珍仍站在原地不动，微风吹拂着她的头发，直到列车全隐去了，才迈着沉着的脚步回到东北财委的住处。

贺怡带着娇娇乘火车到大连后，乘船到天津，再换乘火车到北平，风尘仆仆地来到香山。

当时，毛泽东和中共中央、中央军委尚未搬进中南海，仍住在北平西郊的香山。

听说贺怡带着娇娇回来了，毛泽东连忙从办公室走出来迎接，老远就向贺怡她们招呼示意。贺怡牵着娇娇的手对毛泽东说："您交给我的任务完成了，娇娇接回来了。"然后转身对娇娇说："快叫爸爸！喏，这就是你的爸爸，就是给你打电报的毛泽东。赶快叫爸爸！"

娇娇看见站在面前的身材魁梧而又慈祥的爸爸，和画报上的毛主席一模一样，知道这就是她日夜思念的亲生父亲，激动得扑上前去，叫了声："爸爸！"就依偎在他怀抱里。毛泽东也激动得一下把娇娇抱起来，亲了又亲，享受着亲骨肉久别重逢的幸福。

自从娇娇离开延安去苏联之后，父女俩还是第一次见面，高兴的心情难以言表。毛泽东连忙约请了几位中央领导同志来坐，并乐滋滋地说："我给你们带来了个洋宝贝。"

几位中央领导同志刚坐定，正猜着是什么东西时，贺怡带着娇娇进来了。毛泽东指着娇娇对他们说："洋宝贝来了，我有个外国女儿。喏，她就是。"然后把娇娇一一介绍给在座的各位。娇娇半懂半不懂地听着他们在高兴地议论着什么。她回到祖国的时间不长，中国话听不太懂，以往母亲贺子珍说话都是讲俄语，偶尔在俄文中夹一点中文，她经不住几位中央领导同志问这问那，一着急说了一串俄语。毛泽东拉着娇娇的手放声大笑，并说：“英文嘛，我倒会一点，俄文我是一窍不通。恩来在就好了，他会。”

娇娇的到来，给毛泽东很大慰藉。每天晚饭后，他总是牵着娇娇的手到香山公园散步，询问娇娇在苏联的学习情况。娇娇经过一段时间的学习已经能用中文回答爸爸提出的各种问话了，不过还要夹杂一两句俄语，但父亲已能听懂女儿讲的意思，父女之间的感情进一步加深了，父亲常常勉励女儿要好好学习，天天向上，做一个有作为的人。

长期生活在苏联的娇娇，生活习惯和当时国内一般女孩子不同。夏天，她喜欢赤着脚到香山公园的湖边拾鹅卵石，出去玩也不戴草帽。毛泽东办公时，她在旁屋学习中文，有时遇到不懂的地方，就闯进办公室要父亲解答。并且还经常在办公桌底下钻进钻出，逗得毛泽东哈哈直笑。有时顽皮起来，抱着爸爸的头和脸亲了又亲，还用两手遮住爸爸的双眼，叫他猜猜是哪一个。毛泽东往往高兴得放下笔，过来和她一起逗着玩或讲讲故事。

转眼，娇娇要上中学了。在这之前，她在苏联上5年制小学和回国在东北补习中文期间，一直沿用小时候的乳名“娇娇”，还没有一个正式的学名。

一个风和日丽的傍晚，毛泽东吃过晚饭后，把娇娇叫到眼前说：“爸爸再给你起个名字。”

“爸爸，我有名字，叫毛娇娇。”她感到不解。

毛泽东听后，陷入了短暂的沉思，当年为娇娇起名的情景又历历在目。

十几年转瞬即逝，现在毛泽东微笑着说：“娇娇是你在陕北保安刚生下来时取的小名，现在长大了，进中学了，我要给你取个正式学名，而且这个名字要有深刻意义。”

毛泽东打开《论语》中的《里仁》篇，指着其中的一句话，“子曰：

‘君子欲讷于言而敏于行’”，对娇娇解释说：“讷，就是语言迟钝的意思。敏，则解释很多。”他讲到这里又打开了《辞源》，指着敏字的解释道：“敏字有好几种解释，如敏捷、聪慧、勤励。《论语·公冶长》说：‘敏而好学，不耻下问。’敏，还可作‘灵敏迅速’‘聪敏通达’‘聪明多智’等解释。杜甫《不见》诗说：‘敏捷诗千首，飘零酒一杯。’”

娇娇听得入了迷，深深感到爸爸学识渊博，心里暗暗想：在爸爸身边，一定要好好向爸爸学习，做爸爸的好女儿。

“你的名字就叫敏，但不一定叫毛敏，也可以叫李敏。”毛泽东对娇娇说。

“为什么？大哥叫毛岸英，二哥叫毛岸青，他们都跟爸爸姓毛，我为什么不姓毛？”娇娇睁大眼睛，十分不解地问。

毛泽东爱抚地用手拍拍娇娇的头说：“娇娇，爸爸姓毛，是不错的，但是为了革命工作的需要，爸爸曾经用过毛润之、子任、李得胜等十多个名字，爸爸特别喜欢李得胜这个名字。”

“爸爸，您给我讲讲李得胜这个名字是怎么来的？”

毛泽东点着了一支烟，告诉娇娇当年的事。

听了这番话，娇娇明白了爸爸给她取名的真正用意，是勉励她继承父辈的事业，刻苦学习，做一个对革命有用的人。

李敏在《我的父亲毛泽东》中说：

> 在生活上，爸爸也同样是我们做子女的学习的榜样。爸爸总是对我们、对周围的工作人员讲：生活上要同低标准相比，不许任何人搞特殊。在这方面，爸爸为我们树立了榜样。
>
> 当年爸爸进入长沙第一师范学校时，学校发的一套青色呢子制服，一穿就是好几年。衣服的颜色都褪了，袖口、胳膊肘处都磨破了，就这

样，爸爸还是舍不得扔掉，还要一补再补、一缝再缝并一直穿在身上。

除了这套衣服外，爸爸有一件灰色的布长袍。到了冬季，长袍里面加上件旧夹袄，就这样穿着过冬了。他的下身总是那条一年四季不变的白色布裤子。有人同爸爸开玩笑说："你这叫冬天用加法，夏天用减法的穿衣法。"

"是呀。这就叫学用结合。"爸爸听了风趣地回答说。

一到夏季，爸爸常常不穿袜子，也没有袜子可穿，有时连鞋子都破得露出脚指头。听说爸爸当年的被褥是湖南农家用的蓝大布套被，棉花是用过多年的，又旧又硬，盖在身上很重，还不挡风。爸爸住校，一到星期日回校晚了，食堂的饭菜都是凉的，别人总是想法热饭炒菜，爸爸总是打点冷饭剩菜吃。爸爸的同学多数都是从农村来的，农家的孩子本来生活就比较俭朴，爸爸的简朴在同学中间、在学校是很闻名的。其实爸爸的钱都花在订报纸、买书刊和杂志上了。

爸爸一生在衣着上从来不讲究。如果说在井冈山、在长征中，是因为形势紧张，经济条件差，不去讲吃说穿，那到延安后，相对来讲，各方面条件都好了，多做件衣服还不能说是什么过分之举吧！但爸爸却始终保持着这种简朴的作风。

1942年，毛泽东在延安给干部作报告

1937年冬天，爸爸穿的那件旧棉衣，不管谁劝，爸爸就是不肯换新的。

警卫人员想办法找到管理部门，让他们想法给爸爸做了件新的阴丹士林布的棉衣。

他们知道爸爸的脾气，要是直接把新棉衣拿给爸爸，爸爸肯定不会要，更不会穿它。最后几个人想出个办法来：趁爸爸休息时，把旧棉衣偷偷拿走，把新棉衣轻轻放下。他们想，等爸爸醒来时，见没有旧棉衣了，只好穿上新的。然后再抽空儿把旧棉衣拆洗一下做好，两件换着穿。

想好了，就依计而行，换完后他们几个三下五除二地就动手把旧棉衣给拆了。这一拆才发现，爸爸穿着时是件棉衣，谁知布都糟了，拆了，就是照原样也缝不起来了。

爸爸醒来，发现自己的旧棉衣没了，把警卫员叫进来问："这是哪个的衣服？我的那件棉衣呢？"爸爸指着那件新棉衣问。

"这是管理局给你做的……"警卫员吞吞吐吐地说。

"我有棉衣嘛。我不要！还是把我的那件拿来。"爸爸说。

"那件，那件棉衣都让我们给拆了，想洗洗再缝好。可看样子，布破得缝不起来了。你还是……"警卫员说。

"那，你看怎么办？"爸爸明白了，无可奈何地笑着说。

"主席，这件棉衣挺好，你就穿它吧！"警卫员高兴地说。

"这样吧，你拿上它，给我换件灰布棉衣，和你穿的这件一样。"爸爸拿起那件新棉衣，指指警卫员的衣服说。

没办法，警卫员只好照办了。

那时候，国民党对边区进行严密封锁，延安的物资也极为匮乏，生活条件也是很差、很苦。

到了冬天，陕北可冷了，部队干部就自己动手做了一批毡帽。因为毡帽料的质地不好，人们又是第一次做，没有经验，做好后一看，帽壳平塌塌的，帽檐软软地挺不起来，老往下耷拉着。那个样子好难看，大家宁可冻着也不愿意戴它。

一天，警卫员拿着一顶这样的帽子对爸爸说："主席，你看，这帽子戴上倒是挺暖和，就是样子太不好看，戴到头上，别人一看到就笑。所以谁也不愿意戴它。"说着顺手把帽子扔到爸爸的办公桌上。

"这帽子不错嘛，没人戴我戴。"爸爸说着拿起帽子看了看，就扣到自己的头上。

爸爸不光戴上毡帽，还特意到院里走了一圈，让大家看看，逗得大家都笑了起来。

爸爸无论是开会，还是做报告，只要是外出，都戴上这顶毡帽。在爸爸的影响下，大家也都先后戴上了它。不久在人们中传诵着这样几句顺口溜："八路军，土包子，头上戴着毡帽子，打仗就像钢炮子，敌人像个龟孙子。"

爸爸穿衣服，也有讲究的时候。那是在特殊的场合和时间里。

1949年，一次，爸爸在香山双清别墅要接待各民主党派的负责人、各界代表和知名人士。这其中就有知名的民主人士张澜先生。

见张澜前，爸爸对卫士说："张澜先生为中国人民的解放事业作了不少贡献，在民主人士中享有很高的威望，我们要尊重老先生。要见他了，你帮我找件好些的衣服换换。"

卫士将爸爸的全部家当翻了个底朝天，找了个遍，也找不出一件不破不补的衣服，就为难地对爸爸说："主席，一件好衣服都没有。做也来不及了，要不，我去借一件……"

"不要借了。补丁不要紧，整齐干净就行。张老先生是贤达之士，不会怪我们的。"爸爸说。

结果，爸爸就穿着那件补丁衣服见了张澜先生，又穿着那件补丁衣服见了李济深、郭沫若、沈钧儒等知名人士。他们哪位也没有笑话爸爸的“穷”样。就这样，爸爸一直不让给他做衣服，直到爸爸准备“十一”上天安门向全国人民、向全世界人民宣布中华人民共和国成立时，才让卫士找人为他做了一身新的中山装。

爸爸不光是在衣着上这样简朴，对生活日用品，他也同样特别注意节俭。有的东西，使用到无法再使用时，爸爸还是舍不得丢掉换新的。这些东西常换换，条件还是允许的，可爸爸从不准这样做。

解放战争时期，爸爸的一条毛巾是两用的，既用它擦脸，又用它擦脚。用了很长时间了，那样子简直就像块麻布片。卫士想给爸爸领条新的。就这点小事，也要征得爸爸的同意，否则爸爸准要生气。卫士就拐弯抹角地动员爸爸说：“主席，领条新毛巾吧。新的用来擦脸，旧的就用它来擦脚。擦脸、擦脚应该分开嘛。”

“分开就不平等了。每天行军打仗，脚要比脸辛苦多了。它能用，我看还是不分开好；分开，脚会有意见哩！”爸爸听了卫士的话后，幽默地说。

“那就让它俩分工。新毛巾用来擦脚，旧毛巾用来擦脸。”卫士也笑着说，反正是想着法子要爸爸同意领条新毛巾。

“账可不能这么算。我领一条新毛巾，好像不值多少钱，如果我们的干部、战士，每人节约一条毛巾，这笔钱就够打一个沙家店战役了。”爸爸的话引来了大家的笑声，也引来了大家对爸爸的敬意。

有一次，我的一位同学，见到我的牙刷都掉毛时说：“你的牙刷都这样了，还舍不得扔掉，现在谁还用这样的牙刷呀？”

她的一句话，使我想起了爸爸。

我这是跟我爸爸学的。爸爸的牙刷用得什么时候变成“不毛之地”时，什么时候才肯换用新的。我这牙刷虽说荒凉些，毛草长得稀疏些，但还没有变成“不毛之地”，所以还是让它继续尽职尽责吧！

毛泽东与女儿李敏、李讷

爸爸特别喜欢吸烟、喝茶。而这两项的开销全从他的工资中支出。爸爸又只爱喝龙井茶，这种茶当年是很贵的。

尽管当时我们也想尝尝这种高级茶的味道，但爸爸和他的工作人员都不许我们品尝。对爸爸这样的规定，当时我很不理解，也稍稍有些不满意。心想：一点茶叶还这么小气！事后想想，爸爸和他的工作人员不得不这样做。茶如果全部对我们这群孩子们放开供应的话，那也是个不小的数目呢！因为经常跟着爸爸一块生活的有六七口子人，也就是说，爸爸要供岸青、思齐、我、李讷、远新、博文、姨等人，而且江青吃饭也同样不交钱的。再加上我们几个人都在上学，光学费一项开支，也不是个小数字。这一大家子都靠爸爸的工资生活，经济上也确实是够紧张的。

如果我们每人只要爸爸一点儿龙井茶，加起来也有小半斤呢！所以仔细想想，爸爸这样做也是有道理的。想到这儿，我就不再怨怪爸爸小气了。

1956年，爸爸在散步时，这样问身边的卫士：“你的感觉是李敏好呢，还是李讷好呢？”卫士说：“都很好，两个孩子对我们都很尊重，她们没有高干子弟的优越感，她们要求自己也很严格，有上进心。”爸爸听了，摇摇头说：“我看她们不如你们有出息，也不如你们有前途。她们比你们吃苦少，能吃苦的人才能有出息。”卫士说：“主席，您还想叫孩子们怎么吃苦？她们比普通人家的子女吃苦多了。”爸爸说：“你说得不对，你讲吃苦的时候，思想不对头，因为你首先把她们看成我的女儿，所以你就给她们规定了不同一般人家子女的标准。她们吃苦不就是吃大食堂吗？大食堂的伙食要比多数农民家庭的伙食好多了嘛，难道不是这样吗？人哪，生活还是向低的比有好处。不比贡献比享受，那就没有出息。”

爸爸给我们几个孩子定了规矩：无论办任何事，都必须通过工作人员，同他们商量着办，不得号令工作人员为我们办私事，更不许我们盛气凌人地对待他们。否则，就要挨爸爸的批评。对他们要绝对尊重。

至今，那些当年在爸爸身边的工作人员，仍同我们保持着亲似兄弟、密如朋友、好似同志的关系，因为我们同是在爸爸、在毛泽东主席身边长大，同受毛泽东思想的培养与教育。这凝成了我们之间互相关心、互相爱护、互相帮助的同志加兄弟的友情。

当年爸爸曾对我们讲过：你们要向工农学习，拜他们为师，和群众打成一片。离开群众，你们将寸步难行，你们将一事无成。

爸爸还对他身边的工作人员讲：“别看他们是我的子女，但是今后你们要比我的孩子强。”

尽管我们也遵照爸爸的教导深入农村，到过工厂，但总不如他们照爸爸的规定到农村三年、到工厂三年实践后的收获大。

现在看来，爸爸的话是对的。我觉得他们的工作要比我们出色，他们的生活比我们更充实。他们真的比我们强。

现在想起来，我们这些人确实是缺少实际生活的锻炼。虽然爸爸不止一次地向我们提出，要到工厂、农村参加劳动；要和群众打成一片。我们也都遵照爸爸的指示到工厂、农村，也确实是脚踏实地地参加劳动，真心诚意地拜工农为师，向他们学习，努力改造自己。但我们的收获总是有限，远不如当年我大哥那样在农村滚一身泥巴，磨一手老茧，晒黑了脸膛；也不如他在工厂那般一身油泥，锻炼了身体，磨炼了意志，学会了技术，培养了好的思想。

爸爸还不失时机地利用一切机会，让我们去经受实际生活的锤炼，但我觉得，我们的收效比起他人来，仍然是微不足道的。

爸爸一向主张我们要独立生活，要过普通人的生活。虽说我离开中南海，离开爸爸家，离开爸爸，是实属无奈，爸爸从心里讲是舍不得让我走，哪位老人不想儿女绕膝呢？但爸爸对我们的爱，不光看眼前，他从长计议，要我们接触社会，接触群众。将来能自立于社会，就必须早早独立生活，靠在他的大树底下生活的日子是不能长久的。最后，尽管爸爸也心痛，心里也不愉快，还是忍痛同意我离开家，像普通人一样，开始过上独立的生活。

这样的“苦”日子不好过，可当我看看我的左邻右舍，我发现他们也都一样，一些跟我年龄相仿的，她们也并不是一开始什么家务活都会做，都能做，也是吃过“苦”头的。现在她们不是把家料理得挺好，生活安排得有序，饭菜做得也挺香嘛！我向她们学习，总有一天我也会像她们一样，有条不紊地、顺顺当当地挑起家庭主妇的重担。常言道：有志者事竟成。我相信，我能做到，我时时这样鼓励自己。

有一次回到中南海见到爸爸时，爸爸高兴地望着我笑。他上下打量着我，良久没有说话。

“坐。坐。”爸爸对我说。

“您看什么呀？”我边坐边问爸爸。

“看看我的娇娃长大了没有？看看我的娇娃长本领了没有？”爸爸笑笑说。

“我学会了做饭，学会了炒菜。”我也挺高兴地对爸爸说。

“好。好。靠我不行。靠自己的双手什么都能办到。”

“天下无难事，只怕有心人。”爸爸说完又笑了起来。

我想，这可能是爸爸对我的独立生活的试卷评分吧！为此，我也感到满意，因为我没有辜负爸爸对我的教导与期望。

1965年，爸爸曾一再对我们提到：“干部子弟是一大灾难。”当初我是怎么想也悟不出这句话的深远含义。我想，生在干部家庭的子女，就称为干部子弟，无非是他们的生活环境好一些；生活条件优越一些。吃的、穿的、住的都无须要自己发愁，因为他们的父母有薪水，他们靠父母的工资养活。工人、农民子弟，相对来讲，他们的生活环境、生活条件差点，与我们相比，可以称为“苦”点，可是我们怎么就称为“一大灾难”呢？

当我独立生活之后，我渐渐明白了这句话的道理：在爸爸的身边时，虽然我们都被爸爸“赶”到大食堂吃饭去了，但仍然过的是衣来伸手、饭来张口的生活。而工农子弟却朝夕生活在劳动群众中，劳动者的优秀品德，他们是耳濡目染，他们早早就跟在父母的身前身后，参加了力所能及的劳动，他们早早就懂得了生活，并且学会珍惜生活。“穷人的孩子早当家”就是这个理儿。

平凡生活的锻炼，使他们懂得劳动的伟大与光荣，培养了他们勤劳、朴实、忠厚、诚实的优良品德。而我们所缺的，恰恰就是实践。这是最重要的一课。

这又正是爸爸再三再四强调要我们到实际生活中去锻炼、去学习的根由。

爸爸是怕我们长期生活在这种优越的环境中，会借着父母的地位而飘飘然地忘乎所以；会借着父母的权势而目中无人地自以为了不起；会借着父母的荣誉，什么都不懂却哇啦哇啦地乱发议论。

这样的人，小而言之，害了自己，大而言之，害国害民。会给我们党、我们党的干部造成不良影响，会影响我们党在人民群众中的威信，会使我们党的干部与群众离心离德，会使我们党的事业受到损害。这难道不是“一大灾难”是什么？！

我粗浅地悟出了爸爸这句话的道理所在，我也真正明白了爸爸为什么一贯如此地严格要求我们，严加管教我们，再三再四强调要我们夹着尾巴做人。小而言之，为我们，大而言之，为国家。

爸爸的教诲使我至今难忘，爸爸的教育使我终身受益。

毛泽东的小女儿李讷1940年出生，7岁时就随着转战陕北的部队吃大食堂。进城后，李讷和姐姐李敏也是在机关食堂吃饭，很少随爸爸吃饭。她们考上大学后，毛泽东仍不允有一点特殊。

李讷吃住在校。学校在郊区，一旦有活动，天黑才能离校。有一次卫士长李银桥瞒着毛泽东，让卫士尹荆山带车去接李讷。车停在校外僻静处，小尹悄悄进校找到李讷，又悄悄把她接回，没在学校造成任何影响。可毛泽东察觉了这件事，严厉批评小尹。小尹争辩说：“天太黑了，一个女孩子……”毛泽东说：“别人的孩子能自己回家，我的孩子为什么就不行？”小尹说：“别人的孩子敌特不感兴趣，你的孩子敌特就要感兴趣。”毛泽东笑了，对小尹在国民党叫嚣反攻大陆之时增强了敌情观念表示满意。但对接孩子仍不同意：“不许接，说过就要照办，让她们自己骑车子回来。”

另一次，李银桥得知李讷在学校吃不饱，便搞了一包饼干悄悄给李讷送去。李讷观察附近没人，迅速把两片饼干塞进嘴里。李银桥心中发酸地说：“吃吧，我还给你送。”毛泽东知道了这件事，声色俱厉地批评李银桥：“三令五申，为什么还要搞特殊化？”李银桥说：“别的家长也有给孩子送东西的。”毛泽东拍了桌子：“我的孩子一块饼干也不许送……谁叫她是毛泽东的女儿！”

一个星期六，李讷从学校回到家里，卫士尹荆山给毛泽东倒茶时建议：“主席，李讷回家了。两三个星期没见，一起吃顿饭吧？”毛泽东柔和地说：“嗯，那好，那好。”小尹速去告诉江青，江青说：“多下点米，多放点油。”炊事员多下了一倍的米，做了四菜一汤，还有辣子、霉豆腐等四个小碟。李讷向爸爸汇报完学习情况后说：“我的定量老是不够吃。菜少，全是盐水煮的，油水还不够大师傅沾光呢，上课肚子老是咕噜噜叫。”毛泽东教育女儿说：“困难是暂时的，要和全国人民共渡难关。要带头，要做宣传，要相信共产党……”他还开了句玩笑：“大师傅掌勺连我也管不了呵！”小尹招呼主席吃饭，毛泽东拉着女儿的手：“嗯，今天一起吃饭。”

饭桌旁，李讷端起红糙米芋头饭，说了声：“真香哪！”便往嘴里拨饭，饭太烫，吹吹热气便咽下去。吃了几口，变成了狼吞虎咽，几乎不嚼就把一口口饭菜吞下去。李讷见父母放下筷子，便说：“你们怎么不吃了……你们不吃我就全打扫了啊。”毛泽东左手在桌上点了点：“三光政策，不要浪费。”李讷还用开水把各个盘子冲一遍，连喝带吃，又吃下去两个玉米面、白面掺半的馒头。小尹泪水夺眶而出，毛泽东也感到心里难受。困难时期，毛泽东的儿女也挨饿。

小尹向毛泽东建议：“李讷太苦了，你看是不是可以……”毛泽东说：“还是那句话，谁叫她是毛泽东的女儿呢？还是恪守本分好，现在这种形势尤其要严格！”

参考书目

[1]逄先知,金冲及.《毛泽东传》(1893—1979).北京:中央文献出版社,1996.

[2][美]埃德加·斯诺,汪衡.《毛泽东自传》.北京:中国青年出版社,2009.

[3]张耀祠,崔永琳.《张耀祠回忆毛泽东》.北京:中共中央党校出版社,1996.

[4]李锐.《毛泽东同志的初期革命活动》.北京:中国青年出版社,1957.

[5] [美] 埃德加·斯诺,董乐山.《红星照耀中国》.北京:人民文学出版社,2016.

[6] [法]菲利普·肖特.《毛泽东传》. 北京:中国青年出版社,2003.

[7] 程思远.《我的回忆》. 哈尔滨:北方文艺出版社,2011.

[8]杨庆旺.《毛泽东与他的卫士们(上下册)》. 北京:中央文献出版社,1998.

[9]肖思科.《延安红色大本营纪实》. 北京:解放军文艺出版社,2007.

[10] 宋柏.《毛泽东在延安》. 西安:陕西人民教育出版社,1993.

[11] 王树增.《抗日战争》. 北京:人民文学出版社,2015.

[12] 魏巍.《聂荣臻传》. 北京:当代中国出版社,2006.

[13]《罗荣桓传》编写组.《罗荣桓传》. 北京:当代中国出版社,2006.

[14] [俄]A.列多夫斯基.米高扬的访华秘密使命[J].《国外中共党史研究动态》,1995(05):1-9.

[15] 王永华.1949年刘少奇秘访苏联始末[J].《党史纵横》,2003(7).

[16]叶永烈.《历史选择了毛泽东》. 北京:华夏出版社,2015.

[17]石永言.《遵义会议纪实》. 北京:解放军文艺出版社,1991.

[18]侯保重.《遵义会议:决定中国历史命运的三天》.上海:上海人民出版社,1995.

[19]朱存福.《从转折走向辉煌——苟坝会议研究文集》.北京:中央党校出版社,2007.

[20]张树军.《张国焘传》. 北京:红旗出版社,2009.

[21]《李先念传》编写组.《李先念传》. 北京:中央文献出版社,2009.

[22] 中共中央文献研究室.《朱德传》.北京:中央文献出版社,1993.

[23] 中共重庆市委党史工作委员会.《重庆谈判纪实》. 重庆:重庆出版社,1945.

[24] 傅柒生.《军魂：古田会议纪实》. 北京:解放军文艺出版社,2004.

[25]《陈毅传》编写组.《陈毅传》. 北京:当代中国出版社,2006.

[26] 毛岸青,邵华.《中国出了个毛泽东》.北京:中央文献出版社,中央党校出版社,1993.

[27] 杨会清.毛泽东在“宁都会议”前后[J].《党史文苑》,2009(05).

[28] 金冲及.《周恩来传》. 北京:中央文献出版社,1989.

[29] [美]斯图尔特·R·施拉姆.《毛泽东传》.北京:红旗出版社,1988.

[30] 黄仲芳,李春祥.《王佐将军传》. 北京:解放军出版社,1990.

[31] 何长工.《何长工回忆录》. 北京:解放军出版社,1987.

[32] 胡长水,李瑗.《毛泽东之路·横空出世》.北京:中国青年出版社,1993.

[33] 中央办公厅.《中国农村的社会主义高潮》.北京:人民出版社,1956.

[34]毛泽东.《毛泽东选集》第5卷.北京:人民出版社,1977.

[35]林蕴晖等.《凯歌行进的时期》.郑州:河南人民出版社,1996.

[36] 丛进.《曲折发展的岁月》.郑州:河南人民出版社,1989.

[37] 陈晋.毛泽东对社会主义的实践探索和理论贡献[J].《求是》,2013(24).

[38] 李涛.《赤都风云（中央苏区第五次反“围剿”纪实）》.武汉: 长江出版社,2010.

[39] 林戬.中央苏区第三次反“围剿”战争纪实[J].《福建党史月刊》,1990(12).

[40] 逄先知.《毛泽东与抗美援朝》.北京:中央文献出版社,2010.

[41] 王志刚.毛泽东与抗美援朝战争：出国作战决策的艰难出台[J].《解放军报》,2014(5).

[42] 王志刚,张力伟,李晓东.毛泽东与两弹一星[DB/OL].中国军网.2012-2.

[43] 王树增.《长征》.北京:人民文学出版社,2016.

[44] 谭智勇.《四渡赤水》. 北京:人民出版社,2014.

[45] 迟浩田.《军事统帅毛泽东》.贵阳:贵州人民出版社,2007.

[46] 阿垠.《张思德的故事》. 北京:中国社会出版社,2006.

[47] 胡乔木.《胡乔木回忆毛泽东》.北京:人民出版社,2003.

[48] 中共中央文献研究室毛泽东研究组.《致韶山亲友书信集》. 北京:中央文献出版社,1996.

[49]夏佑新.58年毛泽东沉思三峡工程方案：寿命只两百年太可惜[DB/OL]. 人民网.2016-10-11.

[50] 申伯纯.《西安事变纪实》.北京:人民出版社,2008.

[51] 中央文献研究室.《任弼时传（修订本）》.北京:中央文献出版社,2004.

[52] 杨奎松.毛泽东发动延安整风的台前幕后[J].《近代史研究》,1998(4).

[53] 房成群.《毛泽东与延安整风运动》.西安:陕西人民出版社,1993.

[54] 尚同.《毛泽东与上海民主人士》. 北京:中央文献出版社,2004.

[55] 刘新生.《新中国重大外交事件纪实》.上海:上海辞书出版社,2010.

[56]毛泽东外交的“三大政策”[OL]. 人民网,2012-2-23.

[57] 龚育之,逄先知,石仲泉.《毛泽东和书》.三联书店（香港）有限公司,1995.

[58] 卢志丹.《毛泽东点评历史人物》.北京:人民日报出版社,2017.

[59] 徐中远.《毛泽东是怎样读二十四史的》.北京:中央文献出版社,2012.

[60] 张曦编辑.点评毛泽东诗词：一代伟人,千古绝唱[N].《光明日报》,2013-1 -1.

[61] 王玉孝等.《毛泽东诗词》.济南:山东科学技术出版社,2008.

[62] 李树庭.《毛泽东书法艺术》.武汉:湖北美术出版社,1989.

[63] 钟天元.瑞金中央苏区的廉政制度[J].《党建文汇・上月版》,2014(4).

[64] 史瑞武.谈谈中央苏区的廉政建设[J].《江西文物》,1991(01).

[65] 石仲泉.毛泽东在中央苏区的廉政为民思想[J].《党的文献》,2013(4).

[66] 沈谦芳,史爱国.瑞金：人民共和国的摇篮[J].《党史文苑》,2009(18).

[67] 徐中远.毛泽东与黄炎培交往二三事：体现领袖的虚怀若谷[N].《人民政协报》,2011-12.

[68] 徐则浩.《王稼祥传》.北京:当代中国出版社,2006.

[69] 朱仲丽.《我知道的毛主席》.北京:中国青年出版社,1998.

[70] 权延赤.《红墙内外》. 呼和浩特:内蒙古人民出版社,2001.

[71]《毛泽东书信选集》.北京:人民出版社,1983.

[72] 毛新宇.《我的伯父毛岸英》.北京:长城出版社,2000.

[73] 李敏.我的父亲毛泽东[N].《生活时报》,2001-4-10.

[74] 中央文献研究室.《毛泽东文集》.北京:人民出版社,1996.

[75] 中央文献研究室,军事科学院.《毛泽东军事文集》.北京:中央文献出版社,军事科学出版社,1993.

[76] 中央文献研究室第一编研部,军事科学院战争理论和战略研究部.《军事统帅毛泽东》.贵阳:贵州人民出版社,2007.

[77] 毛泽东.《毛泽东选集》（1—4）.北京:人民出版社,1991.

[78] 胡绳.《中国共产党的七十年》.北京:中共党史出版社,1991.

[79] 中共中央文献研究室,逄先知.《毛泽东年谱（1893—1949）》.北京:人民出版社,中央文献出版社,1993.

[80] 中共中央文献研究室.《毛泽东年谱（1949—1976）》.北京:中央文献出版社,2013.

[81] 中共中央党史研究室.《中共党史大事年表》.北京:人民出版社,1981.